S Frensdorff

Das Buch Ochlah W ochlah

S Frensdorff

Das Buch Ochlah W ochlah

ISBN/EAN: 9783744683036

Hergestellt in Europa, USA, Kanada, Australien, Japan

Cover: Foto ©ninafisch / pixelio.de

Weitere Bücher finden Sie auf **www.hansebooks.com**

Das Buch

Ochlah W'ochlah

(Massora).

Herausgegeben,
übersetzt und mit erläuternden Anmerkungen versehen
nach einer, soweit bekannt, einzigen, in der Kaiserlichen Bibliothek zu Paris
befindlichen Handschrift

von

Dr. S. Frensdorff,
Oberlehrer der Bildungsanstalt für jüdische Lehrer in Hannover.

Hannover.
Hahn'sche Hofbuchhandlung.
1864.

Vorwort.

Seit einer Reihe von Jahren mit der Bearbeitung der Massora beschäftigt, musste sich mir das Bedürfniss herausstellen, ältere Handschriften derselben und besonders solche, die unabhängig vom Texte ihr allein gewidmet sind zu vergleichen. Zu letzteren gehörte ganz vorzüglich das von seinem Anfange[1]) so genannte Buch אכלה ואכלה, von welchem Levita behauptet, dass es die wesentlichste Grundlage der in der Rabb. Bibel ed. Bomb. Venet. 1525 zum ersten Male durch R. Jac. B. Chajim ausführlich abgedruckten Massora bildet. Doch wo war dieses zu finden? — Wird es auch von den ältesten jüd. Grammatikern als höchste massoretische Autorität angeführt und hat es auch Levita als Hauptquelle seiner massoretischen Arbeiten benutzt, so schien es seitdem (1538) verschwunden zu sein, da es selbst R. Sal. Norzi, der grosse Kritiker und Kenner der grammatisch-massoretischen Werke nicht gesehen hat (S. מנחת שי zu 1 S. 1, 9.) und bedeutende Sachkenner der Neuzeit sogar annehmen, dass es verloren gegangen sei[2]). — Nach langem Suchen und Anfragen darüber hatte ich denn endlich (Ende Januar 1859) die Freude, durch Herrn B. Goldberg in Paris zu erfahren, dass dasselbe in der dortigen Kaiserl. Bibliothek (anc. fonds hebr. Nr. 56. s. Ben. Chananja 1862 Nr. 7. S. 57 ff.) vorhanden sei. Dieser freundliche Gelehrte hatte zwar zugleich die Güte, mir eine Abschrift davon anfertigen zu wollen; da aber massoretische Schriften auch mit massoretischer Treue behandelt sein wollen und eigene Anschauung einen sichereren Einblick in das Wesen eines derartigen Werkes gewährt, so beschloss ich, lieber selbst Hand anzulegen und die günstige Gelegenheit dazu abzuwarten. Diese bot sich denn auch bald dar durch die freundliche Einladung meines Jugendfreundes, des Herrn Prof. Philipp Sander in Paris, in dessen Hause ich im Juli 1862 drei Wochen verweilte, wo es mir gelang, die so lange gesuchte Handschrift so treu als möglich abzuschreiben. Hierbei kann ich aber nicht unterlassen, unserer Königl. Hannov. Gesandtschaft in Paris meinen tiefgefühlten Dank auszusprechen, für den

---

1) S. Levita Mass. Hamass. 3te Vorrede, wo es heisst: כי לא נמצא ספר מחובר ממנה רק ספר אכלה ואכלה, הנקרא כן בעבור התחלתו.

2) S. ס' השרשים לרד"ק ed. Berlin 1847 in den Noten Col. XLIX, wo der gelehrte Lebrecht bemerkt: sed postquam etc. ipse liber (אכלה ואכלה) periisse videtur. — Ebenso J. Fürst. in seiner hebr. Einleitung zur Concordanz: והוא (ספר אכלה ואכלה) ספר מסורה וכו' ונראה שנאבד מאתנו. S. auch מבין חדות zu Gen. 1, 24.

gütigen Beistand, den dieselbe mir dabei gewährte, da durch deren Verwendung allein es mir möglich geworden, die Abschrift nehmen zu können.

Was nun das, wie es scheint einzig vorhandene Mpt. unseres Buches und unsere Bearbeitung desselben betrifft, so ist Folgendes darüber zu bemerken. Dasselbe bildet einen mässigen Quartband, ist auf Pergament in leicht zu lesender Schrift geschrieben und darf als vollständig betrachtet werden, nur dass in der Mitte an zwei Stellen einige Seiten leer geblieben sind. (s. uns. Ausg. S. 98^b 1 und 168^b Anmerkung). Der Inhalt besteht, nach einer von späterer Hand beigefügten Zählung, aus 349 (oder, nach der von uns der Gleichmässigkeit wegen vorgenommenen Eintheilung, 374) massoretischen Angaben, die durch drei verschiedene Arten von Zusätzen bereichert sind. Die einen geben sich als solche durch die Ueberschrift: ולבר ממסורתא d. h. „und ausser den von der Massora angegebenen" am Ende der betreffenden Artikel zu erkennen und sind mit wenigen Ausnahmen in denselben Zügen, wie die übrige Schrift gehalten; ob sie von dem Abschreiber herrühren, oder ob dieser in seinem Original sie so vorgefunden hat, lässt sich nicht leicht ermitteln, ebensowenig, wie die zu Nr. 43 (S. 51^b) hinzugefügte Bemerkung und die Unterschrift: בך בי״ אבא מרי. Letzteres kann, wenn es nicht ein Eigenname sein soll, ebenso gut auf den Vater des Abschreibers, als des Glossators sich beziehen. — Die beiden andern Arten von Zusätzen sind theils neben, theils unter den Columnen bemerkt und unterscheiden sich dadurch, dass sie bald in den Zügen der übrigen Handschrift, bald von anderer Hand geschrieben sind. An den meisten Stellen scheinen es Einschaltungen zu sein, um die vom Abschreiber irrthümlich ausgelassenen Stellen auszufüllen, was besonders da der Fall ist, wo erst mit dem Zusatz die in der Ueberschrift des Artikels angegebene Zahl vollständig wird; s. z. B. Nr. 85. 127. 215 ff.[1]) Bei vielen aber ist die bestimmt angegebene Zahl der Ueberschrift grade nur ohne den Zusatz richtig, so dass dieser also nur spätere Hinzufügung sein kann; woraus dann aber wieder sich schliessen lässt, dass die unter ולבר ממסורתא bemerkten älter sind, als der Abschreiber, der seine Zusätze nicht unter diese Bezeichnung einzutragen wagte. Das, was nach Nr. 349 (bei uns Nr. 374) des Mpts. folgt, gehört nicht zum eigentlichen ס׳ אכלה ואכלה, dessen Angaben ganz anderer Art sind; auch ist es von ganz anderer Hand. — Der Zugang zu unserm Buche wird aber, wie bei den Schriften der Massora überhaupt dadurch erschwert, dass die Angaben kurz und besonders für den Ungeübten oft unverständlich und die Schriftstellen nicht gehörig verzeichnet sind, so dass man jeden einzelnen Satz erst durch eine Concordanz und auch dann noch nur mit Schwierigkeit finden könnte. Um also den Gebrauch desselben zu erleichtern, habe ich die deutsche Uebersetzung jeder Angabe beigefügt, jedes Schlagwort mit den erforderlichen Vocalen versehen und die aufgezählten Schriftstellen nach Büchern, Capiteln und Versen der heil. Schrift verzeichnet. Auch habe ich manche Stellen, die durch nicht gehörige Abtheilung verworren

1) Auch Nr. 68 (S. 75^b 31), wo וילכו vergessen zu sein scheint, indem ohne dasselbe der Buchst. ל׳ fehlte und die Ueberschrift hätte als unvollständiges Alphabeth דלון haben müssen.

scheinen, durch anschauliche Darstellung und symmetrisches Gegenüberstellen klarer zu machen gesucht, s. z. B. Nr. 274. 293. u. drgl.

War aber auch meine Absicht, den bedeutenden Werth unseres Buches nachzuweisen, schwierigere Stellen desselben zu erklären, wie überhaupt dadurch das so lange vernachlässigte Studium der Massora zu fördern, so musste eine Vergleichung der Angaben unseres Buches mit denen der gedruckten Massora angestellt werden, wodurch allein auch eine wechselseitige Berichtigung beider erzielt werden konnte. Darum fügte ich auch „Nachweise und Bemerkungen" hinzu, in welchen angegeben werden soll, *erstens* wo die Bemerkungen unseres Buches in der gedruckten Massora wieder zu finden sind; *zweitens* welche Angaben unseres Buches in jener nicht vorhanden sind, deren Erhaltung wir also diesem verdanken; *drittens* wie das Angegebene zu verstehen, und das Falsche in beiden zu berichtigen sei, wobei sich herausstellt, *dass das Buch* אכלה ואכלה *die ursprünglichen alten Massoraangaben uns treu bewahrt hat, während die gedruckte Massora an Zusätzen, Auslassungen, Verstümmlungen und Missverständnissen leidet.*

Ich hatte nun zwar ursprünglich die Absicht, auch über die einzelnen angeführten Schriftstellen erläuternde Bemerkungen hinzuzufügen (wovon in den „Nachweisen und Bemerkungen" noch manche Andeutung sich findet); da dies aber den Umfang des Buches unverhältnissmässig erweitert und dasselbe nicht unbedeutend vertheuert hätte, so bin ich von diesem Plane abgegangen, wie ich auch aus demselben Grunde einen ursprünglich beabsichtigten Anhang über die massoretischen Stellen des Tract. Sopherim ausgelassen habe. Ich hoffe, dies und Aehnliches später, so Gott will, bei der Herausgabe der Massora nachzutragen, da ja dieses Werk überhaupt nur ein Vorläufer der allerdings nothwendigen Bearbeitung der Massora sein soll.

Indem ich nun zur bessern Erfassung des Inhalts unseres Buches einen besondern Artikel „Zum Verständniss" hinzuzufügen für unerlässlich halte, fühle ich mich zum Schlusse gegen die verehrliche Verlagshandlung zum innigsten Dank verpflichtet, die im Interesse der Wissenschaft, ohne langes Bedenken, ob auch dieser so lange ungepflegte Litteraturzweig eine gute Aufnahme finden wird, dieses Werk in so splendider Form veröffentlicht.

So möge denn das mit Liebe gepflegte Buch bei Kennern sich wohlwollende Aufnahme und bei Freunden der Wissenschaft sich Eingang in reichem Maasse verschaffen, damit dadurch das Erscheinen meiner ausführlichen Bearbeitung der Massora in nicht zu ferner Zeit ermöglicht werde.

S. F.

Zum Verständniss.

Ist es wohl endlich an der Zeit, dass die nähere Kenntniss der Massora im Interesse der Bibelforschung wieder erweckt und belebt werde, so ist nichts natürlicher, als der Wunsch, dieses Buch, das so correct und bestimmt die Hauptangaben derselben enthält, eine grössere Anzahl von Lesern finde und zwar auch solche, die bis dahin mit diesem Wissenszweige sich weniger beschäftigt haben. Für solche wäre allerdings ein in das Studium der Massora einführendes Handbuch erforderlich, welches zu veröffentlichen mir vielleicht bald gelingen dürfte. Bis dahin mögen — mit Hinweisung auf Massoreth Hammassoreth von Levita, Tiberjas v. Buxtorf und Sjag Lathora von Dr. A. Worms — zum nähern Verständniss unseres Buches folgende Paragraphen genügen. —

§ 1.

Die Massora ist der Inbegriff von traditionellen, später schriftlich-fixirten Bemerkungen über die äussere Form der heil. Schrift und somit von Bestimmungen zu deren Rechtschreibung.

Bemerkung. Das Wort „traditionell" soll solche Bemerkungen ausschliessen, die nachweislich durch kritische Vergleichung der Mpte. untereinander oder in Folge der einer Handschrift besonders beigelegten Autorität entstanden sind. — Die Anfänge dieser massoret. Bemerkungen reichen aufwärts bis zu dem Ursprunge der Bücher der heil. Schrift selbst; sie erweiterten sich aber im Laufe der Zeit durch das Bestreben, sämmtliche Eigenthümlichkeiten derselben festzustellen. — Der Name rührt von der Art ihrer Fortpflanzung vermittelst der Lehrer und Gesetzesschreiber (von מסר, überliefern) her. Diejenigen Männer, die ganz besonders mit diesem Theil der religiösen Thätigkeit sich beschäftigten, hiessen, von dem Gegenstande אנשי המסרת oder בעלי המסרת d. i. Massorethen. S. Ab. Esra im Mosnajim, Anfang; Levita 3te Vorrede zu Mass. Hamass. והאמת כי בעלי המסורת היו למאות ולאלפים דור אחר דור כמה שנים ולא נודע לנו זמן התחלתם גם זמן תכליתם וכו'

§ 2.

Sie umfasst die Form in allen ihren Beziehungen und erstreckt sich von den einzelnen Buchstaben bis zur Bestimmung über Sätze, Satzformen, Verse, Abschnitte und Bücher und schliesst auch Lexikalisches, wo es mit der Wortform in Beziehung steht, nicht aus.

Bemerkung. Die massoret. Angaben beziehen sich auf die Anzahl der Buchstaben eines jeden Buches (wovon besonders das von Levita dem R. Szadjas zugeschriebene Gedicht: אהל מכון בניני handelt; s. auch Talm. bab. Tr. Kidduschin fol. 30ª) und deren Form, als: אותיות גדולות, welche Buchst. grösser und אותיות קטנות welche Buchstaben kleiner, als die gewöhnliche Schrift geschrieben sind; אותיות הפוכות oder מנוזרות über umgekehrte Buchstaben; אותיות תלויות von den über der Reihe schwebenden Buchstaben und אותיות מנקדות, von Buchstaben, die ein eigenthümlich auszeichnendes Punkt oberhalb haben. Ebenso giebt die Massora in Beziehung auf einzelne Wörter an: a) קרי וכתיב d. h. welche Wörter anders gelesen werden, als sie geschrieben sind; b) קרי ולא כתיב und כתיב ולא קרי d. h. welches Wort gelesen wird, obgleich es sich im Text nicht findet und umgekehrt, dass das vorhandene nicht gelesen wird; — c) über מלא וחסר d. h. welche Silben oder Wörter plene oder def. ו' und י' geschrieben sind; d) die Eigenthümlichkeit eines Wortes durch seine Stellung im Verse d. h. ob es am Anfang, in der Mitte oder am Ende desselben steht; e) über Wörtergruppen und ob und wann sie mit oder ohne Waw copulat. vorkommen; f) סבירין,

מטעין d. h. wie oft ein Wort anders zu nehmen sei, als man es gerade an dieser Stelle vermuthet; g) wie oft überhaupt ein Wort in der heil. Schrift vorkommt u. drgl. und Aehnliches über ganze Verse und Abschnitte[1]).

§ 3.

Der Zweck dieser Bemerkungen und deren Sammlung war, die heil. Schrift in ihrer Ganzheit und speciellsten Einzelnheit treu und sicher zu erhalten, so dass weder beim Gebrauche, noch beim Abschreiben derselben eine Veränderung vorgenommen werden konnte.

Bemerkung. Die Heiligkeit der Schrift machte es zum Gebot, diese unversehrt zu erhalten; das Gegebene war, unbekümmert um Gründe, für alle Zeiten so zu fixiren, wie es überliefert worden. Darum musste jede Ausnahme in allen ihren Beziehungen bemerkt und durch fromme Lehrer und treue Abschreiber erhalten werden. Man verliess sich dabei nicht auf Zugrundelegung und (mit Ausnahme einzelner Fälle) Vergleichung der Mptc., weil das Abschreiben und Vervielfältigen zu gar vielen Fehlern und Zweifeln Veranlassung geben, wie das die Erfahrung selbst beim Abschreiben der massoretischen Schriften[2]) deutlich beweist. Die Ausnahmen und Eigenthümlichkeiten mussten daher objectivirt und in bestimmte, allgemeine Sätze umgewandelt werden, welche die Betreffenden zuerst durch Auswendiglernen und Anwendung beim Unterricht und Abschreiben sich zu eigen machten, die aber dann später, wie alles Traditionelle überhaupt niedergeschrieben wurden.

§ 4.

Die Formen, unter welchen diese allgemeinen Sätze oder zusammenfassenden Angaben vorkommen sind:

1) א״ב d. h. alphabetische Verzeichnisse der Ausnahmen und eigenthümlichen Wortformen.

2) חלופים Zusammenstellung ähnlicher Stellen oder Wörtergruppen, die nur in gewisser Hinsicht, etwa in Wortstellung u. drgl. von einander abweichen.

3) Die Zahl d. h. wie viel Mal eine gewisse Eigenthümlichkeit vorkommt. Diese Form ist die am häufigsten gebrauchte und hat wieder folgende nähere Bestimmungen:

a. זוגין d. h. eine gewisse Anzahl von Wörtern oder Wörterpaaren, die nur 2, 3 oder 4 Mal unter gewissen Bedingungen vorkommen und unter sich gleich oder ähnlich sind.

b. יחידאין (auch מיחדין)= eine Anzahl von Wörtern oder Wörterverbindungen, die nur ein Mal so vorkommen.

c. מלין (auch תיבין)= eine Anzahl von Wörtern, die gleiche Eigenthümlichkeit haben.

d. סבירין d. h. eine Anzahl von Wörtern, die in dem gegebenen Zusammenhang eine andere Bedeutung haben, als gewöhnlich; oder auch eine andere Form erwarten lassen, als die vorhandene.

e) פסוקים = eine Anzahl von Versen, in denen dieselbe Eigenthümlichkeit oder Ausnahme sich befindet und

f) שיטה d. h. eine Reihe von Wörtern, die nur ein oder mehr Mal in gewisser Eigenthümlichkeit vorkommen (s. d. Beisp. im Buche selbst).

Bemerkung. ad א״ב. Wenn das alphab. Verzeichniss nicht vollständig d. h. für einen oder mehre Buchstaben kein entsprechendes Wort zu finden ist, so wird das in der Angabe durch דלוג (= Sprung) bezeichnet z. B.

1) Ueber Lexicalisches s. z. B. Mtn. zu Micha 5, 14. und Ps. 139, 20. wo es heisst: ערים ה׳ בלישן דבבי בקריא d. h. das Wort עיר kommt in s. verschiedenen Abwandelungen 6 Mal in der Bedeutung „Feind“ und nicht wie gewöhnlich als „Stadt“ vor; s. Kimchi W. B. s. v. und מ״ש zu Ps. l. c.

2) S. Vorrede zum B. מסרת סיג לתורה von R. Meir Hallewi (1180—1244) wo es heisst: ואם באנו לסמוך על הספרים המוגהים אשר בידינו גם הם נמצא בהם מחלוקת רבות ולולי הספרות שנעשו סיג לתורה כמעט לא מצא אדם ידיו ורגליו במחלוקת, וגם הספרות לא נצלו ממקרה המחלוקת כי גם המה נמצא ביניהם מחלוקת בכמה מקומות אך לא כרוב מחלוקת הספרים:

Nr. 3. wo Wörter für den Buchst. ר', ט' u. s. w. fehlen. Das Waw wird aber, weil im Hebräischen es fast kein Wort giebt, das mit Waw radicale anfängt, in dieser Hinsicht nicht berüksichtigt, so dass, wenn auch Wörter mit Waw am Anfang fehlen, dies doch nicht durch דלון angezeigt und das Verzeichniss als ein vollständiges betrachtet wird; s. Nr. 2, wo unter Waw das Beispiel fehlt und die Angabe doch das דלון nicht hat. — ad זוגין. Diese Angaben erstrecken sich grösstentheils nur auf Wortformen, die 2 oder 3 Mal gleich oder ähnlich vorkommen; die 4 Mal vorkommenden sind nur selten s. z. B. Mm. Prov. 1, 1. ג' זוגין מן ד' ד' משמשין וכו' (auch bei א"ב ist die höchste Zahl der Gleichheit oder Aehnlichkeit 4, s. z. B. Nr. 17 uns. Buches). — ad יהידאין. Dieses kann auch mit den andern Angabeformen verbunden werden z. B. Mm. Gen. 49, 27. ה' זוגין מן ב' ב' מיהדין vergl. mit uns. Buch Nr. 218 מ' מלין יהידאין דנסבין ו' וכו'. s. Deut. 7, 12. Jud. 1, 1. vergl. mit uns. B. Nr. 187. Sie kommen auch unter beiden Formen vor s. Mf. כי, 1. Gen. 29, 12. Ruth 2, 3. — Ad מלין. Diese werden grösstentheils mit vorgesetzter Zahl angegeben; bisweilen fehlt aber die Zahl und es heisst bloss מלין oder אלין מלין; zuweilen fehlt aber auch מלין und steht bloss die Zahl z. B. Mf. ל, 13. ה' משמשין לה' ברישא; unser Buch Nr. 212 כ"ב קרין וכו'. — ad סבירין. Beispiele für beide Arten s. Gen. 19, 25. ח' הָאֵל סבירין הָאֵלֶּה und Ex. 14, 25. Num. 32, 25. etc. וַיֹּאמֶר י"ב סבירין וַיֹּאמְרוּ; bei denen der zweiten Art wird oft ומטעין oder ומטעין בהון hinzugefügt, d. h. man irrt sich leicht und liest die vermuthete Form, die aber an der gegebenen Stelle nicht so vorkommt. — ad שטה. Auch diese Bezeichnung hat eine bestimmte Zahl, die durch das darauffolgende מן, als שטה מן י"ז וכו' (Lev. 13, 51. und unser Buch Nr. 370) angegeben wird. Bisweilen fehlt aber auch hier die Zahl s. Mf. חילופי קריאה, 1. wo es heisst: שטה הדא דכל חד וחד und unser Buch Nr. 372.

§ 5.

Was nun die Sammlung oder Zusammenstellung aller dieser massoretischen Angaben betrifft, so tritt sie uns in 2 Gestalten entgegen. Sie schliesst sich entweder dem Bibeltext an, so dass die einzelnen Bemerkungen den betreffenden Bibelstellen angefügt sind *oder* sie stellt sie nach subjectiven Eintheilungsgründen in besondern Werken zusammen, wie etwa in unserm Buche אכלה ואכלה.

Bemerkung. Die Sammlung der Angaben und Bestimmungen über die *Form* der heil. Schrift hat denselben Gang befolgt, in welchem die Sammler der Traditionen und Lehren in Betreff des *Inhalts* derselben ihr vorangegangen sind. Halacha und Agada sind entweder als *Schrifterklärung* nach Reihenfolge des Schriftworts geordnet und dieser angereihet, wie Mechilta, Siphra, Siphre und Midrasch oder in selbstständigen Werken nach Gegenständen des Inhalts verhandelt, wie die beiden Talmude. Dieselben Formen waren demnach auch für die Massorethen massgebend; freilich musste hier, als bestimmter und vorzüglicher dem Bibeltext angehörend, die erstere Form vorherrschend werden; doch machte sich auch die zweite geltend zumal, da durch selbständige Werke die Bemerkungen oder massorethischen „Sätze“ leichter zu erlernen und im Gedächtnisse zu behalten waren, was doch mit eine Hauptabsicht war[1]).

§ 6.

Die Sammlung der *ersten Art* hat sich nun vorzüglich in den Handschriften der Bibel erhalten, indem die Abschreiber *unter* und *über* dem Texte theils aus religiös-wissenschaftlichem Interesse, theils um ihr Mpt. dadurch zu verzieren, die zu jeder Seite gehörigen massoretischen Bemerkungen hinzufügten. Die M. parva wurde von den massorethisch gebildeten Punctatoren am Rande der Columnen beigemerkt. Von denen der *zweiten Art* mögen noch viele handschriftlich in den Bibliotheken verborgen liegen — was noch des Nachweises bedarf; bekannt und von höchster Autorität ist nur das Buch אכלה ואכלה.

---

1) Beide Arten der Sammlung wurden nach ihrem Inhalte מסורה הגדולה = grössere oder ausführlichere Massora genannt (wie auch unser Buch in der Ueberschrift sich מסורת הגדולה nennt), als Gegensatz zur מסורה הקטנה = kleinere oder beschränktere Massora, die an der betreffenden Stelle nur die Zahl oder sonstige Bemerkung kurz angiebt, ohne die bezüglichen Schriftstellen nachzuweisen. — Ob nun die seit Levita allgemein angenommene Ansicht, dass die M. parva nur ein Auszug der M. magna sei, richtig ist, oder ob nicht vielmehr die erstere die ursprünglichere sei, indem man bei dem betreffenden Worte kurz bemerkte: לי' oder eine Zahl und erst nachher (oder wohl gar gleichzeitig) die M. magna folgte, ist noch zweifelhaft; doch können die Gründe für und wider hier nicht erörtert werden.

Bemerkung. Dass durch die Form der ersten Ueberlieferungsart viele Fehler in die Massora eingeschlichen sind, hat schon Levita in seiner zweiten Vorrede zum Massor. Hammassor. wo es heisst: כי הסופרים הוירו, ועל המסורת לא הקפידו, רק עיקר השיבותם, ליפות את כתיבתם, ולכוון את השורות, שלא ישנו את הצורות וכו׳.... nachgewiesen. Weil die Abschreiber (סופרים) nur den vorhandenen Raum über und unter dem Texte ausfüllen wollten, aber, um keine verunzierende Lücke zu lassen, auch mussten und in allerlei vorgezeichnete Figuren, Blumen und Thiere ihre Bemerkungen hineinzwängten, so entstanden daraus Abkürzungen, Auslassungen, Wiederholungen und Verstümmelungen allerlei Art; die Buchstaben als Zahlen waren oft klein und unleserlich geschrieben, so dass daraus, weil die Zahl nicht deutlich war, Widersprüche in den einzelnen Angaben verschiedener Handschriften, wie auch derselben Handschriften an den verschiedenen Stellen entstanden. Ganz anders verhielt es sich mit den Werken der zweiten Art. Diese waren nur dem Inhalte gewidmet und deren Abfasser schrieben nur das nieder, was sie lehren wollten, aber auch treu und vollständig; keine äussere Rücksicht legte ihnen irgend einen Zwang an; darum keine unnöthige Wiederholung oder Abkürzung; ebenso auch keine Undeutlichkeit in den Buchstaben, die gewiss um so deutlicher waren, als sie die bestimmte Zahl angeben sollten. Auch die Stellenangaben waren sicherer, weil sie die unterscheidenden Wörter oder das Buch der heil. Schrift am Ende der Reihe nicht auszulassen brauchten, was bei der ersten Art so häufig wegen Mangels an Raum der Fall war. — Aus diesen Gründen geht schon an und für sich die Wahrheit der Behauptung hervor, dass Bücher wie das ס׳ אכלה ואכלה — abgesehen davon, dass dieses von den bedeutendsten Grammatikern so hochgeschätzt wird — in der Wissenschaft der Massora den höchsten Werth haben und hierin überhaupt als Correctiv dienen müssen.

§ 7.

Beide genannten Mittheilungsarten sind nun vereinigt in der Rabb. Bibel ed. Bomb. Venet. 1525, in welcher R. Jac. b. Chajim die bis dahin nur handschriftlich vorhandene Massora in ihrem weitesten Umfange zum ersten Mal im Druck erscheinen liess. Ueber und unter den Columnen werden, wie in den Bibelhandschriften, die die Seite betreffenden Angaben bemerkt; neben dem Text im Zwischenraume stehen die Notizen der M. parva; die allgemeinern Angaben oder „Sätze“ aber sammt denen, für welche kein Raum im Texte war, werden am Ende der Bibel etwa wie in unserm Buche alphabetisch geordnet selbstständig nachgetragen. Die Massora magna zerfällt nach dieser Ordnung in מסורה גליונית = M. marginalis und מסורה מערכית oder מסורה סופית = Massora finalis. Beide zusammen bilden die M. magna im Gegensatz zu der M. parva am Rande. —

Bemerkung. R. Jacob b. Chajim hat das grosse Verdienst, die Massora dem Untergang entzogen zu haben, indem er die massoretischen Angaben vieler und correcter Bibelhandschriften verglich und zusammenstellte, aber auch selbstständige Werke wie unser Buch stark benutzte oder vielmehr zu Grunde legte, und das so Gesammelte mit der Bibel verbunden, dem Drucke übergab. Dadurch wurde sie Gemeingut; deren Studium stand nunmehr Jedem offen und es war nicht seine Schuld, wenn bis heute dieses Gebiet die entsprechende Bearbeitung nicht gefunden. Dass die gedruckte Massora an Fehlern aller Art leidet, ist bekannt, — wie das auch zum Theil in unsern „Nachweisen und Bemerkungen“ vielfach nachgewiesen worden; — findet aber seine Entschuldigung in dem bekannten Sprichwort, aller Anfang ist schwer [1]). Nur ist zu bedauern, dass die Massora bis heute noch nicht in einem selbstständiger Werke berichtigt und so weit als möglich ganz erschienen ist. —

§ 8.

Fragen wir nun nach dem Verhältniss des Buches אכלה ואכלה zur gedruckt uns vorliegenden Massora der Rabb. Bibel, so ergiebt sich nach genauerm Vergleich beider Folgendes:

—

1) Levita in seiner zweiten Vorrede zum Massor. Hammass. sagt hierüber: ואף שחבורו מאד נאה, הרבה שגגה בו יצאה, ובמקומות אין חקר, העיד עדות שקר, ואין להכות על ככה, כי באת המלאכה, היה דבר חדשה, וכל התחלה קשה וכו׳

1) unser Buch bildet nur einen geringern Theil der gedruckten Massora;

2) hat diese unser Buch, wenn sie es gekannt hat, nur sehr lückenhaft vor sich gehabt;

3) hat unser Buch in den Artikeln, die beide gemeinschaftlich haben, stets die ursprünglichere Angabe, während die gedruckte Massora sehr oft nicht nur die bei uns unter ולבר ממסורהא angegebenen, sondern auch sonst woher bemerkten Zusätze in den Text aufnahm, darum auch die Ueberschrift änderte und — corrumpirte;

4) sind die Aufzählungen unseres Buches mit der Ueberschrift übereinstimmend, während die gedruckte Massora sehr oft an Auslassungen und Widersprüchen leidet;

5) beobachtet unser Buch womöglich stets die Reihenfolge der Bücher und Capitel der heil. Schrift in merkwürdiger Ordnung; giebt bestimmt die Belegstellen an, grösstentheils mit den Anfangsworten des bezüglichen Verses und fügt in zweifelhaften Fällen das Buch, in welchem solche vorkommen, namentlich hinzu. Dies alles ist in der gedruckten Massora nur selten der Fall, so dass die Unordnung der Stellenangaben und deren Verstümmelung zu vielen Irrthümern führt.

Bemerkung. ad 1. Der Haupt- und wesentliche Theil der Massora, *der* nemlich, welcher die Form der Wörter und wie oft dieselben vorkommen bespricht, zerfällt in 2 Theile. Der *eine* giebt nur die ausnahmsweise oder selten, gewöhnlich nur 1 oder 2 Mal bisweilen 3 Mal höchstens nur 4 Mal vorkommenden Wortformen an; diese gruppirte man nach gewissen Aehnlichkeiten und ordnete die einzelnen Wörter jeder solchen Gruppe entweder alphabetisch (א"ב) oder nach Zahl s. § 5. Der *andere* und wahrscheinlich, wie sich das auch aus den älteren Handschriften ergiebt, erst später aus dem ersten entwickelte Theil beschäftigt sich überhaupt mit der *Zahl* d. h. wie oft ein Wort in der heiligen Schrift vorkommt, so dass sich oft der Grund der Angabe gar nicht absehen lässt, wie wenn bemerkt wird, dass z. B. בֵּינֵי 139 Mal, ראשׁי 151 Mal vorkommt. Bemerkungen dieser letzten Art reihen sich nur an das betreffende Wort an, bezeichnen die Zahl des Vorkommens, und können demnach zu keinem allgemeinen Satze sich erheben[1]). — Unser Buch beschäftigt sich nur mit dem ersten Theile, während die gedruckte Massora beide zusammenfasst; folglich ist schon aus diesem Grunde die letztere umfangreicher als das ס׳ אכלה ואכלה. Kommt nun aber hinzu, dass R. Jac. b. Chajim, der erste Herausg. der gedruckten Massora verschiedene Mpte. benutzte, die selbst zum ersten Theile viele Sätze enthalten, welche unser Buch nicht hat, so ergiebt sich daraus die Richtigkeit unserer ad 1 gemachten Behauptung und Levita hat Unrecht, wenn er sagt, der *grösste* Theil der in der ed. Bomb. gedruckten Massora sei unserm Buche entnommen. — ad 2. Dies geht daraus hervor, dass *erstens* unser Buch 56 Artikel hat, die in der gedruckten Massora gar nicht vorkommen. Aber auch *zweitens* in den Artikeln, welche die Massora scheinbar nach unserm Buche anführt, sind so viele Lücken, dass man trotz Levita's Ansicht zweifeln muss, ob unser Buch von R. Jac. b. Chajim wirklich benutzt worden sei. Aus den vielen Beispielen, die wir in unsern „Nachweisen u. Bemerkungen" darüber angeben, möge hier nur folgendes angeführt werden. Mf. מ, 6. bemerkt der Herausgeber, dass er von dem alphab. Verzeichnisse der Wörter, die mit ומ׳ anfangen und nur ein Mal vorkommen nur die vom Buchstaben ל׳ an gehabt habe, während er die von א׳—ל׳ *einzeln* habe zusammen suchen müssen. Hätte er nun unser Buch vor sich gehabt, so würde er ja das vollständige Verzeichniss in Nr. 18 gefunden und selbst in denen von ל׳—ת׳ viele Lücken ausgefüllt haben. — Ebenso die 3 Artikel Mf. חילופי קריאה, 8. 9. 10. die so verworren und lückenhaft sind, dass sie selbst ein Heidenheim nicht verstand und deren Sinn und Verbesserung ich erst nach langem Nachdenken gefunden zu haben vermuthen durfte. Meine Vermuthung fand ich

1) Den noch Ungeübten mögen folgende Beispiele das Gesagte klar machen: Eine Gruppe von selten vorkommenden Wörtern hat die Eigenthümlichkeit gemeinschaftlich, dass sie nur *ein Mal* ohne und ein Mal mit Waw copulat. vorkommen; die Wörter dieser Gruppe stellt nun die Massora alphabetisch zusammen in Nr. 1 unseres Buches; ebenso die Gruppe von W. die nur ein Mal *ohne* und ein Mal *mit* ב׳ praefix. vorkommen, wovon Nr. 6 unseres Buches handelt u. s. w. — Wenn aber in der Massora bemerkt wird z. B. יְאָבִי kommt 9 Mal, הָאֲנִיָּה 16 Mal u. s. w. vor, so gehört solche Bemerkung zum zweiten Theil und nicht zu unserem Buche. Darum haben wir auch im Vorworte behauptet, dass das, was in unserm Buche nach Nr. 374 folgt, späterer Zusatz sei, weil es Bemerkungen der letzten Art sind. —

aber so recht bestätigt in Nr. 274 unseres Buches, die ich durch anschauliche Darstellung klarer gemacht zu haben hoffen darf. — Der Herausgeber der M. hat den Artikel, wenn er ihn anders vor sich gehabt, auseinander gerissen (wie er oft auch unser B. missverstanden hat, s. z. B. Nr. 30, 195, 344 und unsere Bemerkungen dazu) und dadurch eben unverständlich gemacht. Nehmen wir nun noch die vielen andern lückenhaften und corrumpirten Stellen der M. m. hinzu, die durch unser Buch ihre Berichtigung finden, so ist unsere Behauptung gewiss begründet. — Was nun 3, 4 und 5 betrifft, so ergiebt sich das darin Behauptete für jeden aufmerksamen Leser so von selbst, dass ich weiter keine Beweise dafür anzuführen brauche und will hier nur anschliesslich bemerken, dass unser Buch in der Regel die Anfangsworte des betreffenden Verses citirt und in der Reihenfolge der BB. der heil. Schrift gewöhnlich Jes. auf Jerm. und Ez. folgen lässt; die BB. der Chr. zuletzt hat; die 5 Megilloth aber bald vor den Psalmen, bald vor den BB. der Chr. anzeichnet; sie bisweilen aber auch unter den Hagiogr. zerstreut angiebt. s. z. B. Nr. 111, 112, 113, 117, 119, 127, 128 u. A.

§ 9.

Name und Alter unseres Buches. Dass die Alten, wenn der Verfasser eines Buches nicht bestimmt anzugeben und der Inhalt, wegen Gemeinschaftlichkeit mit andern Schriften ähnlicher Art nicht bezeichnend genug war, die Werke oft nach ihren Anfangsworten benannten, ist bekannt und so hat gewiss Levita das Richtige, wenn er daher auch den Namen unseres Buches, das mit אכלה ואכלה anfängt, ableitet. — Ueber das Alter desselben lässt sich nichts Bestimmtes angeben [1]), nur so viel ist gewiss, dass es von zwei Zeitgenossen, die beide in der letzten Hälfte des 12ten und Anfangs des 13ten Jahrhunderts lebten, unter diesem Namen angeführt wird.

Bemerkung. Ob unser Buch immer diesen Namen führte, oder ob nicht vielmehr die Alten es als מסורה הגדולה kannten und unter diesem Namen anführten ist noch ungewiss und bedarf der Untersuchung. Die Ueberschr. uns. Mpts. lautet: בעזרת שוכן מעלה, אכתוב מסורה הגדולה. Es lässt sich freilich nicht nachweisen, ob diese Worte dem Verfasser oder dem Abschreiber des Buches angehören; jedenfalls wurde es doch מסורת הגדולה genannt. Kommt nun noch hinzu, dass die ältern Massorethen, wie Levita in der 3ten Vorrede zum Mass. Hamass. angiebt, ihre gesammelten Bemerkungen nicht bei der Bibel, sondern in besondern Heften niederschrieben [2]) so kann unser Buch zu derselben Klasse gehört haben und mit dem allgemeinen Namen מסורה הגדולה bezeichnet worden sein. — S. R. Tam in ספר תשובות דונש בן לברט (ed. Filipowski Lond. und Edinb. 1855) S. 11, wo er von der מסורה הגדולה spricht und bemerkt, dass viele Widersprüche daher rühren, dass manche Schreiber derselben eine Angabe, die mehre Blätter früher gestanden vergassen und sie daher, weil sie ihnen zu fehlen schien, in einen spätern Art. irrthümlich eintrugen [3]). Dieses kann aber nur auf Schriften, wie das ס׳ אכלה ואכלה (s. das dort angeführte Beispiel in uns. B. Nr. 59 u. 70.) oder auf dieses selbst bezogen werden und wird es also auch hier מסורת הגדולה genannt. — Wenn Lebrechts, auf מנחת שי zu Ps. 118, 14. gestützte Bemerkung (s. dessen Noten zu Kimchi's ס׳ השרשים S. 26) richtig ist, dass Juda ben Balaam (1070—1100) unser Buch gekannt hat [4]), so führt es auch da nur den allgemeinen Namen מסורת, indem es daselbst

1) R. Gerschom Meor Haggola (960—1028) scheint es nicht gekannt zu haben, s. Nr. 76 und uns. Bemerkg. dazu.

2) Es heisst daselbst: אך כתבו דבריהם קונטרס קונטרס ילמדים ברבים ונתפשטו ההעתקות ההם הנה והנה והסופרים כותבי ספרי המקרא לקטו מהם איש כל הישר בעיניו וכתבום סביב הגליונות למעלה ולמטה וכ׳ S. auch בין לתורה von Dr. A. Worms S. 18a: והמסורה בצורה הזאת (בקונטרסים מיוחדים) הקדומה עוד היא היום בהרבה מקומות באוצרות הספרים כתבים בדיו על הגויל כרכים גדולים וכו׳.

3) S. Nr. 59 Anmerkg. 1. Ich will aber nicht verschweigen, dass R. Tam an einer andern St. (auf ders. Seite) unser Buch nicht vor sich gehabt zu haben scheint, wenn er sagt: והמסורה אומר כי אם (הם?) שנים חד אל מלאכת וחד על מלאכת ונתתי אל לבי להשיבן על כנם וכו׳, was nach unserm Buche nicht der Fall ist, da es Nr. 2. nicht gerechnet wird; s. unsere Bemerkung zu dieser Stelle.

4) Uebrigens lässt sich grade aus dieser Stelle beweisen, dass b. Balaam uns. Buch nicht gekannt und vielmehr die Bemerkung einer M. parva gemeint hat, weil er sonst nicht angeführt hätte לי׳ רכוות׳, sondern etwa: לפי שמצאנו במסרת שהוא מן א״ב חד א׳ וחד יא׳, wie es unser Buch angiebt. S. Aehnliches bei Kimchi Michlol S. 199a (ed. Venet. parv.) wo er zuerst anführt

heisst: לפי שמצאנו אכלה כשילה במסורת לי׳ דכוו׳ und etwas weiterhin: ועד קרבה אל נפשי נאלה מצינו במסורת לי׳ דכוות׳ וכו׳. — War also unser Buch unter dem allgemeinen Namen מסורת הגדולה oder מסורת wahrscheinlich schon früh bekannt, so tritt es als ס׳ אכלה ואכלה doch zuerst auf, in der Mitte des 12ten und Anfang des 13ten Jahrhunderts bei Kimchi (s. Michlol ed. Venet. parva S. 137 und 199 und im W.-B. s. v. קרב), Jos. ben Aknin und einem ungenannten Verfasser von Schlachtregeln in arab. Sprache; dann in der Mitte des 13ten Jahrhunderts bei Jsaac b. Jehuda im Buche האשל (s. „Notiz" v. M. Steinschneider in „Jüdische Zeitschrift für Wissenschaft und Leben" von Geiger S. 232 und besonders 316 Anmkg. 31. Graetz Gesch. d. Juden Bd. 5. S. 555. Amerkg. und B. Chananja 1862. S. 57 und 58 von Chalil=Neubauer) und wird zuletzt mit Benutzung desselben erwähnt von Levita im Mass. Hamassor. und in der Anmerkung zu Kimchi's W. B. l. c. — Seit dieser Zeit wird es nur genannt aber nicht mehr gekannt.

§ 10.

Alphabetische Zusammenstellung und Erklärung der eigenthümlichen Ausdrücke und Abkürzungen, die in unserem Buche vorkommen, wobei zu bemerken ist, dass die einzelnen Buchstaben als Zahlen gebraucht werden.

אוריתא Pentateuch.

איתֿ ist.

אן דאית da, wo ist oder stattfindet s. Nr. 291.

ב׳ בו a, es kommen zwei darin (im Verse) vor.
b, das zweite darin (im Verse), mit Ausschluss des ersten. —

ב׳ בפ׳ Kommt 2 Mal im Verse (בפסוק׳) oder im Abschnitte (בפרשה) vor.

בהעלותך d. Wochenabsch. Num. 8, 1. bis 12, 16.

בלישנ׳ in ähnlicher Form, so dass dabei auf Prä- oder Suffixe keine Rücksicht genommen wird.

בלק d. Wochenabsch. Num. 22, 2. bis 25, 10.

במ״א, במ״ב, במ״נ mit Ausnahme einer, zweier und dreier Stellen = בר מן א׳ u. s. w.

בראשי׳, בראשית d. Wochenabsch. Gen. 1, 1. bis 6, 9.

בתר׳, בתרא das letzte.

דאית s. אן

דאורית׳ s. אורית׳

דבלק s. בלק

דבהעלותך s. בהעלותך

דבראשי׳ s. בראשית

דבתר׳ s. בתרא

דגש mit Dagesch versehen; hörbar.

ד״ה, דד״ה die Bücher der Chronik.

דויצום die Stelle, in welcher וַיְצַוֵּם vorkommt Ex. 6, 13.

דין dieses, das Erwähnte.

דיש׳, דישע׳ im Buche Jes.

דכו׳, דכוות׳ desgleichen, ebenso.

דכי תשא im Wochenabsch. Ex. 30, 11. bis 34, 35.

דכר = זכר männlich, Mann.

דמ׳, דמל׳ im Buche der Könige.

דמ׳ קדמ׳, דמ׳ תני׳ = דמשכנא קדמא, תנינא, in der ersten Beschreibung der Stiftshütte = Ex. 25, 1. bis 27, 20. und in der 2ten Beschreibung Ex. 36, 8. bis 38, 20.

דמ״ת = דמשנה תורה. Deuteronomium.

דנחשון in dem Abschnitt der Fürstenopfer, in welchem Nachschons Opfer erzählt wird. Num. 7, 12 bis 17.

דס׳, דסמ׳ = דסמיכין, דסמיך, welche stehen bei ...... verbunden sind mit ......

דעל, דעל׳, דעלם bei welchem — davor oder danach — steht .. vorkommt. ....

דעמון, unter den Völkerprophezeihungen des Amos, diejenige, welche auf Ammon sich bezieht, Amos 1, 13. bis 15.

(נְבָל, נֶבֶל): והמסורת עליו לי׳ פתח und ebenso לי׳ קמץ und dann dieser Bemerkung beifügt: וכן מצאתי בספר אכלה ואכלה das also der kurzen Bemerkung der Mp. gegenüber gestellt wird, s. No. 23.

דפ׳ = דפרשה, im Abschnitt . . . . .

דפנחס im Wochenabschnitt dieses Namens, Num. 25, 10. bis 30, 2.

דפס׳ = דפסוקא, im Verse.

דצפרדעים im Abschnitt von der Plage der Frösche, Ex. 7, 26. bis 8, 12.

דקרח im Wochenabsch. dieses Namens, Num. 16, 1. bis 18, 32.

דראה im Wochenabsch. dieses Namens, Deut. 11, 26. bis 16, 18.

דשמ׳ / דשמו׳ } in den BB. Samuelis.

דשמות im Wochenabsch. Ex. 1, 1. bis 6, 2. Auch das Buch Exod.

דשמיני im Wochenabsch. dieses Namens, Lev. 9, 1. bis 11, 47.

דתהי׳ = דתהלים, in den Psalmen.

דתי׳ כהנים im Buch Leviticum.

ואפ״ס = ואהד פסוק סימן, ein Vers mag als Denkzeichen dienen (f. die gemachte Bemerkg).

וידבר = ס׳ במדבר, d. B. Numeri.

וי״ס = ויש ספרים, in einigen Schriften (ist eine andere Leseart).

ויקהל der Wochenabsch. dieses Namens, Ex. 35, 1. bis 38, 20.

ות״ע = s. ת״ע.

חברו / וחברו } und das andere (Aehnliche von zweien).

חסר / וחסר } def. (Jod oder Waw).

ל׳, לי׳ = ליה d. h. es kommt nicht wieder so vor; kommt nur ein Mal vor.

כ״כ = כתיב כן, ist so geschrieben (ausnahmsweise).

כת׳ = כתי׳, wie das Vorige.

מיסיהון = מצע s. unten.

מלעיל oben. / מלרע unten. } a. in Beziehung auf Vocale; dann bezeichnet „oben" einen langen Vocal und „unten" einen kürzern; ebenso bei einem Vocal im Gegensatz zu Schwa oder einem aus Schwa entstandenen kurzen Vocal. b. in Beziehung auf Accente, dann heisst „oben" die Betonung der vorletzten und „unten" die Betonung der letzten Silbe; oder c. „oberhalb" und „unterhalb" des Buchstaben s. Nr. 96 am Ende.

מצע׳ / מציע׳ } in der Mitte.

נ״ב = נכתב בצדו, bei der Seite ist bemerkt.

עקב, דפ׳ am oder gegen Ende (des Verses), wodurch die frühern ähnlichen im Verse ausgeschlossen werden. S. 31a 3. 35a 17 ff.

פ״ה der Buchstabe Pe.

פשט, פשטן der Vocal Pathach.

צבחר wenig, klein. Besonders das „kleine" Pathach = Segol zu bezeichnen.

צ״ל / הצ״ל } = היה צריך להיות, צריך להיות, müsste so od. so sein, heissen.

קד׳ = קדמא, das erste.

קד׳ דס׳ = קדמא דספרא, das erste im Buche; es soll die folgenden im Buche ausschliessen.

קד׳ דפ׳ = קדמא דפסוק׳, das erste im Verse.

ק״ו = קל וחומר, die Schlussregel vom Leichteren auf das Schwerere und umgekehrt s. Nr. 182.

(כל) קרי׳ die heil. Schrift.

ריש׳ am Anfang.

ר׳ ספר׳ = ריש ספרא, am Anfang des Buches.

ר״פ = ריש פסוק, am Anfang des Verses.

שים אנש der Eigenname eines Mannes.

שום איתתא der Eigenname einer Frau.

ת״ו der Buchstabe Taw.

תלת׳ das dritte.

תנ׳ das zweite.

ת״ע = תרי עשר die 12 kleinen Propheten.

תר׳ = תרווייהו, beide,

תר׳ דמ׳ beide in den BB. der Könige.

תר׳ דד״ה beide in den BB. der Chr.

Die Hauptabkürzungen in den Noten sind:

Mf. = Massora finalis (die bei dem Buchstaben bezeichnete Zahl soll angeben, der wievielste Artikel unter dem bezeichneten Buchst. gemeint sei; in der gedruckten Mf. sind die Artikel zwar nicht numerirt und beziehn sie sich nur auf unsere Bearbeitung derselben; doch ist der Artikel dadurch leichter zu finden.

Mm. = Massora magna d. h. die M. über und unter den Columnen.

M. marg. = Massora marginalis d. h. die Bemerkungen, welche an den äussersten Rändern des Textes angebracht sind, im Gegensatz d. Mp.

Mp. = Massora parva, kleine oder kurze Massora.

Mpt. Hamb. = ein seltenes Mpt. der Bibel in der Hamburger Stadtbibliothek. (Kennic. cod. 612). Dieses ist aus hier nicht zu erörternden Gründen, ganz wahrscheinlich vom Punctator Simson (ר' שמשון הנקדן) corrigirt, was ihm bedeutenden Werth giebt, ähnlich dem Mpt. Heidenheims von 1294).

מ"ש = מנחת שי, das grosse und wichtige kritische Werk des R. S. Norzi.

Hiermit glaube ich das Verständniss unseres Buches erleichtert und zu seiner weitern Verbreitung beigetragen zu haben, was ja Hauptabsicht bei der Abfassung dieser Paragraphen war.

Nachweise und Bemerkungen

zu

den einzelnen Angaben.

Nr. 1. Dieses Verzeichniss ist auch in Mf. aufgenommen und an verschiedenen andern Stellen der Mm. theilweise wiederholt, doch so, dass erstere dasselbe unter die betreffenden Buchstaben vertheilt hat, wie R. Jac. b. Chajim (der erste Herausgeber) am Schluss des Buchstaben ב (Mf. ב׳. 7.) hinzufügt: והוא כן א״ב חד א׳ יחד יא׳ ואני חלקנו כל הא״ב אשה אל אחותה וכל דרשה בהרשה ומצאנה עכ״ל המעתיק. Wir werden die Nachweise bei jedem einzelnen Buchstaben bemerken.

א׳. Die Angabe dieses Buchstaben ist in der gedruckten Massora angeführt: Mm. zu Ex. 1, 1. (innere Umschrift) unter אלפא ביתא; Ruth 2, 2. unter זוגין und ist auf Mf. hingewiesen; ebenso Cant. 7. 8. mit der Angabe כ״ג זוגין und Mf. א׳. 13. unter מלין. Unser Verzeichniss hat 23 Wörter, während Mf. l. c. 25 aufzählt, indem אֲפַלֵּל und אֲלַקֳטָה mitgerechnet werden, die bei uns fehlen: ebenso sind Ex. l. c. 23 aufgezählt, wo אֶצְעָדָה fehlt, dafür aber אֲפַלֵּל gerechnet wird. Wenn daher Cant. l. c. 23 Paare (כ״ג) angegeben werden, so scheint der erste Herausgeber unser Verzeichniss oder das zu Ex. vor sich gehabt zu haben, während er dasselbe zu Mf. um zwei vervollständigt. Dass aber auch selbst die Angabe der Mf. nicht vollständig ist, geht daraus hervor, dass manche ähnliche Wörter ausgelassen sind: so fehlt z. B. unter א׳: אַחַר (Gen. 34, 19.) und וְאַחַר (ibid. 32, 4.); אָפָה (Gen. 19, 3.) und וְאָפָה (Jes. 44, 15.) zu welchen die Mp. jedesmal bemerkt ל׳, d. h. es kommt nur ein M. so vor. Ebenso unter ב׳. בֹּאָה (I. Reg. 13, 7.) und וּבֹאָה (1. S. 20, 21.), wozu gleichfalls Mp. bemerkt ל׳. — Ueberhaupt darf man bei Bezeichnungen, wie א״ב, שטה, מלין u. dgl. nicht immer eine ausschliessende Vollständigkeit annehmen, weil theils die Massorethen selber solche bei derartigen Angaben nicht voraussetzten (s. הכרעות ר״ת in ספר תשובות דונש ed. Filipowski S. 11. wo es heisst: וכן מצאתי בהרבה כללות שלא נתן בהם חשבון שכתב ושייר und unten Bemerkg. zu No. 59.), theils durch Versehen des Abschreibers (oder Druckers) oder aus Mangel an Raum im Mpt. manche Stelle ausgelassen ist. So wird beispielsweise — wie Heidenheim in einer Notiz bemerkt — Mf. ב׳. 13. ein alphabetisches Verzeichniss von Wörtern angeführt, die 2 M. in demselben Verse vorkommen, wo aber das W. מִיץ, das 2 M. in einem V. (Prov. 30, 33.) vork., nicht angeführt ist, obgleich die Mm. z. St. bemerkt, dass es zu dem bezeichneten alphab. Verz. gehört und auf Mf. l. c. hinweist? Es muss also hier aus Versehen ausgefallen sein. — S. uns. Bemrkg. zu Nr. 58.

ב׳. Diese Angabe befindet sich Mf. ב׳. 7. Es ist auffallend, dass die 1. Ausg. (Bomb. 1525.) in der Ueberschrift י״ז (17) angiebt, aber 19 Wörter aufzählt, indem sie בְּמוֹרָה und בְּעַבְדוּתֵנוּ hinzufügt? Die Rabb. Bib. ed. Buxt. hat י״ג = 13, was gewiss falsch ist. — Unser Buch scheint das Richtige zu haben, indem das ב in בְּמוֹרָה (ohne Waw) ein Schwa, in וּבַמּוֹרָה (mit Waw) aber ein Pathach (wegen des ausgefallenen Artikels) hat, und also beide nicht dieselbe Form haben, wovon ja nur unsere Angabe spricht. So wird בְּבַרְזֶל und וּבְבַרְזֶל als je nur ein M. vorkommend in unserm Verz. gezählt, obgleich ein M. auch וּבַבַּרְזֶל (2. Chr. 2, 6.) vorkommt; dies wird aber nicht berücksichtigt, weil hier nur von zwei gleichförmigen (das ב mit Schwa) die Rede ist. S. auch unten בֵּרֵךְ u. וּבֵרֵךְ, obgleich auch וּבֵרַךְ mehrmals vork.; ebenso בְּצָרָה obgleich auch בַּצָּרָה vork. Was

בַּעֲבֵרוֹתֵנוּ betrifft, so führt Heidenheim in der Concordanz eine Handschrift an, welche nach dem Taw ein Jod liest, wonach es zu וּבַעֲבֵרוֹתֵינוּ, das def. י׳ steht, nicht passt. Auch an der Zusammenstellung sieht man, dass diese beiden eigentlich Randbemerkungen waren, wie etwa in uns. Buche das ולבר מכיסורתא und dann, durch Aufnahme in den Text unmerkliche Einschaltungen geworden sind. —

ג׳. Die Angabe dieses Buchstaben befindet sich in Mf. ג׳, 2. unter ה׳ זוגין und sind dieselben 5 Paare, die bei uns gezählt sind.

ד׳. Die Angabe unter ד׳ ist aufgenommen unter ב׳ זוגין מֵיהֲדִין in Mf. ד׳, 2 und Cant 8, 11.

ה׳. Was die Angabe zu diesem Buchstaben betrifft, so ist sie abgedruckt Mf. ה׳, 19 unter כילין: Gen. 35, 2. unter א״ב und unter י״ח זוגין Gen. 34, 5. (eigentlich 31, 1.); in beiden letzten Stellen ist auf Mf. hingewiesen. Ebenso ist im Mpt. Hamb. zu Num. 15, 27. י״ח זוגין angegeben. Während nun aber Mf. l. c. 23 Wörter angeführt sind, hat unser Buch nur 18, indem es die Wörter הַטְּהֹרִי, הַטִּי, הַפִּשִׁיט, הַהָיִתֶם und הַצְּלִיחָה auslässt. Das Mpt. Hamb. lässt sie gleichfalls aus und giebt, wie bemerkt, י״ח (= 18) an, zählt aber dennoch 19, indem es הַמְשַׁלַּחַ (Ps. 104, 10.) und וְהַמְשַׁלֵּחַ (Lev. 16, 27.) mitzählt. Die Angabe א״ב und י״ח זוגין scheinen also auf unserm Buche zu beruhen, während der Herausgeber d. Mf., weil er die Angabe erweitert, den unbestimmten, weitern Ausdruck כילין wählt, Aber auch die Angabe zu Mf. l. c. lässt sich noch weiter vervollständigen, wie wir das beispielsweise an dem הַמְשַׁלֵּחַ des Mpt. Hamb. wie auch etwa an הָאֱמוּנָה (Jer. 7, 28.) und וְהָאֱמוּנָה (Jes. 11, 5.) ersehen können.

ו׳. Ist angeführt unter ד׳ זוגין Mm. zu Prov. 23, 21. und, ohne Aufzählung der Wörter, Mf. ו׳ 1.

–ח׳. Die Angabe ist unter י״ב זוגין angegeben Mf. ח׳ 4. Unser Buch hat nur 9 Wörter und lässt חֻטְאוֹת, חוֹבֵר und חֲנִיאֵל aus. Ebenso hat Mpt. Hamb. an zwei Stellen ט׳ זוגין u. s. w. Wenn wir auch augenblicklich f. die Auslassung des חוֹבֵר und וְחָבֵר¹) keinen Grund angeben können, so dürfte חַטָּאוֹת desswegen fehlen, weil es nach dem Chetib nochmals (Dan. 9, 24.) vorkommt, s. Mf. חט, 3. und

1) Sollte es etwa darum nicht hierher gehören, weil es zu einer andern Angabe gezählt wird, wonach das eine ohne Waw am Anfang aber pleno Waw in der Mitte und das andere umgekehrt geschrieben wird? s. Mf. י׳, 59 und unten Nr. 248.

Mm. 2 Reg. 12, 17. (wo es heissen muss: נ׳ מלא בלישנ׳ und מ״ש zu Dan. l. c.¹). חֲנִיאֵל wurde vielleicht חֲנַאֵל gelesen (s. Fürst W. B. s. v.) und gehört darum nicht hierher.

ט׳. Diese Wörter sind angeführt unter נ׳ זוגין Mf. ט׳. 1. und unter א״ב Gen. 43, 16.

י׳. Die Angabe dieses Buchstaben ist angeführt:

a) unter י״ה זוגין in Mf. י׳, 1. ed. Bomb. von 1525, die aber dennoch 26 Wörter aufzählt.

b) unter י״ה זוגין in Mpt. Hamb. zu Gen. 1, 26. wo aber 20 W. angeführt werden.

c) unter כ״י זוגין. Mf. l. c. in d. Rabb. B. ed. Buxt. und

d) unter א״ב, in unserm Buche, das 23 Wörter zählt. Die drei bei uns fehlenden sind: יִשְׂרְצוּ, יַעֲרֹךְ und יִתְגַּנֵּב — Uebrigens sind alle genannten Angaben unvollständig; denn nicht nur, dass zu den 26 der Mf. noch יֹאכְלוּהָ und יֹאחֲזוּ²) des Mpt. Hamb. hinzuzuzählen sind, es fehlen auch beispielsweise יִמְנַע (Ps. 84, 12.) und וְיִמְנָע (1 Chr. 7, 36.) welches Heid. aus einem Mpt. aufführt; יַקִּירָא (Dan. 2, 11.) und וְיַקִּירָא (Esra 4, 10?); יְבַטֵּא (Lev. 5, 4.) und וַיְבַטֵּא (Ps. 106, 33.) zu welchen die Mp. immer ל׳ d. h. sie kommen nur ein Mal vor, angiebt. Das Richtigere hat also unser Buch; es zählt ein Alphabeth, das aber, wie schon oft bemerkt, noch Zusätze zulässt. Die Gezählten sind aber richtig, was bei den obigen Zusätzen nicht immer der Fall ist.

כ׳. Dieses Verzeichniss ist angeführt Mf. כ׳ 5. unter ט״ו זוגין = 15 W., während unser Buch nur 14 hat und das כֹּהֵן und וְכֹהֵן auslässt. Auch hier ist unsere Angabe unter א״ב die richtigere, da die Zahl ט״ו unvollständig ist; so fehlt beispielsweise כַּדִּים (1 Reg. 18, 34.) und וְכַדִּים (Jud. 7, 16.) u. a. m.

ל׳. Die unter diesem Buchst. angeführten Wörter sind angegeben Mf. ל׳ 9. unter אלין זוגין; in Mpt. Hamb. zu

— — —

1) Fürst und ebenso Buxt. haben es in d. Concordanz ohne Weiteres unter pl. חַטָּאֹת gezählt, wie es auch die Ausgg. haben, was nach obiger Angabe unrichtig ist.

2) Mpt. Hamb. l. c.

heisst: יֹאכְלוּהָ, בחצר אהל מועד Lev. 6, 9.

וְיֹאכְלוּהָ, בני נשר Prov. 30, 17.

יֹאחֵז, בעקב פח Job 18, 9.

וְיֹאחֵז, צדיק דרכי Job 17, 9.

Es kommt aber וַיֹּאחֵז noch ein Mal vor (Jes. 5, 29.)?

Lev. 7, 37. unter ע״י soll wohl ק״י heissen?). Unser B. zählt nur 15, während in Mf. l. c. 17 angeführt und לִיכַּר und לְשַׁלִּישׁ hinzugefügt sind. Das Mpt. Hamb. lässt, wie in unserm B., die beiden letztern aus, rechnet aber dafür לִנְטֹעַ und לְאָב, so dass es im Ganzen 19 wären? —

מ׳. Diese Angabe ist unter י״ח זוגין angeführt Mf. מ׳, 5. und unter א״ב Gen. 11, 32. Auch diese Zahl ist nicht vollständig; so fehlt z. B. מַכָּתִי (Jer. 10, 19.) und וּמַכָּתִי (Jer. 15, 18.)? —

נ׳. Die Wörter des Buchst. נ׳ sind unter ט״ו זוגין angeführt Mf. נ׳, 1. und unter י״ זוגין Esra 8, 31., wo auf Mf. hingewiesen wird. — Unser B. hat 15 St. und stimmt mit Mf. l. c.

ס׳. Diese Angabe befindet sich unter ה׳ זוגין Mf. ס׳, 1. 8. auch ס״ש Ps. 29, 6.

ע׳. Angegeben unter ה׳ זוגין in Mf. ע׳, 1. Es werden daselbst auch nur die ersten 8 Wörter unseres Buches aufgezählt, so dass עָזוּב, עֲפָרִים und עֲנִיתָם fehlen. Heid. führt aus einem Mpt. eine unbestimmte Zahl von W. an, die ein Mal mit ע׳ und ein Mal mit וע׳ anfangen. Dieses zählt auch die bei uns angeführten auf, nur dass statt עַיָּה und וְעַיָּה angeführt ist עִזּוּז (Ps. 24, 8.) und וְעִזּוּז[1]) (Jes. 43, 17.) Aber auch diese 12 sind nicht vollständig, denn es fehlt z. B. עֲנָיָה (Neh. 10, 24.) und וַעֲנָיָה (Neh. 8, 4.) wenn nicht das erste עֲנָיָה gelesen werden soll, wie d. Cod. v. 1291 nach Heid. liest. — Ueber עַיָּה s. unter Bemerk. zu den einzelnen Wörtern.

פ׳. Ist ebenso unter ד׳ זוגין Mf. פ׳, 1. angeführt.

צ׳. Ebenso Mf. צ׳, 1. unter ב׳ זוגין.

ק׳. Diese Angabe befindet sich unter ה׳ זוגין in Mf. ק׳, 1. und unter ד׳ זוגין Mm. Job 29, 20. Unser Buch hat, wenn wir das später hinzugefügte קָרְבָה abrechnen, nur 4 St. und ist als א״ב richtig, da dieses, wie schon bemerkt, Zusätze zulässt. Die Angabe ד׳ זוגין hat an die Grundangabe (in unserm B.) gedacht, war aber dadurch gezwungen, manche auszulassen (obgleich sie קֻבַּל und וְקֻבַּל hinzufügt, wodurch es 5 werden trotzdem, dass sie nur 4 in der Ueberschrift hat); die Angabe Mf. l. c. hat's in ה׳ = 5 verwandelt, weil sie (wahrscheinlich durch eine Glosse) קִיטֹר einschiebt, ohne dass dadurch die Zahl vollständig wird. Zu den 4 in unserm B. erwähnten kommen zunächst hinzu: קִיטֹר, קָרְבָה und קֻבַּל; aber es giebt auch noch ausserdem manche, die hierher gehören. So bemerkt Heid. dass קִשְׁיוֹן (Jos. 21, 28.) und וְקִשְׁיוֹן (Jos. 19, 20.), zu welchen beiden die Mp. bemerkt ל׳; ebenso קִדְּשׁוּ (1 S. 7, 1.) und וְקִדְּשׁוּ (Micha 3, 5.) hierhin gehören. Wir sehen wieder, wie durch das Auseinanderreissen unserer Angabe, wodurch das זוגין statt א״ב entstehen musste, so viele irreleitende Fehler entstanden sind. —

ר׳. Die Angabe dieses Buchst. ist unter ב׳ זוגין angeführt in Mf. ר׳, 1.; ebenso ohne Aufzählung der Stellen, Mm. Gen. 32, 16. und Dan. 6, 25. Es sind die 9 bei uns aufgezählten ohne den Zusatz רַקָּה.

ש׳. Ist angegeben unter ו׳ זוגין in Mf. ש׳, 1. und ohne Aufzählung der St. Num. 2, 16., wo statt ו׳ gelesen werden muss ז׳. —

ת׳. Die Angabe des Buchst. ת׳ ist angeführt Mf. ת׳, 2. unter כ״ד זוגין כיהדין — Gen. 19, 19. sind, ohne Angabe der Zahl, 5 Wörter (in der Reihenfolge unseres Buches von תַּגְדִּל bis תָּרִין incl.) angeführt; unter זוגין und א״ב? sind sie, ohne Anführung der Stellen, angegeben Job 3, 4. Die in Mf. l. c. angeführten כ״ד זוגין sind ganz die in unserm B. unter א״ב angegebenen; doch ist auch diese Zählung nicht vollständig. So gehört beispielsweise noch hierhin: תְּבוֹאֵהוּ (Ps. 35, 8.) und וַתְּבוֹאֵהוּ (Ps. 109, 17.) zu denen Mp. bemerkt ל׳? —

Nr. 2. Dieser Artikel ist ausführlich mitgetheilt Mf. אל, 24 und ohne Aufzählung der Stellen angeführt Mm. zu Lev. 1, 12. Ez. 38, 2. (wo das בסיפרא hinter ולי׳ דכותהון falsch ist, da diese Angabe auf die ganze Bibel sich bezieht) Amos 3, 5. Prov. 24, 13. Job 38, 20 und Est. 3, 9. Mf. l. c. hat, ausser einigen Versetzungen zwei Zusätze, die aber das Gepräge der Unrichtigkeit an sich tragen. Unter dem Buchst. He wird (ed. Bomb. v. 1525) nach המהפכת angeführt: אֶל הַמְּזוּזָה (Ex. 21, 6.) und עַל הַמְּזוּזֹת ohne Angabe des dazu gehörigen Verses. Nun kommt aber הַמְּזוּזָה nur ein Mal vor und zwar mit vorhergehendem אֶל, wie diess auch aus einer von Heid. angeführten handschriftl. Massoraangabe[1]) ersichtlich ist. — Buxt.,

---

1) Wenn zu Jes. l. c. die Mp. bemerkt ב׳, so muss das entweder ל׳ heissen oder es bezieht sich auf beide, die ein Mal mit und ein Mal ohne Waw am Anfang vorkommen.

1) Dieselbe lautet: כל לישן מזוזת ,מזוזה על במ״ג אֶל וסי׳
והגעתם אל המשקוף ואל שתי המזוזת Ex. 12, 22.
והגישו אל הדלת או אל המזוזה Ex. 21, 6.
ולקח הכהן מדם החטאת ונתן אל מזוזת הבית · עב״ל Ex. 45, 19.

der wohl das Fehlerhafte, besonders da der entsprechende Vers fehlt, erkannte, suchte הַמְּזוּזָה durch מְזוּזַת zu verbessern, was aber schon dadurch unrichtig erscheinen muss, dass es dann unter dem Buchst. Mem aber nicht unter He stehen würde. Aber auch an sich ist diese Verbesserung falsch, da עַל מְזוּזַת nicht nur Ez. 46, 2., wie Buxt angiebt, sondern auch 1 S. 1, 9., also 2 Mal vorkommt, was gegen die Angabe unsers Artikels ist, der nur die ein Mal so vorkommenden verzeichnet. — Ebenso verhält es sich mit אֶל כְּלָאכֶת (in ed. Bomb. 1525). Für diese Verbindung wird nicht nur keine Belegstelle angeführt, sondern sie kommt auch wirklich nie so vor, wie auch andererseits עַל כְּלָאכֶת mehr als ein Mal vorkommt, was aus Mp. zu 1 Chr. 9, 19. 23. 4. und Esra 3, 8.[1] zu ersehen ist; sie gehören also nicht zu unserer Angabe, nach welcher jedes nur ein Mal vorkommen soll. Auch hier hat Buxt. eine vermeintliche Verbesserung vorgenommen, indem er הַמְּלָאכָה in מְלָאכֶת verwandelt, ohne wiederum zu bedenken 1. dass es dann nicht zum Buchst. Mem sondern zu He gehörte; besonders aber 2. dass עַל הַמְּלָאכָה nicht nur in der angegebenen Stelle (Neh. 11. 16.) sondern auch 1 Reg. 5, 30. und Neh. 5, 16., also mehrmals vorkommt, gegen die Angabe. Dasselbe ist der Fall mit אֶל קִילְךָ. ed. Bomb. das unter dem Buchst. ק׳ angeführt, von Buxt. aber mit Recht ausgelassen wird, da dieses Wort mit vorhergehendem אֶל gar nicht vorkommt und deswegen auch die Belegstelle ausgelassen ist. Aus Obigem geht hervor, dass unser Buch das Richtige und die Mf. irrthümliche Zusätze aufgenommen hat. Ueber das Einzelne w. u.

Nr. 3. Dieser Art. ist angeführt unter א״ב Mf. ה׳, 11. Mm. Gen. 22, 3. (wo die Beispiele aus dem Buchst. Ain angegeben sind und das א״ב דע׳ heissen soll: die Anführung aus dem alphab. Verzeichniss, den Buchstaben ע׳ betreffend, was nicht die gewöhnliche Bedeutung des דע׳

1) Wenn Mp. zu 1 Chr. 9, 19. bemerkt ל׳ d. h. es kommt nur ein Mal vor, so bezieht sich das auf die Phrase: עַל כְּלָאכֶת הָעֲבוֹדָה und es fehlt das Verbindungszeichen zwischen dem zweiten und dritten Worte — wie das Buxt. oft auslässt und dadurch bedeutende Irrthümer veranlasst hat. Zu 1 Chr. 23, 4. bemerkt die Mp. ב׳ d. h. es kommt 2 Mal vor, was sich aber wieder auf die Phrase: עַל מְלֶאכֶת בֵּית ה׳ bezieht, die nur 2 Mal vorkommt, wo dann wieder das Verbindungszeichen zwischen dem zweiten und dritten und zwischen diesem und dem vierten Worte fehlt. Zu Esra 3, 8. muss es statt ל׳ דסמיך heissen ב׳ דסמיך. Aus diesen Angaben geht hervor, dass עַל מְלֶאכֶת wenigstens 3 Mal vorkommt, s. ה״מ הברית l. c.

ist —) und unter שטה הרא Zach. 2, 12.[1] Mf. l. c. hat unter He noch eine St. mehr, als unser B., nemlich הַכֶּבֶשׂ אֶחָד u. s. w. Doch gehört dies nicht hierher; es ist ein irrthümlicher Zusatz und zwar aus folgendem Grunde: הַכֶּבֶשׂ הָאֶחָד kommt nicht nur, wie angegeben, Ex. 29, 39. vor, sondern auch Lev. 14, 12. Es kann also nicht zu unserm Art. gehören, der von Wörterpaaren handelt, die nur ein Mal ohne und ein Mal mit He vorkommen. Wenn nun aber die Mm. zu Num. 28, 4. bemerkt:

אֶת הַכֶּבֶשׂ אֶחָד ל׳ וחד אֶת הַכֶּבֶשׂ הָאֶחָד ׳ואלה שמות und auch die Mp. zu beiden bemerkt ל׳ וחד, so bezieht sich das nicht blos auf die Wörter את הכבש אחד sondern auf die ganze Satzform: אֶת הַכֶּבֶשׂ אֶחָד תַּעֲשֶׂה בַבֹּקֶר die nur 2 Mal und zwar ein Mal mit אֶחָד und ein Mal mit הָאֶחָד vorkommt, wonach die Mm. zu Num. l. c. zu verbessern ist. Es kann sich aber auch auf den „Anfang des Verses“ beziehen, denn so kommt jedes nur ein Mal vor, da Lev. l. c. in der Mitte des Verses steht. In Mp. l. c. muss dann nach ל׳ eingeschaltet werden ר״פ d. h. am Anfang des Verses. Auffallend ist, dass der so correcte עין הקורא zu Ex. 29, 39. angiebt: לית דסמיך וחד u. s. w. was, wie bemerkt, unrichtig ist; Heid. z. St. bemerkt nichts dazu. — Jedenfalls ist die Angabe unseres Buches die richtigere, die dieses Wörterpaar als solches auslässt. — Ob aber das א״ב oder שטה ein vollständiges Verzeichniss enthält, ist zweifelhaft: warum ist beispielsweise אָמַר קֹהֶלֶת (Koh. 1, 2.) und אָמַר הַקֹּהֶלֶת (Koh. 12, 8.) אַתֶּם בָּאִים (Esra 9. 11.) und אַתֶּם הַבָּאִים (Ez. 20. 29.), zu welchen Mp. bemerkt ל׳ d. h. jedes kommt nur ein Mal vor, nicht angeführt? — Ueber מִן סְעָרָה und מִן הַסְּעָרָה s. מ״ש zu Job 38, 1. und 40, 6.

Was nun aber den Ausdruck: קדמא und תנינא in unserer Angabe betrifft, so kann er nicht in dem gewöhnlichen Sinne, d. h. das erste und das zweite Mal seines —

1) In M. marg. zu 1 Reg. 8, 35. heisst's: כְּהֵעָצֵר שָׁמַיִם ל׳ וחד בְּהֵעָצֵר הַשָּׁמַיִם רד״ה ומשמש א״ב והוא חד מן י׳ זוגין ר׳ זוגין קדמא לא נסיב ה׳ ותנינא נסיב ה׳. wo das ר׳ זוגין schwierig ist. Heid. verbessert es mit dem ihm eigenen Tact in י׳ זוגין = 10 Wörterpaare und bezieht es auf die Wörterpaare unseres alphab. Verzeichnisses, die mit Beth anfangen, zu welchem auch בְּהֵעָצֵר gehört und deren grade 10 angeführt werden; א״ב bezieht sich also auf das Verzeichniss im Ganzen und das י׳ זוגין auf die, welche mit Beth anfangen, wie das דע׳ in Gen. 22, 3. auf den Buchst. Ain sich bezieht.

Vorkommens in der heil. Schrift genommen werden, da bei den angeführten Stellen bald das zuerst Vorkommende und bald das Nachhervorkommende ein He hat; sondern man muss — wenn man nicht lieber חד לא נסיב ה׳ וחד נסיב ה׳ lesen will — das קדמא und תנינא auf seine Stellung in unserm Verzeichniss beziehen und es soll heissen ein unvollständig alphab. Verzeichniss u. s. w., von denen hier im Verzeichniss das erste ohne und das zweite mit He angeführt ist. Heid. will das דלית auf diese Unregelmässigkeit beziehen, was aber nicht richtig ist; da dies, wie immer auf die Unvollständigkeit des Alphabets hindeutet, indem hier Wörter mit Daleth, Teth, Nun, Samech, Zadi und Thaw fehlen. —

Nr. 4. Dieser Art. kommt wie hier unter א״ב vor: Num. 4, 20. Ps. 71, 9. 89, 37. Prov. 5, 11. Koh. 7, 16. Dan. 4, 5. In allen diesen Stellen wird auf Mf. unter Buchstabe Beth hingewiesen, wo aber nichts davon erwähnt wird. In Ps. 71, 9. werden die drei Paare ב׳ הדכין (muss ב׳ ודכין heissen) angeführt, welche zum Buchst. Kaf gehören. Das ganze Verzeichniss scheint in den rabb. Bibeln ed. 1525 und ff. ausgefallen zu sein und hat sich gedruckt nur in der Ausg. Bomb. v. 1517 (am Ende) erhalten. Es unterscheidet sich von der Angabe unseres Buches darin, dass es: a, nicht hat: unter א׳, בארבעים אלה; unter ב׳, בכהר. במתים und der Buchst. כ׳ fehlt, wofür unser B. בשלמה hat: b, mehr hat, als unser Buch: בברזל und בצאתי ausserdem, dass es die Buchstabenordnung nicht beobachtet und z. B. בברזל nach Gimel, בזרע nach Chet und drgl. zählt und z. B. zu בככבים die Schriftst. fehlt. Was nun בברזל betrifft, so hat's unser Buch mit Recht nicht gezählt, da es ausser dem angegebenen (Jes. 10, 34.) nochmals (2 Chr. 2, 13.) also 2 Mal vorkommt. Freilich bemerkt Mp. zu Jes. 10, 34 ל׳; aber sie bemerkt auch zu 2 Chr. l. c. ל׳ und fügt hinzu אית בפסיק ב׳ ביתין was sich auf בנחשת בברזל und בארגמן בתכלה bezieht, bei denen beiden das zweite Wort ohne Waw copulat. steht. Vielleicht gehört das ל׳ אית zusammen und bezieht sich nur auf die genannten beiden Wörterpaare ohne Waw; doch darüber anderswo. Wenigstens hat unser B. an beiden Stellen, wie auch die Ausgg. haben בברזל gelesen. S. uns. Bemerk. zu Nr. 1. Buchst. כ. — Ebenso verhält es sich mit בצאתי, das 3 Mal vorkommt und also nicht hierher gehört. Auch hier wird freilich Mp. zu Job 29, 7. bemerkt ל׳ לעיל, was richtig ist, wegen des darauffolgenden שער, aber doch nicht von Einfluss ist auf unsern Art. Auch das Mpt. Hamb. zu Cant. 1, 1. zählt sie wie in uns. Buche. — S. מבין חרות zu Num. 4, 20. der, weil in der gedruckten Mf. die Angabe fehlt, die Stellen durch Aufsuchen zusammengestellt hat, wobei ihm aber mehrere, die die Mass. zählt, entgangen sind, er aber auch viele zählt, die in d. Mf. fehlen, worüber an passender Stelle Mehres. Schliesslich sei noch bemerkt, dass während bei den andern Buchstaben die Abwechselung des Beth und Kaf am Anfang des Wortes, sie unter dem Buchst. Waw, erst nach diesem stattfindet, weil, wie bekannt, nur wenige Wörter mit einem Stammwaw anfangen.

Nr. 5. Diese Angabe findet sich in Mf. א׳, 24 und mit Bezug darauf Mm. Koh. 12, 4. Erstere zählt dieselben Stellen auf, wie sie unser Buch hat, nur dass sie noch am Anfang אבל (Deut. 12, 23.) und אָבָל (Gen. 3, 11.) hinzufügt, welches vielleicht wegen des Anfangs durch Versehn des Abschreibers, in unserm Buche ausgefallen ist. Den Zusatz בכרים welcher bei uns unter לבד מבסידתא angeführt ist, hat Mf. nicht. — Ausserdem finden sich folgende kleine Verschiedenheiten: bei uns steht erst הֲנָחָה und dann הֲנָחָה weil das Pathach länger ist, als das Kam. Chatuf unter dem He von הֲנָחָה; Mf. zählt aber letzteres zuerst und scheint also, wenn's nicht ein Abschreibefehler ist, das Kamez unter dem ה als langes Kamez anzusehen, was unrichtig ist. S. unten Art. 23, wo es zu הר פתח וחד קמץ gerechnet ist? — Statt dass ferner bei uns unter dem Buchst. Nun zuerst נָתָן (Gen. 38, 9.) dem folgenden נָתַן (N. p. 2 Reg. 23. 11.) gegenüber gestellt ist, stellt die Mf. zuerst נָתָן (Num. 20, 21.) dem folgenden נָתָן l. c. entgegen und lässt das נָתַן unberücksichtigt. Hier scheint allerdings in unserm Buche ein Fehler zu sein, da das Kam. Chatuf ja kürzer ist, als das Pathach, wie auch נָתֹן als Cholam eigentlicher zu נָתָן als Kam. Chat. passt und auch נָתַן als Nom. propr. hier nicht gut hingehört? Uebrigens s. Mp. zu. Gen. 38, 9., wo zu נָתָן bemerkt ist: לית חטף קמץ וחד נָתַן, was Aehnlichkeit mit der Angabe unseres Buches hat. Heidenh. (im יום שכל zu Gen. l. c.) will es zwar, gegen R. Sal. Dubna im תקון סופרים (s. auch מבין חרות zur St.), verbessern in וחד נָתֹן nach Vorgang der Mf., was aber, so richtig es auch scheint, doch bedenklich ist, da diese Angabe in unserm Buche einen Anhalt findet. S. unten Art. 23. wo gleichfalls נָתֹן und נָתָן entgegengesetzt werden und worauf die Mp. sich bezieht.

Endlich hat Mf. bei מאירת und שְׁבַלְתִּי den Anfang des Verses, während bei uns ganz ungewöhnlich die Beweisstelle mit der Mitte des Verses anfängt.

Nr. 6. Diese Angabe ist angeführt: Mf. 'א. 11 unter א״ב יבי' חד א' יחד בא; ibid. 'ב. 5 unter א״ב חד חסר ב' יחד גביב בב' ב״ה mit Anführung der Stellen; unter זוגין Mf. 'ג. 1. 'ח. 16. 'כ. 1. und 'פ. 2. Prov. 8, 27. und Job 28, 9. Was nun die Hauptstelle (Mf. 'ב. 5.) betrifft, so fehlt nach אֲבָכִיךְ d. W. אֲבָרְכֵם, was unser Buch richtig hat. Dagegen fehlt bei uns: צְרִיָּה (Num. 35, 22) und בִּצְדִיָּה (ibid. 20) vor צִיתָן, zu welchen beiden aber die Mp. nicht bemerkt 'לי, was scheinbar für unser Buch spricht? — Mf. 'ג. 1. hat nur 3 Paare (ג' זוגין), indem גרין fehlt, was aber unrichtig ist. Die 7 Paare (ז' זוגין) in Mf. 'ח. 16. sind dieselben die hier unter dem Buchst. 'ח angeführt werden. Ebenso sind die Mf. 'ב. 4. angeführten 5 Paare (ה' זוגין) dieselben, die bei uns unter Samech vorkommen; wie auch die Mf. 'פ. 2. angeführten 3 Paare (ג' זוגין) den unsrigen unter 'פ entsprechen. Wenn Prov. 8, 27. es heisst: יאינין כן זוגין, so ist wohl richtiger בין ז' זוגין zu lesen. In Job 28, 9. aber ist ein Druckfehler und muss heissen: יאינין חד כן ה' זוגין חד ח' יחד בה' יכה יבי' בפעיכה איח ב״ה. und sind es die 5 bei uns aufgezählten Stellen.

Nr. 7. Dieser Art. ist ausführlich angeführt Mf. 'ה. 1 — und ohne Aufzählung der Stellen. Gen. 36, 38. Prov. 4, 15. Job 41, 15. S. auch ב״ש zu den St. und zu Deut. 14, 13. 2 S. 22. 43. Ps. 110, 3. 1 Chr. 1, 6. 7. — Mf. l. c. hat unter Beth בְּהַדְרֵי allein ohne קֹדֶשׁ, was aber in unserm Buche richtiger als Verbindung mit בְּהַדְרֵי־קֹדֶשׁ aufgezählt wird; denn mit קֹדֶשׁ kommt es nur ein Mal mit Daleth und ein Mal mit Resch vor; ohne קֹדֶשׁ kommt בְּהַדְרֵי (mit Resch) mehr als ein Mal vor als Ps. 57, 10. — וַיִּפְרֹן ist Mf. l. c. verschoben unter 'פ, was aber hier richtiger unter dem Buchst. Waw angeführt ist, wie die andern ähnlichen. — Die Angabe der Mm. und M. marg. Gen. 36. 39. zu הֲדַר und הֲדַד ist mit Recht Mf. l. c. und in unserm Buche unberücksichtigt geblieben, da הֲדַר (mit Resch) als Eigenname allerdings nur ein Mal vorkommt, wie M. marg. angiebt לית שים נבר; aber הֲדַד (mit Daleth) kommt ja mehrfach vor und kann also zu unserm Art. nicht gehören, wo nur solche, welche nur ein Mal vorkommen, angeführt werden. — Das הד ר' וחד ר' der Mm. l. c. bezieht sich wahrscheinlich auf Gen. l. c. und 1 Chr. 1, 50. und soll heissen, derselbe Name werde in Gen. mit Resch und in Chr. mit Daleth geschrieben. Das א״ב und יבי' במס' יבת' ist aber nicht richtig, da diese im א״ב die 2 W. auslässt[1], s. S. 15 Z. 8 ff. — S. ב״ש ישים שכל und ב״ש מבין הדות z. St. die alle von der unrichtigen Angabe der Mm. nichts bemerken. — S. auch ב״ש 2 S. 8, 3. ed. Wien. Anmerkg. und 10, 16.

Nr. 8. Befindet sich ganz ebenso Mf. 'ח. 31. (s. auch Mf. 'א. 12. und 11? wo fehlerhaft steht חד א' יחד ה', was חד יא' יחד וחא' heissen muss, wie auch das, auf 1 Chr. 3, 20. — nicht מבין ב', sondern מבין ג' verwiesen ist), nur dass diese unter dem Buchst. Nun den Zusatz נְקֻדּוֹת hat. Unser B. hat hier wieder das Richtigere, wenn es דִּדְנָן hinzufügt, da die Buchst. Waw, Sain, Teth, Jod, Lamed, Ain und Resch fehlen, das Verzeichniss also ein unvollständiges ist; d. Mf. lässt es mit Unrecht aus. Ebenso ist unter dem Buchst. Zadi richtig צְבָעִים und nicht צְבִיעִים (mit Jod nach dem Beth, wie edd. Bomb. 1525 und Buxt. lesen), angeführt.

Nr. 9. Dieses Verzeichniss findet sich 3 Mal vollständig abgedruckt Mf. 'ה. 18. 'יא. 2. und Mm. 1 Chr. 3, 20. Ohne Stellenangabe Mf. 'א. 11. s. auch 'א. 12 und unsere Bemerk. zu Nr. 8. In allen fehlt aber das דלגן, wie es uns. B. richtig hat, da das alphab. Verzeichniss ein unvollständiges ist, indem d. Buchstaben Waw, Sain, Teth, Jod und Kaf fehlen.

Nr. 10. Ist ausführlich mitgetheilt Mf. 'ל. 7. mit dem unter Mem angebrachten Zusatz מוֹצָאֵיהֶם, den unser B. nicht hat, wo aber auch der Zusatz unseres Buches רִאשֹׁנִי fehlt. Das Verzeichniss ist, wie oft, kein ausschliessend vollständiges. Unter ג' זוגין יחידאין sind die 3 unter dem Buchst. Beth aufgezählten Mf. 'ב. 9. angegeben; ebenso sind Mf. 'ח. 5. die beiden im Buchst. Chet aufgezählten, als ב' זוגין mitgetheilt. Eine blosse Angabe des Verzeichnisses ohne Aufzählung der Stellen, befindet sich Mm. Gen. 31, 43. (wo es fehlerhaft vor וְהַבָּנִים gedruckt ist, da es zu dem spätern לִבְנֵיהֶן gehört.)

1) Vielleicht liest die Mm. הָדָר (wegen des Sakef, שים שבר das.) und stellt es mit הֲדַר (36, 36.) zusammen, so dass mit Kamez es ein Mal mit Resch und ein Mal mit Daleth vorkommt, was richtig ist, während Mf. und uns. B. es mit Pathach liest und also nicht rechnen kann.

Nr. 11. Ist ganz so ausführlich angeführt Mf. ׳כ, 1. (nur dass die in unserm Buche ursprünglicher angeführte Form כן הד יהד כא׳ dort etwas verändert ist) und ohne Stellenanführung Ez. 38, 9. Prov. 12, 4. (in letzter Stelle ist das כן זוגין überflüssig). Das וּבְרְקָב und וּכְבַבִּיר gehört wohl mehr unter Resch und Kaf, ist aber unter Waw gezählt, weil es mit solchem anfängt[1]?

Nr. 12. Ohne Angabe der Stellen angeführt Mf. ׳ג, 3. und ausführlich Mm. Lev. 25, 51., wo das בָּהֵן und כָּהֵם fehlt.

Nr. 13. Dieses Verzeichniss ist verworren und mit Zusätzen angeführt Mf. ׳י, 6. wo מִיְּעַנְנִים und מִבִּיל unter dem Buchst. Lamed und מִלַּח zwischen dem Buchst. Nun gezählt wird; auch fehlt daselbst וּקְבַצִּי, was unser B. hat. Die dortigen Zusätze, die in unserm Buche fehlen, sind: מִבִּיל׳ מִיְּעַנְנִים׳ מִלַּח׳ וַיְשַׁדֵּד׳ הַבִּינִי׳ אֲדֹנִינִי׳ אֶשְׁמְעָה׳ אֶפְתַּח — Ohne Aufzählung der Stellen findet sich unsere Angabe Mf. ׳א. 15. Koh. 11, 9. (wo מן ב״ב in מן א״ב verwandelt werden muss) und Dan. 3, 19. — S. Mf. ׳ה, 6. wo unser Art. angeführt wird unter: א״ב מן ג׳ ג׳ קדמא ותנינא קדמ׳ ותליתאי נביב י״ס. Diese Stelle der Mf. ist schwierig 1, weil sie keine bestimmte Anzahl der Wörterpaare (זוגין) angiebt, was in der Regel der Fall ist; wollte man aber, nach Mm. zu Job 37, 15. ׳מ hinzufügen, so ist 2, die Zahl unrichtig, da in unserm Verz. unter He (die mit ׳ה anfangen) nur 5; in Mf. ׳י, 6 mit dem Zusatz הַבִּינִי. nur 6 angeführt sind, und wenn man das Mm. Job l. c. angegebene הוֹפִיעַ[2] hinzuzählt, im Ganzen nur 7 Wörter der gegebenen Art, die mit ׳ה anfangen, sich finden? Ich glaube, dass gerade wegen der Unsicherheit der Zahl die Mf. l. c. die Angabe derselben ausgelassen hat und nur זוגין angiebt, so dass in Mm. zu Job l. c. zu lesen wäre: והיא הד מן זוגין מן ג׳ ג׳ (ה׳) ברישי׳ קדמא ותנינ׳ ה׳ ותלית׳ יה׳ wenn man nicht etwa das ׳מ in ׳ו verwandeln will, und die angeführten 7 Wörter (6 der Mf. und הוֹפִיעַ zu Job l. c.) gemeint sind. — Aber ebenso schwierig ist die Angabe der Mf. ׳מ, 4., wo 8 Wörter angeführt werden, die zwei Mal mit ׳מ und ein Mal mit ׳מי anfangen, zu denen die 6 unseres Buches und מִקְדָּשִׁים und מִמְּנִי gerechnet sind, während die Mf. ׳י, 6. unter Mem hinzugefügten: מִיְּעַנְנִים׳ מִלַּח und מִבִּיל unberücksichtigt bleiben, mit denen es 11 wären? Auch hier wäre es richtiger das ׳ה vor זוגין zu streichen, so dass die Zahl unbestimmt bliebe, wie zu Mf. ׳ה 6. bemerkt worden. Giebts nun aber demnach viele, die sowohl unser B. als auch Mf. ׳יא, 6. ausgelassen haben[1], z. B. das erwähnte מִקְדָּשִׁים und מִמְּנִי, sowie beispielsweise אָדֹם (Jes. 63, 2., Zach. 1, 8.) und וְאָדֹם (Cant. 5, 10.) zu welchen Mp. bemerkt: ב׳ יהד d. h. es kommt 2 Mal ohne und 1 Mal mit ׳ו am Anfang vor; מִשֹּׁלָל׳ קָשָׁה׳ מַצְּבוֹת u. drgl. so haben wir unter unserm Verzeichniss wieder ein solches, das nicht auf ausschliessende Vollständigkeit Anspruch macht, das aber in den Angaben der gedruckten Mf. und Mm. verworren und ungenau angegeben ist.

Nr. 14. Dieses Verzeichniss ist ausführlich angegeben Mf. ׳י, 7. Ex. 39, 3. und ohne Stellenangabe Mf. ׳א, 16. In beiden erstern Stellen befindet sich וּבְהַקְבִּין, das bei uns fehlt; es macht sich aber als Zusatz dadurch kenntlich, dass es nach וְגָדִיל steht, obgleich es zum Buchst. Beth gehört und daher vor Gimel stehen sollte. Die richtigere und mit uns. B. übereinstimmende Angabe ist übrigens die zu Ex. l. c. (bei וְתָנְתַן fehlt daselbst Est. 7, 2. wahrsch. als Druckfehler) während die zu Mf. l. c. ed. Buxt. (ed. Bomb. 1525 hat auch da das Richtige) unter dem Buchst. Waw corrumpirt ist. Buxtorf hat nemlich nicht begreifen können, wie so die 4 unter Waw angeführten (וְתִנָּתֵן׳ וַיִּסְלַח׳ וְנִבְנְתָה) und

---

1) Wenn כְּאֶבֶן (Ez. 10, 1.) und כָּאֶבֶן (Job 38, 30.) nicht angeführt werden, so mag das daran liegen, dass auch nochmals כָּאָבֶן (Ex. 15, 16.) vorkommt. Zu beiden bemerkt die Mp. ׳ל׳, was sich aber auf das Kamez und Segol des Alef bezieht. S. unten Nr. 19.

2) Diese Angabe scheint im Widerspruch zu stehen mit Mf. ׳י 8. und unten Nr. 15, wo הוֹפִיעַ zu denen gezählt wird, die drei Mal ohne und ein Mal mit Waw vorkommen. Es scheint, dass hier das הוֹפִיעַ in Ps. 94, 1. nicht berücksichtigt worden, weil dieses Imperat. ist und hier nur die Zahl der perfecta zusammengestellt wird; dahingegen spricht Mf. l. c. von der Form im Allgemeinen und dann giebt's הוֹפִיעַ drei Mal und ein Mal וְהוֹפִיעַ.

1) Das Mpt. Hamb. zu Dan. 3, 19. hat, wie in unserm Buche das אֶפְתַּח׳ אֲדֹנִינִי und אֶשְׁמְעָה nicht, zählt aber:

לא כחר ה׳	בָּאֵלֶּה	1 S. 16, 10.
ויחגר דוד את חרבו	בָּאֵלֶּה	1 S. 17, 39.
לא היה איש (?)	וּבְאֵלֶּה	Num. 26, 64.
ישא ה׳ עליך גוי מרחוק	יִדְאֶה	Deut. 28, 49.
כי כה אמר ה׳ הנה כנשר ידאה	יִדְאֶה	Jer. 48, 40.
הנה כנשר יעלה	וְיִדְאֶה	Jer. 49, 22.
עד יפלח חץ כבדו	יְפַלַּח	Prov. 7, 23.
כליותי ולא יחמול	יְפַלַּח	Job 16, 13.

Das וַיְפַלַּח fehlt, kommt aber 2 Reg. 4, 39. vor, wo das Waw Patbach hat.

וַיֵּשֶׁב) zu diesem Art. kommen, da sie ja 3 Mal mit Waw anfangen; er suchte daher in d. Mf. (während er's in d. Mm. stehen liess) immer die dritte Stelle in ein solches umzuwandeln, wo das Waw am Anfang fehlt, ohne zu bedenken, dass das fehlerhaft ist, da das dritte auch nur ein Mal vorkommen darf, während die von ihm angeführten mehr als ein Mal vorkommen. Ueberhaupt hätte er ja schon womöglich im vorigen Art. eine solche Verbesserung vornehmen müssen, da daselbst unter dem Buchst. Waw die Wörter drei Mal mit Waw am Anfang vorkommen, was gegen die Ueberschrift ist, die nur solche zählen will, die zwei Mal ohne und ein Mal mit Waw vorkommen?

Das Richtige ist, dass die Massora, da so wenige Wörter im Hebräischen mit einem Stamm-Waw anfangen, unter dem Buchstaben Waw in einem alphabetischen Verzeichnisse die Wörter rechnet, die ein Waw praefix. am Anfang haben, wenn dieses einen ursprünglichen Vocal hat (Waw convers. fut.) im Gegensatz zu dem Waw mit Schwa; daher wird — wie auch sonst oft — im vorigen Art. unter Waw z. B. וַיִּנָּחֵם, als nicht mit einem zusätzlichen Waw versehen betrachtet, dem וְיִנָּחֵם gegenübergestellt; ebenso verhält es sich in diesem Art. mit וַנִּבְנֶה und וְנִבְנָה und drgl. wodurch also die Aenderung Buxtorfs unnöthig ist. —

Nr. 15. Ist ausführlich angeführt Mf. 'ט, 8. nur dass daselbst נְהַגֵּנִי und כַּבֹּתָה[1] fehlt, während das daselbst angegebene אֲקִימֶה in unserm B. ausgelassen ist. Ohne Stellenangabe angeführt Mf. 'א, 16. Ueber בָּוֹאתָה s. Mf. 'וא, 2. und Mm. zu Mal. 3, 10.; über הוֹפִיעַ s. oben zu Nr. 14. Anmerkung. Uebrigens ist auch dies Verzeichniss nicht ausschliessend vollständig, so fehlt z. B. אֶרְפָּא, מֵיטִב und drgl., die gleichfalls drei Mal ohne und ein Mal mit Waw am Anfang vorkommen.

Nr. 16. Befindet sich ganz so Mf. 'ן, 9. und ohne Stellenangabe Mf. 'א, 16.

Nr. 17. Dies Verzeichniss ist verworren und verstümmelt angegeben Mf. 'ן, 10; es fehlen daselbst nicht nur: בָּאֳנִיּוֹת, הֵרִיעַ, טַעְמוֹ und יָשִׂישׂ sondern vom Buchstaben Mem an alle betreffenden Wörter, ausser נֶחְלָךְ das zum Buchstaben Nun gehört, aber zwischen Sain und Cheth steht. Dass der erste Herausgeber das Verzeichniss wirklich nicht gekannt hat und dass es kein blosser Druckfehler ist, sieht man daraus, dass die fehlenden Wörter an den bezüglichen Stellen zerstreut in der Mf. und Mm. angegeben werden, ohne aber sich auf irgend ein zusammenfassendes Verzeichniss zu beziehen: so z. B. בָּאֳנִיָּה Mf. 'אן, 14. Mm. Jes. 43, 14. und Deut. 28, 68. — הֵרִיעַ Ex. 5, 23. 2 Reg. 21, 11. Ruth 1. 21. Mf. 'רע, 15. — טַעְמוֹ 1 S. 21, 14. Ps. 34, 1. Mf. 'טע, 1. יָשִׂישׂ Deut. 28, 63. Jes. 62, 5. Zeph. 3, 17. Ps. 19, 6. (wo das ה' בקריי sich auch auf das mit Waw anfangende bezieht) Mf. 'יש, 2. — מְטַר Deut. 11, 14. (wo das יהד ימטי fehlt, aber im Mpt. Hamb. hinzugefügt ist: ימטר יבי׳ שאלו כה׳ מלקיש (וא׳ Deut. 28, 12. Mf. 'מט, 5. נִיאָשׁ Jer. 18, 12. Mf. 'יא, 4. u. s. f. Dasselbe ist bei נְהַגֵּנִי und כַּבֹּתָה des Art. Mf. 'ט 8. (s. oben Nr. 15 und Bemerkung dazu) der Fall. — S. auch die Bemerkung des ersten Herausg. zu Mf. 'כ, 12. nach — שטה הרא ומכ׳ und unsere Bemerkung zu der folgenden Nr. — Ohne Anführung der Stellen ist unser Verzeichniss angegeben Mf. 'א, 17.

Nr. 18. Dieser Artikel befindet sich lückenhaft und zum Theil zusammengesucht aus einzelnen Massoraangaben bald als שִׁטָּה, bald als מִלִּין in Mf. 'מ 6—13 a.-l. incl. Der erste Herausgeber (ed. 1525.) bemerkt hinter 'ומכ, dass ihm das alphabetische Verzeichniss dieses Artikels bis zum Buchstaben 'וכל gänzlich fehlte und er das Beigebrachte nur aus einzelnen Stellen der Massora zusammengestellt habe, wesswegen er über die Vollständigkeit der Angaben ungewiss ist. Aber auch von 'וכל an (ausser denen zu Nun und Kaf, die sich in beiden Aufzählungen gleich sind) finden viele Abweichungen von unserm Buche statt; ich will daher der Uebersichtlichkeit wegen die Verschiedenheit beider Angaben in alphabetischer Ordnung hierherstellen, und das Uebrige bei den einzelnen Stellen hinzufügen.

Zu 'א hat Mf. mehr: וּמֵאֹיְבַי, וּמֵאַחֲרֵי, וּמְאַסִּפְכֶם, וּמַאֲכָל, וּמֵאֱלֹהִים, וּמַאֲכָלוֹת, וּמֵאִשָּׁה, וּמֵאֵבֶל (so muss es heissen) וּמֵאֲשׁוּר, וּמַאֲמַר, וּמַאֲרִיךְ.

Unser Buch, die später beigefügten mitgezählt, hat mehr als Mf. וּמַאֲמַר; es sind im Ganzen 28 Wörter, von welchen unser Buch 17 und Mf. 27 zählt.

---

1) Ueber כַּבֹּתָה s. Ex. 40, 3. wo die Angabe: ד׳ יכי׳ והד falsch ist, da auch der Vers וסכתה עליהם gar nicht vorkommt; es muss, wie auch in unserm Verzeichniss angegeben ist, heissen: ג׳ וכי׳ והד וְסַכֹּתָ; s. auch Mf. 'כך 6. wo ג׳ richtig ist, aber das והד fehlt. — Warum auf ein Verzeichniss nicht hingewiesen ist s. Bemerkung zu Nr. 17.

Zu 'ב. Mf. hat mehr ומביאי, ומברכתך, ומבטן, ומבלעדי, ומבקרו, ומבמות, ומבטח, ומביאיה; unser Buch hat mehr ומבנימן. Es sind im Ganzen 14 W., von denen Mf. 13 und unser B. 6 zählt.

Zu 'ג. Von den in der Mf. gezählten 12 W. hat unser Buch nur 2. —

Zu 'ד. Fehlt die Angabe in der Mf. gänzlich.

Zu 'ה. Von den in der Mf. gezählten 9 hat unser Buch drei; auch Mm. Ez. 43, 15. sind die 9 der Mf. angeführt. S. unten Bemerkg. zu Nr. 195.

Zu 'ו. Fehlt die Angabe in d. Mf.

Zu 'ז. Mf. hat mehr das W. ומזמות und unser Buch hat mehr ומזרע; es sind demnach 6 W., von denen Mf. und unser B. je eins auslässt. —

Zu 'ח. Mf. hat ומחית, ומחי, ומחשבון, ומחקק, ומחזיק, ומחזה, ומחללים, ומחדרים, ומחיקך, ומחיה, ומחשבתי, ומחוצה, ומחיק mehr als unser Buch, das nur die übrigen 9 hat; es sind also 22 W. S. auch Mm. zu Prov. 19, 26.

Zu 'ט und 'י fehlen die Angaben in der Mf.

Zu 'כ. Mf. hat 16 und zwar: 5 gemeinschaftlich mit unserem Buche, das ומכבדו mehr hat, und folgende 11 mehr: ומכיהן, ומכביד, ומכף, ומכפתיך, ומכלי, ומכפיש, ומכאבו, ומכאבי, ומכתי, ומכוה, ומכבר; es sind also 17 Wörter.

Zu 'ל. Mf. hat 16 W.; unser Buch hat ומלא und ומלא mehr, es sind also 18 Wörter.

Zu 'מ. Mf. hat 15 Wörter; unser Buch hat folgende 3 W. mehr: וממשפחות, וממתני, וממציקתיהם S. Mm. zu Ps. 69, 15., wo noch ausserdem וממערבה (Jes. 45, 6.) und וממצרים (Hos. 11, 1.), ebenso Ps. 107, 28., wo gleichfalls וממצרים — aber nicht וממערבה — gezählt wird; also im Ganzen 20 Wörter. Es ist jedenfalls auffällig, dass der erste Herausgeber, der wenigstens bis 'ל nach den Massorastellen sammelt, doch die angegebenen (wie auch וממציקתיהם, das in Ps. 69, 15. gezählt wird) nicht aufnahm. — Wenn ferner hier die nicht aufgenommen sind, welche oben Nr. 1. Buchst. 'מ gezählt werden, so liegt das darin, dass hier nur von solchen die Rede ist, die ohne Waw gar nicht oder mehr als ein Mal vorkommen. —

Zu 'נ. sind beide gleich.

Zu 'ס. Mf. hat 11 Wörter (indem ומשאה (Jer. 40, 5.) fälschlich zwei Mal gezählt wird) und ומשאתו mehr als unser Buch, das 14 zählt und ומשנאי, ומסגרותיהם, ומשרה und ומשא? mehr hat. Das ומשא scheint das verstümmelte ומשאתו der Mf. zu sein, da das so angeführte Wort, wie auch der dazu angeführte Vers nicht vorhanden ist. Es sind demnach 14 Wörter, S. auch Mm. Job 31, 23.

Zu 'ע. Zu den 12 Wörtern der Mf. hat unser Buch noch ומעמך und ומעצבון, also im Ganzen 14 W. S. auch Mm. Job 10, 14.

Zu 'פ. Zu den 8 der Mf. kommt in unserm Buche noch das Wort ומפתרום.

Zu 'צ. Mf. hat 14 Wörter; unser B. hat noch 2 mehr ומצאותו und ומצרי = 16 W. S. Mm. zu Prov. 30, 12. (כולין יחידאין) und Job 11, 17. (שטה חדא).

Zu 'ק. Hier sind beide Angaben gleich.

Zu 'ר. Zu den von Mf. gezählten 14 W. fügt unser Buch noch ומרעב und ומרחוק = 16 W.

Zu 'ש. Mf. hat mehr als unser Buch folgende 7: ומשלו, ומשלו, ומש, ומש, ומשוה, ומשוה, ומשמן; unser Buch hat aber 18 mit der Mf. gemeinschaftlich und 3: ומשא, ומשלל, ומשמן mehr; es sind also 18 u. 7 u. 3 = 28 Wörter.

Zu 'ת. Unser Buch hat den Zusatz ומתימן mehr als die Mf. Es sind also 10 Wörter.

Aus Obigem ist zu ersehen, dass, wie wir schon bemerkt, unser alphab. Verz. weder in unserm Buche noch in Mf. ein vollständiges ist, so wie auch die einzelnen Angaben der Mm. auf Vollständigkeit keinen Anspruch machen; sie können sich nur wechselseitig ergänzen. Jedenfalls aber hat unser Buch den Vorzug, dass die Angabe der Schriftstellen bei jedem Buchstaben die Reihenfolge der Bücher und der Stellen in denselben genau befolgt, während die Mf., selbst vom Buchstaben 'ל an, alles unter einander wirft, ohne Ordnung. —

Nr. 19. Diese Angabe befindet sich mit Aufzählung der Stellen in Mf. 'כ. 2. und ohne Stellenangabe: Gen. 38, 11. Num. 15, 12. Ez. 35, 15. (wo die 4 unter dem Buchstaben Samech mit vorhergehendem 'כ angeführten W., aufgezählt werden; das חד מן ד׳ זוגין מן ב״ב כמ׳ ist gewiss ein Fehler und muss heissen חד מן ד׳ כלין מן כמ׳ וכו׳ —) und Ps. 119. 70. Auch diese Stelle ist falsch angegehen und muss heissen: ואינון מן א״ב מן ב״ב חד מלרע וחד מלעיל כ׳ברישׁ׳ worüber oben Nr. 11. S. auch מ״ש zu Deut. 20, 2. 1 Reg. 14, 5. 2 Reg. 2, 9. Hos. 9, 1. — Vergleichen wir unser Buch mit der Mf., so stimmen sie so

ziemlich überein, mit Ausnahme folgender Buchstaben: unter 'א zählen beide 17 W. doch hat Mf. כָּאֹכֶל, was bei uns fehlt, während unser Buch כְּאַרְבָּעִים[1]) hat, was Mf. fehlt, es sind also 18 Wörter.

„ 'ד hat unser B. 2 mehr: כְּדָנִיֵּאל ,כַּדָּם. —

„ 'ה hat zwar uns. B., wie Mf. ursprünglich 8 Wörter, es sind aber 2 W. כְּהַנִּדּוֹף und כְּהִמֵּם hinzugesetzt. —

„ 'ל hat unser Buch 8, aber 2 כִּלְבִּי und כְּלֶהֶם, die Mf. nicht hat; letztere zählt 9 W., von denen כְּלִי ,כְּלֵנוּ und כָּלוֹ in uns. B. nicht gezählt werden; es sind also im Ganzen 11 Wörter mit 'כל.

„ 'מ hat uns. B. eins mehr, nemlich כְּבִנְיָנוֹ.

„ 'נ zählt unser B. 6 und hat כַּנֶּשֶׁף mehr, als Mf.

„ 'ס hat unser B. 2 mehr: כְּשִׂכִּיר und כִּשְׂדֵה, also 6 Wörter, s. Ez. 35, 15. und obige Bemerkung —

„ 'ע hat uns. B. 7 W., also eins mehr, als Mf., nemlich כְּעֶרְכְּךָ. Ebenso

„ 'פ hat unser B. 5, also 1 mehr, als Mf. und zwar כִּפְלִשְׁתִּים

„ 'ש hat unser Buch 2 mehr, nemlich כְּשָׁנָה und das hinzugefügte כִּשְׁלֹה. Endlich

„ 'ת haben zwar beide 7 W.; jedes zählt aber 2, welche das andere nicht hat; so hat Mf. כְּתוֹרַת ,כְּתֹמֶר und uns. B. כְּתִרְצָה ,כְּתָבוֹר mehr; es sind also im Ganzen 9 Wörter.

Beide Angaben sind indessen nicht vollständig; so fehlt z. B. unter 'א: כַּאֲפִיקִים (Ps. 126, 4), wo Mp. bemerkt 'לי; ebenso unter 'מ: כְּמַחֲנֵה (1 Chr. 12, 22.); warum ist neben כְּשִׂמְחַתְךָ nicht auch כְּשִׂמְחַת (Jes. 9, 2.) und כְּשִׁמְחַתְכֶם (Jes. 66, 5.) gezählt, zu denen Mp. gleichfalls 'לי bemerkt?

Nr. 20. Dies ist fast ebenso angeführt Mf. 'ל, 1. nur dass daselbst unter 'מ: לְמֵאָה וְעֶשְׂרִים und לְמֹשֶׁה אִישׁ mehr als in uns. Buche angeführt sind, während dieses unter 'כ: לְכָל גּוֹיִם, unter 'ש: לִשְׁנַת חָמֵשׁ und unter 'ה: לְהַשְׁקוֹת הַמִּטּוֹת (letzteres von späterer Hand) mehr hat. als Mf. S. die Bemerkg. des ersten Herausgebers der Mf., welche auf unser Buch keine Anwendung findet, da dies לְשַׁעַר ירושלים (ohne 'י) liest; warum aber das לְשַׁעֲרֵי ירושלם (Jer. 22, 19.) nicht gezählt wird, lässt sich, wie schon oben bemerkt, bei alphab. Angaben nicht absehen, da sie oft unvollständig sind und der Zählungsgrund der Massorethen nicht deutlich vorliegt.

Auch die Bemerkung zu לְמַעֲשֵׂה יָדֶיךָ findet bei uns. Buche nicht statt, da dasselbe dieses Paar gar nicht zählt. Heid. will statt des genannten Wörterpaares לְמַעֲשֵׂה יָדָיו (Jes. 2, 8.) rechnen, was an sich richtig ist; doch darf so leicht nichts in die Massora hineingeschoben werden, zumal eine so anerkannte Massora, wie unser Buch es gar nicht zählt. S. Mm. zu Job 12, 6. wo unserer Angabe Erwähnung geschieht unter den Worten שטה חדא מן ט"ו לא' מלעיל בריש תיבותא, was aber unverständlich ist; das ט"ו kann gerechtfertigt werden, indem die 14 unter dem Buchstaben 'א aufgezählten Paare um **eins** vermehrt werden können, da zu לַאֲשֶׁר לוֹ (Lev. 27. 24.) die Mp. bemerkt: לית. Es sind demnach 15 Wörterp., die nur ein Mal mit anfangendem 'לא vorkommen; aber das מלעיל lässt sich nicht erklären, wie das schon Heidenh. bemerkt. Wahrscheinlich soll die Angabe heissen: שטה הדא מן ט"ו כן לא' בריש' תיבות' (oder ב"ב תרתין תיבות'), was mit unserer Angabe übereinstimmt. — Das Uebrige zu den einzelnen Stellen! —

Nr. 21. Dieses Verzeichniss ist ausführlich aber mit vielen Abweichungen angegeben in der Umschrift zu Lev. 1, 1. und ohne Angabe der Stellen Mf. קמין, 4. und Ruth 4, 18. Dass unsere Angabe die richtigere ist, sieht man schon an der Ueberschrift, die bloss sagt: מן חד וחד קמין ohne בזקפא, (das in Mf. l. c. beigefügt zu sein scheint) indem auch viele andere Accente, als Sakef bei den angeführten Beispielen sich finden. Die Stelle will also nur angeben: welche Wörter, die ausnahmsweise Kamez haben, nur **ein Mal** so vorkommen, wie das auch der folgende Art. beweist, der nur als Gegensatz zum vorigen, die **ein Mal** ausnahmsweise mit Pathach vorkommenden angiebt, ohne Rücksicht auf die Accente. In der Mf. ist dieser freilich nicht als Gegensatz aufgefasst, da er ganz getrennt vom Vorigen, an einer andern Stelle (Mf. פת, 16.) angeführt wird, was aber unrichtig ist. S. folg. Art. Die Abweichungen sind alphab. Folgende: Unter

'א hat Mf. אָף und uns. Buch: אֶתְוַדָּע, אֲרוֹמָם mehr,
'ב hat Mf. בְּוִיתָנִי und uns. B.: בָּר, בִּמְשִׁיחִי, בְּכִלְיוֹתַי mehr,
'ג hat Mf. גָּבֶר (Ps. 128, 4.) mehr als unser Buch,
'ה hat Mf. הִתְקַדָּשׁוּ 3 Mal, während unser Buch nur das

1) Es ist merkwürdig, dass d. Mass. weder hier noch Rabb. Bib. ed. Venet. v. 1517. unter א"ב חד כף והד בית (s. oben Nr. 4.) dieses Wort zählt?

zu 2 Chr. 5, 11. zählt[1]). Es hat dagegen mehr: הבן. הוחל, הורי, הטל.

ו׳ hat Mf. ומת, ודע und uns. B. ויבעט, ואשמע, ואפת, ויכל
ז׳ fehlt in unserm Buche gänzlich die Angabe,
ח׳ hat unser Buch mehr: חלין und חושי.
ט׳ fehlt in unserm Buche die Angabe,
י׳ hat Mf. mehr: ירמיהו, יצען und unser Buch ינח, ילד, ידיש, יקח, ירבין, יהה, יהאבל, ידאג, יקרבו, ייכך, יבשר, יגאל, יתקע, יתקלם, ישאג, ישאל, יוכל, יברח, ידעך.
כ׳ hat Mf. mehr: כרע.
ל׳ hat unser Buch לגל mehr.
מ׳ hat Mf. מעל, מר und uns. Buch משל und מספר mehr,
נ׳ hat uns. Buch נשבח, נפתח, נטש, נשאר mehr,
צ׳ hat Mf. צוני mehr,
ר׳ hat unser Buch רגן mehr,
ש׳ hat unser Buch mehr: שני, שדד, שאג, שגג und unter
ת׳ hat unser Buch תחנה, תשתע, תדבק, תשלחו, תוכר, תפרה, תשבע mehr.

S. auch Kimchi im Michlol bes. S. 20 ff. (ed. Venet. parva) und מ״ש zu Jes. 47, 3. Auffallend ist's aber jedenfalls, dass bei unserm Art. nicht angegeben ist: דלין d. h. dass er ein unvollst. alphab. Verzeichniss ist, da die Buchstaben ז׳ und ט׳ fehlen?

Nr. 22. Dieser Art. ist ganz ebenso angeführt Mf. פת, 16. nur dass er nicht mit והילופיהון, als Gegensatz des Vorigen, anfängt, was aber insofern unrichtig ist, als er dadurch den Sinn des vorigen erläutert. S. vor. Art.

Nr. 23. Dieser Art. bezieht sich auf die beiden vorhergehenden, in welchen je von ein M. vork. mit Kamez und ein M. vork. mit Pathach die Rede ist; hier wird als Fortsetzung ein alphab. Verzeichniss von Wörtern angegeben, die 2 M. und zwar ein M. mit Pathach und ein M. mit Kamez vorkommen. (S. uns. Bemerkg. zu den beiden vorigen Art. und oben Art. 5, über הנחת und הנחת, woraus hervorgeht, dass das Kamez auch K.-Chatuf sein kann; darum wird auch מפנה und נתן gezählt). — Derselbe wird fast ganz so angeführt Mf. פת, 17. nur dass in dieser עבר (nach י׳ eingeschaltet? —) und לבנת vork., was in unserm Buche fehlt. Dies hat vielleicht darin seinen Grund, dass beide zu den בתרי לישני gehören, d. h. zu denen, die 2 Mal aber in verschiedener Bedeutung vorkommen, s. Mf. א׳, 22. und unten Nr. 59[1]). — Die Angabe ist ferner erwähnt, ohne Angabe der Stellen Ps. 83, 6. 112, 10. Dan. 7, 8. S. auch Michlol S. 199. (ed. Venet. p.) wo uns. Buch und dieser Art. angeführt wird; auch מ״ש Ez. 27, 9.

Nr. 24. Dieser Art. bei uns, als Fortsetzung der vorigen ist ebenso angeführt Mf. פת, 18. nur dass daselbst unter Waw noch ואמץ angegeben ist. — Das hier unter לבר מכיבורתא angeführte שכר fehlt auch dort. —

Nr. 25. Ist ausführlich angeführt Num. 1, 1. (äussere Umschrift) Lev. 25, 4. (wo das י״ב in Mm. und Mp. irrthümlich ist und י״ך heissen muss) und ohne Stellenangabe Mf. קמין, 5. und Num. 3, 47. Auch das chaldäische Gedenkzeichen ist in beiden gleich, nur dass es bei uns ולקח מיא (auf קח על מים sich beziehend) statt ולקח ורעא heisst.

Nr. 26. Diese Angabe ist angeführt Mf. ל׳, 3. mit folgenden Abweichungen: Mf. hat mehr ללת, לכלב, לזר, לקחת, לצמיתות, während unser Buch mehr zählt לנר und לפים. Das Mpt. Hamb. hat zu Num. 22, 2. die Angabe wie unser B. nur fehlt לנר und לפם. Das Nähere unter den einzelnen Buchstaben. — Wenn es in Mf. und bei uns heisst כן חד וחד לא׳, so ist das, wie gewöhnlich, nur vom Anfang des ersten Buchstaben zu verstehen. Besser hat's Mpt. Hamb. in diesem und folgendem Art. מן חד וחד ל׳ בריש תיבות׳ וכו׳. — Auch dieser Art. ist aber nicht vollständig; so bemerkt z. B. Mm. und Mp. zu למוצק (Job 38, 37.) ל׳; es gehört also hierher, und selbst wenn das ל׳ mit Schwa gelesen würde, wie es einige Handschriften (und Concord.) haben, so müsste es doch im folgenden Art. gezählt werden; es fehlt aber in beiden.

Nr. 27. Ebenso Mf. ל׳, 4. wo להיצם, לההוכה und לעינים fehlt. Ohne Stellenangabe ist unser Verzeichniss angeführt Mm. Num. 10, 31. Aus dieser St., in welcher zu לעינים auf Mf. l. c. hingewiesen wird, geht wieder hervor,

1) Ausser dem, dass dies gegen die Angabe ist, welche nur die ein Mal vorkommenden zählen will (כן חד הד) gehört auch nur das von uns. Buche angeführte (2 Chr. 5, 11.) dahin, da dies mit Sakef nur ein Mal vorkommt, während die andern beiden (eins Praet. und eins Imperat. — letzteres fehlt in der Concord. — die Mp. bemerkt aber ג׳ mit Recht, —) nach der Regel durch das Athnach ein Kamez haben müssen.

1) Wenn חם (Ps. 39, 4.) und חם (Jos. 9, 12.) nicht angeführt ist, so hat das seinen Grund darin, dass חם noch vielmals (als Nom. propr.) vorkommt. S. unten am Schlusse dieses Werkes Anhang Nr. 21 und unsere Bemerkg. daselbst.

dass diese manches Wort auslässt, welches in der auf dieselbe sich beziehenden Mm. vorhanden ist, (wie hier לעינים) s. Nr. 1. Buchst. א' Heidenheims Bemerkg. Wenn Mp. zu לעינים bemerkt: ל', so bezieht sich dies auf das Nun im Worte, das nur ein Mal so mit Kamez vorkommt. S. Mm. und M. marg. zu Prov. 10, 26. Gen. 3, 6. Mf. עין, 32. und מ"ש zu Koh. 11, 7. Besser ist's, wie ein Mpt. hat, ל' וקמין zu lesen. — Ueber לא': und Unvollständigkeit des Artikels s. Anmrkg. zum vorigen Art., denn es fehlt nicht allein das למוצק sondern auch ללביא s. Mm. zu Job 38, 38. wo dazu ל' bemerkt wird; sollte nicht לאפר (Ez. 48, 18.) dazu gehören, wo Mp. bemerkt ל'? Mpt. Hamb. hat zu Lev. 4, 20. מן חד הד ל', was richtiger ist, und zählt sie auf, wie Mf. l. c. —

Nr. 28. Ist ebenso angeführt Mf. ל', 5. nur dass in unserm Buche, wie immer, mehr die Ordnung der Bücher der h. Schrift beobachtet ist.

Nr. 29. Ebenso Mf. ל', 6.

Nr. 30. Dieses Verzeichniss, in welchem die ein Mal vorkommenden Wörterpaare angegeben werden sollen, bei deren einem oder andern Worte man ein Waw praef. vermuthet, das aber nicht steht, — ist auch angeführt Mf. ו', 11. Beim ersten Anblick sollte man glauben, dass die alphab. Ordnung nicht beobachtet oder vernachlässigt sei, indem z. B. יחת als zum Jod gehörend, vor חסר steht, das zum ח' gehört; ebenso שמש ,נשיכם vor כבוד u. s. w.? doch dem ist nicht so, denn sie sind geordnet nach den Wörtern, bei denen eigentlich das erwartete Waw fehlt und so muss יחת וינא vor הסר stehen, weil וינא das Schlagwort ist, indem diesem das Waw fehlt, was der Herausg. der Mf. — wie auch sonst — nicht eingesehen zu haben scheint und darum wirklich הסר vor יחת setzt; dasselbe Verhältniss findet statt bei נשיכם und שמש vor כבוד, da ersteres z. Buchst. Teth gehört, indem bei טפכם das Waw fehlt; bei שמש fehlt das Waw dem W. ירח, was zu Jod zählt und also richtig vor dem Buchstaben Kaf: כבוד stehen muss. Wie sehr der erste Herausgeber der Mf. unsere Angabe missverstanden hat, sieht man deutlich auch aus Folgendem:

In unserm Buche fehlt in der Angabe das Wort דלוג, woraus hervorgeht, dass das alphab. Verzeichniss ein vollständiges ist. Die Mf. (d. h. deren Herausg.) hat aber gefunden, dass nach dem He das Sain (das Waw wird selten auch in den vollst. Verzeichnissen berücksichtigt, weil nur einzelne Stammwörter mit Waw anfangen, s. oben) und nach dem Chet das Teth u. s. w. fehlt.; folglich ist das Verzeichniss unvollständig und er setzte daher in d. Ueberschrift das דלוג hinzu, das aber falsch ist [1]), indem nach obiger Voraussetzung kein Buchst. (ausser Waw) fehlt, denn Sain ist שרים ס׳, נלכה נ׳, ירח י׳, טפכם ט, וינא u. s. w. und das Verzeichniss ist also ein vollständig alphab. — Unter den Abweichungen ist zu bemerken, dass unser Buch הפגרים הדשן angiebt, so dass man meinen könnte, bei הדשן fehlte das Waw, während Mf. העמק הפגרים anführt, so dass das Waw zu הפגרים fehlt; die Ausgg. sprechen für letzteres, denn הדשן hat in denselben ein Waw. Es soll daher wahrscheinlich (dem Textinhalte nach ist's freilich zweifelhaft) in unserm Buche הפגרים והדשן heissen (wie wir's im Text abgedruckt haben) und die Angabe bezieht sich, wie in Mf., auf הפגרים. Die Reihenfolge der Buchstaben kann hier nicht entscheiden, da beide (הפגרים und הדשן) zum Buchst. He gehören. — Ferner zählt unser Buch unter Resch רב יהסר mehr als Mf., worüber weiter unten bei den einzelnen Stellen. In Mf. muss הליל (bei חף) in והליל verändert werden, da das Schlagwort חף ist, dem das Waw fehlt. Zur bessern Uebersicht s. man מ"ש zu Gen. 27, 33. Num. 8, 4. Deut. 29, 10. Jos. 1, 14. 1 S. 9, 10. 2 S. 5, 4. 2 Reg. 4, 42. 5, 23. Jes. 5, 12. 58, 8? 61, 10. 63, 1. Jer 31, 39. Ez. 34, 31. Hos. 7, 1. 8, 10. Micha 7, 20. Ps. 115, 1. (Hab. 3, 4. 11. —) 1 Chr. 5, 16. 8, 40. 23, 10.

Nr. 31. Ebenso Mf. ו', 2. Der Gegensatz (וחלופם) zum vorigen besteht nicht darin, dass man (dem Sinne nach) bei den angeführten kein Waw erwarte, sondern nur darin, dass man bei allen andern ihresgleichen kein Waw findet, ausser bei diesen. Nach Heid. wird aus d. Rabb. Bibel ed. Bomb. v. 1517 noch hinzugefügt: ונשיא אחד (Num. 34, 18.) ומלך אחד (Ez. 37, 22.) ויער אחד (Num. 35, 30.)

Nr. 32. Ist angeführt mit Aufzählung der Stellen Mf. ה', 32. und ohne Angabe der Stellen Mf. א', 26. Ex. 1 , 25. Est. 9, 7. Unser Buch hat mehr: ונשקפה, אחורה und צפחה, zu denen auch Mp. bemerkt ל'. — Mf. א', 26. verweist auf ה' l. c. weil diese Wörter immer He am Ende

---

[1]) S. auch folgenden Art. als Gegensatz (ויחילפיהון), der gleichfalls vollständig (dem aber auch das Waw fehlt) ist und den auch Mf. — weil kein Irrthum möglich war, indem immer das erste Wort das Schlagwort ist — wie bei uns ohne דלוג abdruckt. s. weiter unten.

haben und daher zum Buchst. He gehören, weswegen die Mf. das. in d. Ueberschrift hinzufügt: וקמין לפניה משמשין ה׳ בסוף תיבותא, was in unserm Buche fehlt. Dies scheint aber richtiger zu sein, da auch פּוּרָתָא und פַּרְמַשְׁתָּא gezählt werden, die nicht auf He, sondern auf Alef ausgehen. Warum aber nur diese beiden gezählt werden, da nach Mm. zu Est. 9, 7. auch פַּרְשַׁנְדָּתָא und אַסְפָּתָא, אֲרִידָתָא als hierhin gehörig angegeben sind und auf Mf. ׳ה l. c. verwiesen wird, ist auffallend. Das Mpt. Hamb. lässt wirklich auch die beiden ersten aus, was aber nicht beweisend ist, da auch einige andere daselbst fehlen. —

Nr. 33. Ist mit Stellenangabe angeführt Mf. ׳ר, 12. und ohne die Stellen: Gen. 39, 21. Num. 18, 29. Job 20, 28. und 39, 20. In letzter Angabe ist noch hinzugefügt כתיב ו״ו בסוף תיבות בהברה או d. h. mit Waw am Ende und Cholam (nicht Schurek. —). Dass hier aber nur der offene Laut Cholam, nicht aber buchstäblich das Waw gemeint sei, geht daraus hervor, dass mehre der Gezählten auf ׳ה ausgehen, als לְרָא; קִוָּה, מְהֵה, לְהָה, יָרָה, בָּנָה, אֵלֹה schliesst sogar mit ׳א. Was die Verschiedenheit der angegebenen Stellen betrifft, so fehlt in unserm Buche אָמֵרוֹ und תְּהִי. dagegen hat letzteres mehr als Mf. l. c.: יָרָה, הִכְעִיסוֹ, תְּקָפוֹ, רֵישׁוֹ, קִיָּה, מָהָה, יִרְדְּפוֹ. Auch dieses Alphabeth ist nicht vollständig, so fehlt z. B. דָּחֹה Ps. 118, 13. זְנֹה Hos. 1, 2. יָרֹה Ex. 19, 13. עָטֹה Jes. 22, 17. פָּנֹה Hag. 1, 9. צָפֹה Jes. 21, 5. zu welchen die Mp. bemerkt ׳לי und die zu Nr. 73 gehören, s. diesen Art. S. auch לִירוֹא (2 Chr. 26. 15.) und die Mp. das.; auch Kimchi W. B. s. r. ירה. Ueber צִדְקִי und תְּחִי, die mehrmals vorkommen, s. Bemerkungen zu den einzelnen Stellen.

Nr. 34. Ebenso angef. Mf. ׳מ. 16. Dieses Verzeichniss scheint aus jedem Buchst. des Alphabets nur e i n Beispiel anführen zu wollen und darum nimmt es auch von denen auf לָם ausgehenden (s. Mf. ׳ל, 17.) nur einige, als אֶרְאֶלָּם und הַחֹלָם auf; wäre das nicht der Fall, so gehörte ja jener ganze Art. hierher. Warum aber dort das Wort מֻלָּם fehlt, ist nicht abzusehen.

Nr. 35. Ist ebenso angef. Mf. ׳א, 3. und ohne Stellenangabe: Cant. 3, 9. Mf. hat מן חד חד א״א, das Buxt. verbessern will in: הד הד א״א א״ב א״ג א״ד וכו׳, was aber nicht nöthig ist, indem das richtigere unser Buch hat מן הד והד א׳ בריש תיבות׳ d. h. die alphab. geordneten Wörter fangen immer mit Alef an und darauf folgt die alphab. Reihe. Auch dieses Verz. will nur e i n s von jedem Buchstaben angeben; darum zählt es das beigefügte אַפְאֵיהֶם (im Drucke fehlt die Bemerkung, dass dieses Wort Z u s a t z v. a n d e r e r H a n d ist) wie noch viele andere Beispiele nicht, die mit ׳א anfangen und nur e i n M a l vorkommen.

Nr. 36. Dieses Verzeichniss, das eine Fortsetzung des vorigen Art. und genau mit demselben verbunden ist, wird angeführt Mf. ׳ב, 6. und ohne Angabe der Stellen Gen. 30, 13. — Mf. hat בִּרְבִיבִים mehr als unser Buch, während dieses wiederum בְּשָׁמְעַ und בְּתַבְנִיתָם mehr hat; alle 3 scheinen aber Zusätze zu sein, indem die Massora nicht alle W. die mit ׳ב anfangen und nur ein Mal vorkommen, aufzählen zu wollen scheint — da anderenfalls viele fehlen würden z. B. בַּסִּירוֹת (2 Chr. 35, 13.) s. Mp. daselbst; es soll vielmehr, wie in den vorigen Artikeln, nur immer aus jedem Buchst. ein Wort angegeben werden. —

Nr. 37. Ganz ebenso angeführt Mf. ׳א, 18. und ohne Stellenangabe Ex. 2, 20. Auch dieser Art. schliesst sich dicht an den vorigen an und (die Mf. hat sie mit Unrecht von einander getrennt —) soll auch nur immer ein Beispiel von jedem Buchstaben bringen; s. Bemerkung zu den vorigen Artt.

Nr. 38. Mf. ׳א 19. ebenso und ohne die Stellen Gen. 37, 25. — Mf. setzt noch hinzu ריש וסוף d. h. v. d. א״ת ב״ש befindet sich immer der eine Buchst. am Anfange und der andere am Ende des Worts, was aber, wie in unserm Buche, wohl auch fehlen kann; ferner fehlt Mf. טְחוֹן, das unser Buch hat. Heidenheim bemerkt, dass noch manche Wörter hierhin gehörten z. B. יְרֻחָם (Prov. 28, 13.) כַּלִּיל (Jes. 16, 3.), da doch oft, verschieden von den vorigen Artt., mehrere Beispiele aus e i n e m Buchstaben oder Doppelbuchstaben angeführt sind. — S. auch טוֹחֵן und טְחוֹן des folgenden Artikels. —

Nr. 39. Dieser Artikel ist irrthümlich 2 Mal Mf. ׳ו. 1. und 55, (sowohl ed. Bomb. als Buxt.) wie hier abgedruckt. Buxt. setzt zu Mf. ׳ו, 1. hinzu: וכל חד״ל דכוו׳, was ich augenblicklich nicht zu erklären weiss; hier lässt er auch das וָוִים, welches ed. Bomb. anführt, mit Recht aus, da dies nicht am Anfang des Verses steht und also nicht hierher gehört; auch unser Buch hat's nicht. Dagegen führt er denselben Art. unter Nr. 55 nochmals an, ganz wie ed. Bomb. mit dem fehlerhaften וָוִים und ohne וכל חד״ל דכוו׳? Es sei jedoch bemerkt, dass auch Mpt. Hamb. zu Num. 7, 13. das וָוִים anführt.

Nr. 40. Ist angegeben mit den Stellen Mf. קמץ, 6. und ohne St. Lev. 15, 3. Dan. 6, 15. Unsere Angabe, wo das „קמץ" fehlt, ist richtiger, da ja einige kein Kamez sondern Pathach haben; die Gruppe soll auch nur durch die Zweibuchstäbigkeit und das ein Mal Vorkommen bezeichnet werden; es scheint Zusatz des ersten Herausg. zu sein, der auch jedes Mal לי' קמץ hinzufügt, was in unserm Buch nur bei einigen geschieht, wo es gerade massoretisch ist. — So hat beispielsweise in allen Ausgg. יַךְ und טַח Pathach, während es nach Mf. l. c. Kamez haben müsste? — Die Aufzählung ist insofern verschieden, dass Mf. מַן und מַר mehr hat, als unser Buch, während dieses צַק צַב, וַג und דַר mehr zählt. Ueber Einzelnes s. unten Bemerkungen zu den einzelnen Wörtern.

Nr. 41. Ganz ebenso Mf. 'א, 27. und ohne Stellen Gen. 32, 2.

Nr. 42. Mf. 'ה, 13. mit kleinen Verschiedenheiten ebenso; diese hat mehr als unser Buch עֲנָה, während dieses וַחֲלָה und שְׁבִיָה mehr zählt. Ueber Einzelnes s. weiter unten. S. auch מ"ש zu Ez. 22, 24. und zu den betreffenden Stellen. —

Nr. 43. Dieses Verzeichniss will, als Gegensatz zum Vorigen, diejenigen Wörter angeben, welche ein Mal vorkommen und (als zweites Merkmal) ein ruhendes He am Ende haben, von dem man, verglichen mit je ähnlichen Formen, (nicht aber dem Sinne nach —) erwarten sollte, dass es Mappik habe, d. h. hörbar sei. Luzzato im משתרל zu Ex. 9, 18. scheints nicht so verstanden zu haben und schreibt der Massora eine irrthümliche Auffassung zu, fügt aber entschuldigend Folgendes bei: ומ"מ הנה זו ראיה על נקיון כפיהם, שלא שלחו ידם להגיה מסברה ולהוסיף המפיק שלדעתם הי' ראוי להיות בתיבות הללו. Die Angabe ist vollständig angeführt Mf. 'ה. 15. wo der erste Herausgeber bemerkt: נשמט אחד לפי המסרה, das aber bei uns sich findet, nemlich כָּלָא (Ez. 36, 5.), wo auch zugleich das Alef f. d. He steht. Das ומטעין בהון ist Zusatz der Mf.; in unserm Buche fehlt's mit Recht, da das die Absicht der Angabe nicht ist, s. oben. — Ohne Anführung der St. ist sie angegeben: Ex. 2, 3. Job, 31, 22. Es giebt indessen mehre solcher Wörter, die die Massora aus unbekannten Gründen nicht zählt (s. Kimchi Michlol S. 32b ed. Venet. parv. und Levita's Anmerkg. daselbst); der Zusatz, der מִקְנֶה unter וחד לבר ממסורתא hinzufügt, ist ungenau, da es, wie bemerkt (s. Michlol l. c.) noch mehre giebt, bei denen sogar die zu מִקְנֶה beigefügte Rechtfertigung der Massora nicht anwendbar ist. Wenn Levita zu Michlol l. c. bemerkt ט"ו מלין דלא מפקין ה' u. s. w. so ist das auffallend, da unser Buch und Mf. ח"י hat? Zur Vervollständigung der Angaben über יָה mit Raphe am Ende gehört auch: Ex. 17, 16. (über יָה am Ende) Mf. 'ח, 3. (über חָה am Ende) Mf. 'ה, 14. und folgender Artikel, (wo es ein Mal mit und ein Mal ohne Mappik vorkommt. —

Nr. 44. Dieser Art. ist eine Fortsetzung der beiden vorigen so, dass Nr. 42 von ein Mal vorkommenden W. die 'ה mit Mappik, Nr. 43 von Wörtern, die 'ה ohne Mappik am Ende haben und Nr. 44 von Wörtern, die zwei Mal mit 'ה am Ende vorkommen, das ein Mal Mappik und ein Mal kein Mappik hat, handelt. — Er wird mit Stellenangabe ebenso angeführt Mf. 'ה 14 und ohne dieselben Gen. 25, 31. 40, 10. Prov. 5, 3. S. auch מ"ש zu Lev. 13, 4 Jes. 18, 5. 23, 18. 28, 4. Jer. 6, 6? Ez. 22, 24. 27, 20. Hos. 9, 10. Ps. 48, 14. Job 33, 5.

Nr. 45. Ist ebenso mit Angabe der St. angef. Mf. ו"ן, 1. und ohne Stellenangabe: Job 6, 20. 26, 11. S. מ"ש 1 S. 25, 12. u. 30, 2. — Mf. l. c. (ed. Bomb. 1525.) hat כ"ב זוגין und zählt 23 mit וַיִּשְׂבָּעוּ, das bei uns nur Zusatz ist. (Auch Mpt. Hamb. hat an zwei Stellen Ex. 8, 14. und Num. 13, 2. die Angabe כ"ב und zählt וַיִּשְׂבָּעוּ nicht) — Unsere Angabe ist demnach die richtigere, die 22 angiebt und auch nur 22 zählt. Der Zusatz scheint also irrthümlich in Mf. hineingekommen zu sein, ohne zu merken, dass dann das כ"ב in כ"ג umgewandelt werden muss; Buxt. in s. Ausg. hat auch wirklich das כ"ב in כ"ג verändert, das aber an sich unrichtig ist, indem die ursprüngliche Massora es nicht zählen zu wollen scheint. Ob das ו"ן in ו' zu verbessern sei, wie Buxt. gethan, ist fraglich, wenn es auch thatsächlich so ist. Es scheint, die Massora will nur das Prägnante der beiden Waw am Anfang und am Ende bei 2 Mal vorkommenden Wörtern angeben, die auch die Eigenthümlichkeit der Abwechselung des Schwa mit einem Vocale haben; auch das וְלֵית fehlt mit Unrecht in der Mf. beider Ausgaben.

Nr. 46. Diese Angabe ist, besonders in unserm Buche, das sonst die Uebereinstimmung der Stellenzahl mit der Ueberschrift genau innehält, schwierig, indem die Ueberschrift י"א = 11 angiebt und doch 16 (oder 17) gezählt werden? Noch auffallender ist aber, dass Mf. (ed. Bomb. von

1525) die Stelle 2 Mal zählt, ein Mal unter 'ן, 3. wo sie י"ן = 16 überschreibt und wirklich 16 Stellen zählt und ein Mal am Ende v. 'ן vor dem Art. 'וא wo sie auch dieselben 16 Stellen zählt, aber in der Ueberschrift י"ב angiebt? — Buxt. hat mit Recht den letzten Art. als Wiederholung von 'ן, 3. vor 'וא ausgelassen, aber dennoch die Schwierigkeit nicht gemerkt. — Diese scheint folgendermassen gelöst werden zu können. Wie der folgende Art. (47) unseres Buches die Abwechselung von מלרע und מַלְעֵיל mit dem Anfange 'וא verbindet, (und der vorhergehende Art. mit 'וי am Anfang und 'ן am Ende —) so sollte dieser Art. dasselbe bemerken bei Wörtern, die mit 'וי anfangen und deren sind, nach unserer Aufzählung wirklich nur 11 = י"א und wenn der Zusatz von וַיֵּשְׁבוּ hinzugezählt wird, 12 = י"ב. — Unsere Ueberschrift hat also wahrscheinlich gelautet: י"א זוגין מן חד וחד הד מלרע וחד מלעיל וי' בריש תיבותא ולי' וסי' so dass die 5 Wörter: ונפתחה, ומת, ימש, והנה und ובקר gar nicht hierher gehören und es nur 11 (12) sind, die mit 'וי anfangen. Nur durch Missverständniss ist das 'וי in י"ן verwandelt worden und so kamen denn auch jene 5 Wörter hinzu. Der erste Herausgeber der Mf. hat also 2 Quellen gehabt: eine, die nach der Zahl der Stellen eine später veränderte Ueberschrift hatte, und die führt er gleich im Art. 3. des Buchst. 'ן an; er fand aber (wahrscheinlich in unserm Buche, das er kannte und dessen er sich, wie schon Levita im Mass. Hamass. bemerkt, bediente) eine andere Angabe, die die Ueberschrift י"א oder (mit dem hinzugefügten וַיֵּשְׁבוּ) י"ב hatte und mit dem folgenden Art. unter 'וא, wie bei uns, in Verbindung stand; darum nimmt er nochmals, und zwar wie bei uns vor 'וא, den Art. mit der Angabe י"א oder י"ב auf, ohne auf die Zusätze zu achten oder daran zu denken, dass er denselben schon ein Mal unter 'ן, 3. angegeben hat. Im Einzelnen stimmen beide Art. überein, worüber weiter unten. —

Nr. 47. Befindet sich ebenso Mf. 'וא, 1. (das הד מן ב' זוגין in Mf. ed. Bomb. v. 1525 steht irrthümlich für כ' זוגין) und ohne Aufzählung der Stellen: Koh. 4, 8. und Dan. 8, 27. Die Angabe in Koh. l. c. bezieht sich auf וְאָח (s. auch Mp. das.) und ist im Ganzen etwas corrumpirt; sie muss heissen: ואח הד מן ב' זוגין הד מלרע וחד מלעיל ·וא' בריש תיבותא. Die Hinweisung auf Art. זוג ist entweder gleichfalls Schreibfehler und muss בערך וי"ן heissen oder der Herausgeber hatte im Sinne, diesen Art. unter Buchst. Sain (זוג) zu verzeichnen und nahm ihn b. d. Abfassung der Mf. unter 'ן auf. — Der Zusatz וְאֶשְׁמְעָה fehlt auch in Mf. l. c.

Nr. 48. Diese Angabe ist zwar Mf. 'ל, 8 und Ex. 27, 9. angeführt, in beiden St. aber ist auf Prov. 23. (wahrsch. V. 30. zu לָבֹאִים) hingewiesen, wo aber jede Angabe fehlt; sie ist also nur in unserm Buche erhalten; dies ist abermals ein Beweis, dass der erste Herausgeber während der Arbeit manchen Art. vergessen oder verloren hat. —

Nr. 49. Ist angegeben mit Stellenanführung Mf. 'כ, 2. und Jes. 8, 1. und ohne Aufzählung der St. Lev. 7, 8. und 13, 10. Die Reihenfolge nach den B-B. der heil. Schrift, ist bei uns beobahtet, während in den angef. St. zu Mf. und Jes. jede Ordnung, wie gewöhnlich fehlt. Das לבר ממסורת' fehlt auch in den angef. St.

Nr. 50. Angeführt wie hier Mf. 'ית, 7.

Nr. 51. Dieser Art. ist angeführt ohne Angabe der Stellen Gen. 19, 20. wobei auf Mf. hingewiesen wird, wo er aber nicht vorkommt. Mpt. Hamb. zu Est. 1, 6. (wo וגואלי fehlt, obgleich die Ueberschrift י"ב זוגין = 12) lautet) und Dan. 2, 35. (wo die Paralellst. zu נִבַּר fehlt) führt die Stellen an, wie in unserm Buche. — Kimchi und מ"ש (s. Ps. 49, 15. und bes. 118, 25, so wie Gen. l. c. und שום שכל v. Heid. das.) scheinen unsere Massoraangabe nicht gekannt zu haben.

Nr. 52. Ist ebenso angeführt und aufgezählt Mm. in der Umschrift zu Cant. 1, 1. und Dan. 1, 1. und ohne Aufzählung der Stellen: Gen. 50, 5. (wo statt 'ב ein 'כ stehen muss) Lev. 4, 35. S. auch מ"ש Deut. 4, 48. Hos. 5, 2. und Ps. 101, 3.

Nr. 53. Ebenso angeführt und aufgezählt Mf. 'י, 2.

Nr. 54. Ebenso Mf. 'כ, 3.

Nr. 55. Diese Angabe und Aufzählung befindet sich ebenso in Mf. 'ל, 13. nur statt dass bei uns die Vocale genannt sind (מלאפום, קמץ פום) heissts in Mf. או אֻ, s. Levita in Massor. Hamass., der behauptet, die Mass. gebe keine Namen der Vocale an.

Nr. 56. So angeführt mit Aufzählung der Stellen Mf. 'א, 20. und ohne Angabe der Stellen: Thr. 5, 13. Est. 3, 15. S. מ"ש zu Num. 1, 16. — Auffallend ist, dass Mf. l. c. unter 'צ für צָרָה und צְדִינֵי hat צָדָה und צֵדָה? Unser Buch scheint das Richtige zu haben, indem es alle 3 von einem Stamme (ציד, צוד = בחר לישן) nimmt und צֵדָה (f. צֵידָה mit 'ה adverbii, wodurch das He ohne Mappik

erklärt wird, was Kimchi auffallend findet; s. auch מ"ש[1]) zu St.) s. v. a. „mit Absicht" deutet, was im Zusammenhang besser passt; (so erklärt Ibn. Ganach צִדִּים f. צִידִים v. צור s. Kimchi Wörterb. unter צדד und צור und Fürst's Wörterbuch unter צַד, 1.) ebenso צְדוּנֵי. Nach Mf. aber wären 2 v. צדה und eins v. צור —? Für die Angabe der Mf. spricht dass nach derselben von den 3 Stellen je eine im Pent. eine in den Proph. und eine in den Hagiogr. (אנ"ך) steht, was nach unserer Angabe nicht der Fall ist; allein unser Buch hat wirklich die Worte: הר באוריתא u. s. w. — und wahrscheinlich mit Bedacht — nicht angegeben und nur eine spätere Hand hat im Mpt. משמש אנ"ך hinzugefügt. —

Nr. 57. Ebenso Mf. 'א 21. nur dass daselbst unter 'ט fehlt: (Job 21, 16.) טוּבָם · הן לא בידם טובם.

Nr. 58. Diese Stelle ist angeführt und aufgezählt Mf. 'ב, 13. Esra 1, 9. (hier aber nur bis Buchst. 'ח (הי״), für die übrigen ist auf Mf. hingewiesen —) und ohne Angabe der Stellen Ps. 150, 5. Prov. 30, 33. (ומיץ) Job 2, 10. (נְקַבֵּל) 19, 21. Cant. 2, 15. (שֻׁעָלִים) Koh. 9, 9. (הֶבְלֶךָ) und Esra 8, 17. — Unsere Angabe bemerkt richtig דלוג = unvollständig alphab. Verzeichniss, weil sie טָמֵא nicht anführt, worüber weiter unten, es fehlt also der Buchstabe Teth. Mf. l. c. lässt das דלוג aus, indem dort טָמֵא aufgenommen ist. Ferner liest unter dem Buchst. He unser Buch הַחֲרֵדִי, was 2 S. l. c. wirklich 2 Mal in einem Verse vorkommt, während das in Mf. angeführte הַהֲרָרִי (ibid. 23, 33.) nur ein Mal steht, indem das zweite הָאֲרָרִי heisst, also nicht hierher gehört. Wenn ferner unser Buch כַּפּוּרֵי (— das ohnedies, wegen der Accentstellung in seiner Wiederholung verschieden ist —) שֻׁעָלִים · נְקַבֵּל · וּמִיץ und הֶבְלֶךָ nicht zählt, so liegt das darin, dass Angaben unter א"ב u. s. w. nicht ausschliessend vollständig sind (s. oben Art. 1.) Wenn aber Mm. die 4 zuletzt genannten an den betreffenden Stellen unter uns. alphabetisches Verzeichniss rechnet und auf Mf. verweist, so zeugt diese von Vergesslichkeit des Herausgebers oder dass dieser in Mf. einem andern Verzeichnisse folgte (etwa unserm Buche?), als bei der Niederschreibung der Mm. und der Verweisung auf Mf. — Ausserdem leidet Mf. an einiger Leichtfertigkeit im Citiren, so z. B. ausser dem erwähnten הַהֲרָרִי ist dort ותודות (nicht וְתוֹרוֹת) zwei Mal aufgezählt; unter dem Buchst. 'ל ist יַסְפַּת angeführt, was nicht dahin gehört; wie wir aber aus unserm Buche sehen, bezieht es sich auf לַגּוֹי des angegebenen Verses, in welchem allerdings auch das יַסְפַּתָּ zwei Mal steht, das aber zu unserer Angabe nicht passt, weil es ausserdem noch vorkommt. — Was die abgekürzte Angabe zu Esra 1, 9. betrifft, so ist sie, so weit sie reicht, ganz dieselbe der Mf., nur dass die Wörter: תרין מלין nach ב"ב und: תחבנם ·ותלד לו אחות פנהם nach את נגבת zu streichen sind; ersteres, weil es blosse Wiederholung des ב"ב ist und letzteres, weil es aus der vorhergehenden Stelle corrumpirt ist. Es kann aber nicht die Absicht gewesen sein, wie Heidenh. zu Mf. meinte, hier תחבנם mitzuzählen, das allerdings im angeführten Vers 2 Mal vorkommt — erstens weil es nicht hier unter den Buchstaben Gimel, sondern zuletzt unter Thaw gehörte; zweitens ist ja diese Angabe ganz dieselbe, wie in Mf. und diese hat's ja nicht; endlich drittens und was das wichtigste ist, gehört es gar nicht zu uns. Verzeichniss, da es mehrmals, wie gleich im vorhergehenden Verse vorkommt. — Betrachten wir aber die Angabe an sich, so bietet sie folgende Schwierigkeit: a) worin unterscheidet sich unser Verzeichniss von dem Mf. 'ב, 14. (bei uns Nr. 72.) in welchem ja auch 2 Wörter die in einem Verse 2 Mal vorkommen (א"ב תאומים) angegeben sind? — Soll dieses aber nur von 2 Mal vorkommenden Wörtern, die dicht auf einander folgen (תאומים = Zwillingspaar) handeln, während unsere Stelle von überhaupt nur in einem Verse 2 Mal vorkommenden W. spricht, so entsteht b) die Frage warum hat unser Verzeichniss dennoch die Wörter: בֶּאֱרוֹת עָרוּ und נָהֲמוּ · לְאִיתִיאֵל · לָבֵשׁ · יַצְמִיתֵם · ידודון · הָאָרוֹם aufgenommen, da diese ja in jenem Verzeichnisse zu den תאומים gehören, weil sie zwei Mal dicht auf einander folgen? — Hieraus schliesst aber Heidenheim, dass unser Verzeichniss nur solche Wörter angeben will, die zwei Mal in einem Verse, sonst aber gar nicht wieder vorkommen und zählt alle diejenigen, die dies Merkmal haben, ganz gleich, ob sie dicht hinter einander, oder getrennt in einem Verse 2 Mal vorkommen; während die andere Angabe (תאומים) solche verzeichnet, die 2 Mal dicht hinter einander in einem Verse vorkommen, ohne

1) Wenn מ"ש daselbst bemerkt, dass das 'ה nicht locale sein kann, weil dann der Accent penult. sein müsste — gegen Raschi's Erklärung, so ist das unrichtig, indem hier der Accent hinunter rücken muss, wegen des darauf folgenden 'א, wie bei שׁוּבָה אֲדֹנָי, לָמָּה סוּרָה אֵלַי u. s. w. s. Heid. Anmerkg. zu עין הקורא Num. 12, 5. Deut. 1, 28.

Rücksicht darauf, ob das Wort nur an dieser Stelle oder auch sonst mehr vorkommt. Die oben genannten 8 Wörter musste unser Verzeichniss daher mit aufnehmen, weil sie nicht weiter vorkommen; musste aber andererseits טְמֵא הַהִפֵּנֵם, יְכַפֵּת und drgl. (s. oben) auslassen, weil diese noch ausserdem vorkommen. Aus diesem Grunde muss das זמרן זמרן unter Buchst. 'ז sich auf זָמְרָן und nicht auf זַמְּרִן das gleichfalls in demselben Verse 2 Mal vorkommt, beziehen, weil letzteres noch ausserdem, während ersteres nur 2 Mal, wie angegeben, vorkommt. Ebenso ist unter Buchst. Lamed לַמְּלָכִים gezählt, obgleich es mehrmals vorkommt; denn in dieser Form mit Mem ohne Dagesch kommt es nur 2 Mal im gegebenen Verse vor; so wird auch אֵיכָכָה aufgezählt, obgleich es auch Est. 8, 6. vorkommt, weil, wie uns. Stelle bemerkt (ב' מלעיל), mit dem Accent penult. nur die beiden vorkommen, während sie in Est. ult. sind; s. auch Mp. zu den St. Aus demselben Grunde wird כִּירָה angeführt, das laut Mp. mit dem Accent auf ult. nur 2 Mal vorkommt; sonst ist's penult. — Wahrscheinlich hat unser Buch desswegen, was sonst nicht gewöhnlich ist, bei jedem Worte 'ב hinzugefügt um dadurch anzuzeigen, dass es nur diese beide Male so vorkommt. Jedenfalls sehen wir wieder, dass unser Buch die correcteren Angaben hat.

Nr. 59. Dieser Art. der, wie der spätere א"ב מן ב"ב בהד לישן (Mf. 'א, 25. unser Buch Nr. 70.) sehr an Auslassungen und spätern Zusätzen leidet, wie das schon R. Jacob Tam, eine der bedeutendsten Autoritäten im Judenthum (1100—1171. s. Grätz Gesch. d. Juden Bd. 6, S. 211 ff.) in s. Buche הכרעה S. 11. ed. Filipowski [1]) ausführlich nachweist ist fast ganz so übergegangen in Mf. 'א, 22. Sie sind nur darin verschieden, dass unser Buch, ausser den Zusätzen: הַקּוֹרוֹת, הַלְקִי und וְהוֹכַמְתִּי nur בְּעֶרֶב? und הַתַּנִּין mehr hat, während Mf. nur עָכָר mehr als unser Buch zählt; die drei nach וּבְרָכָה folgenden, als וַיִּפַּתַּח וַיָּרֶב und וַיָּרֶם scheinen Versehen des Abschreibers zu sein, wenn sie in unserm B. fehlen, indem derselbe וַיִּפַּתַּח, das wie alle andern Stellen im Mpt. unpunctirt ist, wahrscheinlich וַיִּפְתַּח las und so von diesem an fortfuhr und die drei genannten dazwischen liegenden Wörter überschlug, was leicht und oft bei etwas gedankenlosen Schreibern eintrifft. Indem ich über das Weitere auf Mp. zu den betreffenden Stellen und auf unsere Bemerkungen zu den Einzelheiten verweise, will ich hier nur noch einige Zusätze theils von רוו"ה zu Mf. l. c. theils wie ich sie sonst woher bei meiner Mf. bemerkt habe, alphabetisch geordnet hinzufügen:

אֶל יֶתֶר הַהֹנֵי, ב' בתרי לישני (Ex. 4, 18. und Jer. 29, 1.) s. Mp. Jer l. c.

אָן ב' בתרי לישני (1 S. 10, 11. Job 8, 2.) s. Mp. zu den beiden Stellen, auch Mm. zu Job l. c. S. auch Mf. 'א 25. wo sie zu ב' בהד לישן gerechnet werden.

בָּאֲרֻבּוֹת (1 Reg. 4, 10. Koh. 12, 3.) s. Mp. und Mm. zu den Stellen.

---

1) Es dürfte nicht uninteressant sein, das Betreffende aus dieser Stelle hierherzusetzen, da das Buch doch wohl nicht Jedem zur Hand sein möchte. Nachdem nemlich der Verf. den Angriff des Dunasch gegen Ben Saruk zu בִּשְׂרִים zurückgewiesen hat, bemerkt er: dass Dunasch unsere Massora hätte für s. Ansicht anführen können und fährt fort: ואע"פי כי המסרה הגדולה חברם וכו' ואילו הנוטים אחרי דונש כתבוהו במסרת בתרין לישנין, כי לולא זה היה מביאו דונש לראיה, אך לא נכתב לא עם הדי לישנין ולא עם הד לישן, כי יש הרבה אשר לא נכתבו לא בזה ולא בזה, ואם נכתב מימי דונש פתרוני כאשר פרשתי, ובזה תבין כי אחרי נכתב המסרה הוסיפו בו אנשים דברים שאינן בענין שהרי הרשתם הרשתם וקן וקן כתובים במסרת בתרין לישנין ובמסרת בחד לישן רחוק ככה רפין, ודאה הראיה במסורת של הד לישן והיה דומה לו חבר והוסיפו בו ולא ניכר אשר היה כבר במסרת של תרין לישנין וכו' ולפי דרכי אפרש שלא הטעה במסרה הגדולה בשתכצא לית דכוותהון ללמוד מתוכו וליכר אחרי אשר לא כתב בעל המסרה את אלו תרין דלית דכוותהון עם תרין לישנין בכלל ההד לישן היא יאל יעלה על לבך שהרי לא כתב בעל המסרת גם תרין דלית דכוותהון שמשמעיהם בהד לישן ולא כתב הרבה כהן דלית דכוותהון לא עם תרין לישנין ולא עם הד לישן וכו' וכן מצאתי בהרבה מלות שלא נתן בהם חשבון שכתב ושייר....

Wir sehen, dass der Verf. annimmt, a) dass Anhänger des Dunasch das בִּשְׂרִים, nach der Ansicht ihres Lehrers, der, gegen Ben Saruk, das Wort in zwei verschiedenen Bedeutungen nimmt, in die Massora hineingetragen haben können; b) dass durch Irrthum und Vergessenheit Wörter, die schon in einer Stelle angeführt worden, fälschlich in eine andere hineingerathen sind und c) dass es Irrthum sei, zu glauben, dass Wörter, die scheinbar zu einer gewissen Angabe gehören und doch nicht dazu gezählt werden, nach Ansicht der Massora nicht dazu gerechnet werden dürfen und also in einem andern Sinne genommen werden müssen; denn die Massora ist nicht vollständig, wenn sie allgemeine Verzeichnisse (— זוגין, א"ב, שמה) ohne bestimmte Angabe der Zahl anführt und lässt gar manche dahingehörige aus. — S. oben Anmerkg. zu Art. 1.

בְּאֵרִי כ׳ ומב׳ לישן (Gen. 26, 34. Hos. 1, 1.) s. Mm. zu Hos. l. c. — Mp. hat an beiden Stellen bloss כ׳ ohne ומב׳ לישן, was richtiger zu sein scheint, da sie doch beide nom. prop. sind?

בְּבַת ב׳ בתרי לישני (Gen. 34, 19. Thr. 2, 5.) s. Mm. z. St.

בַּעֲבִי (Job 15, 26. und 2 Chr. 4, 17.) s. Mp. zu d. St. und Kimchi W. B. s. v. — Buxt. in d. Concord. u. Rabb. Bibel liest 2 Chr. l. c. בַּעֲבֵי, das 2te Beth mit Zere, was nach Mp. l. c. falsch ist.

בְּעֵרֶב (Lev. 13, 48. Prov. 7, 9.) s. Mp. zu beiden Stellen; zu Prov. l. c. heisst's: כ׳ א׳ צירי בתרי לישן אי בישתי. Das א׳ צירי bezieht sich auf Lev. l. c.

בֹּעֲרִים (Ez. 21, 38. und Ps. 94, 8.) s. Mm. und Mp. zu den Stellen.

בִּרְאוֹת (1 Chr. 21, 28. und 2 Chr. 26, 5.) Zur ersten St. heisst's in M. marg. ב׳ בתרי לישני חד מלא יחד חבר יהי לדריש אלהים בימי. s. auch M. marg. zur 2ten Stelle, wo d. בתרי לישני fehlt.

בָּרִי (Prov. 1, 2. und Job 37, 11.) s. Mm. und Mp. zu d. Stellen.

גור (Gen. 26, 3. ibid. 49, 9.) s. Mm. zur ersten St. und Mp. zur letzten Stelle, wo es heisst ב׳ ר״פ בספרא ומב׳ לישן (d. h. in Gen. kommt dieses Wort 2 Mal vor und zwar am Anfang des Verses und in 2 versch. Bedeutungen).

גְּמֻל (Jes. 18, 5. Prov. 11, 17.) zu letzter Stelle heisst's in Mp. ב׳ וחס׳ ובתרי לישני ובבר.

גַּרְתִּי (Gen. 32, 4. Ps. 120, 5.) s. Mpt. Hamb. zur ersten Stelle.

הֵלֶךְ (1. S. 14, 27. und 2 S. 12, 4.) s. Mp. zur letzten Stelle ב׳ הלך דביש אינון בתרי לישן. Mp. zur ersten St. fehlt das בתרי לישן.

הַמְכַסֶּה (Gen. 18, 17. Ps. 147, 9.) ב׳ ומב׳ לישן מאברהם שמים וכל את הקדב דכו׳ s. Mm. in Mpt. Hamb. zur ersten Stelle. — In der gedruckten Mm. zur letzten St. fehlt d. ומב׳ לישן.

הַמְקָרֶה (Ps. 104, 3. und Koh. 10, 18.) Zur letzten St. bemerkt Mpt. Hamb. ב׳ ומב׳ לישן, woraus hervorgeht, dass beide gleich lauten, gegen Mp., die zu jeder der beiden St. bemerkt ל׳ und in mehren Mpten. zu Koh. l. c. deutlich bemerkt ל׳ דגיש, so dass in Koh. das Mem ein Dag. forte hat, in Ps. l. c. aber es ohne Dag. und das He mit Metheg od. Gaja steht. —

הֲנִסָּה (Deut. 4, 34. Job 4, 2.) s. Mm. und Mp. z. d. St.

הִסְכַּלְתִּי (1 S. 26, 21. und Ps. 119, 99.) s. Mp. zur ersten St. — Mm. zur 2ten St. fehlt d. בתרי לישני. —

הָפְקַד (Lev. 5, 23. Jer. 6, 6.) s. Mp. zur ersten St.

הַקֹּרוֹת (Gen. 42, 29. und 2 Chr. 3, 7.) s. Mm. und Mp. z. d. St.

הַשְּׁמֵנָה (Num. 13, 20. und Ez. 34, 16.) Mm. und Mp. zu letzter Stelle. In Mm. zur ersten St. fehlt das ומב׳ לישני. —

וַיֵּבוֹשׁ (Hos. 10, 6. und 13, 5.) Heid. bemerkt, dass einige Handschriften dazu aufführen: ב׳ ומב׳ ליש׳ (das eine von בוש und das andere von יבש).

וַיִּדֹּם (Lev. 10, 3. und Jos. 10, 13) s. Mp. zu d. St.

וַיִּקֹּב (Lev. 24, 11. und 2 Reg. 12, 10.) s. Mm. zur ersten St. und Mp. zur zweiten St.

וְיֵרְדְּ (Num. 24, 19. und Ps. 72, 8.) Zur ersten Stelle bemerkt Mpt. Hamb. ב׳ ומב׳ לישן מיעקב מים עד ים; s. auch Mp. zur letzten Stelle.

וּלְבֶן (Gen. 49, 12. Job. 35, 8.) s. Mm. und Mp. zu den Stellen.

וּמַשָּׂא (Gen. 25, 14. und Jer. 23, 36.) s. Mp. zur letzten Stelle.

וְצַרְתָּ (Deut. 14, 25. und 20, 12.) Zur letzten Stelle bemerkt Mpt. Hamb. ב׳ ומב׳ לישני, was aber unrichtig ist, da es Ez. 4, 3. mehrmals vorkommt.

וְשִׁלֵּם (Gen. 46, 24. und Deut. 32, 35.) s. Mp. zur ersten Stelle.

וְשָׂרַי (Gen. 16, 1. und Jud. 5, 15.) s. M. marg. zur letzten Stelle und Mpt. Hamb. zur ersten Stelle.

וְתֹכֶן (Ex. 5, 18. und 1 Chr. 4, 32.) Heid. aus einem alten Mpt. zur letzten Stelle.

חֶלְקִי (Jos. 18, 2. und Ps. 55, 22.) s. Mm. und Mp. zu den Stellen.

חֶלְקַת Zu Gen. 27, 16. bemerkt Mp. כ׳ באורית׳ בתרי לישן, was aber schwierig ist, da es im Pent. noch 2 Mal (Gen. 33, 19. und Deut. 33, 29.) vorkommt. Der Verf. des מבין חדות will lesen ג׳ באורי׳ בב׳ליש׳, was eine Analogie hätte in Mp. zu Deut. 32, 41. wo letztere zu בָּרָק eine ähnliche Bemerkung macht. Vielleicht ist ג׳ באורית׳ בג׳ ליש׳ zu lesen und das Wort zu Deut. l. c. als bildlicher Ausdruck, verwandt durch eine Metathesis mit לִקְחָה, anders genommen wird, als Gen. 33, 19. s. unten Zusatz S. 20[b]. —

חַרְצֻבּוֹת (Jes. 58, 6. und Ps. 73, 4.) s. Mm. zur letzten St. Mp. zu derselben St. lässt ומב׳ ליש׳ aus. Wenn es in letzterer heisst: ב׳ פתח so soll das nicht heissen: es kommt 2 Mal mit Pathach vor; sondern das פתח muss פְּתֵּחַ punctirt werden und soll, wie gewöhnlich, die andere St. (Jes. 58, 6.) bezeichnen, wo חַרְצֻבּוֹת mit dem vorhergehenden פַּתֵּחַ vorkommt. —

הֻשִׁים (Gen. 46, 23. Num. 32, 17.) Zu letzter Stelle bemerkt Mpt. Hamb. ב׳ ומב׳ לישן und führt die beiden Stellen an, s. auch Mp. z. St.

הֲתָת (Job 6, 21. 1 Chr. 4, 13.) Heid. führt ein Mpt. an, welches zu l. St. bemerkt: הֲתָת ב׳ מב׳ לישני וסי׳ תיראו התת · ובני עתניאל התת · בתראה שום נברא, woraus auch hervorgeht, dass das Taw in letzter Stelle ein Kam. hat, gegen d. Ausgg. S. d. folgende נהל ,לבנת ,יהל u. drgl.

יַהֵל (Jes. 13, 20. und Job 31, 26.) Zu l. St. bemerkt Mm. u. Mp. (ב׳ בתרי לישני (א׳ פתח וא׳ קמץ Mp. zur ersten St. lässt d. ב׳ בב׳ לישני aus.

יַעֲרֹף (Deut. 32, 2. und Hos. 10, 2.) s. Mm. und Mp. zur letzten St. — Mp. zur ersten St. lässt's aus.

יָרֵב (Gen. 1, 22. und 2 Chr. 24, 26.) so bemerkt Mpt. Hamb. zur ersten Stelle ב׳ ומב׳ לישני. Letzteres wird als N. p. genommen.

יָרִיקוּ (Jer. 48, 12. und Koh. 11, 3.) s. Mp. zur letzten Stelle; zur ersten Stelle bemerkt Mp. bloss ב׳.

לָאַט (2 S. 19, 5. und Job 15, 11.) s. Mm. und Mp. zu l. St. — Mm. zur ersten Stelle verschweigt das בתרי לישני

לִבְנַת (Ex. 24, 10. und Jos. 19, 26.) Eine Handschrift bei Heid. bemerkt: ב׳בב׳לישני קדמ׳ פתח הניא קמץ·

לְחֵלֶק (Num. 26, 30. und Job 17, 5.) so bemerkt eine Handschr. und Mp. z. l. St. — Das תחלקי in Mp. l. c. muss החלקי heissen und bezieht sich auf Num. l. c. wo הַחֶלְקִי bei לְחֵלֶק (als N. p.) vorkommt.

לְמִשְׁנֶה (1 S. 23, 17. Job 42, 10.) s. Mp. z. l. St. — Mp. zur ersten St. bemerkt es nicht.

לַעֲרֹב (Jud. 19, 9. Ez. 27, 9.) Mm. und Mp. zur l. St. und fügt hinzu קדמא מלא —)

מִכְרִי (2 Reg. 4, 7. und 1 Chr. 9, 8.) Mp. z. d. St.; in der letzten wird noch hinzugefügt אח השמן als Bezeichnung der andern Stelle. — Das eine ist N. p.

מִלָּא (Jer. 51, 34. und Ps. 139, 4.) Kimchi im Michlol S. 171. (ed. Venet. parv.) führt eine Massoraangabe zu Jer. l. c. an, welche so lautet: מִלָּא ב׳ בב׳ לישני , קדמאה כתוב באלף בתראה כתיב בה״א. S. auch מ״ש zu Jer. l. c.

מְלַח (Esra 4, 14. und 6, 9.) Mp. zur letzten St. Zur ersten St. bemerkt sie nur ב׳.

מִלֵּל (Gen. 21, 7. Jes. 21, 11.) s. Mp. zur ersten Stelle wo חד חסר וחד מלא hinzugefügt wird, da das zweite מִלֵּיל heisst. S. auch Mp. zur letzten St.

מַעֲדַנּוֹת (1 S. 15, 32. Job 38, 31.) s. Mp. zur letzten Stelle wo es heisst: ב׳ בתרי לישני חד חסר; ähnlich Mp. zur ersten Stelle.

מָרִים (Ex. 15, 23. und Dan. 6, 19.) s. Mm. und Mp. z. d. St.

נָהֵל (Jos. 13, 32. Ez. 25, 3.) Zur letzten St. bemerkt Mp. ב׳ בתרי לישני ולי׳. Das eine ist von נחל und das andere von חלל. Das ולי׳ will sagen, dass das in Ez. ein Chet mit Kam. hat und das kommt nur ein Mal vor; das andere in Jes. hat Cheth mit Pathach.

נַחְלָה (Num. 34, 5. und Ps. 124, 4.) Zu letzter St. bemerkt Mp. ב׳ בטעם בתרי לישן d. h. in diesen beiden Stellen ist das W. penult. kommt aber in verschiedener Bedeutung vor; das erste Mal ist das He ein He locale und das zweite Mal ist's He parag. s. Ab. Esra zu Ps. l. c.

נָשִׁיתִי (Jer. 15, 10. und Thr. 3, 17.) s. Mm. und Mp. zu den Stellen.

עֲדִינָא (Jes. 47, 8. und 1 Chr. 11, 42.) Mp. zu l. Stelle, s. auch Mp. zur ersten Stelle, wo das מב׳ ליש׳ fehlt, aber bemerkt ist: אחד כתי׳ אלף· —

עֲנָנְיָה (Neh. 3, 23. ibid. 11, 32.) s. Mp. zur ersten Stelle.

רָד (Jud. 19, 11. Hos. 11, 12.) s. M. marg. zur ersten Stelle, wozu noch bemerkt ist חד פתח וחד קמץ

רוּחָא (Jer. 52, 23. und Dan. 2, 35.) s. Mm. und Mp. zu beiden Stellen.

רָצְתָה (Jes. 42, 1. 2 Chr. 36, 21.) Mp. zur zweiten Stelle; die erste hat nur ב׳.

שָׁבָה (Jer. 41, 14. Est. 2, 14.) s. Mp. zu den Stellen. Wenn Est. l. c. bemerkt wird ג׳ מלרע בתרי ג׳מלרע ב׳ בתרי לישני, so muss das heissen לישני

Das 'נ: 3 bezieht sich auf שָׁבָה und וְשָׁבָה (v. שׁוּב) die 3 Mal ult. vorkommen s. Kimchi im Michlol S. 136ᵃ ed. Venet. parv. Das ב' בתרי לישׁ' bezieht sich hingegen auf שָׁבָה das 2 Mal mit dem Accent ult. vorkommt, aber in verschiedener Bedeutung d. h. von שׁוּב und שׁבה. s. auch Mp. zu Lev. 22, 13. und Jes. 23, 17. wo zu וְשָׁבָה bemerkt wird: ב' מלרע וחד היא שבה und auch נ' מלרע; jenes bezieht sich auf וְשָׁבָה allein und dieses auf שָׁבָה und וְשָׁבָה; aber beide von der Wurzel שׁוּב. —

שִׁלֵּמִי (Num. 34, 27. Jer. 20, 10.) Mp. zur letzten Stelle bemerkt ב' חסר בתרי לישני. Es kommt zwar 5 Mal vor, doch def. Waw nur 2 Mal und in verschiedener Bedeutung; das eine ist N. p.

תּוֹלָע (Gen. 46, 13. u. Thr. 4, 5.) s. Mm. u. Mp. z. d. St.

תַּרְתִּי (Ez. 20, 6. und Koh. 2, 3.) s. Mp. zur ersten Stelle [1]).

Der Vollständigkeit wegen sollen hier auch die 3 Mal und in verschiedener Bedeutung vorkommenden Wörter folgen:

בְּרַק (Deut. 32, 41. Jos. 19, 45. und Hab. 3, 11.) s. Mp. zur ersten Stelle, wo es heisst נ' בתרי לישני; das in Jos. l. c. ist N. pr.

וַאֲנִי Mp. 1 Reg. 9, 21.: נ' בתלת לישן. Die 3 Stellen sind nicht angegeben.

חֶלְקַת s. oben.

יָרוֹק (Lev. 15, 8. Num. 12, 14. und Job 39, 8.) s. Mp. zu Job l. c. wo es heisst נ' בתלת לישן; Mm. bemerkt nur נ' ב' חס' וחד מלא. S. auch Mp. zu den andern Stellen, wo nichts bemerkt wird über בתלת לישן. Vielleicht soll es heissen: נ' בתרי לישן (s. oben חֶלְקַת und בְּרַק), da 2 von gleicher Bedeutung sind.

מִדִּין M. marg. zu Jud. 5, 11. נ' בג' לישן · מדין וסככה ודין (Jos. 15, 61.) להטות מדין דלים (Jes. 10, 2.) הד לישן קרתא וחד לשון אורחא וחד לישן דין

תַּפּוּחַ (Jos. 17, 8. Joel 1, 12. und 1 Chr. 2, 43.) s. Mm. und Mp. z. den Stellen. Die Angabe das. ist corrumpirt; Heid. verbessert sie nach einer handschriftlichen Angabe also: תַּפּוּחַ נ' ב' מלא וסי' למנשה היתה ארץ תפוח (Jos. 17, 8.) ותפוח גם תמר (Joel 1, 12.) קרח ותפח (1 Chr. 2, 43.) כתרא הסר · חד שום גברא חד שים פרי וחד שום קרתא·

צָלֲלוּ (Ex. 15, 10. Hab. 3, 15. Neh. 13, 19.) s. Mp. zur letzten Stelle. — Mm. sagt nur ג' בקריאה וסי' וכו' אנ"ך, erwähnt also von der Verschiedenheit der Bedeutung nichts.

רֹעָה (Gen. 29, 9. Jes. 24, 19. und Prov. 25, 19.) s. Mm. und Mp. zu Jes. l. c. Dieses letztere ist penult. (ב' מלרע.)

Durch diese Zusammenstellung ist das obige Urtheil des R. Tam völlig bewährt.

Wie unaufmerksam aber die Angaben in der Mf. gearbeitet sind, mag hier schliesslich noch nachgewiesen werden dadurch, dass der erste Herausgeber allerdings וְרוֹמַמְתִּי — s. Zusatz in unserm Buche — zählen wollte

---

1) S. ליקוטי קדמוניות von Pinsker S. רכ"ד, wo er eine St. aus אשכול הכופר des Karäers J. Hadasi anführt, in welcher dieser sich als Verfasser des תרין בתרין nennt, wozu P. bemerkt: אשר מזה נראה שגם אהר בן אשר ניתיבפי בהמסירה עיר סימנים ממסורניים מאיחרים ושגם בעל האשכול הי' כאחר מהם וכו'. Pinsker scheint demnach obige St. des ר"ת nicht gekannt zu haben, da dieser es ja als etwas Bekanntes voraussetzt. Wenn aber P. das. aus dem Mpt. von 1010 v. B. Ascher eine Massoraangabe anführt: אלו תיבות במקרא נין שתים בשתי לשונית מה שלא נזכר ולא נאמר במכרות גדולות ולא במסורות קטנות ולא ובאמת ליתהין להני כ"ה וכו' בדברי ספרים und dazu bemerkt: so scheint dieser Zusatz uns. Mm. und Mp. nicht gekannt zu haben, da diese beinahe zur Hälfte jener 25 bemerkt: מב' לישנא; ich will sie zur Vervollständigung unserer Angabe hier herstellen und nur zu denen die Schriftstellen bemerken, bei welchen wir keine Massoraangabe gefunden:

וְלֵבֶן	s. oben.	חֶלְקִי	s. oben.
וְתֹכֶן	dass.	אָן	s. oben.
וְהֵרִיקֹתִי	(Lev. 26, 33. Mal. 3, 10.)	יְמַלְאוּם	(Gen. 26, 15. 1 S. 18, 27.)
וְהִפְלָה	(Ex. 9, 4. Deut. 28, 59.)	נִקְרֵאתִי	(2 S. 1, 6. Est. 4, 11.)
וְחָפַרְתָּ	(Deut. 23, 13. Job 11, 18.)	לְמִשְׁנֶה	s. oben.
לְרַגְלִי	(Gen. 30, 30. Ps. 119, 105.)	קָרָאת	(Jer. 3, 4. Jer. 44, 23.)
לְעַיִן	(Num. 34, 11. Ez. 12, 12.)		s. P.; es muss heissen: — על כן קראת אתכם
יַשֶּׁה	(Deut. 15, 2. Job 11, 6.)		
מָרִים	s. oben.	רוּתָה	s. oben.
הֶחָגָב	(Lev. 11, 22. Koh. 12. 5.)	נָשִׁיתִי	s. oben.
קָח	(1 S. 21, 10. Ez. 17, 5.)	וְחַנּוֹתִי	(Ex. 33, 19. Job 19, 17.)
מַשְׂאֹת	(Gen. 43, 34. Thr. 2, 14.) s. die Mm. und Mp.	חַתַּת	s. oben.
		הַקֹּרֹת	s. oben.
לִבְנַת	s. oben.	יַעֲרֹף	s. oben.

oder wirklich zählte; es aber dennoch, im Drucke etwa, ausliess, wie die Angabe Mf. 'רמ, 5. deutlich beweiset, wo er zu וְרוֹמַמְתִּי bemerkt: ב' וכיב' לישני (s. auch Mp. zu Jes. 1, 2.) und hinzufügt: ומה דמסרינן כא"ב מן ב"ב בתרי לישני אם לא שויתי, (Ps. 131, 2.) טעות, woraus also ersichtlich: a) dass er dieses Wort, nach seiner Absicht wenigstens, in unserm alphab. Verzeichniss zählte und b) dass er sich geirrt habe וְדוֹמַמְתִּי (mit Daleth) statt וְרוֹמַמְתִּי (mit Resch) zu zählen, welchen Irrthum er hier zurücknimmt. —

Nr. 60. Dieses Verzeichniss ist zwar angeführt ohne Stellenangabe Ps. 125, 1. und dabei auf Mf. unter dem Buchstaben 'ע hingewiesen, ist dort aber ausgelassen und so nur in unserm Buche erhalten. —

Nr 61. Ist ebenso angeführt und aufgezählt Mf. א"ב, 23. und ohne Stellenangabe Gen. 45, 6.

Nr. 62. Dieses Verzeichniss ist ausführlich angeführt Mf. 'ב, 8. und ohne Stellenangabe Gen. 31, 33. — Mf. l. c. hat mehr als unser Buch וּבְאֵר und וּבְכוֹרָאִים beide sind aber unrichtig, denn וּבְאֵר kommt nach Mf. 'בא, 81. 4 Mal vor; und וּבְכוֹרָאִים kommt nur ein Mal vor, wesswegen auch die Angabe der Stelle beim zweiten fehlt; sie gehören daher beide nicht hierher. Dagegen fehlt יִבְנְהֶיהָ in Mf. was unser Buch mit Recht hierher zählt. Die Angabe zu Gen. l. c. muss heissen: ובאהל ובאהל u. s. w. S. oben Nr. 58.

Nr. 63. Ebenso Mf. 'ה, 20. nur dass Mf. bei den beiden וְהִיבַּבְּתִּי die Versstellen verwechselt hat, indem 2 Reg. und Ps. l. c. ult. und die beiden in Koh. penult. sein müssen wie in unserm Buche und darum, wegen Verschiedenheit der Betonung, zu unserm Verzeichniss gehören, da es ja sonst 4 Wörter und nicht מן ב' ב' wären. S. Mp.

Nr. 64. Angeführt mit Stellenangabe Mf. 'ה, 2. nur, dass dieselbe הַנִּמְצָאוֹת auslässt und הַמָּעוֹן (mit Nun fin.) statt הַמָּעֹזה, wie es in unserm B. und den Ausgg. vorkommt, hat. Mpt. Hamb. zu Jud. 6, 26. sagt ausdrücklich הַמָּעוֹז ב' וסי' ובנית מזבח לה' אלהיך על ראש · ותרועים ממנו יעמודו. — Wenn in der Ueberschrift bei uns steht: וכלהון פתחין, so ist das allerdings auffallend, da ja הַגָּלוּ, הוּבַשְׁתְּ הַכֹּן und הַטּוֹחַ mitgezählt werden? Mf. hat daher das וכלהון פתח' ausgelassen, ob aber mit Recht?

Nr. 65. Angegeben mit Anführung der St. Mf. 'ה, 3; mit theilweiser Angabe (zum Buchstaben Taw) Job 38, 31. und ohne Angabe der Stellen Gen. 42, 16. Die Ueberschrift in der Mf. 'בתמי, ist unrichtig, da ja einige aufgezählt sind, deren He nicht interrogativ ist, als הַזְּכִּיר, הַנַּח, הַסְכֵּת. Das Richtigere ist, wie in unserm Buche angegeben וכל חד לי' פתח, so bemerkt auch Mpt. Hamb. (s. z. B. Gen. l. c.) zu mehren derselben לי' פתחין. Das eine חד in unserer Ueberschrift ist überflüssig und kann gestrichen werden. — Ferner ist Mf. הַלְמֶלֶךְ, das scheinbar zu 'הל gehört, gezählt; es muss aber הַמֶּלֶךְ heissen, wie es in unserm Buche richtig steht, und gehört zu 'המ. (Auch das frühere ההמירו muss in הֶהֵימִר verbessert werden, wie es bei uns richtig angegeben ist.) In Hinsicht auf Verschiedenheit beider Aufzählungen, hat Mf. הַנִּשְׁמָה und הַמְּעָרַת mehr als unser Buch, das wiederum, ausser den Zusätzen הַבְּל und הַצּוֹם die Wörter הַחַיִּתֶם, הַלְוָה, הַלַּמְתִּים, הָרִאשׁוֹן und הַמִּשְׁחִית mehr zählt als Mf. Dass übrigens auch dies א"ב, wie schon oft bemerkt, nicht alle dahingehörenden Wörter zählt, ersieht man aus der Angabe zu Job l. c. wo zu 'הת gezählt werden הֲתִמְלֹךְ (Jer. 22, 15.) הַתְקַשֵּׁר (Job 38, 31.) הַתְשַׁלַּח (ibid. 35.) הֲתַאֲמִין (ibid. 39, 12.) הַתַּעֲשִׁירֵנוּ (ibid. 39, 23.) הֲתָרִים (Job 38, 34.) הֲתָצוּד (ibid. 38, 39.) הַתְשַׂחֵק (ibid. 40, 24.) הֲתִצְלָח (Ez. 17, 10.) von denen bei uns nur 3 angeführt sind.

Nr. 66. Ebenso angeführt und aufgezählt Mf. 'י, 3. Ez. 14, 11. Ps. 67, 2. Daselbst fehlt, ausser dem bei uns angeg. Zusatz יָחֵם, das Wort יְזֵה, das wahrscheinlich aus Versehen des Abschreibers mit dem vorhergehenden יָזֶה vermischt worden ist. — Ueber das Einzelne w. u. —

Nr. 67. Dieser Art. ist Mf. 'י, 4. mit Stellenangabe, aber unvollständiger angeführt. Es fehlen dort, ausser dem bemerkten Zusatz יַאֲסִפֵן: יאבלון, יבינון · יגילון, ידרשון ·ירעון ,ירד ,יקצרון ,ישברון ,ייטיב ,ייטב ,יחפצון ,יחברון.

Nr. 68. Diese Angabe, aber ohne Stellenanführung findet sich nur 2 Chr. 21, 4.: ואינן מן ב' ב' ויא' מלעיל wo das 'ויא, wie gewöhnlich, nur auf das 'א nach 'וי sich bezieht, dem aber auch 'וינ', ויב u. s. f. folgt; das מלעיל bezieht sich auf d. Pathach des Waw, das conversiv. ist, im Gegensatz zu Waw mit Schwa, s. oben Nr. 46. (und unsere Bemerkung). Ausser unserm Buche habe ich diese Stelle nicht gefunden. Wenn aber z. B. zu וַיֶּאֱסֹף bemerkt wird מלרע, so bezieht sich dies auf den Accent, wie oft. Die Zusätze וַיֵּלְכוּ und וַיֵּקַר gehören wohl nicht hierher, da das 'י Schwa hat; und ausserdem bei ersterm doch auch וַיֵּלְכוּ das gleichfalls nur 2 Mal (1 S. 30, 22. Job 38, 35. wo Mp. 'ל hat, das aber 'ב heissen muss, wie 1 S. l. c.) vorkommt, hätte gezählt werden müssen; bei וַיֵּקַר ist auch

eine Verschiedenheit in plene und def. Schreibform. Allerdings fehlt demnach der Buchst. ל nach 'וי und müsste also in der Ueberschrift דלונ hinzugefügt werden; vielleicht ist aber mit Bedacht in unserm Buche das מלעיל ausgelassen, so dass auch Waw mit Schwa dazu gehört? —

Nr. 69. Angeführt mit Stellenangabe Mf. 'מ, 1.; es fehlt daselbst מִשְׁכְּמֵי und מָשְׁחָת. —

Nr. 70. Dieser Art. der ausführlich Mf. 'א, 25. wiedergegeben ist, leidet daselbst wie 'א, 22. (s. oben Nr. 59 ausführlich) an Zusätzen und Auslassungen. Ueber das Einzelne weiter unten. —

Nr. 71. Unsere Angabe ist mit nicht unbeträchtlicher Verschiedenheit der Stellenangabe angeführt Mf. 'ו, 5. Ausser den angemerkten Zusätzen וְבֶטֶן, וְנֶפֶשׁ, וְעֶרֶב, וְרֵעַ hat unser Buch mehr als Mf. l. c. וְבַעַר, וָבָאו, וְדֶרֶךְ, וְזֶרַע, וְחוּצָה, וְלָנוּ, וְעָו, וְעַיִן, וְקַיִן, וְקוֹל, וְשֶׁקֶר, וְשָׁבוּ, וְשֵׁשׁ, während die Mf. mehr hat וָאִישׁ, וָדָם, וַיּוֹר, וְנֶסֶךְ, וְנֶכֶד, וַעֲנָן, וָעֹז, וְעֵז, וְצֶדֶק, וְהֵד, von denen nur וְנֶכֶד, וָאִישׁ und וְהֵד richtig sind, während die andern theils mehrmals vorkommen, u. theils d. Waw ein Pathach hat, die also nicht hierher gehören und ob nicht sogar וָעֹז aus וְעֵז und וַעֲנָן aus וְעַיִן entstanden ist — da die einzelnen Wörter unpunctirt und fortlaufend ohne Versangabe oft in den Mpten. vorkommen, wie hier z. B. im Mpt. Hamb. zu Ex. 9, 15. — wollen wir nicht weiter erörtern. Das erwähnte Mpt. Hamb. hat in der Ueberschrift statt וקמין das Wort ומלעיל, wodurch etwa die mit Pathach des Waw hinzugezogen werden dürften, weil das doch noch immer מלעיל ist im Vergleich zum Waw mit Schwa. — Auch hat Mf. das וליה ausgelassen, wodurch allerdings dann auch die gerechnet werden dürften, die mehrmals vorkommen, was aber jede Einheit und Besonderheit stört. — Mpt. Hamb. l. c. zählt von jedem Buchst. ein Beispiel und hat mit unserm B. gemeinschaftlich וְלָנוּ und mit Mf. וְנֶכֶד (auch ועז, was aber ebenso gut וְעֵז als וָעֹז heissen kann —) und unter Phe zählt es וָפֶה, was beide andern nicht haben. Was etwa zu וָחַי (in unserm Buche ist Ez. 47, 9. angeführt, während Mf. Deut. 5, 21. hat) und וָראשׁ zu bemerken ist, s. unten über d. Einzelne. — Ausserdem ist unsere Angabe ohne Stellenverzeichniss angeführt Mm. Ex. 9, 15. und Est. 8, 15.

Nr. 72. Dieses Verzeichniss ist unter א"ב תאומים בפסוק angeführt mit Stellenangabe Mf. 'ב, 14.; es wird daselbst also das ולי' דסמיך und דלונ ausgelassen. Dass das aber Auslassung ist, absichtliche oder aus Vergessenheit, ist daraus zu ersehen, dass 1 Chr. 29, 5. die Mm. wirklich liest וכל חד וחד לי' דכוותי'. — Was das לי' דסמ' betrifft, so darf man annehmen, dass dieses absichtlich ausgelassen ist, weil auch Zwillingswörter aufgezählt werden, die mehrmals vorkommen — die freilich unser Buch nicht zählt — als אָנִי אָנִי, das nach Mp. Deut. 32, 39, 3 Mal so auf einander folgt (Deut. l. c. Jes. 48, 15. Hos. 5, 14.); ebenso שֵׁם שֵׁם; warum aber nun nicht קַו קָו und drgl.? Das Richtige ist aber, wie unser Buch es hat; es sollen nur solche angegeben werden, die nur ein Mal in dieser Form vorkommen. Auch das דלונ ist richtig, da das Alphabetische des Verzeichnisses unvollständig ist, indem die Buchstaben Teth, Kaf und Kuf fehlen. Unser B. hat mehr als die Mf. — ausser den Zusätzen חֲמִשׁ das כתיב und nicht קרי ist und לָעֲלוֹת לַעֲלוֹת, die nicht gleiche Form haben, beide also nicht hierhin gehören — בארות und יְבָרֶךְ. Ob aber trotzdem unser Verzeichniss auf Vollständigkeit Anspruch macht, ist zu zweifeln, warum ist z. B. אַבְרָהָם אַבְרָהָם (Gen. 22, 11.) nicht gezählt? S. oben uns. Bemerkung zu Nr. 58. — Ohne Stellenangabe wird unser Verzeichniss angeführt Mm. Ps. 93, 1. Cant. 2, 15. Dan. 3, 9. 1 Chr. 29, 5. wobei beiläufig zu bemerken ist, dass R. Chajim bald auf Art. תאם bald auf 'ב in Mf. verweist, woraus hervorgeht, dass derselbe noch unschlüssig war, wie er die Art. in Mf. ordnen sollte. —

Nr. 73. Dieses Verzeichniss wird weder in Mf. noch sonst in Mm. angeführt — wenngleich d. Mp. zu jedem 'לי bemerkt — und ist nur hier erhalten. Wegen des fehlenden Buchst. Samech wird דלונ hinzugefügt. — Ueber das Einzelne weiter unten. — S. Mf. 'ו, 12. wo nur wie oben Nr. 33. von der offenen Endsilbe mit Cholam die Rede ist. Daselbst führt Heid. folgende, zur Aufklärung unserer St. wichtige Mittheilung aus einem Mpt. zu Deut. 14, 21. an:

עָווּב לי׳	(Ex. 23, 1.)	בָּרוּךְ לי׳	(Jos. 24, 10.)
פָּנוּשׁ לי׳	(Prov. 17, 12.)	אָרוּר לי׳	(Jud. 5, 23.)
צָרוּף לי׳	(Jer. 6, 29.)	שָׁמוּט לי׳	(Deut. 15, 2.)
שָׂרוּט לי׳	(Zach. 12, 3.)	דָּחֹה לי׳	(Ps. 118, 13.)
תָּמוּךְ לי׳	(Ps. 17, 5.)	חָרוּק לי׳	(Ps. 35, 16.)
פָּרוּם לי׳	(Jes. 58, 7.)	כָּעוּס לי׳	
תָּנוּד לי׳	(Jer. 16, 5.)	כָּסוּם לי׳	(Ez. 44, 20.)
צָעוּק לי׳	(Ez. 22, 22.)	לָבוּשׁ לי׳	(Hag. 1, 6.)
עָבוּר לי׳		מָכוֹר לי׳	(Deut. 14, 21.)
בָּחוּן לי׳	(Jer. 6, 27.)	נָאוּר לי׳	(Ps. 76, 5.)
		כָּסוּם לי׳	

Zu כָּעוּם, was nicht vorkommt, will Heid. כָּשׁוֹל (Jes. 40, 30.) lesen; nach unserm Verzeichniss kann es auch כָּרֵת heissen.

Zu כָּסוּם, das 2 Mal gezählt ist, will Heid. unser כָּרֵת substituiren.

Zu עָבוּד, das nicht vorkommt, will H. עָבוּר lesen und auf 2 S. 17, 16. beziehen, wo die Ausgg. aber עֲבוּר mit Chataf Pathach haben; vielleicht ist עָרוּךְ zu lesen.

Aus obiger Stelle geht hervor, dass diesem Massorethen unsere Angabe unbekannt war, weil er sie nicht unter א״ב anführt. Aber auch ferner, dass unser Buch diese Angaben nicht kannte oder mit Absicht manches ausliess; besonders aber ist merkwürdig, dass unser Buch das dort angeführte שָׂרוּם nicht bemerkte, indem es sonst das דלין nicht hinzugefügt hätte, was auf das fehlende Samech deutet. —

Nr. 74. Auch dieses Verzeichniss ist in der gedruckten Massora nirgends angegeben und also nur in uns. Buche erhalten: Mp. bemerkt zu den meisten ל׳. — Das Alphabeth bezieht sich auf den Buchst., welcher auf d. Taw folgt; letzteres kann auch radix sein, wie in הִתְהַנָּה ·הָאָרֶץ u. s. w., s. auch Mf. ח׳, 1. Warum ist aber aus diesem א״ב nur תִּתְרָאֵ aufgenommen? —

Nr. 75. Dieses Verzeichniss befindet sich gleichfalls unter א״ב, mit grosser Verschiedenheit der Stellenangabe in Mf. נ׳, 2. Ohne Stellenangabe: unter א״ב Job 24, 22.; unter מִלִּין Dan. 7, 12. und unter כ׳ מִלִּין Prov. 31, 3.; aber selbst in den beiden letzten Stellen auf Mf. l. c., wo es unter א״ב angeführt ist — hingewiesen. Aus diesem Verzeichniss geht wieder deutlich hervor, dass das א״ב, als ein alphab. Verzeichniss, das auf eine ausschliessende Vollständigkeit niemals Anspruch macht, das Richtige war und zwar wie sie urspr. in unserm Buche gezählt sind. Mf. fand noch andere angegeben und schaltete sie, ohne genaue Prüfung, wie wir sehen werden, ein, liess aber andere wieder aus nach Willkühr und Zufall. Aus demselben Grunde hat die Mm. l. c., andern handschriftlichen Angaben folgend, bald מִלִּין, wodurch der Hinzufügung und Auslassung freie Hand gelassen wird, bald aber die sehr beschränkende Zahlangabe: כ׳ מלין = 20[1]).

Die Zusätze der Mf. sind: אחן, והמתן, טחון, טיחן, ירומון, יגאצון, לתתן, מרוקיהן, נחשתן, כהלין, תפגעון, תעברון, תחקרון, תחשבון, תתחמקין, תנדעון, תנוסון, תרשיען und תשאין. — Die Auslassungen d. h. im Vergleich zu unserm Buche, welches sie zählt, sind יחסרין, יזידון, ידעתין, ייבילון, יאספון, ירבין, לבן, עיין, עזין, רחבן, תדברון, תירשון, und תבקשון. Dass die Hinzufügungen ungenau sind, geht daraus hervor, dass manche Wörter mehr als ein Mal vorkommen, als: תְּנַדְּעִין welches 2 Mal vorkommt und wozu Mp. bemerkt ב׳. ebenso תִּשְׁאִין und כָּהֲלִין. Letzteres ist schon dadurch ein ungehöriges Einschiebsel, dass es nach ס׳ steht, da es zu Kaf gehört. Heid. wollte, um das also fehlende ע׳ zu ergänzen, עַלָּלִין lesen, das in dem dabei angeführten Verse (Dan. 5, 8.) sich findet; was aber, wie Heid. selbst bemerkt, nicht zutrifft, da עָלְלִין auch 2 Mal (Dan. 4, 4.) vorkommt (wenngleich Buxt. irrthümlich nur 1 anführt). Uebrigens kann für das Ain עַיִן oder עָזִין nach unserm Buche eingeschaltet werden. So ist aber auch מרוקיהן nach נ׳ eingeschoben und zu תֵּלְכִין der falsche Vers Ex. 3, 21., wo es תֵּלְכוּ (ohne ן׳) heisst angegeben; es bezieht sich aber auf Deut. 6, 14. wie es in unserm Buche angegeben ist. Sollte die Mf. etwa das תֵּלְכוּן (das ל׳ mit Zere) des angeführten Verses meinen? Dies kommt ja aber 2 Mal vor —.

Nr. 76. Diese Angabe findet sich mit Anführung der Schriftstellen Mf. עַל, 3. Sie unterscheiden sich nur dadurch, dass unser Buch עַל אַחֵינוּ mehr zählt, als Mf. welche wieder mehr als unser Buch anführt עַל אַרְמְנוֹת, עַל הַמֶּלְתָּחָה · עַל בָּנָיו · עַל אֲדֹנָיו und עַל יָמִים, so dass unser Buch 86 und Mf. 90 Stellen zählt. — Heidenheim führt eine merkwürdige Stelle aus einer Handschrift zu Gen. 40, 2. an, welche also lautet: מצאתי במסרת

---

1) Wenn wir auch augenblicklich das Princip dieser beschränkten Angabe von 20 nicht finden konnten, so wollen wir sie, nach einem von Heid. aus einem Mpte. erhaltenen Verzeichnisse hierhersetzen, vielleicht findet Jemand das Richtige. אחרין, בחיין, בחין, גבולן, האיין, הרצין, הימין, ויחנין, וכסהן, חטין, ירעפין, ימלאין, מלכין, מגדון, צידנין, תחתיהן, תענין, תהיין, תלבין, תלחמון. Man sieht wenigstens, dass keins von diesen 20 Wörtern zu den Zusätzen der Mf. gehört; sie vielmehr alle unter den ursprünglichen in unserm Buche gezählten sich befinden. Aus einer Handschrift führt Heid. noch Folgendes an: בְּנְעוּרֵיהֶן ל׳ · אֻתְּהֶן ל׳ · נִהַמְתֶּן ל׳ · וּמִשְׁפְּטֵיהֶן ל׳ · יְדַעְתִּין ל׳ · לְפִיהֶן ל׳ · מוֹצְאֵיהֶן ל׳ · מְעוּזְכֶן ל׳ · פְּרִיהֶן ל׳ · S. auch M. marg. zu 1 S. 7, 14. wo es heisst: כמהן ל׳ · צידינין ל׳ · ייחנין ל׳ · גבילן ל׳ · תחתיהן ל׳ · חטין ל׳ · האיין ל׳ · אחרין ל׳ (muss וכמהן heissen) · הימין ל׳ · מלכין ל׳ (muss כחיין heissen) · בהיין ל׳

הגדולה שכתב רבינו נרשם מאור הגולה כתוב בסימן רהד מן פ"ט מן חר הד הד עַל ויקצף פרעה על שני כרסיו עַל שר המשקים. Hieraus ist zu ersehen, dass R. Gerschon, die höchste Autorität der deutschen Judenheit (von 960—1028. s. Grätz Bd. V. S. 405 ff.) sich nicht für zu gross hielt, um selbst die Massora abzuschreiben, aber auch, dass derselbe mit keiner von den beiden genannten Angaben, weder mit unserm Buche noch mit Mf. übereinstimmt. Sollte er vielleicht עַל הַמֶּרְכָּבָה, zu dem die angegebene Stelle וילך משם וימצא (2 Reg. 10, 15.) nicht passt, da es daselbst אֶל heisst, ausgelassen haben, wo er dann in Hinsicht der Zahl mit Mf. übereinstimmte? — In Wirklichkeit ist die Angabe doch richtig und zwar, wie wir sie verbessert haben in 1 Reg. 20, 33; die Versangabe muss also heissen והאנשים ינחשו und es ist auffallend, dass auch unser B. diesen scheinbaren Fehler hat; sollte aber auch in erster Stelle עַל gelesen werden, so konnte er's mit Recht nicht zählen, weil es alsdann 2 Mal mit עַל vorkommt, das zu unsern Verzeichniss nicht gehört. Es ist eigenthümlich, dass מ"ש zu beiden St. nichts über das אֶל und עַל bemerkt, da doch eine verschiedene Ansicht darüber obwaltet. — Auch in diesem Art. zeigt sich die Genauigkeit unseres Buches durch die Rechtschreibung; so muss die Mf. עַל ני statt עַל גא; עַל אדמה statt עַל אדמת; עַל יוכו statt עַל יומי und עַל הבליתם statt עַל הכליהם haben, ausser manchem Falschen in den Citaten. —

Nr. 77. Dieses ist ebenso angeführt Mf. אֶל, 23. und fragmentarisch 2 Reg. 17, 4. Mf. hat אֶל הַמְּנִיחָה und אֶל נַפְשִׁי — wie auch Mm. 2 Reg. l. c. das erste hat — welche in unserm Buch nicht gezählt werden, dagegen hat dieses mehr: אֶל כָּתֵף, אֶל יָם, אֶל יַרְכְּתֵי, אֶל יֶרֶךְ und אֶל פָּנֶיךָ. Beiden fehlt aber אֶל בוא, was Mm. 2 Reg. zählt. — In Mf. l. c. muss הכות in הכות, הטוב in אל הטוב אֶל טוב verbessert werden, ausser einigen Fehlern in den Schriftstellen selbst.

Nr. 78. Ist in der gedruckten Massora nirgends angeführt.

Nr. 79. S. Mf. אֶת, 8. wo dieses Verzeichniss mit wenigen Veränderungen angeführt ist. Mf. ed. Bomb. 1525 hat ביהר, was Buxt. in ביתן verwandelt; das kommt aber auch mit וְאֶת vor; unser Buch hat בֵּיתְךָ, wobei aber auch וְאֶת vorkommt (s. Deut. 15, 16.), wenn nicht d. Segol des Taw eine Ausnahme bildet s. Mp. 1 Reg. 20, 6. und Nr. 253 Ende. — Vielleicht soll es בֵּיתִי heissen, das kommt nur mit אֶת vor. — מעשי in Mf. muss wie in uns. B. מַעֲשֵׂה heissen, da ersteres gar nicht mit אֶת vorkommt. Ferner ist עשרת in Mf. unrichtig und muss wie in uns. Buche עשר heissen und עֹשֶׁר punctirt werden, da bei ersterem mehrmals וְאֶת vorkommt. — Bei uns steht פניהם, פניה; פניך mehr als in Mf. Daselbst steht רוחו statt bei uns רוּחִי, was richtiger ist, da letzteres Ez. 36, 27. mit ואת vorkommt und d. Mp. bemerkt ל'. S. auch מ"ש Num. 21, 14. zu אֶת וָהֵב.

Nr. 80. Ist ebenso angeführt mit Stellenangabe Mf. י, 5. und am Ende der Rabb. Bib. ed. Bomb. v. 1517. Mf. hat והמיענים, was aber nach unserm Buche und R. B. ed. Bomb. 1517 wie auch nach d. Ausgg. המעינים heissen und zum Buchst. He gezogen werden muss; ferner hat sie מיכך, was in unserm Buche und ed. Bomb. l. c. fehlt. Unter dem Buchst. Samech hat Mf. שׂיכה, wofür unser Buch כיא hat; ed. Bomb. 1517 hat beide nicht. Ersteres ist nach Heid. jedenfalls nicht richtig, weil nach den Maarbai (Abendländern = paläst. Leseart) שׂוכה geschrieben und gelesen wird; nur nach den Madinchai (Morgenländern = babyl. Leseart) — denen die Massora sonst nicht folgt — ist's geschrieben mit Jod und wird gelesen mit Waw; es gehört also nicht hierher, wie es auch unser B. nicht hat. S. מ"ש zu 2 S. 13, 32. der diese Verschiedenheit der Madinchai und Maarbai nicht bemerkt und die scheinbar fehlerhafte Angabe d. Mf. als für uns massgebend anführt? S. a. Pinsker „Einleitung in d. Babyl. Hebr. Punctationssystem u. s. w. S. 122 ff. — Unter כיא bemerkt מ"ש gleichfalls nichts, wie es auch in d. Ausgg. fehlt, was jedoch eigenthümlich ist, da unser Buch es anführt; auch Heid. hat's nicht gekannt? — Endlich ist noch zu bemerken, dass ed. Bomb. 1517 unter dem Buchst. Chet חיל Ez. 30, 16. anführt, aber dafür התיל (ibid.) unter Taw auslässt, gegen Mf. l. c. und unser Buch; es scheint daselbst eine Verwechselung zwischen חיל und התיל vorgegangen zu sein und daher die Versetzung vom Buchst. Taw zum Buchstaben Chet. Die Ausgg. wie auch מ"ש stimmen mit Mf. und unserm Buche überein, so dass חול mit Waw geschrieben ist. In Mf. muss ferner ליעיר statt לעזור, שביתכם statt שבותכם und שְׁבָבִים statt שיבכם stehen. — Uebrigens versteht es sich von selbst, dass unser Verzeichniss nur von solchen Wörtern, die nur ein Mal mit Jod statt Waw vorkommen, spricht. Darum sind auch die ausgelassen, welche mehrmals so vorkommen, z. B. חמיטל

s. Mf. 'ר, 18. und unten Nr. 138. Doch warum ist נִיִּם und בַּנִּיִם gezählt? Und warum nicht וַעֲתִידֹתֵיהֶם? (Jes. 10, 13.)

Nr. 81. Dieses Verzeichniss ist angeführt mit Stellenangabe: Mf. 'י, 6.; am Ende der Rabb. Bibel ed. Bomb. 1517 und corrumpirt Tractat Sopherim Abschn. 7, 4. Dass unser Buch wieder das Richtige hat, geht leicht aus der Vergleichung der genannten Angaben mit der unsrigen hervor. Das Fehlerhafte der M. Sopherim hat der gelehrte und scharfsinnige R. Jac. Naumburg im נחלת יעקב nach Mf. l. c. richtig verbessert; doch ist ihm dies bei einigen Stellen nicht gelungen, da ihm unser Buch fehlte. So heisst's nach עתודים: „הניינ'“. Dies ist nun kein Wort, das in der Bibel vorkommt; er will demnach הנואן daraus machen, das aber zwischen den Buchst. Ain und Zadi — s. das. — nicht passt; es ist aber richtig und soll תנינא — wie in uns. Buche 'תני' דכפ — heissen und bezeichnen, dass das zweite עֲתִידִים (Est. 8, 13.) gemeint sei, nicht aber das erste עֲתִדִים (ibid. 3, 14.) das def. Jod nach dem Taw geschrieben ist. Ebenso verbessert er aus עברים das W. עֶפְרוֹן, das aber weder Aehnlichkeit mit diesem, noch die gleiche Stellung hat; in unserm Buche folgt aber, wie in M. Sopherim, gleich nach עופי das W. עֻוִּרִים, folglich braucht man nur das 'ב (das durchs Gehör des Abschreibers leicht aus Waw entstehen konnte) in Waw zu verwandeln und man hat das Richtige. Das ברוות u. s. w. ist wahrsch. durch eine Reihenverwechselung entstanden; es muss gleich nach בהליכתם folgen, so dass ברוות נול, דהיא vor den mit He anfangenden stehen. Das „דרכי“ gehört nicht zu dem Buchst. Daleth, wie nach vermeintlicher Verbesserung hinterher Naumb. selbst eingesteht, da ja auch das רהוא, welches er dafür stellen will, später aufgezählt wird; es steht wahrscheinlich für das bei uns hinzugesetzte הֹוֵרֵד. — Im Ganzen sehen wir, dass mit Ausnahme der Auslassungen, unsere Angabe auch der der מ"ס zu Grunde liegt. — Auch Rabb. Bib. ed. 1517, hat Fehlerhaftes, das leicht nach Mf. und unserm Buche verbessert werden kann; es fehlt aber auch da wie in Mf. l. c. למלוכי, עורים und צלול. Auch תְּשׁוּרָה fehlt ed. 1517. — In Mf. l. c. ist zu verbessern: ·החרסות = החרכית ·אושר = אשור. Nach שפרורו steht ונטה, was ein falsches Schlagwort ist; es gehört vielmehr zum vorigen Satz und das folgende שמור ist das eigentliche Schlagwort, wie in uns. Buche. S. auch מ"ש Gen. 39, 20. und 22. Prov. 23, 24. — Unser Art. bezieht sich übrigens nur auf solche Wörter, die ein Mal so vorkommen mit Waw in der Mitte des Worts statt Jod; daher die vielen Beispiele von Wörtern, die Waw in der Mitte statt Jod haben und dennoch nicht hierhin gehören, weil sie mehrmals so vorkommen, so z. B. Mf. 'י, 19. wo es heisst: ה' וגין מן כ' ב' כת' יו"ו במצ' תיבות' וקרי' יו"ד u. drgl. S. Bemerkung zu Nr. 139. — Ebenso dürfen wir auch bei diesem Art. nicht an ausschliessende Vollständigkeit denken; so will Kimchi Jer. 18, 15. שְׁבוּלֵי lesen, statt שבילי, s. מ"ש das. — שְׁבוּתֵנוּ s. מ"ש Ps. 126, 4. אֲעוּרֵךְ Thr. 2, 14. u. drgl. — Zu Neh. 7, 54. führt Heid. eine massoret. Angabe aus einem Mpt. an, welche bemerkt: בצלות קרי' בצלית, was demnach hierhin gehörte. — Endlich führt derselbe eine handschriftliche Bemerkung zu Jer. 14, 3. und 14. an, in welcher es heisst: צ"א מלין דכתיב ו' במצע' תיבות' וקרי' יו"ד, was mit keiner der angeführten Angaben übereinstimmt? —

Nr 82. 83. Diese beiden Angaben — von denen die erste auf den Pent. und die zweite auf die ganze heilige Schrift sich bezieht und nur da, wo sie für einen Buchst. in den ausserpentateuchischen Schriften kein Wort findet, denselben aus dem Pentat. anführt — sind zum Theil angeführt ohne Angaben der Stellen, Mf. 'א, 1. Cant. 1, 1. Est. 9, 7. Prov. 1, 1. und mit Angaben der Stellen: Gen. 1, 1. u. 1 Chr. 1, 1. — S. Buxt. Tiberias Cap. 14. סיג לתורה von Dr. A. Worms ed. Frankf. 1766 S. 16ᵃ und A.; auch מ"ש Gen. 30, 42. und 34, 31. und אור תורה v. Lonsano z. d. St. Sie scheinen sämtlich unsere beiden Angaben nicht gekannt zu haben; sie erwähnen nur der in Gen. und 1 Chr. l. c. angeführten, während sie die bei uns angegebenen aus der Mp. citiren. — Ich will nur noch erinnern an unsere mehrmals erwähnte Bemerkung, dass ein Verzeichniss von א"ב u. drgl. niemals ausschliessend ist, so dass noch manche, auch in Mp. erwähnte Buchstaben dazu gehören können, wenn sie auch in beiden Verzeichnissen nicht angegeben sind: die in den Verzeichnissen erwähnten haben freilich die Autorität der Massora für sich, wenn auch manche Mpte. sie nicht gross schreiben, nach welchen mit Unrecht Lonsano und Norzi urtheilen wollen. Doch sind d. massoret. Angaben nur massgebend gegen die Handschriften, wenn diese das in der Massora Angegebene nicht befolgen, aber nicht umgekehrt.

Nr. 84. Diese Angabe befindet sich mit Stellenanführung Mf. 'א, 2. Lev. 1, 1. und ohne Stellenangabe: Deut. 9, 24. Prov. 16, 28. und Est. 9, 7. s. מ"ש zu den ange-

führten Stellen. — Der Zusatz ונפשו לא חיה ist wahrscheinlich verwechselt mit Ps. 24, 4., da ersteres nirgends angeführt wird, s. מ״ש zu letzter Stelle ausf. Wenn uns. Buch zu Nun יִצְפְּנֵנִי und zu Sameck das בְּסֻכֹּה rechnet, so ist das gewiss das Richtige und die Angaben zu Lev. und Mf. l. c. müssen danach verbessert werden. Ueber das in l. c. zu Nun angeführte נֻצַּר bemerkt sonst d. M. nirgends, dass das Nun kleiner sein muss: während das Nun von יצפנני allerdings angeführt wird, s. מ״ש ausf. zu Ps. l. c. und Nah. 1, 3. — Dass uns. B. das Nun fin. nicht anführt, geschieht darum, weil es drei solcher Nun fin. parv. giebt, die unten Nr. 178 besonders aufgezählt sind. S. Mm. Jes. 44, 11. Prov. 16, 28. Jer. 39, 14. u. a. m. Ueber das Kuf v. בְּקָמֵיהֶם, welches Mf. l. c. angeführt — aber Lev. l. c. und in unserm Buche mit Recht ausgelassen ist — s. unten Nr. 161 und מ״ש z. St. (Ex. 32, 25.). Ebenso ist das Resch zu רֵאשִׁית (Ex. 34, 26.) in Mf. unrichtig und von uns. B. und Mm. zu Lev. l. c. mit Recht ausgelassen, s. מ״ש zur Stelle. — פַּרְמַשְׁתָּא repräsentirt das Resch und Taw, wie es wieder Lev. und unser Buch richtig haben, s. מ״ש zu Est. 9, 9. und 2 S. 21, 19. Ueber יָהִין das im Mpt. nach קִצְתִּי steht — s. מ״ש 2 S. 21, 19. und z. Stelle. — S. בין לתורה S. 16a und 43ab, wo manches Unrichtige bemerkt ist, vergl. mit unserer St. und unten Art. 136, Anmerkung.

Nr. 85. Unsere Angabe ist ausf. angeführt unter אלין כילין (mit Aufzählung von 45 W.) Mf. אי׳. 17. und unter מ״ד ohne Angabe der Stellen Ex. 24, 14. — In unserm Buche lautet die Ueberschrift מ״ה u. s. w. als wären es 45 Wörter, was auch der Fall ist, wenn die Zusätze mitgerechnet werden. — Da aber die Ueberschrift sonst nicht, wie natürlich auf die Zusätze Rücksicht nimmt; zweitens unser Buch וְאֶל עֲדַת und וְאֶל צִדְקִיָּהוּ (ausser וְאֶל צִדְקִיָּה) mehr zählt als Mf. die aber wieder: וְאֶל פְּאָתָיו und וְאֶל הַיָּה mehr zählt als uns. B., so dass es 47 Wörter sind und drittens Ex. 24, 14. מ״ד (was freilich leicht in מ״ן verwandelt werden kann, da ׳ן und ׳ד in den Handschriften leicht verwechselt werden —) zählt, so scheint mir das מ״ה in unserm Buche von einem spätern Schreiber hinzugefügt und das אלין כילין (als unbestimmte Zahl) der Mf. das Richtige zu sein. Ueber das Einzelne w. u. Wenn Buxt. (R. Bib. Mf. l. c.) einschaltet: ולית חד כנהון אי׳, was in ed. Bomb. von 1525 nicht steht, so beruht das auf einem falschen Verständniss der Stelle; es soll nicht heissen, dass sie nur mit וְאֶל und niemals mit אֶל vorkommen, denn das ist in der That nicht wahr; es kommen viele der aufgezählten mit אֶל vor, wie מֹשֶׁה, הָאָרוֹן u. drgl. m.; sondern das Verzeichniss will nur sagen, dass die angegebenen Wörter nur ein Mal mit וְאֶל vorkommen, sonst aber entweder gar nicht mehr mit dieser Präposition oder mit אֶל, nie aber mehr, als das eine, verzeichnete Mal, mit וְאֶל, wie es bei uns heisst: ולי׳ דסמיך. —

Nr. 86. Ist angeführt mit Stellenangabe Mf. עַל, 6. und Mm. zu Num. 4, 49. und ohne Stellenanführung Job 32, 21.

Nr. 87. Ist unter א״ב מן ל״ב זוגין mit Stellenangabe angeführt Mf. עַל, 7. und ohne Stellen: Cant. 7, 5. und Est. 4. 5. Wenn unser Buch ל״ב angiebt ohne sie als Alphabeth zu verzeichnen, obgleich sie alphab. auf einander folgen, so geschieht das wohl desswegen, weil sehr viele Buchstaben fehlen, wie es überhaupt selten vorkommt, dass Alphabeth und Zahl in einer Angabe zusammentreffen. Dass unser Buch עַל אֵבֶל anführt, ist wohl eine Verwechselung (wenn nicht Schreibfehler) mit עַל אָבִין, das gleichfalls in diesem Vers (Jer. 16, 7.) steht und im Ganzen zwei Mal (auch 1 Chr. 19, 2.) vorkommt, während עַל אֵבֶל nur ein Mal in der Bibel sich befindet, wie auch Mf. l. c. das Richtige hat. Auffallend ist, dass Mp. zu עַל אֵבֶל bemerkt: ׳ב, da es doch nur ein Mal vorkommt und müsste ׳לי heissen. — Uebrigens ist auch ל״ב unrichtig, da es mehre giebt, so z. B. עַל מֵת (2 S. 14, 2. und Jer. 16, 7.) wozu Mp. gleichfalls bemerkt ׳ב.

Nr. 88. Ist mit Stellenangabe angeführt Mf. עַל, 8. und ohne diese: Mf. אֶל, 16. Gen. 34, 24. (das ׳ב muss ׳כ heissen), Ex. 22, 9. Zach. 9, 9. (׳ג muss ׳כ heissen) Dan. 1, 25.

Nr. 89. Mit Angabe der Stellen angeführt: Mf. עַל, 9. und ohne Stellenangabe Ex. 12, 22. Jer. 27, 13. —

Nr. 90. Unser Verzeichniss ist ausführlich angegeben unter חד מן י״ח פסוקים u. s. w Deut. 1, 1. (äussere Umschrift); zu Gen. 35, 5. ist es unter כ׳ זוגין angeführt und auf Mf. hingewiesen, ist daselbst aber nicht erwähnt. Deut. l. c. hat also י״ח, wie bei uns, zählt aber 19, indem es das bei uns befindliche וַתִּזְנֶה auslässt, dafür aber die zwei Zusätze יְקַנְאֻהוּ und בְּהִשָּׁפְטוֹ rechnet. — In Mpt. Hamb. zu Jos. 15, 48. ist's ebenfalls unter י״ח זוגין angeführt, aber auch dort fehlt וַתִּזְנֶה und ist יְקַנְאֻהוּ dafür gezählt. Man sieht, dass das י״ח das Ursprüngliche ist und nur leichtfertiges Zusammenstellen hat Stellen ausge-

lassen und Zusätze aufgenommen. Im Ganzen sind es 18 unseres Buches und 4 Zusätze, also 22= כ"ב; s. Mp. zu den betreffenden Stellen. — Ueber במקהלות s. Mf. 'א, 22. und oben Nr. 59.

Nr. 91. Dieses Verzeichniss ist ausführlich angeführt Mf. 'ן 14. und Rabb. Bib. ed. Bomb. von 1517 am Ende; ohne Stellenangabe Mf. כת, 8. Prov. 13, 20. 23, 26. Koh. 9, 4. (s. מ"ש 1 S. 19, 18. 2 S. 17, 16. Jes. 37, 30? Est. 1. 5. 16. Esra 8, 17.) — Unser Buch hat hier wieder den Vorzug der Reihenfolge in den Büchern der heil. Schrift und der richtigen Leseart; so hat Mf. l. c. z. B. 2 Mal והכונכה was aber unrichtig ist, denn in diesem Falle stünde Waw für Jod, was nach der Massora nicht der Fall ist; es ist daher richtiger, wie bei uns: והמינכה. — Die Rabb. Bib. ed. Bomb. 1517 giebt in der Ueberschrift ס"ג = 63 an, zählt aber nur 56, indem sie 2 Mal בניות, 2 Mal נוית, וכיהאדאיל, 1 Mal והמינכא (Dan 5, 7.) und שטרי auslässt. Auch ist das. ימות למלכים und יאת בני המכים in 2 Columnen für 2 gerechnet, was aber unrichtig ist, es muss heissen: ימות דמלכים, ואת בני המכים, wo das דמלכים entgegengestellt werden soll dem דר"ה, wo (2 Chr. 25, 4.) es heisst: יָמותו. — Buxt. in der R. B. Mf. l. c. hat 1 Mal הוכל ausgelassen, was in ed. Bomb. von 1525 richtig erwähnt ist, wie in uns. Buche. — Heid. findet es auffallend, dass וַהֲבִואֹתִים (Neh. 1, 9.) und שְׁלֹמוֹת (1 Chr. 23, 9. und 26, 25.) nicht gezählt sind, die doch eigentlich hierhin gehören? — S. unten Nr. 184 u. מ"ע zu diesen Stellen sowie Mm. zu Jer. 25, 9. —)

Nr. 92. Diese Angabe ist ausführlich, wie in unserm Buche, angeführt Ex. 7, 29. und Mf. 'ה, 21. aber unter כ"א מלין (mit Hinzurechnung unseres Zusatzes וַאֲבָרֶכְכָה[1]) (Gen. 27. 7.) und ohne Angabe der Stellen (und 'כ = 20.) Mf. 'כ, 4. 1 Reg. 18, 10. Ps. 139, 5. (— מלין דמשמשי' כָה) Prov. 24, 10. — Zu Ex. 13, 16. heisst's Mpt. Hamb. י"ט מלין דכתי' כה, und zählt Gen. 27, 7. nicht und כָמֹכָה für eins. Uebrigens ist hier nur die Rede von solchem כָה, das sonst mit ךָ d. h. mit Kaf fin. und Kamez geschrieben ist; darum ist אוֹתְכָה (Ex. 29, 35.) und drgl. nicht gezählt, weil es für אוֹתְךָ steht und die ganze Silbe paragogisch ist.

1) Wenn unser Buch und die meisten Mspte. dieses Wort nicht zählen, so mag das seinen Grund darin haben, dass es nur noch ein Mal mit ךָ vorkommt und also zu ר"ד מל' והד חכר gehört; s. רמ"ה s. v. ברך.

Ueber וודיה s. unsere Bemerkung zu diesem Worte in der Einleitung zur Massora.

Nr. 93. Ebenso Mf. 'כת, 16. wo noch ein (hebr.) Denkzeichen (סימן) angegeben ist; unser Buch ordnet die Beispiele mehr nach Reihenfolge der bibl. Bücher. — Die Gruppe: בה ist auch angeführt Mf. בה, 4. das ed. Bomb. 1525 als בא angegeben ist. S. auch Mf. בה, 3. und 4.

Nr. 94. Ist angeführt mit Stellenangabe Mm. Prov. 19, 16. mit dem Zusatz: וקמצין d. h. mit Kamez parv. = Zere versehen, was bei uns unbemerkt bleibt; ferner ist in unserm Buche ein chald. Gedenkzeichen hinzugefügt, was dort fehlt; ohne Stellenangabe Mf. 'ה, 27. Deut. 7, 15. wo aber, gegen unser Buch und Mm. Prov. l. c. nur 'ה, also nur 6 Wörterpaare angegeben sind. Die Rab. Bib. ed. Bomb. von 1517 hat merkwürdigerweise auch nur ה' זוגין, lässt das וקמצין aus und zählt das וִשֵׂדָה und וִשֵׂדֵי nicht; das chald. Gedenkzeichen steht auch dort, wo freilich das בהקלא als Zeichen für וִשֵׂדָה fehlt; es heisst das. וסיכיניהון דהמי ריבוי לקי ימדי ימבוי. Das דהמי muss, entsprechend unserm ראָה = דהוי, heissen דהמי und דומי ist wohl richtiger, wie bei uns, in דומי zu verwandeln. — Mpt. Hamb. zu Deut. 28, 60. giebt ו' זוגין an und lässt doch וישדה, וישדי aus, was gewiss Fehler des Abschreibers ist, s. auch מ"ש zu Prov. l. c.

Nr. 95. Dieses Verzeichniss ist unter י"ב זוגין ausführlich angeführt Mm. zu Ps. 10, 12. und am Ende der Rabb. Bib. ed. Bomb. von 1517; nur, dass in der Mm. l. c. erstens bei וְהִפְלָא Ex. 9, 4. und bei וְהִפְלָה Deut. 28, 59. angegeben und, wie leicht ersichtlich, verwechselt sind u. zweitens obgleich in d. Ueberschr. nur י"ב angegeben sind, doch 13 aufgezählt werden, indem הַרְבוּנָא und הַרְבוּנָה hinzugefügt ist. Ebenso muss in der Rabb. Bib. l. c. bei והפלה für בין מקנה ישראל gesetzt werden בין מהנה מצרים. Auch Mpt. Hamb. zu Jer. 52, 33. und zu 1 Chr. 4, 37. giebt י"ב זוגין an und zählt die bei uns angef. auf mit Auslassung des הרבינא. — Ausserdem ist unsere Angabe unter י"ו זוגין (= 16 Wörterpaare) angeführt: Mf. 'א, 10. und hingewiesen auf Ps. 10, 12. wo aber, wie bemerkt, nur י"ב angegeben und 13 gezählt werden. Auch Mm. zu Jer. 52, 33. giebt י"ג an und verweist auf Mf. wo aber die Angabe der Stellen fehlt. — Heidenheim führt aus dem bekannten Mpt. von 1294[1]) die Mm. zu Jer. 52, 33. an, welche ganz

1) S. Proverbien ed. Löwenstein, Frankf. a. M. 1837. S. 37. Anmerkung 2.

so lautet, wie die Angabe unseres Buches; am Schlusse befindet sich aber folgender Zusatz des Schreibers (wie H. meint):

ועוד מצאתי:

יתרא	(2 S. 17, 25.)	יתרה	(Jes. 15, 7.)
עדינא	(1 Chr. 11, 42.)	עדינה	(Jes. 47, 8.)
רוחא	(Dan. 2, 35.)	רוחה	(Jer. 52, 23.)
ויקירא	(Esra 4, 10.)	יקירה	(Dan. 2, 11.)
חרבונא קדמא	(Est. 1, 10.)	חרבונה תנינ'	(Est. 7, 9.)
הגבא	(Neh. 7, 48.)	הגבה	(Esra 2, 45.)
יעלא	(Neh. 7, 58.)	יעלה	(Esra 2, 56.)

Demnach giebt es verschiedene Angaben:

a) unser Buch, Rabb. Bib. ed. Bomb. von 1517, Mpt. Hamb. an zwei Stellen, Mpt. Heid. l. c. und Mm. Ps. 10, 12. haben י״ב זוגין (letztere freilich fügt ein 13tes hinzu, das aber gegen die Angabe und also offenbar Irrthum ist.) —

b) Mf. 'א, 10. und Mm. Jer. 52, 33. haben י״ו, aber ohne Anführung der Stellen.

c) Nach dem Zusatz des Abschreibers zu dem Mpt. von 1294 wären es 19. Rechnen wir

d) den Zusatz zu unserm Buche noch hinzu, so sind es im Ganzen 20 Wörterpaare. Warum die ursprüngliche Massora nur 12 angiebt, weiss ich augenblicklich nicht zu erklären; ebenso wenig das י״ו = 16. der Mf. — Man sieht aber daraus, dass selbst bei Angaben einer bestimmten Zahl, nicht immer Vollständigkeit vorauszusetzen ist. — S. מ״ש Ps. 4, 7. und unten Anmerkung zu Nr. 182 und 183.

Nr. 96. Diese Angabe ist ausführlich angeführt: Mm. Num. 3, 39.; am Ende der Rabb. Bibel ed. Bomb. 1517 und unter עשר נקדות בתורה zwar fehlerhaft, doch nach der richtigen Verbesserung des נחלת יעקב, ganz übereinstimmend mit unserem Buche in Tr. Sopherim Abschn. 6, 3. In diesen Stellen ist nicht genau angegeben, welche Buchst. des bezeichneten Wortes das Punkt erhalten[1]); ferner heisst's Num. l. c. bei לולא: הוי״ו נקודה מלרע was nicht richtig ist, da nach unserm Buche und Rabb. Bibel (s. auch M. marg. zu Ps. l. c.) dieses Wort eine Ausnahme macht, indem es unter und über den Buchst. punctirt ist, mit Ausnahme des Waw, das nur oberhalb ein Punkt hat. Das דחנא zu ועשרון in Mm. Num. l. c. muss heissen דחג א' d. h. des ersten Festtages, bei uns: קדמא דחג und in מ״ס: בי״ט הראשון. — Ausserdem ist die Angabe ohne Anführung der Stellen verzeichnet: unter ט״ו נקודות בקרי' Deut. 29, 29. Ps. 27, 13. und Mf. נק', 1.; unter י' נקודות באורי' Gen. 18, 9. und unter ד' בנביאי' Jes. 44, 9. S. מ״ש zu Gen. 16, 5. 37, 12. Num. 3, 39. 9, 10. 2 S. 19, 20. Ez. 41, 20. und Ps. 27, 13.

Nr. 97. Dieses Verzeichniss ist ausführlich angegeben Mm. Deut. 1, 1. (innere Umschrift) und Ruth 3, 17. auch Rabb. Bib. ed. Bomb. 1517 am Ende; ohne Stellenangabe 2 S. 8, 3. (wo es statt 'ר heissen muss ד' מלין) 2 Reg. 19, 31. und Mf. 'כה, 13. Auch im Tractat Sopherim 6, 8. ist es, mit einigen Schreibfehlern (s. den Commentar נחלה יעקב das.) ausführlich angegeben. S. auch Levita in Massoreth Hammass. Vorrede 3. und מ״ש Jud. 20, 13. 2 S. 8, 3. 2 S. 16, 23. 18, 20. 2 Reg. 19, 31. Jes. 53, 4. Jer. 31, 37. 50, 29. Ps. 86, 11. Es ist auffallend, dass sowohl unser Buch als auch die angeführten Massorastellen zu צבאות angeben: דישעי' also Jes. 37, 32. und nicht דמלכים d. i. 2 Reg. 19, 31. während die Mm. zu 2 Reg. 19, 31. (wie auch die Mp. zur St. und ebenso Rabb. Bib. 1517 l. c.) ausdrücklich bemerkt, dass das dortige צבאות zu den קרין ולא כתבן gehört und also nicht das in Jes. l. c., dem auch die Ausgg. und מ״ש folgen. — Dass das „דישעי'“ kein Schreibfehler ist, lässt sich auch aus der Reihenfolge der Aufzählung ersehen. Unser Buch, das Jes. auf Jer. und Ez. folgen lässt, zählt צבאות nach לה indem das erste in Jes. und das andere in Jer. sich findet; der Tractat Sopherim und die Massora, die die gewöhnliche Reihenfolge der Bücher und also Jes. vor Jer. und Ez. haben, zählen צבאות zwischen בנין und באים, also nach Reg. und vor Jer. folglich ist das צבאות in Jes. gemeint, und es würde vor בנין stehen müssen, wenn es sich noch auf Reg. bezöge, da בנין 2 Reg. 19, 37. und das vermeintliche צבאות 2 Reg. 19, 31. steht. Es bleibt demnach sehr zweifelhaft, ob man sich für die Annahme des מ״ש zu entscheiden hätte. — Merkwürdig ist, dass der gründl. Verf. des נחלת יעקב zu Tractat Sopherim l. c. stillschweigend angiebt: Jes. ohne Weiteres zu bemerken. —

Nr. 98. Ist ausführlich angegeben: Mm. Ruth 3, 12. und Rabb. Bib. ed. Bomb. 1517 am Ende, wo in der Ueber-

1) S. מנחת שי ed. Wien, wo der Herausg. (A. Pollak.) in einer Anmerkung zu 2 S. 19, 20. weil die Massora nirgends die punktirten Buchstaben deutlich anführt, die 10 Stellen des Pentat. angiebt mit den betreffenden Buchstaben. Die andern lässt er aus.

schrift 'ה statt 'ח stehen muss; אם כאשר statt כי כאשר und, wie in d. Mm. Ruth l. c. את אשר statt ואת הנביא; ohne Stellenangabe Mf. 'כח, 12. S. מ״ש zu 2 S. 13, 33. Jer. 32, 11. 38, 16. 39, 12. Ez. 48, 16. Ruth 2, 11. 3, 5. 3, 12. In Tract. Sopherim 6, 9. werden nur 6 angeführt, indem נָא und אֶת ausgelassen sind. S. auch über diesen und vorigen Art. Talm. babl. Nedarim 37ᵇ und 38ᵃ und die Commentare. — Wenn in der Mm. Ruth l. c. zu אֶת bemerkt ist את הנביא וכו' so ist das auf אֶת אֲשֶׁר zu beziehen, wie es auch in unserm Buch angegeben und dazu bemerkt ist: קדמא דפסו', also das erste אֶת im Verse (Jer. 38, 16.)

Nr. 99. Befindet sich ausführlich: 1 Chr. 27, 12. und in der Rabb. Bibel ed. Bomb. von 1517 am Ende und zwar merkwürdigerweise 2 Mal; **ein Mal** unter: תיבה חד וקירי' הרן, wo לבן ימן in לבני ימיני verbessert werden muss und **ein Mal** unter: חד מן ט״ו דכתיב מלה הדא וקירין תיתין, wo aber nur 14 gezählt werden, indem והגני (Jer. 18, 3.) fehlt. — Ohne Angabe der Stellen: Gen. 30, 11. Ex. 4, 2. Job 38, 1. und Mf. 'בח, 9. Auch Tract. Sopherim 7, 3. sind die 15 Wörter, freilich etwas verstümmelt angeführt. S. auch מ״ש zu Gen. 30, 11. Deut. 33, 2. Jes. 7, 14. 8, 8. Jer. 6, 29. Ez. 8, 6. Ps. 10, 10. 55, 16. 104, 35. Job 38, 1. Neh. 2, 13. 1 Chr. 27, 12. Besonders auch Heid. im Peut. מאור עינים Anmerkung zu עין הקורא Deut. 33, 2. wo er Aben Esra Leichtfertigkeit gegen die Massora nachweist. — Zu bemerken ist noch, dass Mm. 1 Chr. l. c. es das erste Mal מנהסעדה und das zweite Mal בנבעדה ohne He heissen muss, wie in unserm Buche und ed. Bomb. 1517.

Nr. 100. Ist ausführlich angeführt Mm. 2 Chr. 34, 6. Rabb. Bib. ed Bomb. 1517 am Ende; auch Tract. Sopherim 7, 3. etwas verstümmelt. Ohne Angabe der Stellen Mf. 'כח, 11. (s. auch Gen. 46, 20. über Nom. propr.) S. מ״ש Gen. 14, 18. (auch 14, 1.) Jud. 16, 25. 1 S. 4, 9. 2 S. 12, 25. 2 Reg. 5, 12. Jes. 9, 6. 37, 38. 44, 24. 55, 11. Ez. 30, 17. Thr. 1, 6. 4, 3. 2 Chr. 34, 6. — Die Hauptabweichung uns. Buches von Mm., Rabb. Bibel ed. Bomb. und Tract. Soph. l. c. besteht in dem לםרבה (Jes. 9, 6.) welches die drei genannten mit aufzählen, für welches unser Buch אֲבִי עַד (Jes. 9, 5.) hat. Sollte nicht unser Buch das Richtige haben, durch dessen Leseart alle Schwierigkeiten, die מ״ש zu Jes. 9, 6. gegen die Angabe der Massora erhebt, gehoben sind? Da אֲבִי עַד nichts Auffallendes und das im folgenden Verse befindliche לְםַרְבֵּה ein Mem fin. in der Mitte hat, so konnte man leicht veranlasst werden, diese beiden zu verwechseln. Würde nicht Tract. Sopherim, wo nur die Schlagwörter angeführt werden und so leicht keine Verwechselung möglich ist לְמַרְבֵּה angeben, dürfte man sich gewiss für die Leseart unseres Buches entscheiden. — In der Rabb. Bibel ed. Bomb. l. c. fehlt in der Ueberschrift die Zahl 'ח (es heisst nur הילוף) und werden daselbst nur 7 gezählt, da בחר בותיהם (2 Chr. l. c.) ausgelassen ist.

Nr. 101. Diese Angabe ist ausführlich angeführt Mm. 2 S. 5, 2. und Esra 4, 12. auch Rabb. Bibel ed. Bomb. 1517 am Ende; ohne Angabe der Stellen: Mf. 'בח, 14. — In Mm. 2 S. l. c, muss es statt ידעת heissen: ידעתה; ebenso in Rabb. Bibel ed. Bomb. l. c. muss היתה in הייתה und ומתחת in יבתחתה verbessert werden.

Nr. 102. Ist angegeben mit Stellenverzeichniss: Esra 4, 12. Rabb. Bibel ed. Bomb. 1517 am Ende und ohne die Stellenangabe Mf. 'בח, 15. S. מ״ש 2 S. 21, 12. und Esra l. c. — Wenn Esra l. c. es heisst ושוריא חד מן ג׳ מלין וכו׳ so bezieht sich das „חד מן" nicht auf ג׳ מלין u. s. w. sondern auf die ganze Zusammenstellung von ג׳ מלין וכו׳ und ב׳ מלין וכו׳, denn das ושוריא gehört nicht zu den 3 erst genannten, sondern zu den 2 letztgenannten, bei denen nemlich der erste Buchstabe des zweiten Wortes zu dem ersten gezogen wird. Sollte vielleicht das fehlerhafte 'ג in Mf. l. c. ed. Bomb. von 1525 hieraus entstanden sein? — jedenfalls muss es 'ב heissen. In Rabb. Bibel ed. Bomb. 1517 ist שָׁם הַפְּלִשְׁתִּים zu lesen, was nach den Ausgg. und מ״ש l. c. auch so geschrieben werden muss.

Nr. 103. Diese Angabe findet sich ausführlich wieder: Ez. 1, 1. Job 1, 1. (Umschrift) und Mf. 'א, 7.; ohne Stellenangabe Ex. 5, 7. In allen diesen Stellen ist die Zahl מ״ח = 48 angegeben, aber bei der Aufzählung sind entw. 49 (wie Rabb. Bibel ed. Buxt., wo לְמָאֵם (Job 6, 14.) ausgelassen ist und mit Recht, da es nirgends mit Aleph vorkommt —) oder 50 (wie in ed. Bomb. 1525, wo לְמָאֵם hinzugefügt ist [1]), oder in Mm. zu Ez. und Job l. c. wo statt לְמָאֵב angeführt wird דָּאג Neh. 13, 16.) angegeben; ferner ist auffallend, warum in allen diesen Angaben הטאים (1 S. 14, 35.) gezählt und קְרְאִים (Ps. 99, 6.) ausgelassen

[1]) Soll das 'כצא in ed. Bomb. 1525 nach לכאם bedeuten מצאתי? und anzeigen, dass es Zusatz des Herausgebers ist. —

ist, da sie doch gleicher Form sind und andererseits beide in Mm. zu 2 Reg. 16, 7. und in unserm Buche Nr. 199, wo von den W. die Rede ist, die ausnahmsweise ein א' haben, das nicht gehört wird, gerechnet werden. — In uns. Buche wird das למאם richtig nicht gezählt, dafür aber קראים und ראג, so dass die einzelnen Stellen der Angabe: מ"ח = 48 ganz entsprechen. Freilich bleibt dadurch das zweite השאטים (Ez. 28, 26.) und das zweite פארוך (Nah. 2, 11.) aus, was nur dadurch zu erklären wäre, dass unsere Mass. diese beiden wirklich ohne א' liest, was aber gegen die Ausgaben ist, die alle mit א' lesen. — Dass sie für eins gerechuet werden, weil sie zwei Mal vorkommen, kann der Grund nicht sein, da ja auch מבאר und בארות jedes zwei Mal gerechnet wird, obgleich sie dieselbe Form haben. — S. מ"ש zu Num. 11, 4. Jud. 4, 19. (in der Bemerkung des Herausgebers ed. Wien) 13, 18. 2 Reg. 5, 20.? Zach. 14, 10.

Nr. 104. Ist ausführlich angeführt: Num. 13, 9. Ez. 1, 1. Prov. 1, 1. Esra 1, 1. (alle 3 als Umschrift in derselben Form, so dass auch in allen Dreien das zweite נקיא (Jona 1, 14.) fehlt und also nur 11 aufgezählt werden) und Dan. 3, 29. Ohne Angabe der Stellen: Joel 3, 18. und Mf. א', 8. S. מ"ש Jos. 10, 24. 1 S. 17, 17. Ez. 27, 31. Joel 4, 19. Dan. 2, 39. Esra 3, 7. 6, 15.

Nr. 105. u. 106. Diese Verzeichnisse sind ausführlich angegeben: Mm. Lev. 11, 21. Rabb. Bib. ed. Bomb. 1517 am Ende und mit einigen Druckfehlern Tract. Sopherim Absch. 6, 5 und 6.[1]) (auch Mpt. Hamb. zu Job 41, 4.) und ohne Angabe der Stellen: 2 S. 16, 18. Jes. 9, 3. Ps. 100, 3. Mf. לא, 23. Die beiden, worüber unser Buch und auch Mm. zu Jos. 9, 3. sagt ותרין פלונתא עליהון lässt Lev. l. c. und Rabb. Bib. ed. 1517 aus, obgleich sie schon und zwar ohne Erwähnung der Ansichtverschiedenheit (פלונתא) in Tract. Sopherim angeführt sind. — In unserm Buche, das am genauesten mit der Angabe zu Rabb. Bib. ed. 1517 übereinstimmt, ist wahrscheinlich durch einen Fehler des Abschreibers, eine Stelle und zwar 2 Reg. 8, 10. ausgefallen; es muss daher nach אהיה (Rabb. Bib. 1517 steht falsch אחיה) folgen: אמר לא ׳ויאמר אליו אלישע (2 Reg. 8, 10.) S. מ"ש Ex. 21, 8. Lev. 11. 21. 25, 30. Num. 23, 23. Jes. 63, 9. s. auch Jos. 5, 14. Jes. 49, 5. Ps. 100, 3. Job 6, 21. 41, 4. 1 Chr. 5, 1. 11, 20. S. „Schlachtregeln in arabischer Sprache" (Notiz von Steinschneider in Geigers Jüdischer Zeitschrift f. W. und L. erster Jahrgang S. 316. Anmerkg. 31, wo im Namen des ס' אכלה ואכלה angeführt wird, dass 21 Mal in der heiligen Schrift לא für לו mit Waw stehe?

Nr. 107. Diese Angabe ist angef. Mm. Prov. 28, 8. wo bei ואת עיני צדקיהו עור die nähere Angabe fehlt, da es doch 3 Mal so vorkommt, während bei uns בתר' דירמי' hinzugefügt ist, also das letzte Mal im Buch (Jer. 52, 11. w. angef.); bei ויתנהו על יד וכו' ist erstlich das zweite Waw in ויתנהו unrichtig, da diese Stelle grade ohne Waw am Ende steht, wie es auch in unserm Buche so verzeichnet ist und קדמ' רפרש' muss קדמ' רפסיק heissen, wie in uns. Buche auch קדמ' רפ' steht; es soll

---

1) Tract. Sopherim l. c. giebt die Zahl 15 (ט"ו) nicht an, sondern rechnet in §. 5. die 3 אשר לא auf, welche im Pent. und im folgenden §. 6. die übrigen, welche in den andern Büchern der heil. Schrift vorkommen und zwar die 12 der Mm. zu Lev. l. c. und die 2 unseres Buches, ohne von פלונתא etwas zu bemerken. Die Verbesserung dieser Stelle im Tract. Sopherim s. in unserm Anhang. — Wie weit sich aber die höchste Kürze des Tr. Sopherim zu einer ausf. Breite und durch Auslassung der Schlagwörter zur Undeutlichkeit derselben Angabe (nach den bezeichneten Quellen; unseres Buches Rabb. Bib. ed. 1517 und Mm. Lev. l. c. —) entwickelt hat, dazu möge man die angeführte Angabe in Mpt. Hamb. vergleichen, weswegen ich sie hierhersetzen will.

חר מן ט"ו לו דכתבן א' בסוף תיבות' יקרין ו'

Ez. 21, 8. אם רעה בעיני אדניה
Lev. 11, 21. אך את זה (לא) תאכלי מכל
Lev. 25, 30. ואם לא יגאל עד מלאת לו
2 S. 16, 18. ויאמר חושי אל אבשלם
1 S. 2, 3. אל תרבו תדברו גבהה
2 Reg. 8, 10. ויאמר אליו אלישע לך
Jes. 9, 2. הרבית הגוי לא הגדלת
Jes. 63, 9. בכל צרתם לא צר
Ps. 100, 3. דעו כי ה' הוא אלהים הוא
Ps. 139, 16. גלמי ראו עיניך
Job 13, 15. הן יקטלני לא איחל
Job 41, 4. לא אחריש בדיו
Prov. 26, 2. כצפור לנוד כדרור לעוף
Prov. 19, 7. כל אחי רש שנאוהו
Esra 4, 2. ויגשו אל זרובבל ואל ׳ותרין פלוגת' וכו' ותרין חלוף וכו'

Es sind die Schlagworte unseres Buches weggelassen und dadurch ist die Angabe ungewiss z. B. in der dritten Stelle weiss man nicht, ob das erste לא oder das zweite gemeint sei, während keins von beiden gemeint ist, sondern das לא חמה dieses Verses.

ausschliessen dieselbe St., welche 2 Reg. 22, 9. vorkommt, wo בֵּית und nicht בְּבֵית geschrieben ist. S. auch M. marg. zu 2 S. 10, 9. wo בבית הפק' in ובבית הפקדות verbessert werden muss, ebenso מ"ש zu Prov. 28, 8.

Nr. 108. Ebenso Mm. Prov. 28, 8. S. vorigen Art.

Nr. 109. Ebenso Mf. ה', 24.

Nr. 110. Dieser Art. ist gleichfalls Mf. ה' 24. und Mm. zu Koh. 6, 10. angeführt. — Was letztere Stelle betrifft, so giebt sie noch ein drittes Wort (שֶׁהַתַּקִּיף Koh. l. c.) aber als nicht allgemein anerkanntes (יחד פלינא עליה) an, so dass unser Buch zu denen gehört, welche es ohne He (שֶׁתַּקִּיף) lesen. S. מ"ש zur Stelle, der auch Kimchi zu diesen zählt. — Wenn aber Mf. l. c. angiebt ה' כתי' ה' במצ' תיבי' d. h. dass in 5 Wörtern ein solches He steht, das nicht gelesen wird, so ist das gewiss eine später gebildete oder durch Zusätze veränderte Angabe, was schon aus der Form hervorgeht. Es ist nemlich die Eigenthümlichkeit der Massora, dass sie bei 2 gegensätzlichen Angaben, bei denen die zweite durch יהלוּך, יהליפיהן u. s. w. eingeleitet wird, die Gruppe, welche die grössere Anzahl von Einzelnheiten enthält, voranschickt und dann die andere entgegengesetzte Gruppe von geringerer Anzahl der Einzelnheiten folgen lässt, wie das wohl jedem Kenner der Massora bekannt ist. Würden also 5 mit überflüssigem und als Gegensatz nur 3 Wörter mit fehlendem He vorhanden sein, so hätten jene zuerst und diese erst nachfolgend angegeben werden müssen; es geht daraus hervor, dass allerdings nur 2 (höchstens 3 nach Mm. Koh. l. c.) W. vorkommen, in denen das He überflüssig und nicht hörbar ist und darum folgt dieser Art. nach jenem mit fehlendem He, der entschieden 3 zählt, wie unser Buch ihn richtig hat und die Mf. ursprünglich gehabt haben muss. Die ältere und richtige Massora scheint also nur die 2 (בהשדה, בההפום) anzugeben, die mit Bestimmtheit ein überflüssiges (oder geschrieben und nicht gelesenes כתי' ולא קרי) He in der Mitte des Wortes haben, wie im vorigen Art. solche 3 genannt sind, denen das zu lesende He mitten im Worte fehlt. Die gedruckte Mf. hat aber noch 3 andere Wörter hinzugefügt, die unsicher sind und auf Angaben verschiedener, nicht ganz bewährter Handschriften beruhen, wie das über שֶׁהַתַּקִּיף die M. marg. zu Koh. l. c. deutlich ausspricht. S. מ"ש 2 Reg. 7, 15. und ganz besonders zu Koh. 6, 10. wo er über das Ungewisse der 3 letzten sich ausspricht und über שֶׁהַשָּׁמֵּם bemerkt ואיבבה משומם כיטמעי את הדבר הזה כי לא מצאתי בשום ספר שהשמם בה"א. — S. auch die Bemerkung des Herausgebers der ed. Wien, der zwar geistreich aber doch ungeschickt und unwahr eine Verbesserung vornehmen und שהשמם in בהשמה verwandeln will; ferner auch unsere „Fragmente aus der Punctationslehre von R. Moses Punctator" (Hannover 1847) S. XXX. Anmerkg.

Nr. 111. Ist ausführlich angeführt Mf. ה' 25. und ohne Angabe der Zahl כ"ט, Tractat Sopherim Abschn. 7, 2. (s Anhang), nur dass dort, wenn die in Parenthese als Wiederholung eingeschlossenen (והמה יהיה) nicht eine Corruption für הנ' sind, הֵנָּה Jes. 54, 16. fehlt; ohne Angabe der St. Prov. 31, 16. Thr. 2, 19. 5, 1. und Koh. 7, 28. wo die וְאֵת und אֵת angegeben sind und auf Mf. l. c. hingewiesen wird. — Mf. l. c. ed. Buxt. muss statt כ"ט פס' gelesen werden כ"ט הם', wie es auch ed. Bomb. v. 1525 richtig so angegeben ist.

Nr. 112. Gleichfalls wie der vorige Art. angeführt Mf. ה', 25. wo das, was bei uns unter ולבד מכסיה' angegeben ist, gleich in der Ueberschrift mitgezählt wird; ebenso in Tractat Sopherim Abschn. 7, 2. wo die Zahl כ' = 20. nicht angegeben ist, doch die Stellen, ausser einer (נמצאה Jer. 18, 26. s. Anhang) aufgeführt werden. Ohne Angabe der St. ist er angef. Gen. 27, 3. wo es heisst חד מן כ"א תיבין. weil צידה ohne Weiteres mitgezählt wird, was aber noch streitig ist. — Tractat. Sopherim scheint auch ציד (wenn auch dort fehlerhaft ציר gedruckt ist —) ohne פלוגתא anzugeben, wie es auch רמ"ה in s. מסורת סיג לתורה so anführt, s. מ"ש Gen. 27, 3. auch Jos. 7, 21. 24, 8. — In Mf. ed. Bomb. 1525 und מ"ש ed. Wien steht fehlerhaft ב' statt כ' כלין.

Nr. 113. Ist angegeben mit Anführ. d. Stellen Mm. zu 2 Reg. 24, 10. und Thr. 4, 17. und ohne Stellenangabe Lev. 21, 5. Ps. 73, 2. und Mf. ה', 10. u. 26. (ed. Bomb. 1525). Auch hier ist, wie an so vielen Stellen, die genaue Reihenfolge der Stellenangabe in uns. Buche zu bewundern im Vergleich zu der der Mf.

Nr. 114. Die richtige Angabe unseres Buches ist durch Missverständniss bald verstümmelt, bald unrichtig angegeben mit Anführung der Stellen:

a) Mm. zu Jos. 15, 4. wo es heisst: ו' כתיבין יהיה וקריינן והיי, was aber unrichtig ist und soll heissen: ו' כתיבין היה וקרינ' היי. Es kommt nemlich, wie unser Buch ganz richtig angiebt, 5 Mal וְהָיָה statt

והיו vor; aber 1 Mal steht הָיָה (Jer. 50, 6.) und ein Mal יִהְיֶה (Ez. 37, 22.) für הָיוּ und יִהְיוּ (über beide letztere s. vorigen Art. Zeile 31 und 34.); es sind also 7 W. die i. d. Pluralform von היה statt יו, יה haben und daher hat Jos. l. c. 7, wie sie dort auch aufgezählt sind, durch Verbindung zweier Angaben.

b) Mm. zu Num. 34, 4. wo es fehlerhaft heisst: ו׳ כתי׳ והיה וקרינן והיו (s. auch zu Mp. das.) u. weil die 6te St. nicht zu finden war, wird nach נחל מצרים. דיהודה eingeschaltet „דויעבר עצמונה“, was aber kein besonderer Vers ist, sondern dasselbe bedeutet, was דיהודה sagen will, d. h. Jos. 15, 4.; es muss demnach daselbst heissen: ה׳ כתי׳ והיה u. s. w. wie in uns. Buche und das „דויעבר עצמונה“ gestrichen oder zu דיהודה als überflüssige Ergänzung gezogen werden; oder aber es muss ז׳ statt ו׳ gelesen und wie in Jos. l. c. eine Verbesserung vorgenommen werden, so dass sich die Angabe bloss auf היו (d. h. die Endung) bezieht.

Ohne Angabe der Stellen ist sie angeführt Jos. 18, 12. und Mf. היה, 15. wo gleichfalls nach obiger Angabe Veränderungen vorgenommen werden müssen, so dass in ersterer Stelle es heissen muss ז׳ כתי׳ היו u. s. w. und in der zweiten Stelle, wo ו׳ richtig ist aber היה statt יהיה stehen muss. Wir sehen, wie auch hier unser Buch das Richtige und Ursprüngliche hat. — (S. מ״ש zu Jos. 15, 4. der freilich unser Buch nicht kannte.)

Nr. 115. Dieser Art. ist mit Stellenangabe angeführt Dan. 5, 5. wo aber die letzte Stelle heissen muss: ויתנדרן ובניו יתגרו ואכפו, weil es sich auf das zweite ויתנדרן des Verses und nicht auf d. יתנדרן, was zuerst steht, bezieht und man sich daher leicht irren könnte. Ohne Stellenangabe ist er angeführt: Jud. 19, 3. (s. die Anmerkung des ersten Herausg. daselbst —) und Mf. ו׳, 15. wo ed. Buxt. ה׳ in ח׳ verändert werden muss. S. auch מ״ש zu Jer. 37, 19. wo er unter 2 Sam. 21, 21. eine unrichtige Angabe anführt, wozu auch unsere Bemerkung zu folgendem Art. gehört; s. denselben.

Nr. 116. Ist angeführt mit Stellenangabe Mm. zu 2 S. 21, 21. und Mf. י׳ 7. In letzter Stelle ist ו׳- 6 angegeben ohne das zweifelhafte אַי, während zu 2 S. l. c. es allgemein מלין heisst, ohne Angabe der Zahl. — In beiden Stellen ist ואי (Jer. 37, 19.) als ungewiss (פלוגתא) angegeben, was aber eigentlich gar nicht zu dieser Gruppe gehört; denn wenn es אי geschrieben ist (wie es an beiden Stellen angeführt wird —), so gehört es zu denen, welchen am Ende ein He fehlt (וְאַי für וְאַיֵּה), das aber gelesen wird, s. oben Art. 111, nicht aber zu uns. Art. der die W. angeben will, in denen ein Jod am Ende wie He gelesen werden soll, wie die andern angeführten Beispiele. Unser Buch hat wieder das Richtige, das unter diesem Art. das ואי gar nicht zählt, es aber als ואין für ואיה unter dem vorigen Art. aufzählt, wohin es eigentlich gehört. Ob wirklich Einige ואי und Andere ואין für וְאַיֵּה lesen, so dass darin d. פלונתא bestände, ist zweifelhaft; jedenfalls gehörts nicht hierher. — S. מ״ש zu Jer. 37, 19. und vorigen Artikel.

Nr. 117. Ist angeführt Mf. ו׳, 16. (nur dass כניך, wie in unserm Buche בניכי heissen muss.) In ed. Bomb. von 1525 ist der Art. irrthümlich 2 Mal angeführt. Seite 27, 4. und 29, 2. —

Nr. 118. Ist ausführlich angegeben Mm. zu Dan. 9, 5. und Mf. ו׳. 17. (wo es zur ersten Stelle nicht ויאמר דוד sondern wie in unserm Buche ויאמר המלך heissen muss) s. מ״ש zu 1 Reg. 7, 36. und besonders zu Jer. 8, 1.

Nr. 119. Angegeben: 1 Reg. 1, 1. Umschrift und Mf. ו׳, 18. Auch Tractat Sopherim Abschn. 7, 1. ist dieses Verz. ohne bestimmte Zahl angegeben und zwar sind nur 13 gezählt; es fehlen die 3 וישתהו, ויצו und ein Mal אחרי. Merkwürdig ist, dass bei אחרי nicht das Schlagwort, sondern מלכיה, wie in Mf. angegeben ist, s. unten und Anhang. Es muss in letzterer ed. Buxt. statt חד heissen יחד und zu חנניה und מלכיה muss das Schlagwort אחרי (statt אחרין) sein, wie das auch schon ed. Bomb. 1525 und unser Buch richtig haben. Merkwürdig, dass Mpt. Hamb. Ez. 7, 21. הצרים statt הורים liest. — S. מ״ש Est. 9, 27. und Dan. 5, 21. wo ed. Wien fehlerhaft ו״א st. ו״ח steht[1]). Das וְאִכְלוּהָ in unserm Buche Z. 24. muss wohl וְאִכְוּל heissen. S. מ״ש zur St. und oben Nr. 91. wo es ואכול geschrieben ist und ואכלן gelesen wird. —

Nr. 120. Ist ausführlich angeführt 1 Reg. 12, 3. auch Tract. Sopherim Abschn. 7, 1. nur fehlen da einige, (s. Anhang) und ohne Stellenangabe Mf. ו׳, 19. S. מ״ש zu Jos. 6, 7. 9, 7. und besonders zu 1 Reg. 12, 3, wo er die dortige

---

1) Bei 4 ist das fehlende Waw hörbar, als יַחַד für יַחְדָּו, שַׁי für שָׁיו und 2 Mal אחרי für אַחֲרָיו; bei den andern ruht das Waw nach dem Vocal Schurek.

Angabe verbessert, was sich aber vielleicht auf ed. Bomb. 1525 (von der ich nur Mf. besitze) bezieht; denn in ed. Buxt. stehen auch die beiden Stellen nicht, die er streichen will. Folgende Verbesserungen sind in der Angabe zu 1 Reg. l. c. anzubringen: zu ויאמר ... הרף יאגידה muss, wie bei uns, hinzugefügt werden 'תני' דספר, damit man es nicht auf das erste ויאמר bezieht; zu משוה רגלין (wo eigentlich רגלין als Schlagwort voranstehen muss, wie unten bei ויאמר שמטוהו letzteres zuerst stehen müsste —) muss hinzugefügt werden: 'דשמיא, indem Ps. 18, 34. wirklich nur רגלי steht. (Es ist auffallend, dass Tractat Sopherim 8, 1. diese Verschiedenheit nicht angegeben ist?) — Wenn in unserm Buche Z. 3. zu וישלחו ויקראו לו bemerkt ist 'דמלכי, so soll das ausschliessen die ähnl. Stelle in 2 Chr. 10, 3. wo wirklich nur וַיָּבֹא steht, was aber in Mm. 1 Reg. l. c. zu bemerken nicht nöthig ist, da der Vers (וכל קהל ובי' anders angeführt ist, wodurch keine Verwechselung stattfindet. — Bei ויבאו רחבעם muss hinzugefügt werden: דמלכים wie in unserm Buche, weil es ausschliessen soll 2 Chr. 11, 1. wo wirklich וַיָּבֹא steht. Bei ויבאו ירושלם steht דיהואש; es soll das wohl 2 Chr. 25, 23. ausschliessen (wo es יואש heisst), wie bei uns das דמלכים. —

Nr. 121. Angeführt mit Stellenangabe: Mm. Prov. 20, 21. Cant. 1, 16. und ohne Stellenangabe: Mf. 'ה. 1. wo irrthümlich כ"א statt 'ד angegeben ist. S. מ"ש l. c. und 2 S. 13, 37. Dan. 9, 24.

Nr 122. Ausführlich angeführt Mm. Jer. 31, 40. und ohne Stellenangabe Mf. 'ד, 2. S. מ"ש 2 S. 13, 37. 2 Reg. 16, 6. und Jer. l. c.

Nr. 123. Ist ebenso angef. Mf. 'ד, 3. wo allerdings ein Fehler eingeschlichen ist und es heissen muss 'ב' מלין כתי' ד' וקרי' ר; auch die angeführten 2 Stellen müssen mit Daleth am Ende und nicht mit Resch stehen, wie unser Buch es richtig hat. S. מ"ש zu den Stellen.

Nr. 124 u. 125 sind ausführlich angeführt Mf. 'י, 8 u. 9. und Mm. 1 S. 20, 2.

Nr. 126. Ausführlich angegeben Mm. Job 7, 1. und ohne Stellen Mf. 'י 10. S. מ"ש zu Job 15, 22.

Nr. 127. Ist ausführlich angef. 1 Reg. 1, 1. (äussere Umschrift) und ohne Stellen Mf. 'י, 11. Hier zeigt sich wieder die Genauigkeit unseres Buches. — Die Mm. 1 Reg. l. c. giebt zwar מ"ג = 43 an, zählt aber, weil ihr 3 Wörter fehlten, 3 andere Wörter, die gar nicht mit Jod am Ende so vorkommen; zu יהבאתי bemerkt sie auch מהרתי und fügt hinzu: ב' בי d. h. beide in demselben Vers (1 S. 25, 34); eben so zu ואתי (Jud. 17, 2.) bemerkt sie אליתי und fügt hinzu: ב' בפסוק; endlich rechnet sie zuletzt: הייתי, aber alle 3, nemlich מְהַרְתְּי, אָלִיתִי und הָיִיתִי kommen nirgends so vor in den Ausgg. oder sonst wo. Es fehlen ihr aber, wahrscheinlich als Auslassungsfehler des Abschreibers, wie das aus der Stellung hervorgeht: זָכַרְתִּי und עָשִׂיתִי (Ez. 16, 43.[1]) und אָתִי (Ez. 36, 13.). Für die beiden ersten supplirte sie מְהַרְתִּי und אָלִיתִי und für das letzte stellte sie הייתי das in demselben Vers, wo אָתִי vorkommt, sich befindet; die letzte Stelle muss etwa so heissen: אתי: כה אמר אדני ה' יען אמרים לכם אכלת (Ez. 36, 13.). Ebenso ist auffallend, dass sie, da ihr doch einige fehlen, das עָשִׂיתִי, welches bei uns unter ולבר מסכיתא angeführt ist, nicht anführt. — In unserm Buche muss entweder das הָלַכְתִּי, das als Zusatz steht, mitgerechnet werden, oder nach מְקוֹנַנְתִּי auch נְהַגְתִּי gerechnet und statt ב' בן gesetzt werden ג' בן, da es mit diesem erst 43 sind; ein ähnlicher Fehler, wo 'ב statt 'ג בן steht, s. Nr. 208. Ueber נְחַנְתִּי s. מ"ש zur Stelle, der es ohne Jod am Ende lesen und dies aus Mm. 1 Reg. l. c. besonders aus einem Mpt. beweisen will. Die Mm. rechnet allerdings הָלַכְתִּי, aber wie es scheint נהגתי nicht. Warum sagt sie aber nicht zu מקוננתי, ב' בן wie in uns. Buche und Mpt. bei מ"ש. — S. מ"ש 2 S. 14, 21. Jer. 3, 5. 13, 21. 22, 23. Ez. 16, 20. 36. Ps. 58, 8. Cant. 2, 13. und besonders Ruth 3, 3.

Nr. 128. Ist ausführlich angeführt Mf. 'י, 12. und ohne Stellenangabe Gen. 33, 4. Ps. 147, 18. Diese Angabe will nur die ein Mal so vorkommenden aufzählen, wodurch viele, bei denen in gleicher Weise das Jod des Pl. fehlt, hier mit Recht ausgelassen werden, weil solche mehr, als ein Mal vorkommen. Schwierig ist aber an dieser Angabe, dass

a) שְׁלִי und הַשְׁלִי gezählt sind, da sie doch also zwei Mal vorkommen:

b) was schon מ"ש zu 2 S. 23. 9. bemerkt וְאַחֲרָו (2 S. l. c.) ausgelassen ist, das doch nach Mm. zu Neh. 3, 30.

---

1. Sie sind gerade zwischen הָיִיתִי (Ez. 16, 31.) und עָשִׂיתִי (Ez. 16, 47.) ausgefallen. Siehe מ"ש Ruth 3, 3. der die Corruptel der Angabe so fein herausfühlte und ohne unser Buch zu kennen, die richtige Verbesserung trifft; merkwürdiger Weise aber meint, dass die Mm. nur 41 zählt, ohne zu bemerken, dass sie מְהַרְתִּי und אָלִיתִי, allerdings irrthümlich, für die fehlenden angiebt.

ohne Jod vor dem Waw geschrieben ist. מ"ש l. c. will es einschalten und, nach einem Mpt. נ"ך statt נ"ך lesen. —

c) mehre dazu gerechnet werden, in denen eigentlich kein Jod fehlt, als שָׁלֵו, הַסְתִּי, נַיְתָ֫ו und הַשָּׁלֵ֫ו. In den Ausgaben der Rabb. Bib. stehen diese 4 am Schlusse der Reihe und zwar ausser der Reihenfolge der Bücher der heil. Schrift, was Heidenh. zu der Vermuthung Veranlassung giebt, dass diese 4 Zusätze wären; dagegen spricht aber die Allgemeinheit der Zahl נ"ך (נ"ן) in fast allen Mptn. sowie auch besonders in uns. Buche, das diese 4 an gehöriger Stelle in der Reihenfolge anführt. Das וס' בחצי יכו u. s. w. in der Ueberschr. ed. Buxt. ist Zusatz von letzterm. — S. übrigens מ"ש Gen. 45, 14. Ex. 16, 13. 2 S. 23, 9. Ez. 31, 5. Ps. 24, 4. 95, 5. 105, 22. Prov. 6, 13. Job 24, 1. 27, 15. Thr. 3, 22. 31.

Nr. 129. Ausf. angeführt Mf. 'י, 13. doch werden dort 7 (mit דְּרָכָיו Prov. 21, 29.) aufgezählt, obgleich ed. Bomb. 1525 in der Ueberschrift 'ו = 6 wie in unserm Buche angegeben sind, das freilich Buxt. in 'ז verwandelt. Unser B. scheint wieder das Richtige zu haben, was auch die Angabe 'ו in ed. Bomb. beweist; es rechnet aber דְּרָכָיו nicht, weil das mehr zu קרי und כתיב gehört, indem dieser Sing. ganz anders vocalisirt werden muss, als der Pl. (דְּרָכָיו oder דְּרָכָיו) während bei den 6 andern, nur die Pluralendung verschieden ist d. h. ob man o oder aw liest[1]). — S. מ"ש Prov. 16, 27.

Nr. 130. Die ausführliche Angabe dieses Verzeichnisses findet sich nirgends in der gedruckten Massora, weil Mf. דבר, 17. Gen. 30. 34. 47, 30. Ps. 119, 9. 25. immer auf die Anführung zu Gen. l. c. hingewiesen wird, die sich aber da nicht findet. מ"ש zu Jud. 13, 12. hat sie nach einem Mpte. kurz angeführt, und nach ihm R. Sal. Dubna im תקון סופרים und Heidenh. in seinem Pentateuchfragment zu Gen. l. c. — Uebrigens muss, wie im תקון סופרים richtig bemerkt ist, die Angabe in Mm. l. c. immer בלישנא heissen, weil nicht bloss דְּבָרֶךָ, sondern auch בדברך und כדברך dazu gehört; und Mp. zu Gen. 30, 34. muss נ"י statt 'י"ד בליש[2]) gelesen werden.

Nr. 131. Ausführlich angeführt Mf. דבר, 18. und ohne Stellenangabe: Gen. 30, 34. — Mf. l. c. ed. Bomb. 1525 hat richtig die 8 St., es muss aber die Bemerkung ב' בפסוק zu (Jer. 15, 16.), freilich ungewöhnlich, s. v. heissen, als תנ' דפסוק, (s. מ"ש zu St.), wie das in unserm Buche richtig angegeben ist. — Buxt. hingegen scheint das 'ב בפסוק in seiner gewöhnlichen Bedeutung genommen zu haben; er zählt daher beide, lässt aber, um mit der angegebenen Zahl 'ח = 8. auszukommen, 1 Reg. 22, 13. aus, was ein Irrthum ist. S. מ"ש Jud. 13. 17. und Jer. 15, 16.

Nr. 132. Ist ausführlich angeführt Mf. 'י, 14. 2 S. 21, 9. und ohne Stellenangabe Mf. חם, 6. S. מ"ש 2 S. l. c. Merkwürdig ist, dass Mf. l. c. in der Rabb. Bibel ed. Bomb. 1525 'ד = 4 angiebt und dazu zählt איביעתים (2 S. 12, 6.) was nirgends so vorkommt. Alle Angaben, sowie unser Buch haben nur die angeführten Stellen.

Nr. 133. Ausführlich angeführt Neh. 5, 9. und darauf hingewiesen: Mf. 'אמ, 94. (In Neh. l. c. muss auch zu ויאמר לי, wie in unserm Buche hinzugefügt werden 'תנ' דפסו weil das Wort in diesem Vers 2 Mal vorkommt.) S. מ"ש Zach. 4, 2. und Neh. l. c.

Nr. 134. Ausführlich angeführt Hos. 1, 1. 1 Chr. 1, 1. (Umschrift) und Mf. 'ו 15; ohne Stellenangabe Prov. 18, 17. 20, 4. S. מ"ש Jud. 6, 5. 2 S. 6, 23. Jes. 49, 13. Zach. 14, 6. Job 17, 10.

Nr. 135. Ausführlich angegeben: Hos. 1, 1. 1 Chr. 1, 1. (Umschrift) Prov. 11, 3. und ohne Stellenangabe Mf. 'י 16. S. מ"ש 2 S. 6, 23. Ez. 43, 26. Rabb. Bib. ed. Buxt. fehlt die Zahl 'י, es muss heissen: וחילופ' י'.

Nr. 136. Ist ausführlich angegeben Mm. zu 1 S. 1, 1. und Jer. 1, 1. (Umschrift) und ohne Stellenangabe Ps. 71, 20. und Mf. 'ו 20. Die richtigere und mit unserm Buch übereinstimmende Angabe ist die zu Jer. l. c. wo die 47 unseres Buches angeführt werden mit Auslassung des תְּקָעוּ (Jos. 6, 9.) das bei uns unter לבר ממסורתא bemerkt ist, jedoch ohne Angabe der Zahl, sondern nur unter אלין מלין. Wenn aber 1 S. 1, 1. und Mf. l. c. מ"א = 41 statt מ"ן = 47 überlesen nemlich 1 Reg. 3, 12. כִּדְבָרֶךָ def. 'י wie die Mp. bemerkt: למדנחאי חסר; demnach wären es wirklich 14. Unsere Massora richtet sich aber, wie bekannt, nach den Abendländern (מערבאי) und darum zählt sie richtig nur 13 Stellen, indem 1 Reg. 3, 12. plene Jod stehen muss, wogegen die meisten Ausgg. fehlen, die es def. 'י haben. — S. מ"ש 2 Chr. 15, 2. und „Einleitung in das Babyl. Hebr. Punctationssystem" von Pinsker, S. 123 ff.

---

1) Zu דרכיו bemerkt ed. Bomb.: 'ניציאח (L 'מצאתי —) wodurch wahrscheinlich angezeigt werden soll, dass dieses Wort nur in einigen Mpten. so gefunden worden; wesswegen um so weniger Buxt. berechtigt war, dieses Wort auszulassen, s. oben S. 29 b Anmrkg.

2) Heid. will die Angabe י"ד dadurch rechtfertigen, dass sie nach der Leseart der Morgenländer (מדינחאי) angeführt ist; diese

schrieben ist und dennoch (mit תקעו) 48 aufgezählt werden, so ist das sehr schwierig, wenn man nicht מ״ן (od. מ״ח mit dem Zusatz) statt מ״א lesen will. S. מ״ש zu Ps. 24, 4. Heid. meint, die Angabe מ״א wäre dadurch entstanden, dass bei 7 Wörtern von den 48 das Jod (י) am Ende hörbar sei, als ויעשו, כשעו, רגלו, הצרו, כעינו, כצותו u. ידו u. dass sie desswegen in vermeintlicher Verbesserung — da der Art. nur vom ruhenden Jod u. Waw sprechen soll — ausgeschieden worden sind; wodurch aber die Schwierigkeit nicht gehoben wird, warum dennoch 47 (oder 48) gezählt sind und so die angegebene Zahl mit der Anführung der Stellen nicht übereinstimmt. — Ferner ist unser Buch verschieden von der gedruckten Massora 1. dass es עשו (Jes. 16, 3.) zu unserm Art. rechnet, während die obigen Angaben הביאו desselben Verses dafür angeben und עשי nach Kimchi und מ״ש zu denen gerechnet werden muss, die mit Jod geschrieben, aber mit Waw am Ende gelesen werden (s. מ״ש zur Stelle), was aber wenigstens dadurch zweifelhaft wird, dass die Massora (Mf. י׳, 17. Jer. 1, 1. u. a. St.) das עשי nicht zu den 24 rechnet, die Jod am Ende haben, das wie Waw gelesen wird, s. Bemerkg. z. folg. Art. — 2. dass es, gegen Mm. Ps. 71, 20. das תעלני das. nicht mit hierherrechnet (wie das auch die obigen Angaben zu 1 S. 1, 1. und Jer. 1, 1. nicht zählen und, wie bei uns, zu תחינו bemerken: ב׳ בפסוק, also nicht auch das dritte —) indem das mit י׳ geschrieben und gelesen werden soll, gegen Mp. und מ״ש die der Mm. folgen. In allen beregten Punkten scheint daher unser Buch das Ursprüngliche und Richtige zu haben, indem bei den gedruckten Angaben viele Veränderungen und Fehler vorgegangen zu sein scheinen. — Nach unserm Buche (wie auch nach Jer. 1, 1.) gehört 1. תקעו nicht hierher und muss mit Jod am Ende geschrieben werden; 2. ebenso הביאי das gleichfalls Jod am Ende hat; dafür muss aber 3. עשו mit Waw am Ende geschrieben, aber mit Jod gelesen werden und 4. gehört תעלני (Ps. 71, 20.) gleichfalls nicht hierher und muss mit Jod am Ende gelesen und geschrieben werden. S. מ״ש zu dieser Stelle und zu Ex. 17, 4. Deut. 5, 10. 2 S. 12, 9. Jer. 4, 19. und 2 Chr. 32, 21[1]). — S. auch folgenden Artikel.

Nr. 137. Diese Angabe ist ausführlich angeführt Jer. 1. 1. (innere Umschrift) und Mf. י׳, 17.; ohne Stellenangabe Job 33, 28. — Mf. l. c. ed. Bomb. sowie Jer. l. c sind zwar כ״ד angegeben, aber nur 22 St. gezählt; dieselben 22 werden angeführt Mf. l. c. ed. Buxt. wo aber noch fehlerhafter כ״ן überschrieben ist. — Ebenso ist die Angabe bei תשמחי (Jer. 50, 11.) sehr verstümmelt. Das Richtige hat aber wieder unser Buch, indem es die beiden Worte שאי, וראי (Jer. 13, 20.) anführt (bei denen auch die Mp. כ״ד bemerkt), die aber in der gedruckten Massora ausgefallen zu sein scheinen und zu Jer. 50, 11. ausdrücklich die 4 Wörter angiebt, so dass es grade, wie die Ueberschrift lautet, 24 Wörter sind. Ueber עשי (Jes. 16. 3.) das um die Lücke auszufüllen, Heidenh. hierher rechnen will, s. unsere Bemerkung zum vorigen Art., durch welche das Nichtaufzählen dieses Wortes gerechtfertigt ist. S. מ״ש 2 S. 16, 12. Ps. 24, 4. Ende und Job 23, 13.

Nr. 138. Ist ebenso angeführt Mf. י׳, 18. und ohne Stellenangabe Gen. 25, 23. (wo statt מן כ״ב stehen muss מן ב׳ ב׳). Zu letzter Stelle s. מ״ש und Heidenheim in seinem Pentateuchfragment, wo aus Mf. י׳, 5. (in uns. B. Nr. 80.) bewiesen wird, dass das Chirik von גיים unter

---

1) S. M. marg. zu Ps. 24, 4. wo es auffallend gefunden wird, dass, wenn Mp. das. (נפשי ק׳) richtig ist, diese Stelle nicht zu unserm Art. gezählt wird. S. das. ausf. מ״ש und die Erklärung des geistreichen und gelehrten R. Sal. Geiger zu Frankf. a. M. in דברי קהלים S. 10, Anmerkung, wo er nach Levita das Waw v. נפשי als קטיעה d. h. in d. Mitte abgebrochen und dem Jod ähnlich geschrieben haben will, wie das Waw von שלום (Num. 25,12.). Es wird nach demselben נפשו mit Waw gelesen u. geschrieben und gehört also nicht hierher; in d. Mp. l. c. will er נפשו ק׳ lesen, was die Massorethen bemerkten, damit man das durchschnittene Waw nicht als Jod lese. S. מ״ש zu Ex. 32, 25. (vergl. mit unserer Angabe Nr. 161.), wo das ק׳ in בקמיהם (ibid.) das doch nur als דביק geschrieben wird, nach Mf. א׳ 2. zu den kleiner geschriebenen Buchstaben (אותיות קטנות) gerechnet ist, während es in den Handschr., wie auch bei uns Art. 81 nicht dazu gerechnet wird. Der Grund der Mf. mag ein ähnlicher wie hier, nach G. bei נפשי sein. Wenn nun auch die Stütze, auf welcher obige Erklärung ruht (Mf. א׳ 2. und Lev. 1, 1, verglichen mit uns. Buch Nr. 81. wo es נפשי heisst und auch dies nur als Zusatz) — nicht sicher ist, auch manche leichtere Fehler (als etwa das תמצאם ג׳ מלים, da in Sam. l. c. wirklich nur 48, wie bei uns mit d. Zusatz תקעי gezählt werden) das. durchlaufen, so scheint die Erklärung im Ganzen richtig, wie auch aus unserm Buche hervorgeht, das es hier nicht zählt.

das zweite Jod gesetzt werden muss, was ebenso aus unserer Stelle hervorgeht. — S. oben Nr. 80.

Nr. 139. Angeführt. Mf. 'י, 19. wo aber das ענוים falsch ist und nach unserm Buche עֲנִיִּים heissen muss, indem das erste Waw für Jod steht. Es ist eigenthümlich, dass unser Verzeichniss nicht auch עֲנְוֵי rechnet, das Amos 8, 4. und Job 21, 4. für עֲנִיֵּי steht; Heidenh. will daraus schliessen dass, nach der Massora Job l. c. wirklich עֲנִיֵּי mit Jod und nicht mit Waw geschrieben werden muss, so dass es nur ein Mal Amos l. c. mit Waw vorkommt, wie es auch Mf. 'י, 6. (bei uns Nr. 81.) zu denen gezählt wird, die 1 Mal mit 'ו in der Mitte statt Jod vorkommen; was freilich gegen die Ausgg. und מ"ש ist, die auch zu Job l. c. ענוי geschrieben haben wollen. —

Nr. 140. Ausführlich angef.: Mm. Gen. 36, 5. und zum Theil Mf. 'הן, 11. 'ין, 14. und ohne Stellenangabe Mf. 'י, 20. Auch hier hat unser Buch das allein Richtige. Zu Gen. l. c. muss es statt 'ואלה בני אהליבמ (Gen. 36, 18.) heissen ואלה היו בני אהליבמה (ibid. 36, 14.); ferner muss das zu חירם daselbst Bemerkte nach der Angabe unseres Buches verbessert werden mit der Hinzufügung כלהון כד"ה da וישלח חירם und ויעש חירם auch in 1 Reg. 5, 15. und 7, 40. vorkommen. — Mf. 'הן, 11. muss statt וישמע חירם gesetzt werden וישלח חירם. S. מ"ש 2 Chr. 9, 10. und die versuchte Verbesserung daselbst.

Nr. 141. Ebenso Mf. 'י, 21. und Job 39, 12.

Nr. 142. u. 143. Ist angeführt ausf. Jer. 49, 39. und ohne Stellenangabe: Mf. 'שב, 41. und Ps. 85, 2. In Mm. Jer. l. c. muss es heissen: והיה באחרית הימים אשיב (Jer. 49, 39.) 'את שביה סדום ובנותיה נ' וכו (Ez. 16, 53.); die 2 Stellen sind in einander geflossen und so fehlt scheinbar eine Stelle. —

Nr. 144. u. 145. Ebenso angeführt Ps. 9, 13. und ohne Stellenangabe: Mf. 'ענ, 9. Prov. 3, 34. und 14, 21.; in letzter Stelle muss es ה' חמיין statt 'ד heissen. —

Nr. 146. Ist ausführlich angegeben 1 Chr. 9, 35. und ohne Stellenangabe Mf. 'ין, 6. S. auch die corrumpirte Angabe Tract. Sopherim Abschn. 6, 7. welche Heidenh. in s. Bemerkg. zu Deut. (im חומש מאור עינים S. 70 ב, 'ע) so fein wie richtig durch diese Massoraangabe erklärt hat. Es ist auffallend, wie nach ihm noch andere Erklärungsversuche gemacht werden konnten, da die Wahrheit doch nur eine sein kann und die hat Heidenh. gewiss getroffen.

Nr. 147. Ist ausführlich angeführt Prov. 21, 9. und ohne Stellen Mf. 'רן, 3. (wo es 'ר statt 'ן heissen muss) מר, 7. Prov. 21, 19. 25, 24. 26, 21. — S. מ"ש Prov. 27, 15.

Nr. 148. Ebenso Ps. 77, 1. und ohne Stellen Mf. יד, 25. (wo es heissen muss „נ' כתי' ידיתין.") —

Nr. 149. Ausführlich so Mf. 'ב, 10. Hos. 1, 1. und 1 Chr. 1, 1. (Umschrift) und ohne Stellenangabe Jos. 6, 5. Esra 8, 14. — S. מ"ש Jos. 4, 18. 6, 5. 15. 1 S. 11, 6. (wo das ד"י beide [diesen und den folgenden] Artikel zusammenfasst, 11 in denen 'ב wie 'כ und 3, wo 'כ wie 'ב gelesen wird — oder א"י st. ד"י gelesen werden muss.) 9. 2 S. 5, 24. 2 Reg. 3, 24. Job 21, 13. Esra 8, 14. — Die Angabe zu זַבַּי ist nur in unserm Buche die richtige und muss in der gedruckten Mm. l. c. gelesen werden אחריו החזיק החרה; das זבי עתלי ist eine Stelle in Esra 10, 28. und diese hat Beth und wird auch mit Beth gelesen. —

Nr. 150. Ausführlich angegeben 2 S. 12, 31. Hos. 1, 1. 1 Chr. 1, 1. Mf. 'ב, 10. — S. מ"ש zu den betreffenden Stellen.

Nr. 151. Mf. 'ה, 28. — S. מ"ש zu den betreffenden Stellen.

Nr. 152. u. 153. Angeführt Dan. 4, 4. 5, 8. und ohne Stellenangabe Mf. 'ל, 2. und 10. ed. Buxt. (letzterer hat sie 2 Mal, wie bemerkt, angeführt, während sie in ed. Bomb. 1525 fehlt. S. מ"ש 2 S. 16, 2. und Dan. l. c.

Nr. 154. u. 155. Ausführlich angegeben Mf. 'ב, 11. S. מ"ש Jos. 3, 16. 22, 7. 24, 15.

Nr. 156. Ausführlich angeführt: Prov. 20, 16. und ohne Stellenangabe Mf. 'מ, 17. S. מ"ש 2 S. 22, 15. wo (ed. Wien) ה' מלין statt ב' מלין stehen muss.

Nr. 157. Ausführlich angegeben 1 S. 20, 38. und ohne Stellen Mf. 'מ, 18. — Die Stelle שָׁנָה in 1 S. l. c. ist nicht richtig angegeben; es muss heissen wie in uns. Buche: 'בן שלשים ושתים ויהורם בן יהושפט תני' רפס (2 Reg. 8, 17.) und bezieht sich auf das zweite שָׁנָה. Merkwürdig ist, dass der kritische Norzi in מ"ש zur Stelle nicht angiebt, auf welches שנה die Bemerkung sich bezieht. —

Nr. 158. Ebenso Prov. 3, 15. und ohne Stellen: Mf. 'נ, 6. In Prov. l. c. fehlt bei לָךְ die Bezeichnung 'קדמ' רפ da es ja 2 Mal in diesem Verse vorkommt. S. מ"ש Jud. 14, 11. und Prov. l. c.

Nr. 159. Ist ausführlich angegeben 2 Chr. 11, 18. u. 2 S. 21, 6. und ohne Stellenangabe: Prov. 3, 15. Thr. 4, 3. Mf. 'נ, 7. — Die Angabe zu 2 S. l. c. ist unrichtig; sie

lässt תנין aus und ergänzt dafür כן הבערה, was beides unrichtig ist. תנין ist zu Chr. l. c. und ausdrücklich Thr. 4, 3. als solches angeführt, wie in unserm Buche. מן הבערה gehört aber zu denen, die als ein Wort geschrieben und wie zwei gelesen werden; gehört also nicht hierher. S. oben Nr. 99, auch unsere Bemerkung zu Nr. 3 und מ״ש zu Job 38, 1. und 40, 6.

Nr. 160. Ausführlich angegeben: Jud. 18, 30. und Job 38, 13. (in letzter Stelle deutlicher, indem der Buchst. des Wortes, der höher oder schwebend steht — ausser bei רשעים, wo es sogar irrthümlich auf ינעדי sich beziehen könnte — angegeben wird, was in Jud. l. c. nicht der Fall ist) und ohne Stellenangabe Ps. 80, 14. Mf. תל, 2. S. מ״ש zu den betreffenden Stellen. —

Nr. 161. Angeführt Mm. Ex. 32, 25. und M. marg. Num. 7, 2. S. מ״ש zu den betreffenden Stellen. Es ist immerhin merkwürdig, dass unser Buch auch bei diesem Art. von Niemandem angeführt und auf eine spätere Quelle hingewiesen wird, und besonders, dass diese Angabe wie מ״ש bemerkt, von den Gesetzrollenschreibern nicht befolgt wird. —

Nr. 162. Dieses Verzeichniss ist ausführlich angegeben: Jud. 1, 1. (Umschrift) und noch deutlicher Koh. 12, 6. und ohne Stellenangabe Mf. 'ה 3. Die Bemerkung des ersten Herausgebers der Massora zu Koh. l. c. beruhet auf Mangel an Vertrautheit mit der Ausdrucksweise der Massora, wie das auch schon מ״ש zu 2 Reg. 11, 2. bemerkt. S. ferner מ״ש zu 2 S. 12, 24. und 2 Reg. 25, 1. —

Nr. 163. Ausführlich angegeben 1 Reg. 19, 4. und ohne Stellenangabe Mf. 'ה, 4. S. מ״ש 2 S. 17, 12. 2 Reg. 11, 2. und 25, 1. — In 1 Reg. l. c. fehlt zu dem ersten בשנה der Zusatz: תני' דפסו', wie es in unserm Buch steht, denn es kommt in demselben Vers nochmals vorher vor. Zu dem folgenden בשנת ist das קדמ' דפסו' zu entbehren, weil das zweite in demselben Vers השנה heisst. S. auch Nr. 167. (S. 113ª Z. 25.) wo bemerkt wird קדמ' דפסו', obgleich das zweite ואל heisst und nicht mit vorhergehendem אל verwechselt werden kann; die Angabe bezieht sich immer auf das Stammwort wie hier; das praefix. wird nicht berücksichtigt. —

Nr. 164. Ausführlich angeführt 1 S. 13, 19. und ohne Stellenangabe: Mf. 'כח, 10. Uns. Angabe ist jedenfalls deutlicher, da jene zu 1 S. l. c. mehr eine Abkürzung und sogar Uebersetzung derselben ist und auch das כתי' וקרי nicht angiebt. Mf. l. c. muss 'ו in 'ז verbessert werden, da es 7 Stellen sind.

Nr. 165. Ist ausführlich angegeben 2 S. 23, 9. und darauf hingewiesen: 1 Reg. 7, 20. und Mf. 'ה, 23. Es ist merkwürdig, dass unser Buch zum zweiten בלך einen andern Vers angiebt, als d. Mm. 2 S. l. c. Diese führt an 2 Reg. 11, 20. (וישמח כל עם הארץ) und die Ausgg. folgen ihr darin, so auch מ״ש zur Stelle, während unser Buch 2 Reg. 11, 19. (es ist ein Druckfehler, wenns daselbst heisst 2 Reg. 11, 12. —) angiebt und das kann kein Irrthum in Trennung der Verse sein, da ausdrücklich hinzugefügt ist תני' דפ' und 11, 20. es nur ein Mal vorkommt.

Nr. 166. Ebenso ausführlich Mf. 'ה 23. S. מ״ש Jer. 52, 20.

Nr. 167. Ebenso Mf. אל, 8. Der Zusatz in ed. Buxt. כתי' על וקרי אל בפתח, welcher in ed. Bomb. 1525 fehlt, entspricht unserm: בתרא אל. Die Massora will also nur die Verwechselung des 'ע mit 'א bemerken, nicht aber die Wörter selbst; da es nur 2 Mal für אל und 1 Mal für אל steht. — Ueber das קדמ' דפסוק (Z. 25) s. oben Art. 163.

Nr. 168. Diese so schwierige, wie auch oft corrumpirte Angabe befindet sich ausführlich Num. 1, 1. und Ps. 106, 20. und ohne Stellenangabe: Num. 11, 15. Ez. 8, 17. Hab. 1, 12. und Mf. מם, 13. In beiden Stellen sind zwar י״ח angegeben aber nur 16 gezählt, wie auch manche St. unbestimmt gelassen ist z. B. das איש לאהליו ישראל, das 3 Mal vorkommt. S. מ״ש ausführlich Zach. 2, 12. und ausserdem Gen. 18, 22. Num. 11, 15. 12, 12. 1 S. 3, 13. 2 S. 16, 12. 20, 1. 1 Reg. 12, 16. Jer. 2, 11. Ez. 8, 17. Hos. 4, 7. Hab. 1, 12. Mal. 1, 13. Ps. 106, 20. Job 7, 20. 32, 3. Thr. 3, 20. 2 Chr. 10. 16. תקון סופרים (v. Dubno) z. d. St. In neuester Zeit ist diese Stelle wieder vielfach behandelt worden, s. ausführlich כרם חמד Th. 9. S. 52. ff.[1]).

---

1) Die St. im Midr. Tanchuma Abschn. בשלח ed. Frankfurt a. d. O. S. 26. Col. 1. scheint ganz unsere Angabe zu sein, indem sie dieselben 18 Stellen zählt; nur muss für ימין stehen תמין als Verbesserung des נמין in uns. Texte; das ובדברי הימים לאלהיו muss nach unserm Buche s. v. b. als ויתברי בדברי הימים und dann folgt לאלהיו הצ״ל, nicht aber, dass in 2 Chr. 10, 16, es wirklich לאלהיו hiesse gegen alle Ausgaben und Midr. angeführt im בכרם חמד l. c. Endlich muss ותשיח עלי נפשי getrennt sein von אולי יראה ה' בעיני, da es 2 Beispiele sein sollen. Die spätern Ausgg. wie die Amst. und Wiener Ausg. in 8. haben zwar manches

Nr. 169. Ebenso Mm. Jes. 13, 16. und darauf hingewiesen, Mf. שנ, 3. Letztere hat ed. Bomb. 'נ, was aber Buxt. richtig in 'ך verbessert hat.

Nr. 170. Etwas verschieden angeführt 1 S. 5, 6. und darauf hingewiesen Mf. מח, 3. Wenn in letzter St. 'ה = 5. angegeben ist, so soll das heissen s. v. a. im Buche Sam. da das 6te im Pent. sich befindet, wie auch unser Buch letzteres besonders bemerkt und die andern 5 zusammenfasst. Ueber vorigen und diesen Art. s. Talm. bab. Tr. Megilla 25ᵇ. Tr. Sopherim Abschn. 8, 8. und über unsern Art. besonders Vorrede des R. Jac. b. Chajim zur Rabb. Bibel (ed. Bomb. 1525 und in den andern edd. abgedruckt) und מ״ש 1 S. 6, 11.

Nr. 171. Ist ausführlich angeführt Mf. 'י, 21. und ohne Stellen: Num. 2, 7. Ps. 95, 10. Koh. 1, 16. Der Sinn dieser Angabe ist, dass diese 14 Wörter nur 2 Mal am Anfang des Verses ohne Waw praef. vorkommen, sonst kommen sie am Anfang des Verses immer mit Waw vor. Merkwürdig ist, dass unser Buch נָתַתָּה angiebt, das Mf. l. c. fehlt, während diese l. c. דִּבַּרְתִּי anführt, das bei uns fehlt, es wären demnach 15, obgleich beide Angaben in der Ueberschrift י״ד haben. — Sollte vielleicht unser Buch דִּבַּרְתִּי desswegen nicht rechnen, weil es mit Waw am Anfang des Verses nur ein Mal vorkommt, es passt also der Ausdruck 'וכל קרי d. h. „sonst immer in der h. Schrift,“ nicht dazu. Die Massora führt übrigens nicht selten 'וכל קרי an, wo es sich auch nur auf ein Mal Vorkommende bezicht. — Die Mm. zu דִּבַּרְתִּי (Koh. 1, 16.) ist etwas verstümmelt; besonders ist der Nachsatz: 'וכל קרי׳ נסבין ו ausgelassen, sollte das aus obigem Grunde sein? — S. auch folgenden Art.

Nr. 172. Angeführt ausführlich Mf. 'ו, 4. und ohne Stellenangabe: Est. 1, 18. Dan. 5, 22. 7, 3. — Est. l. c. heisst's (ohne das Schlagwort וְהַיּוֹם anzugeben): כ״ח ר״פ מן כ׳ כ׳ נסבין ו׳ בריש׳, was etwa so zu nehmen ist, dass 28 Wörter nur 2 Mal am Anfang des Verses (in Beziehung auf das Waw praef.) eigenthümlich vorkommen und versch. von denen derselben Form in der übrigen heil. Schrift. Es ist zu lesen: כ״ח ר״פ מן ב״ב י״ד מנהון נסבין ו״ו וי״ד מנהון לא נסבין ו״ו וכו׳. — Der Sinn der Stelle in uns. Buche ist, dass diese 14 Wörter entgegengesetzt den 14 des vorigen Art. am Anfang des Verses nur 2 Mal mit Waw vorkommen, sonst aber am Anfang des Verses immer ohne Waw; s. vorigen Art.

Nr. 173. Ist ausführlich angegeben Mf. 'י, 22. und darauf hingewiesen Gen. 27, 4. 48, 10. — Die Mf. l. c. hat, obgleich sie י״ב = 12 angiebt, 13 gezählt, indem sie וַיִּקֶן hinzufügt, was aber, wie es mit Recht unser Buch auslässt, nicht hierher gehört, da es am Anfang des Verses (wie überhaupt) gar nicht weiter ohne Waw (יִקֶן) vorkommt, also das 'וכל קרי׳ לא נסבין ו nicht anwendbar ist, s. oben Nr. 171.; es gehört höchstens zu den ג׳ ר״פ od. zu 'ד, da es nur 4 Mal vorkommt (3 Mal am Anfang und ein Mal in der Mitte des Verses), wie Gen. 47, 20. Mp. bemerkt. S. Mm. Ez. 14, 9. etc. wo zu וְהַנָּבִיא bemerkt ist 'ג׳ ר״פ, was aber 'ג׳ ר״פ zu lesen ist, da es nur an den 3 genannten Stellen vorkommt. —

Nr. 174. Ist angeführt Mf. 'ה, 8. wo aber י״ו = 16 statt bei uns ט״ו angegeben und nachgewiesen sind, indem הַמִּנְחָה Ez. 44, 29 mehr gezählt wird, als in uns. Buche. Letzteres zählt es mit Recht nicht, da וְהַמִּנְחָה (mit Waw) gar nicht am Anfang d. V. vorkommt, folglich passt nicht וכל קרי׳ נסבין ו׳. Freilich hat Mf. statt dessen ולית להון זוגא das sich blos auf das Wort ohne Waw bezieht und anzeigen soll, dass es am Anfang nur ein Mal vorkommt, ohne das Wort mit Waw weiter zu berücksichtigen, was aber gewiss der Sinn der Angabe nicht ist; sondern vielmehr, dass das Wort, ausser dem angegebenen, am Anfang des Verses immer mit Waw vorkommt, was also bei הַמִּנְחָה nicht der Fall ist. Darum leitet uns. B. diesen Art. auch mit וְהָלוֹךְ ein in Beziehung auf den vorigen Art. wo die Angabe den umge-

verbessert, aber wieder manche Fehler hineingeschoben, z. B. das 'בְּשָׂרִי מֵאִמִּי' in Num. 12, 12. die gewiss, wie ed. Frankf. a. O. 'אִמֵּנוּ' und 'בְּשָׂרֵנוּ' heissen müssen, da Tanchuma grösstentheils das ursprünglich Verlangte anführen will; s. auch die Anmerkung das. wo es statt בב״ר פ׳ כ״א heissen muss בבמ״ר פ׳ כ״א, welche Stelle auch im מ״ש vermisst wird. Nur lässt sich nicht verhehlen, dass der Ausdruck „תקן עזרא“ unseres Buches statt 'תקון סופרים' des Tanchuma und anderer Midraschim sich schwer nach der Erklärung des B. Adereth und Misrachi (angeführt im מ״ש Zach l. c.) deuten lässt. — Uebrigens ist der Ausdruck der Massora uns. Buches in dieser Beziehung nicht massgebend und darf nicht urgirt werden, zumal diese Angabe zur Massora im engern Sinne nicht gehört. — S. auch Aben Esra im Zachoth Ende, wo er sagt: גם כן בדברי יחיד שיש לנו במקרא מלות הם תקון סופרים וכו׳ und 7 davon aufzählt; das ועיר כה טעם חצי בשרו muss wohl בשרנו heissen, nach unserm Buch; s. auch unten Anmerkung zu Nr. 194.

kehrten Fall bezeichnet, d. h. die beschränkte Zahl hat am Anfang des Verses das Waw, während die andern am Anfang des Verses ohne Waw vorkommen. S. Buxt. in der Concord. s. v. welcher Ez. l. c. וְהַמִּנְחָה (mit Waw) liest, was nach Mf. ך׳ 33. falsch ist, da es daselbst ausdrücklich als הַמִּנְחָה (ohne Waw) angegeben wird. — Das הַמִּנְחָה (aus Ez.) in Mf. ist so an der unrechten Stelle (zwischen 2 S. und 1 Reg.) angegeben, dass schon daraus hervorgeht, es sei ein Zusatz. —

Nr. 175. Diese Angabe ist in der gedruckten Massora nicht zu finden. Der Sinn derselben ist, dass diese 22 Wörter am Anfang des Verses nur ein Mal ohne Waw praef. vorkommen, sonst aber am Anfang des Verses immer mit Waw. — Es ist also Fortsetzung des vorigen Art. der nur von Wörtern spricht, die mit He anfangen, während dieser die übrigen Wörter dieser Art verzeichnet. Es scheint sogar, dass das וכל קרי׳ נסבין ו״ו auch hier gestanden hat, da die Ueberschrift im Manuscript etwas unleserlich ist. — Sollte aber nur gesagt sein, dass das verzeichnete Wort nur ein Mal am Anfang des Verses vorkommt ohne dasselbe mit Waw (praef.) zu berücksichtigen, so hätte ja das הַמִּנְחָה Ez. 44, 29. hier gezählt werden müssen? s. vorigen Art. —

Nr. 176. Ist in der gedruckten Massora nicht zu finden. —

Nr. 177. Eine ähnliche Angabe befindet sich Dan. 4, 15. ist aber von der unsern sehr verschieden. Jene bezieht sich nur auf die Endung ־ֵא und zieht daher פִּשְׁרֵא (Dan. 4, 15.) und וּפִשְׁרֵא (ibid. 16.) zusammen, während Dan. 2, 6. וּפִשְׁרֵהּ (mit ה׳) gelesen wird. — Unsere Angabe hingegen liest Dan. 2, 6. (das erste) וּפִשְׁרֵא mit Alef am Ende, stellt die beiden (mit Waw anfangenden) וּפִשְׁרֵא zusammen und lässt entweder das erste פִּשְׁרֵא (Dan. 4, 15.) unberücksichtigt, weil es nicht mit Waw anfängt oder liest — wofür die Ausgg. sprechen[1]) — das Resch mit Kamez. Dass letztere Leseart falsch ist, beweist nicht nur die obige Mm. und Mp. zu Dan. 4, 15. sondern auch eine andere Massora zu Mf. פש, 1, wo es heisst ופשרא י׳ קמצין (wobei auf Dan. 3 Ende hingewiesen wird, es daselbst aber fehlt. —) d. h. 10 Mal kommt das Resch in diesem Worte mit Kamez vor (und zwar 8 Mal mit א׳ und 2 Mal mit ה׳ am Ende s. Mm. Dan. 2, 7.) so dass das erste im Verse (Dan. 4, 15.) nicht פִּשְׁרָא heissen kann, weil es mit diesem 11 wären. Aber auch das erste in Dan. 2, 6. nach unserm Buche וּפִשְׁרֵא mit Alef zu lesen ist gleichfalls gegen eine andere handschriftliche Massora, welche zu וּפִשְׁרֵהּ angiebt: י״ד d. h. dieses Wort mit He am Ende kommt 14 Mal vor, was nur richtig ist, wenn auch das erste in Dan. 2, 6. וּפִשְׁרֵהּ (mit He am Ende), gegen unser Buch gelesen wird. — Unser Buch ist daher, wenn kein Fehler eingeschlichen ist — auch gegen diese letzte Massoraangabe, was seinen Grund darin haben mag, dass diese der Leseart der Morgenländer (מדינחאי) folgt (s. Pinsker l. c. oben Nr. 130) welche Dan. 5, 8. וּפִשְׁרֵהּ mit He lesen, wodurch es 14 werden; nach den Abendländern aber, die in letzter Stelle וּפִשְׁרֵא mit Alef lesen, giebt's überhaupt nur 13. — Unser Buch, das, wie die Massora im Allgemeinen, den Abendländern folgt, kann jene Massora also nicht adoptiren. — Jedenfalls bleibt dann aber schwierig, warum unser Buch nicht drei rechnet, die mit Alef am Ende vorkommen, da dem Obigen nach auch Dan. 5, 8. וּפִשְׁרֵא mit Alef geschrieben wird. — Buxt. in seiner Concord. und Rabb Bib. wie auch Joblonski u. A. haben Dan. 5, 8. gleichfalls וּפִשְׁרֵא mit Alef, gegen beide Massoraangaben von Dan. 4, 15. und die obige, die י״ד angiebt. Schliesslich will ich noch zur Stütze der Massora zu Dan. l. c. eine von Heid. in der Concord. mitgetheilte Notiz anfügen, welche nach einer alten Handschrift unter dem Alef von פִּשְׁרֵא (Dan. 4, 15.) und וּפִשְׁרֵא (ibid. 4, 16.) ein Punkt setzt, als Zeichen, dass es das He mit Mappik (הּ) vertritt, woraus hervorgeht, dass auch diese Handschrift nur diese beiden mit Alef am Ende gelesen haben will. —

Nr. 178. Ebenso Mm. Jes. 44, 14. Jer. 39, 14. Prov. 16, 28.

Nr. 179. Ausführlich angegeben Mm. Num. 10, 35. Rabb. Bib. ed. Bomb. 1517 am Ende, wo es heisst: אותיות מנוזרות הם ט׳ וסימניהן כתיבין אות לאחיר, ב׳ בתורה ו׳ ביאמרו גאולי ה׳, תורה: ויהי בנסע הארן, ובנחה יאמר, ירדי הים באניות וכו׳ שופך בוז על נדיבים und ohne Stellenangabe: Ps. 107, 23. wo sie auch נונין מנוזרו׳ und אבין ורקין genannt werden; in letzter Stelle muss ט׳ statt ח׳ gesetzt werden, weil es 9 solcher Nun giebt, wie angegeben. Ueber Form und Stellung dieser Zeichen sind die verschiedensten Ansichten, sowohl

1) In der Rabb. Bibel ed. Buxt. wie auch ed. Jablonski u. A. wird Dan. 4, 15. 2 Mal פִּשְׁרָא gelesen, während Buxt. selber in der Concord. das erste in Dan. 4, 15. פִּשְׁרֵא liest nach Mm. und Mp. daselbst.

in den Handschriften, als bei den Massorethen. S. מ״ש Gen. 11, 32. Num. 10, 35. und Ps. 107, 23. Auch סיג לתורה von R. Anschil Worms S. 16a ff. und תקון סופרי׳ Pent. z. d. St. u. A. Das Richtige ist, dass nach der Massora ein umgekehrtes Nun zwischen gewissen Versen [1]) stehen soll, die am deutlichsten in unserem Buche angegeben sind; darum führt es zuerst 2 Doppelverse an, zwischen welchen das Nun steht, als: zwischen Num. 10, 34. und 35. und ibid. zwischen 10, 36. und 11, 1.; dann in Ps. 107, sollen 6 von Vers 23—28 u. das 7te ibid. zwischen 40 u. 41 stehen; wodurch sich aber herausstellt, dass unser Buch von der gedruckten Massora l. c. darin abweicht, dass letztere das 7te Nun in Ps. 107, zwischen Vers 39 und 40 gesetzt haben will, während es nach unserm Buch zwischen 40 und 41 gesetzt werden muss. Was sonst über Namen und drgl. dieser Art Buchstaben zu bemerken ist, (als אבין ורקין מנוורות u. s. w.) gehört in das massorethische Handbuch. —

Nr. 180. Kommt in der gedruckten Massora nicht vor. Ueber das Einzelne und besonders, dass an vielen Stellen die Mp. gegen unsere Angabe ist, z. B. להחבה s. weiter unten [2]).

Nr. 181. Ebenso. S. darüber מ״ש 1 Reg. 9, 18. Dan. 2, 9. und 2 Chr. 8, 4. und Bemerkung des Herausg. ed. Wien.

Nr. 182 u. 183 findet sich gleichfalls nicht in der gedruckten Massora.

Auch hier sieht man, wie alt die traditionelle Massora unseres Buches ist. Denn während die gedruckte Massora dieses Verzeichniss nicht aufnahm, wahrscheinlich weil es keine engere Beziehung zur Textesform hat (obgleich sie ähnliche Bemerkungen aufnimmt z. B. dass 4 noch vor der Geburt ihren Namen erhielten: Mm. 1 Reg. 13, 2. Mf. שם, 12. (ד׳ נקראו שמהתהון עד לא אתבריאו) und mehr zu den Deutungsregeln der heil. Schrift gehört, ist unsere Angabe die reinere Quelle des Midrasch und hat auch das Richtigere. Im Siphra (Anfang der Boraitha des R. Ismael) und im Talmud, wo, wie etwa Baba K. 25a Baba B. 111a, Sebachim 69b, Veranlassung dazu war, wird sie meines Wissens nicht angeführt; aber im Midr. rab. par. 92 (מקץ) gegen Ende und im Jalkut (das. § 150) wie auch zu 1 Sam 23 (§ 132.) wird erwähnt: עשרה קל וחומר שבתורה u. s. w. Abgesehen nun von der Unordnung der angeführten Schriftstellen im Midr., sowie dass sie im Midr. rab. im Namen des R. Ismael, in der ersten Stelle des M. Jalkut im Namen des R. Simon (s. Frankels דרכי המשנה S. 24, 2.) und in der zweiten ganz anonym angeführt wird, heisst's immer עשרה ק״ו בתורה, wo das Wort תורה als Bezeichnung der ganzen heil. Schrift genommen werden muss (s. den Commentar Misrachi's zu Raschi Gen. 44, 8.) während bei uns „5 im Pent. und 5 in den übrigen Schriften“ angegeben ist. — Was aber noch wichtiger ist, dass im Jalkut an beiden Stellen nur 9 angeführt werden, wodurch eine Anmerkung zur letzten Stelle sich genöthigt sieht, die 10te Stelle im Midr. r. (Ez. 15, 5.) als eine durch R. Kalonymos aus Rom hinzugefügte zu betrachten (s. יפ״ת zu Midr. r. l. c. und den Commentar ידי משה zur selben Stelle, die darin den Grund der Unordnung der Stellenangabe, indem Ps. vor Ez. angeführt wird, finden wollen.) — Sehen wir hingegen auf die Angabe unseres Buches, so führt sie die 10 Stellen in gehöriger Reihenfolge auf, theilt sie nach gewohnter Zahlenparalelle in je 5, wie angegeben und führt gleich am Anfang die in den Midraschstellen wahrscheinlich verloren gegangene 10te Stelle (Gen. 4, 24.) an, so dass der Zusatz des R. Kalonymos — der wahrscheinlich unser Buch nicht gekannt hat — unnöthig wird. Dass aber die Stelle Gen. l. c. eine traditionelle und nicht etwa, wie die des R. Kalon. eine willkürlich hinzugefügte war, sieht man nicht nur aus Midr. rab. zur

---

1) Der Merkwürdigkeit wegen und um zu zeigen, wie weit die Ansichten über Form und Stellung dieses Nun von einander abweichen, will ich eine Bemerkung Heidenheims zu Mf. aus einem alten Mpte. hierhersetzen, wo behauptet wird, dass ein Nun in einem betreffenden Worte umgekehrt geschrieben wird, wodurch, wie sich von selbst versteht, die Versangabe eine ganz andere wird. Seine Worte lauten: בפרש׳ בהעלותך נכתבי ט׳ נונ״ין מנזריה יכי׳ ויען שנדפסו שם בטעות לכן אעתיק מה שמצאתי במסרת כ״י בתלים ק״ז וז״ל אלין ט׳ נונין מנוזרות ונכתבות לאחור כגון זה ׳ שנים בפרשת בהעלותך בנסוע ובנוחה יאמר שובה ה׳ וז׳ בתלים ק״ז יורדי הים באניות, ונפלאותיו במצולה, נפשם ברעה תתמוגג, יחגו וינועו כשכור, שופך בוז על נדיבים, וינחם על מחיו, ונפלאותיו לבני אדם עכ״ל ועל הצורה הזאת הי׳ כתיב שם גם במקרא, עכ״ל רוו״ה

2) Das ר״פ zu מרפה (Z. 19.) bezieht sich auf קוה לשלום und soll hinweisen auf Jer. 8, 15. und ausschliessen ibid. 14, 19. wo קוה in der Mitte des Verses steht und מרפא mit Alef geschrieben ist.

Stelle, wo es heisst: ר׳ אומר הרי זה ק״ו של חשך u. s. w. (s. auch Raschi Gen. z. St.) sondern besonders auch aus Talm. Jeruschalmi, Sanhedrin Abschn. 17. (כל ישראל, ed. Krakau p. 27. col. d.), wo es heisst: כתי׳ כי דבר ה׳ בזה אין לי אלא וכו׳ מנין אפי׳ כפר במקרא אחד וכו׳ בק״ו אחד וכו׳ בקל והומר אחד כי שבעתים יקם קין וכו׳ auf welche Stelle grade als erste der 10 ק״ו hingewiesen ist, da man sonst gewiss die allgemeinere und von R. Ismael im ספרא angeführte (Num. 12, 14.) angegeben hätte. Wie aber die Anführung unseres Buches sich als die ältere und richtigere zeigt, so ergiebt sich die Hinzufügung des R. Kal. als eine willkürlichere dadurch, dass es ja, ausser den vielen andern Stellen der heil. Schrift, in denen die Form des קל והומ׳ überhaupt vorkommt (s. den Commentar יפה תאר l. c. und besonders die schöne Bearbeitung der ברייתא דר״י הגלילי unter dem Titel נתיבות עולם herausgegeben von H. Kazenellenbogen ed. sec. Wilna 1858 (59), S. 15^b ff. u. S. 121^a ff., wo in letzter St. allein über 23 solcher Stellen angeführt sind, — welche Hinweisung ich m. w. Freunde H. L. Rosenthal verdanke —), gar viele giebt, die ebenfalls wie die Ez. l. c. mit אַךְ כִּי den Schluss des ק״ו einleiten z. B. 2 S. 4, 11. Prov. 11, 31. 15, 11. 19, 10. Job 15, 15. auch mit וְאֵיךְ wie 2 S. 12, 18. s. Prov. 11, 31. ed. L. Löwenstein ausf. — S. auch Raschi zu Ez. l. c. der das אַךְ כִּי als Ausdruck des ק״ו im Allgemeinen anerkennt, ohne wie sonst (Gen. 44, 8. Ex. 6, 12.) auf die עשרה ק״ו hinzuweisen, woraus hervorgeht, dass er die Verbesserung des R. Kalon. nicht kannte oder nicht anerkannte, obgleich er diesen ja oft anführt u. besonders Talm. Beza 24^b mit der höchsten Verehrung von ihm spricht: שבא לשם אדם גדול וזקן ויושב בישיבה מן רומא ושמו ר׳ קלונימוס ובקי בכל הש״ס וכו׳. Dass aber R. Kal. nicht selten, grade durch seine ungemessene Kenntniss des Talmuds und der jüdischen Litteratur überhaupt — so wie etwa in neuerer Zeit die grossen Gelehrten ר׳ אלי׳ ווילנא und ר׳ ישעי׳ ברלין — und durch den sichern Tact gleichsam prophetisch (כמפי נבואה) manche schwierige Stelle durch eine veränderte Leseart berichtigte s. Raschi zu Tract. Sebachim 45^b zur Stelle: ה״נ נוכיא ר״ש שכך פירש משולם בר קלונימוס גאון בשעת מיתתו u. s. w., was wohl richtiger ר׳ קלונימוס אביו של ר׳ משולם heissen muss, nach Tosaphoth Tr. Menachoth 109^b s. v. כתחילה … wo 3 Verbesserungen (הגהות) im Namen des R. Kalon., die er kurz vor seinem Hinscheiden gleichsam prophetisch ausgesprochen hat, angeführt werden. Unsere הגהה im Ialkut l. c. ist diesen dreien ganz ähnlich und wird auch, wie bemerkt, dem ר׳ קלונימוס איש רומי beigelegt. S. Zeitschrift für die Wissensch. d. Judenthums von Zunz S. 306. (רבינו משלם הגאון), S. 319. ר׳ קלונימוס מרומי und Rappoport: Biogr. des R. Nathan, Verf. des Aruch Anmerkung 36. und daselbst Biogr. des R. E. Kallir Anmerkg. 19. — Fragen wir aber, was hier die Hauptsache ist, warum hat die Massora wirklich nur 10 solcher קל והומר gezählt, da es doch, wie nachgewiesen, viel mehr der Art in der heil. Schrift giebt, so ist hier wieder die Bemerkung zu machen, dass die Massora selbst, wo sie nicht allgemeine Angaben (s. oben 59.) sondern auch bestimmte Zahlen angiebt, sich an gewissen Zahlformen und Zahlparallelen hält, ohne andere ausschliessen zu wollen, wie das schon mehrmals in diesem Werke (s. z. B. Nr. 95 Ende, Nr. 194. Anmerkung עשרה פסוקים auch מ״ע zu Ps. 24, 4.) — besonders durch die ולבד מכבורה׳ — bemerkt und darauf hingewiesen worden. —

Nr. 184. Ausführlich mitgetheilt Ex. 39, 4. Est. 4, 8. und ohne Stellennachweis Prov. 5, 22. — Ex. und Est. l. c. geben י״ג = 13 an, indem sie כנוות mehr als unser Buch aufzählen. Dass Letzteres es nicht zählt, ist auffallend, da es כנוות (1 S. 20, 1.) oben Nr. 81 zu denen zählt, in welchen ein Waw in der Mitte des Worts wie Jod gelesen wird (wie auch נטוית und עשוות die daselbst und hier gezählt sind), es aber nicht zu denen (in Nr. 91) zählt, in welchen zwei auf einander folgende Buchstaben versetzt sind, wie es die andern נוית rechnet, folglich muss es כנוות geschrieben sein und gehört mit Recht hierher. מ״ע zu 1 S. 20, 1. (auch 1 S. 19, 18.) bemerkt nichts vom Doppelwaw und liest im Gegentheil Waw und Jod, was aber gegen Massora l. c. ist, die er gekannt hat. Die Mm. zu Prov. l. c. giebt auch nur י״ב = 12 an, wie unser Buch; es lässt sich aber nicht erweisen, ob es absichtlich oder fehlerhaft so angegeben ist, da daselbst die Aufzählung fehlt. Ueber die 4 Mal ועון mit Doppelwaw s. Mm. 2 Reg. 7, 9. Ps. 51, 7. Prov. 5, 22. 1 Chr. 21, 8. (und Raschi das.) und Mf. ען, 8. auch מ״ש zu den Stellen. S. auch Pinsker, Einleitung in das Bab. Hebr. Punct. S. 122 ff.

Nr. 185. Ist angeführt Mf. אד, 45. Daselbst heissts aber in der Ueberschrift י״א זוגין מן ב״ב נסבין ו״ו בריש תיבות׳ ובתריהו׳ ארכרה d. h. 11 Paare von je 2 Wörtern, von denen das erste mit Waw anfängt und das zweite der

Name Gottes ist, während bei uns nur ט': 9 sowohl in der Ueberschrift als in der Stellenangabe genannt sind, indem וְהִפְלָה ה' und וְהוֹתִרְךָ ה' fehlen. Es ist auffallend, dass unsere Angabe, wie im folgenden Art. die Eigenthümlichkeit, dass das zweite Wort der Name Gottes, אדכר' ist nicht bemerkt? Sollte etwa unsere Angabe desswegen das ובהריהון אדכרא ausgelassen haben, weil וַיִּתֵּן אֲדֹנָי (1 Reg. 22, 6.) zu den קל"ד ודיא (s. Mf. אד', 23. Mm. zu Ex. 34, 9. Jes. 38, 16. und מ"ש 1 Reg. 3, 15. Mal. 1, 12. Ps. 90, 17. Thr. 2. 18. 3, 31.) d. h. zu denen die אדני geschrieben werden, gehört, das also kein אדכרא ist. — Ueber den Ausdruck: תרין מלין ב' ב' מן וגין s. Achnl. Nr. 188 und soll heissen: Gruppen von je 2 Mal vorkomm. Wörterpaaren. Unsere Ueberschrift scheint aber im Ganzen etwas corrumpirt, zumal das ר"א der Mf. schon desswegen richtiger wäre, weil es eine Paralellzahl zum folgenden Art. ist, der gleichfalls ר"א hat.

Nr. 186. Ebenso Mf. אד, 43. nur dass daselbst ובהריהון אדכרא bemerkt ist, was in unserm Buche fehlt. S. vorigen Art.

Nr. 187. Ausführlich mitgetheilt Mm. Jud. 1, 1. (Umschrift) und ohne Stellenangabe: Deut. 7, 12. Ps. 117, 2. Prov. 28, 5. Mf. אד, 44[1]). Jud. l. c. sind zwar in der Ueberschrift מ' angegeben, wie bei uns, doch sind 41 aufgezählt, indem וְקֹוֵי ה' dazu gerechnet wird, was aber unrichtig ist, da dies 2 Mal vorkommt (Ps. 37, 9. und Jes. 40, 31.) und wenn diese auch etwas verschieden gelesen werden, (s. W. B. des Kimchi s. v.) so gelten sie der Massora doch für dieselbe Form und darum ist dies Wort nicht hierher zu rechnen. —

Nr. 188. Dies Verzeichniss ist zum Theil mit Stellenangabe angeführt: Mm. Ex. 25, 30., das durch unsere Angabe ergänzt und berichtigt werden muss. Mm. Gen. 35, 5. ist angegeben: חד מן ט' וגין מן חד חד לא נסיב ה' בריש תיבות' und auf Mf. hingewiesen, was beides unrichtig ist, indem es mehr als 9 Wörterpaare sind (wie sie auch bei uns und Ex. l. c. nur als אלין oder הלין וגין angeführt werden) und auch in Mf. nichts darüber angegeben ist.

Nr. 189. Ist in der gedruckten Massora nicht zu finden. — Merkwürdig ist, dass unser Buch Ez. 39, 27.

1) Wenn in diesen Stellen auf ריש שמואל hingewiesen ist, so soll das ריש שופטים heissen.

הַגּוֹיִם הָרַבִּים liest, da es i. d. Ausgg. רַבִּים ohne ה' steht. Vielleicht bezieht sich die Angabe auf das ה' von הַגּוֹיִם das so mit רַבִּים nicht wieder vorkommt, obgleich bei den andern St. sie auf das 2te Wort sich bezieht; s. vor. Art. —

Nr. 190. Ebenso Mf. אל, 100.

Nr. 191. Ausführlich angegeben Hos. 2, 6. und ohne Stellenangabe: Job 5, 2. 6, 2. 10, 17. Mf. ס', 2. und ש, 3. Die Mass. zu Hos. l. c. hat als Ueberschr. מלין ohne bestimmte Zahl und führt 20 Stellen an und zwar 17 von unserer Angabe und die 3 folgenden: נָשׂוּג (2 S. 1, 22.), שְׂפוּדְנָה (Jer. 49, 3.) und שׂוֹשֵׂתִי (Jes. 10, 13.), welche in unserm Buche fehlen, das aber eins: וַיִּשְׂתָּרְךָ (1 S. 5, 9.) mehr hat. Es wären demnach 21 (כ"א) W. in denen ausnahmsweise Ssin f. Samech steht. — Mp. hat bald י"ה und bald כ'; s. z. B. Mp. zu 1 S. 5, 9. die ganz mit unserm Buche stimmt. Die Ausgg. haben נָסוּג und סְפוּדְנָה mit Samech, wie sie auch unser Buch auslässt; über שׂוֹשֵׂתִי s. Kimchi W. B. s. v. שׂסה. Um aber nicht weitläufig zu sein, will ich hier nur auf מ"ש zu obigen Stellen hinweisen, besonders auch auf Gen. 31, 47. Jud. 4, 18. Jes. 3, 17. (?) Jer. 49, 3. Hos. 5, 2. 8, 4. 9, 12. Ps. 101, 3. Thr. 3, 8. Mpt. Hamb. zu Ex. 33, 22. hat י"ט, zählt aber nur 17 und lässt von denen zu Hos. l. c. שְׂתֻם, נָשׂוּג und שׂוֹשֵׂתִי aus; ebenso zu Koh. 12, 11. — Es gab demnach, und wie unser Buch wahrscheinlich als alte Massora richtig hat, 18, die urspr. als solche gezählt wurden; spätere Angaben, die in verschiedenen Handschriften auch noch einige andere Wörter fanden, in welchen das ש für ס' stand, erweiterten entweder die Zahl, wie in כ' u. s. w. oder liessen auch die bestimmte Zahl ganz aus und setzten מלין, als ganz unbestimmt, wie die M. zu Hos. l. c. Uebrigens muss es Hos. l. c. heissen (bei משכבתו) הסד u. תשככני st. תשכבני. Ueber כעש, welches 4 Mal mit Ssin vorkommt s. Job 5, 2. 6, 2. 10, 17. Mf. כע, 1, und מ"ש 1 S. 1, 16. Prov. 5, 2.

Nr. 192. Ebenso Mm. zu Ez. 20, 44.

Nr. 193. S. Mp. Gen. 30, 38. und מ"ש daselbst.

Nr. 194. Ist ausführlich angegeben: Deut. 31, 16. und ohne Stellenangabe Mf. טע, 9. S. מ"ש zu den Stellen; auch Gen. 34, 7. 49, 7. Ex. 24, 5. und ausführlich Deut. 31, 16.[1]). Die Massora zu Deut. l. c. hat statt Gen. 49, 6.

1) S. Ab. Esra Zachoth gegen Ende, wo es heisst: וכל זה אירע בעבור שמצאו בדברי היחיד שיש עשרה פסוקים במקרא וכו'. Dieselbe Stelle kommt vor im מאזנים von demselben Verf.

angeführt Gen. 34, 7. was aber unrichtig ist; s. darüber ausf. מ"ש l. c.; auch מכין הדוח zu Deut. 31, 16. Wir sehen hier wieder, wie richtig und ursprünglich die Angaben uns. Buches sind, aber auch zugleich, dass die gedruckte Mf. unser Buch wenig benutzt, wonach Levita in s. Vorrede zu Mass. Hammass. zu berichtigen ist; sowie, dass dem grossen Kritiker Norzi manche geistreiche Erklärung erspart worden wäre, wenn er unser Buch vor sich gehabt hätte.

Nr. 195. Ausführlich angegeben Mf. 'מ, 3. und ohne Stellenangabe Ps. 41, 14. In Mf. l. c. fehlen 2, die unser Buch mehr hat, nemlich מֵהַתֹּפֶת und מֵהַגָּנוֹת; sie musste daher das וּמֵהַגֵּר (nicht וּמֵהַגּוֹי) und וּמֵהַלְוִיִּם hinzurechnen, um die Zahl auszufüllen, was aber falsch ist, wie unser B. bemerkt: 'והדין וכיה; diese 2 gehören also nicht zu der Zahl 22 = כ"ב. Was die unter 'לבד ממבירה angeführten betrifft, so gehören sie nicht hierher, weil sie nicht ausserdem mit כֵּן vorkommen, worauf unsere Angabe Gewicht legt. Es ist daher auch Mm. Ps. l. c. hinzuzufügen: וכל קריא כן. —

Nr. 196. Ausführlich angegeben Mf. כֵּן. 2. und ohne Stellenangabe Ex. 18, 13. wo auf Ps. 30 hingewiesen ist, aber daselbst fehlt. Der Sinn der Angabe ist auch hier wieder (als והלוף angef.), dass die bez. Wörter sonst mit blossem 'מ praefix. vorkommen.

Nr. 197. Ausführlich angegeben Mm. Ex. 5, 23. und ohne Stellenangabe Mf. 'מ, 15. S. מ"ש 2 S. 22, 4. und Jer. 31, 15. (in beiden Stellen des מ"ש ed. Wien fehlt vor מיהדין das 'מ. Auch Ex. l. c. fehlt: „חד מ' וחד מן.“

Nr. 198. Ebenso Mf. 'א, 4. und ohne Stellenangabe Ex. 6, 24. S. מ"ש ausführlich Cant. 8, 10, und Ps. 93, 5. Mf. l. c. muss verbessert werden לְצֹנַאֲכֶם statt לצאנכם; רבאות statt דבאות. Der Sinn dieser Angabe ist, dass die genannten Wörter ein Mal mit hörbarem Alef vorkommen, während sie sonst gar nicht mit Alef gelesen werden, wie אֲבִיאָכָה das sonst אֲבִיכָה, לְצֹנַאֲכֶם sonst לְצֹאנְכֶם u. s. w. od. mit 'ה u. 'י u. drgl. als אֲהַדֵּד sonst הַדֵּד (s. Mf. das. Nr. 3.) בְּלוֹאֵי sonst בְּלוֹיֵי u. s. w. — Das רָאִי in 'לבד ממבוהת gehört nicht hierher, da es sonst nicht wieder vorkommt.

Nr. 199. Ist ausführlich angeführt 2 Reg. 16, 7. und ohne Stellenangabe Mf. 'א, 5. S. מ"ש 2 Reg. 19, 25. Das ר"ן in 2 Reg. l. c. muss in י"ו verbessert werden, wie es auch Mf. l. c. hat. Wenn unser Buch in der Ueberschrift י"ו 16 angiebt und nur 15 aufzählt, so ist wahrsch. das vorletzte Wort: פִּלְנֶסֶר (1 Chr. 5, 26., sonst פִּלְנְאֶסֶר 2 Mal) das 2 Reg. l. c. angeführt ist, ausgefallen. Die Mp. zu 1 Chr. l. c. muss heissen 'י"ו לא מפקי' א — Auch in dieser Angabe ist der Sinn (als והלוף) dass sie sonst mit hörbarem Alef vorkommen und wenn auch הַטֹּאִים in dieser Form (Part. Kal pl. m.) nicht wieder vorkommt, so müsste es analog mit חַטָּאִי doch הַטָּאִים heissen. — הַמֹּרִים kommt sonst הָאֲבוּרִים, הַשְּׁפִית sonst הָאַשְׁפִּית, קָרִיא sonst קָרָאי vor. S. übrigens Kimchi W. B. unter נָשָׂא und Michlol ed. Venet. parv. S. 172 ff. wo noch mehr der Art genannt sind? —

Nr. 200. Ist ausführlich angegeben Gen. 42, 38. u. 1 Chr. 7, 1. und ohne Stellenangabe: 2 S. 23, 37. Mf. 'א, 6. S. מ"ש 2 Reg. 19. 25. und Jer. 6, 13.

Nr. 201. Ausführlich angegeben Gen. 25, 24. und 1 Chr. 7, 1. und ohne Stellenangabe: Mf. 'א 6. S. מ"ש 2 Reg. 19, 25. Jer. 6, 13.

Nr. 202 findet sich nicht in der gedruckten Massora. S. מ"ש Jer. 6, 13. der auf einige Verschiedenheiten dieser beiden Stellen aufmerksam macht, doch aber unsere Angabe nicht gekannt hat. Uns. Angabe rechnet nur זוגין, also nur Wörterpaare, kann also die daselbst angeführten

---

S. 45 ed. Heidenheim, wo er אחד מהגאונים statt יחיד hat; sollte aber hier nicht eine Anspielung sein auf Talm. babl. Joma 52a u. b, wo Issi b. Iehuda unsere Massora anführt unter: חמש מקראות בתורה שאין להם הכרע וכו' und der Talmud selbst hinzufügt, dass ausser diesen 5 im Pent. es noch ähnliche giebt in den Proph. (לבר מדאורייתא' ליכא בנביאי איכא)? So führt ja Aben Esra im Zachut's ibid. an: גם כן בדברי יחיד שיש לנו במקרא מליה הם תקון סופרים וכו', wo doch gewiss die דברי יחיד auf die talmudische Quelle sich bezieht, s. oben Nr. 168 und Anmerkung daselbst. Auffallend ist seine Polemik gegen beide Stellen, worüber er freilich sich selbst aber schwach entschuldigend hinzufügt: ולא אמר כי אלו הפירושים הם אמת וכו' כי ידוע ידעתי כי דעת הקטן שהיה בקדמונים רחבה מדעתי. — Es scheinen in der Massora 10 derartige Verse gewesen zu sein, 5 im Pent. (die sich im Talmud erhalten haben) und 5 in der übrigen heil. Schrift, die mit der Zeit vergessen worden, von denen einige A. Esra l. c. anführt; s. Aehnliches oben Nr. 182, 183 und unsere Bemerkung (עשרה ק"ו u. bei uns: ה' בתורה ה' בנ"ך). S. Tosaphoth Joma l. c. s. v. שאת משקדים. Die Frage (eingeleitet mit תימא הוא), warum die 5 Stellen nicht nach der Reihenfolge der h. Schrift aufgezählt sind, findet ihre Antwort darin, dass sie massoretisch und nach einem (chald.) Gedenkzeichen tradirt sind; s. das Deut. 31, 16. angeführte Zeichen, das etwa gelesen wurde: איביבי נהירא יהושע ושבטיא למשה, da das שבטיא ohnedies schwierig ist für ארור s. מ"ש Deut. l. c. —

ausser וירפאו nicht zählen; das כָּלָה ist nur in der Schrift, nicht aber im Laut verschieden. Beim מ"ש ist's auffallend, dass er die unserer Angabe nicht anführt.

Nr. 203. Ausführlich angegeben Ex. 20, 8. und ohne Stellenangabe Gen. 28, 19. Ex. 34, 25. 2 Reg. 11, 4. Ps. 59, 10. Mf. 'ן, 2. und 'יש, 4. S. מ"ש Deut. 5, 12. und Jud. 18, 29. Wenn Ex. 20, 8. לוש (Jud. 18, 29.) für ליש in den Ausgg. steht, so wäre das für einen Schreibfehler zu halten, wenn nicht Mpt. Hamb. zu Gen. 28, 19. es ebenso hätte. — S. מ"ש z. St.

Nr. 204. Ebenso 2 Reg. 11, 4. und ohne Stellenangabe Ps. 59, 10. 2 Chr. 23, 1. Mf. 'ן, 3. 'יש 5. S. מ"ש Ps. 42, 10.

Nr. 205. Ist ausführlich angegeben: Jes. 30, 7. Ps. 39, 11. Job 9, 13. und ohne Stellenangabe Ps. 87, 4. und Mf. 'רה, 1. Wenn Jes. und Ps. l. c. in d. Mm. noch hinzugefügt ist: ואׄ נ"ל ופחד וְרָהַב לבבך so ist das wie מ"ש mit Recht vermuthet, Hinzufügung des ersten Herausgebers, der wahrscheinlich an die Leseart des R. Juda Chiug dachte (s. desselben ספר הנקוד ed. Dukes S. 183 und Anmerkung), der וְרָהַב mit He liest, was aber nach unserm Buche, das es nicht erwähnt, (ebenso in Mpt. Hamb. Jes. 51, 9.) und den meisten alten Grammatikern und Commentatoren sowie auch Ausgg. unrichtig ist, indem es mit Cheth geschrieben wird. S. ausführl. darüber Kimchi W. B. s. v. und מ"ש zu Jes. 60, 5.[1]).

Nr. 206. Ausführlich angegeben Ex. 7, 9. und Ps. 91, 13.; ohne Stellenangabe Job 7, 12. und Mf. 'הנ, 5. Wenn es in unserm Buche heisst 'ה׳ מלין וכו und nach der Aufzählung der 5 Stellen folgt: 'וכל כתובים דכו so ist das richtig, indem in den Hagiogr. (כתובים) במ"ג 3 mit 'ן (Ps. 91. 13. Job 7, 12. und Neh. 2, 13.) und 3 mit ם am Ende (Ps. 44, 20. Job 30, 29. und Thr. 4, 3.) vorkommen. Damit stimmt auch die etwas anders gefasste Mm. zu Ps. 91, 13. überein, indem daselbst die 5 in den andern Schriften und die 3 in den Hagiogr. zusammengefasst sind und also richtig in ח׳ בלישן d. h. 8 in ähnlicher Form mit 'ן am Ende bemerkt wird. Wenn aber Mm. Ex. l. c. angegeben wird 'ה׳ לישן ן und auch die 8 Stellen angeführt werden und dann noch hinzugeführt wird: וכל כתובים 'דכוו so ist Letzteres falsch, da ja die 3 Stellen aus den Hagiogr. schon mitgezählt sind; die letzten Worte müssen also gestrichen werden, oder es muss statt 'ח gesetzt werden ה׳ = 5 und die 3 Stellen müssen fehlen. Ersteres ist das Richtigere. —

Nr. 207. Diese Angabe ist in der gedruckten Mass. nicht vorhanden.

Nr. 208. Dieser Art. ist zum Theil angeführt Mf. 'י, 26. wo aber nur 'ד = 4 solcher Wörter angegeben werden. Unsere Angabe ist die richtigere, weil alle 6 genannten nur ein Mal vorkommen. Auffallend ist, dass unser Buch אַלּוּפִי (Ps. 55, 14.) nicht mit rechnet, das doch auch nur ein Mal vorkommt? Man kann aber auch nicht leicht das 'ו in 'ז = 7 verwandeln und אַלּוּפִי mitzählen, da nach וּמְיֻדָּעִי folgt: ב׳ בפסוקא d. h. es kommen 2 in demselben Verse vor, während es mit אַלּוּפִי 3 wären und müsste heissen ג׳ בפסוקא.

Nr. 209. Ist ausführlich angegeben Mf. 'י, 25 unter ו׳ יחידאין u. s. w. wo aber nur 6 aufgezählt sind, wie der erste Herausgeber selber bemerkt. — Aber auch 'ז = 7 ist unrichtig, denn es sind 8 Ausnahmen, wie sie unser Buch richtig angiebt, denn es fehlt daselbst צְבָאֹתַי und נְשִׂיאַי bei welchen auch Mp. bemerkt 'לי. Wenn es aber in der Ueberschrift heisst: וכל דכיהי׳ בחירק, so muss das wohl heissen: ולי׳ דכוותי׳ da die meisten (ausser מִקְדָּשַׁי) kein Chirik haben auch nicht haben können.

Nr. 210. Ausführlich angegeben Ex. 6, 9. u. ibid. 45, 12. und ohne Stellen: Mf. 'קמין, 3. Warum die Mass. es unter ה׳ זונין zusammenfasst, weiss ich nicht zu erklären, da es ja 10 einzelne, beziehungslose Wörter sind, wie es auch unser Buch richtig unter י׳ מלין angiebt. פשט׳ צבחר steht für סֶגוֹל = פתח קטן wie bekannt und

---

1) Heidenheim führt folgende 2 Angaben aus 2 Handschriften an

רהב י׳ ג׳ קמצין וסי׳

דכאת כחלל רָהַב Ps. 89, 11.

עוזרי רָהַב Job 9, 13.

מחץ רָהַב Job 26, 11.

ג׳ פתח

אוכיר רַהַב Ps. 87, 4.

אתה דכאת Ps. 69. 11.

רַהַב הם שבת Jes. 30, 7.

und fügt hinzu: wenn in der zweiten Stelle Ps. 89, 11. angeführt ist, so sei das Schreibfehler, weil dieses רָהַב mit Kamez des Resch (wie oben angeführt) geschrieben wird; es muss dafür stehen:

המחצבת רַהַב Jes. 51, 9.

wie es auch Ez. 45, 12. dabei angegeben ist. — Wenn uns. Buch hinzufügt וכל קרי׳ דכוו׳ קמצין so bezieht sich das nur auf die gegebene Form, so z. B. kommt הֶזּוֹנָה so nur ein Mal mit Segol vor (sonst הַזּוֹנָה); aber ohne He am Anfang kommt es noch 2 Mal (וְזֹנָה) vor u. drgl. S. Michlol (ed. Venet. parv.) S. 152[a] und S. 173[a] und [b].

Nr. 211. Ausführlich angegeben Mf. ה׳, 7. unter יכל דכוות׳, wo שבטה מן ל״א קרי׳ ה׳ וכל חד לי׳ דכו׳ כתבי׳ ה׳ fehlt. Es werden aber nur 30 aufgezählt, indem das אַהֲוָא unseres Buches ausgelassen ist. Jedenfalls ist aber schwierig, dass אַהֲוָא mitgezählt und in unserm Buche auf Esra 8, 31. hingewiesen wird, da es ja in demselben Cap. noch 2 Mal (15. u. 21.) vorkommt, wie auch aus einer handschriftlichen Massora (angeführt von כ״ע zu Esra 8, 15.) welche bemerkt: כל עזרא אהוא ה״א יכתיב א״לף ותרי עשר אתיה הי״ה יכתי׳ ה״א. zu ersehen ist. S. auch מ״ש Jes. 10, 18.

Nr. 212. Ebenso (nur dass וכל דכוות׳ כתי׳ ה׳ fehlt) Mf. ה׳ 2. S. auch Mp. zu Dan. 5, 27. wo bemerkt wird הַסִּיר לי׳ יכל קרי׳ הסיר ואינון כ״ב מיחדין דקריי׳ ח׳ יכל קרי׳ ה׳. Bei der Aufzählung fehlt aber ein Vers, wie auch Mf. l. c. ed. Buxt. am Schlusse bemerkt wird. Unser Buch hat 22 Wörter, indem חִיּוּ (Jud. 21, 14.) mehr gezählt wird; wobei aber auffallend ist, dass es nicht mit He vorkommt und also das יכל דכוותי׳ ה׳ der Ueberschrift dazu nicht passt, wenn man nicht etwa an הִיּוּ dachte, was doch nicht gleich vocalisirt ist? — Sollte dieses חִיּוּ und das אהיה im vorigen Art. (s. oben) etwa mit Vorsatz in der Mf. l. c. ausgelassen worden sein? —

Nr. 213. Ausführlich angegeben Mm. 1 Chr. 8, 7. und ohne Stellenangabe Job 30, 12. Cant. 5, 6. Mf. ה׳. 26. — S. מ״ש 1 Chr. l. c. —

Nr. 214. Ebenso angeführt Mf. י׳ 23. Während nun Mf. ed. Buxt. עֶפְרוֹן fehlt, lässt unser Buch וַיָּבִיא (Neh. 8, 2.) aus. Mf. ed. Bomb. 1525 hat beide; es sind aber dann 28, obgleich in der Ueberschrift כ״ז = 27 angegeben ist. — Heidenheim führt eine Handschrift an, welche כ״ט = 29 angiebt und zählt noch hinzu: יָנִיסוּ (Deut. 32, 30.), wozu Mp. bemerkt לי׳; mit dieser Angabe stimmt auch Mp. zu vielen der angeführten Stellen überein, da sie oft כ״ט angiebt. — Uebrigens muss das לי׳ כתי׳ י׳ in der Ueberschr. auf die Aussprache mit Chirik (was die Mf. mit dem Zusatz בחירק wahrscheinlich sagen will) bezogen werden, da mehre der angeführten Wörter, als עֶפְרוֹן, שְׁבוּת, שְׁבוּתָם mit Waw geschrieben (aber wie Chirik gelesen) werden. —

Nr. 215. Ausführlich angegeben Mf. ב׳ 1. Daselbst ist בְּשָׁמְעָם (2 Chr. 20, 29. wo שבעת ימים unrichtig ist und wohl כי נלחם heissen muss) angeführt, das in unserm Buche fehlt und במהלקותיהם (2 Chr. 31, 17.), wofür bei uns aus demselben Verse בְּמִשְׁמְרוֹתֵיהֶם angeführt ist. Ueber בְּשָׁמְעָם ist's noch zweifelhaft, ob nicht vielleicht d. Massora es mit Kaf gelesen hat (s. oben Nr. 149.) oder ob nicht noch mehre mit ב׳ vorkommen, wie Mp. zu 2 Chr. 20, 29. (vielleicht fehlerhaft) ב׳ anführt, so dass es 3 Mal mit Beth am Anfang vorkommt und also zu diesem Art. nicht gehört, der nur von solchen spricht, die ein Mal mit ב׳ in der angegebenen Vocalisation vorkommen. Was aber בְּמַחְלְקוֹתֵיהֶם betrifft, so steht im Verse vorher (2 Chr. 31, 16.) nach den Ausgaben (Buxt. in der Concord. lässt's irrthümlich aus) כְּמַחְלְקוֹתֵיהֶם, welche beide unser Buch entweder mit ב׳ oder mit Kaf gelesen zu haben scheint, so dass das angeführte nicht hierhergehört, weil es entweder mit Kaf geschrieben wird, oder 2 Mal vorkommt. Ein Beweis dafür, dass sie beide gleich gelesen wurden, ist, dass sie nicht zu dem alphabetischen Verzeichniss von Wörtern, die ein Mal mit ב׳ und ein Mal mit כ׳ anfangen (s. oben Nr. 4.) gerechnet werden. Jedenfalls fehlt ein Wort in unserm Buche, da in der Ueberschrift כ״ט = 29. angegeben sind und nur 28 Wörter aufgezählt werden. Vielleicht ist's eins der obigen, oder das eingeschaltete בִּדְמוּת, das als Anfang ausgefallen sein kann. S. oben Anmerkung zu Nr. 5. —

Nr. 216. Diese Stelle ist in der gedruckten Massora nirgends angeführt. S. Raschi zu Ps. 15, 10. wo er sie aus dem נקוד רב בעזריה anführt. Aben Esra zu dieser St. scheint Raschi nicht genau beachtet zu haben, wenn er glaubt, derselbe meint, es werde ohne Jod geschrieben, da er ausdrücklich die Ausnahme des Jod vor Dagesch anführt. Um nicht weitläufig zu sein und die betreffenden Stellen aus Aben Esra und Kimchi abzuschreiben, will ich auf מ״ש zu Jes. 42, 24. Ps. 45, 10. Prov. 30, 17. und Dan. 12, 2. verweisen und hier nur noch bemerken, dass unter den Verschiedenheiten der Leseart zwischen בן אשר und בן נפתלי allerdings ed. Bomb. v. 1525 ביקרותיך so angeführt ist, dass es nach ב״נ ohne Jod und nach ב״א mit Jod gelesen wird gegen Aben Esra und Kimchi. — Man sieht aber aus dieser Stelle, dass unser Buch die alte M. vor sich

gehabt, wozu gewiss das נקוד דר' סעדי' gehört (wenn dies nicht mit unserm Buch identisch ist) und dass die gedruckte Massora unser Buch wie an vielen Stellen, nicht gekannt hat, gegen Levita in s. Massoreth Hammassoreth.

Nr. 217. Diese Angabe ist angeführt Mm. Ps. 36, 7. und ohne Stellenangabe Mf. עט, 3. In beiden Stellen sind merkwürdigerweise nur ד' = 4 angegeben und angeführt, indem אחר תלך (Gen. 24, 55.) fehlt. Wie unsere St. als eine massoretische deutlicher ist, als selbst die allgem. Angabe im Talmud Tr. Nedarim 37b sehen wir an der etwas unsichern Anführung אחר תאסף, welche R. Nissim dadurch irrthümlich für Num. 12, 14. nimmt, während uns. Buch deutlich נקם נקמת בני u. s. w. anführt, was sich auf Num. 31, 2. bezieht (s. אור תורה von Lonsano zu Num. 12, 14. der uns. St. nicht gekannt hat.) Behalten wir uns auch vor, über עטור סופרי' anderswo ausführlicher zu sein, so will ich hier, der Kürze halber, nur auf folgende St. hinweisen: s. Vorrede des R. J. Ben Chajim zu s. Rabb. Bib.; אור תורה l. c. und מ"ש zu Gen. 18, 5.; ausf. zu Num. 12, 14. und Ps. 68, 26. Auch סיג לתורה von R. Ans. Worms u. A.

Nr. 218. Ist ausführlich angegeben Mm. Gen. 49, 26. und ohne Stellen: Ez. 41, 19. und Mf. עד, 4. Die erste St. hat ה' = 5. und zählt dazu das עַל צִידֹן, welches hier unter לבר מכיורת' angeführt ist. Wenn unser B. das letztere nicht anführt, so könnte man den Grund dafür darin finden, dass das angeführte עַל צִידֹן (Gen. 49, 13.) עַד geschrieben und nur gelesen wird עַל, wie es Gen. 49, 13. zu denen gerechnet wird, die עַל gelesen werden, aber den Sinn von עַד haben. Allein es wird ja auch עַל מֵידְבָא (Jos. 13, 16.) v. uns. Buch angef., das ja auch Gen. 49, 13. aufgezählt wird, als nur zu lesen עַל aber dem Sinne nach für עַד gilt. — Die Mm. Gen. 49, 26. giebt zwar für עַל מֵידְבָא an: עַל הבית (= עלה) wie auch Mpt. Hamb. dabei bemerkt: על דיבון מידבא עלה הבית d. h. die St. befindet sich Jes. 15, 2. u. muss heissen: עלה הבית ודיבון; allein das scheint nicht richtig zu sein, da es dort nach den Ausgg. וְעַל מֵידְבָא (das עַל mit vorhergehendem Waw) heisst; oder sollte die Massora wirklich nur עַל gelesen haben? — Die Mm. l. c. leidet überhaupt an Schreib- oder Druckfehlern; so ist bei עַל יוֹאָב bemerkt: ודבר המלחמה (ebenso Mpt. Hamb.) was aber richtig nach unserm Buch ודבר המלך heissen muss, indem 1 Chr. 21, 4. gemeint ist; ebenso ist zu עַד צִידֹן keine Stelle angegeben und fehlt, wie es bei uns und Mpt. Hamb. beigefügt ist ועבדון u. s. w. d. h. Jos. 19, 28. Auffallend ist, dass, beiläufig bemerkt, in unserm Buche sowohl wie Mpt. Hamb. ועבדון mit Daleth und plene citirt wird, während unsere Ausgg. ועברן d. h. mit Resch und def. ן' lesen. — S. Jos. 21, 30. und 1 Chr. 6, 59. wo es wirklich עבדון genannt wird.

Nr. 219. Ist ohne Stellenangabe angeführt und auf Mf. hingewiesen Ex. 13, 3. (wo מן ד' eingeschaltet werden muss.) Jos. 6, 4. und Dan. 3, 2. aber nirgends mit Stellenangabe. Wir verdanken die Erhaltung dieses Verzeichnisses unserm B. Was die Gruppe ונבוכדנצר מלכא betrifft, so muss auch das erste נבוכדנצר ohne Waw praef. stehen. Die Angabe bezieht sich nemlich auf die in den angef. Stellen befindl. Gruppe: די הקים נבוכדנצר, die am Ende d. Verses 4 Mal vorkommt und zwar das 2te Mal (V. 3) ohne מַלְכָּא. Am Anfang und in der Mitte des Verses kommt נבוכדנצר מלכא mit und ohne די הקים mehrmals vor. —

Nr. 220. Ist in der gedruckten Massora nicht zu finden. Das ר"פ zum letzten Beispiele ist schwierig, sollte die Massora diesen Vers getrennt haben? Das תני' דסמ' ist Gegensatz zu dem zweiten Beispiele, wo bemerkt ist קר' דספר'; letzteres bezieht sich auf Cap. 8, 34. und ersteres auf Cap. 9, 40. —

Nr. 221. Ist ausführlich angegeben Lev. 11, 12. und ohne Stellenangabe Deut. 14, 10. Mf. טע, 24. Dass die Angabe Lev. l. c. ganz fehlerhaft ist, hat Heidenheim schon nachgewiesen in s. משפטי הטעמי' ed. Rödelheim 1808 S. 28b ff.; vergl. auch שום שכל von demselben zu Gen. 18, 18. und meine Gelegenheitsschrift „Fragmente aus der Punctations- und Accentlehre u. s. w. von R. Moses Punctator, Hannov. 1847. S. XLVII Anmerkung, da die daselbst nachgewiesene unrichtige Behauptung Luzzatos, wenn er (קונטרס המסורת S. 51. Anmerkung) sagt: .... אך נראה הפיך ידיך דמלכי' וד"ה לאחר auch durch die Angabe unseres Buches deutlich widerlegt wird. — Die Angabe unseres Buches ist demnach die einzig richtige, indem sie ganz mit der des בן אשר und des angef. כ"י übereinstimmt, nur dass dieses sie umdrehet und erst die mit דרגא und dann die mit מאריך rechnet, woraus die verwirrte Angabe Lev. 11, 12. geflossen ist; ja selbst die im משפטי הטעמי' l. c. angeführte Stelle des כ"י wird durch unsere Angabe berichtigt, indem das zuerst daselbst angeführte תהי נא ידך (2 S. 24, 17.) Mercha und כל אשר תמצא ידך (Koh. 9, 10.) das דרגא hat; sie müssen also umgekehrt werden, da dort die zuerst aufgezählten Darga und die

zweiten Mercha haben, wie das auch aus der das. S. 28* angeführten Stelle aus כ"א Nr. 11 (י"א) hervorgeht. —

Nr. 222. Ausführlich angeführt Ex. 36, 9. und ohne Stellenangabe Mf. מ"ע, 16. — Ex. l. c. sind die Schriftstellen geordnet nach dem chaldäischen Gedenkzeichen (worüber in unserm Handbuch der Massora); bei uns ist, wie gewöhnlich, die Ordnung der Bücher der hl. Schrift befolgt. Einige in Ex. l. c. eingeschlichene Fehler sind nach unserm Buch leicht zu verbessern. S. M. marg. z. Stelle, wonach das erste und zweite (אֹרֶךְ) in Ex. 2 Mal vorkommt, nemlich 26, 2. und 8. ebenso 36, 9. und 15. —

Nr. 223, 224, 225 und 226 findet sich nicht in der gedruckten Massora. S. Mp. und עין הקו"ר (ed. Heid.) zu den Stellen. Nr. 226 muss es in unserm Buche heissen: קרמא בליעל תני' מלרע (wie wir es im Drucke verbessert haben); s. auch die Bemerkung Heidenheims zu עין הקורא Deut. 4, 25.

Nr. 227. Dieses Verzeichniss ist ausführlich angeführt Lev. 8, 15. und Hag. 2, 3.; ohne Stellen: Num. 14, 38. 25, 9. Mf. מ"ע, 14. — Lev. l. c. ist (ed. Buxt.) die Stelle ganz verstümmelt; aber auch Hag. l. c. leidet an Undeutlichkeit, so dass selbst ein Heid. (in einer Beilage zu Mf.) nur annäherungsweise den Sinn errieth. — Das Richtige und Deutliche hat unser Buch, wonach jene Angaben zu verbessern sind; auch fehlt in vielen Angaben das בהך ענינא, was erforderlich ist und heissen soll s. v. a. „bei einem Gegenstand oder Inhalt" wenn auch die Stellen in verschiedenen Büchern der heil. Schrift vorkommen (worüber ausführlich in unserm Handbuche) wie z. B. bei אֱמֹר und וַיֹּאמֶר יְשַׁעְיָהוּ und drgl. — Bei אֱמָר נָא (Hag. 2, 2.) hat נָא das Rabia (אֱמָר־ ist damit durch Makkaf verbunden) während beim zweiten Beisp. אֱמֹר das Sakef hat. — Was aber besonders auffallen muss ist, dass diese Massoraangabe dem ersten Theile der Angabe zu Lev. l. c. widerstreitet, wo von dem 3 Mal vorkommenden וַיִּשְׁחָט in dem genannten Abschnitte angegeben ist, dass das erste Rabia, das zweite Athnach und das dritte Schalscheleth habe (s. Mm. zu Lev. 8, 23. Jes. 13, 8. Amos 1, 2. Esra 5, 15. und Mf. מ"ע', 12.), folglich hat Lev. 8, 23. nicht Sakef, sondern Schalscheleth, also gegen die Angabe, dass es zu den 11 Wörtern gehört, von denen das zweite Sakef hat. S. auch die Angabe und mehre mnemonische Zeichen darüber im עין הקור' zu Lev. 8, 15. und M. marg. daselbst. Sollte etwa — damit die Stelle (Mm. Lev. l. c.) nicht mit sich selber in Widerspruche stehe — das ומשתנין בטעמיהון u. s. w. ein späterer Zusatz sein? — Oder ist etwa das Schalscheleth weil es in den 21 Büchern immer mit einem darauffolgenden Psik steht, als trennender Accent dem Sakef gleich? s. משפטי הטעמים von Heid. S. 7* und 30*.

Nr. 228. Diese Angabe ist ausführlich angeführt: Ex. 6, 9. u. 1 Chr. 18, 1. und ohne Stellenangabe Lev. 23, 12. 26. 40. Zach. 10, 4. Mf. מ"ע, 15. Auch hier sieht man, wie unser Buch das einzig Richtige hat. — Mf. Ex. l. c. giebt ט"ז = 16 an und zählt auch 5 mehr, als unser Buch nemlich: ויכו , ואלה אשר נחלו , אלה הם משפחות , קלעים , ויכפר. 1 Chr. l. c. giebt, wie bei uns, י"א = 11 an, zählt aber 14 auf, indem es von den 16 zu Ex. Gezählten 2: ויכפר und קלעים, auslässt. Abgesehen von andern Schwierigkeiten (dass z. B. manche Stellen unklar sind, wie הַתּוֹרָה; andere ganz unrichtig, wie נִפָּה: ויך דוד את הפלשתי u. drgl. m.), ist besonders hervorzuheben, dass das chaldäische Gedenkzeichen, welches alle Angaben bezeichnen soll, ja nur 11 Wörter angiebt, was also weder mit 14 noch mit 16 übereinstimmt? — Heidenheim sucht in einer Beilage zu Mf. die Schwierigkeiten durch eigne Vertheilung der Stellen zu lösen, wodurch aber weder die Gedenkzeichen passen noch sonst alle Schwierigkeiten gehoben sind; nur ganz allein nach unserer Angabe sind die Zeichen entsprechend und die Stellen richtig und zwar in folgender Weise:

והנער שמואל : שמואל
ויעשיתם : עבד
התורה : אוריתא
ויך דוד : דוד
ממנו : מנהון
ונוס : בכניא
ויכהו : קטלין
ואף : לרגזא
ויהי אחרי : משה
וידבר משה : ממלל
אשר הגלה : בגליתא

Stellen wir nun uns. Stelle mit der folgenden (Nr. 229, die in der gedruckten Massora nirgends so vorkommt) zusammen, so scheint die gedruckte Mass. beide zusammengefasst zu haben, so dass es im Ganzen 14 Stellen von Wörtern giebt, die 2 Mal in einem (oder ähnlichem) Abschnitte unter verschiedenen Accenten (Sakef und Tebir) vorkommen, ohne Rücksicht darauf, ob zuerst das Sakef

oder das Tebir kommt, womit auch die 14 in 1 Chr. l. c. übereinstimmen [1]) (nur dass daselbst für ואלה אשר נחלו das ויספר gerechnet werden muss); in Massora Ex. 6, 9. müssen קלעים und ואלה אשר נחלו (zu welchen beiden die Mp. auch nichts bemerkt) gestrichen werden; dadurch stimmen die Angaben überein, nur dass die Angabe uns. Buches d. Artikel trennt und zuerst die rechnet, wo zuerst das Sakef und dann die, wo zuerst das Tebir vorkommt. Was zur weitern Erklärung dieser Stelle und zur Verbesserung der Angaben in der gedruckten M. erforderlich ist, besonders, dass sie mit den Ausgg. in Hinsicht auf den Accent an einigen Stellen in Widerspruch zu sein scheint, behalte ich mir für eine andere Stelle vor. Das Gesagte diene nur zur weitern Forschung für Sachkenner, die ich hier auf diese und ähnliche Stellen aufmerksam machen wollte. —

Nr. 229. Findet sich nicht in der gedruckten Mass. S. vorigen Art.

Nr. 230. Ist ausführlich angegeben Ex. 35, 18. und Mf. את, 7.; ohne Stellenangabe Mm. zu Num. 32, 33. Deut. 9, 25. und Mf. את, 4. [2]) Sowohl in Ex. als Mf. l. c. sind zwar י״א זוגין = 11 überschrieben, aber nur 10 Stellen angegeben. — Buxt. hat versucht in Mf. l. c. אֶת בְּגָדֵי einzuschieben, was aber unrichtig ist, da es in diesem Vers noch ein Mal vorkommt. Aber auch das daselbst angeführte את ארץ ist falsch, da dieses mit אֶת und וְאֶת in einem Vers nicht blos Jud. 11, 15. sondern auch daselbst 11, 18. Num. 32, 1. u. Micha 5, 5. vorkommt; es müssten also entweder alle gezählt werden und dann wären es mehr als 11, oder keins von allen. Man sieht wieder, dass die gedruckte Massora unser Buch nicht benutzt hat, da dieses die 11 Stellen richtig angiebt, indem es אֶת שְׁלֹשׁ (Num. 35, 13.) und אֶת מִי (Jes. 28, 9.) mehr zählt, dagegen אֶת אֶרֶץ, wie bemerkt, mit Recht auslässt. Ich will zu bemerken nicht unterlassen, dass Mpt. Hamb. zu Num. 32, 33. dieselbe Angabe hat, wie Mf. l. c. aber statt את בגדי anführt אֶת דְּמֵי (2 Reg. 9, 26.), das auch nur 1 Mal in einem Verse mit אֶת u. וְאֶת vorkommt; es wären also 12 St., was auffallend ist. — Unsere Angabe kann aber nicht meinen, dass die Beispiele nur ein Mal mit אֶת und ein Mal mit וְאֶת vorkommt, so dass אֶת דְּמֵי ausgeschlossen wäre, das mehr als ein Mal vorkommt; da sie וְאֶת מִי zählt das ja 4 Mal vorkommt; siehe 1 S. 12, 3. Jes. 28, 9. Job 12, 3. Mf. מי, 5.

Nr. 231. Ist angeführt Ex. 35, 18. und Mf. את, 7. Es muss in erster Stelle ואת גוון und in letzter St. ואת גות in ואת גוז verbessert werden.

Nr. 232. u. 233. Beide fehlen in d. gedruckten Mass.

Nr. 234. Ist ausführlich angegeben Jes. 1, 1. (äussere Umschrift) und Ez. 11, 13.; ohne Stellenangabe Deut. 6, 13. 14, 2. 19, 15. und Mf. ו׳, 54. — Die Angaben sind aber sehr verschieden; Mf. giebt י׳ = 10 an und verweist auf Ez. l. c. wo aber ו׳ = 6 angegeben und angeführt sind, während Jes. l. c. und Deut. 6, 13. wie bei uns ד׳ = 4 angegeben und resp. angeführt werden. (Deut. 14. 2. gehört zum folgenden Art. s. daselbst unten). Das Richtige scheint, dass in Mf. das י׳ [1]) ein Schreibfehler ist und ו׳ heissen muss, wie es Ez. l. c. so angegeben ist, indem daselbst 2 Stellen: וירפאו (Jer. 6, 14. das auch bei uns unter ולבד ממכורת׳ angeführt ist) und והנשאו (Ps. 24, 7. s. מ״ש das.) hinzugefügt sind. Die ältere und ursprüngliche Angabe scheint aber ד׳ gewesen zu sein, wie sie unser B. und Mm. Jes l. c. Deut. 19, 15. (wo das בספרא fehlt) haben. Rechnen wir aber die bei uns unter ולבד ממכורת׳ und das ausserdem in Ez. l. c. hinzugefügte והנשאו hinzu so sind es ח׳ = 8 Stellen die zu unserm Art. gehören.

Nr. 235. Dieses ist angeführt Ez. 11, 13. und Deut. 14, 2. (s. vor. Art.) Die Stelle in Deut. l. c. ist falsch und muss heissen: זוגא חדא מתחלף קדמא חסר אות ויתיר

---

1) Es muss dort etwa so heissen: ויך דויד (את הדרעזר) ועד כן י״א זוגין וכו' וג' דר הביר ירד קאים בעניגא die Stelle gehört nicht zu Vers 1, sondern zu Vers 3, wie es in uns. Buche deutlich angegeben ist.

2) Warum Mf. (in ed. Bomb. und Buxt.) diesen Artikel 2 Mal hat, ist nicht klar, wenigstens muss es את, 4. heissen י״א זוגין statt פסוקים.

1) Wollte man das י׳ = 10 als das Richtige festhalten, so könnte man annehmen, dass diese Angabe beide Art. (234 und 235 unseres Buches) zusammen gezogen habe (s. Nr. 228 und 218) und mit den unter לבד מִמְּכוּרת׳ hinzugefügten wären es 10, die טתהלפי׳ בספר׳ sind (s. auch unsere Bemerkung zum folgenden Art.). Jedenfalls fehlte dann aber והנשאו׳ aus Ez. l. c. mit welchem es 11 Stellen wären, wenn dieses nicht darum hier und in unserm Buche ausgelassen ist, weil die Verschiedenheit (מתהלפין) bei diesem Beispiele auf 2 Verse sich bezieht (מי זה und והנשאו) während die Angabe immer nur auf einen Vers Rücksicht nimmt. —

מִלָּה וכו' u. s. w. wie es bei uns und Ez. l. c. angegeben ist; s. Mp. zu Deut. 7, 6. wo ה' וגין מתחלפין = 5 angegeben sind, was wahrscheinlich auf einer Zusammenziehung unserer beiden Art. beruhet und also ד' = 4 des ersten Art. und וחד = 1 des zweiten Art. bezeichnet, s. מִבִּין הדוה zu d. St. der auch Mp. ändern will in זוג מִתְהַלֵּךְ. — Wollten wir aber das ה' der Mp. in ב' umändern (wie auch das ב' in Deut. 14, 2.) so bezöge sich die Angabe noch auf die 2 bei uns unter לְבַד מִבִּירְת' angeführten, es wären dann zusammen 3 Stellen der Art.

Nr. 236. Ausführlich angegeben Num. 5, 16. u. ohne St. Mf. ה', 30. In letzterer Stelle ist ו' = 6, wie bei uns, angegeben (nur, dass 'ונבבין ה"א בבוּ תיבות hinzugefügt ist), aber Num. l. c. sind ז' = 7 angegeben und צִירָה. צִירֵיהָ (Prov. 26, 14. und 1 S. 4, 19.) hinzugefügt.

Nr. 237. Ausführlich angegeben Num. 8, 16. u. ohne Stellenangabe: Mf. ל', 39. Bei diesem Art. ist auffallend, dass unser Buch in der Ueberschrift ו' = 6 angiebt und doch nur 5 Stellen aufzählt. (Dass die Stelle נתונם נתונם auf לו und לי sich bezieht, versteht sich von selbst s. Num. l. c. und מ"ש zur Stelle) — Mf. hat wirklich in der Ueberschr. nur ה' = 5, verweist aber auf Num. l. c., wo ז' = 7 in der Ueberschrift und in der Aufzählung der Stellen angegeben sind, indem noch 2 Stellen: קְנָאתִי , קְנָאתוֹ und יְלָדִי יְלִידוֹ am Ende beigefügt sind. Man sollte glauben, dass das ו' in unserm Buche ז' heissen müsste und die 2 letzten Stellen aus Versehen des Abschreibers (da sie die 2 letzten sind) ausgelassen worden. — S. מ"ש zu Num 3, 9. 5, 15. (ausführlich), Deut. 31. 7. Jos 2. 14. und Prov. 3, 21. — Einzelne Wörter der Massora zu Num. 8, 16. sind nach unserm Buche zu verbessern. — S. auch Mp. zu den Stellen.

Nr. 238. Ausführlich angegeben Gen. 41, 49. (48?[1]) und 1 Chr. 23, 22.; ohne Stellenangabe Mf. ה', 8. S. מ"ש Gen. 41, 48. Koh. 2, 7. und 1 Chr. 24, 28.

Nr. 239 fehlt in der gedruckten Massora.

Nr. 240. Angeführt mit Stellenangabe Mf. ו'. 40. Die Stellen sind in unserm Buche deutlicher angegeben.

1) Diese Angabe gehört, wie auch Mp. bemerkt, zu Vers 48. Das רב"ם daselbst soll wohl 'רסין = רבי heissen und der Abschreiber, der das doppelte י"י für den Namen Gottes hielt, machte unter demselben das Verbindungszeichen, so dass es einem י"י od. מ' ähnlich wurde, wie das oft so vorkommt. —

Nr. 241. Ausführlich mitgetheilt Ez. 40, 36. und ohne St. Mf. י', 41.

Nr. 242 fehlt in der gedruckten Massora.

Nr. 243. Ausführlich angegeben Mf. איש, 51. und Ex. 31, 3. Erstere hat ה' = 8. zählt aber 2, denen הָאִישׁ folgt und ein Mal וְאִישׁ אִישׁ, welche aber in unserm Buche mit Recht ausgelassen sind, da der Art. nur solche zusammenfasst, die 2 Mal vorkommen und bei denen das zweite Wort אִישׁ (nicht aber הָאִישׁ) ist; ebenso ist וְאִישׁ nicht zu rechnen, da das dasselbe Wort ist. — Die Angabe zu Ex. 34, 3. ist ganz verstümmelt und muss nach unserm B. verbessert werden (s. מִבִּין הדוה das.); wenn aber in der Ueberschrift daselbst ו' ונבין = 6 angegeben sind, so soll das וְאִישׁ אִישׁ mitgezählt werden, da ja auch das zweite Wort אִישׁ ist; wenigstens geht daraus hervor, das הָאִישׁ (als zweites Wort) nicht zu zählen sei und demnach ה' = 5 das Richtigere ist, wie es uns. B. hat. —

Nr. 244. Ausführlich angegeben Mf. ל', 15. und ohne St. Deut. 22, 19. jedoch fehlt in beiden Stellen das Wort בְּעִנְיָנָא und ist der Zusatz: ולית דכוותהון דסמיכי auszulassen, wie in unserm Buche; auch Mpt. Hamb. zu Num. 16, 21. hat es nicht; s. Mp. daselbst, wo die Bemerkung nicht zu יָבֹל sondern zu לְשַׁלְּחָהּ gehört; auch das Zeichen nicht zwischen beide Wörter zu setzen ist. Zu אֹרַח לְחַיִּים bemerkt Heidenheim, dass es nicht hierher gehöre, indem es nochmals in diesem B. (Prov. 5, 6.) vorkommt. Es scheint aber, dass hier auf das Wort בְּעִנְיָנָא d. h. in demselben Abschnitt oder von demselben Zusammenhang Nachdruck gelegt werden muss, was bei Prov. 5. 6. nicht stattfindet, besonders wenn man von Cap. 10 an einen neuen Abschnitt rechnet. S. auch Mp. zu Prov. 10, 17. wo es heisst: לי' יחד ארח חיים, das also ganz mit uns. Massora übereinstimmt, indem die Stelle 5, 6. als nicht hierher gehörend, nicht beachtet wird. Jedenfalls ist hiernach das ולי' דכוותהון דסמיכי, wie oben bemerkt, zu streichen, da es ja allerdings nochmals vorkommt, wie bei noch manchen andern der Aufgezählten. — Sollte aber das לחיים nicht hierhergehören, so ist die Angabe י"ד = 14 doch gerechtfertigt, indem das in לבד ממסורתא angeführte לְבַהֵר dazu zu zählen wäre. —

Nr. 245. Ist ausführlich angegeben Mf. ל', 16. Die daselbst zu שַׁעַר und לְשַׁעַר angeführten Stellen sind unrichtig, da in demselben Buche diese Verbindung nochmals vorkommt und das mit ל' verbundene nicht in demselben

Zusammenhang steht. Das Richtige hat unser Buch das die Stelle Micha 1, 9. und 1, 12. angiebt. — Uebrigens ist auch hier das ול׳ דכו׳ דסמיכין in Mf. l. c. zu streichen. s. den vorigen Art. —

Nr. 246. Ausführlich angegeben Mf. 'ע, 24. und ohne Stellenangabe Gen. 11, 27. und Ex. 35, 31. In letzter Stelle fehlt die Zahl י״ט = 19, die überhaupt schwankend ist; so hat Mp. zu Ex. 39, 1. חד מן ב״י וְהָפִי, also nur 15; Mpt. Hamb. zu Ex. 39, 13. hat י״א, zählt aber 18 auf und lässt וּמֵנְבִיא aus. Ob aber überhaupt die Zahl 19 eine vollständige ist, wäre wohl zu bezweifeln; warum ist nemlich יְבְהַאֲרִיךְ (Num. 9, 19.) und בְּהַאֲרִיךְ (ibid. 9, 22.) nicht gezählt, zu welchen Mp. bemerkt ל׳ יחד u. s. w.

Nr. 247. Ausführlich angegeben Gen. 11, 1. Mf. 'ש, 25. und (zum Theil auch) 56. Warum Mf. diesen Art. 2 Mal und zwar das zweite Mal nur halb anführt, ist nicht abzusehen. Auch bei diesem Art. ist die Zahl (8) zweifelhaft, da auch אָמְרָה (Prov. 9, 4.) und וְאָמְרָה (ibid. 9, 16.) dazu gehört, s. מ״ש zu erster Stelle. — Sollte aber die Massora אָמְרָה und חֲסַר weil sie neben einander vorkommen, für eins rechnen, so fehlt doch noch manche Stelle; so z. B. לֵךְ בֹּא (Ex. 3, 4.) und יֵלֵךְ בֹּא (ibid. 3, 11.) wozu die Mp. bemerkt ל׳. —

Nr. 248. Dieser Art. ist ausführlich angegeben Mf. 'צ, 59. u. ohne Stellenangabe: Prov. 11, 28. — Die Mf. hat diesen und den folgenden Art. unseres Buches zusammengezogen (indem sie הַצִּעָה und חֲצִי hier zählt) und darum auch die Ueberschrift geändert und die Zahl כ״ד in ב״י verwandelt, was aber alles unrichtig ist; sie lässt ferner mit Unrecht וְזִבְיָה aus, was unser Buch zählt, hat dagegen תָּמוֹת (Jud. 16, 30.) mehr als unser Buch, aber wieder mit Unrecht, da dieses def. Waw ist (s. Mm. Num. 23, 14. Jud. 16, 30. Koh. 7, 19. Job 36, 11. und Mf. מת, 20.) und also zu unserm Verzeichniss nicht gehört. Das Richtige hat also unser Buch, das den Art. in 2 Theile theilt und die einzig richtige Stellenangabe anführt. — Mf. l. c. ed. Bomb. 1525, Mm. Prov. 14, 28. und Mpt. Hamb. Cant. 5, 5. haben כ״ה, erstere zählt aber 26 Stellen. In unserm Buche muss auch כ״ה (wenn ich richtig abgeschrieben habe) in כ״ד = 24 umgeändert werden. — S. auch מ״ש zu Prov. 11, 26.

Nr. 249. S. vor. Art.

Nr. 250. Ausführlich angegeben Mf. לא, 12. u. ohne Stellenangabe Gen. 23, 11.

Nr. 251. Ebenso angeführt Mf. 'ך, 34. nur, dass das in der Ueberschrift מן ב׳ fehlt. —

Nr. 252. Ausführlich angegeben Mf. 'ש, 32. Daselbst fehlen aber 2 Stellen die unser Buch hat, nemlich שֵׁם חָם (Gen. 10, 1.) und גְּדוֹלוֹת בְּצֻרוֹת (Jos. 14, 12.); dagegen ist das daselbst gezählte דְּגָן תִּירוֹשׁ (2 Chr. 31, 5.) (das Buxt. weil ihm 2 fehlten, in 2 auseinanderzog) unrichtig und gehört nicht hierhin, indem es 2 Mal vorkommt, l. c. und Deut. 28, 51. Das allein Richtige hat demnach unser Buch, das י״ו angiebt und auch die richtigen 16 Stellen aufzählt. — Warum ist aber דִּכְרִין אִמְּרִין u. הַחֲסִידָה הָאֲנָפָה des vorigen Artikels nicht gezählt, da die 3 andern mit gezählt werden. — Wenn zu שְׁמֵי הַשָּׁמַיִם (Neh. 9, 6.) die Mp. bemerkt: ל׳, so ist das unrichtig, da es ja Ps. 148, 4. nochmals vorkommt. Das Zeichen ist aber versetzt und gehört zwischen הַשָּׁמַיִם und שְׁמֵי, denn dies kommt nach unserm Art. nur ein Mal so vor, indem es sonst הַשָּׁמַיִם וּשְׁמֵי mit Waw) heisst. Heidenheim, der die Schwierigkeit anführt, hat unsere Stelle nicht berücksichtigt. —

Nr. 253. Dieser Art. ist ausführlich angegeben Mf. 'ש, 31. und zwar ed. Bomb. 1525: ס״ב יחידאין ב׳ מלין = 62 und doch werden 65 aufgezählt; Buxt. verbessert es daher in ס״ה זוגין יחידאין = 65 und zählt die dort angegebenen 65 ebenso. Unser Buch giebt ע״ד מלין = 74 an und zählt sie auch einzeln auf. Es fehlen aber in Mf. nicht nur 9, die unser Buch mehr anführt, sondern sie hat 6, die unser Buch nicht zählt, wie umgekehrt unser Buch noch 6 ausser den 9 also 15 mehr hat, als die Mf. — Die 6 der Mf. sind ופסל ומצבה (Lev. 26, 1.), ואיש ואשה (1 S. 27, 11.); ושלשים ואחת (2 Reg. 22, 1. kommt aber auch 2 Chr. 34, 1. vor); והגלעד וגבול (Jos. 13, 11.), ושלשים וארבעה (1 Chr. 7, 7.), ואברהם ושרה (Gen. 18, 11.). Die 15, welche uns. B. mehr hat, sind folgende: ובעצים ובאבנים, ועץ ורמון, ועשתרות ואדרעי, והשבעים והמאתים, ושלשים ושנים, ולדוד ולזרעו, ופסל ומסכה, וגד וראובן, והמנחה, ובריח ודלתים, וכרם ושדה, ושדות וכרמים, ושלשים ושלש, ואחי ונערי, ועת ומשפט, והחטאת. — Wenn aber unser Buch die 6 der Mf. nicht rechnet, so liegt das theils darin, dass der Art. nur solche Paare angeben will, deren erstes Wort ein Mal mit Waw praefix. sonst aber in dieser Verbindung immer ohne Waw vorkommt; ופסל ומצבה aber z. B. kommt nie in dieser Verbindung ohne Waw (פסל) vor; ebenso ושלשים וארבעה; sie gehören also nicht hierher. ושלשים ואחת gehört ohnedies

nicht hierher, da es 2 Mal so vorkommt, s. oben. Aus demselben Grunde hat auch unser Buch das Richtige, wenn es aus 2 Chr. 29, 9. ובנינו ובנותינו anführt, da es sonst immer בָּנֵינוּ (ohne Waw) in dieser Verbindung heisst; das ובנתינו ונשינו, welches die Mf. dafür anführt, ist unrichtig, da es nie ohne Waw vor ונשינו vorkommt. Ausserdem leidet die Mf. an manchen Fehlern; so fehlt bei וישׂשכר וזבולן die Angabe: תרין בפסוקא (die ed. Bomb. 1525 hat richtig כ׳ בו), so dass man nicht wissen kann, welche Stelle gemeint sei; in Jer. 22, 2. heisst's ועבדיך ועמך (wie es auch unser Buch anführt) nicht aber, wie in Mf. ועבדך. Zu ועשרים ושנים fehlt: תני׳ דס׳ d. h. Neh. 7, 31. und soll ausschliessen Esra 2, 27. (da Esra und Neh. in der Massora wie **ein** Buch betrachtet wird), wodurch ein Irrthum entsteht, in welchen Buxt. in der Concord. s. v. עשרים und ועשרים verfallen ist. Was nun aber das וְעַבְדְּךָ וַאֲמָתְךָ (Lev. 25, 44.) betrifft, so bezieht sich das nur auf וַאֲמָתְךָ (mit Schwa des Taw); denn mit וַאֲמָתֶךָ (mit Segol des Taw) kommt diese Verbindung **mehrmals** vor, wie das Heidenh. in seiner Bemerkg. zum עין הקורא Lev. 20, 10. tiefsinnig erklärt hat.

Nr. 254. Ausführlich angegeben Mf. איש, 33. Daselbst sind aber, ausser der Unordnung im Aufzählen, folgende Fehler eingeschlichen: statt ואשר דברי muss es heissen: וַאֲשֶׁר דִּבַּרְתָּ (Jer. 32, 24.); statt ואשר אעשה (wofür ed. Bomb. 1525 העשה hat) muss stehen ואשר הֶעֱלָה, (1 S. 12, 6.); zu ואשר מָלַךְ muss hinzugefügt werden ויתר דברי ירבעם קדמ׳ דמ׳ (1 Reg. 14, 19.) und noch manche Schriftstellen das. bedürfen der Verbesserung. —

Nr. 255. Ist ausführlich angegeben Mf. כל, 18. und ohne Stellenangabe: Gen. 1, 26. Auch hier hat unser Buch das Richtige. Ed. Bomb. 1525 giebt 15 statt 13 an, indem sie ובכל הָרֶמֶשׂ (Gen. 1, 26.) zu ובכל הָאָרֶץ (ibid.) hinzufügt und bemerkt: ב׳ בו; ebenso ובכל חַיָּה (ibid. 1, 28.) die aber beide nicht hierhin gehören und mit Recht von unserm Buche ausgelassen sind. Der Sinn dieses Verzeichnisses ist, dass 13 Wörter nur ein Mal mit vorhergehendem וּבְכָל (mit Waw praefix.) vorkommen, denen sonst immer vorkommenden Falls בְּכָל (ohne Waw praefix.) vorangeht. הָרֶמֶשׂ aber kommt **mehrmals** mit vorhergehendem וּבְכָל vor, wie auch חַיָּה **niemals** mit vorhergehendem בְּכָל (ohne Waw) vorkommt; sie gehören daher beide nicht hierher, und die Zahl 13 ist richtig. Buxt. hat ובכל הרמש ausgelassen, aber ובכל חַיָּה beibehalten, um nun aber die Zahl 13 zu erhalten, lässt er ובכל הַגּוֹיִם aus, was beides willkürlich und unrichtig ist. Für ובכל גְּבוּלֶיךָ (Jer. 15, 13.) hat Buxt. angegeben ובכל חַטֹּאותֶיךָ (desselben Verses), was aber wieder unrichtig ist, da letzteres gar nicht mit בְּכָל vorkommt. Uebrigens fügt ed. Bomb. und Buxt. deutlich hinzu: וכל קרי׳ חלוף בכל, was uns. Buch auslässt. —

Nr. 256. Ist ausführlich angegeben Mf. מה, 4. Es sind zwar daselbst ט׳ פשטין: 9 angegeben, aber nur 8 Stellen angeführt, indem (in beiden Ausgg.) וּמָה לָּךְ (Jud. 18, 3.) fehlt, was unser Buch richtig hat. Uebrigens besteht das יחידאין darin, dass diese Wörter nur **ein Mal** mit וּמָה sonst aber mit מַה (ohne Waw praefix.) vorkommen; daher, wie Heidenheim bemerkt, z. B. וּמַה נִּצְטַדָּק nicht angeführt wird, weil dieses nie mit מַה vorher vorkommt.

Nr. 257, 258, 259 sind in der gedruckten Massora nicht vorhanden.

Nr. 260. Ist ausführlich angegeben Mm. Ex. 28, 4. Buxt. hat daselbst ו׳: 6 angegeben, weil er die 7te Stelle, die dort ואלה משפחות בני מררי lautet, nicht finden konnte; es ist aber ein Fehler, indem das ואלה משפחות schon ein Mal gezählt ist (בני מררי ist der Anfang des Verses 1 Chr. 6, 4. wie es oben zu ואלה משפחות הלוי bemerkt sein müsste); es fehlt aber ואלה פְּקֻדֵי und die Zahl ז׳: 7 ist richtig, wie uns. B. es hat.

Nr. 261. S. Mf. את, 45 ebenso.

Nr. 262. S. Mf. את, 46. Daselbst sind aber nur ח׳ יחידאין: 8 angegeben und auch nur 8 Stellen angeführt, während unser Buch י״א angiebt und die 3 folgenden הִיא, שָׁלוֹם und נַפְשְׁךָ mehr zählt. Wenn die Mp. zu ואתה שלום (1 S. 25, 6.) bemerkt ב׳, so ist das gegen unsere Massora, da es ja nur **ein Mal** vorkommt; es soll wahrsch. לי׳ heissen.

Nr. 263. Fehlt in der gedruckten Massora In den Ausgaben heisst's Jer. 50, 3. und Ez. 12, 19. אַרְצָהּ, das He mit Mappik.

Nr. 264. Ebenso Mf. הן, 5.

Nr. 265. Angeführt ohne Stellenangabe Job 22. 23. aber nur י״ו: 16, was nach uns. B., das sie uns erhalten hat י״ז: 17 heissen muss. —

Nr. 266. Diese Angabe, die sich, beiläufig bemerkt, nur auf den Stamm ברי bezieht, befindet sich **vollständig** in der gedruckten Massora nicht. — S. Mm. zu Ps. 106, 5. wo

3 angeführt werden, aber fehlerhaft, indem לְגוים heissen muss לגויהם, da ersteres mehrmals vorkommt; ebenso muss והגוייהם heissen והגוים. Warum aber unser Buch גְוִיָּךְ und noch manche andere dieses Stammes, die nur ein Mal vorkommen z. B. כְּגוֹי (Jes. 58, 2.) בְּגוֹיִם (Deut. 15, 6.) מִגּוֹיִם (Ez. 38, 12.) גּוֹיַךְ (Ez. 36, 13.), nicht mitzählt und warum sie גֵּוִי hierhin rechnet, ist auffallend.

Nr. 267 habe ich in der gedruckten Massora nicht gefunden. Zu חֲנֵנִי s. Kimchi Michlol, W. B. s. v. und im Commentar zur Stelle. — Aus dem Wort כְּכְבֵי ist zu ersehen, dass dieses Wort an dieser Stelle def. zu schreiben sei, wie auch Mp. bemerkt: לי׳ חסר. Einige haben ב׳ חסר, was sich aber nicht blos auf כְּכְבֵי bezieht, das nur 1 Mal so def. vorkommt, sondern auch auf (Pluralform) כֹּכְבֵיהֶם (Ez. 32, 7.) das gleichfalls def. Waw steht; es fehlt בלישנא. Wenn Heid. in s. עין הסופר zu Ex. 32, 13. bemerkt: כל״מ d. h. dieser Stamm kommt immer plene (Waw nach dem Kaf) vor, so ist da wohl der Kürze wegen ausgelassen במ״ב, d. h. mit Ausnahme der beiden genannten Wörter.

Nr. 268. Ausführlich angegeben Deut. 28, 46. und ohne Stellenangabe Mf. עו, 22.[1]). S. מ״ש Gen. 13, 15. Heid. führt es an unter ג׳ פסוקין מיחדין בסופיהון, was noch richtiger ist.

Nr. 269. Ausführlich angegeben Prov. 1, 1. und Esra 1, 1. (Umschrift), 2 Chr. 32, 10. und ohne Stellenangabe Mf. חלופי קריאה, 3. An allen 3 Stellen befinden sich aber mehre Fehler, da theils nur 21 angegeben (in der Ueberschrift ist freilich zu שטה das כון כ״ג ausgelassen) theils auch manche Stellen unrichtig sind; so kommt ja das למלכי[2]) in den 2 ersten Angaben mehrfach vor und gehört nicht hierher. In 2 Chr. l. c. wird freilich dafür מַלְכֵי (Ps. 84, 4.) angegeben, aber auch das ist falsch, da es in dieser Form mehrmals und לְמַלְכֵי gar nicht vorkommt. Heidenh. führt aus einem Mpt. an לְמַלְכֵי יִשְׂרָאֵל (Micha 1, 14.) wo die Massora hinzufügt: וכל הלא הנם דכוותי׳, was insofern richtig ist, als die beiden Wörter למלכי ישראל ausser in dieser Phrase nur ein Mal in Micha l. c. vorkommt. Ausserdem führt Heidenh. noch aus d. Mpte. an: הַעֲבִיר, למה העברת העביר (Jos. 7, 7.) וכל לְהַעֲבִיר דכו׳ Aber es fragt sich, warum gerade לְהַעֲבִיר angeführt ist, da es ja auch בְּהַעֲבִיר giebt? — Das Richtige hat unser B. das כ״ג = 23 angiebt und wirklich לְמַלְכֵי und הַעֲבִיר auslässt, aber dafür שָׂרָה, מִיכַל und אָמוֹן zählt, also gerade 23, wie angegeben.

Nr. 270. Ausführlich angegeben Mf. חלופי קריאה, 4. und Lev. 13, 51. In letzter Angabe, wo der Zusatz וכל חד ספר דכוו׳ fehlt sind י״ז = 17 angegeben, aber nur 9 Stellen aufgezählt. Das י״ז ist insofern richtig, als zu den 16 unseres Buches und der Mf. l. c. noch das Lev. l. c. gezählte הַבְלִים (Jer. 10, 8.) hinzukommt. Warum beide das letztere auslassen, ist nicht abzusehen.

Nr. 271. Ganz so angeführt חלופי קריאה, 5. S. מ״ש zu Ps. 86, 2. Zu בְחָכְמָה ist zu bemerken, dass die Ausgaben in 1 Chr. 28, 21. nicht בַחָכְמָה (das Beth mit Pathach, wie es nach uns. Angabe heissen müsste), sondern בְחָכְמָה (d. Beth mit Schwa) lesen. — Zu יוכל שַׁי bemerkt Heidenh. dass dieses, gegen unsere Angabe, mehrmals vorkommt. Er will dafür lesen: וְאִישַׁי הוליד, במ״א (1 Chr. 2, 13.)

Nr. 272. Ausführlich angegeben Mf. חלופי קריאה, 6. und ohne Stellenangabe: Dan. 4, 28. Die Stelle in Mf. bedarf mancher Verbesserung. Zu ויסעו מפונן muss es heissen, wie bei uns בְּפוּנֹן (Num. 33, 42.), indem sonst das Pe Dagesch hat. — Zu אמן ואמן muss bemerkt werden: וכל קרי׳ אָמֵן אָמֵן. — Statt לְצַדִּיק (Prov. 9, 9.) muss לְהָכָם stehen, da es sonst immer als לֶחָכָם (Lamed mit Segol) vorkommt, während לַצַּדִּיק auch in Prov. vorkommt, gegen unsere Angabe, welche verlangt, dass in dem angegebenen Buche nur die eine Form sich befinde. Zu den Beispielen im Buch Dan. fehlt לַהּ, wie es bei uns angeführt ist. Auch fehlt daselbst das bei uns angeführte וְיָכִין, während unser Buch die Angabe über חוּרָם und חִירָם nicht hat; vielleicht weil in Chr. 3 Mal חירם mit Jod geschrieben ist, wenn es auch mit Waw gelesen wird, s. Mm. Gen. 36, 5. 1 Reg. 5, 10. Mf. חן, 11. חי, 28. und besonders מ״ש zu 2 Chr. 9, 10. — Die Bemerkung zu לְחֵל ist auffallend, da es nur in Ez. vorkommt und zwar immer das Lamed mit Schwa; was soll also heissen וכל שאר קרי׳ מלעיל? Was לַהּ betrifft, so ist — (wenn nicht die

---

1) Wenn Mf. l. c. es heisst: ג׳ פסוקים מטעים דעילם, so soll das דעילם (d. Schlagwort dieser Gruppe) als Gegensatz dienen zu einer andern St. in der Mm. zu Jud. 4, 16. wo es gleichfalls heisst: ג׳ פסוקי׳ מטעים בהון das sich auf אחד bezieht. S. מ״ש Ex. 14, 28. auch unten Nr. 281.

2) Auch das כן שניהם zu לָהֶם muss כן בניהם heissen; יָגַע und יְגִיעַ in Esra 1, 1. muss in יָנָה und יָגִיה umgeändert werden und drgl.

Bemerkung auf g a n z Dan. sich beziehen soll und nur ein B e i s p i e l für alle steht, wie das auch bei manchen andern Stellen der Fall ist) auffallend: 1) dass Dan. 7, 7. 2 Mal לָה vorkommt und beide in den Ausgg. Kamez haben (Heid. will ausdrücklich in einem Mpt. gefunden haben: וִשִׁנִּין דִּי פַרְזֶל לַהּ ibid. als Ausnahme); ferner heissts ja 2) nach Mf. unter פתח באתנח zu Dan. 'יכל לַהּ בַּהּ דכוית' es kommt demnach לַהּ im B. Dan. immer mit Pathach vor. endlich 3) hat ja nach der Massora das יְלַהּ in Dan. 7, 6. auch ein Pathach; s. Mm. Gen. 16, 1. Dan. 7, 6. und Mf. לַהּ, 2. — Es scheint mir daher, dass unsere Angabe auf יְלַהּ im Vers 6, der auch mit dem angeführten באתר דנה הוה חזית anfängt, sich bezieht da es grade nur hier so vorkommt, indem sonst nach den oben angeführten Stellen der Mm. das Lamed in יְלָהּ ein Kamez hat, es muss also heissen: 'יְלַהּ פתח, באתר יכ. — Wenn zu Hos. הַחְסִידָה bemerkt ist: 'יכל שאר קרי' החסיה, so bezieht sich das wohl auf הַחֲסִידָה Deut. 14, 17.), oder weil dies nur e i n Mal vorkommt, etwa auf הַחְסִיָה, jedenfalls ist das חָכֵם in Mf. unrichtig. — Die kleinern Fehler in den einzelnen Stellen der Mf. und in unserm Buche (wie etwa in letzterm zu Ex. 26, 16. statt אֹרֶךְ stehen muss חָכֵם und zu יְקִיתִי hinzugefügt werden muss 'וכל קרי' קִיתִי und drgl.) lassen sich leicht verbessern, ohne hier erst darauf aufmerksam machen zu müssen.

Nr. 273. Ausführlich Mf. חליפי קריאה, 7. und ohne Stellenangabe: Job 29, 2. In beiden Stellen ist in der Ueberschrift 'ל׳ = 30 angegeben, was wohl in ל״ט zu verbessern ist, indem wirklich 39 Stellen angeführt sind, die auch Heid. aus einem Mpt. anführt. Das Richtige hat aber unser Buch, das 'מ׳ = 40 anführt und wirklich בַּבֹּקֶר הַשְׁכֵּם mehr zählt. — Auch hier hat die Mf. mehre Fehler, die wohl leicht nach Vergleichung mit unserm Buche zu verbessern sind. Warum ist חַי אֵל (Job 27, 2.) wozu die Mp. 'ל׳ bemerkt, nicht gerechnet, da doch sonst immer אֵל חַי vorkommt. —

Nr. 274. Dieser Art. ist in Mf. nicht nur in 3 Artikeln חילופי קריאה, 8. 9. u. zum Theil 10 vertheilt, sondern auch so verworren, verstümmelt und fehlerhaft gegeben, dass er nur durch uns. B. erst verstanden werden kann. Der Sinn ist einfach der, dass es 20 Verse giebt, in denen die bekannten phönizischen Völkernamen, in verschied. Aufeinanderfolge vorkommen; 14 haben eine eigene Reihenfolge (י״ד בינהון בייחדין) und sind mit beigefügten Buchstabenzeichen:

1)	Ex. 13, 5.	=	כחמ״ום
2)	Ex. 23, 23.	=	מחפכ״ום
3)	Ex. 23. 28.	=	וכ״ח
4)	Ex. 33, 2.	=	כמחפ״ים
5)	Ex. 34, 11.	=	מכחפ״ים
6)	Num. 13, 29.	=	הפמ״ך
7)	Deut 7. 1.	=	חגמכפ״ום
8)	Jos. 3, 10.	=	כחופגמ״ם
9)	Jos. 11, 3.	=	כמחפ״סו
10)	Jos. 24, 11.	=	מפכחג״ום
11)	1 Reg. 9, 20.	=	מחפ״וס
12)	Esra 9, 1.	=	כחפבעאצ״מ
13)	Neh. 9, 8.	=	כחמפס״ג
14)	2 Chr. 8, 7.	=	חמפ״ום

Die andern 6 zerfallen in 2 Gruppen von je 3 Versen, die eine gleiche Reihenfolge haben, als:

1)	Ex. 3, 8.	haben:
2)	Ex. 3, 17.	כחמפ״ים
2)	Jud. 3, 5.	
1)	Deut. 20, 17.	haben:
2)	Jos. 9, 1.	חמכפ״ום
3)	Jos. 12, 8.	

Das וסימן אלין דנסבין u. s. w. will angeben, welches Wort der aufgezählten Namen mit Waw copulat. anfängt und welches nicht, wofür bei einer Gleichmässigkeit d. h. wenn entweder a l l e das Waw haben oder nur das erste kein Waw hat, dieses kurz angegeben wird, wie zu Num. 13, 29. וכלהון י״ן; zu Ex. 3, 8. 3, 17. 34, 11. Deut. 7, 1. Jos. 11, 3. ׳ה׳ בקדמא ובתריהון י״ו. Bei den ungleichmässigen werden zur Veranschaulichung andere Verse als Paralelle (mit vorhergehendem: סימן) angeführt, in denen bei einer Aufzählung das Waw copulat. ebenso abwechselnd gesetzt wird. Wir haben (was allerdings auch in unserm Mpt. nicht so leicht zu finden war) zur bessern Uebersicht diese Paralellstellen mehr eingerückt und das Hauptverzeichniss über die Völkernamen vorgerückt. — Wenn in unserm Verzeichniss zu der Paralellstelle von Jos. 3. 10. bemerkt wird: י״ח פסוקין דמיין, so soll das heissen, dass 18 Verse vorkommen, in denen bei einer Aufzählung das erste Mal אֵת und 4 Mal וְאֵת stehen, die alle, wie der angeführte Vers, der auch dazu gehört, als Paralellstellen dienen können; s. Mf. l. c. Nr. 10. und את, 35. — Auffallend in unserm Buche ist, 1. dass es zu Ex. 13, 5. ein סימן d. i. eine Paralellstelle angiebt und nicht, wie unmit-

telbar vorher sagt: ה׳ בקדמא ובחריהון וי״ו. 2. dass es zu Ex. 23, 28. und Jos. 3, 10. eine Bemerkung macht, die nur auf אֶת und וְאֶת sich bezieht und nicht auf die Völkernamen. – 3. endlich scheint zu Ex. 23, 23., wo nach dem Mpt. die 5 ersten ohne und nur das 6te mit Waw stehen (im Drucke haben wir's verbessert), ein Fehler eingeschlichen zu sein, indem das erste und 5 kein Waw, die andern aber Waw copulat. haben müssen, wie die Paralellstelle beweist, s. auch darüber עין הקורא z. St. in Heid. Pentat. ed. מאור עינים.

Nr. 275. Ist ausführlich angegeben Num. 26, 33. 36, 11. und ohne Stelle: Jos. 17, 3. Wenn es daselbst heisst ד׳ פסיקים י׳ פסוקים u. s. w. so muss das, nach uns. B. = 4. V. gelesen werden. Auch das ד׳ מלין ist richtiger als das zu Num 36, 11. angegebene ה׳ מלין, da das erste der 5 Wörter (מַחְלָה) unverändert bleibt und nur die 4 folgenden in ihrer Reihenfolge und mit abwechselndem Waw copulat. sich verändern.

Nr. 276. Ausf. angegeben Deut. 30, 16. und ohne Stellenangabe Mf. חק, 5.

Nr. 277. Ausführlich Ex. 15, 26. und ohne Stellenangabe Mf. חק, 10.

Nr. 278. Ausführlich Mm. Ez. 5, 6. und ohne Stellenangabe: Mf. שׁם, 18. (in ed. Bomb. von 1525 fehlt Mf. diese Angabe). Wenn Ez. l. c. ׳מ = 9 angiebt und Ez. 44, 21. mitgezählt wird, so ist das unrichtig, da in letzter Stelle תּוֹרֹתַי dazwischen steht und diese also nicht hierher gehört; unser Buch hat richtig: ח׳ פסיקים = 8. wo die letzte Stelle aus Ez. l. c. nicht angeführt ist.

Nr. 279. S. Mf. הק, 7.

Nr. 280. Ausf. angegeb. Mm. Jer. 33, 21. 2 Chr. 30, 21.

Nr. 281. Fehlt in der gedruckten Massora.

Nr. 282. Ebenso.

Nr. 283. Ebenso.

Nr. 284. Ebenso.

Nr. 285. Ausführlich angegeben Mm. Lev. 14, 45. u. ohne St. Mf. אב, 25.

Nr. 286. Fehlt in der gedruckten Massora.

Nr. 287. Ebenso.

Nr. 288. Ausführlich aber mangelhaft angegeben Ex. 6, 18. (24). Es fehlt das. das 5te (Num. 3, 19.); ebenso die Angabe: ב׳ באורית׳ וג׳ דר״ה, wodurch die Anführung der Stellen erst klar wird, wie auch die Paralellstellen. — S. מ״ש zu 1 Chr. 5, 28. 6, 3. 23, 12.

Nr. 289. Dieses Verzeichniss der Verschiedenheit zwischen den ähnlichen Stellen im 2 B. Reg. und Jes. bezieht sich nur, wie es auch aus den Paralellstellen hervorgeht, auf das אֶת und zwar ob כָּל darauf folgt oder nicht. Im Buche Reg. l. c. nemlich kommt zuerst אֶת כָּל דִּבְרֵי und dann אֶת דִּבְרֵי; ebenso zuerst אֶת כָּל בֵּית und dann וְאֵת בֵּית vor, ganz wie in der Paralellstelle (Ex. 30, 27.) erst כָּל כֵּלָיו וְאֶת und dann וְאֶת כֵּלֶיהָ (ohne כָּל) steht. Im Jes. aber ist's umgekehrt: es steht zuerst אֶת דִּבְרֵי und dann אֶת כָּל דִּבְרֵי; ebenso erst אֶת בֵּית und dann וְאֶת כָּל בֵּית, wie Ex. 31, 8. erst וְאֶת כֵּלָיו (ohne כָּל) und dann וְאֶת כָּל כֵּלֶיהָ steht. Wenn in unserm Buche unter Reg. וְאֶת כָּל כֵּלָיו angeführt ist, so glaube ich dafür (wie auch die bessern (nicht so ed. Jablonski) Ausgg. haben und wofür sich auch מ״ש zu 2 Reg. 20, 13. entscheidet) וְאֵת בֵּית כֵּלָיו lesen zu müssen, was denn wie bemerkt, ganz mit der angeführten Paralellstelle übereinstimmt. Ueber sonstige Verschiedenheiten der beiden Stellen, als über וישבע und וישכיה; אליהם und עליהם u. drgl. s. Mm. zu Jes. (36, 1. ff.) und מ״ש zu den betreffenden St.

Nr. 290. Dieses Verzeichniss der Verschiedenheit ähnlicher Stellen bezieht sich auf die 3 Gruppen: בְּאֶרֶץ מִצְרַיִם, וְשָׂמוּ בְדָיו oder וְשָׂמוּ אֶת בַּדָּיו oder לְבָבָם und auf לָבָם oder בְּמִצְרַיִם mit vorhergehendem בְּכָל und אֶל. Ueber die erste Gruppe s. M. marg. zu Num. 4, 8.; über d. 2te s. Mm. Deut. 15, 15.[1] 16, 12. Ueber das 3te s. Mp. zu d. St.

---

[1] Es ist auffallend, dass weder unser Buch noch die Massora zu Deut. 15, 15. der 5ten Stelle erwähnt, in welcher (Deut. 5, 15.) gleichfalls bei וְזָכַרְתָּ steht בְּאֶרֶץ מִצְרַיִם? Es sind demnach 5 St. was auch aus der etwas schwierigen Angabe der Massora zu Deut. 16, 12. hervorgeht. Daselbst heisst's סימן איש, שבעה, לא תשה בארץ; כי עבד היית במצרים, ושארא בארץ מצרים wenn aber ושארא מצרים auch nur 2 M. vorkäme, wie במצרים, so passte nicht was in der Regel nur steht, wenn die Minderzahl angegeben ist und die Mehrzahl (ושארא) der allgemeinen Regel folgt. — Es scheint demnach wenigstens 3 Mal בארץ מצרים bei וְזָכַרְתָּ zu stehen, wie oben bemerkt und es müsste also Mm. zu Deut. 15, 15. ה׳ פסוקים heissen; in unserm Buche ist keine Zahl angegeben und kann sich daher die Angabe etwa beschränken auf solche, die in einem Abschnitte stehen, wie die 4 genannten, von denen immer 2 beisammen stehen. Die Angabe א״ש (in Deut. 16, 12.) ist unverständlich, erstens weil es keinen derartigen Vers giebt, in

Nr. 291. S. Mm. Lev. 26, 34. wo aber das וכך דינן| אן דאית אֶת קרי u. s. w. unverständlich ist, wenn man nicht nach unserm Buche den Vers 1 Reg. 8, 64. als Parallelstelle hinzufügt und das אֶת mit קְרֵי und וְאֶת mit בְּקֶרֶי in Beziehung bringt. — S. Heid. Anmerkung zu עין הקורא Lev. 26, 23.

Nr. 292. Ist angedeutet in Mp. zu Gen. 18, 28. durch שע"ע ש"ש, wo das 'ש אשחית u. das 'ע אעשה bezeichnet.

Nr. 293. Ist mit kleinen Abweichungen angegeben: Mm. Num. 28, 12. 26, 27. 29, 12. 35. Wenn 28, 12. zu ושני עשרנים auch הבכורים Num. 28, 28.) gezählt wird, so ist das falsch, denn dies hat וּשְׁנֵי; es muss wohl heissen, wie in unserm Buche שבת החדש פסח, denn das 3te ist 28, 9. wo וּשְׁנֵי mit Waw copulat.) steht. Die 3 letztgenannten in unserm Buche beziehen sich nur auf וּשְׁנֵי, denn das ואיל steht nur bei החדש und פסח nicht aber bei שבת, wo weder איל noch ואיל vorkommt.

Nr. 294. Dieses Verzeichniss, das sich auf die Verschiedenheit der ähnlichen Ausdrücke bei der Geschichte der Könige in Israel und Juda bezieht, konnte ich nur in einigen Angaben der Mp. z. d. Stellen finden.

Nr. 295. Dieses Verzeichniss, das sich auf einige ähnliche Ausdrücke in Ez. 1. und 18. bezieht, befindet sich zerstreut in der Mm. Ueber לְאַרְבַּעְתָּן s. Ez. 1, 16. Mf. ב. 22. und מ"ש zur ersten Stelle. — Zu מִפְּאַת קָדִים s. Mm. Ez. 48, 1. und 16. Daselbst werden aber 5 Stellen gezählt und ibid. 48, 16. mitgerechnet; da sich aber diese Angabe auf קדים bezieht, so ist, wie Heidenh. in der Concord. bemerkt, sehr auffallend, dass nicht 6 angegeben sind, da Ez. 48, 1. auch קָדִים vorkommt; er versucht diese Schwierigkeit dadurch zu beseitigen, dass er וְעַל גְּבוּל דָּן zu beiden zieht und sie also wie eine Stelle betrachtet, was aber sehr gezwungen ist. Das Richtige hat unser Buch, das die Angabe ד' בענין auf מִפְּאַת קָדִים bezieht und diese Verbindung kommt nur 4 Mal vor, wie angegeben: denn 48, 16. heisst's וּמִפְּאַת קָדִים (mit Waw copulat. s. folgenden Art.) und 48, 1. heisst's פְּאַת קָדִים (ohne Mem praef.) — Zu den übrigen s. Mp. z. St.

Nr. 296. Ausführlich angegeben Gen. 11, 26. Daselbst ist 1 S. 16, 1. angeführt; das bezöge sich aber auf אֶל אֶל עַל אֶל so dass das dritte Wort ein anderes ist und darauf passt nicht die Ueberschrift ד' מלין דמיין wonach doch die 4 Wörter von demselben Stamm und nur in der äussern Form verschieden sein sollen. — Unser B. hat dafür Jes. 31, 1. und liest das erste auch עַל und nicht וְעַל (mit Waw), wofür sich auch מ"ש z. St. entscheidet, ohne die Angabe unseres Buches zu kennen. Vielleicht hat Mf. l. c. וְעַל gelesen und aus diesem Grunde 1 S. 16, 1. eingeschaltet, was aber, wie bemerkt, unrichtig ist[1].

Nr. 297. Angeführt Gen. 17, 9. und ohne Stellenangabe Mf. אח, 41. In letzter Stelle ist die Ueberschrift ה' = 5, was nach uns. Buche und nach Gen. l. c. unrichtig ist, da beide = 6 haben und dafür Stellen aufzählen. Heid. meint, das ה = 5. bezöge sich auf die 5 Verse, welche mit וְאַתָּה anfangen und es sollte wohl heissen ה' ר"פ, indem Gen. 17, 9. nicht mit וְאַתָּה anfängt, sondern beide (וְאַתָּה אַתָּה) in der Mitte des Verses stehen. Mpt. Hamb. hat auch ה' = 5. lässt aber 1 Reg. 8, 39. aus. —

Nr. 298. Ebenso Mf. בל. 10.

Nr. 299. Ausführlich angegeben Est. 8, 17. und ohne Stellenangabe Mf. בל, 9. S. auch Mf. ר, 44. (כ"ה פסיקי' דמיין. —

Nr. 300. Ausführlich angegeben Jos. 11, 14. und ohne St. Mf. בל. 6. Daselbst ist hinzugefügt: ב' מצעות פסוק וא' ר"פ. —

———

welchem במצרים nach ויברח vorkommt; dann aber sind's ja auch nach den genannten Angaben nur 2 Stellen, in welchen במצרים so vorkommt? Vielleicht ist das א"ש nur Abbreviatur und soll heissen: אֶלְקָנָה וְשֵׁם סימן א"ש, das sind nemlich die 2 Wörter, welche unmittelbar vor וַיִּבְרַח stehen, mit Anspielung auf den Vers ונתתי אש במצרים d. h. bei א"ש steht במצרים. S. Mp. Deut. 16, 12. wo das 'ב zu עבד unrichtig ist; es muss auf במצרים in dieser Phrase bezogen werden.

1) S. Mf. אל, 6. ג' פסוקים אל אֶל וְאֶל אל welcher Art. ganz falsch ist, da in den angeführten Versen das אֶל und וְאֶל in anderer Folge vorkommt s. auch Mf. אל, 3. und weiter unten zu Nr. 355. Man könnte aus unserer Stelle beweisen, dass die Angabe falsch ist, denn nach derselben müssten ja diese 3 Verse hinzugerechnet werden und es wären nicht ד' = 4, sondern ז' = 7, aber unten Nr. 311, wo בָּל בָּל וְכָל כָּל פסוקי' דמין 4 Mal vorkommend angeführt wird und das würde ja auch hierhin gehören. Es scheint daher, dass nur Stellen angegeben werden sollen, die ein Mal so vorkommen, und wenn unser Buch עַל rechnet, das 2 Mal so vorkommt, so ist das auffallend und dürfte Mm. Gen. 41, 26. Recht haben, wenn sie 1 S. 16, 1. statt Jes. 31, 1. zählt und das וְעַל liest. — S. oben.

Nr. 301. Fehlt in der gedruckten Massora. S. Mp. u. d. St.

Nr. 302. Ganz ebenso Koh. 4, 16. Mf. כל, 26.

Nr. 303. Ebenso Mf. כל, 18.

Nr. 304. Ausführlich angegeben 2 S. 15, 23. Ez. 38, 20. und ohne Stellen Mf. כל, 12. — in 2 S. und Mf. l. c. ist hinzugefügt ג׳ במצעות יב׳ ר״פ. —

Nr. 305. Ebenso Mf. כל, 20.

Nr. 306. 307. 308. u. 309 finden sich nicht in der gedruckten Massora; s. die betreffenden Stellen der Mp. z. B. zu 309. Ez. 21, 3. (Hier wird nur das כָּל mit oder ohne Waw berücksichtigt; denn sonst müsste ja auch das מִכָּל im V. gezählt werden).

Nr. 310. Dieses Verzeichniss befindet sich zum Theil Mf. כל, 19. Daselbst sind nur die 2 Verse angegeben, die mit כָּל anfangen, von denen es in unserm Buche heisst: ב׳ בתר׳ ר״פ; ausserdem ist daselbst ein falscher Vers angegeben und statt כל המנחה אשר תאפה (Lev. 7, 9. s. unten Nr. 315?) muss es heissen, wie in unserm Buche כל המנחה אשר הקריבו לה׳ (Lev. 2, 11.)

Nr. 311. Ebenso angeführt Gen. 8, 19. 2 Reg. 10, 19. Dan. 4, 7. und ohne Stellenangabe Mf. כל, 14.

Nr. 312. Ausführlich angegeben Num. 5, 2. u. ohne Stellenangabe Deut. 3, 10. und Mf. כל, 11. In letzter St. ed. Buxt. ist ein Fehler eingeschlichen, indem das 3te nicht כל, sondern וְכָל heissen muss.

Nr. 313. Angegeben Mf. כל, 17. Daselbst ist aber falsch angegeben ב׳ פסוקים, da es nur, wie unser Buch richtig hat, einen Vers dieser Form giebt; der dort angeführte 2te Vers (1 Chr. 12, 38.) hat 3 Mal כל und zwar das erste ר״פ und gehört nicht hierher.

Nr. 314. Ist ausführlich aber sehr verschieden und verworren angegeben Jud. 20, 2. Neh. 10, 35. und ohne Stellenangabe Ex. 15, 26. 2 Chr. 6, 29. und Mf. כל, 31. Dass in diesen verschiedenen Angaben Verwirrung und Irrthum herrscht, hat schon der erste Herausgeber zu Neh. und Mf. l. c. ausführlich bemerkt. In Jud. l. c. sind י״א = 11 angegeben und 15 (eigentlich 14, indem כל שבטי ישרא׳ zu ויתיצבו בקהל Jud. 20, 2. gehört und kein besonderer Vers ist) gezählt. Neh. l. c. giebt 10 an, wie in unserm Buche und zählt 10 auf, nur, dass da statt ויעד (2 Reg. 10, 13.) gezählt wird מִי יִתֵּן (Deut. 5, 26.). Im Ganzen scheinen gezählt werden zu sollen solche Verse, in denen nur כָּל und zwar 2 Mal vorkommt, zwischen welchen nur ein Wort steht; die zu Neh. l. c. angegebenen 10 sind die richtigsten, da in ויעד welches unser Buch zählt, auch בְּכָל vorkommt; mit diesem Vers sind es aber 11 und daher die Angabe י״א in Mf. etc. Was ועתה אל ישיא (2 Chr. 32, 15.) das in Neh. und bei uns gezählt wird betrifft, so haben zwar einige Handschriften כל אלוה וכל; aber nach unserer Massoraangabe ist auch das 2te כל zu lesen, wie unsere Ausgg. haben.

Nr. 315. Ausführlich angegeben Lev. 7, 8. und ohne Stellenangabe: Lev. 15, 20. (י״א) Deut. 20, 14. (י׳) Jos. 13, 21. (י״א) und Mf. כל, 32. S. מבין הדית Gen. 2, 5. der die Angabe Lev. 7, 8. nicht verstanden und irrthümlich zu verbessern glaubt, was ihm Heid. Gen. l. c. in שום שכל nachweist. Doch auch da hat Heid. noch י״א angenommen, weil er das וכל ממלכת סיחן noch als besondere Stelle rechnete; zu Mf. aber bemerkt er richtig, dass das וכל ממלכת סיחן nur ein Theil des vorhergehenden Verses וכל ערי המישר (das וכל הגלעד, welches darauf folgt, ist falsch, weil die Stelle nicht Deut. 3, 10. ist, wo וכל הגלעד auf המישר folgt, sondern Jos. 13, 21.) sei und es also nur 10 Stellen dieser Form des כָּל giebt. Hätten aber beide Gelehrte unser Buch gekannt, so hätten sie gesehen, 1, dass וכל ערי המישור auf Jos. l. c. und nicht auf Deut. sich bezieht, indem dabei steht דיהושע; 2, וכל ממלכות סיחן mit dem vorhergehenden nur eine Stelle ausmacht und 3, dass es nur י׳ = 10 Verse dieser Form des כל giebt.

Nr. 316. S. Mf. כל, 23. wo aber ed. Bomb. 1525 irrthümlich ג׳ פסוקים מן ב׳ מלין und ed. Buxt. נ׳ פסוקי׳ מן כ׳ מלין u. s. w. hat, was aber beides unrichtig ist, indem schon Mp. zu Num. 36, 8. und Jos. 11, 14. richtig bemerkt: ג׳ פסוקים מן פ׳ אתין התחלתם וכל. Unser Buch hat aber das Richtige, indem es deutlich sagt מן תמנין אתין = 80 Buchstaben. — Siehe auch כ״ש zu Num. l. c.

Nr. 317. Befindet sich nicht in der gedruckten Massora. —

Nr. 318. Ausführlich mitgetheilt Ex. 8, 9. und Num. 31, 47. und ohne Stellenangabe: Lev. 1, 2. und Mf. מן, 3.

Nr. 319. S. Mf. אל, 18. Daselbst ist aber ה׳ פסוקי׳ = 5 angegeben, ohne die Bemerkung, dass der Vers mit אַל anfängt; unser Buch bemerkt aber דאית בהון בריש׳, also dass der Vers mit אַל anfängt und deren giebt es nur 2 St. S. Mp. Ps. 62, 11. Jer. 14, 21. (in letzter Stelle fehlt ר״פ) und מ״ש zu Jer. 22, 3. —

Nr. 320. Ausführlich angegeben 2 S. 1, 20. und ohne Stellenangabe Ps. 38, 22. 51, 13. Prov. 24, 19. Mf. אַל, 17. Mf. l. c. ed. Buxt. hat (wie auch viele Stellen der Mp.) כ״ה = 25. statt dass sonst, wie auch in unserm Buche כ״ג angegeben sind. — Was nun die Mm. zu 2 S. 1, 20. betrifft, so zählt sie mehr als unser Buch: אל תתן ה׳ מאויי רשע (Ps. 140, 9.); folgende Fehler sind auch daselbst zu verbessern: bei אל תיראו מפני (Jer. 42, 11.) muss es st. היל כשדים heissen מלך בבל; das erste אל תתהר ist ein Fehler und muss in אל התהדר (Prov. 25, 6.) verändert werden; zu אל יאמרו (Ps. 35, 25.) muss בלבבם st. בלבם wie unser Buch es hat, gelesen werden, s. מ״ש daselbst. — Was nun aber unser B. betrifft, so hat es alle diese Fehler nicht; zählt aber statt des obigen אל תתן (Ps. 140, 9.) אל ישט אל דרכיה (Prov. 7, 25.). In beiden Angaben befindet sich aber nicht, wie Heidenheim bemerkt — אל יתן למוט רגלך (Ps. 121, 3.) in welchem nach den Ausgaben und nach Mp. daselbst 2 Mal אַל vorkommt? — Die Angaben demnach, welche wie Mp. und Mf. (ed. Buxt.) כ״ה = 25. haben, scheinen Ps. 140, 9. 121, 3. und Prov. 7, 25. mitzuzählen und in allen dreien 2 Mal אַל zu lesen; die aber כ״ג = 23. rechnen, lesen wahrscheinlich an zwei Stellen ein Mal ואל (mit Waw copulat.). S. den ersten Herausgeber der Massora zu Prov. 24, 19. und מ״ש zu Koh. 8, 3. Micha 7, 5. Ps. 35, 25. und Prov. 7, 25. in welcher letzten Stelle er unser Buch (oder ein ähnliches Mpt. wie solches Heid. anführt) nicht gekannt zu haben scheint, wo allerdings אַל יֵשְׂטְ gezählt wird [1]).

Nr. 321. Ausführlich Gen. 13, 3. Mf. עַד, 2. und ohne Stellenangabe: Ex. 23, 31.

Nr. 322. S. Deut. 3, 16. worauf Mf. עַד, 1. verwiesen wird, aber an beiden Stellen fehlen die Versangaben, wie Buxt. zu Mf. l. c. selber bemerkt. Unser Buch hat sie richtig und übereinstimmend mit Mpt. Hamb. zu 1 S. 22, 19. und einem von Heid. zu Mf. l. c. angeführten Mpte. Die Ed. Bomb. 1525 hat in der Ueberschrift עַד וָעַד, was unrichtig ist und es muss וְעַד וָעַד (beide mit Waw praef.) heissen, wie es schon Buxt. verbessert hat.

Nr. 323. Ausführlich angegeben 1 Reg. 18, 45. und ohne Stellenangabe Deut. 28, 20. Jer. 30, 24. Dan. 7, 18. Mf. עַד, 3. An allen diesen Stellen ist י״ז = 17. angegeben, während unser Buch nur י״ו = 16. angiebt und zählt. Wenn nun Mm. 1 Reg. l. c. לא ישוב חרון אף ה׳ zwei Mal (קדמאה תניינא = Jer. 23, 20. und ibid. 30, 24.) gezählt wird, während unser Buch nur eins zählt und darum nur י״ו hat, so scheint letzteres entweder beide für eins zu rechnen, oder ein Mal anders zu lesen. Uebrigens ist in 1 Reg. l. c. eine fehlerhafte Abtheilung, da das עד יכונן ועד noch zu ואל תתנו דמי לו (Jes. 62, 7.) gehört und das Punkt vor לא ישוב stehen muss. — Auch heisst die erste Stelle in Jer. (23, 20.) in den Ausgg. nicht: לא ישוב חרון אף ה׳ sondern לא ישוב אף ה׳, so dass unser Buch wirklich nur die 2te Stelle rechnet. —

Nr. 324. Ebenso Mf. עַד, 8.

Nr. 325. Ausführlich angegeben Ex. 32, 18. und ohne St. Ez. 13, 15. Mf. אי׳. 35. Die Angabe Ex. l. c. rechnet fehlerhaft עשה גדולות (Job 5, 9.), da dieses ja nach Mm. Jud. 18, 28. וְאֵין אֵין hat und also nicht hierhin gehört, wo von אֵין וְאֵין die Rede ist. Unser Buch hat dafür, was richtig ist, 2 S. 7, 22. Mf. l. c. hat ט׳ = 9, was eben daher rührt, dass das bez. in Job ausgelassen und die Ueberschr. nach den Stellen gemodelt worden ist; aber alle Mpte. haben י׳ פסוקי׳ = 10. wie sie auch richtig v. unserm Buche aufbewahrt sind. — Ez. l. c. hat י״ט? — Das soll wohl י׳ und wegen des bezeichneten Zweifels ט׳ heissen, das beigefügt worden, und so ist aus Jrrthum י״ט entstanden. — S. auch Mp. zu Job 34, 22. wo es heisst י״ו ר״פ אין ואין. —

Nr. 326. Ausführlich angegeben Jes. 40, 16. Jer. 8, 19. und ohne Stellenangabe: Ex. 12, 30. Ps. 14, 1. 53, 2. Prov. 25, 28. Mf. אי׳, 32.

Nr. 327. Ist in der gedruckten Massora nicht vorhanden, ausser in Mp. zu Jer. 30, 13. wo die zweite Stelle ungewöhnlich fehlt. —

Nr. 328. Ist ausführlich angegeben Mf. אי׳, 34. und ohne Stellenangabe Deut. 32, 39. Ez. 34, 6. (s. מ״ש Jes. 57, 1.)

Nr. 329. 330 u. 331. In der gedruckten Massora nicht vorhanden.

1) S. auch R. Jac. b. Chajim's Anmerkung zu Prov. 24, 1. nach welcher wahrscheinlich zwei oder drei Mal vor תְּקַנֵּא nicht אַל sondern וְאַל gelesen werden muss. Wenn aber daselbst zu den 5 יחידאין mit אַל nur 4 angegeben sind, so fehlt wahrscheinlich אַל תֵּתַע Prov. 7, 25. das nach unserm Buche אַל und nicht wie מ״ש daselbst anführt וְאַל gelesen wird. Das לי׳ der Mp. daselbst scheint sich gleichfalls auf das אַל תֵּתַע und nicht, wie das irrthümlich gesetzte Zeichen andeutet, auf תֵּתַע allein zu beziehen. —

Nr. 332. Ausführlich gegeben 1 S. 26, 12. und ohne Stellenang. Mf. אי, 37.

Nr. 333. Ausführlich Jud. 18, 28. und ohne Stellenangabe Mf. אי, 36.

Nr. 334. Ausf. mitgeth. Jud. 2, 22. und ohne Stellen. Mf. בם, 1. s. מ"ש Ez. 28, 25.

Nr. 335. Ausführlich angegeben Gen. 19, 20. 2 Reg. 4, 11. und ohne St. Mf. ישם, 22. In den beiden letzten St. ist ה' = 5. angegeben und gezählt wie in unserm Buche; in Gen. l. c. ist ד' = 4. angegeben und gezählt; es fehlt das הנה נא העיר הזאת Gen. 19, 20.

Nr. 336. Ebenso: Deut. 12, 5. und ohne Stellen 2 Reg. 9, 2. Ez. 1, 20. und Mf. ישם, 20.

Nr. 337. Ebenso 2 Reg. 9, 2. und ohne Stellen Mf. ישם, 21.

Nr. 338. Ausführlich angegeben Gen. 29, 3. und Ps. 122, 5. (wo die Ueberschrift etwas fehlerhaft ist) und ohne Stellenangabe Deut. 12, 6. und Mf. שם, 24.

Nr. 339. Ausführlich angegeben Gen. 31, 50. und ohne Stellenangabe: Gen. 37, 9. Jos. 49, 12. und Mf. הן, 13.

Nr. 340. Ebenso angeführt Jud. 17, 7. 1 Reg. 19, 19. Hos. 7, 9. Zach. 6, 13. und ohne Stellenangabe Mf. הן, 2. In Jud. l. c. sind ו' = 6. angegeben, obgleich in den andern Stellen richtig, wie in unserm Buche 7 angegeben und aufgezählt sind. Der Fehler entstand daher, dass daselbst איתי הקדישו und והוא יבנה zusammengezogen sind, so dass sie scheinbar **e i n e** Stelle ausmachen, und es so nur 6 Verse wären, was aber unrichtig ist. Man sieht hier wieder, wie aus der Aufzählung oft die Angabe der Zahl entstanden ist und daher aus Schreibfehlern (wenn auch nur aus Mangel eines Punctes) in der einen auch Fehler in der andern entstanden.

Nr. 341. Ausführlich angegeben 2 Chr. 22, 9. und ohne St. Mf. הן, 6.

Nr. 342. Ist in der gedruckten Massora nicht vorhanden. S. Mp. zu Gen. 20, 12. Daselbst heisst es ב' פסוקי' הוא הוא, was aber unrichtig wäre, da es nach Mf. הן, 3. (wo auch unsere beiden Stellen mitgezählt werden) 5 Verse giebt, in welchen 2 Mal הוא vorkommt. Der Verfasser des מבין חדות will daher nach der Mf. l. c. das ב' in ה' verwandeln, was gewagt ist. — In Wirklichkeit soll aber wohl hinzugefügt werden, wie in unserm B. יבבירין היא היא. Wie aber das וסבירין gemeint sei, ist nicht leicht einzusehen. — Heidenheim im ישום שכל bemerkt nichts. S. Ex. 29, 28.[1]).

Nr. 343. Angeführt Mf. אם, 6. Es muss daselbst heissen: ג' פסוקי' ואם אם, wie bei uns. S. auch ליקוטי הרמ"ה, der, wie bekannt, nur die 2 des Pentateuchs zählt.

Nr. 344. Ausführlich angegeben Lev. 27, 20. Jos. 22, 23. und ohne Stellenangabe: Jer. 27, 18. Mf. אם, 4. Wenn Lev. l. c. hinzugefügt ist ריש' ומציעת' so ist das falsch, da Jos. 22, 23. Mal. 1, 6. und 2 Chr. 15, 2. beide ואם in der Mitte des Verses stehen; nur die unrichtige Abtheilung, die immer mit ואם anfängt, konnte irreleiten. — Es muss also, wie in den andern Paralellstellen und wie in uns. B. ausgelassen werden. Sollten diese beiden Artikel, der vorige und dieser, nicht etwa in der Quelle, wie in uns. Buche **n e b e n** einander gestanden haben und das ריש' ומציע' des vorigen Artikels, — welchem in der Mf. אב, 6. dieselben fehlen — hierher versetzt sein, während sie zu vorigem Art. gehören. — Es wäre daraus zu beweisen, dass die Mm. etwa unser Buch zur Quelle hatte, die Artikel aber auseinanderriss und sie an die betreffende St. setzte. — Ausserdem ist Lev. l. c. in der letzten Stelle ein Fehler; ואם תדרשנו (1 Chr. 28, 9.) muss ואם תדרשהו (2 Chr. 15, 2.) heissen wie es richtig Jos. l. c. angegeben ist.

Nr. 345. Ebenso Obad. 5. Job 37, 13.

Nr. 346. Ausführlich angegeben Mf. אם, 3. und zum Theil, aber ohne Stellenangabe: Gen. 13, 9. 31, 51. Von den 10 angegebenen sind 7 im Pent. und 3 im Buche Jerm. worauf sich Mm. Gen. 24, 49. und Mp. an den obigen Stellen beziehen. —

Nr. 347. Ebenso Ez. 38, 22. und ohne Stellen Lev. 16, 33. Mf. על, 23.

Nr. 348. S. Angabe 2 Reg. 15, 20. und ohne Stellen Ps. 115, 1. Mf. על, 10. (s. auch מ"ש Jes. 19, 7.). In allen diesen Stellen ist aber ח"י = 18 angegeben und in der ersten Stelle sind auch nur 18 aufgezählt. Unser Buch, das, wie

---

1) Wenn eine Veränderung der Angabe unseres Buches gestattet ist, so möchte ich lesen ב' פסוקי' הוא הוא באס"ף und das וסבירין u. s. w. für Zusatz eines Abschreibers halten. Der Sinn ist, dass in diesen beiden Versen das 2te הוא **e i n** Mal mit Athnach und **e i n** Mal mit Silluk steht. — Auch das באס"ף kann wie in der angeführten Mp. fehlen und der Sinn wäre dann, dass in diesen beiden Versen 2 Mal הוא vorkommt, das praedicative steht, während es in den andern dreien nur Fürwort ist. —

auch an manchen Stellen der Mp. כ״א = 21 angiebt, zählt auch folgende drei mehr: 1 S. 15, 1. Jer. 48, 31. und Hos. 7, 14. Die zwei ersten zählt vielleicht die Mm. nicht, weil in diesen beiden Versen auch אֶל vorkommt und sie daher zu einem andern Verzeichniss gehören, s. Mf. עַל, 11. und hier Nr. 351 u. s. w., was freilich bei dem dritten nicht der Fall ist; es giebt daher auch in der Mp. einige Stellen, die י״ט angeben. Wie unser Buch hat auch Mpt. Hamb. zu Jer. 48, 31. — S. auch Mm. zu Zach 1, 13. ח׳ פסוקי׳ מסורה׳ מכא u. s. w. wo nur Jud. 11, 38. und Ps. 115, 1. mitgezählt werden, weil diese Angabe sich nur auf das Ende des Verses bezieht.

Nr. 349. Fehlt in der gedruckten Massora; s. die betreffenden St. der Mp.

Nr. 350. Ausführlich angegeben Ex. 19, 20. u. ohne Stellen Ex. 25, 20. 37, 9. Jos. 17, 7. (wo in Mp. י״ד statt י״ו gelesen werden muss) Mf. אל, 2. עַל, 12. — Mpt. Hamb. zu 1 Chr. 11, 15. hat's ebenso. Es ist auffallend, dass Ez. 43, 20. in den Ausgaben עַל וְאֶל וְאֶל (die beiden letzten mit Waw) hat, gegen die Angabe der Massora.

Nr. 351. Ausführlich angegeben Ex. 40, 20. Mf. עַל, 11. und ohne Stellenangabe: Deut. 11, 29. 1 Reg. 15, 20. u. Mf. אל, 1. — Ausser Mf. עַל, 11. die richtig wie uns. Buch י״ט = 19. angiebt, haben die andern Stellen immer י״ח und selbst Ex. 40, 20. wo 19 aufgezählt werden, ist in der Ueberschr. י״ח = 18. angegeben. Ferner sind Ex. l. c. תהי נא אזנך und תהי נא עיניך irrthümlich als 2 Verse gezählt, da sie nur e i n e St. bilden (Neh. 1, 6.): es muss wie bei uns heissen: תהי נא אזנך קשבה ועיניך פתוחות.

Nr. 352. Ist ausführlich angegeben: Jer. 29, 31, 48, 36. und ohne St. Mf. אל, 5. und עַל, 14.

Nr. 353. Ausf. angegeben Gen. 8, 9. Jos. 18, 16. und ohne Stellenang. Mf. אל, 4.

Nr. 354. Ausführlich angegeben: Ez. 10, 2. und ohne Stellen: Neh. 4, 19. Mf. אל, 7. In diesen Stellen sind immer ד׳ פסוקי׳ = 4. angegeben, was aber unrichtig ist, da es, wie unser Buch und Mp. zu Neh. 4, 19. richtig haben, ה׳ = 5. sind. Der Fehler entstand daher, dass ואירא ואקום und ואמר אל החרים zusammengezogen sind als eine Stelle; es sind aber 2 Verse, nemlich Neh. 4, 8. und 13. Sollte aber das ד׳ = 4. der Mm. zu Ez. l. c. kein Fehler sein, so bezieht sich die Angabe gewiss auf Neh. 4, 13.; aber 4, 8. rechnet sie nicht, weil dazwischen auch אַל (das Alef mit Pathach) vorkommt, und dies also zu einem andern Verzeichniss gehört. — Dass übrigens in den angeführten Versen אֶל und וְאֶל gleich sind, versteht sich von selbst, wie schon Mm. und Mp. zu Neh. 4, 19. bemerkt wird. Auch hier sieht man die Genauigkeit des Ausdrucks unseres Buches, indem es das Wort דמיין nach ה׳ פסיקים einschaltet, mit welchem grade das abwechselnde אֶל und וְאֶל angedeutet wird d. h. die 5 Verse sind sich ä h n l i c h in der Stellung der Präpositionen, wenn auch nicht g l e i c h, da einige blos mit אֶל und עַל abwechseln und andere auch וְאֶל dazwischen haben. —

Nr. 355. Ausführlich angegeben Jer. 27, 3. und ohne St. Mf. אל, 3. S. auch ausführlich Mf. אל, 6. — Die Angabe zu Jer. l. c. und Mp. daselbst wie auch Mf. l. c. ist falsch, da nur die e r s t e dort angeführte Stelle noch ein Mal אֶל nach den 4 וְאֶל hat; die andern beiden haben nur zuerst אֶל und dann 4 Mal וְאֶל. Diese Corruption zeigt sich aber noch deutlicher in Mf. אל, 6. wo dieselben drei Verse (das ועליהם der ersten Stelle daselbst muss ושלחתם heissen.) unter einer andern Form dieser Präpositionen (אֶל אֶל וְאֶל אֶל?) angeführt sind. — Es ist kein Zweifel, dass unser Buch das Richtige hat, das die Stellen verzeichnet, welche unmittelbar hinter einander bei Aufzählung einer Reihe von f ü n f Gegenständen erst אֶל und dann 4 Mal ואל haben, wozu auch Jer. 27, 3. gehört, indem das letzte אֶל, das nicht von ושלחתם sondern von הַבָּאִים abhängt, gar nicht dazu gehört und unberücksichtigt bleiben muss. Die 3 angeführten Stellen sind daher ganz der überschriftlichen Angabe entsprechend und die scheinbare V e r b e s s e r u n g von Seiten des Herausgebers der Mass. führte zu Falschem und Irrthümlichem, indem, wie die augef. Mf. אל, 6. beweist, 2 Artikel aus dem Verzeichniss gemacht wurden, die sich widersprechen. —

Nr. 356. Ausführlich angegeben Jud. 8, 22. Jer. 12, 6. und Koh. 9, 6.; ohne Stellenangabe: Gen. 32, 19. Ex. 4, 10. 12, 32. Jes. 48, 8. Mf. גם, 11. In allen diesen Stellen ist, wie in unserm Buche י״ב = 12. angegeben und sind auch nur 12 Stellen angeführt. Wenn aber an manchen Stellen die Mp. י״ג = 13 angiebt, so rechnet sie wahrscheinlich auch, wie Heid. bemerkt, Koh. 4, 8. dazu, in welchem Verse auch wirklich 3 Mal גַּם vorkommt, das aber in den genannten Angaben nicht gerechnet wird, wahrscheinlich weil die 3 גַּם sich nicht auf einander beziehen; s. die Anmerkung zu vorigem Art. — S. Mp. zu Jes. 48, 8. wo einige Ausgg. in der Mp. lesen: ד׳ פסוקי׳ גם גם גם; das

bezieht sich aber auf die Verse, die mit גַם anfangen und es muss heissen: ד׳ ר״פ גַם גַם גַם· —

Nr. 357. Ausführlich angeführt Ex. 21, 29. Ez. 16, 28. und ohne Stellenangabe Ps. 8, 8. Mf. גַם, 4. An der ersten Stelle sind י״ד = 14. überschrieben und gezählt; es sind aber nur 13, da das daselbst angeführte וגם עמי ישראל nicht existirt. Ez. l. c. werden י״ב = 12. angegeben und angeführt und 1 S. 2, 26. ausgelassen. Unser Buch hat י״א = 11. und lässt Gen. 24, 46. und 1 S. 2, 26. aus (das וגם עמי ישראל ist mit Recht bei uns und Ez. l. c. ausgelassen) die nur als Zusatz unter לבר ממסורתא angegeben sind. Wenn nun (s. Mp. zu den betreffenden St.), bald י״א, bald י״ב, י״ג und י״ד angegeben wird, so sieht man an der Unsicherheit, dass die Zahl ungewiss war, wie das auch aus Mpt. Hamb. zu ersehen ist, das bald י״א angiebt und 14 zählt, indem es manche St. aus einander reisst (st. וגם עמי ישראל liest es 2 M. וגם מבני ישראל) und bald י״ב angiebt indem es Koh. 7, 3. u. 2 Chr. 21, 4. auslässt. — Es sind im Ganzen 13 und wenn Ez. 16, 29. dazu gerechnet werden dürfte — weil das לֹא als kleine Partikel mit שִׂבְעָתְ als ein Wort betrachtet werden kann (s. die Mp. zu dieser Stelle, die doch eigentlich zum vorhergehenden V. gehörte), so sind es 14, so dass Ex. 21, 29. וגם עמי ישראל 2 Mal gezählt und וגם לא שבעת gestrichen werden muss. Warum unser Buch nur 11 zählt, ist nicht abzusehen. Wenn es Gen. 24, 46. und 1 S. 2, 26. auslässt, so liesse sich der Grund darin finden, dass in diesen Versen, ausser dem bezeichneten וְגַם noch גַם und וְגַם mehrmals vorkommen, und hier sollten nur etwa solche Verse gezählt werden, in welchen das וְגַם vor den beiden letzten Wörtern allein vorkommt. Aber dann dürfte auch Jos. 7, 11. und Ruth 1, 12. nicht gerechnet werden, weil auch in diesen mehrmals גַם und וְגַם vorkommt? — Ueber וגם זה הבל (Koh. 7, 6.), das in den Ausgg. גַם (ohne Waw) gedruckt ist s. מ״ש daselbst.

Nr. 358. Ebenso Mf. גַם, 8. und ohne Stellen Gen. 24, 44.

Nr. 359. Ist in der gedruckten Massora nur erwähnt Mp. Ex. 34, 3. 2 Reg. 23, 15. Ez. 24, 5. s. auch מ״ש daselbst. Der Verfasser des מבין חדות zu Ex. 34, 4. zählt nur die 3 auf, die er in der Mp. zu 3 St. gefunden; das vierte: 1 Reg. 21, 19. lässt er aus, weil die Mp. dazu nichts bemerkt.

Nr. 360. Diese Angabe ist in der gedrukten Massora nicht zu finden.

Nr. 361. Angeführt Mf. גַם, 10. Diese führt a. nur כ׳ = 20. an, die unmittelbar nach Athnach folgen, während unser Buch כ״ד = 24. anführt und 4 mehr zählt: Num. 23, 25. Jud. 5, 4. 1 S. 2, 26. und 12, 25. womit auch die Ausgg. übereinstimmen. Aber auch diese Zahl scheint nicht ausschliessend vollständig zu sein; warum ist nicht Ex. 10, 24. gezählt, da die Ausgg. alle (s. auch עין הקורא z. St.) גַם nach Athnach lesen? — S. Mp. Num. 23, 29. wo כ׳ statt ב׳ stehen muss; s. auch מ״ש zu Gen. 44, 9. — Was b. den 2ten Theil unserer Angabe betrifft, so hat unser Buch Jer. 28, 14. das in Mf. l. c. fehlt, während diese Jer. 52, 10. zählt, was in uns. B. fehlt. Es sind also im Ganzen 17 und müsste wohl במי״ן heissen d. h. es giebt 17 St. die in den genannten Büchern וְגַם (mit Waw) nach Athnach haben. —

Nr. 362. Ausf. Num. 11, 19. und ohne St. Mf. לֹא, 11.

Nr. 363. Ist nur angegeben Mp. zu Jos. 7, 12. und Ez. 36, 15.

Nr. 364. Ebenso Num. 18, 32. und ohne St. 1 S. 12, 21. Job 14, 12. Mf. לֹא, 13.

Nr. 365. Ausführlich Ez. 18, 6. und ohne Stellenangabe Ex. 20, 12. Lev. 19, 20. Zeph. 3, 2. (wo ה׳ statt ה׳ in Mm. und Mp. gelesen werden muss.) und Mf. לֹא, 10.

Nr. 366. Ebenso Mf. בֵּן, 9.

Nr. 367. Ausführlich angegeben Mf. לְ׳, 14. Auch hier hat unser Buch das Richtige, indem die Ueberschrift lautet: אלין מלין מיהדין u. s. w. so dass dadurch nur angezeigt wird, dass die angeführten Wörter nur ein Mal vorkommen, ohne noch andere auszuschliessen, indem es wirklich noch mehre giebt, wie aus dem Zusatz unseres Buches und aus Mf. hervorgeht. Wenn aber letztere כ״ו = 26. angiebt, so ist das unrichtig, weil es mehr als diese giebt. So hat unser Buch, ausser den 3 im Zusatze angegebenen 2 mehr, als Mf. nemlich: לַמְּסַגְּרוֹת und לְמִשְׁעִי; andererseits ist das לְמֵאָה (2 Chr. 5, 12.) falsch, da es auch 1 Chr. 12, 14. also 2 Mal vorkommt (Buxt. Concord. s. v. falsch). Zählen wir die angeführten Wörter zusammen, so sind es 25 (der Mf.) 2 unseres Buches und 3 des daselbst ang. Zusatzes, also zusammen 30. Es dürfen aber dadurch noch andere nicht ausgeschlossen werden. Der zu לְמִדָּן angeführte Vers ist unrichtig und muss ויצאו כל בני (Jud. 20, 1.) heissen, wie in Mf. l. c.

Nr. 368. Fehlt in der gedruckten Massora.

Nr. 369. Ausf. so angegeb. Gen. 6, 10. Lev. 6, 14. u. ohne St. Mf. גַת, 38. s. מ״ש Lev. l. c. Jud. 5, 29. Ez. 17, 23

Nr. 370. Ist in der gedruckten Massora nicht vorhanden. S. die Mp. zu den betreffenden Stellen.

Nr. 371. Angeführt Mf. ה׳, 4. Die ed. Bomb. 1525 hat als Ueberschrift: י"ד מלין מן ה׳ בריש תיבותא; ed. Buxt. hat: י"ד זוגין ב׳ ב׳ מלין ותרויהון מן ה"א בריש תיבות׳. Beide Ausgaben haben aber das Fehlerhafte, dass sie die bestimmte Zahl י"ד = 14. angeben; es sind nach uns. Buche, das 15 mehr zählt als die Mf. l. c. 29; es giebt aber noch mehr z. B. הָאִשָּׁה הַכֻּשִׁית (Num. 12, 1.), הָאַחֶרֶת (1 Reg. 3, 22.) הָאֶבֶן הַבְּדִיל (Zach. 4, 10.) u. dgl. bei denen die Mp. bemerkt ל׳. Unser Buch hat daher richtig als Ueberschrift אלין מלין מן ב׳ ב׳ u. s. w. wodurch (s. vorigen Art.) angezeigt wird, dass die Angabe nicht ausschliessend ist. — Wenn Mf. l. c. zu Jud. 20, 4. bemerkt ב׳ בפסוק so meint sie damit das bei uns angeführte האיש הלוי.

Nr. 372. Ist angeführt Mf. חילופי קריאה, 1. und Rabb. Bib. ed. Bomb. von 1517 am Ende. Unser Buch hat die vollständigste Aufzählung, indem es, ohne die Zusätze und לבר מכבירת׳, 52 zählt, während Mf. l. c., ohne die 3 unserer Zusätze, 35 hat, so dass uns. B. 17 mehr hat, die ich des beschränkten Raumes wegen auslasse und die durch Vergleichung leicht zu finden sind. — R. B. ed. 1517 hat 36; aus beiden zusammen kommt zu denen unseres Buches noch hinzu: מִיָּפָה (Ruth 4, 15.), צַיִר (Job 26, 8.), שָׂכַר (2 Reg. 7, 6.) אֹהֵב פֶּשַׁע (Prov. 17, 19.), הֵרַע (Ruth 1, 21.) und darf daher auch unser Buch auf ausschliessende Vollständigkeit keinen Anspruch machen, wie auch das Wort יצבה anzeigt. — In Mf. ist Folgendes zu bemerken: קִנָּה (Ez. 19, 14.) muss קִינָה heissen, wie in ed. Bomb. 1517. Zu התהתונה ist eine falsche St. angegeben; es muss heissen: וימד רחב (Ez. 40, 19.) wie bei uns und ed. Bomb. 1517. Ueber die einzelnen Stellen s. weiter unten. S. auch מ"ש Gen. 21, 6. Jud. 13, 20. 18, 28. 1 S. 30, 6. 2 S. 23, 1. 2 Reg. 6, 7. 7, 6. 16, 18. Jes. 6, 13. 24, 19. 32, 11. 63, 12. Ez. 14, 13. 19, 14. 24, 11. 40, 19. 42, 20. Prov. 1, 19. 2, 15. 7, 13. 11, 26. 17, 10. 30, 24. Job 6, 22. 7, 20. 19, 14. 23, 9. 26, 8. Ruth 4, 15.

Nr. 373. Ist חלופי קריאה 2. (ed. Buxt., in ed. Bomb. 1525. befindet sie sich gar nicht) angeführt, aber ohne Stellenangabe; ebenso Job 23, 7. In ed. Bomb. von 1517 befindet sich dieselbe Angabe mit Anführung von 14 St., es fehlen aber: מֵרָחֵם, שָׁרֵשׁ, וְרָאִיתָה, וְאָפִיהָ, וְהַעֲלַת, שָׁמָה und die beiden, über welche verschiedene Ansichten sind. — S. zu den betreffenden Stellen: מ"ש, עין הקורא und Heidenheims Bemerkungen dazu; auch שום שכל besonders Gen. 41, 33. und מבורש Gen. 11, 3. von Heidenheim. —

Nr. 374. Diese Angabe ist ausführlich angeführt Mm. Gen. 30, 16. unter י"ה כאילין מאריכין und Mf. בעב, 18.; ohne Stellenangabe: Num. 36, 3. und Deut. 19, 5. unter חד מן י"ח דסלקין ינחתין בטעמ׳ באוריית׳ mit der Hinzufügung פי׳ י"ח מאילין מאריכין בין אול׳ לזרקא. Der Sinn ist, das in der Regel der verbindende Accent (משרת) vor dem Sarka ein Munach ist mit Ausnahme, wenn ein Meaila (= Gaja oder ein Psik) dazwischen tritt, indem alsdann statt Munach ein Mercba steht und das findet statt bei den angeführten 18 St. im Pentat. S. ausführlich Heid. im משפטי הטעמים S. 15 ff. — שום שכל zu Gen. 3, 14. 30, 16. und 41, 45. und unsere Ausg. des דרכי הנקוד von R. Mos. Punctator S. 27 und Anmerkung dazu S. XLV.

Zusatz.

Nr. 1. Ebenso Mm. 2 Reg. 1, 4. u. Massora marg. das.; ohne St. Mf. לכ׳, 12. Das מחכי in dem chald. Denkzeichen ist besser, wie in Reg. l. c. וכהכי zu lesen.

Nr. 2. S. Mp. zu Ez. 18, 6. welche in Widerspruch steht mit M. marg. Ez. 18, 11. und uns. Stelle. — S. auch Michlol (ed. Venet. p.) S. 6[a] und Levita's Bemrkg. daselbst.

Nr. 3. Angeführt Gen. 2, 21. Num. 35, 23. und ohne St. (mit chald. Zeichen): Ps. 78, 28. Mf. נב, 2. Wenn Gen. l. c. in der Mp. bemerkt wird ד׳ = 4, so kann sich das nicht auf וַיִּפֹּל beziehen, da nach den angeführten Massoraangaben und selbst nach M. marg. daselbst es nur 3 giebt. Das ד׳ muss sich auf das Wort עֵוֶר (mit Zere) beziehen,

das so nur 4 M. vorkommt, im Gegensatz zu dem Eigennamen dieses Stammes, in welchem das ע׳ Segol hat, siehe 1 Chr. 25, 4. und 31. (in letzter Stelle hat es wegen der Pause ein Kamez).

Nr. 4. So Gen. 4, 12. und ohne St. Mf. ים, 17. — In Mp. zu Gen. l. c. muss חילא statt מילא gelesen werden. Das דמילתא bezieht sich auf den Anfang des Verses את כל הדבר und das Citat in uns. B. ist richtiger als M. l. c.

Nr. 5. S. Num. 12, 8. (wo sie nach der Reihenfolge d. Bib. aufgezählt sind) Deut. 5, 5. (wie bei uns nach dem Gedenkzeichen geordnet) und ohne St. Ez. 11, 8. u. Mf. יר, 2. In beiden letzten Stellen ist נורא statt אישתא angegeben, was dasselbe ist.

Nr. 6. S. 2 Reg. 5, 8. und ohne Stelle Mf. יך, 37. Die Angabe bezieht sich auf das Schwa des Waw, wie auch Mp. bemerkt ב׳ רפין; aber das Daleth hat ein Mal Kamez (Job 21, 19). So bemerkt auch Mpt. Hamb. zu 2 Reg. l. c. נ׳ כ׳ פתח וא׳ קמין und Job l. c. בתרא קמין. Uebrigens hat d. M. דנביא׳ statt דאלישע bei uns, was dasselbe ist.

Nr. 7. S Gen. 19, 33. 1 S. 19, 11. und ohne St.: Gen. 32, 21. Mf. לי, 6. Die Angabe zu Gen. 32. ist (ed. Buxt.) irrthümlich בלילה ההוא angegeben, man muss dafür בלילה הוא lesen.

Nr. 8. S. Gen. 27, 36. und ohne St. Gen. 29, 14. Mf. כי, 4. In Gen. 27. ist das Zeichen etwas undeutlich; das unsere ist richtiger und in der Anführung der St. motivirter.

Nr. 9. S. Gen. 32, 7. und ohne St. Jud. 2, 15. 2 S. 13, 2. Mf. צר, 1.

Nr. 10. S. Gen. 30, 15. und ohne Stelle Gen. 43, 18. 2 Reg. 5, 26. Mal. 2, 13. Mf. לק, 6. — Mpt. Hamb. zu 2 Reg. 5, 26. fügt hinzu: וא׳ ולקחת, רגש, ולקחה בידך דירבעם 1 Reg. 14, 3. woraus zu ersehen, dass in letzter Stelle das Cheth Pathach haben muss und nicht וְלָקְחְתְּ (das Cheth mit Schwa) gelesen werden darf, wie es z. B. Buxt. in der Concord. und einige Ausgg. haben. S. Heid. im יום ישכל Gen. 30, 15.

Nr. 11. S. Mm. Ps. 35, 10. und Mf. כל, 51. auch מ״ש Deut. 15, 10. Ps. 22, 15. und 138, 2., Heid. zu עין הקורא Deut. l. c. und unsere Ausg. des דרכי הנקוד והנגינות S. 21 und XXXI. ausführlich.

Nr. 12. S. Ex. 15, 5. u. ohne Stellenang. Mf. מצ 16. — S. מ״ש Ex. l. c. Ps. 88, 7. Neh. 9, 11. Nach unserer Angabe scheint keine Verschiedenheit in der Schreibform obzuwalten. —

Nr. 13. Angef. Deut. 8, 7. Ps. 66, 12. Prov. 30, 16. und ohne Stellenang. Mf. מי, 9. Auch Ben Ascher in R. B. ed. Bomb. von 1517 führt sie an, wie bei uns, nur, dass er zu Prov. 30, 16. שאול ועצר רחם als Anfang des Verses angiebt, wozu das chaldäische Zeichen besser passt, und das letztere etwas umsetzt. — S. מ״ש zu Ps. 1, 3.

Nr. 14. S. Mm. Ex. 2, 11. Ez. 7, 9. u. ohne Stellenang. Ex. 7, 17. 2 Reg. 6, 22. Jes. 14, 6. und Mf. הך, 5. — Ex. 7, 17. u. 2 Reg. l. c. haben irrthüml. ח׳ = 8.; es muss ה׳ = 5. gelesen werden. Ebenso ist Ez. l. c. statt קמצין zu lesen: פתחין, was s. v. h. a. Segol, das auch Pathach (קטן) genannt wird. Die Denkzeichen sind, wie oft, verschieden; Ex. 2, 11. hat לא תמהי; Ex. 7, 17. 2 Reg. und Jes. l. c. haben לא תלקי, was dasselbe ist. Ez. und Mf. l. c. haben: עבריא׳ בחומרא ובהרבא עכימיא הבחי׳. Wenn das ה׳ in den angegebenen Stellen kein Druckfehler ist, so kommt es daher, dass in dem Denkzeichen 8 Wörter enthalten sind, wonach sich der Abschreiber richtete, weil in der Regel jedes Wort eine St. vertritt. (S. übrigens unten Nr. 19.) — Auch ist nach der Anführung der Verse in Gen. l. c. das לא תמהי nicht motivirt, wesswegen Ez. u. Mf. l. c. es verbessert in ובהרבא für האשר שבית בהרבך. Unsere Angabe ist aber die richtigste, weil לא תמהי auf den Anf. des Verses ויאמר לא תכה sich bezieht und also dem Verse entspricht. Ebenso ist ברגוא ה׳ überflüssig und kann zum Irrthum führen, darum ist's bei uns und in den 2 letzten Angaben ausgelassen. — S. Michlol. (ed. Venet. parv.) S. 157ᵇ der sie in anderer Ordnung u. ohne Zeichen anführt; auch מ״ש zu Jes. 53, 4. wo er diese Stelle vergessen zu haben scheint, indem aus derselben bewiesen ist, dass es daselbst מַכֵּה (das Kaf mit Zere) heissen muss.

Nr. 15. Mit Angabe der St. Ex. 4, 11, Jer. 10, 23. und Zeph. 1, 17. u. ohne Stellenang. Lev. 13, 9. Prov. 10, 23. Mf. אד, 6. Die richtige Ordnung nach dem Gedenkzeichen hat nur unsere Stelle. Wenn es Lev. 13, 9. במ״ב heisst d. h. in Koh. sind 2 Stellen, in welchen das ל׳ von לאדם ein Schwa hat, während in den andern Angaben במ״א steht d. h. es gebe nur eine Ausnahme u. Koh. 2, 21. ausgelassen ist; so ist der Grund davon, dass letzteres וְלְאָדָם (mit Waw praef.) geschrieben ist und also zu לְאָדָם nicht gehört. — Uebrigens bedeutet das מלעיל der M. (als Gegensatz zu מלרע = Schwa) dasselbe, was unser קמצין bezeichnet. Das daselbst vorkommende: וכל המש מגלות ist gleich dem וכל קהלה, da es ausser Koh. in den andern 4 Megilloth

nicht vorkommt. S. Mp. zu Ex. 4, 11. wo es (ed. Buxt.) statt 'הָ heissen muss 'הָ. —

Nr. 16. Ebenso Gen. 18, 7. 1 S. 2, 26. 1 Reg. 10, 7. und ohne St. Mf. ־בּ, 10. In den ersten beiden Stellen ist das Wort והנער = טליא überflüssig, da שמואל dieselbe Stelle bezeichnet. Die beiden andern Stellen haben nur טליא und lassen שמואל aus, was ähnlich ist unserer St., die nur שביאל anführt. Uebrigens hat auch hier (s. vor. Art.) unser Buch die Verse dem Zeichen entsprechend angeführt. —

Nr. 17. S. Gen. 18, 4. Job 28, 2. und ohne St. Mf. לָך, 8. Unsere Angabe (wie Mf. und Mp.) fasst die Form mit Kam. und Path. des Kaf zusammen, während die beiden ersten Angaben dazu bemerken: ב' קמין וחד פתח d. h. eins (Gen. 18, 4.) hat (das Kaf) Pathach, während die andern beiden Kamez haben. Das Denkzeichen hat ausser uns. B. nur noch Mp. zu Gen. l. c. wo ביי für unser ביא steht, was dasselbe bedeutet. Auch haben die beiden ersten Stellen noch אנ"ך, was richtig ist. —

Nr. 18. Angeführt Deut. 29, 12. 1 S. 20, 8. u. ohne St. Mf. ־בּר. 3. Das Zeichen fehlt in der gedruckten Massora. Sollte nicht für נביא besser עבדא zu lesen sein, mehr dem Vers (1 S. 20, 8.) entsprechend? Das רפין der Massora bezieht sich auf das Schwa des 2ten 'ב.

Nr. 19. S. Num. 32. 42. Zach. 5, 11. Ruth 2, 14. und ohne St. Mf. לָה, 1. Das רפין unseres B. und der Mf. ist dass, was in den andern Stellen דלא מפיק ה"א heisst. Zu Zach. wird noch bemerkt אנ"ך, was richtig ist, da immer je 1 Vers in einem der Theile der Schrift vorkommt. Das Denkzeichen fehlt in der gedruckten Massora; s. oben Nr. 14 uns. Bemerkung. S. Raschi zu Num. l. c. מ"ש zu den angegebenen Stellen; auch Michlol 22[b] und Levita daselbst.

Nr. 20. S. Ex. 35, 24. Prov. 3, 35. und ohne St. Mf. ־רם, 7. Unser Buch hat das (richtige) Zeichen für die 3 St. in welchen es ohne Waw vorkommt; die andern Angaben ziehen die 4 zusammen und müssen daher d. Zeichen ändern; Prov. liest אשטי (wahrscheinlich ebenso das אשפי der Mf.?) entsprechend dem אילת (Prov. 24, 20.). Das אמטיאי in Ex. l. c. soll wohl אשטיאי heissen, da für ersteres in Prov. 14, 29. worauf es sich beziehen muss, kein entsprechendes Wort sich findet.

Nr. 21. S. Ex. 16, 21. 1 Reg. 1, 2. und ohne St. Mf. ־חם, 2. In beiden ersten Stellen ist auch noch e i n s ohne Waw angegeben; doch das Zeichen bezieht sich nur auf 3. In 1 Reg. 1, 2. ist noch hinzugefügt: אנך und וכל בן נח דכוותי', ebenso in Mp. daselbst; das hat so keinen Sinn; es muss aber dazwischen (nach יתר חָם u. s. w.) gesetzt werden וחד חָם, זה לחמנו חם (Jos. 9, 12.) und darauf bezieht sich 'וכל בָּן נח דכו d. h. der Eigenname des Sohnes Noach's חָם kommt immer nur mit Kamez vor.

Nr. 22. S. Lev. 22, 23. und ohne St. Num. 30, 10. Jes. 19, 21. Mf. ־נד, 4. Zu uns. ה' בה' נקודות muss man sich das 'בלי d. h. „in ähnlicher Form" hinzudenken, was überhaupt in unserem Buche sich seltener findet, indem nur die Grundformen aber weniger die Anhängsel (prae- und suffixe) berücksichtigt werden. —

Nr. 23. S. Lev. 1, 2. und ohne St. Lev. 7, 14. 17, 4. 27, 9. Mf. ־קר, 30. — Das Zeichen in den angeführten St. ist unvollst.; indem wie es scheint, בר נשא dem אדם und קמי תרעא dem יאל פתח entspricht, so fehlt eins. — Uns. Angabe hat das Richtige; איתי = אחד ; חד = אדם ; איניש = הביאו ; בעירא = יאם בהמה und טמאה = מבאבא.

Nr. 24. S. Gen. 16, 15. und Prov. 30, 4. u. ohne St. angeführt: Gen. 21, 3. 1 Reg. 16, 24. Ez. 39, 16. Mf. ־שם, 11.

Verzeichniss

der angeführten Massorastellen.

N.B. (Die erste Zahl bezeichnet die Seite, die zweite die Zeile; ^{1} und ^{2} giebt die Columne an).

Mm.

Gen.	1, 1.	25^{2} 20.
=	1, 26.	51^{1} 31.
=	2, 21.	61^{2} 1.
=	3, 6.	12^{1} 6.
=	4, 12.	62^{1} 5.
=	6, 16.	60^{2} 43.
=	8, 9.	59^{1} 32.
=	8, 19.	56^{1} 21.
=	11, 32.	3^{1} 7.
=	13, 3.	57^{1} 29.
=	13, 9.	58^{2} 26.
=	14, 1.	50^{1} 14.
=	16, 1.	53^{1} 10.
=	16, 15.	63^{2} 31.
=	17, 9.	56^{2} 15.
=	18, 4.	63^{1} 11.
=	18, 7.	63^{1} 3.
=	18, 9.	28^{2} 8.
=	19, 19.	3^{2} 18.
=	19, 20.	15^{2} 18.
		58^{1} 7.
=	19, 33.	62^{1} 20.
=	21, 3.	63^{2} 32.
=	22, 3.	4^{1} 31.
		4^{2} Anmrkg.
=	23, 11.	50^{1} 44.
=	24, 44.	60^{1} 36.
=	24, 49.	58^{2} 28.
=	25, 23.	35^{2} 19.
=	25, 31.	14^{2} 17.
=	26, 3.	18^{1} 21.
=	27, 3.	31^{2} 24.
=	27, 4.	38^{2} 19.
=	27, 36.	62^{1} 24.
=	28, 19.	44^{1} 5.
=	29, 3.	58^{1} 16.
=	29, 14.	62^{1} 24.
=	30, 11.	29^{1} 19.
=	30, 15.	62^{1} 29.
=	30, 16.	61^{2} 19.
=	30, 34.	34^{1} 29. ^{2}2.

Mm.

Gen.	31, 33.	21^{1} 18.
=	31, 43.	6^{2} 35.
=	31, 50.	58^{1} 19.
=	31, 51.	58^{2} 26.
=	32, 2.	14^{1} 16.
=	32, 7.	62^{1} 27.
=	32, 16.	3^{2} 12.
=	32, 19.	59^{2} 34.
=	32, 21.	62^{1} 21.
=	33, 4.	33^{2} 28.
=	34, 5.	2^{1} 16.
=	34, 19.	18^{1} 5.
=	34, 24.	26^{1} 29.
=	35, 2.	2^{1} 15.
=	35, 5.	26^{2} 36.
		42^{1} 33.
=	36, 5.	36^{1} 15.
		52^{2} 40.
=	36, 38.	6^{1} 26.
=	36, 39.	6^{1} 36.
=	37, 9.	58^{2} 20.
=	37, 25.	13^{1} 24.
=	38, 11.	9^{2} 35.
=	39, 21.	13^{1} 13.
=	40, 10.	14^{2} 17.
=	41, 26.	55^{2} 4.
=	41, 27.	50^{1} 6.
=	41, 49.	49^{1} 33.
=	42, 16.	21^{1} 43.
=	42, 29.	18^{2} 5.
=	42, 38.	43^{2} 34.
=	43, 18.	62^{1} 29.
=	45, 6.	21^{1} 16.
=	46, 13.	20^{1} 16.
=	46, 20.	29^{1} 34.
=	47, 30.	34^{1} 29.
=	48, 10.	38^{2} 19.
=	49, 12.	18^{2} 19.
=	49, 26.	46^{1} 20.
=	50, 5.	15^{2} 28.

Mp.

Gen.	2, 21.	61^{2} 3.
=	4, 12.	62^{1} 6.
=	18, 4.	63^{1} 17.
=	18, 28.	55^{1} 7.
=	19, 3.	1^{1} 25.
=	21, 7.	19^{2} 10.
=	26, 34.	18^{1} 1.
=	27, 16.	18^{2} 36.
=	29, 12.	58^{1} 37.
=	30, 34.	34^{1} 37.
=	30, 38.	42^{2} 36.
=	32, 4.	1^{1} 25.
=	34, 19.	1^{1} 24.
=	36, 39.	6^{1} 37.
=	38, 9.	5^{2} 36.
=	42, 29.	18^{2} 5.
=	46, 13.	20^{1} 16.
=	46, 24.	18^{2} 26.
=	47, 20.	38^{2} 27.
=	49, 9.	18^{1} 22.
=	49, 12.	18^{1} 19.

Mm.

Ex.	1, 1.	1^{2} 11.
=	2, 3.	14^{1} 39.
=	2, 11.	62^{2} 7.
=	2, 20.	13^{2} 18.
=	4, 2.	29^{1} 20.
=	4, 10.	59^{1} 34.
=	4, 11.	62^{2} 32.
=	5, 7.	29^{2} 33.
=	5, 23.	8^{2} 10.
		43^{2} 4.
=	6, 9.	47^{2} 7.
=	7, 18. (24)	54^{1} 41.
=	6, 24.	43^{2} 9.
=	7, 9.	44^{1} 27.
=	7, 29.	27^{1} 30.
=	8, 9.	56^{2} 37.
=	9, 15.	22^{1} 40.

Mm.

Ex.	11, 13.	48^2 14.
"	12, 22.	26^2 36.
"	12, 30.	57^2 35.
"	12, 32.	59^2 35.
"	13, 3.	46^2 7.
"	15, 5.	62^1 41.
"	15, 23.	19^2 16.
"	15, 26.	54^1 21.
		56^1 34.
"	16, 21.	63^2 10.
"	17, 16.	14^2 6.
"	18, 13.	43^1 21.
"	19, 20.	59^2 15.
"	20, 8.	44^1 4.
"	20, 12.	60^2 21.
"	21, 29.	60^1 3.
"	22, 9.	26^2 30.
"	23, 31.	57^1 30.
"	24, 14.	26^1 27.
"	25, 20.	59^1 16.
"	25, 30.	42^1 32.
"	27, 9.	15^2 4.
"	28, 4.	51^2 19.
"	29, 28.	58^2 2.
"	32, 18.	57^2 21.
"	32, 25.	37^1 15.
"	34, 3.	49^2 5.
"	34, 9.	42^1 8.
"	34, 25.	41^1 5.
"	35, 18.	48^1 19. 29.
"	35, 24.	63^2 1.
"	35, 31.	50^1 6.
"	36, 9.	47^1 3.
"	37, 9.	59^1 16.
"	39, 3.	7^2 22.
"	39, 4.	41^2 20.
"	40, 3.	8^1 Amkg.
"	40, 20.	59^1 21.

Mp.

	4, 11.	63^1 1.
"	7, 4.	44^2 35.
"	15, 16.	7^1 Amkg.
"	15, 23.	19^2 16.
"	17, 7.	59^1 16.
"	19, 13.	13^2 25.
"	34, 3.	60^2 39.
"	36, 9.	47^1 9.

Mm.

Lev.	1, 1.	10^2 25.
		35^2 Amkg.
"	1, 2.	25^2 43.
		56^2 38.
		63^2 25.
"	4, 12.	3^2 29.
"	4, 35.	15^2 29.
"	6, 14.	60^2 43.
"	7, 8.	15^2 11.
		56^2 9.
"	7, 14.	63^2 25.
"	8, 15.	47^1 19.
"	8, 23.	47^1 38.
"	10, 31.	11^2 38.
"	11, 12.	46^2 23.
"	11, 21.	30^1 25.
"	13, 9.	62^2 33. 35.
"	13, 10.	15^2 12.
"	13, 51.	52^2 11.
"	14, 45.	54^1 36.
"	15, 3.	14^1 2.
"	15, 20.	56^2 10.
"	16, 33.	58^2 31.
"	17, 4.	63^2 25.
"	19, 20.	60^2 21.
"	21, 5.	31^2 34.
"	22, 23.	63^2 19.
"	23, 12.	47^2 8.
"	24, 11.	18^2 14.
"	25, 4.	11^2 15.
"	25, 51.	7^1 9.
"	26, 34.	55^1 1.
"	26, 40.	47^2 8.
"	27, 9.	63^2 26.
"	27, 20.	58^2 6.

Mp.

"	5, 4.	2^2 20.
"	5, 23.	18^2 4.
"	7, 2.	37^1 15.
"	8, 15.	47^1 43.
"	10, 3.	18^2 13.
"	13, 48.	18^1 10.
"	15, 8.	20^2 12.
"	22, 13.	20^1 7.
"	27, 24.	10^2 15.

Mm.

Num.	1, 1.	11^2 14.
		37^2 22.
"	2, 7.	38^1 15.
Num.	2, 16.	3^2 15.
"	3, 39.	28^1 31. 33.
"	3, 47.	11^1 17.
"	4, 20.	5^1 15.
"	4, 49.	26^2 9.
"	5, 2.	56^1 23.
"	5, 16.	49^1 11.
"	8, 16.	49^1 16.
"	10, 35.	39^2 35.
"	11, 15.	37^2 23.
"	11, 19.	60^2 15.
"	12, 8.	62^1 9.
"	13, 9.	30^1 17.
"	13, 20.	18^2 8.
"	14, 38.	47^1 19.
"	15, 12.	9^2 36.
"	16, 30.	50^1 33.
"	18, 29.	13^1 13.
"	18, 32.	60^2 18.
"	23, 14.	50^2 32.
"	25, 9.	47^1 20.
"	26, 33.	54^1 11.
"	28, 4.	4^2 9.
"	28, 12. ff.	55^1 10.
"	30, 10.	63^2 19.
"	31, 47.	56^2 38.
"	32, 33.	48^1 20.
"	32, 42.	63^1 25.
"	34, 4.	32^1 7.
"	35, 23.	61^1 1.
"	36, 3.	61^2 20.
"	36, 11.	54^1 12. 15.

Mp.

"	4, 8.	54^2 26.
"	9, 19.	50^1 12.
"	9, 22.	50^1 12.
"	10, 31.	12^1 3.
"	12, 14.	20^2 12.
"	16, 24.	49^2 22.
"	23, 29.	60^1 8.
"	28, 4.	4^2 11. 19.
"	32, 17.	19^1 11.
"	34, 4.	32^1 8.
"	36, 8.	56^2 30.

Mm.

Deut.	1, 1.	26^2 35.
		28^2 12.
"	3, 10.	56^1 24.
"	3, 16.	57^1 31.
Deut.	4, 34.	18^2 1.
"	5, 5.	62^1 10.
"	6, 13.	48^2 15.
"	7, 12.	42^1 22.
"	7, 15.	27^2 12.
"	8, 7.	62^2 1.
"	9, 24.	25^2 44.
"	9, 25.	48^1 21.
"	11, 4.	8^2 15.
"	11, 29.	59^2 22.
"	12, 5.	58^1 12.
"	12, 6.	58^2 18.
"	14, 2.	48^2 15. 32.
"	14, 10.	46^2 24.
"	15, 15.	54^2 26.
"	16, 12.	54^2 26.
		54^2 Amkg.
	19, 5.	61^2 20.
	19, 15.	48^2 15.
	20, 14.	56^2 10.
	22, 19.	49^2 19.
	28, 12.	8^2 16.
	28, 20.	57^2 6.
	28, 46.	52^1 21.
	28, 63.	8^2 12.
	28, 68.	8^2 10.
	29, 12.	63^1 20.
	29, 29.	28^2 7.
	30, 16.	54^1 19.
	31, 16.	42^2 37.
	32, 39.	22^2 6.
		57^2 41.

Mp.

	4, 34.	18^2 1.
	7, 6.	49^1 2.
	14, 2.	49^1 8.
	16, 12.	55^1 Amkg.
	32, 30.	45^1 39.
	32, 41.	18^2 39.
		29^2 4.

Mm.

Josua	6, 4.	46^2 8.
"	6, 5.	36^2 6.
"	11, 14.	55^2 28.
"	13, 21.	56^2 10.
"	15, 4.	31^2 41.
"	17, 3.	54^1 12.
"	17, 8.	20^2 20.

Josua	18, 2.	18[2] 32.
=	18, 12.	32[1] 20.
=	18, 16.	59[1] 32.
=	22, 23.	58[2] 6.
=	49, 12.	58[1] 20.

Mp.

	7, 12.	60[2] 16.
	10, 13.	18[2] 13.
	11, 14.	56[2] 30.
	17, 8.	20[2] 21.
	18, 2.	18[2] 32.
	19, 20.	3[2] 4.
	21, 28.	3[2] 4.

Mm.

Jud.	1, 1.	37[1] 23.
		42[1] 21.
=	2, 15.	62[1] 27.
=	2, 22.	58[1] 5.
=	4, 16.	52[1] Akg. 1.
=	8, 22.	59[2] 33.
=	17, 7.	58[1] 22.
=	18, 28.	57[2] 24.
		58[1] 3.
=	18, 30.	37[1] 8.
=	19, 3.	32[1] 33.
=	20, 2.	56[1] 33.

Mp.

	5, 11.	20[2] 17.
	5, 15.	18[2] 28.
	19, 11.	19[2] 36.

Mm.

1 Sam.	1, 1.	34[2] 30.
=	2, 26.	63[1] 3.
=	5, 6.	38[1] 4.
=	12, 3.	48[2] 7.
=	12, 21.	60[2] 18.
=	13, 19.	37[1] 41.
=	19, 11.	62[1] 20.
=	20, 2.	33[1] 36.
=	20, 8.	63[2] 20.
=	20, 38.	36[2] 30.
=	21, 14.	8[2] 11.
=	25, 6.	51[2] 32.
=	26, 12.	58[2] 1.
2 Sam.	1, 20.	57[1] 1. 5.
=	5, 2.	29[2] 12.
=	8, 3.	28[2] 14.
=	12, 31.	36[2] 16.
=	13, 2.	62[1] 27.
=	15, 23.	56[1] 5.
=	16, 18.	30[2] 1.
=	19, 5.	19[1] 28.
=	21, 6.	36[1] 43.
=	21, 9.	34[2] 11.
=	21, 14.	8[2] 11.
=	21, 21.	32[1] 40.
=	23, 9.	37[2] 3.

Mp.

1 Sam.	5, 9.	42[2] 15.
=	10, 14.	17[1] 19.
=	15, 32.	19[2] 15.
=	20, 21.	1[1] 28.
=	26, 21.	18[2] 2.
2 Sam.	10, 9.	31[1] 2.
=	12, 4.	18[1] 30.
=	14, 2.	26[2] 26.
=	19, 5.	19[1] 28.

Mm.

1 Reg.	1, 1.	32[2] 22.
=	1, 2.	63[2] 10.
=	1, 10.	17[2] 23.
=	5, 10.	52[2] 40.
=	7, 20.	37[2] 4.
=	10, 7.	63[1] 3.
	12, 3.	32[2] 37.
	13, 2.	40[2] 8.
	15, 20.	59[1] 22.
	16, 24.	63[2] 32.
=	18, 10.	27[1] 33.
=	18, 45.	57[2] 5.
=	19, 4.	37[1] 29.
=	19, 19.	58[1] 22.
2 Reg.	1, 4.	61[1] 1.
=	4, 11.	58[1] 8.
=	5, 8.	62[1] 14.
=	5, 26.	62[1] 30.
=	6, 22.	62[2] 8.
=	7, 9.	41[2] 37.
=	9, 2.	58[1] 12. 14.
=	10, 19.	56[1] 21.
=	11, 4.	44[1] 5.
=	12, 17.	2[2] 1.
=	15, 20.	58[2] 32.
2 Reg.	16, 7.	30[1] 2.
		43[2] 18.
=	17, 4.	24[1] 28.
=	19, 31.	28[2] 14. 23.
=	21, 11.	8[2] 11.
=	24, 10.	31[2] 33.

Mp.

1 Reg.	1, 2.	63[2] 14.
=	3, 12.	34[2] Akg.
=	4, 10.	17[2] 23.
=	8, 35.	4[2] Akg.
=	9, 21.	20[2] 7.
=	13, 7.	1[1] 27.
=	20, 6.	24[1] 43.
2 Reg.	1, 4.	61[1] 1.
=	4, 7.	19[1] 43.
=	12, 10.	18[2] 14.
=	19, 31.	28[2] 24.
=	23, 15.	60[1] 39.

Mm.

Jesaias	1, 1.	18[2] 13.
=	8, 1.	15[2] 11.
=	9, 3.	30[2] 1.
=	12, 6.	59[2] 33.
=	13, 8.	47[1] 38.
=	13, 16.	38[1] 1.
=	14, 6.	62[2] 8.
=	19, 21.	63[2] 20.
=	24, 19.	20[2] 32.
=	28, 9.	48[2] 7.
=	36, 1ff.	54[2] 20.
=	38, 16.	42[1] 9.
=	40, 16.	57[2] 34.
=	43, 14.	8[2] 10.
=	44, 9.	28[2] 8.
=	44, 14.	26[1] 12.
		39[2] 33.
	48, 8.	59[2] 36.
	62, 5.	8[1] 12.

Mp.

	1, 2.	21[1] 3.
	9, 2.	10[1] 29.
	10, 34.	5[1] 33.
	13, 20.	19[1] 20.
	21, 5.	13[1] 26.
	21, 11.	19[2] 12.
	22, 17.	13[1] 25.
Jesaias	23, 17.	20[1] 7.
=	24, 19.	20[2] 33.
=	42, 1.	19[2] 41.
=	43, 17.	3[1] Akg.
=	44, 15.	1[1] 25.
=	47, 8.	19[2] 33.
=	48, 8.	59[2] 43.
=	63, 2.	7[2] 14.
=	66, 5.	10[1] 30.

Mm.

Jerem.	1, 1.	34[2] 3.
		35[1] 24.
		35[2] 1.
=	8, 19.	57[2] 34.
=	10, 23.	62[2] 32.
=	15, 10.	19[2] 30.
=	18, 12.	8[2] 17.
=	27, 3.	59[2] 11.
=	27, 13.	26[2] 33.
=	27, 18.	58[2] 7.
=	29, 31.	59[1] 30.
=	30, 24.	57[2] 6.
=	31, 40.	33[1] 27.
=	33, 21.	54[1] 31.
=	39, 14.	26[1] 13.
		39[2] 33.
=	48, 36.	59[1] 30.
=	49, 39.	36[1] 27.
=	52, 23.	19[2] 38.
=	52, 33.	27[2] 39.

Mp.

	13, 20.	35[2] 9.
	14, 21.	56[2] 43.
	15, 10.	19[2] 30.
	16, 7.	26[2] 23. 26.
	20, 10.	20[1] 12.
	23, 36.	18[2] 21.
	29, 1.	17[2] 18.
	30, 13.	57[2] 38.
	41, 14.	19[2] 42.
	48, 12.	19[1] 27.
	52, 23.	19[2] 38.

Mm.

Ezech.	1, 1.	29[2] 32.
		30[1] 17.
	1, 16.	55[1] 24.
	1, 20.	58[1] 13.

Ezech.	5, 6.	54[1] 23.
„	6, 9.	44[2] 39.
„	7, 9.	62[2] 7.
„	8, 17.	37[2] 23.
„	10, 2.	59[1] 34.
„	11, 8.	62[1] 11.
„	11, 13.	48[2] 31.
„	13, 15.	57[2] 22.
„	14, 11.	21[2] 23.
„	16. 28.	60[1] 3.
„	18, 6.	60[2] 20.
„	20, 44.	42[2] 35.
„	21, 38.	18[1] 13.
„	27, 9.	19[1] 41.
„	34, 6.	57[2] 41.
„	34, 16.	18[2] 7.
„	35, 15.	9[2] 36.
„	38, 2.	3[2] 29.
„	38. 9.	7[1] 4.
„	38, 20.	56[1] 5.
„	38, 22.	58[1] 30.
„	39, 16.	63[2] 32.
„	40, 36.	49[2] 1.
„	41. 19.	46[1] 22.
„	43, 15.	9[1] 9.
„	43, 20.	59[1] 18.
„	45, 12.	44[2] 40.
„	48, 1.	55[1] 25.
„	48, 16.	55[1] 25.

—

Mp.

„	3, 4.	50[1] 22.
„	3, 11.	50[1] 22.
„	18, 6.	61[1] 4.
„	18, 11.	61[1] 5.
	20, 6.	20[1] 17.
	20, 29.	4[2] 28.
	21, 3.	56[1] 11.
„	21, 38.	18[1] 13.
„	24, 5.	60[1] 39.
„	25, 3.	19[2] 25.
„	27, 9.	19[1] 41.
„	34, 16.	18[2] 7.
„	36, 15.	60[2] 17.
„	36, 27.	24[2] 7.
„	45, 8.	44[2] 35.
„	48, 18.	12[1] 11.

-

Mm.

Hoseas	1, 1.	18[1] 2.
„	2, 6.	42[2] 6.
Hoseas	7, 9.	58[1] 23.
„	10, 2.	19[1] 21.
Joel	1. 12.	20[2] 20.
„	3, 18.	30[1] 21.
Amos	1, 2.	47[1] 38.
„	3, 5.	3[2] 31.
Obadja	5. .	58[2] 24.
Hab.	1, 12.	37[2] 24.
Zeph.	1, 17.	62[2] 33.
„	3, 2.	60[2] 21.
„	3, 17.	8[2] 13.
Hag.	2, 3.	47[1] 19.
Zach.	1, 13.	59[1] 9.
„	2, 12.	4[2] 1.
„	5, 11.	63[1] 25.
„	6, 13.	58[1] 23.
„	9, 9.	26[2] 30.
„	10, 4.	47[2] 8.
Mal.	2. 13.	62[1] 30.
„	3, 10.	8[1] 29.

—

Mp.

Hoseas	1, 1.	18[1] 2.
„	1. 2.	13[1] 25.
„	10, 2.	19[1] 21.
Joel	1. 12.	20[2] 21.
Hag.	1, 9.	13[1] 25.

Mm.

Psalm	8, 8.	60[1] 4.
„	9, 13.	36[1] 33.
„	10, 12.	27[2] 26.
		28[1] 15.
„	14, 1.	57[2] 35.
„	19, 6.	8[2] 13.
„	27, 13.	28[2] 7.
„	34, 1.	8[2] 12.
„	35, 10.	62[1] 37.
„	36. 7.	46[1] 5.
„	38, 22.	57[1] 2.
„	41, 14.	43[1] 10.
Psalm	51, 7.	41[2] 37.
„	51, 13.	57[1] 2.
„	53, 2.	57[2] 35.
„	55, 22.	18[2] 32.
„	59. 10.	44[1] 5. 12.
„	66. 12.	62[2] 1.
„	67, 2.	21[2] 23.
„	69, 15.	9[2] 30.
„	71, 9.	5[1] 15. 18.
„	71, 20.	34[2] 31.
„	73, 2.	31[2] 34.
„	73, 4.	19[2] 1.
„	77, 1.	36[2] 3.
„	78, 28.	61[2] 2.
„	80, 14.	37[1] 13.
„	83, 8.	11[2] 7.
„	85, 2.	36[1] 28.
„	89, 37.	5[1] 15.
„	91, 13.	44[1] 28. [2] 7.
„	93, 1.	22[2] 21.
„	94, 8.	18[1] 13.
„	95, 10.	38[1] 15.
„	100, 3.	30[2] 1.
„	106, 5.	51[2] 44.
„	106. 20.	37[2] 23.
„	107, 23.	39[2] 40.
„	112, 10.	11[2] 7.
„	115, 1.	58[2] 33.
„	117, 2.	42[1] 22.
„	119, 9.	34[1] 29.
„	119, 25.	34[1] 29.
„	119, 70.	9[2] 40.
„	119, 99.	18[2] 3.
„	122, 5.	58[1] 17.
„	125, 1.	21[1] 12.
„	139, 5.	27[1] 33.
„	147, 9.	18[1] 35.
„	147, 18.	33[2] 28.
„	150, 5.	16[1] 19.

Mp.

„	24, 4.	35[1] Akg.
„	35, 8.	3[2] 25.
„	55, 22.	18[2] 32.
„	62, 11.	56[2] 43.
„	72, 8.	18[2] 18.
„	73, 4.	19[1] 2.
„	94, 8.	18[1] 13.
„	106, 33.	2[2] 21.
„	109, 17.	3[2] 25.
„	118, 13.	13[1] 24.
„	126, 4.	9[2] 27.

—

Mm.

Prov.	1, 1.	25[2] 28.
		30[1] 18.
		52[1] 25.
„	1, 2.	18[2] 19.
„	3, 15.	36[2] 38. 43.
„	3, 34.	36[1] 34.
„	3, 35.	63[2] 1.
„	4, 15.	6[1] 27.
„	5, 3.	14[2] 17.
„	5, 11.	5[1] 15.
„	5, 22.	41[2] 21. 38.
„	7, 25.	57[1] Akg.
„	8, 27.	6[1] 7. 19.
„	10, 23.	62[2] 33.
„	10, 26.	12[1] 6.
„	11, 3.	34[2] 27.
„	12, 4.	7[1] 4.
„	13, 20.	27[1] 7.
„	14, 21.	36[1] 34.
„	14, 28.	50[1] 25.
„	16, 28.	25[2] 44.
		26[1] 13.
		39[2] 33.
„	18, 17.	34[2] 23.
„	19, 16.	27[2] 8.
„	19, 26.	9[1] 19.
„	20, 4.	34[2] 24.
„	20, 16.	36[2] 27.
„	20, 21.	33[1] 23.
„	21, 9.	36[1] 41.
„	21, 19.	36[2] 2.
„	23, 21.	2[1] 32.
„	23, 26.	27[1] 7.
„	23, 30.	15[2] 5.
„	24. 1.	57[1] Akg.
„	24, 10.	27[1] 34.
„	24. 13.	3[2] 31.
„	24, 19.	57[1] 2. 24.
„	25, 24.	36[2] 2.
„	25, 28.	57[2] 36.
„	26, 21.	36[2] 2.
„	28, 5.	42[1] 23.
„	28, 8.	30[2] 20.
		31[1] 5.
„	30, 4.	63[2] 31.
„	30, 12.	9[2] 12.
„	30, 16.	62[2] 1.
„	30, 33.	16[1] 19.
„	31, 3.	23[1] 27.
„	31, 16.	31[2] 13.

Mm.

1 Chr.	1, 1.	25^{2} 24.
		34^{2} 22. 26.
		36^{2} 6. 17.
=	2, 43.	20^{2} 20.
=	3, 20.	6^{2} 10. 21.
=	7, 1.	43^{2} 38.
=	8, 7.	45^{1} 30.
=	9, 35.	36^{1} 36.
=	18, 1.	47^{2} 7.
=	21, 8.	41^{2} 38.
=	23, 22.	49^{1} 34.
=	27, 12.	29^{1} 13.
=	29, 5.	22^{2} 1. 22.
2 Chr.	3, 7.	18^{2} 5.
=	6, 29.	56^{1} 34.
=	11, 18.	36^{2} 42.
=	21, 4.	21^{2} 32.
=	22, 9.	58^{1} 34.
=	30, 21.	54^{1} 31.
=	32, 10.	52^{1} 26.
=	34, 6.	29^{1} 31.

Mp.

1 Chr.	2, 43.	20^{2} 21.
=	5, 26.	43^{2} 25.
=	9, 8.	19^{1} 43.
=	9, 19.	4^{1} 13.
=	11, 42.	19^{2} 33.
=	21, 28.	18^{1} 15.
=	23, 4.	4^{1} 13.
2 Chr.	2, 13.	5^{1} 33.
=	3, 7.	18^{2} 5.
=	4, 17.	18^{2} 6.
=	20, 29.	45^{2} 10.
=	26, 5.	18^{1} 15.
=	26, 15.	13^{1} 27.
=	35, 13.	13^{2} 14.
=	36, 21.	19^{2} 40.

Mass. fin.

א׳.

א׳, 1.	25^{2} 22.
א, 2.	25^{2} 43. 35^{2} Akg.
א, 3.	43^{2} 15. 13^{1} 38.
א, 4.	43^{2} 8.
א, 5.	43^{2} 19.
א, 6.	43^{2} 38.
א, 7.	29^{2} 32.
א, 8.	30^{1} 21.
א, 10.	27^{2} 37.
א׳, 11.	6^{1} 4.
א, 12.	6^{1} 9. 22.
א, 14.	6^{2} 9. 22.
א, 15.	7^{1} 18.
א, 16.	7^{2} 22.
	8^{1} 28.
	8^{1} 35.
א, 17.	8^{2} 23.
א, 18.	13^{2} 17.
א, 19.	13^{2} 23.
א, 20.	15^{2} 39.
א, 21.	16^{1} 14.
א, 22.	11^{2} 6.
	17^{2} 1.
	27^{1} 3.
א, 24.	5^{2} 13.
א, 25.	17^{1} 25.
	17^{2} 21.
	22^{1} 8.
א, 26.	12^{2} 38.
א, 27.	14^{1} 15.
אב, 23.	21^{1} 16.
אב, 25.	54^{1} 37.
אד. 6.	62^{2} 34.
אד, 23.	42^{1} 8.
אד, 43.	42^{1} 18.
אד, 44.	42^{1} 23.
אד. 45.	41^{2} 41.
אי. 32.	57^{2} 36.
אי. 34.	57^{2} 40.
אי, 35.	57^{2} 22.
אי. 36.	58^{1} 4.
אי, 37.	58^{1} 2.
איש, 51.	49^{2} 4.
אל. 1.	59^{1} 23.
אל, 2.	59^{1} 17.
אל. 3.	59^{2} 12.
אל, 4.	59^{1} 33.
אל. 5.	59^{1} 31.
אל. 6.	59^{2} 12. 17.
אל, 7.	59^{1} 35.
אל, 8.	37^{2} 15.
אל, 14.	26^{1} 26.
אל, 16.	26^{2} 29.
אל, 17.	57^{1} 2.
אל, 18.	56^{2} 39.
אל, 23.	24^{1} 27.
אל, 24.	3^{2} 28.
אל. 100.	42^{2} 5.
אם, 94.	34^{2} 18.
אם, 3.	58^{2} 25.
אם, 4.	58^{2} 7.
אם, 6.	58^{2} 3. 17.
אן, 14.	8^{2} 9.
איש, 33.	51^{1} 22.
את, 4.	48^{1} 21.
את, 7.	48^{1} 20. ^{2}9.
את, 8.	24^{1} 38.
את, 35.	53^{2} 42.
את, 41.	55^{2} 16.
את, 45.	51^{2} 27.
את, 46.	51^{2} 28.

ב׳.

ב׳, 1.	45^{2} 3.
ב, 2.	15^{2} 10.
ב, 5.	6^{1} 5.
ב, 6.	13^{2} 8.
ב, 7.	1^{1} 6.
	1^{2} 16.
ב, 8.	21^{1} 18.
ב, 9.	6^{2} 32.
ב, 10.	36^{2} 5. 17.
ב, 11.	36^{2} 25.
ב, 13.	1^{2} 9.
	16^{1} 17.
ב, 14.	16^{2} 26.
	22^{1} 42.
בא. 81.	21^{1} 20.
בה, 3.	27^{2} 7.
בה, 4.	27^{2} 6.
בם, 1.	58^{1} 6.
בן, 9.	60^{2} 23.
בד, 3.	63^{1} 21.

ג׳.

ג, 1.	6^{1} 7. 13.
ג, 2.	2^{1} 9.
גם, 4.	60^{1} 4.
גם, 8.	60^{1} 36.
גם, 10.	60^{2} 1.
גם, 11.	59^{2} 35.

ד׳.

ד, 1.	6^{1} 25.
ד, 2.	2^{1} 13.
ד, 3.	33^{1} 30.
דבר, 17.	34^{1} 29.
דבר, 18.	34^{2} 1.
דן, 3.	36^{2} 1.

ה׳.

ה, 2.	21^{1} 32.
ה, 3.	21^{1} 41.
ה, 4.	61^{1} 3.
ה, 6.	7^{1} 19.
	7^{2} 10.
ה. 7.	45^{1} 7.
ה, 8.	38^{2} 31.
ה, 10.	31^{2} 34.
ה, 11.	4^{1} 30.
ה. 13.	14^{1} 17.
ה, 14.	14^{2} 7. 16.
ה, 15.	14^{1} 33.
ה, 16.	6^{1} 7. 14.
ה, 18.	6^{2} 21.
ה, 19.	2^{1} 19.
ה, 20.	21^{1} 26.
ה, 21.	27^{1} 30.
ה, 23.	37^{2} 4. 13.
ה, 24.	31^{1} 6. 7.
ה, 25.	31^{2} 8. 9.
ה, 26.	31^{2} 34.
	45^{1} 31.
ה, 27.	27^{1} 12.
ה, 28.	36^{2} 19.
ה, 30.	49^{1} 12.
ה, 31.	6^{2} 8.
ה, 32.	12^{2} 36. 39.
הו. 2.	58^{1} 23.
הו, 3.	58^{1} 39.
הו, 5.	51^{2} 38.
הו, 6.	58^{1} 35.
ה׳י, 8.	49^{1} 34.
ה׳י, 15.	32^{1} 21.
הך, 5.	62^{2} 8.
הן, 13.	58^{1} 21.

ו׳.

ו, 1.	13^{2} 34.
ו, 2.	12^{2} 28.
ו, 3.	15^{1} [illegible].
ו, 4.	38^{2} 5.
ו, 5.	22^{1} 13.
ו, 6.	7^{1} 12.
	7^{2} 7.
ו, 7.	7^{2} 22.
ו, 8.	7^{1} 40.
	8^{2} 25. ^{2}18.
ו, 9.	8^{1} 34.
ו, 10.	8^{1} 37.
ו, 11.	12^{1} 23.
ו, 12.	13^{1} 12. 22^{2} 30.

ו,	13.	15[2] 34.
ו,	14.	27[1] 6.
ו,	15.	32[1] 34.
ו,	16.	32[2] 14.
ו,	17.	32[2] 19.
ו,	18.	32[2] 23.
ו,	19.	32[2] 39.
ו,	20.	34[2] 32.
ו,	21.	38[1] 14.
ו,	22.	38[2] 18.
ו,	24.	50[1] 5.
ו,	25.	50[1] 14.
ו,	31.	50[2] 20.
ו,	32.	50[2] 3.
ו,	34.	50[2] 1.
ו,	39.	49[1] 17.
ו,	40.	49[1] 37.
ו,	41.	49[2] 2.
ו,	44.	55[2] 26.
ו,	54.	48[2] 15.
ו,	55.	13[2] 35.
ו,	56.	50[1] 14.
ו,	59.	50[1] 24.
ו,	Ende.	15[2] 3.
וא,	1.	15[1] 30.
יא,	2.	6[2] 21.
וי,	1.	14[2] 20.
ות,	7.	15[2] 16.

ז'.

ז,	1.	2[1] 33.
ז,	2.	44[1] 6.
זא,	2.	8[1] 28.

ח'.

ח',	1.	33[1] 24.
ח,	2.	45[1] 10.
ח,	3.	14[2] 6.
ח,	4.	2[1] 34.
ח,	5.	6[2] 33.
חו,	11.	36[1] 16.
		52[2] 40.
חט,	3.	2[1] 40.
חי,	28.	52[2] 40.
חילופי קריאה	1.	61[1] 17.
"	2.	61[2] 8.
"	3.	52[1] 27.
"	4.	52[2] 10.
"	5.	52[2] 17.
חילופי קריאה	6.	52[2] 25.
"	7.	53[1] 26.
"	8.	53[1] 38.
"	9.	
"	10.	
חם,	2.	63[2] 11.
חק,	5.	54[1] 20.
"	7.	54[1] 30.
"	10.	54[1] 22.

ט'.

ט',	1.	2[2] 6.
טב,	10.	63[1] 4.
טח,	3.	38[1] 5.
טע,	1.	8[2] 12.
טע,	9.	42[2] 38.
טע,	12.	47[1] 38.
טע,	14.	47[1] 20.
טע,	15.	47[2] 8.
טע,	16.	47[1] 4.
טע,	18.	61[2] 20.
טע,	24.	46[1] 24.

י'.

י',	1.	2[2] 8.
י,	2.	15[2] 31.
י,	3.	21[2] 22.
י,	4.	21[2] 27.
י,	5.	24[2] 10.
י,	6.	25[1] 4.
		36[1] 11.
י,	7.	32[1] 40.
י,	8.	33[1] 35.
י,	9.	
י,	10.	33[1] 38.
י,	11.	33[1] 40.
י,	12.	33[2] 27.
י,	13.	34[1] 16.
י,	14.	34[2] 11.
י,	15.	34[2] 23.
		35[2] 21.
י,	16.	34[2] 27.
י,	17.	35[1] 19,
י,	18.	35[2] 18.
		25[1] 1.
י,	19.	36[1] 3.
		25[2] 4.
י,	20.	36[1] 16.
י,	21.	36[1] 26.
י,	23.	45[1] 33.
י,	25.	44[2] 30.
י,	26.	44[2] 20.
יא,	4.	8[2] 17.
יד,	25.	30[2] 3.
יד,	37.	62[1] 14.
ים,	17.	62[1] 5.
יע,	6.	36[1] 37.
יע,	14.	36[1] 16.
יר,	2.	62[1] 11.

כ'.

כ',	1.	7[1] 1.
כ,	2.	9[2] 35.
כ,	3.	15[2] 32.
כ,	4.	27[1] 33.
כ,	5.	2[2] 27.
כי,	4.	62[1] 24.
כל,	6.	55[2] 20.
כל,	9.	55[2] 26.
כל,	10.	55[2] 24.
כל,	11.	56[1] 24.
כל,	12.	56[1] 6.
כל,	14.	56[1] 22.
כל,	17.	56[1] 27.
כל,	18.	51[1] 30.
		56[1] 4.
כל,	19.	56[1] 15.
כל,	20.	56[1] 8.
כל,	23.	56[2] 27.
כל,	26.	56[1] 3.
כל,	31.	56[1] 34.
כל,	32.	56[2] 11.
כל,	51.	62[1] 37.
כע,	1.	42[2] 34.
כת,	8.	27[1] 7.
כת,	9.	29[1] 20.
כת,	10.	37[1] 42.
כת,	11.	29[1] 34.
כת,	12.	29[1] 3.
כת,	13.	28[2] 15.
כת,	14.	29[2] 13.
כת,	15.	29[2] 19.
כת,	16.	27[2] 3.

ל.

ל,	1.	10[1] 32.
ל,	2.	36[2] 22.
ל,	3.	11[2] 21.
ל,	4.	11[2] 36.
ל,	5.	12[1] 15.
ל,	6.	12[1] 18.
ל,	7.	6[2] 27.
ל,	8.	15[2] 4.
ל,	9.	2[2] 34.
ל,	10.	36[2] 22.
ל,	14.	60[2] 24.
ל,	15.	49[2] 18.
ל,	16.	49[2] 41.
ל,	17.	13[1] 34.
לא,	10.	60[2] 22.
לא,	11.	60[2] 15.
לא,	12.	50[1] 43.
לא,	13.	60[2] 19.
לא,	23.	30[2] 2.
לה,	1.	63[1] 26.
לה,	2.	53[1] 11.
לי,	6.	62[1] 21.
לכ,	12.	61[1] 4.
לק,	6.	62[1] 30.
לק,	8.	63[1] 12.

מ.

מ,	1.	22[1] 6.
מ,	3.	43[1] 9.
מ,	4.	7[2] 4.
מ,	5.	3[1] 6.
מ,	6. ff.	8[2] 26.
מ,	12.	8[2] 20.
מ,	15.	43[2] 5.
מ,	16.	13[1] 31.
מ,	17.	36[2] 28.
מ,	18.	36[2] 31.
מד,	7.	36[2] 1.
מה,	4.	51[2] 8.
מט,	5.	8[2] 17.
מי,	5.	48[2] 8.
מי,	9.	62[2] 2.
מן,	2.	43[1] 20.
מן,	3.	56[2] 38.
מצ,	16.	62[1] 41.
מת,	20.	50[1] 33.

נ'.

נ',	1.	3[1] 11.
נ,	2.	23[1] 26.
נ,	3.	7[1] 8.
נ,	6.	36[2] 39.
נ,	7.	36[2] 44.
נד,	4.	63[2] 20.
נפ,	2.	61[2] 2.
נק,	1.	28[2] 7.
נת,	38.	60[2] 44.

ס׳.

ס,	1.	3^{1}	14.
ס,	2.	42^{2}	7.
ס,	4.	6^{1}	7. 16.
סך,	6.	8^{1}	Akg.
סף,	13.	37^{2}	24.

ע׳.

ע,	1.	3^{1}	16.
עד,	1.	57^{1}	31.
עד,	2.	57^{1}	29.
עד,	3.	57^{2}	7.
עד,	4.	46^{1}	22.
עד,	8.	57^{2}	20.
עו,	8.	41^{2}	38.
עו,	22.	52^{1}	22.
עט,	3.	46^{1}	6.
עין,	32.	12^{1}	6.
על,	3.	23^{2}	26.
על,	6.	26^{1}	8.
על,	7.	26^{2}	12.
על,	8.	26^{2}	28.
על,	9.	26^{2}	32.
על,	10.	58^{2}	33.
על,	11.	59^{1}	5. 21.
על,	12.	59^{1}	17.
על,	14.	59^{1}	31.
על,	23.	58^{2}	31.
עג.	9.	36^{1}	34.

פ׳.

פ׳,	1.	3^{1}	28.
פ,	2.	6^{1}	7. 18.
פיש,	1.	39^{1}	38.
פת.	16.	10^{2}	38.
		11^{1}	25.
פת,	17.	11^{2}	1.
פת,	18.	11^{2}	11.
פתח באתנח zu Dan.		53^{1}	7.

צ׳.

צ,	1.	3^{1}	29.
צר,	1.	62^{1}	28.

ק׳.

ק,	1.	3^{1}	31.
קמין,	3.	44^{2}	40.
	4.	10^{2}	26.
	5.	11^{2}	17.
	6.	14^{1}	1.
קר,	30.	63^{2}	26.

ר׳.

ר׳,	1.	3^{2}	11.
ר,	2.	33^{1}	28.
רב,	22.	55^{1}	24.
רה,	1.	44^{1}	16.
רמ,	5.	21^{1}	2.
רם,	7.	63^{2}	2.
רע,	15.	8^{2}	11.

ש׳.

ש,	1.	3^{2}	14.
ש,	3.	42^{2}	7.
ש,	4.	44^{1}	6.
שב,	41.	36^{1}	28.
שג,	3.	38^{1}	2.
שם,	11.	63^{2}	32.
שם,	12.	40^{2}	8.
שם,	20.	58^{1}	13.
שם,	21.	58^{1}	15.
שם,	22.	58^{1}	8.
שם,	24.	58^{1}	18.
שפ,	18.	54^{1}	24.
שש,	2.	8^{2}	14.

ת׳.

ת,	1.	23^{1}	22.
ת,	3.	37^{1}	24.
ת,	4.	37^{1}	30.
תל,	2.	37^{1}	13.
תם,	6.	34^{2}	12.
תג,	5.	44^{1}	28.
תת,	2.	3^{2}	17.

Druck von Hermann L. Fridberg in Hannover.

Verbesserungen.

(Die Columne wird durch a und b bezeichnet).

Seite	Zeile	lies	statt
2b	21	הִטַּהֲרוּ	הִטָּהֲרוּ
2b	22	וְהִטַּהֲרוּ	וְהִטַּהֲרוּ
4a	36	כְּשׁוֹכֵב	כְּשִׁיכֵב
4b	1	וכשׁיב	וכשׁוב
7a	6	וּשְׁנַיִם	וּשְׁנֵים
8b / 8b	15 / 16	הַמִּשְׁפָּט	הַמִּשְׁפָּט
11a	25	פָּרֹכֶת	פָּרֹכֶת
11a	26	הַפָּרֹכֶת	הַפָּרֹכֶת
13b	22	לִשְׁבָאִים	לִישְׁבָאִים
15b	2	בְּשָׁלִשׁ	בְּשָׁלִשׁ
18b	2	לסיסים	לסוס
20a	37	כָּהֵם	כָּהֶם
20b	31	אֲחוֹתַיִךְ	אֲהוֹתַיִךְ
22a	1	1, 26.	1, 25.
34b	5	ד׳ בפסוק bezieht sich auf die 4 im Verse mit Kaf anfangenden Wörter, obgleich in diesem Verz. nur ככ־כמיש u. כרמ׳שק angef. aber כְּאַ־פַּד und כֻּלָּנוּ unter Alef u. Lamed ausgelassen sind? S. 39b 11 und Anmerkung. —	
34b	9	כָּהֵם	כָּהֶם
35a	5	בפלגתהון	בפלגת׳
38b	38	לָךְ	לר
45a	6	הגחלים	הנהלים
51b	19	באש nach אם לא	

Seite	Zeile	lies	statt
53b	16	וְנִפְתְּחָה	וַנִּפְתְּחָה
54b	38	לַצְּמִיתֻת	
55b	17	בְּהַיַּיִן	בְּהַיי
63a	7	כיום	היום
63b	17	לי׳ מלא zu וְרוֹמַמְתִּי	
65a	37 / 38	sind die Stellen versetzt.	
66a	17	א״ב מן ב׳כ׳	א״ב כ׳ כ׳
66b	27	אני ה׳ הוא	אני הוא
69b	1	וְהַכֵּנִי	
69b	17	וְהַנִּשָּׂאִם	
71a	2	וחברו nach הֲרֵם	
71a	28	תנו לה	תנולה
74b	23 / 24	יִתְיַצָּב	
75b	7	מלרע nach וַיֵּאָסֵף	
79b	36	יואב	איוב
81b	23	דתצוה nach תְּנַחֵת	
84b	17	ד״ה	ה״ר
87b	25	שׁבות	שׁבת
99a	27	die W. קרמ׳ דפ׳ דמלכי׳ gehören zu Zeile 28.	
103b	17	2 S. 23, 37.	
108b	5	3 M. mit Waw st. mit Waw.	
117b	18	שַׁעֲתָה	שַׁעֲתָא
124b	38	וְהַב	וְהַב
151a	38	תשובון	תשוכון
155a	33	וַיַּעַבְרוּ	וַיַּעֲבְרוּ
159a	4	אל תבטחו	א תכטהו

In folgenden Zeilen fehlt die Bemerkung, dass sie Zusätze sind:

32b	19.	von anderer Hand.
33b	28.	von derselben Hand
34b	15. 16.	von anderer Hand.
37a	10.	von anderer Hand.
37b	28.	von derselben Hand.
38a	1.	von derselben Hand.
48a	8.	von anderer Hand.
62b	37.	von derselben Hand.
63b	1.	von derselben Hand.
63b	17.	Zusatz?
78b	35.	von anderer Hand.
79a	3.	von anderer Hand.
79b	12.	von anderer Hand.
80a	3. 21.	Zusatz?
89b	26.	von anderer Hand.
105a	16.	von derselben Hand.
161b	34.	Zusatz?

בע"ה

זה הספר אשר אני ניתן לפניכם היום, דורשי התורה ואנשי המדע! הוא אחד מספרי המסורה הישנים, אשר עליהם אנו נשענים, וממנו אמר הרא"ב בהקדמתו החרוזית לס' מסורת המסרה ז"ל והוא (ס' אכלה ואכלה) ספר קטן הכמות, ובמסודת אין לו הדכיות, ונכבדות כי מדובר, ולא נמצא כספר מחובר, המדבר מהמסירה וכללם. רק הוא לבדו בעולם וכו' והכפיל הדברים בההקדמה השלישית באמרו כי לא נמצא ספר מחובר ממנה רק ספר אכלה ואכלה הנקרא כן בעבור התחלתו, וכן כתב בנמוקיו לס' השרשים שרש קרב ע"ש — וגם אם נראה קצת שרא"ב סותר את עצמו באמרו באותו עמוד כי (בעלי המסרה) כתבו דבריהם קונטרס קונטרס ולמדום ברבים ונתפשטו ההעתקות הנה והנה וכו' שנראה ממנו שספרי המסרה אשר לא נכתבו סביב הגליונות רק לבדם כמו ס' אכלה ואכלה היו רבים, מ"מ דעתי שנאבדו אח"כ ולא נשאר רק היא לבדו — תוכן הספר וענינו הוא חלק עצמי וראשיי לדברי המסרה בכלל. וזה לך לדעת קורא נעים! כי אנשי המסרה אשר הראב"ע קרא אותם (מאזנים, בראשיתו) שומרי חומות המקדש המעוז מיוסד ידי אלהינו אשר לא יכול זר להחריבו וכו' אמצו בכל כחם לשמור דרך עץ החיים ולקבץ כל הורית בתנ"ך בין באותיות בין במלות ובין בפסוקים כדי להבדיל בין הרוב למעט. הרוב עזבו ביד כל קורא ספרי הקדש ובטחו בו כי ידע אותם מהשתמשו בם תמיד, אבל המיעטים והזרים אשר קבלו קריאתם מורם מראשית אספו הביתה בית המסורה יסדו בנין מפואר מכמה מיני אבנים וגזרות כמו: א"ב, זוגין, חילופים, יחידאין, מלין וכו' כדי שיהיו מוכנים בזכרון הסופרים והמלמדים והם יעתיקום לתלמידיהם בהורותם כתבי קדש ובזה נדשכו דברי תורתנו. אלה אשר יושר לכתם, ואלה היוצאים מן הכלל בלב הקוראים והתלמידים איש לא נעדר. אבל חלק אחד ממעשי ידי אנשי המסרה אשר היו למאית ולאלפים דור אחר דור כמ"ש הרא"ב היה לספור כמה פעמים תמצא תיבה אי מהברית תיבות בתנ"ך, אף אם רבו לספיר ואינם זרים; ומין הזה מדברי המסרה, אשר גודל תועלתו איננו נכר כל כך, איננו מוכר בכללים כי אם מספר כל מלה ומלה. ומזה המין לא ימצא שום זכרון בס' אכלה ואכלה, כי תכליתו לקבץ הזרים ולהעריכם מול פני הדורש אותם תחת כללים הנ"ל ועליהם נאמר דברי חכמים כדרבונות וכמסמרות נטועים וכו'.

והנה לפי דעתי בספרנו זה הי' נודע גם לראשונים (ולא לראשוני הראשונים כי נזכר בתוכי הפסיקתא עיין סי' רצ"ג בסיפו ובילקוט פנחס רמז תשפ"ב) בשם המסרה הגדולה אשר תחתיו יכללו כל ספרי המסרה דונמתי, ואולי עליו רמז ר' סעדיה בנקוד שלי הביבא בפירש"י תלים מ"ה י"ד ז"ל ראיתי בנקוד רב סעדי' תיבה זו (ביקרותיך) סדורה עם מי נתן למשיסה יעקב שכתוב בו יו"ד והכמ"ך מורגשת עכ"ל והמסרה הזאת איננה נמצאת במסה"ג הנדפסת כלל רק היא איד מיצל בספרנו סי' רט"ז ע"ש ובהערתני עליה. גם אם הי' נודע לר"ת בשם זה נכהספקתי ועיין הצעתני האשכנזית — אך בשמו אשר יקראו לו (להבדילו משאר ספרי המסורה אשר היו נמצאים בימים הראשונים) ספר אכלה ואכלה לא נודע כי אם במאה העשירית לאלף החמישי ובשם זה מובא מהרד"ק במכלול (ד"ק) דף ק"לו ע"א, ק"צט ע"א ובשרשים שרש קרב ע"ש ובנמוק רא"ב שם. והנה מה שכתיב בדף קצ"ט על גְּבַל נְבָל נמצא בספרנו סי' כ"נ ע"ש ובמערכת ערך פתח, י"ז. ומה שהביא מכונו בשרש קרב נמצא בספרנו סי' ע' ובמערכת ערך א', כ"ה. וצ"ל שראיתו במקום הזה מס' אכלה ואכלה איננה כ"א ששניהם (קרבת אלהים יחפצון, קרבת אלהים לי טוב) שוים, דהיינו או ששניהם הטף או ששניהם מלעיל אבל לא אחד הטף ואחד מלעיל כמו שהקדים כי לפ"ז לא היו נמנים בכלל א"ב מן הרין תרין בחד לישן, אך מה שכתב ז"ל אבל בספר אכלה ואכלה כתוב שניהם טעמם מלעיל עכ"ל צ"ע כי מספרנו איננה ראי' כ"א שהם שווים אבל לא ששניהם מלעיל, אם לא שנאמר שספר אכלה ואכלה היה מנוקד לפני הרד"ק ושניהם היו מלעיל. ועל דבר מלות מלעיל וחטף עיין ת"ס ומה שכ' ריו"ה בשום שכל על מלת יִצְחָק (בראשית כ"א ו') וצ"ע ועיין עוד בליקוטי קדמוניות דף קמ"א ע"א שורה יו"ד מלמעלה דמשמע שהי' לפניהם קרבת שניהם הרי"ש בחטף פתח והקו"ף במירכא ע"ש. אבל הכתוב השלישי הנ"ל (דף קל"ז) לא יכריע, כי הנה מ"ש הרד"ק ז"ל וכן בספר

אכלה ואכלה שיבָה מלרע עכ״ל אם פירש״י כמי שהבין המכלול יפי׳ והמ״ש יש״ב ט״י כ״ו) שרצה להביא ראי׳ נגד דעת הנגיד כי שְבָה העיר (שם) היא מלרע זה לא נמצא בשום מקום בספרנו, גם נדפס שיבָה מלא וי״ו וזה לא שייך על שבת העיר כי זה בודאי היא הכר ע״פ המסורה. אלא נראה לי שהמו״ש בנית״כ טעה בפי׳ הרד״ק כי פי׳ „וכן בס׳ אכלה ואכלה״ היא ענין בפני עצמו וקאי על תיבת שיבָה אשר הזכיר לעיל שכבר באו מהם מלרע ור״ל שכן בס׳ אכלה ואכלה מצא שיבָה (ה׳. בצ״ל) מלרע ומינה אותם מיד כמו שנמסרו בכמ״נ בבמה מקומות ונפרט בתלי׳ ו״י ה׳, ואולי הי׳ לפני הרד״ק גם בספרנו כן כמו אלו הכ״ד סימנים אשר נתוספו בסוף ספרנו מכ״י אחר יצ״ע. — גם הכבים אחרים זולת הרד״ק אשר הי׳ בדור הזה ובדור שאחריו כמו ר׳ יוסף ן׳ עקנין התלמיד החשוב של הרמב״ם והכם אחר פלאי אשר כתב מאמר על הלכות שחיטה בלשון ערב. גם המחבר של ס׳ האשל הזכירו ספרנו בשם ספר אכלה ואכלה כמו שהבאתי בשם אומרם בהצעה האשכנזית, אבל לא ידעתי דבר עליהם דבר כי לא זכיתי לראות הספרים ההם בעצמם והדברים המובאים מהם יש בהם כמה טעיות אשר לא ידעתי לתקן אותן, האחד מביא בשם ס׳ אכלה ואכלה כי כ״א כתבין לא באל״ף וקרין לו בו״ו וזה נגד המס״נ וספרנו שאינם מוסרים כי אם ט״ו עיין סי׳ ק״ה והערתני עליו. והשני מביא דברים אשר לא כן בשם בן אשר. כי מלבד שדבריו „אבל וכו׳ בן אשר מרפה כל מה שאחר וַיְהִי בין אלה ושיש להם טעם מפסיק) בין וזולתה כמנהג והו״א וכגדכ״פת אין להם שחר. כי אם יש להם טעם מפסיק כמנהג והו״א ובגדכ״פת היא להדגיש ולא להרפות. אלא גם דברי בן אשר הוי מותרים את עצמן במה שנדפס בשער במ״נ משנת רע״ה וספר קונטרס המסורה עמיד נ׳ יצ״ע. —

אולם בדורות הבאים אחריהם לא נזכר ס׳ אכלה ואכלה עד שבא אליהו ה״ה הרא״ב בס׳ מסורת המסורת שלו וגלה מצפוניו ודבר על ענייני כנ״ל בתהלת דברני זה. ויש לך לדעת, אחי! כי זה האיש אלי׳ זכיר לטוב מחמת הבתו לספרנו זה הפריז על המדה ישנה בויאה: א׳, במה שאמר בהקדמה השלישית לס׳ מסורת המסורת וז״ל גם כל המסורה הנדפסת פה ווינויזיא בעשרים וארבע הגדול רבו אינו אלא מספר ההוא עכ״ל והכפיל הדברים והגיה את עצמו בשרשים שרש קרב באמרו וז״ל והכלל כל המסורה הגדולה שכבוד הב״ד הגדול כלה מן הספר ההוא וכו׳ עכ״ל וזה טעות כי עדיין יש לספק אם ר׳ יעקב בן חיים אשר הי׳ הראשון להוציא המסה״ג ראה את ספרנו והעתיקו, ואם העתיקו כלו אינני כי אם מקצה דברי המסורה הנדפסת לא רבו וכו׳ כמו שהוכחתי בהצעתני האשכנזית. ב׳, במה שאמר שם וז״ל אך זה לבד מצאתי כי בעלי המסורת לא קראו שמות לנקודות רק לקמץ ולפתח וכו׳ אבל שאר הנקודות לא נזכרו בשמם בכל המסורה גדולה וקטנה וכו׳ והמשל באמרם במסורת כ״א מלין חד או וחד א׳ וכו׳ עכ״ל והנה לא רק לא במסורה ולא בספרנו כלל, כי לא לבד בהמשל שהביא מכ״א מלין וכו׳ שהיא בספרנו סי׳ נ״ה ושם נזכר חד מלאפום וחד קמץ פום (חולם ושורק) אלא גם בסימנים אחרים יביאו שמות תנועות אחרות עיין סי׳ ר״ו ר״ח ר״ט ועיין מסה״ג בראשית ג׳ יא. ויקרא י״ג כ״א. תלי׳ צ״ה ד׳. דה״ב כ״ח, ח׳. ומס״ק דברי׳ ה׳ י׳. ש״א כ״ו ב׳. מ״א ט״ו כ״ד. עזרא ה׳ י״ח וכ״ג. ג׳, לא הזכיר ערך ספרנו זה אל דברי המס״ג הנדפסת, וכי ערכו הוא לדבריה כערך ספר יקר מינה בתכלית הדיוק אל העתקה משובשת ומוטעת והפרה. עיין הצעתנו בל״א. —

ומימי הרא״ב ועד עתה כערך ג׳ מאות וכ״ה שנה לא נשמע ולא נראה מכני כלום עד שחכמי דורני אמרו והחליטו כי נאבד ואיננו. לכן אלף תודות להחכם ר׳ דוב בער גאלדבערג אשר העירני על מציאותו בכ״י בעיר פארים הבירה, ומאותו כ״י העתקתיו והננו לפניך קורא אהוב! בהגהה מדויקת מנוקד כראוי ובמראה מקומות פסוקי תנ״ך והערות מבאורות בל״א כאשר עינך רואה ותוכל לדרוש ממנו ולהעריכו מול ספרי המסורה הנדפסת כאשר נפשך חפצה.

ועתה אלי צור ישועתי! אשר נהלתני בחסדך מעורי עד היום הזה ונתת לי הודים ומורים יראי שמך ודורשי תורתך אף נחלת שפרה עלי, כן עוד ידך תנחני במעגלי צדק לנטוע יראתך בלב בחורי בני ישראל ולהפיץ תורתך תורת אמת כי זאת ישעי וחפצי, לו יצמיח!

פה הנובר יום שנכפל בו כי טוב ל״ג בעומר תרכ״ד לפ״ק

הק׳ זלמן פרענסדארף סג״ל

בעזרת שוכן מעלה, אכתוב מסורת הגדולה:

1.

אלפא ביתא מן חד וחד חד א׳ וחד וא׳ ולית דכותהון׃

Alphabetisches Verzeichniss von Wörtern, die nur zwei Mal in der heiligen Schrift vorkommen, ein Mal ohne und ein Mal mit Waw am Anfang.

אָכְלָה	ותקם הנה אחרי אכלה	1 S. 1, 9.
וְאָכְלָה	ויאמר יעקב אל אביו אנכי	Gen. 27, 19.
אוֹמְרָה	לאל סלעי למה שכחתני	Ps. 42, 10.
וְאֹמְרָה	ויאמר יוסף אל אחיו ואל	Gen. 46, 31.
אֲחַיֶּה	עזבה יתמיך אני אחיה	Jer. 49, 11.
וַאֲחַיֶּה	ראו עתה כי אני אני הוא	Deut. 32, 39.
אֲשֵׁמִים	ויאמרו איש אל אחיו אבל	Gen. 42, 21.
וַאֲשֵׁמִים	ויתנו ידם להוציא נשיהם	Esr. 10, 19.
אַחְיֹתֵיהֶם	והלכו בניו ועשו משתה	Job. 1, 4.
וְאַחְיֹתֵיהֶם	צרויה ואביגיל ובני צרויה	1 Chr. 2, 16.
אֲבָרְכֵם	ושמו את שמי על בני	Num. 6, 26.
וַאֲבָרְכֵם	ויאמר יוסף אל אביו	Gen. 48, 9.
אֹחֲזָה	אמרתי אעלה בתמר	Cant. 7, 8.
וָאֹחֲזָה	כי המגיד לי לאמר הנה	2 S. 4, 10.
אֶצְבְּעוֹתַי	לדוד ברוך ה׳ צורי	Ps. 144, 1.
וְאֶצְבְּעֹתַי	קמתי אני לפתח לדודי	Cant. 5, 5.
אֶצְעָדָה	ונקרב את קרבן ה׳	Num. 31, 50.
וְאֶצְעָדָה	ואעמוד עליו ואמתתהו	2 S. 1, 10.
אֶתָא	אמר שומר אתא בקר	Jes. 21, 12.
וְאָתָה	ויאמר ה׳ מסיני בא	Deut. 33, 2.
אִבָּנֶה	ותאמר שרי אל אברם הנה	Gen. 16, 2.
וְאִבָּנֶה	ותאמר הנה אמתי בלהה	Gen. 30, 3.
אִשְׁתְּיוּ	המרא ושבחו לאלהי	Dan. 5, 4.
וְאִשְׁתִּיו	באדין היתיו מאני דהבא	Dan. 5, 3.

אוֹתֹתָם	שאגו צורריך בקרב מועדך	Ps. 74, 4.
וְאֹתֹתָם	הלא שאלתם עוברי דרך	Job. 21, 29.
אֹהֲבֵם	ארפא משובתם	Hos. 14, 5.
וָאֹהֲבֵם	שמרה נפשי עדותיך	Ps. 119, 167.
אֹצֶם	אצם הששי דויד השביעי	1 Chr. 2, 15.
וָאֹצֶם	ויהיו בני ירחמאל בכור	1 Chr. 2, 25.
אֶשְׁתּוֹן	וכלוב אחי שוחה הוליד	1 Chr. 4, 11.
וְאֶשְׁתּוֹן	הוליד את בית רפא	1 Chr. 4, 12.
אֶצְבּוֹן	ובני בלע אצבון ועזי	1 Chr. 7, 7.
וְאֶצְבֹּן	ובני גד שוני ואצבן	Gen. 46, 16.
אַשְׁמִיעֲךָ	קום וירדת בית היוצר	Jer. 18, 2.
וְאַשְׁמִיעֲךָ	המה יורדים בקצה העיר	1 S. 9, 27.
אֲשִׂימֵם	עבדי ירדו מן הלבנון	1 Reg. 5, 23.
וַאֲשִׂימֵם	הבו לכם אנשים	Deut. 1, 13.
אֶשָּׂאֶנּוּ	אם לא על שכמי	Job. 31, 36.
וְאֶשָּׂאֶנּוּ	אוי לי על שברי	Jer. 10, 19.
אֹרְרֶיךָ	יעבדוך עמים	Gen. 27, 26.
וְאֹרְרֶיךָ	כרע שכב כארי	Num. 24, 9.
אֵבוּס	טוב ארחת ירק	Prov. 15, 17.
וְאָבוּס	עמים באפי ואשכרם	Jes. 63, 6.
אֲבִישׁוּר	ושם אשת אבישור	1 Chr. 2, 29.
וַאֲבִישׁוּר	ויהיו בני אונם שמי	1 Chr. 2, 28.

בְּבַרְזֶל	ברזל בברזל יחד	Prov. 27, 17.
וּבְבַרְזֶל	ויאמר עליהם בנכסים רבים	Jos. 22, 8.
בְּרִשְׁעַת	לא בצדקתך ובישר לבבך	Deut. 9, 5.
וּבְרִשְׁעַת	אל תאמר בלבבך בהדף	Deut. 9, 4.
בְּרַחֲמֶיךָ	ואתה ברחמיך הרבים	Neh. 9, 19.
וּבְרַחֲמֶיךָ	הרבים לא עשיתם כלה	Neh. 9, 31.
בְּיֵין	דמשק סחרתך ברב	Ez. 27, 18.
וּבְיֵין	וישם דניאל על לבו	Dan. 1, 8.

בְּהֵעָלות	והיה בהעלות	Jer. 37, 11.
וּבְהֵעָלות	הענן מעל המשכן	Ex. 40, 36.
בִּדַבְּרִי	הנה אנכי בא אליך בעב	Ex. 19, 9.
וּבְדַבְּרִי	אותך אפתח את פיך	Ez. 3, 26.
בֵּרְכוּ	וביום הרביעי נקהלו	2 Chr. 20, 26.
וּבֵרְכוּ	ויהי כי הקיפו ימי המשתה	Job. 1, 5.
בֵּרֵךְ	כי הלל רשע על תאות	Ps. 10, 3.
וּבֵרֵךְ	הנה ברך לקחתי	Num. 23, 20.
בְּרוּכָה	ויאמר ברוכה את לה׳ בתי	Ruth 3, 10.
וּבְרוּכָה	וברוך טעמך וברוכה את	1 S. 25, 33.
בְצָרָה	יקראני ואענהו עמו אנכי	Ps. 91, 15.
וּבְצָרָה	ותבואתה מרבה למלכים	Neh. 9, 37.
בְּמִשְׁפְּטֵיהֶם	ובאו עליך חצן רכב	Ez. 23, 24.
וּבְמִשְׁפְּטֵיהֶם	המלך יתאבל ונשיא	Ez. 7, 27.
בְגָזֵל	נפש כי תחטא ומעלה	Lev. 5, 21.
וּבְגָזֵל	אל תבטחו בעשק ובגזל	Ps. 62, 11.
בְּחָנוּנִי	אשר נסוני אבותיכם	Ps. 95, 9.
וּבְחָנוּנִי	הביאו את כל המעשר	Mal. 3, 10.
בְּתוֹכְחוֹת	ועשיתי בם נקמות גדלות	Ez. 25, 17.
וּבְתוֹכְחוֹת	והיתה חרפה וגדופה	Ez. 5, 15.
בְּקָרְבָתָם	וידבר ה׳ אל משה אחרי	Lev. 16, 1.
וּבְקָרְבָתָם	בבאם אל אהל מועד	Ex. 40, 32.
בְקַשְׁתִּי	כי לא בקשתי אבטח	Ps. 44, 7.
וּבְקַשְׁתִּי	ואני נתתי לך שכם	Gen. 48, 22.
בִּשְׁפָטִים	ולא ישמע אליכם פרעה	Ex. 7, 4.
וּבִשְׁפָטִים	לכן אמר לבני ישראל אני ה׳	Ex. 6, 6.

—

גִלְּתָה	ואיש אשר ישכב את	Lev. 20, 18.
וְגִלְּתָה	כי הנה ה׳ יצא ממקומו	Jes. 26, 21.
גְּנֻבְתִי	טרפה לא הבאתי אליך	Gen. 31, 39.
וּגְנֻבְתִי	אנכי אחטנה	Gen. 31, 39.
גֹּאֲלִי	ואני ידעתי גאלי חי	Job, 19, 25.
וְגֹאֲלִי	יהיו לרצון אמרי פי	Ps. 19, 15.
גָּזֵל	אביו כי עשק עשק	Ez. 18, 18.
וְגֵזֶל	אם עשק רש וגזל	Koh. 5, 7.
גִבּוֹרָיו	וישמע המלך יהויקם	Jer. 26, 21.
וְגִבּוֹרָיו	ויועץ עם שריו וגבוריו	2 Chr. 32, 3.

דְּמֵה	עד שיפוח היום ונסו	Cant. 2, 17.
וּדְמֵה	ברח דודי ודמה לך	Cant. 8, 14.
דָשֵׁן	ונתן מטר זרעך אשר תזרע	Jes. 30, 23.
וְדָשֵׁן	כי אביאנו אל האדמה	Deut. 31, 20.
דְחוּפִים	הרצים יצאו דחופים	Est. 3, 15.
וּדְחוּפִים	הרצים רכבי הרכש	Est. 8, 14.

— —

הִקְרִיבָה	מים שאל חלב נתנה	Jud. 5, 25.
וְהִקְרִיבָה	ואם נפש אחת תחטא	Num. 15, 27.
הַכְּשָׂבִים	ואם מן הצאן קרבנו	Lev. 1, 10.
וְהַכְּשָׂבִים	הפריד יעקב ויתן	Gen. 30, 40.
הוֹרִיד	ויקצץ המלך אחז	2 Reg. 16, 17.
וְהוֹרִיד	לכן כה אמר אדני ה׳ צר	Am. 3, 11.
הָאֲנָפָה	ואת החסידה האנפה	Lev. 11, 19.
וְהָאֲנָפָה	והחסידה והאנפה · דמ״ת	Deut. 14, 18.
הֵיךְ	וירא דויד את האלהים · דד״ה	1 Chr. 13, 12.
וְהֵיךְ	יוכל עבד אדני זה לדבר	Dan. 10, 17.
הַכּוּ	ויצו אבשלום את נעריו	2 S. 13, 28.
וְהַכּוּ	ולאלה אמר באזני	Ez. 9, 5.
הִטַּהֲרוּ	כי הטהרו הכהנים והלוים	Esr. 6, 20.
וְהִטַּהֲרוּ	ויאמר יעקב אל ביתו	Gen. 35, 2.
הָעֹרְבִים	והיה מהנחל תשתה	1 Reg. 17, 4.
וְהָעֹרְבִים	מביאים לו לחם ובשר	1 Reg. 17, 6.
הַיַּלְדָּה	ויאמר שכם אל חמור	Gen. 34, 4.
וְהַיַּלְדָּה	ואל עמי ידו גורל ויתנו	Joel 4, 3.
הַגַּרְזֶן	היתפאר הגרזן על החצב בו	Jes. 10, 15.
וְהַגַּרְזֶן	והבית בהבנתו אבן	1 Reg. 6, 7.
הֶגֶה	כי כל ימינו פנו בעברתך	Ps. 90, 9.
וְהֶגֶה	שמעו שמוע ברגז קלו	Job. 37, 2.
הַיְשָׁרָה	שמעו נא זאת ראשי העם	Micha 3, 9.
וְהַיְשָׁרָה	גם אנכי חלילה לי מחטא	1 S. 12, 23.
הַבִּיט	הוי משקה רעהו מספח	Hab. 2, 15.
וְהַבִּיט	טהור עינים מראות רע	Hab. 1, 13.
הוֹרֵתִךָ	בדרך חכמה הרתיך	Prov. 4, 11.
וְהוֹרֵתִיךָ	ועתה לך ואנכי אהיה	Ex. 4, 12.
הִשִּׂיגָה	או דדו או בן דדו	Lev. 25, 49.
וְהִשִּׂיגָה	ואיש כי לא יהיה לו גואל	Lev. 25, 26.

הַדַּל	ויאמר אליו בי אדני	Jud. 6, 15.
וְהַדַּל	העשיר לא ירבה	Ex. 30, 15.
הַמְּשְׁנִים	ועמהם אחיהם המשנים	1 Chr. 15, 18.
וְהַמִּשְׁנִים	ויחמול שאול והעם	1 S. 15, 9.
הַחֲזִיקִי	מי מצור שאבי לך	Nah. 3, 14.
וְהַחֲזִיקִי	קומי שאי את הנער	Gen. 21, 18.

זְכַרְתַּנִי	כי אם זכרתני אתך	Gen. 40, 14.
וּזְכַרְתַּנִי	ותדר נדר ותאמר	1 S. 1, 11.
זוֹלֵל	ואמרו אל זקני עירו	Deut. 21, 20.
וְזוֹלֵל	כי סובא וזולל יורש	Prov. 23, 21.
זֹקֵף	ה׳ פוקח עורים	Ps. 146, 8.
וְזוֹקֵף	סומך ה׳ לכל הנופלים	Ps. 145, 14.
זְרוֹעָם	ה׳ חננו לך קוינו	Jes. 33, 2.
וּזְרוֹעָם	כי לא בחרבם ירשו ארץ	Ps. 44, 4.

חֻלַּק	נטשו חבליך	Jes. 33, 23.
וְחֻלַּק	הנה יום בא לה׳	Zach. 14, 1.
חַנַּנִי	קח נא את ברכתי	Gen. 33, 11.
וְחַנַּנִי	ויאמר בעוד הילד חי · כ״כ	2 S. 12, 22.
חֲבָל	באדין מלכא שגיא טאב	Dan. 6, 24.
וַחֲבָל	ענה מלכא ואמר הא אנה	Dan. 3, 25.
חֶרְמֵשׁ	שבעה שבעת תספר לך	Deut. 16, 9.
וְחֶרְמֵשׁ	כי תבא בקמת רעך	Deut. 23, 26.
חוּסָה	בין האולם ולמזבח	Joel, 2, 17.
וְחוּסָה	ואמרה ללוים אשר יהיו	Neh. 13, 22.
הַחַטָּאָה	הוי משכי העון בחבלי	Jes. 5, 18.
וְחַטָּאָה	נצר חסד לאלפים	Ex. 34, 7.
חָשְׁכוּ	על זה היה דוה לבנו	Thr. 5, 17.
וְחָשְׁכוּ	ביום שיזעו שומרי	Koh. 12, 3.
חֻבָּר	כתפות עשו לו חברות	Ex. 39, 4.
וְחֻבָּר	שתי כתפת חברות	Ex. 28, 7.
חֲזָק (קמיץ)	איש את רעהו יעזרו	Jes. 41, 6.
וַחֲזָק	ויאמר אלי אל תירא איש	Dan. 10, 19.

טְבֹחַ	למען טבח טבח	Ez. 21, 15.
וּטְבֹחַ	וירא יוסף אתם את בנימין	Gen. 43, 16.
טַח	לא ידעו ולא יבינו כי	Jes. 44, 18.
וְטָח	ולקחו אבנים אחרות	Lev. 14, 42.
טִהַרְתִּי	מי יאמר זכיתי לבי	Prov. 20, 9.
וְטָהַרְתִּי	הלא טוב אבנה· כתיב כן	2 Reg. 5, 12.

יִרְדּוּ	הנביאים נבאו בבעל	Jer. 5, 31.
וְיִרְדּוּ	ויאמר אלהים נעשה אדם	Gen. 1, 26.
יַךְ	לכו ונשובה אל ה׳	Hos. 6, 1.
וַיַּךְ	אהיה כטל לישראל	Hos. 14, 6.
יָרִיתִי	ויאמר לבן ליעקב הנה	Gen. 31, 51.
וְיָרִיתִי	ואתם תכתבו את הארץ	Jos. 18, 6.
יְבֻקַּשׁ	בימים ההם ובעת ההיא	Jer. 50, 20.
וַיְבֻקַּשׁ	הדבר וימצא ויתלו	Est. 2, 23.
יַדְבֵּר	עמים תחתנו	Ps. 47, 4.
וַיַּדְבֵּר	האל הנותן נקמות לי	Ps. 18, 48.
יִדַּל	והיה ביום ההוא ידל	Jes. 17, 4.
וַיִּדַּל	ישראל מאד מפני מדין	Jud. 6, 6.
יָדוֹן	ויאמר ה׳ לא ידון רוחי	Gen. 6, 3.
וְיָדוֹן	ועל ידם החזיק מלטיה	Neh. 3. 7.
יִתְלוֹנָן	ישב בסתר עליון	Ps. 91, 1.
וְיִתְלֹנָן	סלע ישכן ויתלונן	Job 39. 28.
יִתְגַּדֵּל	היתפאר הגרזן על	Jes. 10. 15.
וְיִתְגַּדֵּל	ויעשה כרצנו המלך	Dan. 11, 36.
יַחֲטִא	מכל העם הזה שבע מאות	Jud. 20, 16.
וַיַּחֲטִא	יען אשר עשה מנשה	2 Reg. 21. 11.
יוּשַׁב	וחשבה ואהל וברכיהו	1 Chr. 3. 20.
וַיּוּשַׁב	את משה ואת אהרן	Ex. 10. 8.
יִגֶל	יבול ביתו נגרית	Job. 20, 28.
וְיִגֶל	אזנם למוסר ויאמר	Job. 36, 15.
יְרִיבֻן	וכי יריבן אנשים	Ex. 21. 18.
וַיְרִיבוּן	ויאמר אליו איש אפרים	Jud. 8. 1.
יֻטָּה	ואת עין ואת מגרשה	Jos. 21. 16.
וְיוּטָּה	מעון כרמל וזיף ויוטה	Jos. 15, 55.
יְחֻנֶּנּוּ	ביבש קצירה תשברנה	Jes. 27, 11.
וַיְחֻנֶּנּוּ	ויאמר פדעהו מרדת שחת	Job 33, 24.
יַצֵּב	בהנחל עליון גוים	Deut. 32, 8.
וַיַּצֵּב	בית גאים יסח ה׳	Prov. 15, 25.
יָחוֹגּוּ	ויניעו כשכור	Ps. 107, 27.
וְיָחֹגּוּ	ואחר באו משה ואהרן	Ex. 5, 1.

יַחַד	הלילה ההוא יקחהו אפל	Job 3, 6.
וַיִּחַדְּ	יתרו על כל הטובה	Ex. 18, 9.
יוֹעָשׁ	ועל הזתים והשקמים	1 Chr. 27, 28.
וְיוֹעָשׁ	ובני בכר זמירה ויועש	1 Chr. 7, 8.
יִשָּׁאֲרוּ	וידעו הגוים אשר ישארו	Ez. 36. 36.
וַיִּשָּׁאֲרוּ	שני אנשים במחנה	Num. 11. 26.
יַשֵּׁב	ישלח דברו וימסם	Ps. 147, 18.
וַיַּשֵּׁב	וירד העיט על הפגרים	Gen. 15. 11.
יְבוֹאוּנִי	רחמיך ואחיה	Ps. 119, 77.
וִיבֹאֻנִי	חסדך ה׳ תשועתך	Ps. 119. 41.
יָעֲטוֹהִי	כל קבל די מן קדם מלכא	Esr. 7, 14.
וְיָעֲטוֹהִי	ולהיבלא כסף ודהב	Esr. 7, 15.

כֻּפַּר	יאכלו אותם אשר כפר	Ex. 29, 33.
וְכֻפַּר	בריתכם את מות	Jes. 28, 18.
כָּתוּת	ישברה כשבר נבל יוצרים	Jes. 30, 14.
וְכָתוּת	ומעוך וכתות ונתוק	Lev. 22. 24.
כַּכָּסֶף	אם תבקשנה ככסף	Prov. 2, 4.
וְכַכָּסֶף	וישב מצרף ומטהר	Mal. 3, 3.
כְּכֹחִי	ועודני היום חזק	Jos. 14, 11.
וּכְכֹחִי	כאשר ב׳ בפסוק	Jos. 14, 11.
כַּמִּנְחָה	וכפר עליו הכהן על	Lev. 5, 13.
וְכַמִּנְחָה	בשביעי בחמשה עשר	Ez. 45, 25.
כְּבַד	ויאמר משה אל ה׳	Ex. 4, 10.
וּכְבַד	כי אדוני ב׳ בפסוק	Ex. 4, 10.
כּוֹסִי	תערך לפני שלחן	Ps. 28. 5.
וְכוֹסִי	ה׳ מנת חלקי וכוסי	Ps. 16, 5.
כִּסֵּתִי	כה אמר ה׳ אדני ביום	Ez. 31, 15.
וְכִסֵּיתִי	בכבותך שמים	Ez. 32, 7.
כִּסִּיתוֹ	תהום כלבוש כסיתו	Ps. 104. 6.
וְכִסִּיתוֹ	הלא פרס לרעב לחמך	Jes 58, 7.
כָּרוֹת	דברו דברים אלות שוא	Hos. 10. 4.
וְכָרוֹת	ומצאת את לבבו נאמן	Neh. 9, 8.
כַּכַּלָּה	שאי סביב עיניך וראי	Jes. 49. 18.
וְכַכַּלָּה	שוש אשיש בה׳	Jes. 61, 10.
כְּשֹׁכֵב	והיית כשכב בלב ים	Prov. 23, 34.
וּכְשֹׁכֵב	בראש חבל ב׳ בפסוק	Prov. 23. 34.
כְּשׁוּב	ואשיבה כל העם אליך	2 S. 17, 3.

וּכְשׁוּב	דוד מהכות את הפלשתי	1 S. 17, 56.
כְּרַחֲמֶיךָ	וכנוח להם ישובו לעשות	Neh. 9, 28.
וּכְרַחֲמֶיךָ	ותתנם ביד צריהם	Neh. 9, 27.

לַחֹשֶׁךְ	קץ שם לחשך	Joh. 28. 3.
וְלַחֹשֶׁךְ	ויקרא אלהים לאור יום	Gen. 1. 5.
לָקָחוּ	שחד לקחו בך למען	Ez. 22, 12.
וְלָקַחַתְּ	בידך עשרה לחם	1 Reg. 14, 3.
לְמַסַּע	ויאמר ה׳ אלי קום לך	Deut. 10, 11.
וּלְמַסַּע	עשה לך שתי חצוצרות	Num. 10, 2.
לַטָּהֹר	והבדלתם בין הבהמה	Lev. 20, 25.
וְלַטָּהוֹר	הכל כאשר לכל מקרה	Koh. 9, 2.
לַחַטָּאת	והביא אותם אל הכהן	Lev. 5, 8.
וְלַחַטָּאת	זאת התורה לעלה	Lev. 7, 37.
לְחַיּוֹת	גם מעוף השמים	Gen. 7, 3.
וּלְהַחֲיוֹת	ותחללנה אתי אל עמי	Ez. 13, 19.
לְהַחֲיוֹתָם	ויעש להם יהושע שלום	Jos. 9, 15.
וּלְחַיּוֹתָם	להציל ממות נפשם	Ps. 33, 19.
לֵצִים	אשרי האיש אשר	Ps. 1, 1.
וְלֵצִים	עד מתי פתים תאהבו	Prov. 1, 22.
לְמָעוֹז	טוב ה׳ למעוז ביום צרה	Neh. 1. 7.
וּלְמָעוֹז	ואני בשנת אחת לדריוש	Dan. 11, 1.
לְהַצִּיב	ויך דויד את הדרעזר·דר״ה	1 Chr. 18, 3.
וּלְהַצִּיב	והיתה הפצירה פים	1 S. 13, 21.
לִבְנֶה	ויקח לו יעקב מקל לבנה	Gen. 30, 37.
וְלִבְנֶה	על ראשי ההרים	Hos. 4, 13.
לִדְבָרוֹ	וימאסו בארץ חמדה	Ps. 106, 24.
וְלִדְבָרוֹ	קויתי ה׳ קותה נפשי	Ps. 130, 4.
לַשְּׂעִירִם	ולא יזבחו עוד את זבחיהם	Lev. 17, 7.
וְלַשְּׂעִירִים	ויעמד לו כהנים לבמות	2 Chr. 11, 15.
לָעֲגָלִים	ויעש ירבעם חג	1 Reg. 12, 32.
וְלָעֲגָלִים	ויעמד לו כהנים לבמות	2 Chr. 11, 15.
לַיּוֹצֵא	ובעתים ההם אין שלום	2 Chr. 15, 5.
וְלַיּוֹצֵא	כי לפני הימים ההם	Zach. 8, 10.

מַלְאוּ	הגידו ביהודה ובירושלם	Jer. 4, 5.
וּמַלְאוּ פת׳	ויאמר אליהם טמאו	Ez. 9, 7.

מִלְאוּהָ	אשר צוית ביד עבדיך	Esr. 9, 11.
וּמִלְאוּהָ	והערים יהרסו וכל חלקה	2 Reg. 3, 25.
מִגָּרְנְךָ	חג הסכת תעשה לך	Deut. 16, 13.
וּמִגָּרְנְךָ	העניק תעניק לו מצאנך	Deut. 15, 14.
מֵרַע	מקשיב על שפת און	Prov. 17, 4.
וּמֵרָע	על כן על בחוריו	Jes. 9, 16.
מֵישַׁע	ובני כלב אחי ירחמאל	1 Chr. 2, 42.
וּמֵישַׁע	מלך מואב היה נקד	2 Reg. 3, 4.
מָךְ	ואם מך הוא מערכך	Lev. 27, 8.
וּמָךְ	וכי תשיג יד גר ותושב	Lev. 25, 47.
מְעָרָה	ויבא אל גדרות הצאן	1 S. 24, 4.
וּמְעָרָה	מתימן כל ארץ הכנעני	Jos. 13, 4.
מָצִית	התעוררי התעוררי	Jes. 51. 17.
וּמָצִית	ושתית אותה ומצית	Ez. 23, 34.
מָקוֹר	ביום ההוא יהיה מקור	Zach. 13, 1.
וּמָקוֹר	מעין נרפש ומקור	Prov. 25, 26.
מָכֹר	לא תאכלו כל נבלה	Deut. 14, 21.
וּמָכֹר	והיה אם לא חפצת בה	Deut. 21, 14.
מְמַהֵר	וקרבתי אליכם למשפט	Mal. 3, 5.
וּמְמַהֵר	ועל השנות החלום	Gen. 41, 32.
מַמְלַכְתִּי	ויקרא אבימלך לאברהם	Gen, 20, 9.
וּמַמְלַכְתִּי	וישמע דוד מאחרי כן	2 S. 3, 28.
מִמַּמְלָכָה	ויתהלכו מגוי אל גוי·דתהי׳	Ps. 105, 13.
וּמִמַּמְלָכָה	ויתהלכו מגוי·דד״ה	1 Chr. 16, 20.
מִמִּשְׁכַּן	כי מעלו אבותינו ועשו	2 Chr. 29, 6.
וּמִמִּשְׁכָּן	כי לא ישבתי בבית·דד״ה	1 Chr. 17, 5.
מִמְּנַשֶּׁה	בלכתו אל צקלג נפלו	1 Chr. 12, 20.
וּמִמְּנַשֶּׁה	נפלו על דויד בבאו	1 Chr. 12, 19.
מִמָּטָר	יכאור בקר יזרח שמש	2 S. 23, 4.
וּמִמָּטָר	וסכה תהיה לצל יומם	Jes. 4, 6.
מִמִּשְׁפַּחְתָּם	וישלחו בני דן ממשפחתם	Jud. 18, 2.
וּמִמִּשְׁפַּחְתָּם	וגם מבני התושבים	Lev. 25, 45.
מִידַע	ולנעמי מידע לאישה	Ruth 2, 1.
וּמוֹדָע	אמר לחכמה אחתי את	Prov. 7, 4.

נְשָׂאתַנִי	מפני זעמך וקצפך	Ps. 102, 11.
וּנְשָׂאתַנִי	ושכבתי עם אבתי	Gen. 47, 30.
נִרְצָה	דברו על לב ירושלם	Jes. 40, 2.
וְנִרְצָה	וסמך ידו על ראש	Lev. 1, 4.
נִיחוֹחִין	די להון מהקרבין	Esr. 6, 10.
וְנִיחֹחִין	באדין מלכא נבוכדנצר	Dan. 2, 46.
נִדְמֶה	שמרון מלכה כקצף	Hos. 10, 7.
וְנִדְמֶה	ואל מי תדמיוני ותשוו	Jes. 46, 5.
נִחַמְתָּנִי	ותאמר אמצא חן בעיניך	Ruth 2, 13.
וְנִחַמְתָּנִי	עשה עמי אות לטובה	Ps. 86, 17.
נִפְלוּ	ונשמדו במות און	Hos. 10, 8.
וּנְפְלוּ	שתו ושכרו וקיו	Jer. 25, 27.
נְשַׁמָּה	תהי טירתם נשמה	Ps. 69, 26.
וּנְשַׁמָּה	נתת את ארץ	Ez. 32, 15.
נַמְלִךְ	וישלח אשר על הבית	2 Reg. 10, 5.
וְנַמְלִיךְ	נעלה ביהודה ונקיצנה	Jes. 7, 6.
נִסְעָה	ויאמר נסעה ונלכה	Gen. 33, 12.
וַנִּסְעָה	מנהר אהוא בשנים	Esr. 8, 31.
נְתָנֶךָ	ויהי בדבריו אליו ויאמר	2 Chr. 25, 16.
וּנְתַנּוּךָ	ויאמרו אליו לא כי אסר	Jud. 15, 13.
נוֹשָׁע קמץ	אין המלך נושע ברב חיל	Ps. 33, 16.
וְנוֹשָׁע	גילי מאד בת ציון	Zach. 9, 9.
נֶבֶל	גם אני אודך בכלי נבל	Ps. 71, 22.
וָנֶבֶל	והיה כנור ונבל	Jes. 5, 12.
נְכֹחָה	ולא ידעו עשות נכוחה	Am. 3, 10.
וּנְכֹחָה	והסג אחור משפט	Jes. 59, 14.
נָסַבָּה	בן אדם יען אשר אמרה	Ez. 26, 2.
וְנָסֵבָּה	את ארון אלהינו אלינו	1 Chr. 13, 3.
נֹבַח	ונבח הלך וילכד	Num. 32, 42.
וְנֹבַה	את קנת·ב׳ בפסוק	Num. 32, 42.

סָפַר	ויך לב דוד אתו אחרי כן	2 S. 24, 10.
וְסָפַר	וכי יטהר הזב מזובו	Lev. 15, 13.
סִתְרִי	ומגני אתה	Ps. 119, 114.
וְסִתְרִי	ובני עזיאל מישאל	Ex. 6, 22.
שִׂרְיֹן	צידנים יקראו לחרמון	Deut. 3, 9.
וְשִׂרְיוֹן	וירקידם כמו עגל	Ps. 29, 6.
סִסְמָי	ואלעשה הוליד את	1 Chr. 2, 40.
וְסִסְמָי	וססמי·ב׳ בפסוק	1 Chr. 2, 40.
שָׂמֵחוּ	ויזבחו ביום ההוא	Neh. 12, 43.
וְשָׂמְחוּ	והיו כגבור אפרים	Zach. 10, 7.

עֵרֶךְ	ויערך עליו ערך להם	Ex. 40, 23.
וְעֵרֶךְ	ויאמר לו מיכה שבה	Jud. 17, 10.
עֵינְכֶם	ולאלה אמר באזני	Ez. 9, 5.
וְעֵינְכֶם	אל תחס על כליכם	Gen. 45, 20.
עֵדֵיהֶם	כל הגוים נקבצו יחדו	Jes. 43, 9.
וְעֵדֵיהֶם	יצרי פסל כלם תהו	Jes. 44, 9.
עַיִר	גילי מאד בת ציון הריעי	Zach. 9, 9.
וְעַיִר	ואיש נבוב ילבב ועיר	Job. 11, 12.
עַיָּה	ואחזתם ומשבותם	1 Chr. 7, 28.
וְעַיָּה	ובני בנימן מגבע מכמש	Neh. 11, 31.
עֹשָׂהּ	כה אמר ה' עשה	Jer. 33, 2.
וְעֹשָׂהּ	כי כה אמר ה' בורא השמ'	Jes. 45, 18.
עֲשִׂיתָם	וברחמיך הרבים לא	Neh. 9, 31.
וַעֲשִׂיתָם	ויאמר ה' אל משה	Ex. 4, 21.
עָגוּר	כסוס עגור כן אצפצף	Jes. 38, 14.
וְעָגוּר	גם חסידה בשמים	Jer. 8, 7.
עֲפָרוֹת	עד לא עשה ארץ וחוצות	Prov. 8, 26.
וְעַפְרֹת	מקום ספיר אבניה	Job. 28, 6.
עָזֹב	כי תראה חמור שנאך	Ex. 23, 5.
וְעָזוֹב	כי גם אילת בשדה ילדה	Jer. 14, 5.
עֲנִיתָם	ה' אלהינו אתה עניתם	Ps. 99, 8.
וַעֲנִיתָם	וידברו אליו לאמר אם דמל'	1 Reg. 12, 7.

פָּתְחָה	פיה פתחה בחכמה ותורת	Prov. 31, 26.
וּפָתְחָה	והי' אם שלום תענך	Deut. 20, 11.
פָּרָה	זאת חקת התורה	Num. 19, 2.
וּפָרָה	ודב תרעינה יחדו	Jes. 11, 7.
פִּשְׁרָא	דנה חלמא חזית אנה	Dan. 4, 15.
וּפִשְׁרֵא	אדין דניאל די שמה בלט' דם'	Dan. 4, 16.
פְּלַטְיָהוּ	ותשא אתי רוח ותבא	Ez. 11, 1.
וּפְלַטְיָהוּ	ויהי כהנבאי ופלטיהו	Ez. 11, 13.

צֶרֶת	ובני הלאה צרת	1 Chr. 4, 7.
וְצֶרֶת	וקריתים ושבמה וצרת	Jos. 13, 19.
צְמָרַיִם	ויקם אביה מעל להר	2 Chr. 13, 4.
וּצְמָרַיִם	ובית הערבה	Jos. 18, 22.

קַשְׁתִּי	את קשתי נתתי בענן	Gen. 9, 13.
וְקַשְׁתִּי	כבודי חדש עמדי	Job. 29, 20.
קָלוּי	ואם תקריב מנחת	Lev. 2, 14.
וְקָלוּי	ויאכלו מעבור הארץ	Jos. 5, 11.
קָטֶב	הנה חזק ואמץ לאדני	Jes. 28, 2.
וְקֶטֶב	מזי רעב ולחמי רשף	Deut. 32, 24.
קָרְבָה*)	שנת השמטה	Deut. 15, 9.
וְקָרְבָה	אשת האחד	Deut. 25, 11.
קוֹבַע	וילבש שאול את דוד	1 S. 17, 38.
וְקוֹבַע	ובאו עליך הצן רכב	Ez. 23, 24.

רֹק	תעביני רחקו מני	Job. 30, 10.
וָרֹק	גוי נתתי למכים	Jes. 50, 6.
רִחַק	ויאמר ה' יען כי נגש	Jes. 29, 13.
וְרִחַק	ה' את האדם	Jes. 6, 12.
רַקָּה**)	והעמידה על גחליה רקה	Ez. 24, 11.
וְרֵקָה	והיה כאשר יחלם הרעב	Jes. 29, 8.
רֶוַח	כי אם החרש תחרישי	Est. 4, 14.
וְרֶוַח	ויתן ביד עבדיו	Gen. 32, 16.
רְמִיו	חזה הוית עד די כרסון	Dan. 7, 9.
וּרְמִיו	באדין גבריא	Dan. 3, 21.
רְמוֹ	ואמר מלכא היתיו	Dan. 6, 25.
וּרְמוֹ	באדין מלכא אמר והיתיו	Dan. 6, 17.
רוֹמֵי	בני אפרים נשקי רומי	Ps. 78, 9.
וְרֹמֵה	מקול פרש ורמה קשת	Jer. 4, 29.
רְצִיתָם	כי לא בחרבם ירשו	Ps. 44, 4.
וּרְצִיתָם	וידברו אליו לאמר דד"ה	2 Chr. 10, 7.
רִוְּתָה	כי רותה בשמים חרבי	Jes. 34, 5.
וְרִוְּתָה	וירדו ראמים עמם	Jes. 34, 7.
רְפָאתִים	ואנכי תרגלתי לאפרים	Hos. 11, 3.
וּרְפָאתִים	הנני מעלה לה ארכה	Jer. 33, 6.

שָׁר	שגיון לדוד אשר שר	Ps. 7, 1.
וְשָׁר	מעדה בגד ביום קרה	Prov. 25, 20.
שֻׁפַּךְ	ולא תחניפו את הארץ	Num. 35, 33.
וְשֻׁפַּךְ	והצרתי לאדם והלכו	Zeph. 1, 7.

*) Hinzugefügt vom Schreiber des Manuscripts.
**) Hinzugefügt von einem Spätern.

שַׁתִּי	ואני קרבת אלהים לי	Ps. 73, 28.
וְשַׁתִּי	את גבלך מים סוף	Ex. 23, 31.
שַׁעֲרוּרָה	ובנבאי ירושלם ראיתי	Jer. 23, 14.
וְשַׁעֲרוּרָה	שמה ושערורה	Jer. 5, 30.
שְׁנַיִם	צהר תעשה לתבה	Gen. 6, 16.
וּשְׁנִיִּם	כל הפקדים למחנה	Num. 2, 16.
שַׁעֲרַיִם	ויקמו אנשי ישראל ויהודה	1 S. 17, 52.
וּשְׁעָרַיִם	ועדיתים והגדרה	Jos. 15, 36.
שְׁכֵנָיו	פנו וסעו לכם ובאו	Deut. 1, 7.
וּשְׁכֵנָיו	כי אני חשפתי את עשו	Jer. 49, 10.

תִּבָּהֵל	אל תבהל מפניו תלך	Koh. 8, 3.
וַתִּבָּהֵל	כי עתה תבוא אליך ותלא	Job. 4, 5.
תְּעַר	כי אליך ה׳ אדני עיני	Ps. 141, 8.
וַתְּעַר	ותמהר ותער כדה	Gen. 24, 20.
תּוֹתַר	פחז כמים אל תותר	Gen. 49, 4.
וַתֹּתַר	ויאמר לה בעז לעת	Ruth 2, 14.
תֵּרַד	פלגי מים תרד עיני	Thr. 3, 48.
וְתֵרַד	ואם לא תשמעוה	Jer. 13, 17.
תּוֹרִדֵם	ואתה אלהים תורדם	Ps. 55, 24.
וַתּוֹרִדֵם	בחבל בעד החלון	Jos. 2, 15.
תֵּרֶא	אשקלון ותירא	Zach. 9, 5.
וְתֵרֶא	איבתי ותכסה בושה	Micha 7, 10.
תֵאָמֵנוּ	וראש אפרים שמרון	Jes. 7, 9.
וְהֵאָמְנוּ	וישכימו בבקר ויצאו	2 Chr. 20, 20.
תַּגְדֵּל	ואל תרא אחיך	Obad. 1, 12.
וַתַּגְדֵּל	הנה נא מצא עבדך חן	Gen. 19, 19.
תַּפֵּל	ויאמר המלך להמן	Est. 6, 10.
וַתַּפֵּל	ותגדל עד צבא השמים	Dan. 8, 10.
תִּשָּׁמַע	זעקה מבתיהם	Jer. 18, 22.
וַתִּשָּׁמַע	ויזבחו ביום ההוא זבחים	Neh. 12, 43.
תִּהֲלַךְ	שתו בשמים פיהם	Ps. 73, 9.
וַתִּהֲלַךְ	ויט משה את ידו	Ex. 9, 23.
תָּרִיץ	יאתיו חשמנים מני	Ps. 68, 32.
וַתָּרִץ	ותשלך אשה אחת	Jud. 9. 53.
תָּרוּץ	בלכתך לא יצר צעדך	Prov. 4, 12.
וְתָרֻץ	עד אשר לא ירחק· כן כתיב	Koh. 12, 6.

תֻּפַר	גם בריתי תפר את דוד	Jer. 33, 21.
וַתֻּפַר	ביום ההוא וידעו כן	Zach. 11, 11.
תּוֹפַע	היום ההוא יהי חשך	Job. 3, 4.
וַתֹּפַע	ארץ עיפתה כמו אפל	Job. 10, 22.
תָּשׁוּרִי	אתי מלבנון כלה	Cant. 4, 8.
וַתָּשֻׁרִי	למלך בשמן ותרבי	Jes. 57, 9.
תִּהְיִי	ואמר אליה ימים רבים	Hos. 3, 3.
וַתִּהְיִי	ואעבר עליך ואראך	Ez. 16, 8.
תֶּמֶס	כמו שבלול תמס	Ps. 58, 9.
וַתֶּמֶס	בתוכחות על עון יסרת	Ps. 39, 12.
תַּעֲלֶנָּה	ויאמר מלאך ה׳ אל מנוח	Jud. 13, 16.
וַתַּעֲלֶנָּה	וצפיר העזים הגדיל	Dan. 8, 8.
תַּעֲלֹזְנָה	אל תגידו בגת	2 S. 1, 20.
וְתַעֲלֹזְנָה	כליותי בדבר שפתיך	Prov. 28, 16.
תְּבֹאֶינָה	תובלנה בשמחות וגיל	Ps. 45, 16.
וּתְבוֹאֶינָה	קראו למקוננות	Jer. 9, 17.
תַּגִּשׁוּן	וכי תגישון עור לזבח· קר׳ דפ׳	Mal. 1, 8.
וַתַּגִּישׁוּן	המנדים ליום רע	Am. 6, 3.
תִּסָּגֵר	ויאמר ה׳ אל משה	Num. 12, 14.
וַתִּסָּגֵר	מרים מחוץ למחנה	Num. 12, 15.
תּוֹרֹת	והארץ חנפה תחת	Jes. 25, 5.
וְתוֹרוֹת	ועל הר סיני ירדת	Neh. 9, 13.

2.

א״ב מן חד וחד חד אֶל וחד עַל ולית דסמ׳ וסימניהון

Alphabetisches Verzeichniss von Wörtern, die nur ein Mal mit vorhergehendem אֶל und ein Mal mit vorhergehendem עַל vorkommen.

אֶל אֵם	כי עמד מלך בבל	Ez. 21, 26.
עַל אֵם	עצמו לי אלמנותיו	Jer. 15, 8.
אֶל אֵבֶל	לכן כה אמר ה׳ צבאות בכל רחבות	Amos 5, 16.
עַל אֵבֶל	ולא יפרסו להם על	Jer. 16, 7.
אֶל אָוֶן	השמר אל תפן	Job 36, 21.
עַל אָוֶן	על און פלט למו	Ps. 56, 8.

Jer. 28, 8.	אֶל אֲרָצוֹת	הנביאים אשר היו
Ez. 32, 9.	עַל אֲרָצוֹת	והכעסתי לב עמים
Neh. 2, 8.	אֶל אָסָף	ואגרת אל אסף
	עַל אָסָף	ואוציאה אותם אל
Esr. 8, 17.	אֶל אִדּוֹ	{ואוצאה אותם·תני׳ רפס׳
Esr. 8, 17.	עַל אִדּוֹ	{הראש בכספיא·ב׳ בפ׳
Jes. 7, 10.	אֶל אָחָז	ויוסף ה׳ דבר אל
2 Reg. 16, 5.	עַל אָחָז	אז יעלה רצין
Neh. 5, 5.	אֶל אַחֵינוּ	והנה אנחנו כבשים
Gen. 42, 21.	עַל אָחִינוּ	ויאמרו איש אל אחיו
Gen. 45, 17.	אֶל אַחֶיךָ	ויאמר פרעה אל
Gen. 48, 22.	עַל אַחֶיךָ	ואני נתתי לך
Jud. 21, 6.	אֶל בִּנְיָמִן	וינחמו בני ישראל
2 S. 4, 2.	עַל בִּנְיָמִן	ושני אנשים שרי גדודים
2 Reg. 10, 14.	אֶל בּוֹר	ויאמר תפשום חיים
Jes. 24, 22.	עַל בּוֹר	ואספו אספה אסיר
Ez. 20, 18.	אֶל בְּנֵיהֶם	ואמר אל בניהם במדבר
Ps 90, 16.	עַל בְּנֵיהֶם	יראה אל עבדיך פעלך
Jos. 5, 3.	אֶל גִּבְעַת	ויעש לו יהושע
Jer. 31, 39.	עַל גִּבְעַת	ויצא עוד קוה המדה
1 Reg. 1, 33.	אֶל גִּחוֹן	ויאמר המלך להם
1 Reg. 1, 38.	עַל גִּחוֹן	וירד צדוק הכהן
Ez. 38, 2.	אֶל גּוֹג	בן אדם שים פניך
Ez. 39, 1.	עַל גּוֹג	ואתה בן אדם הנבא
Est. 3, 9.	אֶל גִּנְזֵי	אם על המלך טוב
Est. 4, 7.	עַל גִּנְזֵי	ויגד לו מרדכי את כל
Job. 38, 20.	אֶל גְּבוּלוֹ	כי תקחנו אל גבולו
Jos. 18, 5.	עַל גְּבוּלוֹ	והתחלקו אתה לשבעה
Ez. 41, 25.	אֶל דַּלְתוֹת	ועשויה אליהן אל
1 S. 21, 14.	עַל דַּלְתוֹת	וישנו את טעמו
Gen. 24, 20.	אֶל הַבְּאֵר	ותמהר ותער כדה
Ex. 2, 15.	עַל הַבְּאֵר	וישב פרעה
Jer. 36, 23.	אֶל הָאָח	{ויהי כקרא יהודי
Jer. 36, 23.	עַל הָאָח	{שלש דלתות·ב׳ בפסוקא
2 Chr. 20, 24.	אֶל הֶהָמוֹן	ויהודה בא על המצפה
2 Chr. 14, 10.	עַל הֶהָמוֹן	ויקרא אסא אל
Ex. 21, 6.	אֶל הַדֶּלֶת	והגישו ארניו
Jud. 19, 22.	עַל הַדֶּלֶת	המה מיטיבים את

Gen. 30, 39.	אֶל הַמַּקְלוֹת	ויחמו הצאן
Gen. 30, 37.	עַל הַמַּקְלוֹת	ויקח לו יעקב
Ez. 40, 17.	אֶל הָרִצְפָּה	ויביאני אל החצר
2 Chr. 7, 3.	עַל הָרִצְפָּה	וכל בני ישראל ראים
1 Reg. 10, 7.	אֶל הַשְּׁמוּעָה	ולא האמנתי·דמלכי׳
2 Chr. 9, 6.	עַל הַשְּׁמוּעָה	ותבירו דד״ה
Jer. 29, 26.	אֶל הַמַּהְפֶּכֶת	ה׳ נתנך כהן החת
Jer. 20, 2.	עַל הַמַּהְפֶּכֶת	ויכה פשחור את
1 S. 24, 23.	אֶל הַמְּצוּדָה	וישבע דוד לשאול
2 S. 5, 17.	עַל הַמְּצוּדָה	וישמעו פלשתים
1 S. 5, 4.	אֶל הַמִּפְתָּן	וישכימו בבקר
Zeph. 1, 9.	עַל הַמִּפְתָּן	ופקדתי על כל הדולג
Jer. 27, 13.	אֶל הַגּוֹי	למה תמיתו אתה
Jer. 27, 8.	עַל הַגּוֹי	והיה הגוי והממלכה
Dent. 25, 1.	אֶל הַמִּשְׁפָּט	כי יהי׳ ריב
Jes. 28, 6.	עַל הַמִּשְׁפָּט	ולרוח משפט
Ex. 12, 22.	אֶל הַמַּשְׁקוֹף	ולקחתם אגדה
Ex. 12, 23.	עַל הַמַּשְׁקוֹף	ועבר ה׳ לנגף
Jer. 33, 26.	אֶל זֶרַע	גם זרע יעקוב
Lev. 11, 38.	עַל זֶרַע	וכי יתן מים
Jos. 13, 22.	אֶל חַלְלֵיהֶם	ואת בלעם בן בעור
Num. 31, 8.	עַל חַלְלֵיהֶם	ואת מלכי מדין
Ez. 3, 26.	אֶל חִכֶּךָ	ולשונך אדביק
Prov. 24, 13.	עַל חִכֶּךָ	אכל בני דבש
2 Reg. 8, 8.	אֶל חֲזָהאֵל	ויאמר המלך
2 Chr. 22, 5.	עַל חֲזָאֵל	גם בעצתם הלך
Jer. 31, 12.	אֶל טוּב	ובאו ורננו במרום
Hos. 10, 11.	עַל טוּב	ואפרים עגלה
1 S. 23, 24.	אֶל יְמִין	ויקומו וילכו זיפה
Zach. 4, 11.	עַל יְמִין	ואען ואמר אליו
Num. 14, 14.	אֶל יוֹשֵׁב	ואמרו אל יושב
Zach. 12, 10.	וְעַל יוֹשֵׁב	ושפכתי על בית דויד
Jer. 22, 18.	אֶל יְהוֹיָקִים	לכן כה אמר ה׳
Jer. 36, 30.	עַל יְהוֹיָקִים	לכן כה אמר ה׳
2 Chr. 30, 20.	אֶל יְחִזְקִיָּהוּ	וישמע ה׳ אל יחזקיהו
2 Chr. 32, 9.	עַל יְחִזְקִיָּהוּ	אחר זה שלח
Num. 18, 3.	אֶל כְּלֵי	ושמרו משמרתך
1 Chr. 9, 28.	עַל כְּלֵי	ומהם על כלי העבודה

אֶל לְשׁוֹן	ועבר הגבול אל	Jos. 18, 19.
עַל לְשׁוֹן	מרע מקשיב על	Prov. 17, 4.
אֶל לְבָבָם	והשיבו אל·דד״ה	2 Chr. 6, 37.
עַל לְבָבָם	ויתן שרי מלחמות	2 Chr. 32, 6.
אֶל לָכִישׁ	וחיל מלך בבל	Jer. 34, 7.
עַל לָכִישׁ	אחר זה שלח סנחריב	2 Chr. 32, 9.
אֶל לִבְּךָ	כי בפעם הזאת אני	Ex. 9, 14.
עַל לִבְּךָ	קשרם על לבך תמיד	Prov. 6, 21.
אֶל מִשְׁמַעְתּוֹ	מן השלשים נכבד·דשמ׳	2 S. 23, 23.
עַל מִשְׁמַעְתּוֹ	מן השלושים הנו·דד״ה	1 Chr. 11, 25.
אֶל מְדִינָה	וישלח ספרים·קדמ׳ דספ׳	Est. 1, 22.
עַל מְדִינָה	ויקראו ספרי·קדמ׳ דספ׳	Est. 3, 12.
אֶל מִקְדְּשֵׁי	עד אבוא אל מקדשי	Ps. 73, 17.
עַל מִקְדְּשֵׁי	בשנו כי שמענו	Jer. 51, 51.
אֶל מַלְאֲכֵי	ויאמר מלך בני עמון	Jud. 11, 13.
עַל מַלְאֲכֵי	וישלח שאול מלאכים	1 S. 19, 20.
אֶל מִצְחוֹ	וישלח דוד את ידו	1 S. 17, 49.
עַל מִצְחוֹ	והיה על מצח אהרן	Ex. 28, 38.
אֶל מִשְׁכַּן	כל הקרב הקרב	Num. 17, 28.
עַל מִשְׁכַּן	ואתה הפקד את	Num. 1, 50.
וְאֶל מַעֲשֵׂה	כי לא יבינו אל פעלת	Ps. 28, 5.
עַל מַעֲשֵׂה	ומתתיה מן הלוים היא	1 Chr. 9, 31.
אֶל נַפְשִׁי	קרבה אל נפשי	Ps. 69, 19.
עַל נַפְשִׁי	זאת פעלת שטני	Ps. 109, 20.
אֶל נְבוֹ	למואב כה אמר	Jer. 48, 1.
עַל נְבוֹ	עלה הבית ודיבן	Jes. 15, 2.
אֶל סִיר	ויצא אחד אל השדה	2 Reg. 4, 39.
עַל סִיר	ויאמרו אלהם בני	Ex. 16, 3.
אֶל עֲגָלָה	וירכבו את ארון·דשמ׳	2 S. 6, 3.
עַל עֲגָלָה	וירכיבו את ארון האלהי׳ דד״ה	1 Chr. 13, 7.
אֶל עוֹשֵׂה	ויתנהו המלך ויהוידע	2 Chr. 24, 12.
עַל עֹשֵׂה	ויעמד ישוע בניו	Esr. 3, 9.
אֶל עָנִי	ואל זה אביט אל	Jes. 66, 2.
עַל עָנִי	יגזלו משוד יתום	Job. 24, 9.
אֶל עַמָּהּ	ותאמר הנה שבה	Ruth. 1, 15.
עַל עַמָּהּ	ואת פתשגן כתב	Est. 4, 8.
אֶל פָּח	עד יפלח חץ כבדו	Prov. 7, 23.
עַל פָּח	התפול צפור על פח	Am. 3, 5.
אֶל פַּחֲוֹת	ואבוא אל פחוות	Neh. 2, 9.
עַל פַּחֲוֹת	ואומר למלך אם על	Neh. 2, 7.
אֶל פְּקֻדַּת	ויהי בעת יביא	2 Chr. 24, 11.
עַל פְּקֻדַּת	לחברוני חשביהו	1 Chr. 26, 30.
אֶל צִיּוֹן	כה אמר ה׳ שבתי	Zach. 8, 3.
עַל צִיּוֹן	ואני נסכתי מלכי	Ps. 2, 6.
אֶל צָפוֹן	הולך אל דרום	Koh. 1, 6.
עַל צָפוֹן	ויט ידו על צפון	Zeph. 2, 13.
אֶל קְצוֹת	ונתתה את שתי	Ex. 28, 24.
עַל קְצוֹת	ויתנו שתי העבתת	Ex. 39, 17.
אֶל רִבְקָה	ויאמר יעקב	Gen. 27, 11.
עַל רִבְקָה	וישאלו אנשי המקום	Gen. 26, 7.
אֶל שֶׁפֶךְ	והוציא את כל הפר	Lev. 4, 12.
עַל שֶׁפֶךְ	הדשן ישרף·כ׳ בספיק׳	Lev. 4, 12.
אֶל תּוֹרַת	ושאר העם הכהנים	Neh. 10, 29.
עַל תּוֹרַת	זאת תורת הנזיר	Num. 6, 21.
אֶל תִּרְהָקָה	וישמע אל·דמלכי׳	2 Reg. 19, 9.
עַל תִּרְהָקָה	וישמע אל·דישעי׳	Jes. 37, 9.

— ——

3.

א״ב מן חד וחד מן תרתין תיבות׳ דלית קדמא לא נסיב ה׳ ותנינ׳ נסיב ה׳ ולית דכמ׳ בכינויהון

Ein unvollständig alphabetisches Verzeichniss von zwei Mal vorkommenden Wörterpaaren, von denen das erste ohne He (des Artikels beim zweiten Worte) und das zweite mit He vorkommt.

אַשְׁרֵי אִישׁ	ירא את ה׳ במצותיו	Ps. 112, 1.
אַשְׁרֵי הָאִישׁ	אשר לא הלך בעצת	Ps. 1, 1.
אַנְשֵׁי שֵׁם	ויקמו לפני משה	Num. 16, 2.
אַנְשֵׁי הַשֵּׁם	הנפלים היו בארץ	Gen. 6, 4.
אֲחִיכֶם אֶחָד	אם כנים אתם	Gen. 42, 19.
אֲחִיכֶם הָאֶחָד	ויאמר אלינו האיש	Gen. 42, 33.
אָבִיהָ שָׂדֶה	ויהי בבואה·דיהושע	Jos. 15, 18.
אָבִיהָ הַשָּׂדֶה	ותבו״ו דשפטי׳	Jud. 1, 14.
אֶל אֶבֶן	ועתה שימו נא לבבכם	Hag. 2, 15.
אֶל הָאֶבֶן	והלוים הורידו את	1 S. 6, 15.
אֶל חֹשֶׁן	ונתת אל חשן המשפט	Ex. 28, 30.
אֶל הַחֹשֶׁן	וישם עליו את החשן	Lev. 8, 8.

Ex. 3, 5.	אַדְמַת קֹדֶשׁ	ויאמר אל תקרב
Zach. 2, 16.	אַדְמַת הַקֹּדֶשׁ	ונחל ה׳ את יהודה
Jes. 30, 18.	אֱלֹהֵי מִשְׁפָּט	ולכן יחכה ה׳ לחננכם
Mal. 2, 17.	אֱלֹהֵי הַמִּשְׁפָּט	הוגעתם ה׳ בדבריכם
1 S. 4, 7.	בָּא אֱלֹהִים	וייראו הפלשתים כי
Ex. 20, 20.	בָּא הָאֱלֹהִים	ויאמר משה אל
Ez. 20, 1.	בָּאוּ אֲנָשִׁים	ויהי בשנה השביעית
Num. 22, 20.	בָּאוּ הָאֲנָשִׁים	ויבא אלהים אל בלעם
1 Reg. 8, 35.	בְּהֵעָצֵר שָׁמַיִם	דמלכי׳
2 Chr. 6, 26.	בְּהֵעָצֵר הַשָּׁמַיִם	ודברי דד״ה
Ez. 28, 14.	בְּהַר קֹדֶשׁ	את כרוב ממשח
Jes. 27, 13.	בְּהַר הַקֹּדֶשׁ	והיה ביום ההוא
Jud. 12, 7.	בְּעָרֵי גִלְעָד	וישפט יפתח את
Num. 32, 26.	בְּעָרֵי הַגִּלְעָד	טפנו נשינו מקננו
Ps. 139, 15.	בְּתַחְתִּיּוֹת אָרֶץ	לא נכחד עצמי ממך
Ps. 63, 10.	בְּתַחְתִּיּוֹת הָאָרֶץ	והמה לשואה יבקשו
Ex. 21, 3.	בַּעַל אִשָּׁה	אם בגפו יבא
Ex. 21, 22.	בַּעַל הָאִשָּׁה	וכי ינצו אנשים
Ez. 27, 13.	בְּנֶפֶשׁ אָדָם	יון תבל ומשך
Num. 19, 13.	בְּנֶפֶשׁ הָאָדָם	כל הנגע במת בנפש
Jer. 27, 3.	בְּיַד מַלְאָכִים	ושלחתם אל מלך
1 S. 11, 7.	בְּיַד הַמַּלְאָכִים	ויקח צמד בקר
Ez. 32, 18.	וּבְנוֹת גּוֹיִם	בן אדם נהה על המון
Ez. 32, 16.	בְּנוֹת הַגּוֹיִם	קינה היא וקוננוה
Jes. 2, 11.	גַּבְהוּת אָדָם	עיני גבהות אדם שפל
Jes. 2, 17.	גַּבְהוּת הָאָדָם	ושח גבהות האדם
Ez. 17, 7.	גְּדוֹל כְּנָפַיִם	ויהי נשר אחד
Ez. 17, 3.	גְּדוֹל הַכְּנָפַיִם	ואמרת כה אמר
1 Chr. 4, 14.	גֵּיא חֲרָשִׁים	ומעונתי הוליד
Neh. 11, 35.	גֵּיא הַחֲרָשִׁים	לד ואונו גי
Gen. 27, 9.	גְּדָיֵי עִזִּים	לך נא אל הצאן
Gen. 27, 16.	גְּדָיֵי הָעִזִּים	ואת עורת גדיי
2 Chr. 6, 18.	הִנֵּה שָׁמַיִם	כי האמנם ישב·ד״ה
1 Reg. 8, 27.	הִנֵּה הַשָּׁמַיִם	ודברי דמלכי׳
Jos. 3, 17.	הָאָרוֹן בְּרִית	ויעמדו הכהנים
Jos. 3, 14.	הָאָרוֹן הַבְּרִית	ויהי בנסע העם
Jona 4, 8.	וַיְמַן אֱלֹהִים	ויהי כזרוח השמש
Jona 4, 7.	וַיְמַן הָאֱלֹהִים	תולעת בעלות

Jud. 1, 26.	וַיִּבֶן עִיר	וילך האיש ארץ
1 Chr. 11, 8.	וַיִּבֶן הָעִיר	מסביב מן המלוא
Jer. 30, 18.	וְנִבְנְתָה עִיר	כה אמר ה׳ הנני שב
Jer. 31, 38.	וְנִבְנְתָה הָעִיר	הנה ימים באים
Jes. 34, 3.	וְנָמַסּוּ הָרִים	וחלליהם ישלכו
Micha 1, 4.	וְנָמַסּוּ הֶהָרִים	תחתיו והגבעות
2 Reg. 4, 39.	וַיֵּצֵא אֶחָד	אל השדה ללקט
Gen. 44, 28.	וַיֵּצֵא הָאֶחָד	מאתי ואמר
Prov. 13, 12.	וְעֵץ חַיִּים	תוחלת ממשכה
Gen. 2, 9.	וְעֵץ הַחַיִּים	בתוך הגן
Jud. 9, 23.	וַיִּשְׁלַח אֱלֹהִים	רוח רעה בין אבימלך
1 Chr. 21, 15.	וַיִּשְׁלַח הָאֱלֹהִים	מלאך לירושלם·ד״ה
Jer. 31, 29.	וְשִׁנֵּי בָנִים	בימים ההם לא יאמרו
Ez. 18, 2.	וְשִׁנֵּי הַבָּנִים	מה לכם אתם משלים
Gen. 48, 21.	וְהָיָה אֱלֹהִים	עמכם והשיב אתכם
1 Reg. 18, 24.	וְהָיָה הָאֱלֹהִים	וקראתם בשם
Num. 8, 8.	וּפַר שֵׁנִי	ולקחו פר בן בקר
Jud. 6, 25.	וּפַר הַשֵּׁנִי	ויהי בלילה ההוא
2 Chr. 13, 7.	וְרַךְ לֵבָב	ויקבצו עליו אנשים
Deut. 20, 8.	וְרַךְ הַלֵּבָב	ויספו השטרים
2 Chr. 13, 11.	וּקְטֹרֶת סַמִּים	ומקטירים לה׳
Num. 4, 16.	וּקְטֹרֶת הַסַּמִּים	ופקדת אלעזר
Gen. 41, 3.	וְדַקּוֹת בָּשָׂר	והנה שבע פרות·קד׳
Gen. 41, 4.	וְדַקֹּת הַבָּשָׂר	ותאכלנה הפרות
Jes. 6, 13.	זֶרַע קֹדֶשׁ	ועוד בה עשיריה
Esr. 9, 2.	זֶרַע הַקֹּדֶשׁ	כי נשאו מבנתיהם
2 Chr. 26, 13.	חֵיל צָבָא	ועל ידם חיל צבא
1 Chr. 20, 1.	חֵיל הַצָּבָא	ויהי לעת תשובת השנה, דד״ה
Ex. 28, 15.	חֹשֶׁן מִשְׁפָּט	ועשית חשן משפט
Ex. 28, 30.	חֹשֶׁן הַמִּשְׁפָּט	ונתת אל חשן המשפט
Dan. 9, 23.	יָצָא דָבָר	בתחלת תחנוניך
Gen. 24, 50.	יָצָא הַדָּבָר	ויען לבן ובתואל
2 Chr. 8, 18.	יוֹדְעֵי יָם	וישלח לו חורם ביד דד״ה
1 Reg. 9, 27.	יֹדְעֵי הַיָּם	וישלח חירם באני·דמל׳
Micha 7, 12.	יום הוא	ועדיך יבוא למני
Micha 7, 11.	יום ההוא	יום לבנות גדריך

יוֹם כִּפּוּרִים	וכל מלאכה לא תעשו	Lev. 23, 28.
יוֹם הַכִּפֻּרִים	אך בעשור לחדש	Lev. 23, 27.
כִּי שָׁמַיִם	שאו לשמים עיניכם	Jes. 51, 6.
כִּי הַשָּׁמַיִם	ומי יעצר כח לבנות	2 Chr. 2, 5.
כִּימֵי שָׁמָיִם	ושמתי לעד זרעו	Ps. 89, 30.
כִּימֵי הַשָּׁמַיִם	למען ירבו ימיכם	Deut, 11, 21.
לֻחֹת אֶבֶן	ויתן אל משה ככלתו	Ex. 31, 18.
לֻחֹת הָאֶבֶן	ויאמר ה׳ אל משה	Ex. 24, 12.
מִן בֹּקֶר	וירא חתן משה	Ex. 18, 14.
מִן הַבֹּקֶר	ויהי ממחרת וישב	Ex. 18, 13.
מֵהַר גִּלְעָד	הנך יפה רעיתי	Cant. 4, 1.
מֵהַר הַגִּלְעָד	ועתה קרא נא	Jud. 7, 3.
מֵעַל שָׁמַיִם	כי גדול מעל שמים	Ps. 108, 5.
מֵעַל הַשָּׁמָיִם	הללוהו שמי השמים	Ps. 148, 4.
עֲצֵי עֹלָה	וישכם אברהם בבקר	Gen. 22, 3.
עֲצֵי הָעֹלָה	ויקח אברהם את עצי	Gen. 22, 6.
עִיר אֱלֹהִים	נהר פלגיו ישמחו	Ps. 46, 5.
עִיר הָאֱלֹהִים	נכבדות מדבר בך	Ps. 87, 3.
עַד חָרְמָה	ויצא האמרי הישב	Deut. 1, 44.
עַד הַחָרְמָה	וירד העמלקי והכנעני	Num. 14, 45.
עַם קֹדֶשׁ	ואשמע את האיש	Dan. 12, 7.
עַם הַקֹּדֶשׁ	וקראו להם עם	Jes. 62, 12.
עַם אֱלֹהִים	ותאמר האשה	2 S. 14, 13.
עַם הָאֱלֹהִים	ויתיצבו פנות כל העם	Jud. 20, 2.
פְּנֵי פָרֹכֶת	וטבל הכהן את אצבעו	Lev. 4, 6.
פְּנֵי הַפָּרֹכֶת	וטבל הכהן·תנינא	Lev. 4, 17.
פְּרִי בָטֶן	ויחר אף יעקב ברחל	Gen. 30, 2.
פְּרִי הַבָּטֶן	הנה נחלת ה׳ בנים	Ps. 127, 3.
פִּיחַ כִּבְשָׁן	ויאמר ה׳ אל משה ואל	Ex. 9, 8.
פִּיחַ הַכִּבְשָׁן	ויקחו את פיח הכבשן	Ex. 9, 10.
קֹדֶשׁ אֱלֹהִים	את כרוב ממשח	Ez. 28, 14.
קֹדֶשׁ הָאֱלֹהִים	עתה תנו לבבכם	1 Chr. 22, 19.
רֵאשִׁית גּוֹיִם	וירא את עמלק	Num. 24, 20.
רֵאשִׁית הַגּוֹיִם	הוי השאננים	Am. 6, 1.
שְׁנֵי גוֹיִם	ויאמר ה׳ לה	Gen. 25, 23.
שְׁנֵי הַגּוֹיִם	יען אמרך את שני	Ez. 35, 10.
שַׁבְּתֹת שָׁנִים	וספרת לך שבע	Lev. 25, 8.
שַׁבְּתֹת הַשָּׁנִים	תשע וארבעים·ב׳ בפ׳	Lev. 25. 8.

4.

א״ב מן חד וחד חד כ״ף וחד בי״ת דלוג ולי׳ דכותהון וסימניהון

Ein unvollständig alphabetisches Verzeichniss von Wörtern (und Wörterpaaren), die je nur ein Mal mit כ׳ und ein Mal mit ב׳ am Anfang vorkommen.

כְּאִיּוֹב	מי גבר כאיוב ישתה	Job. 34, 7.
בְּאִיּוֹב	ויחר אף אליהוא	Job. 32. 2.
כֶּאֱכֹל	לכן כאכל קש לשון אש	Jes. 5, 24.
בַּאֲכֹל	ותפתח הארץ את פיה	Num. 26, 10.
כְּאַלֻּף	והסרתי דמיו מפיו	Zach. 9. 7.
בְּאַלּוּף	אל תאמינו ברע	Micha 7, 5.
כְּאַרְבָּעִים אֶלֶף	חלוצי הצבא	Jos. 4, 13.
בְּאַרְבָּעִים אָלֶף	יבחר אלהים	Jud. 5, 8.
כְּבַלַּע	ולא יבאו לראות	Num. 4. 20.
בְּבַלַּע	טהור עינים מראות	Hab. 1, 13.
כַּגַּלְגַּל	אלהי שיתמו	Ps. 83, 14.
בַּגַּלְגַּל	קול רעמך בגלגל	Ps. 77. 19.
כְּדַרְכָּם	ואפיץ אתם בגוים	Ez. 36, 19.
בְּדַרְכָּם	בן אדם בית ישראל	Ez. 36. 17.
כִּדְבַשׁ	ויאמר אלי בן אדם	Ez. 3, 3.
בִּדְבָשׁ	ויקראו בית ישראל	Ex. 16, 31.
כְּהִגָּלוֹת	וישב דוד לברך	2 S. 6, 20.
בְּהִגָּלוֹת	לכן כה אמר אדני י״י	Ez. 21, 24.
וּכְמַרְאֵה	והמראה אשר ראיתי	Ez. 43, 3.
וּבְמַרְאֵי	שמח בחור בילדותך	Koh. 11, 9.
וּכְפִתְחֵי	הלשכות אשר הדרך	Ez. 42, 12.
וּבְפִתְחֵי	ואתה בן אדם בני	Ez. 33, 30.
וְכִתְקֹעַ	כל ישבי תבל	Jes. 18, 3.
וּבִתְקוֹעַ	העזו בני בנימן	Jer. 6, 1.
וּכְרַחֲמֶיךָ	ותתנם ביד צריהם	Neh. 9, 27.
וּבְרַחֲמֶיךָ	הרבים לא עשיתם	Neh. 9, 31.
וְכַמִּצְוָה	עד היום הזה הם עשים	2 Reg. 17, 34.
וּבַמִּצְוָה	ובכל מעשה אשר	2 Chr. 31, 21.
כִּזְרַע	והמן כזרע גד הוא	Num. 11, 7.
בִּזְרַע	די הוית פרזלא	Dan. 2, 43.

Prov. 10, 26.	כַּחֹמֶץ	לשנים וכעשן לעינים
Ruth 2, 14.	בַּחֹמֶץ	ויאמר לה בעז
Ps. 103, 10.	כַּחֲטָאֵינוּ	לא כחטאינו עשה לנו
Dan. 9, 16.	בַּחֲטָאֵינוּ	אדני ככל צדקתיך
Ps. 139, 12.	כַּחֲשֵׁיכָה	גם חשך לא יחשיך
Ps. 82, 5.	בַּחֲשֵׁכָה	לא ידעו ולא יבינו
Job. 10, 10.	כֶּחָלָב	הלא כחלב תתיכני
Cant. 5, 12.	בֶּחָלָב	עיניו כיונים על אפיקי
Jes. 50, 7.	כַּחַלָּמִישׁ	ואדני ה׳ יעזר לי
Job 28, 9.	בַּחַלָּמִישׁ	שלח ידו הפך
Cant. 1, 5.	כִּירִיעוֹת	שחורה אני ונאוה
Ex. 26, 12.	בִּירִיעֹת	וסרח העדף
Ps. 71, 9.	כִּכְלוֹת	אל תשליכני לעת
Prov. 5, 11.	בִּכְלוֹת	ונהמת באחריתך
Jer. 51, 40.	כְּכָרִים	אורידם ככרים
Ez. 27, 21.	בְּכָרִים	ערב וכל נשיאי קדר
Dan. 12, 3.	כַּכּוֹכָבִים	והמשכילים יזהירו
Jes. 47, 13.	בַּכּוֹכָבִים	נלאית ברב עצתיך
Ex. 22, 16.	כְּמֹהַר	אם מאן ימאן אביה
1 S. 18, 25.	בְּמֹהַר	ויאמר שאול כה תאמר
Lev. 5, 13.	כַּמִּנְחָה	וכפר עליו הכהן
Gen. 32, 21.	בַּמִּנְחָה	ואמרתם גם הנה
Num. 12, 12.	כַּמֵּת	אל נא תהי כמת
Num. 19, 18.	בַּמֵּת	ולקח אזוב וטבל במים
Jes. 59, 10.	כַּמֵּתִים	נגששה כעורים קיר
Ps. 88, 6.	בַּמֵּתִים	חפשי כמו חללים
Lev. 14, 35.	כְּנֶגַע	ובא אשר לו הבית
Deut. 24, 8.	בְּנֶגַע	השמר בנגע הצרעת
Ps. 104, 2.	כַּשַּׂלְמָה	עטה אור כשלמה
1 Reg. 11, 30.	בַּשַּׂלְמָה	ויתפש אחיה
2 Reg. 17, 14.	כְּעֹרֶף	ולא שמעו ויקשו את
Gen. 49, 8.	בְּעֹרֶף	יהודה אתה יודוך
Job 41, 10.	כְּעַפְעַפֵּי	עטישתיו תהל אור
Job 3, 9.	בְּעַפְעַפֵּי	יחשכו כוכבי נשפו
Ps. 78, 52.	כָּעֵדֶר	ויסע כצאן עמו
Jer. 31, 24.	בָּעֵדֶר	וישבו בה יהודה וכל עמו
Ps. 103, 10.	כַּעֲוֹנֹתֵינוּ	לא כחטאינו עשה
Esr. 9, 7.	וּבַעֲוֹנֹתֵינוּ	מימי אבותינו אנחנו

Jud. 15, 14.	כַּפִּשְׁתִּים	הוא בא עד לחי
Lev. 13, 52.	בַּפִּשְׁתִּים	ושרף את הבגד
Ps. 7, 18.	כְּצִדְקוֹ	אודה ה׳ כצדקו
Koh. 7, 15.	בְּצִדְקוֹ	את הכל ראיתי בימי
Gen. 5, 3.	כְּצַלְמוֹ	ויחי אדם שלשים
Gen. 1, 27.	בְּצַלְמוֹ	ויברא אלהים את האדם
Job 19, 11.	כְּצָרָיו	ויחר עלי אפו
Ps. 112, 8.	בְּצָרָיו	סמוך לבו לא יירא
Gen. 19, 28.	כְּקִיטֹר	וישקף על פני סדום
Ps. 119, 83.	בְּקִיטוֹר	כי הייתי כנאד
Ez. 21, 23.	כִּקְסָם	והיה להם כקסום
Ez. 21, 34.	בִּקְסָם	בחזות לך שוא
Ps. 35, 14.	כְּרֵעַ	כאח לי התהלכתי
Micha 7, 5.	בְּרֵעַ	אל תאמינו ברע אל
Job 37, 18.	כִּרְאִי	תרקיע עמו לשחקים
1 Chr. 4, 31.	בִּרְאִי	ובבית מרכבות ובחצר
Neh. 9, 28.	כְּרַחֲמֶיךָ	וכנוח להם ישובו
Neh. 9, 19.	בְּרַחֲמֶיךָ	ואתה ברחמיך הרבים
Dan. 4, 5.	כְּשֻׁם	ועד אחרין על קדמי
Esr. 5, 1.	בְּשֻׁם	והתנבי חגי נביאה
Ex. 11, 1.	כְּשַׁלְּחוֹ	ויאמר ה׳ אל משה
Ez. 31, 5.	בְּשַׁלְּחוֹ	על כן גבהא קמתו
Jes. 58, 8.	כַּשַּׁחַר	אז יבקע כשחר
Hos. 10, 15.	בַּשַּׁחַר	ככה עשה לכם בית אל
Ps. 89, 37.	כַּשֶּׁמֶשׁ	זרעו לעולם יהיה
Jes. 38, 8.	בַּשֶּׁמֶשׁ	הנני משיב את צל
Jes. 44, 13.	כְּתַבְנִית	חרש עצים נטה קו
Ps. 106, 20.	בְּתַבְנִית	וימירו את כבודם
Esr. 9, 1.	כְּתוֹעֲבֹתֵיהֶם	וככלות אלה נגשו
Esr. 9, 11.	בְּתוֹעֲבֹתֵיהֶם	אשר צוית ביד עבדיך
Cant. 7, 9.	כַּתַּפּוּחִים	אמרתי אעלה בתמר
Cant. 2, 5.	בַּתַּפּוּחִים	סמכוני באשישות

5.

א״ב מן חד וחד חד מלעיל וחד מלרע דלוג וליה רכותי׳ וסי׳

Ein unvollständig alphabetisches Verzeichniss von Wörtern, die nur zwei Mal vorkommen, und zwar ein Mal mit einem langen und ein Mal mit einem kürzern (langen) oder kurzen Vocal.

אֲמֹר	כה אמר ה׳ אלהים יען	Ez. 25, 8.
אֲמָר	כי טוב אמר לך עלה	Prov. 25, 7.
אֹרְחוֹת	משא בערב ביער	Jes. 21, 13.
אֹרְחַת	וישבו לאכיל לחם	Gen. 37, 25.
אַדּוֹן	ואלה העולים מתל מלח	Neh. 7, 61.
אַדָּן	וחברו ואלה העולים	Esr. 2, 59.
אֹנֵס	והשתיה כדת	Est. 1, 8.
אָנֵס	בלטשאצר רב	Dan. 4, 6.
בִּקְרֹב	עלי מרעים	Ps. 27, 2.
בִּקְרָב	והיה בקרב איש	2 S. 15, 5.
בְּמֹעַל	ויברך עורא את ה׳	Neh. 8, 6.
בְּמַעַל	אל אלהי׳ ה׳ אל אלהי׳	Jos. 22, 22.
בַּנֹּעַר	תמת בנער	Job 36, 14.
בַּנַּעַר	ויאמר האיש אל יואב	2 S. 18, 12.
גְּוִיֹּתֵינוּ	ותבואתה מרבה למלכי׳	Neh. 9, 37.
גְּוִיָּתֵנוּ	ותתם השנה ההיא	Gen. 47, 18.
דּוֹעֲכוּ	סבוני כדברים	Ps. 118, 12.
דָּעֲכוּ	המוציא רכב וסים	Jes. 43, 17.
הֶאָמֹר	תאמר אלהי׳ אני	Ez. 28, 9.
הֶאָמַר	כי אל אל האמר	Job 34, 31.
הֲקָצוֹר	מדוע באתי	Jes. 50, 2.
הֲקָצַר	האמור בית יעקב	Micha 2, 7.
הֲמְשֹׁל	דברו נא באזני כל בעלי	Jud. 9, 2.
הַמְשֵׁל	ופחד עמו עשה	Job 25, 2.
הַנְחַת	עישו ובאו כל הגיים	Joel 4, 11.
הָנְחַת	וכרי רם לבבה	Dan. 5, 20.
הוֹדִיעֻנוּ	ויקראו פלשתים	1 S. 6, 2.
הוֹדִיעֵנוּ	מה נאמר לה	Job 37, 19.
וְנַעְתֹּר	ויעזרו עליהם וינתנו	1 Chr. 5, 20.
וְנֶעְתַּר	ונגף ה׳ את מצרים	Jes. 19, 22.
וְנַחְתּוֹם	ואתם כתבו	Est. 8, 8.
וְנֶחְתָּם	ויקראו סופרי׳ קדמ׳	Est. 3, 12.
וְיָקוּם	וסגרו דלתים כשוק	Koh. 12, 4.
וְיָקָם	ותגזר אמר ויקם לך	Job 22, 28.
וּמֹשְׁלוֹ	והיה אדירו ממנו	Jer. 30, 21.
וּמָשְׁלוֹ	והכרתי רכב מאפרים	Zach. 9, 10.
זָרֻעַ	אור זרע לצדיק	Ps. 97, 11.
זֵרוּעַ	וכי יפל מנבלתם	Lev. 11, 37.
חָנוֹן	כי עם בציון ישב	Jes. 30, 19.
חָנַן פת׳	וישא את עיניו וירא	Gen. 33, 5.
טְהוֹר	עינים מראות רע	Hab. 1, 13.
טְהָר	אהב טהר לב חן	Prov. 22, 11.
יְחַיֻּנוּ	אם אמרנו נבוא	2 Reg. 7, 4.
יְחַיֵּנוּ	מימים ביום השלישי	Hos. 6, 3.
יִדְלֹף	בעצלתים ימך	Koh. 10, 18.
יִדְלָף	ואת כשד יאת הזו	Gen. 22, 22.
כְּתֹם	וירעם כתם לבבו	Ps. 78, 72.
כְּתָם	כי לפני קציר כתם	Jes. 18, 5.
לְאֻמֹּתָם	אלה הם בני ישמעאל	Gen. 25, 16.
לְאִמֹּתָם	יאמרו איה דגן	Thr. 2, 12.
לִשְׁבוּיִם	רוח ה׳ אלהי׳ עלי	Jes. 61, 1.
לִשְׁבָאיִם	ומכרתי את בניכם	Joel 4, 8.
מַעְצוֹר	ויאמר יהונתן אל הנער	1 S. 14, 6.
מַעְצָר	עיר פרוצה אין חומה	Prov. 25, 28.
מִשְׁקֹלֶת	ונטיתי על ירושלם	2 Reg. 21, 13.
לְמִשְׁקָלֶת	ושמתי משפט	Jes. 28, 17.
מְחֹלְלֶךָ	צור ילדך תשי	Deut. 32, 18.
מְחַלְלֶיךָ	האמר תאמר אלהים	Ez. 28, 9.
מְאִירוֹת	ביבש קצירה	Jes. 27, 11.
מְאִירַת	מצות ה׳ ברה	Ps. 19, 9.
נָתָן	וידע אונן כי לא לו	Gen. 38, 9.
נָתַן	וישבת את הסוסים	2 Reg. 23, 11.
נֻתַּץ	וישכימו אנשי העיר	Jud. 6, 28.
נִתַּץ	וישב ויבן את הבמות	2 Chr. 33, 3.
נֹחַם	מיד שאול אפדם	Hos. 13, 14.
נַחַם	ובני אשת הודיה	1 Chr. 4, 19.
נָפְלוֹ	ויאמרו שרי פלשתים	1 S. 29, 3.
נִפְלוֹ	ואעמוד עליי ואמותתהו	2 S. 1, 10.

עֳנֵיתִי	טוב לי כי	Ps. 119, 71.
עִנֵּיתִי	ואני בחלותם	Ps. 35, 13.
צֹאַת	אם רחץ ה׳ את צאת	Jes. 4, 4.
צֵאַת	ועגת שעורים תאכלנה	Ez. 4, 12.
קְרָאָנִי	וכי האמרי בלבבך	Jes. 49, 1.
קְרָאַנִי	פחד קראני ורעדה	Job 4, 14.
רִמּוּנִי	קראתי למאהבי	Thr. 1, 19.
רִמָּנִי	ויאמר אדני המלך	2 S. 19, 27.
שָׁכֹלְתִּי	ואני כאשר	Gen. 43, 14.
שָׁכָלְתִּי	(ב׳ בפסוק)	Gen. 43, 14.
שְׁפָטוּנוּ	ויקם את דבריו	Dan. 9, 12.
וּשְׁפָטָנוּ	והיינו גם אנחנו	1 S. 8, 20.
תְּאוֹמֵי	שני שדיך ׳קדמ׳	Cant. 4, 5.
תָּאֳמֵי	וחברו שני שדיך ׳תנ׳	Cant. 7, 4.

יחד לבד ממסורתא

בִּצְרֹף	וצרפתים כצרף את הכסף	Zach. 13, 9.
כִּצְרָף	כי בחנתנו אלהים	Ps. 66, 10.

6.

א״ב מן חד וחד חד א׳ וחד ב׳ דלוג וליה דכו׳ וסימניהון

Ein unvollständig alphabetisches Verzeichniss von Wörtern, die nur zwei Mal, und zwar ein Mal ohne und ein Mal mit ב׳ praefixum vorkommen.

אַמַּת	שכנתי על מים רבים	Jer. 51, 13.
בְּאַמַּת	כי רק עוג מלך הבשן	Deut. 3, 11.
אֲסָמֶיךָ	וימלאו אסמיך שבע	Prov. 3, 10.
בַּאֲסָמֶיךָ	יצו ה׳ אתך את	Deut. 28, 8.
אֲכָלְכֶם	כי ידע אלהים	Gen. 3, 5.
בַּאֲכָלְכֶם	והי׳ באכלכם	Num. 15, 19.
אֶבְרָתוֹ	כנשר יעיר קנו	Deut. 32, 11.
בְּאֶבְרָתוֹ	יסך לך ותחת	Ps. 91, 4.
בַּלַּע	ה׳ פלג לשונם	Ps. 55, 10.
בְּבַלַּע	טהור עינים מראות	Hab. 1, 13.
גַּרְזֶן	כי תצור אל עיר ימים	Deut. 20, 19.
בַּגַּרְזֶן	ואשר יבא את רעהו	Deut. 19, 5.
גָּרוֹן	ויאמר ה׳ יען כי גבהו	Jes. 3, 16.
בְגָרוֹן	קרא בגרון אל תחשך	Jes. 58, 1.
גּוֹרָלִי	ה׳ מנת חלקי וכוסי	Ps. 16, 5.
בְגוֹרָלִי	ויאמר יהודה לשמעון	Jud. 1, 3.
גֶשְׁמֵיהוֹן	ענה נבוכדנצר ואמר	Dan. 3, 28.
בְּגֶשְׁמְהוֹן	ומתכנשין אחשדרפניא	Dan. 3, 27.
הִבָּרְאָם	זכר ונקבה בראם	Gen. 5, 2.
בְּהִבָּרְאָם	אלה תולדות השמים	Gen. 2, 4.
הֲדָרִי	נשי עמי תגרשון	Micha 2, 9.
בַּהֲדָרִי	ויצא לך שם בגוים	Ez. 16, 14.
הֲגִיגִי	אמרי האזינה ה׳	Ps. 5, 2.
בַּהֲגִיגִי	חם לבי בקרבי	Ps. 39, 4.
הוֹלְלִים	לא יתיצבו הוללים	Ps. 5, 6.
בַּהוֹלְלִים	כי קנאתי בהוללים	Ps. 73, 3.
הָנִיחַ	והי׳ ביום הניח ה׳ לך	Jes. 14, 3.
בְּהָנִיחַ	והי׳ בהניח ה׳ אלהיך	Deut. 25, 19.
הֲכִינוֹ	מגן גבוריהו מאדם	Nah. 2, 3.
בַּהֲכִינוֹ	שמים שם אני	Prov. 8, 26.
הֵרָאֹתוֹ	ואם פשה תפשה המספחת׳	Lev. 13, 7.
בְּהֵרָאוֹתוֹ	ומי מכלכל את יום בואו	Mal. 3, 2.
וְעֹצֶם	ואמרת בלבבך כחי	Deut. 8, 17.
בְּעֹצֶם	תהפך לאכזר לי	Job. 30, 21.
וְתוֹרֹתָיו	בעבור ישמרו	Ps. 105, 45.
בְּתוֹרֹתָיו	ולא שמענו בקול ה׳	Dan. 9, 10.
וְגֵוָה	להסיר אדם מעשה	Job 33, 17.
בְּגֵוָה	כען אנה נבוכדנצר	Dan. 4, 34.
זְנָבוֹ	יחפץ זנבו כמו ארז	Job 40, 17.
בִּזְנָבוֹ	ויאמר ה׳ אל משה	Ex. 4, 4.
חֶסֶר	נבהל להון איש רע עין	Prov. 28, 22.
בְּחֶסֶר	ובכפן גלמוד הערקים	Job. 30, 3.
חַלָּמִישׁ	ההפכי הצור אגם מים	Ps. 114, 8.
בַּחַלָּמִישׁ	שלח ידו הפך משרש	Job. 28, 9.
חֲבָרַיִךְ	ותבאנה לך שתי אלה	Jes. 47, 9.
בַּחֲבָרַיִךְ	עמדי נא בחבריך	Jes. 47, 12.
חַיֶּיהָ	גמלתהו טוב ולא רע	Prov. 31, 12.
בְּחַיֶּיהָ	ואשה אל אחתה	Lev. 18, 18.

הָדְשָׁה	והשבתי כל משושה	Hos. 2, 13.
בְּהָדְשָׁהּ	פרה למוד מדבר	Jer. 2, 24.
טְלָאִים	כרעה עדרו ירעה	Jes. 40, 11.
בַּטְּלָאִים	וישמע שאול את העם	1 S. 15, 4.
יַיִן	אשר חלב זבחימו	Deut. 32, 38.
בְּיַיִן	דמשק סוחרתך ברב	Ez. 27, 18.
יְרַקְרַק	והי׳ הנגע ירקרק	Lev. 13, 49.
בִּירַקְרַק	אם תשכבון בין שפתים	Ps. 68, 14.
מוֹעֲדֶיהָ	גם חסידה בשמים	Jer. 8, 7.
בְּמוֹעֲדֶיהָ	כצאן קדשים כצאן	Ez. 36, 38.
נַס	נא את עבדיך	Dan. 1, 12.
בְּנַס	כל קבל דנה מלכא	Dan. 2, 12.
שׂוּם	ועתה שימו נא לבבכם	Hag. 2, 15.
בְּשׂוּם	התדע בשום אלוה	Job. 37, 14.
שָׂךְ	לכן הנני שך את דרכך	Hos. 2, 8.
בַּסָּךְ	אלה אזכרה ואשפכה	Ps. 42, 5.
סֹמְכֵי	כה אמר ה׳ ונפלו סמכי	Ez. 30, 6.
בְּסֹמְכֵי	הנה אלהים עזר לי	Ps. 54, 6.
שְׂמָחוֹת	תודיעני ארח חיים	Ps. 16, 11.
בִּשְׂמָחוֹת	תובלנה בשמחת וגיל	Ps. 45, 16.
שִׂמְחַתְכֶם	וביום שמחתכם ובמועדיכ׳	Num. 10, 10.
בְּשִׂמְחַתְכֶם	שמעו דבר ה׳ החרדים	Jes. 66, 5.
פַּס	בה שעתא נפקו׳ כן כה׳	Dan. 5, 5.
בַּפַּס	והוא היה עם דויד בפס	1 Chr. 11. 13.
פְּתָחִי	אני ישנה ולבי ער	Cant. 5, 2.
בְּפִתְחִי	וידעתם כי אני ה׳ בפתחי	Ez. 37. 13.
פְּתָחֶיהָ	ואנו ואבלו פתחיה	Jes. 3, 26.
בִּפְתָחֶיהָ	ורעו את ארץ אשור	Micha 5. 5.
צַוֹּתוֹ	אשר צוה ה׳ את משה	Lev. 7, 38.
בְּצַוֹּתוֹ	ויהי בצותו את האיש	Ez. 10, 6.
קַשְׁתִּי	את קשתי נתתי בענן	Gen. 9, 13.
בְקַשְׁתִּי	כי לא בקשתי אבטח	Ps. 44, 7.
קִבְרִי	אשר לא מותתני מרחם	Jer. 20, 17.
בְּקִבְרִי	אבי השביעני לאמר	Gen. 50. 5.
רִדְתּוֹ	כה אמר ה׳ אלהי׳ ביום	Ez. 31, 15.
בְּרִדְתּוֹ	ויהי ברדת משה מהר	Ex. 34, 29.
שַׁלֶּכֶת	לשפים ולחסה למערב	1 Chr. 26, 16.
בְּשַׁלֶּכֶת	ועוד בה עשיריה	Jes. 6, 13.
שָׁלִישׁ	האכלתם להם דמעה	Ps. 80, 6.
בַּשָּׁלִשׁ	מי מדד בשעלו מים	Jes. 40, 12.
תִּתָּם	ולא שמע אמציהו	2 Chr. 25, 20.
בְּתִתָּם	ספם את ספי ומזוזתם	Ez. 43, 8.

7.

א״ב מן חד וחד חד ד׳ וחד ר׳ דלוג ולית דכו׳ וסימניהן

Ein unvollständig alphabetisches Verzeichniss von Wörtern, die je nur ein Mal mit Daleth und ein Mal mit Resch vorkommen.

אֲדִיקֵם	ואשחקם כעפר׳ דשמוא׳	2 S. 22, 43.
אֲרִיקֵם	והבי״ו ואשחקם׳ דתלי׳	Ps. 18, 43.
בְּהַדְרֵי קֹדֶשׁ	עמך נדבית ביום חילך	Ps. 110, 3.
בְּהַרְרֵי קֹדֶשׁ	לבני קרח מזמור שיר	Ps. 87, 1.
הַדָּאָה	ואת הדאה ואת האיה	Lev. 11, 14.
וְהָרָאָה	והראה ואת האיה	Deut. 14, 13.
הֲדָרִי	נשי עמי תגרשון	Micha 2, 9.
הֲרָרִי	בשדה חילך כל	Jer. 17, 3.
יַעַבְדוּ	אם ישמעו ויעבודו	Job 36, 11.
וְיַעֲבֹרוּ	רגע ימתו וחצות לילה	Job 34, 20.
וַיִּפְדּוּ	ויאמר העם אל שאול	1 S. 14, 45.
וַיִּפְרוּ	וישב ישראל בארץ	Gen. 47, 27.
וְדֹדָנִים	ובני יון אלישה׳ דברא׳	Gen. 10, 4.
וְרוֹדָנִים	ובני יון אלישה׳ דד״ה	1 Chr. 1, 7.
וְדִיפַת	ובני גמר אשכנז׳ דד״ה	1 Chr. 1, 7.
וְרִיפַת	ובני גמר׳ דברא׳	Gen. 10, 3.
וְיִדְאֶה	הנה כנשר יעלה	Jer. 49, 22.
וַיִּרְאֶה	ויתפלל אלישע ויאמר	2 Reg. 6, 17.
וְדוֹמַמְתִּי	אם לא שויתי ודוממתי	Ps. 131. 2.
וְרוֹמַמְתִּי כל׳	שמעו שמים והאזיני	Jes. 1, 2.
וְאוֹדְךָ	ואבואה אל מזבח ה׳	Ps. 43, 4.
וְאוֹרְךָ	אשכילך ואורך	Ps. 32, 8.
זָדָה	השמיעו אל בבל רבים	Jer. 50, 29.
זָרָה מלע׳	רוחי זרה לאשתי	Job 19, 17.

יַעֲבֵד	והורידו זקני העיר	Deut. 21, 4.
יַעֲבֵר	וימד אלף נחל אשר	Ez. 47, 5.
יָדִיחַ	אם רחץ ה׳ את צאה	Jes. 4, 4.
יָרִיחַ	בדי שפר יאמר האח	Job 39, 25.
יִצְעָדוּ	כתמר מקשה המה	Jer. 10, 5.
יִצְעָרוּ	ויצא מהם תודה וקול	Jer. 30, 19.
יִתְגּוֹדָדוּ	אי לזאת אסליח לך׳ כת׳	Jer. 5, 7.
יִתְגּוֹרָרוּ	ולא זעקו אלי בלבם	Hos. 7, 14.
יִסְעָדֶנּוּ	ה׳ יסעדנו על ערש דוי	Ps. 41, 4.
יִשְׂעָרֶנּוּ	בטרם יבינו סירתיכם	Ps. 58, 10.
יָשׁוּד	מדבר באפל יהלך	Ps. 91, 6.
יָשׁוּר	כי נמצאו בעמי רשעים	Jer. 5, 26.
יְשֹׁדֵד	חלק לבם עתה יאשמו	Hos. 10, 2.
יְשׁוֹרֵר	ירבצו בתוכה עדרים	Zeph. 2, 14.
כְּמִסְפַּד	ביום ההוא יגדל המספד	Zach. 12, 11.
כְּמִסְפַּר	ויקח אליהו שתים עשר׳	1 Reg. 18, 31.
לְדֹב	וארו חיוה אחרי׳ תנינ׳	Dan. 7, 5.
לְרֹב	כי מרדכי היהודי	Est. 10, 3.
לְמְאֹד	ויקברהו בקברתו	2 Chr. 10, 14.
לִמְאוֹר	שת עונותינו לנגדך׳ כת׳	Ps. 90, 8.
לָצוּד	ורבקה שמעת בדבר	Gen. 27, 5.
לָצוּר	וישמע שאול את כל	1 S. 23, 8.
לְתוֹדָה	מזמור לתודה הריעו	Ps. 100, 1.
לְתוֹרָה	ולתעודה אם לא יאמרו	Jes. 8, 21.
מִדּוּד	הסירותי מסבל שכמו	Ps. 81, 7.
מִדּוּר	כי טוב יום בחצריך	Ps. 84, 11.
מַעֲצָד	חרש ברזל מעצד	Jes. 44, 12.
מַעְצָר	עיר פרוצה אין חומה	Prov. 25, 28.
מְצוֹד	חמד רשע מצוד	Prov. 12, 12.
מָצוֹר	ואל מצור ירושלם	Ez. 4, 7.
מַעֲבִדִים	וגם אני שמעתי את	Ex. 6, 5.
מַעֲבִרִים	אל בני כי לא טובה	1 S. 2, 24.
עוֹדֵינָה	הכלינה עינינו	Thr. 4, 17.
עוֹרֵנוּ	כתנור נכמרו	Thr. 5, 10.
פִּטְדַת	לא יערכנה פטדת כוש	Job 28, 19.
פִּטְרַת	כי נתנים נתנים המה	Num. 8, 16.
פְּדָעֵהוּ	ויחננו ויאמר פדעהו	Job 33, 24.
פְּרָעֵהוּ	אל תעבר בו	Prov. 4, 15.
פְּדֵה	אלהים את ישראל	Ps. 25, 22.
פְּרֵה	ויאמר לו אלהים אני	Gen. 35, 11.
פּוֹדֶה	ה׳ נפש עבדיו	Ps. 34, 23.
פֹּרֶה	פן יש בכם איש או	Deut. 29, 17.
צֵיד	ואיש איש מבני	Lev. 17, 13.
צֵר	וערי מבצר הצדים צר	Jos. 19, 35.
צְרֵדָתָה	בככר הירדן יצקם׳ דה״ה	2 Chr. 4, 17.
צְרֵרָתָה	ויתקעו שלש מאות	Jud. 7, 22.
שִׁחֲדוּ	הכי אמרתי הבו לי	Job 6, 22.
וְשִׁחֲרוּ	אם הרגם ודרשוהו	Ps. 78, 34.
תָּדוּץ	בצוארו ילין עז	Job 41, 14.
תָרוּץ	בלכתך לא יצר צעדך	Prov. 4, 12.
תָּצוּד	כי בעד אשה זונה	Prov. 6, 26.
תָצוּר	כי תצור על עיר ימים	Deut. 20, 19.

8.

א״ב מן חד וחד חד א׳ וחד ה׳ דלוג ולי׳ דכותהון וסימניהון

Ein unvollständig alphabetisches Verzeichniss von Wörtern, die nur zwei Mal, und zwar ein Mal ohne und ein Mal mit ה׳ praefixum vorkommen.

אָמֵן מלרע	ויהי אמן את הדסה	Est. 2, 7.
הָאֹמֵן	האנכי הריתי	Num. 11, 12.
אֲשַׁמֵּם	ואטמא אתם במתנותם	Ez. 20, 26.
הַאֲשִׁימֵם	אלהים יפלו	Ps. 5, 11.
אָמַר	כה אמר ה׳ אלהי׳ יען	Ez. 25, 8.
הַאֲמֹר	למלך בליעל	Job 34, 18.
אֹמְרוֹת	והנה כל הנשים אשר	Jer. 38, 22.
הָאֹמְרוֹת	שמעו הדבר הזה פרות	Am. 4, 1.
אֲרוּרָה	ולאדם אמר כי שמעת	Gen. 3, 17.
הָאֲרוּרָה	ויבא ויאכל וישת	2 Reg. 9, 34.
בֹּחֵר	ויחר אף שאול ביהונתן	1 S. 20, 30.
הַבֹּחֵר	ויאמר ה׳ אל השטן	Zach. 3, 2.
גְּדֻלּוֹת	ומי כעמך ישראל׳ דה״ה	1 Chr. 17, 21.
הַגְּדֻלּוֹת	ה׳ בעבור עבדך׳ דה״ה	1 Chr. 17, 19.

דוּדָאִים	וילך ראובן בימי קציר	Gen. 30, 14.
הַדּוּדָאִים	נתנו ריח	Cant. 7, 14.
דְּבֹרִים	וישב מימים לקחתה	Jud. 14, 8.
הַדְּבֹרִים	ויצא האמרי הישב	Deut. 1, 44.
הֲפוּכָה	אפרים בעמים הוא	Hos. 7, 8.
הַהֲפוּכָה	ויגדל עון בת עמי	Thr. 4, 6.
חַלָּמִישׁ	ההפכי הצור אגם	Ps. 114, 8.
הַחַלָּמִישׁ	המוליכך במדבר הגדל	Deut. 8, 15.
כֻּשִׁית	וידבר מרים ואהרן	Num. 12, 1.
הַכֻּשִׁית	במשה · ב׳ בפסוק	Num. 12, 1.
מֵלִיץ	אם יש עליו מלאך	Job. 33, 23.
הַמֵּלִיץ	והם לא ידעו כי שמע	Gen. 42, 23.
מֵתָה מלר׳	ותרא רחל כי לא ילדה	Gen. 30, 1.
הַמֵּתָה	ואמר לא ארעה אתכם	Zach. 11, 9.
מְשֻׁלֶּשֶׁת	ויאמר אליו קחה לי	Gen. 15, 9.
הַמְשֻׁלָּשׁ	ואם יתקפו האחד	Koh. 4, 12.
מֻנָּח	רחב הקיר אשר לצלע	Ez. 41, 9.
הַמֻּנָּח	ופתח הצלע למנח	Ez. 41, 11.
מְקַטְּרוֹת	ויענו את ירמיהו כל	Jer. 44, 15.
הַמְקַטְּרוֹת	ויקמו ויסירו את	2 Chr. 30, 14.
מְנָאָפֶת	כן דרך אשה מנאפת	Prov. 30, 20.
הַמְנָאָפֶת	האשה המנאפת	Ez. 16, 32.
מִתְאַבְּלִים	ויעבירהו עבדיו מן	2 Chr. 35, 24.
הַמִּתְאַבְּלִים	שמחו את ירושלם	Jes. 66, 10.
מְרִיקִים	ויהי הם מריקים	Gen. 42, 35.
הַמְרִיקִים	ואען שנית ואמר אליו	Zach. 4, 12.
נְסוֹגִים	מדוע ראיתי המה חתים	Jer. 46, 5.
הַנְּסוֹגִים	ואת הנסוגים מאחרי	Zeph, 1, 6.
נִקְרָאִים	בלילה ההוא נדדה	Est. 6, 1.
הַנִּקְרָאִים	שמעו ואת בית יעקב	Jes. 48, 1.
שִׂיחִים	בין שיחים ינהקו	Job 30, 7.
הַשִּׂיחִם	ויכלו המים מן החמת	Gen. 21, 15.
סֹפְדִים	על שדים ספדים	Jes. 32, 12.
הַסֹּפְדִים	גם מגבה ייראו	Koh. 12, 5.
פְּתָחִים	ליד שערים לפי קרת	Prov. 8, 3.
הַפְּתָחִים	וכל הפתחים והמזוזות	1 Reg. 7, 5.
צִיּוּן	ועברו העברים בארץ	Ez. 39, 15.
הַצִּיּוּן	ויאמר מה הציון הלז	2 Reg. 23, 17.
צֹאִים	ויהושע היה לבוש	Zach. 3, 3.
הַצֹּאִים	ויען ויאמר אל העמדים	Zach. 3, 4.
צְבֹעִים	חדיד צבעים נבלט	Neh. 11, 34.
הַצְּבֹעִים	והראש אחד יפנה	1 S. 13, 18.
קִינִים	ויפרש אותה לפני	Ez. 2, 10.
הַקִּינִים	ומשפחות ספרים	1 Chr. 2, 55.
שֹׁטֵר	אשר אין לה קצין	Prov. 6, 7.
הַשּׁוֹטֵר	ויהי לעזיהו חיל עשה	2 Chr. 26, 11.
שָׁקֵד	ויהי דבר ה׳ אלי לאמר	Jer. 1, 11.
הַשָּׁקֵד	גם מגבה ייראו	Koh. 12, 5.
שֹׁקַיִם	דליו שוקים מפסח	Prov. 26, 7.
הַשֹּׁקַיִם	יככה ה׳ בשחין רע	Deut. 28, 35.
שְׁאֵלְתִּיהוּ	ותבא האשה ותאמר	Jud. 13, 6.
הִשְׁאִלְתִּיהוּ	וגם אנכי השאלתיהו	1 S. 1, 28.
תָּצוּד	כי בעד אשה זונה	Prov. 6, 26.
הֲתָצוּד	ללביא טרף ותית	Job 38, 39.

9.

א״ב מן חד וחד חד וא׳ וחד והא דלוג ולי׳ רכיתהון יסימניהון

Ein unvollständig alphabetisches Verzeichniss von Wörtern, die nur ein Mal mit vorgesetztem Waw und ein Mal mit vorgesetztem Waw und He vorkommen.

וְאַחֲרוֹן	ואני ידעתי כי גאלי חי	Job. 19, 25.
וְהָאַחֲרוֹן	כי לא מועף לאשר	Jes. 8, 23.
וָאֹהֶל	וחשבה ואהל וברכיהו	1 Chr. 3, 20.
וְהָאֹהֶל	ומשמרת בני גרשון	Num. 3, 25.
וַאֲלָפִים	צנה ואלפים כלם	Ps. 8, 8.
וְהָאֲלָפִים	והעירים עבדי האדמה	Jes. 30, 24.
וּבֹקֶר	ובקר וראיתם את כבוד	Ex. 16, 7.
וְהַבֹּקֶר	ומראה הערב והבקר	Dan. 8, 26.
וְגוֹיִם	ובאו עמים רבים וגוים	Zach. 8, 22.
וְהַגּוֹיִם	כי הגוי והממלכה	Jes. 60, 12.
וּגְבֹהִים	אם עשק רש וגזל	Koh. 5, 7.
וְהַגְּבֹהִים	הנה האדון ה׳ צבאות	Jes. 10, 33.

Job 40. 10.	וְגֹבַהּ	ועדה נא גאון וגבה
2 Chr. 3, 4.	וְהַגֹּבַהּ	והאולם אשר על פני
Ps. 138, 6.	וְגָבֹהַּ	כי רם ה׳ ושפל יראה
Ez. 21, 31.	וְהַגָּבֹהַּ	כה אמר אדני ה׳ הסיר
Prov. 28, 11.	וְדַל פת׳	חכם בעיניו איש עשיר
Ex. 30, 15.	וְהַדַּל	העשיר לא ירבה
Ez. 21, 31.	וְהָרֵים	כה אמר אדני ה׳ הסיר
Zach. 6, 1.	וְהֶהָרִים	ואשב ואשא עיני ל׳ הכ׳
1 Reg. 7, 12.	וְחָצֵר	הגדולה סביב שלשה
Ez. 10, 4.	וְהֶחָצֵר	וירם כבוד ה׳ מעל
2 S. 17, 28.	וְחִטִּים	משכב וספות וכלי
1 Chr. 21, 23.	וְהַחִטִּים	ויאמר ארנן אל דויד
Prov. 29, 8.	וַחֲכָמִים	אנשי לצון יפיחו קריה
Koh. 9, 1.	וְהַחֲכָמִים	כי את כל זה נתתי אל
Deut. 33, 23.	וּמָלֵא	ולנפתלי אמר נפתלי
2 Reg. 4, 4.	וְהַמָּלֵא	ובאת וסגרת הדלת
Jer. 4, 7.	וּמַשְׁחִית	עלה אריה מסבכו
1 S. 14, 15.	וְהַמַּשְׁחִית	ותהי חרדה במחנה
Prov. 6, 19.	וּמְשַׁלֵּחַ	יפיח כזבים עד שקר
Lev. 16, 26.	וְהַמְשַׁלֵּחַ	את השעיר לעזאזל
Ps. 91, 10.	וְנֶגַע	לא תאנה אליך רעה
Lev. 13, 58.	וְהַנֶּגַע	וראה הכהן אחרי הכבס
Ps. 109, 6.	וְשָׂטָן	הפקד עליו רשע ושטן
Zach. 3, 1.	וְהַשָּׂטָן	ויראני את יהושע
Gen. 32, 15.	וַעְיָרִם	גמלים מיניקות
Jes. 30, 24.	וְהָעֲיָרִים	והאלפים והעירים
Jes. 11, 7.	וּפָרָה	ודב תרעינה יחדו
Jos. 18, 23.	וְהַפָּרָה	והעוים והפרה
2 Reg. 5, 27.	וְצָרַעַת	ונעמן תדבק בך
2 Chr. 26, 19.	וְהַצָּרַעַת	ויזעף עזיהו ובידו
Dan. 8, 13.	וְקָדוֹשׁ	ואשמעה אחד קדוש
Dan. 9, 26.	וְהַקֹּדֶשׁ	ואחרי השבעים ששים
Job 29, 15.	וְרַגְלַיִם	עינים הייתי לעור
2 Reg. 9, 35.	וְהָרַגְלַיִם	וילכו לקברה ולא מצאו
Neh. 12, 46.	וְשִׁיר	כי בימי דוד ואסף
2 Chr. 29, 28.	וְהַשִּׁיר	וכל הקהל משתחוים
Ex. 2, 14.	וְשֹׁפֵט	ויאמר מי שמך לאיש
Micha 7, 3.	וְהַשֹּׁפֵט	על הרע כפים להיטיב

Ex. 5, 18.	וְתֶבֶן	ועתה לכו עבדו ותבן
1 Reg. 5, 8.	וְהַתֶּבֶן	והשערים והתבן לכים
Ex. 29, 28.	וּתְרוּמָה	והיה לאהרן ולבניו לחק
Mal. 3, 8.	וְהַתְּרוּמָה	היקבע אדם אלהים
Neh. 9, 13.	וְתוֹרוֹת	ועל הר סיני ירדת
Lev. 26, 46.	וְהַתּוֹרֹת	אלה החקים והמשפטים

— —

10.

א״ב מן חד וחד חד א׳ וחד לא׳ דלית׳ ול׳ דכו׳ וסי׳

Ein unvollständig alphabetisches Verzeichniss von Wörtern, die nur ein Mal **ohne** und ein Mal **mit** vorgesetztem Lamed vorkommen.

2 S. 17, 25.	אֲבִיגַל	ואת עמשא שם אבשלם
1 S. 25, 32.	לַאֲבִיגַל	ויאמר דוד לאביגל
Est. 1, 17.	בַּעְלֵיהֶן	כי יצא דבר המלכה
Est. 1, 20.	לְבַעְלֵיהֶן	ונשמע פתגם
Ez. 23, 37.	בְּנֵיהֶן	כי נאפו ודם בידיהן
Gen. 31, 43.	לִבְנֵיהֶן	ויען לבן ויאמר אל יעקב
Am. 1, 13.	בִּקְעָם	על שלשה פשעי בני
2 Chr. 32, 1.	לְבִקְעָם	אחרי הדברים והאמת
Cant. 4, 16.	גַּנִּי	עורי צפון ובואי תימן
Cant. 5, 1.	לְגַנִּי	באתי לגני אחתי
Jes. 14, 3.	הָנִיחַ	והיה ביום הניח ה׳
Ez. 44, 30.	לְהָנִיחַ	וראשית כל בכורי כל
Ps. 5, 6.	הוֹלְלִים	לא יתיצבו הוללים
Ps. 75, 5.	לַהוֹלְלִים	אמרתי להוללים
Deut. 8, 3.	הוֹדִיעֲךָ	ויענך וירעבך
Prov. 22, 21.	לְהוֹדִיעֲךָ	קשט אמרי אמת
Prov. 29, 25.	חֶרְדַּת	אדם יתן מוקש
1 S. 14, 15.	לְחֶרְדַּת	ותהי חרדה במחנה
Jes. 5, 18.	חַטָּאָה	הוי מושכי העון
Esr. 6, 17.	לְחַטָּאָה	והקריבו לחנכת בית אלהא
Ps. 44, 23.	טִבְחָה	כי עליך הרגנו
Jer. 12, 3.	לְטִבְחָה	ואתה ה׳ ידעתני

Dan. 7, 3.	וארבע חיון רברבן	יַמָּא
Dan. 7, 2.	ענה דניאל ואמר	לְיַמָּא
Gen. 49, 10.	לא יסור שבט	יִקְּהַת
Prov. 30, 17.	עין תלעג לאב	לִיקְּהַת
Ez. 28, 19.	כל ידעיך בעמים	יֹדְעֶיךָ
Ps. 36, 11.	משך חסדך לידעיך	לְיֹדְעֶיךָ
Ex. 22, 4.	כי יבער איש שדה	כַּרְמוֹ
Jes. 5, 1.	אשירה נא לידידי	לְכַרְמוֹ
Lev. 11, 42.	כל הולך על גחון	מַרְבֵּה
Jes. 9, 6.	המשרה ולשלום	לְםַרְבֵּה
Lev. 14, 21.	ואם דל הוא ואין	מַשֶּׂגֶת
1 Chr. 21, 12.	אם שלוש שנים רעב	לְמַשֶּׂגֶת
Hos. 2, 13.	והשבתי כל משושה	מוֹעֲדָהּ
Ex. 13, 10.	ושמרת את החקה	לְמוֹעֲדָהּ
Prov. 29, 17.	יסר בנך ויניחך	מַעֲדַנִּים
Thr. 4, 5.	האוכלים למעדנים	לְמַעֲדַנִּים
1 S. 2, 35.	והקמתי לי כהן נאמן	מְשִׁיחִי
Ps. 132, 17.	שם אצמיח קרן לדוד	לִמְשִׁיחִי
Ps. 28, 5.	כי לא יבינו אל פעלת	פְּעֻלֹּת
Ps. 17, 4.	אדם בדבר שפתיך	לִפְעֻלּוֹת
Gen. 30, 15.	ותאמר לה המעט	קַחְתֵּךְ
1 S. 25, 40.	ויבאו עבדי דוד אל	לְקַחְתֵּךְ
Ps. 69, 19.	אל נפשי גאלה	קָרְבָה
Ex. 36, 2.	ויקרא משה אל בצלאל	לְקָרְבָה
Ps. 23, 5.	תערך לפני שלחן	רְוָיָה
Ps. 66, 12.	הרכבת אנוש לראשנו	לָרְוָיָה
Nah. 2, 14.	הנני אליך נאם ה׳ צבאות	רִכְבָּהּ
Ez. 27, 20.	דדן רכלתך בבגדי חפש	לְרִכְבָּה
Prov. 30, 26.	עם לא עצום	שְׁפַנִּים
Ps. 104, 18.	הרים הגבהים ליעלים	לַשְׁפַנִּים
2 Chr. 25, 20.	ולא שמע אמציהו	תִּתָּם
2 Chr. 35, 12.	ויסירו העלה לתתם	לְתִתָּם

ולבד מכבודתא.

Thr. 5, 16.	נפלה עטרת ראשנו	רֹאשֵׁנוּ
Ps. 66, 12.	הרכבת אנוש לראשנו	לְרֹאשֵׁנוּ

11.

א״ב מן חד וחד כא׳ חד מלרע וחד מלעיל דלית ולי׳ דכות׳ וב׳

Ein unvollständig alphabetisches Verzeichniss von Wörtern, die nur zwei Mal mit vorgesetztem Kaf vorkommen, und zwar so, dass das Kaf ein Mal ein Schwa oder dessen stellvertretenden schwachen Vocal und ein Mal einen eigentlichen oder natürlichen Vocal hat.

Num. 24, 6.	כנחלים נטיו	כַּאֲרָזִים
Cant. 5, 15.	שוקיו עמודי שש	כָּאֲרָזִים
Jes. 38, 12.	דורי נסע ונגלה	כְּאֹהֶל
Jes. 40, 22.	היושב על חוג הארץ	כָּאֹהֶל
Jes. 29, 5.	יהיה כאבק דק	כְּאָבָק
Jes. 5, 24.	לכן כאכל קש לשון	כָּאָבָק
2 Chr. 34, 32.	ויעמד את כל הנמצא	כִּבְרִית
Jer. 31, 32.	לא כברית אשר כרתי	כַּבְּרִית
Ps. 131, 2.	אם לא שויתי	כְּגָמֻל
Ps. 131, 2.	ב׳ בפסוק	כַּגָּמֻל
Prov. 12, 4.	אשת חיל עטרת	וּכְרָקָב
Hos. 5, 12.	ואני כעש לאפרים	וְכָרָקָב
Ps. 17, 12.	דמינו כאריה	וְכִכְפִיר
Hos. 5, 14.	כי אני כשחל לאפרים	וְכַכְּפִיר
Cant. 4, 3.	השני שפתותיך	כְּחוּט
Jud. 16, 12.	ותקח דלילה עבתים	כַּחוּט
Ps. 19, 6.	והוא כחתן יצא	כְּחָתָן
Jes. 61, 10.	שוש אשיש בה׳	כֶּחָתָן
Lev. 4, 26.	ואת כל חלבו יקטיר	כְּחֵלֶב
Ps. 119, 70.	טפש כחלב לבם	כַּחֵלֶב
Jes. 17, 3.	ונשבת מבצר	כִּכְבוֹד
Ez. 3, 23.	ואקום ואצא אל	כַּכָּבוֹד
Ps. 31, 13.	נשכחתי כמת מלב	כְּמֵת
Num. 12, 12.	אל נא תהי כמת	כַּמֵּת
Ps. 71, 7.	הייתי לרבים	כְּמוֹפֵת
1 Reg. 13, 5.	והמזבח נקרע	כַּמּוֹפֵת
Jes. 1, 8.	ונותרה בת ציון	כִּמְלוּנָה
Jes. 24, 20.	נוע תנוע ארץ	כַּמְּלוּנָה

כְּסוּחָה	שרפה באש	Ps. 80, 17.
כַּסּוּחָה	על כן חרה אף ה׳	Jes. 5, 25.
כְּסוּפָה	בבא כשאוה	Prov. 1, 27.
כַּסּוּפָה	אשר חציו שנונים	Jes. 5, 28.
כְּעֹרֵב	שיתמו נדיבמו	Ps. 83, 12.
כָּעוֹרֵב	ראשו כתם פז	Cant. 5, 11.
כְּצָר	דרך קשתו באויב	Thr. 2, 4.
כַּצָּר	אשר חציו שנונים	Jes. 5, 28.
כְּרָשָׁע	יהי כרשע איבי	Job 27, 7.
כָּרָשָׁע	חללה לך מעשה	Gen. 18, 25.
כְּשׁאָיה	בבא כשאיה	Prov. 1, 27.
כַּשֹּׁאָה	יעלית כשואה תביא	Ez. 38, 9.
כְּשׁוֹשַׁנָּה	בין החוחים	Cant. 2, 2.
כַּשּׁוֹשַׁנָּה	אהיה כטל לישראל	Hos. 14, 6.
לְפִיהֶם	שרים עצרו במלים	Job 29, 9.
מוֹצָאֵיהֶן	ידרך לפניהם	Ez. 42, 11.
מוֹצָאֵיהֶם	ויכתב משה את מוצאיהם	Num. 33, 2.
מָעֻזְּכֶן	הילילו אניות תרשיש	Jes. 23, 14.
מָעֻזְּכֶם	ויאמר להם לכו אכלו	Neh. 8, 10.
פְּרִיהֶן	כי על כן שלח· דעל׳ שלח על כל הגילה	Jer. 29, 28.
פְּרִיהֶם	ושבתי את שבות · דעל׳ הון עבדיה	Am. 9, 14.
שֹׁמֵמִין	דרכי ציון אבלית	Thr. 1, 4.
שׁוֹמֵמִים	על אלה אני בוכיה	Thr. 1, 16.
הָאֹכְלִין	לא יום אחד האכלין	Num. 11, 19.
הָאֹכְלִים	כל הולך על גחון	Lev. 11, 42.

12.

א״ב מן חד יחד חד ן׳ וחד ם׳ בסוף תיבותא דלוג ילי׳ דבוהון יסי׳

Ein unvollständig alphabetisches Verzeichniss von Wörtern, die je nur ein Mal mit Nun fin. und ein Mal mit Mem fin. vorkommen.

אֶתְהֶן	ורגמו עליהן אבן	Ez. 23, 47.
אֶתְהֶם	ואנשים צדיקים המה	Ez. 23, 45.
בִּנְעוּרֵיהֶן	ותזנינה במצרים	Ez. 23, 3.
בִּנְעוּרֵיהֶם	אשר בנינו כנטעים	Ps. 144, 12.
וַהֲמִתֶּן	ויאמר בילדכן	Ex. 1, 16.
וַהֲמִתֶּם	ויצו אבשלום את נעריו	2 S. 13, 28.
וּכְמִשְׁפְּטֵיהֶן	ודרך לפניהם כמראה	Ez. 42, 11.
וּבְמִשְׁפְּטֵיהֶם	המלך יתאבל ונשיא	Ez. 7, 27.
יְדַעְתִּין	עתה נבראו ולא מאז	Jes. 48, 7.
יְדַעְתִּים	שלשה המה נפלאו	Prov. 30, 18.
כָּהֵן קמ׳	והנה הוליד בן	Ez. 18, 14.
כָּהֶם קמ׳	וימאסו את חקיו	2 Reg. 17, 15.
לְפִיהֶן	אם עוד רבות בשנים	Lev. 25, 51.

13.

א״ב מן תרין א׳ וחד וא׳ יסי׳

Alphabetisches Verzeichniss von Wörtern, die je nur zwei Mal ohne und ein Mal mit vorgesetztem Waw vorkommen.

אֵרָאֶה	ויאמר ה׳ אל משה	Lev. 16, 2.
אֵרָאֶה	ויאמר אליהו חי ה׳	1 Reg. 18, 15.
וְאֵרָאֶה	צמאה נפשי לאלהים	Ps. 42, 3.
אַרְאֶךָּ	ויאמר ה׳ אל אברם	Gen. 12, 1.
אַרְאֶךָּ	ואמר מה אלה אדני	Zach. 1, 9.
וְאַרְאֶךָּ	והנה ברק רדף	Jud. 4, 22.
אֲחוֹתַיִךְ	וזכרת את דרכיך	Ez. 16, 61.
אֲחוֹתֵךְ	ושמרון כחצי חטאתיך	Ez. 16, 51.
וַאֲחוֹתַיִךְ	סדם ובנותיה תשבן	Ez. 16, 55.
בִּינָה מלע׳	ואם בינה שמעה	Job. 31, 16.
בִּינָה	אמרי האזינה ה׳	Ps. 5, 2.
וּבִינָה	בשנת שלוש לכורש	Dan. 10, 1.
בֹּנֵה קמ׳	ירושלם ה׳ נדחי	Ps. 147, 2.
בֹּנֵי	(ויפסלו בני שלמה	1 Reg. 5, 32.
וּבֹנֵי	(חירום · ב׳ בפסו׳	1 Reg. 5, 32.

Gen. 27, 5.	בְּדַבֵּר	ורבקה שמעת בדבר
Prov. 23, 16.	בְּדַבֵּר	ותעלזנה כליותי
Jes. 32, 7.	וּכְדַבֵּר	וכלי כליו רעים
Ex. 15, 13.	בְחַסְדְּךָ	נחית בחסדך
Ps. 13, 6.	בְּחַסְדְּךָ	ואני בחסדך בטחתי
Ps. 143, 12.	וּבְחַסְדְּךָ	תצמית איבי
1 Chr. 21, 28.	בִּרְאוֹת	בעת ההיא בראות
2 Chr. 26, 5.	בִּרְאוֹת	ויהי לדרש אלהים
2 Chr. 12, 7.	וּבִרְאוֹת	ה׳ כי נכנעו היה דבר ה׳
Ps. 51, 8.	בַטֻּחוֹת	הן אמת חפצת
Job 38, 36.	בַטֻּחוֹת	מי שת בטחות
Job 12, 6.	וּבַטֻּחוֹת	ישליו אהלים לשדדים
2 Reg. 20, 11.	בַּמַּעֲלוֹת	ויקרא ישעי׳ · קדמ׳ דפסו׳ דמלכי׳
Jes. 38, 8.	בַּמַּעֲלוֹת	הנני משיב את צל · הנינ׳ דפסו׳ דישע׳
Ez. 40, 49.	וּבַמַּעֲלוֹת	ארך האלם עשרים
Num. 29, 39.	בְּמוֹעֲדֵיכֶם	אלה תעשו לה׳
Num. 15, 3.	בְּמֹעֲדֵיכֶם	ועשיתם אשה לה׳ עלה
Num. 10, 10.	וּבְמוֹעֲדֵיכֶם	וביום שמחתכם
1 Chr. 28, 9.	בְּלֵב שָׁלֵם	ואתה שלמה בני
1 Chr. 29, 9.	בְּלֵב שָׁלֵם	וישמחו העם על התנדבם
Jes. 38, 3.	וּבְלֵב שָׁלֵם	אנה ה׳ · דישעי׳
Jer. 13, 17.	גֵוָה	ואם לא תשמעוה
Job. 22, 29.	גֵוָה	כי השפילו ותאמר
Job. 33, 17.	וְגֵוָה	להסיר אדם מעשה
Ps. 101, 5.	גְּבַהּ	מלושני בסתר
Prov. 16, 4.	גְּבַהּ	תועבת ה׳ כל גבה לב
Ez. 31, 3.	וּגְבַהּ	הנה אשור ארז בלבנון
1 S. 14, 9.	דֹּמּוּ	אם כה יאמרו אלינו
Jes. 23, 2.	דֹּמּוּ	ישבי אי סחר צידון
Ps. 4, 5.	וְדֹמּוּ	רגזו ואל תחטאו
Jes. 47, 5.	דוּמָם	שבי דומם ובאי
Hab. 2, 19.	דוּמָם	הוי אמר לעץ הקיצה
Thr. 3, 26.	וְדוּמָם	טוב ויחיל ודומם
1 S. 26, 20.	דָמִי	ועתה אל יפל דמי
Job 16, 18.	דָמִי	ארץ אל תכסי
Jer. 51, 35.	וְדָמִי	חמסי ושארי על

Jer. 6, 2.	דָּמִיתִי	הנוה והמענגה
Ps. 102, 7.	דָּמִיתִי	לקאת מדבר
Hos. 4, 5.	וְדָמִיתִי	וכשלת היום וכשל
1 Chr. 11, 25.	הִנּוֹ	מן השלושים · דר״ה
Job 2, 6.	הִנּוֹ	ויאמר ה׳ אל השטן
Num. 23, 17.	וְהִנּוֹ	ויבא אליו והנו נצב
Deut. 32, 43.	הַרְנִינוּ	גוים עמו כי דם
Ps. 81, 2.	הַרְנִינוּ	לאלהים עוזנו הריעו
Ps. 32, 11.	וְהַרְנִינוּ	שמחו בה׳ וגילו צדיקים
Jes. 14, 12.	הֵילֵל	איך נפלת משמים
Zach. 11, 2.	הֵילֵל	ברוש כי נפל ארז
Ez. 21, 12.	וְהֵילֵל	זעק והילל בן אדם
Zeph. 1, 9.	הַמְמַלְאִים	ופקדתי על כל
Job 3, 15.	הַמְמַלְאִים	או עם שרים זהב
Jes. 65, 11.	וְהַמְמַלְאִים	ואתם עזבי ה׳
Num. 13, 20.	הַשְּׁמֵנָה	ומה הארץ
Ez. 34, 16.	הַשְּׁמֵנָה	את האבדת
Neh. 9, 35.	וְהַשְּׁמֵנָה	והם במלכותם
Gen. 24, 67.	וַיִּנָּחֵם מלר׳	ויבאה יצחק
Ps. 106, 45.	וַיִּנָּחֵם	ויזכר להם בריתו
Jer. 26, 13.	וְיִנָּחֵם	ועתה היטיבו דרכיכם
Gen. 19, 16.	וַיַּנִּחֻהוּ	ויתמהמה ויחזיקו
Lev. 24, 12.	וַיַּנִּיחֻהוּ	במשמר לפרש
Jes. 46, 7.	וְיַנִּיחֻהוּ	ישאהו על כתף
Lev. 10, 3.	וַיִּדֹּם	ויאמר משה אל אהרן
Jos. 10, 13.	וַיִּדֹּם	השמש וירח עמד
Thr. 3, 28.	וְיִדֹּם	ישב בדד וידם כי
Jos. 11, 21.	וַיַּכְרֵת	ויבא יהושע בעת
Jes. 9, 13.	וַיַּכְרֵת	ה׳ מישראל ראש וזנב
Ps. 109, 15.	וְיַכְרֵת	יהיו נגד ה׳ תמיד
Gen. 35, 5.	וַיִּסָּעוּ	ויהי חתת אלהים
Num. 10. 28.	וַיִּסָּעוּ	אלה מסעי בני ישראל
Ex. 14, 15.	וְיִסָּעוּ	ויאמר ה׳ אל משה
2 S. 18, 8.	וַיֶּרֶב	ותהי שם המלחמה
Thr. 2, 5.	וַיֶּרֶב	היה אדני כאויב
Job 34, 37.	וְיֶרֶב	כי יסיף על חטאתו
Ps. 49, 15,	וַיִּרְדּוּ	כצאן לשאול שתו
Neh. 9, 28.	וַיִּרְדּוּ	וכנוח להם ישובו

וְיִרְדּוּ	ויאמר אלהים נעשה	Gen. 1, 25.
וַתְּכַל	להשקתו ותאמר	Gen. 24, 19.
וַתְּכַל	דוד המלך לצאת	2 S. 13, 39.
וּתְכַל	ויאמר ה׳ אל משה	Num. 17, 25.
וַיִּשְׁבֹּת	ויכל אלהים ביום	Gen. 2, 2.
וַיִּשְׁבֹּת	המן ממחרת	Jos. 5, 12.
וְיִשְׁבֹּת	גרש לץ ויצא מדון	Prov. 22, 10.
וַיִּשְׁמְרוּ	משמרת אלהיהם	Neh. 12. 45.
וַיִּשְׁמְרוּ	אל תשחת לדוד מכתם	Ps. 59, 1.
וְיִשְׁמְרוּ	ואם נכלמו מכל אשר	Ez. 43, 11.
זַמְּרוּ	זמרו אלהים זמרו	Ps. 47, 7.
זַמְּרוּ	זמרו למלכנו · ב׳ בפס׳	Ps. 47, 7.
וְזַמֵּרוּ	הריעו לה׳ כל הארץ	Ps. 98, 4.
חַטָּאתְךָ	ויאמר משה אל אהרן	Lev. 9, 7.
חַטָּאתְךָ	ויאמר דוד אל נתן	2 S. 12, 13.
וְחַטָּאתְךָ	ויגע על פי ויאמר	Jes. 6, 7.
חוּג	הישב על חוג הארץ	Jes. 40, 22.
חוּג	בהכינו שמים שם	Prov. 8, 27.
וְחוּג	עבים סתר לו ולא	Job. 22, 14.
חֲלֵב	וינקת חלב גוים	Jes. 60, 16.
חֲלֵב	ודי חלב עזים	Prov. 27, 27.
וַחֲלֵב	חמאת בקר	Deut. 32, 14.
טְהוֹרִים	וזרקתי עליכם מים	Ez. 36, 25.
טְהוֹרִים	כי הטהרו הכהנים	Esr. 6, 20.
וּטְהֹרִים	תועבת ה׳ מחשבות	Prov. 15, 26.
יְרֶב	ויברך אתם אלהים	Gen. 1, 21.
יְרֶב	ובניו ירב המשא	2 Chr. 24, 26.
וַיִּרֶב	וייטב אלהים למילדות	Ex. 1, 20.
יָסִירוּ	ונתתי קנאתי בך	Ez. 23, 25.
יָסִירוּ	מצדיקי רשע	Jes. 5, 23.
וְיָסִירוּ	רגע ימתו וחצות	Job. 34, 20.
יְטוּר	חדד ותימא · דבראשית	Gen. 25, 15.
יְטוּר	חדד ותימא · דד״ה	1 Chr. 1, 30.
וִיטוּר	ויעשו מלחמה עם ההגרי׳	1 Chr. 5, 19.
יִתְיַצָּב	לא אכזר כי יעורנו	Job. 41, 2.
יִתְיַצָּב	חזית איש מהיר	Prov. 22, 29.
וַיִּתְיַצַּב	ויבא ה׳ ויתיצב	1 S. 3, 10.
כְּדֶרֶךְ	ותאמר הבכירה אל	Gen. 19, 31,

כְּדֶרֶךְ	ורוח נסע מאת ה׳	Num. 11, 31.
וּכְדֶרֶךְ	ויגז שלוים · ב׳ בפסוק׳	Num. 11, 31.
כְּחֵלֶק	חלק כחלק יאכלו	Deut. 18, 8.
כְּחֵלֶק	ומי ישמע לכם	1 S. 30, 24.
וּכְחֵלֶק	לדבר הזה · ב׳ בפס׳	1 S. 30, 24.
כְּטַל	והיה שארית יעקב	Micha 5. 6.
כְּטַל	חרמון שירד על הררי	Ps. 133, 3.
וּכְטַל	נהם ככפיר זעף מלך	Prov. 19, 12.
כְּנוֹחַ	וירד ה׳ בענן וידבר	Num. 11, 25.
כְּנוֹחַ	והיה כנוח כפות רגלי	Jos. 3, 13.
וּכְנוֹחַ	להם ישובו לעשות רע	Neh. 9. 28.
כְּנֶפֶשׁ	ותשלח איזבל מלאך	1 Reg. 19. 2.
כְּנֶפֶשׁ	הן כל הנפשות לי	Ez. 18, 4.
וּכְנֶפֶשׁ	הנה כנפש · ב׳ בפסו׳	Ez. 18, 4.
לְקַח	וזה הדבר אשר תעשה	Ex. 29, 1.
לְקַח	בגדו כי ערב זר· קדמ׳ דספ׳	Prov. 20, 16.
וּלְקַח	ואתה בן אדם קח לך	Ez. 37, 16.
לְהָרֵעַ	הרף מאף ועזב	Ps. 37, 8.
לְהָרֵעַ	מחשב להרע לו	Prov. 24, 8.
וּלְהָרֵעַ	והיה כאשר שקדתי	Jer. 31, 28.
לַטּוֹב	זה הדבר אשר צוה ה׳	Num. 36, 6.
לַטּוֹב	הכל כאשר לכל מקרה	Koh. 9, 2.
וְלַטּוֹב	הוי האמרים לרע טוב	Jes. 5, 20.
לְטֹטָפֹת	וקשרתם לאות	Deut. 6, 8.
לְטוֹטָפֹת	ושמתם את דברי	Deut. 11, 18.
וּלְטוֹטָפֹת	והי׳ לאות	Ex. 13, 16.
לִלְקֹט	ויהי ביום השביעי	Ex. 16, 27.
לִלְקֹט	ויאמר בעז אל רות	Ruth. 2, 8.
וְלִלְקֹט	דודי ירד לגנו	Cant. 6, 2.
לְבַקֵּר	ויצוהו המלך אחז	2 Reg. 16, 15.
לְבַקֵּר	מוקש אדם ילע קדש	Prov. 20, 25.
וּלְבַקֵּר	אחת שאלתי מאת ה׳	Ps. 27, 4.
מְחַלְּלִים	ויעלו כל העם אחריו	1 Reg. 1, 40.
מְחַלְּלִים	ואתם מחללים אתו	Mal. 1, 12.
וּמְחַלְּלִים	ואריבה את חרי יהוד׳	Neh. 13, 17.
מַקְדִּשִׁים	דבר אל אהרן	Lev. 22, 2.
מַקְדִּישִׁים	(וכל ישראל בימי	Neh. 12, 47.
וּמַקְדִּישִׁים	(זרובבל · ב׳ בפסו׳	Neh. 12, 47.

2 Reg. 10, 26.	מַצְּבוֹת	ויצאו את מצבות
Jer. 43, 13.	מַצְּבוֹת	ושבר את מצבות
Ez. 26, 11.	וּמַצְּבוֹת	בפרסות סוסיו
Jer. 38, 23.	מוֹצָאִים	ואת כל נשיך
Neh. 6, 19.	מוֹצִיאִים	גם טובתיו היו אמרים
2 Chr. 9, 28.	וּמוֹצִיאִים	סוסים ממצרים
Deut. 27, 18.	מַשְׁגֶּה	ארור משגה עור
Prov. 28, 10.	מַשְׁגֶּה	ישרים בדרך רע
Job. 12, 16.	וּמַשְׁגֶּה	עמו עז ותושיה
Ex. 28, 38.	מֵצַח	והיה על מצח אהרן
Ez. 3, 7.	מֵצַח	ובית ישראל לא יאבו
Jer. 3, 3.	וּמֵצַח	וימנעו רבבים
Jos. 14, 1.	נִחֲלוּ	ואלה אשר נחלו · תני׳ רפ׳
Jos. 19, 51.	נִחֲלוּ	אלה הנחלות אשר
Ez. 7, 24.	וְנִחֲלוּ	והבאתי רעי גוים
Nah. 1, 6.	נִתְּצוּ	לפני זעמו מי יעמוד
Jer. 4, 26.	נִתְּצוּ	ראיתי והנה הכרמל
Ez. 16, 39.	וְנִתְּצוּ	ונתתי אותך בידם
Ps. 76, 2.	נוֹדָע קמ׳	ביהודה אלהים
Prov. 31, 23.	נוֹדָע	בשערים בעלה
Koh. 6, 10.	וְנוֹדָע	מה שהיה כבר
Ps. 38, 8.	נִקְלֶה	כי כסלי מלאו נקלה
Prov. 12, 9.	נִקְלֶה	טוב נקלה ועבד לו
1 S. 18, 23.	וְנִקְלֶה	וידברו עבדי שאול
Jes. 16, 12.	נִלְאָה	והיה כי נראה
Prov. 26, 15.	נִלְאָה	טמן עצל ידו
Ps. 68, 10.	וְנִלְאָה	גשם נדבות
Ps. 4, 7.	נְסָה	רבים אומרים מי
Ps. 10, 12.	נְשָׂא	קומה ה׳ אל נשא
Dan. 2, 35.	וּנְשָׂא	באדין דקו כחדא
Jer. 15, 10.	נָשִׁיתִי	אוי לי אמי כי
Thr. 3, 17.	נָשִׁיתִי	ותזנח משלום
Jer. 23, 39.	וְנָשִׁיתִי	אתכם נשא
Deut. 17, 15.	שׂוֹם	תשים עליך מלך
Jer. 42, 15.	שׂוֹם	ועתה לכן שמעו דבר ה׳
Neh. 8, 8.	וְשׂוֹם	ויקראו בספר בתורת
Deut. 33, 18.	שְׂמַח	ולזבולן אמר
Koh. 11, 9.	שְׂמַח	בחור בילדותך

Prov. 5, 18.	וּשְׂמַח	יהי מקורך ברוך
Deut. 3, 9.	שְׂנִיר	צידנים יקראו לחרמון
Cant. 4, 8.	שְׂנִיר	אתי מלבנון כלה
1 Chr. 5, 23.	וּשְׂנִיר	ובני חצי שבט מנשה
Jud. 4, 18.	סוּרָה מלר׳	ותצא יעל לקראת סיסרא
Jud. 4, 18.	סוּרָה	ותאמר אליו · ב׳ בפסו׳
Jes. 49, 21.	וְסוּרָה	ואמרת בלבבך
Jos. 10, 13.	עָמָד קמ׳	וידם השמש וירח
Ps. 1, 1.	עָמָד	אשרי האיש אשר
2 S. 20, 12.	וְעָמָד	ועמשא מתגלל בדם
2 Chr. 14, 10.	עָזְרֵנוּ	ויקרא אסא אל ה׳
Ps. 79, 9.	עָזְרֵנוּ	אלהי ישענו על דבר
Jos. 10, 6.	וְעָזְרֵנוּ	וישלחו אנשי גבעון
Gen. 6, 7.	עֲשִׂיתִם	ויאמר ה׳ אמחה
Jes. 42, 16.	עֲשִׂיתִם	והולכתי עורים
Ez. 37, 19.	וַעֲשִׂיתִם	דבר אליהם כה אמר
Job 30, 11.	פִּתַּח	כי יתרו פתח ויענני
Cant. 7, 13,	פִּתַּח	נשכימה לכרמים
2 Chr. 3, 7.	וּפִתַּח	ויחף את הבית
Dan. 3, 1.	צְלֵם	נבוכדנצר מלכא עבד
Dan. 2, 31.	צְלֵם	אנתה מלכא חזה הוית
Dan. 3, 19.	וּצְלֵם	באדין נבוכדנצר
Est. 4, 7.	קָרָהוּ	ויגד לו מרדכי את
Est. 6, 13.	קָרָהוּ	ויספר המן לזרש
Gen. 44, 29.	וְקָרָהוּ	ולקחתם גם את זה
1 S. 7, 5.	קִבְצוּ	ויאמר שמואל קבצו
Joel 2, 16.	קִבְצוּ	אספו עם קדשו קהל
2 Chr. 24, 5.	וְקִבְצוּ	מכל ישראל כסף
Gen. 37, 24.	רֵק	ויקחהו וישלכו אתו
Deut. 32, 47.	רֵק	כי לא דבר רק הוא
Neh. 5, 13.	וָרֵק	גם חצני נערתי
Micha 7, 14.	רְעֵה	עמך בשבטך
Zach. 11, 4.	רְעֵה	כה אמר ה׳ אלהי
Ps. 37, 3.	וּרְעֵה	בטח בה׳ ועשה טוב
Gen. 44, 28.	רְאִיתִיו	ויצא האחד מאתי
Deut. 33, 9.	רְאִיתִיו	האמר לאביו ולאמו
Dan. 8, 7.	וּרְאִיתִיו	מגיע אצל האיל
Gen. 43, 7.	שָׁאוֹל	ויאמרו שאול שאל

שָׁאוֹל	ותאמר לאמר דבר	2 S. 20, 18.
וְשָׁאוֹל	ויאמר אלו שאול	1 S. 22, 13.
שְׁנוֹתָי	אני אמרתי בדמי ימי	Jes. 38, 10.
שְׁנוֹתַי	מה אדבר ואמר לי	Jes. 38, 15.
וּשְׁנוֹתַי	כי כלו ביגון חיי	Ps. 31, 11.
תֵּרָאֶה	ואם תראה עיד	Lev. 13, 57.
תֵּרָאֶה	תגל ערותך גם	Jes. 47, 3.
וְתֵרָאֶה	ויאמר אלהים יקוו	Gen. 1, 9.
תְּרֹמֵם	כי לבם צפנת משכל	Job 17, 4.
תְּרוֹמֵם	צדקה תרמם גוי	Prov. 14, 34.
וַתְּרוֹמֵם	ויאמר ויעמד רוח	Ps. 107, 25.
תַּסֵּג	אל תסג גבול עולם	Prov. 22, 28.
תַּסֵּג	יהבר׳ · אל תסג גביל	Prov. 23, 10.
וְתַסֵּג	אתה האכל ולא תשבע	Micha 6, 14.
תָּבוֹאִי	אתי מלבנון כלה	Cant. 4, 8.
תָּבוֹאִי	ותאמר שש השערים	Ruth 3, 17.
וַתָּבֹאִי	רבבה כצמח השדה	Ez. 16, 7.
תֵּשָׁם	למה נמות לעיניך	Gen. 47, 19.
תֵּשַׁם	ואמרת אל עם הארץ	Ez. 12, 19.
וַתֵּשַׁם	וידע אלמנותיו ועריהם	Ez. 19, 7.
תֹּם	ליש׳תמימ׳תם וישר יצרוני	Ps. 25, 21.
תֹּם	וצפון לישרים· כת׳	Prov. 2, 7.
וְתֹם	הלא יראתך כבלתך	Job 4, 6.
תַּנִּין	עורי עורי לבשי עז	Jes. 51, 9.
תַנִּין	הים אני אם תנין	Job 7, 12.
וְתַנִּין	על שחל ופתן תדרך	Ps. 91, 13.
תְּחִי	ויחגרו שקים במתניהם	1 Reg. 20, 32.
תְּחִי	נפשי ותהללך	Ps. 119, 175.
וַתְּחִי	וידברו אליו את כל	Gen. 45, 27.
תְּשׁוּעָתִי	חושה לעזרתי	Ps. 38, 23.
תְּשׁוּעָתִי	הצילני מדמים	Ps. 51, 16.
וּתְשׁוּעָתִי	קרבתי צדקתי	Jes. 46, 13.

———

14.

וחלופיהן

א״ב תרין וא׳ וחד א׳ דלוג וסימניהון

Ein unvollständig alphabetisches Verzeichniss von Wörtern, bei denen das Umgekehrte vom Vorigen stattfindet, d. h. sie kommen nur zwei Mal mit vorgesetztem Waw und ein Mal ohne dasselbe vor.

וְאֵלֵכָה	הנה את נשי ואת	Gen. 30, 26.
וְאֵלֵכָה	ויאמר אבנר אל דוד	2 S. 3, 21.
אֵלֵכָה	אני אמרתי בדמי	Jes. 38, 10.
וְאַדִּירֵיהֶם	שלחו צעוריהם למים	Jer. 14, 3.
וְאַדִּירֵיהֶם	יעל ידם ההויקו	Neh. 3, 5.
אַדִּירֵיהֶם	מהזיקים על אחיהם	Neh. 10, 30.
וּבִמְלֹאת	ימי טהרה	Lev. 12, 6.
וּבִמְלוֹאת	הימים האלה	Est. 1, 5.
בִּמְלֹאות	ספקו יצר לו	Job 20, 22.
וּגְדָל	ה׳ ארך אפים וגדל כח	Nah. 1, 3.
וּגְדָל	חנון ורחום ה׳ ארך	Ps. 145, 8.
גְּדָל	חמה נשא ענש· כן כת׳	Prov. 19, 19.
וְהָכִין	ידעתי ה׳ כי לא	Jer. 10, 23.
וְהָכִין	תקעו בתקוע	Ez. 7, 14.
הָכִין	וצוו אותם לאמר	Jos. 4, 3.
וְנִבְנֶה	כי תאמר אדום רששנו	Mal. 1, 4.
וְנִבְנֶה	ואומר אליהם אתם ראים	Neh. 2, 17.
וַנִּבְנֶה	את החומה והקשר כל	Neh. 3, 38.
וִיסַלֵּף	תשחד לא תקח	Ex. 23, 8.
וִיסַלֵּף	לא תטה משפט	Deut. 16, 19.
וַיְסַלֵּף	עיני ה׳ נצרו רעת	Prov. 22, 12.
וְהִנָּתֵן	ויאמר המלך לאסתר	Est. 7, 2.
וְתִנָּתֵן	ולקץ שנים יתחברו	Dan. 11, 6.
וַתִּנָּתֵן	ויאמר המלך להעשות	Est. 9, 14.
וְיוֹשֵׁב	וידעו העם כלו אפרים	Jes. 9, 8.
וְיֹשֵׁב	ישמע אל ויענם	Ps. 55, 20.
וַיּוֹשֵׁב	יוסף את אביו	Gen. 47, 11.
וּזְבַדְיָהוּ	הנה אמריהו כהן	2 Chr. 19, 11.
וּזְבַדְיָהוּ	ועמהם הלוים	2 Chr. 17, 8.

וְבַדְיָהוּ	ולמשלמיהו בנים	1 Chr. 26, 2.
וְחָיוּ	וזאת עשו להם	Num. 4, 19.
וְחָיוּ	ואזרעם בעמים ובמרחקים	Zach. 10, 9.
חָיוּ	ויהושע בן נון	Num. 14, 38.
וַיַּתֵּר	האל מעוזי חיל	2 S. 22, 33.
וַיַּתֵּר	עמד וימודד ארץ	Hab. 3, 6.
יַתֵּר	ויאל אלוה וידכאני	Job 6, 9.
וַיַּשְׁכֵּן	ויגרש את האדם	Gen. 3, 24.
וַיַּשְׁכֵּן	ויגרש מפניהם גוים	Ps. 78, 55.
יַשְׁכֵּן	ירדף אויב נפשי	Ps. 7, 6.
וְיָמֹת	ויאמרו אנשי העיר	Jud. 6, 30.
וְיָמֹת	והושיבו שנים אנשים	1 Reg. 21, 10.
יָמֹת	יחי ראובן ואל ימת	Deut. 33, 6.
וַיָּרַח	ה׳ את ריח הניחח	Gen. 8, 21.
וַיָּרַח	ויגש וישק לו וירח	Gen. 27, 27.
יָרַח	ועתה ישמע נא אדני	1 S. 26, 19.
וּכְעֵת	מותה ותדברנה	1 S. 4, 20.
וּכְעֵת	ויהי לימים מימים	2 Chr. 21, 19.
כְּעֵת	ועוד אני מדבר בתפלה	Dan. 9, 21.
וְלָמֶה	ויאמר לה אלקנה	1 S. 1, 8.
וְלָמֶה	הנה למה תבכי ולמה לא	1 S. 1, 8.
לָמֶה	תאכלי ולמה׳ ג׳ בפסוק	1 S. 1, 8.
וּלְמוֹעֲדִים	ויאמר אלהים יהי מארת	Gen. 1, 14.
וּלְמֹעֲדִים	כה אמר ה׳ צבאות צום	Zach. 8, 19.
לְמוֹעֲדִים	עשה ירח למועדים	Ps. 104, 19.
וּמוֹרַאֲכֶם	וחתכם יהי׳ על	Gen. 9, 2.
וּמוֹרַאֲכֶם	לא יתיצב איש בפניכם	Deut. 11, 25.
מוֹרַאֲכֶם	את ה׳ צבאות אתו	Jes. 8, 13.
וְנָבוֹאָה	ויאמרו איש אל רעהו	2 Reg. 7, 9.
וְנָבוֹאָה	הגידו ביהוד׳ ובירושלם	Jer. 4, 5.
נָבוֹאָה	למשכנותיו נשתחוה	Ps. 132, 7.
וְסֻגְּרוּ	ואספו אספה אסיר	Jes. 24, 22.
וְסֻגְּרוּ	דלתים בשוק בשפל	Koh. 12, 4.
סֻגְּרוּ	ערי הנגב סגרו	Jer. 13, 19.
וְקִצֵּץ	וירקעו את פחי הזהב	Ex. 39, 3.
וְקִצֵּץ	משבית מלחמות עד	Ps. 46, 10.
קִצֵּץ	ה׳ צדיק קצץ עבות	Ps. 129, 4.
וְרַחֲצוּ פה׳	יקח נא מעט מים	Gen. 18, 4.
וְרַחֲצוּ	ויאמר הנה נא אדני	Gen. 19, 2.
רַחֲצוּ	הזכו הסירו רע מעלליכם	Jes. 1, 16.
וַתַּעֲנֶינָה	אותם ותאמרנה יש	1 S. 9, 12.
וַתַּעֲנֶינָה	הנשים המשחקות	1 S. 18, 7.
תַּעֲנֶנָּה	חכמות שרותיה	Jud. 5, 29.

15.

א״ב מן ג׳ א׳ וחד וא׳ דלוג וסימניהון

Ein unvollständig alphabetisches Verzeichniss von Wörtern, die 3 Mal ohne und ein Mal mit vorgesetztem Waw vorkommen.

אֲמַלֵּא	לא תהי׳ משכלה ועקרה	Ex. 23, 26.
אֲמַלֵּא	אערכה לפניו משפט	Job 23, 4.
אֲמַלֵּא	להנחיל אהבי יש	Prov. 8, 21.
וָאֲמַלֵּא	אתו רוח אלהים	Ex. 31, 3.
אָבַל	אמללה ארץ החפיר	Jes. 33, 9.
אָבַל	תירוש אמללה גפן	Jes. 24, 7.
אָבַל	לעגלות בית און	Hos. 10, 5.
וְאָבַל	העל זאת לא תרגז הארץ	Am. 8, 8.
אֲבָנָה	הלא טוב אבנה ופרפר׳ כת׳	2 Reg. 5, 12.
אֲמָנָה	אתי מלבנון כלה	Cant. 4, 8.
אֲמָנָה	ובכל זאת אנחנו כרתים	Neh. 9, 38.
וַאֲמָנָה	כי מצות המלך עליהם	Neh. 11, 23.
בְּאֶבֶן	וכי יריבן אנשים	Ex. 21, 18.
בְּאֶבֶן	ואם באבן יד אשר	Num. 35, 17.
בָּאֶבֶן	ובגלחו את שער ראשו	2 S. 14, 26.
וּבְאֶבֶן	ולאלה מעזים על כנו	Dan. 11, 38.
בְּזֹאת	הביאו את כל המעשר	Mal. 3, 10.
בְּזֹאת	יואב בן צרויה החל	1 Chr. 27, 24.
בְּזֹאת	לא לכם להלחם בזאת	2 Chr. 20, 17.
וּבְזֹאת	ויצא אל פניו יהוא בן	2 Chr. 19, 2.
בַּקֵּשׁ	ויתאבדנה האתנות	1 S. 9, 3.
בַּקֵּשׁ	סור מרע ועשה טוב	Ps. 34, 15.
בַּקֵּשׁ	תעיתי כשה אבד	Ps. 119, 176.
וּבַקֵּשׁ	סבותי אני ולבי לדעת	Koh. 7, 25.

בִּרְכָתִי	ויאמר הכי קרא שמו	Gen. 27, 36.
בִּרְכָתִי	קח נא את ברכתי	Gen. 33, 11.
בִּרְכָתִי	וצויתי את ברכתי	Lev. 25, 21.
וּבִרְכָתִי	כי אצק מים על צמא	Jes. 44, 3.
גְּאוֹן	הנה זה היה עון סדם	Ez. 16, 49.
גָּאוֹן	עדה נא גאון וגבה	Job 40, 10.
גָּאוֹן	לפני שבר גאון	Prov. 16, 18.
וְגָאוֹן	יראת ה׳ שנאת רע	Prov. 8, 13.
גֹּמֶא	ולא יכלה עוד הצפינו	Ex. 2, 3.
גֹמֶא	השלח בים צירים	Jes. 18, 2.
גֹּמֶא	היגאה גמא בלא בצה	Job 8, 11.
וָגֹמֶא	יהיה השרב לאגם	Jes. 35, 7.
גִּיל	אל תשמח ישראל אל גיל	Hos. 9, 1.
גִּיל	יגיל אבי צדיק	Prov. 23, 24.
גִּיל	השמחים אלי גיל	Job 3, 22.
וְגִיל	ירעפו נאות מדבר	Ps. 65. 13.
הֻכָּה	ושם איש ישראל המכה	Num. 25, 14.
הֻכָּה	אפרים שרשם יבש פרי	Hos. 9, 16.
הֻכָּה	כעשב ויבש לבי	Ps. 102, 5.
וְהֻכָּה	אם במחתרת ימצא	Ex. 22, 1.
הָבִיאָה	לי ציד ועשה לי מטעמים	Gen. 27, 7.
הָבִיאָה	שמעו הדבר הזה פרות	Am. 4, 1.
הָבִיאָה	למוסר לבך	Prov. 23, 12.
וְהָבִיאָה	ועשה לי מטעמים	Gen. 27, 4.
הֵבִיאָה	ויקח דוד מידה את	1 S. 25, 35.
הֵבִיאָה	ויאמר המן אף לא	Est. 5, 12.
הֵבִיאָה	והמלך שלמה נתן למלכת שבא. דר״ה	2 Chr. 9, 12.
וְהֵבִיאָה	וביום השמיני תקח	Lev. 15, 29.
הַטּוּ	סורו מני דרך הטו מני	Jes. 30 11.
הַטּוּ	אזנכם ולכו אלי	Jes. 55, 3.
הַטּוּ	משכיל לאסף האזינה	Ps. 78, 1.
וְהַטּוּ	ועתה הסירו את אלהי	Jos. 24, 23.
הַקְהֵל	ואת כל העדה הקהל	Lev. 8, 3.
הַקְהֶל	יום אשר עמדת לפני	Deut. 4, 10.
הַקְהֵל	הקהל את העם האנשים	Deut. 31, 12.
וְהַקְהֵל	קח את המטה	Num. 20, 8.
הוֹפִיעַ	ויאמר ה׳ מסיני בא	Deut. 33, 2.

הוֹפִיעַ	אל נקמות ה׳	Ps. 94, 1.
הוֹפִיעַ	מציון מכלל יפי	Ps. 50, 2.
וְהוֹפִיעַ	התדע בשום אלוה	Job 37, 15.
הָרֹג	ואם ככה את עשה לי	Num. 11, 15.
הָרֹג	כי הרג תהרגנו ידך	Deut. 13, 10.
הָרֹג	והנה ששון ושמחה הרג	Jes. 22, 13.
וְהָרוֹג	ושאר היהודים אשר	Est. 9, 16.
הָקִיצָה	הוי אמר לעץ הקיצה	Hab. 2, 19.
הָקִיצָה	ואתה ה׳ אלהים צבאות	Ps. 59, 6.
הָקִיצָה	עורה למה תישן ה׳	Ps. 44, 24.
וְהָקִיצָה	העירה והקיצה	Ps. 35, 23.
חֲרֵבָה	ואמר למלך המלך	Neh. 2, 3.
חֲרֵבָה	ואומר אלהם אתם	Neh. 2, 17.
חֲרֵבָה	טוב פת חרבה	Prov. 17, 1.
וַחֲרֵבָה	וכל מנחה בלולה בשמן	Lev. 7, 10.
טִמְּאוּ	בני יעקב באו על	Gen. 34, 27.
טִמְּאוּ	עוד זאת עשו לי	Ez. 23, 38.
טִמְּאוּ	מזמור לאסף	Ps. 79, 1.
וְטִמְּאוּ	בתתם ספם את ספי	Ez. 43, 8.
יִשְׁתַּחֲוֶה	ויהי דוד בא עד הראש	2 S. 15, 32.
יִשְׁתַּחֲוֶה	ויהי אחרי בוא אמציהו	2 Chr. 25, 14.
יִשְׁתַּחֲוֶה	וכל עבדי המלך אשר	Est. 3, 2.
וַיִּשְׁתַּחֲוֶה	ויעבד את הבעל וישתחוה	1 Reg. 22, 54.
יֵשֵׁבוּ	וירדו מעל כסאותם	Ez. 26, 16.
יֵשֵׁבוּ	והיה חילם למשסה	Zeph. 1, 13.
יֵשֵׁבוּ	נתן הסכל במרומים	Koh. 10, 6.
וַיֵּשֵׁבוּ	ויקח עשרה אנשים	Ruth 4, 2.
יֵאָמַר	על כן יאמר בספר	Num. 21, 14.
יֵאָמַר	ולציון יאמר	Ps. 87, 5.
יֵאָמַר	הוא היה גבר ציד	Gen. 10, 9.
וַיֵּאָמַר	למלך יריחו לאמר	Jos. 2, 2.
יַדּוּ	ואל עמי ידו גורל	Joel 4, 3.
יַדּוּ	ביום עמדך מנגד	Ob. 1, 11.
יַדּוּ	גם היא לגלה הלכה בשבי	Nah. 3, 10.
וַיַּדּוּ	צמתי בבור חיי	Thr. 3, 52.
יִרְעֵם	גרן ויקב לא ירעם	Hos. 9, 2.
יִרְעֵם	כי כפרה סררה	Hos. 4, 16.
יִרְעֵם	כצאן לשאול שתו	Ps. 49, 15.

Ps. 78, 72.	וַיִּרְעֵם	כתם לבבו ובתבונות
Prov. 19, 12.	כַּכְּפִיר	נהם ככפיר זעף מלך
Prov. 20, 2.	כַּכְּפִיר	וחברו· נהם ככפיר אימת
Jer. 25, 38.	כַּכְּפִיר	עזב ככפיר סכו
Hos. 5, 14.	וְכַכְּפִיר	כי אנכי כשחל לאפרים
Num. 26, 59.	לְלֵוִי	ושם אשת עמרם
Deut. 10, 9.	לְלֵוִי	על כן לא היה ללוי
1 Chr. 27, 17.	לְלֵוִי	חשביה בן קמואל
Deut. 33, 8.	וּלְלֵוִי	אמר תמיך ואוריך
Num. 22, 6.	מְבֹרָךְ	ועתה לכה נא ארה לי
Ps. 113, 2.	מְבֹרָךְ	יהי שם ה׳ מברך
Job 1, 21.	מְבֹרָךְ	ויאמר ערם יצתי
1 Chr. 17, 27.	וּמְבֹרָךְ	ועתה הואלת לברך· רד׳ה
Ex. 36, 5.	מַרְבִּים	ויאמרו אל משה לאמר
Koh. 6, 11.	מַרְבִּים	כי יש דברים הרבה
Neh. 6, 17.	מַרְבִּים	גם בימים ההם
1 Chr. 8, 40.	וּמַרְבִּים	ויהיו בני אולם
Ex. 35, 24.	מֵרִים	כל מרים תרומת כסף
Prov. 3, 35.	מֵרִים	כבוד חכמים ינחלו
Prov. 14, 29.	מֵרִים	ארך אפים רב תבונה
Ps. 3, 4.	וּמֵרִים	ואתה ה׳ מגן בעדי
Jes. 7, 15.	מָאֹס	חמאה ודבש יאכל
Jes. 7, 16.	מָאוֹס	כי בטרם ידע הנער
Thr. 5, 22.	מָאֹס	כי אם מאס מאסתנו
Thr. 3, 45.	וּמָאוֹס	סחי ומאוס תשימנו
Ex. 23, 25.	מֵימֶיךָ	ועבדתם את ה׳ אלהיכם
Num. 20, 19.	מֵימֶיךָ	ויאמרו אליו בני ישראל
Deut. 29, 10.	מֵימֶיךָ	טפכם נשיכם וגרך
Ez. 12, 18.	וּמֵימֶיךָ	בן אדם לחמך ברעש
Ez. 27, 19.	נָתָנּוּ	ודן ויון מאוזל בעזבוניך
Thr. 5, 6.	נָתַנּוּ	מצרים נתנו יד
1 Chr. 29, 14.	נָתַנּוּ	וכי מי אני ומי עמי
Gen. 34, 16.	וְנָתַנּוּ	את בנתינו לכם
1 S. 13, 6.	נִגַּשׂ	ואיש ישראל ראו כי
1 S. 14, 24.	נִגַּשׂ	ואיש ישראל נגש ביום
Jes. 53, 7.	נִגַּשׂ	והוא נענה ולא יפתח
Jes. 3, 5.	וְנִגַּשׂ	העם איש באיש
Num. 30, 14.	נֵדֶר קמ׳	כל נדר וכל שבועת אסר

2 S. 15, 8.	נֵדֶר	כי נדר נדר עבדך
Jes. 19, 21.	נֵדֶר	ונודע ה׳ למצרים וידעו
Num. 30, 10.	וְנֵדֶר קמ׳	אלמנה וגרושה
Jes. 12, 4.	נִשְׂגָּב	ואמרתם ביום ההוא
Jes. 33, 5.	נִשְׂגָּב קמ׳	ה׳ כי שכן מרום מלא
Ps. 148, 13.	נִשְׂגָּב	יהללו את שם ה׳ כי
Prov. 18, 10.	וְנִשְׂגָּב	מגדל עז שם ה׳ בו
Deut. 14, 4.	שֵׂה	ואת הבהמה אשר
Jes. 43, 23.	שֵׂה	לא הביאת לי שה עלתיך
Esr. 5, 15.	שֵׂא קמ׳	ואמר לה אלה מאניא שא
Deut. 14, 4.	וְשֵׂה	ואת הבהמה אשר
Ps. 140, 8.	סַכֹּתָה	לראשי ביום נשק
Thr. 3, 43.	סַכּוֹתָה	באף ותרדפנו
Thr. 3, 44.	סַכֹּתָה	בענן לך מעבור
Ex. 40, 3.	וְסַכֹּתָ	על הארן את הפרכת
2 Reg. 19, 12.	עֵדֶן	ההצילו אתם אלהי הגוים
Jes. 37, 12.	עֵדֶן	וחברו· ההצילו אותם
Am. 1, 5.	עֵדֶן	ושברתי בריח דמשק
Ez. 27, 23.	וָעֵדֶן	חרן וכנה ועדן
Micha 4, 8.	עָדֶיךָ	ואתה מגדל עדר
Ps. 65, 3.	עָדֶיךָ	שמע תפלה עדיך
Job 4, 5.	עָדֶיךָ	כי עתה תבוא אליך
Micha 7, 12.	וְעָדֶיךָ	יום הוא ועדיך יבוא
Deut. 32, 30.	צוּרָם	איכה ירדף אחד אלף
Deut. 32, 31.	צוּרָם	כי לא כצורנו צורם
Ps. 78, 35.	צוּרָם	ויזכרו כי אלהים צורם
Ps. 49, 15.	וְצוּרָם	כצאן לשאול שתו
Ps. 145, 19.	רְצוֹן	יראיו יעשה ואת
Prov. 14, 35.	רְצוֹן	מלך לעבד משכיל
Prov. 16, 13.	רְצוֹן	מלכים שפתי צדק
Deut. 33, 16.	וּרְצוֹן	וממגד ארץ ומלאה
Jer. 36, 14.	שֶׁלֶמְיָהוּ	וישלחו כל השרים אל
Jer. 36, 26.	שֶׁלֶמְיָהוּ	ויצוה המלך את ירחמאל
Jer. 38, 1.	שֶׁלֶמְיָהוּ	וישמע שפטיה בן מתן
Esr. 10, 41.	וּשֶׁלֶמְיָהוּ	עזראל ושלמיהו שמריה
Num. 23, 10.	תָּמֹת	מי מנה עפר יעקב
Jud. 16, 30.	תָּמוֹת	ויאמר שמשון תמות
Job 36, 14.	תָּמֹת	בנער נפשם וחיתם

Jud. 20, 5.	וַתָּמֹת	ויקמו עלי בעלי הגבעה
Koh. 10, 4.	תַּנַּח	אם רוח המושל תעלה
Koh. 7, 18.	תַּנַּח	טוב אשר תאחז בזה
Koh. 11, 6.	תַּנַּח	בבקר זרע את זרעך
Gen. 39, 16.	וַתַּנַּח	בגדו אצלה עד בוא
Ex. 18, 16.	תּוֹרֹתָיו	כי יהיה להם דבר בא
Ez. 44, 5.	תּוֹרֹתָו	ויאמר אלי ה׳ בן אדם
Ez. 43, 11.	תּוֹרֹתָו	ואם נכלמו מכל אשר
Ps. 105, 45.	וְתוֹרֹתָיו	בעבור ישמרו חקיו

16.

יחליפיהן

א״ב ג׳ וא׳ וחד א׳ דליג וסימניהון

Ein unvollständig alphabetisches Verzeichniss von Wörtern, die, umgekehrt vom Vorigen, **drei Mal mit vorgesetztem Waw und ein Mal ohne dasselbe vorkommen.**

Gen. 31, 6.	וְאַתֵּנָה	ידעתן כי בכל כחי
Ez. 13, 11.	וְאַתֵּנָה	אמר אל טחי תפל
Ez. 34, 17.	וְאַתֵּנָה	צאני כה אמר ה׳ אלהי׳
Ez. 13, 20.	אַתֵּנָה	לכן כה אמר אדני ה׳ הנני אל
Num. 16, 10.	וּבִקַּשְׁתֶּם	ויקרב אתך ואת כל
Deut. 4, 29.	וּבִקַּשְׁתֶּם	משם את ה׳ אלהיך
Jer. 29, 13.	וּבִקַּשְׁתֶּם	אתי ומצאתם כי תדרשני
Ez. 34, 4.	בִּקַּשְׁתֶּם	את הנחלות לא חזקתם
Jos. 22. 8.	וּבְזָהָב	ויאמר אליהם לאמר
Esra 1, 4.	וּבְזָהָב	וכל הנשאר מכל המקמות
Jer. 10, 4.	וּבְזָהָב	בכסף ובזהב ייפהו
Dan. 11, 38.	בְּזָהָב	ולאלה מעזים על כנו
Deut. 4, 34.	וּבְמִלְחָמָה	או הנסה אלהי׳ לבוא
Hos. 1, 7.	וּבְמִלְחָמָה	ואת בית יהוד׳ ארחם
Job 5, 20.	וּבְמִלְחָמָה	ברעב פדך ממות
Dan. 11, 20.	בְּמִלְחָמָה	ועמד על כנו
Jes. 16, 5.	וְהוּכַן	בחסד כסא וישב עליו
Nah. 2, 6.	וְהֻכַן	יזכר אדיריו יכשלו
Zach. 5, 11.	וְהוּכַן	ויאמר אלי לבנות לה בית
Jes. 30, 33.	הוּכָן	כי ערוך מאתמול תפתה
Ex. 16, 21.	וְחַם	וילקטו אתו בבקר בבקר
1 Reg. 1, 2.	וְחַם	ויאמרו לו עבדיו יבקשו
Koh. 4, 11.	וְחָם	גם אם ישכבו שנים
Ps. 39, 4.	חַם פת׳	לבי בקרבי בהגיגי
2 Reg. 5, 10.	וּטְהָר	וישלח אליו אלישע
2 Reg. 5, 13.	וּטְהָר	ויגשו עבדיו וידברו
Job 17, 10.	וּטְהָר	ויאחז צדיק דרכו
Prov. 22, 11.	טְהָר	אהב טהר לב חן שפתיו
Ex. 15, 22.	וַיַּסַּע	משה את ישראל מים
Ps. 78, 52.	וַיַּסַּע	כצאן עמו וינהגם
Job 19, 9.	וַיַּסַּע	ותצני סביב ואלך
Ps. 78, 26.	יַסַּע	קדים בשמים
Jos. 7, 26.	וַיָּקִימוּ	עליו גל אבנים גדול
Jos. 8, 29.	וַיָּקִימוּ	ואת מלך העי תלה
Jud. 18, 30.	וַיָּקִימוּ	להם בני דן את הפסל
Num. 1, 51.	יָקִימוּ	ובנסע המשכן יורידו
Jer. 1, 10.	וְלִנְטוֹעַ	ראה הפקדתיך היום
Jer. 18, 9.	וְלִנְטֹעַ	ורגע אדבר על גוי ועל
Jer. 31, 28.	וְלִנְטוֹעַ	והיה כאשר שקדתי
Jes. 51, 16.	לִנְטֹעַ	ואשם דברי בפיך
Jud. 7, 18.	וּלְגִדְעוֹן	ותקעתם בשופר אנכי
Jud. 7, 20.	וּלְגִדְעוֹן	ויתקעו שלשת הראשים
Jud. 8, 30.	וּלְגִדְעוֹן	היו שבעים בנים
Jud. 8, 27.	לְגִדְעוֹן	ויעש אתו גדעון לאפוד
Jes. 55, 5.	וְלִקְדוֹשׁ	הן גוי לא תדע תקרא
Jes. 60, 9.	וְלִקְדוֹשׁ	כי לי איים יקוו ואניות
Ps. 89, 19.	וְלִקְדוֹשׁ	כי לה׳ מגננו ולקדוש
Jes. 58, 13.	לִקְדוֹשׁ	אם תשיב משבת רגלך

17.

א״ב מן ד׳ א׳ וחד וא׳ דלג׳ וס׳

Ein unvollständig alphabetisches Verzeichniss von Wörtern, die 4 Mal ohne und 1 Mal mit vorgesetztem Waw vorkommen.

אֲדֹנֵי	ויקח אדני יוסף	Gen. 39, 20.
אֲדֹנֵי	דבר האיש אדני	Gen. 42, 30.
אֲדֹנֵי	ויאמר אלינו האיש אדני	Gen. 42, 33.
אֲדֹנֵי	ויקן את ההר שמרון	1 Reg. 16, 24.
וַאֲדֹנֵי	כי ה׳ אלהיכם הוא אלהי	Deut. 10, 17.
אָחֻז	וממחצת בני ישראל	Num. 31, 30.
אָחֻז	(ויכתבם שמעיה בן	1 Chr. 24, 6.
אָחֻז	(נתנאל הסופר׳ ב׳ בפסו׳	1 Chr. 24, 6.
אָחוּז	חור כרפס ותכלת	Est. 1, 6.
וְאָחוּז	ויכתבם [?] שמעיה בן	1 Chr. 24, 6.
אֲחִיהֶם	לבוא חמת שבעים בני	Jud. 9, 24.
אֲחִיהֶם	ויואב ואבישי אחיו	2 S. 3, 30.
אֲחִיהֶם	ויהי היום ובניו ובנתי׳	Job 1, 13.
אֲחִיהֶם	עד זה מדבר וזה בא	Job 1, 18.
וַאֲחִיהֶם	והשערים שלום ועקוב	1 Chr. 9, 17.
אֶחֱזֶה	אני בצדק אחזה פניך	Ps. 17, 15.
אֶחֱזֶה	ואחר עורי נקפו זאת	Job 19, 26.
אֶחֱזֶה	אשר אני אחזה לי	Job 19, 27.
אֶחֱזֶה	בלעדי אחזה אתה הרני	Job 34, 32.
וָאֶחֱזֶה	אנכי אשית לבי	Prov. 24, 32.
בָּאֳנִיּוֹת	והשיבך ה׳ מצרים	Deut. 28, 68.
בָּאֳנִיּוֹת	אז אמר אחזיהו׳ דמל׳	1 Reg. 22, 50.
בָּאֳנִיּוֹת	כה אמר ה׳ גאלכם	Jes. 43, 14.
בָּאֳנִיּוֹת	יורדי הים באניות	Ps. 107, 23.
וּבָאֳנִיּוֹת	ובעת קץ יתנגח עמו	Dan. 11, 40.
בְּטוּב	לולא האמנתי לראות	Ps. 27, 13.
בְּטוּב	אשרי תבחר ותקרב	Ps. 65, 5.
בְּטוּב	יברכך ה׳ מציון וראה	Ps. 128, 4.
בְּטוּב	צדיקים תעלץ קרי׳	Prov. 11, 10.
וּבְטוּב	תחת אשר לא עבדת	Deut. 28, 47.
בְּאָדָם	נגע צרעת כי תהיה	Lev. 13, 9.
בְּאָדָם	או איש אשר יגע בכל	Lev. 22, 5.
בָּאָדָם	אף היא כחתף תארב	Prov. 23, 28.
בָּאָדָם	את כל זה ראיתי ונתון	Koh. 8, 9.
וּבְאָדָם	בפשע ארץ רבים	Prov. 28, 2.
הֵרַע	ומאז באתי אל פרעה	Ex. 5, 23.
הֵרַע	יען אשר עשה מנש׳ ׳ דכל׳	2 Reg. 21, 11.
הֵרַע	אני מלאה הלכתי	Ruth. 1, 21.
הֵרַע	הרימה פעמיך למשואות	Ps. 74, 3.
וְהֵרַע	כי תעזבו את ה׳ ׳ דיהושע	Jos. 24, 28.
הַקְרֵב	ואתה הקרב אליך את	Ex. 28, 1.
הַקְרֵב	וזאת תורת המנחה הקרב	Lev. 6, 7.
הַקְרֵב	וגם את אחיך מטה לוי	Num. 18, 2.
הַקְרֵב	את מטה לוי	Num. 3, 6.
וְהַקְרֵב	ויאמר אל אהרן	Lev. 9, 2.
הַשֹּׁפְטִים	ודרשו השפטים היטב	Deut. 19, 18.
הַשֹּׁפְטִים	כי לא נעשה כפסח הזה	2 Reg. 23, 22.
הַשֹּׁפְטִים	ויאמר אל השפטים	2 Chr. 19, 6.
הַשֹּׁפְטִים	ויהי בימי שפט השפטי׳	Ruth. 1, 1.
וְהַשֹּׁפְטִים	ועמדו שני האנשים אשר	Deut. 19, 17.
זָרְחָה	אם זרחה השמש עליו	Ex. 22, 2.
זָרְחָה	וישכימו בבקר והשמש	2 Reg. 3, 22.
זָרְחָה	מנזריך כארבה וטפסריך	Nah. 3, 17.
זָרְחָה	ויזעף עזיהו ובידו	2 Chr. 26, 19.
וְזָרְחָה	לכם יראי שמי שמש	Mal. 3, 20.
זָהָב	כל הזהב העשוי	Ex. 38, 24.
זָהָב	כפות זהב שתים עשרה	Num. 7, 86.
זָהָב	ויהי כל זהב התרומה	Num. 31, 52.
זָהָב	ויצף את הבית אבן	2 Chr. 3, 6.
וּזְהַב	הארץ ההיא טוב	Gen. 2, 12.
חֲתַן	ותקח צפרה צר	Ex. 4, 25.
חֲתַן	וירף ממנו אז אמרה	Ex. 4, 26.
חֲתַן	ויאמרו פלשתים מי	Jud. 15, 6.
חֲתַן	וילך בדרך בית אחאב	2 Reg. 8, 27.
וַחֲתַן	ויען אחימלך את המלך	1 S. 22, 14.
חֲגוּר	הם עם האבן הגדולה	2 S. 20, 8.
חֲגֹר	ואלישע הנביא קרא	2 Reg. 9, 1.
חֲגֹר	ויאמר לגיחזי חגר מתניך	2 Reg. 4, 29.
חֲגוֹר	חרבך על ירך גבור	Ps. 45, 4.

וַחֲגוֹר	סדין עשתה ותמכר	Prov. 31, 24.
טַעְמוֹ	שטו העם ולקטו	Num. 11, 8.
טַעְמוֹ	וישנו את טעמו	1 S. 21, 14.
טַעְמוֹ	לדוד בשנותו את	Ps. 34, 1.
טַעְמוֹ	שאנן מואב מנעוריו	Jer. 48, 11.
וְטַעְמוֹ	כצפיחת בדבש	Ex. 16, 31.
יֵצֵאוּ	והפרתי אתך במאד מאד	Gen. 17, 6.
יֵצֵאוּ	ויאמר לו אלהים אני	Gen. 35, 11.
יֵצֵאוּ	מהרו בניך מהרסיך	Jes. 49, 17.
יֵצֵאוּ	והנשיא בתוכם בבואם	Ez. 46, 10.
וַיֵּצְאוּ	ואת חמור ואת שכם	Gen. 34, 26.
יָשִׂישׂ	והי' כאשר שש	Deut. 28, 63.
יָשִׂישׂ	כי יבעל בחור	Jes. 62, 5.
יָשִׂישׂ	ה' אלהיך בקרבך גבור	Zeph. 3, 17.
יָשִׂישׂ	והוא כחתן יצא	Ps. 19, 6.
וְיָשִׂישׂ	יחפרו בעמק וישיש בכח	Job 39, 21.
יִנָּחֵם	ויהי בשלח פרעה	Ex. 13, 17.
יִנָּחֵם	וכי הקים ה' להם שופטים	Jud. 2, 18.
יִנָּחֵם	וגם נצח ישראל	1 S. 15, 29.
יִנָּחֵם	נשבע ה' ולא ינחם	Ps. 110, 4.
וְיִנָּחֵם	ועתה היטיבו דרכיכם	Jer. 26, 13.
כֶּשֶׂב	אם כשב הוא מקריב	Lev. 3, 7.
כֶּשֶׂב	איש איש מבית ישר'	Lev. 17, 3.
כֶּשֶׂב	שור או כשב או עז	Lev. 22, 27.
כֶּשֶׂב	אך בכור שור או בכור	Num. 18, 17.
וָכֶשֶׂב	דבר אל בני ישראל לאמר כל	Lev. 7, 23.
לַלֶּחֶם	ותרעב כל ארץ מצרים	Gen. 41, 55.
לַלֶּחֶם	ונתת על המערכת לבנה	Lev. 24, 7.
לַלֶּחֶם	הנה ימים באים נאם ה'	Am. 8, 11.
לַלֶּחֶם	נדד הוא ללחם איה	Job 15, 23.
וְלַלֶּחֶם	לאמור לא כי ארץ מצרים	Jer. 42, 14.
מְטַר	ונתתי מטר ארצכם	Deut. 11, 14.
מְטַר	יתן ה' את מטר ארצך	Deut. 28, 24.
מְטַר	יפתח ה' לך את אוצרו	Deut. 28, 12.
מְטַר	ונתן מטר זרעך אשר	Jes. 30, 23.
מְטַר	שאלו מה' מטר	Zach. 10, 1.
נוֹאָשׁ	מנעי רגלך מיחף	Jer. 2, 25.
נוֹאָשׁ	ויאמרו נואש כי אחרי	Jer. 18, 12.

נוֹאָשׁ	ברב דרכך יגעת	Jes. 57, 10.
נוֹאָשׁ	הלהוכח מלים תחשבו	Job 6, 26.
וְנוֹאַשׁ	ויאמר דוד אל לבו	1 S. 27, 1.
נָחֲלוּ	ואלה אשר נחלו בני	Jos. 14, 1.
נָחֲלוּ	כי בנות מנשה	Jos. 17, 6.
נָחֲלוּ	ה' עזי ומעזי ומנוסי	Jer. 16, 19.
נָחֲלוּ	פתאים אולת	Prov. 14, 18.
וְנָחֲלוּ	זכר לאברהם	Ex. 32, 13.
שָׂשׂ	והיה כאשר שש ה'	Deut. 28, 63.
שָׂשׂ	והותירך ה' אלהיך בכל	Deut. 30, 9.
שָׂשׂ	פגעת את שש ועשה	Jes. 64, 4.
שָׂשׂ	אנכי על אמרתך	Ps. 119, 162.
וְשָׂשׂ	וראיתם ושש לבכם	Jes. 66, 14.
שָׂמוֹ	את ראש יניקותיו קטף	Ez. 17, 4.
שָׂמוֹ	ויקח מזרע הארץ	Ez. 17, 6.
שָׂמוֹ	אדון לביתו ומשל	Ps. 105, 21.
שָׂמוֹ	עדות ביהוסף שמו	Ps. 81, 6.
וְשָׂמוֹ	ולבש הכהן מדו בד	Lev. 6, 3.
עֲנַן	כי ענן ה' על המשכן	Ex. 40, 38.
עֲנַן	ונתן את הקטרת	Lev. 16, 13.
עֲנַן	ועתר ענן הקטרת עלה	Ez. 8, 11.
עֲנָנוֹ	יפיץ ענן אורו	Job 37, 11.
וַעֲנַן	ה' עליהם יומם בנסעם	Num. 10, 34.
עָמְדָה	ותרא לאה כי עמדה	Gen. 30, 9.
עָמְדָה	אך לא סרו מחטאת	2 Reg. 13, 6.
עָמְדָה	רגלי עמדה במישור	Ps. 26, 11.
עָמְדָה	וגדלתי והוספתי מכל	Koh. 2, 9.
וְעָמְדָה	ויאמרו לו עבדיו	1 Reg. 1, 2.
קֹצִים	כי תצא אש	Ex. 22, 5.
קֹצִים	כי כה אמר ה' לאיש	Jer. 4, 3.
קוֹצִים	והיו עמים משרפות	Jes. 33, 12.
קוֹצִים	סבוני כדבורים	Ps. 118, 12.
וְקוֹצִים	זרעו חטים וקוצים	Jer. 12, 13.
רְבָבָה	ויברכו את רבקה	Gen. 24, 60.
רְבָבָה	ורדפו מכם חמשה	Lev. 26, 8.
רְבָבָה	איכה ירדף אחד אלף	Deut. 32, 30.
רְבָבָה	כצמח השדה נתתיך	Ez. 16, 7.
וּרְבָבָה	יפל מצדך אלף	Ps. 91, 7.

תַּרְשִׁישָׁה	עברו תרשישה	Jes. 23, 6.
תַּרְשִׁישָׁה	ויקם יונה לברח	Jona 1, 3.
תַּרְשִׁישָׁה	מלפני ה׳ ב׳ בפס׳ עקב׳ דפס׳	Jona 1, 3.
תַּרְשִׁישָׁה	ויתפלל אל ה׳ ויאמר	Jona 4, 2.
וְתַרְשִׁישָׁה	ובני יון אלישה· דד״ה	1 Chr. 1, 7.

18.

א״ב מן חד חד ומ׳ ברי׳ תיבות׳ ולי׳ דכותהון וכו׳

Ein alphabetisches Verzeichniss von einmal vorkommenden Wörtern, die mit וּמ׳ anfangen.

וּמֵאָז	ומאז באתי אל פרעה	Ex. 5, 23.
וּמֵאֹתוֹת	כה אמר ה׳ אל דרך	Jer. 10, 2.
וּמְאַהֲבַיִךְ	כל רעיך תרעה רוח	Jer. 22, 22.
וּמַאֲכָלְךָ	אשר תאכלנו במשקול	Ez. 4, 10.
וּמֵאַרְצוֹ	ויבוא אל הגוים	Ez. 36, 20.
וּמְאֻשָּׁרָיו	ויהיו מאשרי העם	Jes. 9, 15.
וּמֵאִיֵּי	והיה ביום ההוא	Jes. 11, 11.
וּמֵאֹפֶל	ושמעו ביום ההוא	Jes. 29, 18.
וּמֵאֱלֹהַי	למה תאמר יעקב	Jes. 40, 27.
וּמֵאֲצִילֶיהָ	אשר החזקתיך	Jes. 41, 9.
וּמַאֲכָלוֹ	על כן יזבח לחרמו	Hab. 1, 16.
וּמֵאַנְשֵׁי[1]	הצילני מפעלי און	Ps. 59, 3.
וּמֵאָלָה	חטאת פימו· ב׳ בפר׳	Ps. 59, 13.
וּמֵאֲרָצוֹת	קבצם ממזרח	Ps. 107, 3.
וּמֵאֲדָמָה	כי לא יצא מעפר און	Job 5, 6.
וּמֵאמַר[2]	בגזרת עירין	Dan. 4, 14.
וּמֵאָשֵׁר	יוצאי צבא	1 Chr. 12, 36.
וּמְבָרְכֶיךָ	יעבדוך עמים	Gen. 27, 29.
וּמִבְּשָׂרְךָ	הלוא פרס לרעב	Jes. 58, 7.
וּמִבְּלִי	מזרם הרים ירטבו	Job 24, 8.
וּמֵבִין	ובאחרית מלכותם	Dan. 8, 23.
וּמְבֹרָךְ	ועתה הואלת לברך· ד״ה	1 Chr. 17, 27.
וּמִבִּנְיָמִן[1]	ויהי לאסא חיל	2 Chr. 14, 7.
וּמִגֹּרַל	והיו לאחד מבני	Num. 36, 3.
וּמִגֵּז	אם לא ברכוני חלצו	Job 31, 20.

1) Zusatz von derselben Hand.
2) Zusatz von anderer Hand.

וּמִדִּבְרֵיהֶם	ואתה בן אדם· קדמ׳ דפ׳	Ez. 2, 6.
וּמִדֵּי	והיה מדי חדש בחדשו	Jes. 66, 22.
וּמִדְּבָרְךָ	שרים רדפוני חנם	Ps. 119, 161.
וּמֵהַגֵּר	כי איש איש מבית	Ez. 14, 7.
וּמְהִר	והוכן בחסד כסא	Jes. 16, 5.
וּמַהֵר	קרוב יום ה׳ הגדול	Zeph. 1, 14.
וּמוֹרִיד לי׳ וחס׳	האל הנתן נקמות לי· דשמ׳	2 S. 22, 48.
וּמוֹסְדֵי	ותגעש ותרעש· דתהלי׳	Ps. 18, 8.
וּמֹסְרוֹת	מי שלח פרא חפשי	Job 39, 5.
וּמִזַּרְעֲךָ	לא תתן להעביר למלך	Lev. 18, 21.
וּמַזֵּה[1]	מי הנדה	Num. 19, 21.
וּמִזַּרְעוֹ	ויבאו את ראש איש בשת	2 S. 4, 8.
וּמְזִיחַ	שופך בוז על נדיבים	Job 12, 21.
וּמִזֶּרַע	ויאמר המלך לאשפנז	Dan. 1, 3.
וּמֵחֶלְבֵהֶן	והבל הביא גם הוא	Gen. 4, 4.
וּמְחֹלֹת	ויהי כאשר קרב	Ex. 32, 19.
וּמָחֲצָה	ידה ליתד תשלחנה	Jud. 5, 26.
וּמֵחַטָּאתָם[2]	בהעצר שמים· דמלכי׳	1 Reg. 8, 35.
וּמֵחַטָּאתִי	הרבה כבסני	Ps. 51, 4.
וּמֵחָרוּץ	כי טוב סחרה	Prov. 3, 14.
וּמֵחֹשֶׁךְ	ושמעו ביום ההוא	Jes. 29, 18.
וּמֵחַיַּת	לשד ולכפן תשחק	Job 5, 22.
וּמֵחֹדֶשׁ	בחדש הראשון	Est. 3, 7.
וּמָטָה	וכי ימוך אחיך	Lev. 25, 35.
וּמְטַר	שאלו מה׳ מטר	Zach. 10, 1.
וּמְטַהֵר	וישב מצרף ומטהר	Mal. 3, 3.
וּמָטִים[2]	להרג אם תחשוך· לי׳ מל׳	Prov. 24, 11.
וּמִטְּעֵם	ושבי יהודיא בנין	Esra 6, 14.
וּמִיֶּתֶר	השמן אשר על	Lev. 14, 17.
וּמִיּוֹם	שור או כשב	Lev. 22, 27.
וּמְיֻסָּד	אבנים יקרות	1 Reg. 7, 10.
וּמְיֻדָּעָיו	ויך יהוא את כל הנשארים	2 Reg. 10, 11.
וּמִכַּסּוֹ	ולרש אין כל כי אם	2 S. 12, 3.
וּמִכְרֵה	לכן חי אני נאם ה׳	Zeph. 2, 9.
וּמְכַבְּדוֹ	לעג לרש חרף עשהו	Prov. 14, 31.
וּמִכֶּם	הכי אמרתי הבו לי	Job 6, 22.
וּמָכוֹן	ואני בניתי בית זבל· ד״ה	2 Chr. 6, 2.

1) Zusatz von anderer Hand.
2) Zusatz von derselben Hand.

Ps. 34, 20.	וּמִכֻּלָּם	רבות רעות צדיק
Lev. 21, 10.	וּמִלֵּא	והכהן הגדול מאחיו
Deut. 33, 23.	וּמָלֵא	ולנפתלי אמר
Ex. 12, 44.	וּמַלְתָּה	וכל עבד איש
2 S. 23, 2.	וּמִלָּתוֹ	רוח ה׳ דבר בי
1 Reg. 1, 12.	וּמַלְּטִי	ועתה לכי איעצך נא
1 Reg. 7, 11.	וּמִלְמַעְלָה	אבנים יקרות
Ez. 27, 9.	וּמַלָּחֵיהֶם	זקני גבל וחכמיה
Jes. 30, 4.	וּמַלְאָכָיו	כי היו בצען שריו
Jes. 41, 26.	וּמִלְּפָנִים	מי הגיד מראש ונדעה
Jes. 49, 25.	וּמַלְקוֹחַ	כי כה אמר ה׳ גם שבי
Ps. 103, 19.	וּמַלְכוּתוֹ	ה׳ בשמים הכין כסאו
Job 6, 23.	וּמַלְּטוּנִי	מיד צר ומיד עריצים
Job 15, 3.	וּמִלִּים	הוכח בדבר לא יסכון
Job 8, 10.	וּמִלִּבָּם	הלא הם יורוך יאמרו לך
Job 18, 10.	וּמַלְכֻּדְתּוֹ	טמון בארץ חבלו
Koh. 9, 15.	וּמִלַּט	ומצא בה איש מסכן
Est. 1, 19.	וּמַלְכוּתָהּ	אם על המלך טוב
2 Chr. 32, 7.	וּמִלִּפְנֵי	חזקו ואמצו אל תיראו · ר״ה
Gen. 14, 24.	וּמַמְרֵא	בלעדי רק אשר אכלו
Ex. 9, 6.	וּמִמִּקְנֵה	ויעש ה׳ את הדבר
Jos. 13, 26.	וּמִמַּחֲנַיִם	ומחשבון עד רמת
1 Reg. 7, 9.	וּמִמַּסָּד	כל אלה אבנים יקרת
Jer. 25, 30.	וּמִמְּעוֹן	ואתה תנבא אליהם
Jer. 30, 7.	וּמִמֶּנָּה	הוי כי גדול היום ההוא
Ez. 9, 6.	וּמִמִּקְדָּשִׁי	זקן בחור ובתולה
Jes. 53, 8.	וּמִמִּשְׁפָּט	מעצר וממשפט לקח
Jes. 22, 19.	וּמִמַּעֲמָדְךָ	והדפתיך ממצבך
Jes. 48, 1.	וּמִמֵּי	שמעו זאת בית יעקב
Jes. 59, 19.	וּמִמִּזְרַח	וייראו ממערב את שם
Prov. 1, 31.	וּמִמֹּעֲצֹתֵיהֶם	ויאכלו מפרי דרכם
Ps. 107, 28.	וּמִמְּצוּקוֹתֵיהֶם	ויצעקו אל ה׳ בצר׳ בתר׳
Ps. 69, 15.	וּמִמַּעֲמַקֵּי	הצילני מטיט ואל אטבע
Koh. 8, 10.	וּמִמְּקוֹם	ובכן ראיתי רשעים
Prov. 17, 25.	וּמֶמֶר	כעס לאביו בן כסיל
Ez. 8, 2.	וּמִמָּתְנָיו	ואראה והנה דמות
1 Chr. 6, 51.	וּמִמִּשְׁפְּחוֹת	בני קהת ויהי ערי · דר״ה
Jud. 21, 19.	וּמִנֶּגֶב	ויאמרו הנה חג ה׳ בשלו

Jer. 6, 13.	וּמִנָּבִיא	כי מקטנם · קד׳ דכ׳
Jes. 65, 12.	וּמָנִיתִי	אתכם לחרב
Neh. 3, 6.	וּמַנְעֻלָיו	ואת שער הישנה החזיקו
Neh. 13, 19.	וּמִנְּעָרַי	ויהי כאשר צללו שערי
2 Chr. 31, 3.	וּמְנָת	המלך מן רכושו
Gen. 24, 32.	וּמִסְפּוֹא	ויבא האיש הביתה
Lev. 8, 26.	וּמִסַּל	המצות אשר לפני ה׳
Lev. 27, 28.	וּמִשְּׂדֵה	אך כל חרם אשר יחרם
Deut. 1, 12.	וּמַשַּׂאֲכֶם	איכה אשא לבדי
1 Reg. 7, 28.	וּמִסְגְּרֹת	וזה מעשה · תני׳ דפס׳
1 Reg. 7, 31.	וּמִסְגְּרֹתֵיהֶם	ופיהו מבית לכתרת
1 Reg. 7, 35.	וּמִסְגְּרֹתֶיהָ	ובראש המכונה
2 Reg. 23, 5.	וּמְסִבֵּי	והשבית את הכמרים
Jer. 40, 5.	וּמַשְׂאֵת	ועודנו לא ישוב
Am. 5, 11.	וּמַשְׂאַת	לכן יען בושסכם על דל
Am. 6, 10.	וּמְסָרְפוֹ	ונשאו דודו ומסרפו
Ps. 18, 8.	וּמִשֹּׂנְאַי	יצילני מאיבי עז · דתהל׳
Ps. 145, 16.	וּמַשְׂבִּיעַ	פותח את ידך
2 Chr. 19, 7.	וּמַשֹּׂא	ועתה יהי פחד ה׳
Gen. 2, 17.	וּמֵעֵץ	הדעת טוב ורע
Ex. 6, 9.	וּמֵעֲבֹדָה	וידבר משה כן אל בני
Ex. 8, 7.	וּמֵעֲבָדֶיךָ	וסרו הצפרדעים
Jes. 18, 7.	וּמֵעַם	בעת ההיא יובל שי
Jes. 53, 4.	וּמְעֻנֶּה	אכן חלינו הוא נשא
Jes. 63, 3.	וּמֵעַמִּים	פורה דרכתי לבדי
Joel 4, 18.	וּמַעְיָן	והיה ביום ההוא יטפו
Prov. 14, 14.	וּמֵעָלָיו	מדרכיו ישבע סוג לב
Job 10, 14.	וּמֵעֲוֹנִי	אם חטאתי ושמרתני
Ps. 107, 17.	וּמֵעֲוֹנֹתֵיהֶם	אוילים מדרך פשעם
Cant. 5, 4.	וּמֵעַי	דודי שלח ידו מן החור
Gen. 5, 29.	וּמֵעִצְּבוֹן[1]	ויקרא את שמו
1 Chr. 9, 12.	וּמַעְשַׂי	ועדיה בן ירחם
1 Chr. 4, 14.	וּמְעוֹנֹתַי	הוליד את עפרה
Gen. 3, 3.	וּמִפְּרִי	העץ אשר בתוך הגן
Gen. 4, 14.	וּמִפָּנֶיךָ	הן גרשת אתי
Jud. 13, 19.	וּמַפְלִא	ויקח מנוח את גדי
Ez. 2, 6.	וּמִפְּנֵיהֶם	ואתה בן אדם אל תירא
Jes. 11, 11.	וּמִפַּתְרוֹס	והיה ביום ההוא יוסיף

1) Zusatz von anderer Hand.

וּמַפַּל	לקנות בכסף דלים	Am. 8, 6.
וּמִפִּקּוּדֶיךָ	נתנו רשעים פח לי	Ps. 119, 110.
וּמִפְתַּח	שמעו כי נגידים אדבר	Prov. 8, 6.
וּמַפִּיל	ועוד אני מדבר ומתפלל	Dan. 9, 20.
וּמְצָאתָהּ	וכן תעשה לחמרו	Deut. 22, 3.
וּמִצְחַת	נחשת על רגליו	1 S. 17, 6.
וּמְצֹרָע	יחלו על ראש יואב	2 S. 3, 29.
וּמֵצַח	וימנעו רבבים	Jer. 3, 3.
וּמַצְּבוֹת	בפרסות כוסיו ירמס	Ez. 26, 11.
וּמְצַוֵּה	הן עד לאומים נתתיו	Jes. 55, 4.
וּמַצָּה	הן לריב ומצה תצומו	Jes. 58, 4.
וּמוֹצָאֹתָיו	ואתה בית לחם אפרתה	Micha 5, 1.
וּמִצִּיּוֹן	ישלח עורך מקדש	Ps. 20, 3.
וּמִצּוּר	ויאכילהו מחלב חטה	Ps. 81, 17.
וּמְצָרֵי	אפפוני חבלי מות	Ps. 116, 3.
וּמְצָא	הן ושכל טוב	Prov. 3, 4.
וּמִצֹּאָתוֹ	דור טהור בעיניו	Prov. 30, 12.
וּמַצִּל	משיוב ומצל	Dan. 6, 28.
וּמַצְדִּיקֵי	והמשכילים יזהרו	Dan. 12, 3.
וּמִצָּהֳרַיִם	יקום חלד העפה כבקר	Job 11, 17.
וּמִקְצֵה	אחיו לקח חמשה	Gen, 47, 2.
וּמַקֶּלְכֶם	וככה תאכלו אתו	Ex. 12, 11.
וּמִקָּמַי	ומוציאי מאיבי · דשמו׳	2 S. 22, 49.
וּמַקָּבוֹת	והבית בהבנתו	1 Reg. 6, 7.
וּמֵקִים	אהלי שדד וכל מיתרי	Jer. 10, 20.
וּמִקְוֶה	עשיתם בין החמתים	Jes. 22, 11.
וּמִקֶּדֶם	מגיד מראשית אחרית	Jes. 46, 10.
וּמַקְלוֹ	עמי בעצו ישאל	Hos. 4, 12.
וּמִקַּרְנֵי	הושיעני מפי אריה	Ps. 22, 22.
וּמְקֻלָּלָיו	כי מברכיו יירשו ארץ	Ps. 37, 22.
וּמִקְנֵהוּ	הלא אתה שכת בעדו	Job 1, 10.
וּמַקְשֶׁה	אשרי אדם מפחד	Prov. 28, 14.
וּמִקַּח	ועתה יהי פחד ה׳	2 Chr. 19, 7.
וּמְרִיבָה	ויקרא שם המקום	Ex. 17, 7.
וּמַרְאֶה פת׳	פה אל פה אדבר בו	Num. 12, 8.
וּמֵרֹאשׁ	הררי קדם	Deut. 33, 15.
וּמָרֵאשָׁה	וקעילה ואכזיב	Jos. 15, 44.
וּמַרְאוֹת	וכמראה המראה אשר	Ez. 43, 3.

וּמֵרִים	ואתה ה׳ מגן בעדי	Ps. 3, 4.
וּמֵרוּחַ	מנשמת אלוה יאבדו	Job 4, 9.
וּמֵרָעֵב	לא מים עיף תשקה	Job 22, 7.
וּמֵרָחוֹק	בדי שפר יאמר האח	Job 39, 25.
וּמֵרֵאשִׁית	כבד את ה׳ מהונך	Prov. 3, 9.
וּמַרְשִׁיעַ	מצדיק רשע	Prov. 17, 15.
וּמַרְגְּלֹתָיו	וגויתו כתרשיש ופניו	Dan. 10, 6.
וּמַרְשִׁיעֵי	ברית יחניף בחלקות	Dan. 11, 32.
וּמְרוֹמֵם	כען אנה נבוכדנצר	Dan. 4, 34.
וּמְרוֹמַם	ויאמרו הלוים ישוע	Neh. 9, 5.
וּמַרְבִּים	ויהיו בני אולם אנשי׳	1 Chr. 8, 40.
וּמִשְׁמָע	ודומה ומשא · דבראשי׳	Gen. 25, 14.
וּמִשֶּׁמֶן	ולקחת מן הדם	Ex. 29, 21.
וּמִשְׁחַת	ואת משחת אהרן	Lev. 7, 35.
וּמְשָׁרְתוֹ	ודבר ה׳ אל משה	Ex. 33, 11.
וּמִשָּׁמְרוֹ	כי מאהבת ה׳	Deut. 7, 8.
וּמִשַּׁדְמֹת	כי מגפן סדום גפנם	Deut. 32, 32.
וּמְשַׁחְתּוֹ	כעת מחר אשלח אליך	1 S. 9, 16.
וּמִשָּׁלָל	ולא נעדר להם מן הקטן	1 S. 30, 19.
וּמִשְּׁלַל	מארם וממואב · דשמואל	2 S. 8, 12.
וּמָשַׁח	אתו שם צדוק הכהן	1 Reg. 1, 34.
וּמַשְׁחִית	עלה אריה מסבכו	Jer. 4, 7.
וּמַשְׁמִיעַ	כי קול מגיד מדן	Jer. 4, 15.
וּמְשָׁרְתִים	והיו במקדשי משרתי׳ · תני׳ דפס׳	Ez. 44, 11.
וּמַשְׁתִּי	כי הנה האבן אשר נתתי	Zach. 3, 9.
וּמִשִּׁירִי	ה׳ עזי ומגני בו בטח לבי	Ps. 28, 7.
וּמִשֶּׁלֶג	תחטאני באזוב	Ps. 51, 9.
וּמְשַׁלֵּחַ	יפיח כזבים עד שקר	Prov. 6, 18.
וּמִשֹּׁאַת	אל תירא מפחד פתאם	Prov. 3, 25.
וּמָשַׁךְ	אבירים בכחו	Job 24, 22.
וּמִשַּׁעַר	וגם את רות המואביה	Ruth 4, 10.
וּמַשָּׂא[1]	ועמי הארץ המביאים	Neh. 10, 32.
וּמַתָּן	הרבו עלי מאד מהר	Gen. 34, 12.
וּמִתְּהוֹם	וליוסף אמר מברכת	Deut. 33, 13.
וּמִתֵּימָן[2]	והערבה עד ים	Jos. 12, 3.
וּמִתַּחְתָּיו	ואמרת אליו לאמר	Zach. 6, 12.

1) Zusatz von derselben Hand.
2) Zusatz von anderer Hand.

וּמְתוּקִים	הנחמדים מזהב ומפז	Ps. 19, 11.
וּמִתְּהֹמוֹת	אשר הראיתני צרות	Ps. 71, 20.
וּמִתּוֹרָתְךָ	אשרי הגבר אשר	Ps. 94, 12.
וּמִתֵּבֵל	יהדפהו כאור אל חשך	Job 18, 18.
וּמַתָּנוֹת	כימים אשר נחו בהם	Est. 9, 22.
וּמָתַי	ויאמר לי המלך והשגל	Neh. 2, 6.

19.

א״ב כן חד וחד כ״ף בריש תיבות׳ ולי׳ דכו׳ וסי׳

Ein alphabetisches Verzeichniss von ein Mal vorkommenden Wörtern, die mit Kaf anfangen.

כְּאָחִיו	ויאמר יהודה לתמר	Gen. 38, 11.
כַּאֲהָלִים	כנחלים נטיו כגנת	Num. 24, 6.
כֶּאֱמֹר	ויהי כאמר יהושע	Jos. 6, 8.
כְּאַרְבָּעִים	אלף חלוצי הצבא	Jos. 4, 13.
כַּאֲנָשִׁים	וירא געל את העם	Jud. 9, 36.
כְּאֶלֶף	ויכרתו גם כל העם	Jud. 9, 49.
כְּאָכְלָם	ויצקו לאנשים לאכול	2 Reg. 4, 40.
כְּאַפִּי	ונתתי את נקמתי באדו׳	Ez. 25, 14.
כְּאַפְּךָ	לכן חי אני נאם אדני ה׳	Ez. 35, 11.
כְּאַהֲבַת	ויאמר ה׳ אלי עוד לך	Hos. 3, 1.
כְּאָהֳבָם	כענבים במדבר מצאתי	Hos. 9, 10.
כָּאֵפֶר	הנתן שלג כצמר	Ps. 147, 16.
כָּאֲפֵלָה	דרך רשעים כאפלה	Prov. 4, 19.
כָּאֳנִיּוֹת	היתה כאניות סוחר	Prov. 31, 14.
כְּאַלְמָנָה	איכה ישבה בדד	Thr. 1, 1.
כְּאָמְרָם	ויהי באמרם אליו · כן כת׳	Est. 3, 4.
כְּאָהֳלֵי	שחורה אני ונאוה	Cant. 1, 5.
כְּבֹאִי	ועתה כבאי אל עבד	Gen. 44, 30.
כִּבְשָׂרוֹ	ויאמר השב ידך אל	Ex. 4, 7.
כְּבַת	ולרש אין כל כי אם	2 S. 12, 3.
כְּבֹאָהּ	וה׳ אמר אל אחיהו	1 Reg. 14, 5.
כַּבֹּקֶר	ומצהרים יקום	Job. 11, 17.
כְּגוֹי	ואותי יום יום ידרשון	Jes. 58, 2.
כַּגִּבּוֹר	ה׳ כגבור יצא	Jes. 42, 13.
כְּגָאוֹן	כי שב ה׳ את גאון יעקב	Nah. 2, 3.
כְּגֶפֶן	אשתך כגפן פריה	Ps. 128, 3.
כַּדָּם	וישכימו בבקר והשמש	2 Reg. 3, 22.
כִּדְגַת	והיה יעמדו עליו דוגים	Ez. 47, 10.
כְּדַמֶּשֶׂק	הלא ככרכמיש כלנו · ד׳ כפס׳	Jes, 10, 9.
כְּדִבְרֵי	ותהי לכם חזות הכל	Jes. 29, 11.
כְּדָבְרָם	ורעו כבשים כדברם	Jes. 5, 17.
כְּדָנִיֵּאל	ולא נמצא מכלם	Dan. 1, 19.
כָּהֶם	וימאסו את חקיו	2 Reg. 17, 15.
כָּהֵמָּה	וירמיהו לקח מגלה	Jer. 36, 32.
כָּהֵן	והנה הוליד בן וירא	Ez. 18, 14.
כְּהַעֲלוֹת	הנני עליך צר	Ez. 26, 3.
כַּהֲתִימְךָ	הוי שודד ואתה לא	Jes. 33, 1.
כְּהִשָּׁפֵט	ויהי כהשפט יהוא	2 Chr. 22, 8.
כְּהִנְדֹּף	עשן תנדף	Ps. 68, 3.
כְּהִמֵּס	דונג · ב׳ בפסוק	Ps. 68, 3.
כְּהָתֵם	ובאחרית מלכותם	Dan. 8, 23.
כְּהִתְחַבֶּרְךָ	ויתנבא אליעזר בן דודוהו	2 Chr. 20, 37.
כּוֹסָהּ	בדרך אחותך הלכת	Ez. 23, 31.
כֻּשִׁיִּים	הלא כבני כשיים	Am. 9, 7.
כּוֹסָם	ימטר על רשעים	Ps. 11, 6.
כּוֹסִי	תערך לפני שלחן	Ps. 23, 5.
כְּזֹאת	ולאביו שלח כזאת	Gen. 45, 23.
כְּזֹהַר	והמשכילים יזהרו	Dan. 12, 3.
כַּחֶסֶד	ועתה השבעה לי	Gen. 21, 23.
כַּחֲלֹמוֹ	ושם אתנו נער עברי	Gen. 41, 12.
כַּחֲצֹת	ויאמר משה כה אמר	Ex. 11, 4.
כֶּחָג	ויעש ירבעם חג	1 Reg. 12, 32.
כַּחַיִל	ואתה תמנה לך חיל	1 Reg. 20, 25.
כַּחֲצִי	ושמרון כחצי חטאתיך	Ez. 16, 51.
כָּחֳרָבוֹת	והורדתיך את יורדי בור	Ez. 26, 20.
כַּחֲלַקְלַקּוֹת	לכן יהיה דרכם להם	Jer. 23, 12.
כְּחֵיל	משיב יגע ולא יבלע	Joh 20, 18.
כְּטֻמְאָתָם	וכפשעיהם עשיתי	Ez. 39, 24.
כְּטָהֳרַת	כל לבבו הכין לדרוש	2 Chr. 30, 19.
כִּידֵי	ולא הכירו כי היו ידיו	Gen. 27, 23.
כְּיִשְׂרָאֵל	ומי כעמך כישראל · רשמו׳	2 S. 7, 23.
כִּיקַר	כי רשעים יאבדו	Ps. 37, 20.

כִּירוּשָׁלִָם	יפה את רעיתי כתרצה	Cant. 6, 4.
כְּיוֹנִים	עיניו כיונים על אפיקי	Cant. 5, 12.
כְּכַרְכְּמִישׁ	הלא ככרכמיש כלנו	Jes. 10, 9.
כַּכֹּל	רמו מעט ואיננו	Job 24, 24.
כִּכְתָב	והקימו כהניא בפלגת׳	Esra 6, 18.
כְּלִבּוֹ׳	ושם האיש נבל	1 S. 25, 3.
כְּלוּלֹתָיִךְ	הלוך וקראת באזני	Jer. 2, 2.
כְּלִבִּי	ונתתי לכם רעים	Jer. 3, 15.
כְּלֵיל	השיר יהי׳ לכם	Jes. 30, 29.
כְּלֶחֶם	לא יסכו לה׳ יין	Hos. 9, 4.
כַּלְנֵה	עברו כלנה וראו	Am. 6, 2.
כְּלוֹא	כי כאשר שתיתם	Ob. 1, 16.
כַּלֶּחֶם	כי אפר כלחם אכלתי	Ps. 102, 10.
כְּמשֶׁה	ולא קם נביא עוד	Deut. 34, 10.
כַּמִּסְפָּר	אשר תעשו ככה	Num. 15, 12.
כְּמִסְפָּרָם	תעשו לאחד׳ כ׳ בפסו׳	Num. 15, 12.
כַּמִּלְחָמָה	ויהפך איש ישר׳ · עקב׳ דפ׳	Jud. 20, 39.
כְּמָלְכוֹ	ויהי כמלכו הכה את כל	1 Reg. 15, 29.
כְּמִסְפַּר	ויקח אליהו שתים	1 Reg. 18, 31.
כִּמְקוֹם	והיו בתי ירושלם ובתי	Jer. 19, 13.
כַּמַּגֵּפָה	וכן תהי׳ מגפת הסוס	Zach. 14, 15.
כַּמִּזְרָקִים	ביום ההיא יהיה על	Zach. 14, 20.
כְּמַדּוֹ	וילבש קללה כמדו	Ps. 109, 18.
כַּמֶּרְקָחָה	ירתיח כסיר מצולה	Job 41, 23.
כְּנֹשֶׁה	אם כסף תלוה את עמי	Ex. 22, 24.
כְּנִדָּתָהּ	ואם נקבה תלד	Lev. 12, 5.
כִּנְעוּרֶיהָ	יבת כהן כי תהיה	Lev. 22, 13.
כִּנְשֹׂא	כל ישבי תבל ושכני	Jes. 18, 3.
כַּנֶּשֶׁף	נגששה כעירים קיר	Jes. 59, 10.
כַנַּחַל	צעק לבם אל ה׳	Thr. 2, 18.
כִּשְׂכִיר	שנה בשנה יהי׳	Lev. 25, 53.
כִּשְׂדֵה	והיה השדה בצאתו	Lev. 27, 21.
כִּשְׂמֹחַ	כה אמר אדני ה׳ כשמח	Ez. 35, 14.
כְּשִׂמְחָתְךָ	לנחלת בית ישראל	Ez. 35, 15.
כַּסֵּפֶר	ונמקו כל צבא השמים	Jes. 34, 4.
כַּסִּיר	ירתיח כסיר מצולה	Job 41, 23.
כְּעָבְרָם	ויהי כעברם ואליהו	2 Reg. 2, 9.
כְּעֶרְכּוֹ	והכסף והזהב נתן	2 Reg. 23, 35.

כָּעַמִּים	אל תשמח ישר׳ אל גיל	Hos. 9, 1.
כָּעוֹף	אפרים כעוף יתעופף	Hos. 9, 11.
כְּעֶשֶׂר	וישאו להם נשים	Ruth 1, 4.
כְּעֵת	ועוד אני מדבר בתפלה	Dan. 9, 21.
כְּעַמֵּי	הלא הדחתם את כהני	2 Chr. 13, 9.
כְּפַרְעֹה	ויגש אליו יהודה	Gen. 44, 18.
כַּפִּשְׁתִּים	הוא בא עד לחי ופלשתים	Jud. 15, 14.
כַּפְּלִשְׁתִּים	כי נטשתה עמך בית	Jes. 2, 6.
כְּפָרָה	כי כפרה סררה	Hos. 4, 16.
כְּפִיךָ	הן אני כפיך לאל	Job 33, 6.
כְּצֵאתִי	ויאמר אליו משה כצאתי	Ex. 9, 29.
כִּצְרוֹר	אבן במרגמה	Prov. 26, 8.
כְּקָרָבְכֶם	והיה כקרבכם אל	Deut. 20, 2.
כְּקֶבֶר	אשפתו כקבר פתוח	Jer. 5, 16.
כְּקִיר	עד אנה תהותתו על איש	Ps. 62, 4.
כָּרִאשׁוֹן	ויקרב את קרבן העם	Lev. 9, 15.
כְּרָעָתוֹ	ואנכי היום רך ומשוח	2 S. 3, 39.
כְּרוּחַ	קדים אפיצם לפני	Jer. 18, 17.
כְּרִשְׁעוֹ	ואתנהו כיד אל גוים	Ez. 31, 11.
כְּרֻבָּם	כן חטאו לי	Hos. 4, 7.
כָּרֹאשׁ	דברו דברים אלות שוא	Hos. 10, 4.
כִּרְצוֹן	והשתיה כדת אין אנב	Est. 1, 8.
כַּשֵּׁמֹת	וישב יצחק ויחפר	Gen. 26, 18.
כִּשְׁמוֹ	אל נא ישים אדני אל לבו	1 S. 25, 25.
כְּשָׁנָה	וימצא מלך אשיר כהושע	2 Reg. 17, 4.
כְּשִׁיר	והנך להם כשיר עגבים	Ez. 33, 32.
כְּשִׁלֹה[1]	ונתתי את הבית הזה	Jer. 26, 6.
כַּשּׁוֹפָר	קרא בגרון אל תחשך	Jes. 58, 1.
כְּשִׁמְךָ	אלהים כן ההלתך	Ps. 48, 11.
כְּשָׁעָה	ארין דניאל די שמה	Dan. 4, 16.
כְּשֶׁבֶת	בימים ההם	Est. 1, 2.
כִּשְׁגָגָה	יש רעה ראיתי תחת	Koh. 10, 5.
כְּתֹפֶת	כן אעשה למקום הזה	Jer. 19, 12.
כְּתָבוֹר	חי אני נאם המלך	Jer. 46, 18.
כְּתֻמָּם	ותבאנה לך שתי אלה	Jes. 47, 9.
כַּתֹּהוּ	הנותן רוזנים לאין	Jes 40, 23.
כַּתָּמָר	צדיק כתמר יפרח	Ps. 92, 13.

1) Zusatz von derselben Hand.

Job 21, 12.	כְּתֹף	ישאו כתף וכניר
Cant. 6, 4.	כְּתִרְצָה	יפה את רעיתי

20.

א״ב מן חד וחד מן הרתין תיבות׳ לא׳ בריש ולי׳ דסמיך

Ein alphabetisches Verzeichniss von ein Mal vorkommenden Wörterpaaren, deren erstes Wort mit vorgesetztem Lamed anfängt.

Gen. 17, 8.	לַאֲחֻזַּת עוֹלָם	ונתתי לך ולזרעך
Ex. 16, 16.	לַאֲשֶׁר בְּאָהֳלוֹ	זה הדבר אשר צוה ה׳
Lev. 5, 24.	לַאֲשֶׁר היא	או מכל אשר ישבע
Jos. 22, 14.	לְאַלְפֵי יִשְׂרָאֵל	ועשרה נשאים עמו
Jer. 44, 28.	לְאֶרֶץ מִצְרַיִם	ופליטי חרב ישבון
Jes. 2, 8.	לַאֲשֶׁר עָשׂוּ	ותמלא ארצו אלילים
Ps. 42, 3.	לְאֵל חָי	צמאה נפשי לאלהים
Ps. 81, 10.	לְאֵל נֵכָר	לא יהיה בך אל זר
Ps. 136, 26.	לְאֵל הַשָּׁמָיִם	הודו לאל השמים
Job 12, 6.	לַאֲשֶׁר הֵבִיא	ישליו אהלים לשדדים
1 Chr. 22, 4.	לְאֵין מִסְפָּר	ועצי ארזים לאין מספר
1 Chr. 26, 12.	לְאֵלֶּה מַחְלְקוֹת	השערים לראשי
2 Chr. 3, 11.	לְאַמּוֹת חָמֵשׁ	וכנפי הכרובים ארכם
2 Chr. 14, 12.	לְאֵין לָהֶם	וירדפם אסא והעם
Jos. 15, 6.	לְבֵית הָעֲרָבָה	ועלה הגבול בית חגלה
1 S. 10, 11.	לְבֶן קִישׁ	ויהי כל יודעו מאתמול
Micha 4, 8.	לְבַת יְרוּשָׁלָיִם	ואתה מגדל עדר
Mal. 1, 5.	לִגְבוּל יִשְׂרָאֵל	ועיניכם תראינה
2 Chr. 26, 12.	לְגִבּוֹרֵי חָיִל	כל מספר ראשי
Ps. 141, 4.	לְדָבָר רָע	אל תט לבי לדבר רע
2 Chr. 10, 7.	לְהָעָם הַזֶּה	וידברו אליו לאמר׃ דד״ה
Micha 2, 11.	לוּ אִישׁ	הלך רוח ושקר כזב
2 Chr. 20, 7.	לְזֶרַע אַבְרָהָם	הלא אתה אלהינו
Neh. 6, 15.	לַחֲמִשִּׁים וּשְׁנַיִם	ותשלם החומה בעשרים
Ex. 19, 11.	לַיּוֹם הַשְּׁלִישִׁי	והיו נכנים ליום השלישי
Ex. 25, 30.	לֶחֶם פָּנִים	ונתת על השלחן
Deut. 6, 24.	לְטוֹב לָנוּ	ויצונו ה׳ לעשות את
Jud. 2, 2.	לְיֹשְׁבֵי הָאָרֶץ	ואתם לא תכרתו ברית
Jes. 63, 12.	לִימִין מֹשֶׁה	מוליך לימין משה
Hos. 9, 5.	לְיוֹם מוֹעֵד	מה תעשו ליום מועד
Ps. 92, 1.	לְיוֹם הַשַּׁבָּת	מזמור שיר ליום השבת
2 Chr. 16, 11.	לִיהוּדָה וְיִשְׂרָאֵל	ויתר דברי אסא
Ex. 27, 3.	לְכָל כֵּלָיו	ועשית סירתיו לדשנו
Ex. 38, 26.	לְכָל הָעֹבֵר	בקע לגלגלת מחצית
Ez. 44, 9.	לְכָל-בֶּן	כה אמר אדני ה׳ כל בן
Jes. 22, 23.	לְכִסֵּא כָבוֹד	ותקעתיו יתד במקום
Ps. 21, 9.	לְכָל אֹיְבֶיךָ	תמצא ידך לכל איביך
Ps. 59, 9.	לְכָל גּוֹיִם[1]	ואתה ה׳ תשחק למו
2 Chr. 31, 16.	לְכָל הַבָּא	מלבד התיחשם לזכרים
1 Chr. 29, 11.	לְכֹל לְרֹאשׁ	לך ה׳ הגדלה והגבורה
2 Chr. 35, 7.	לְכָל הַנִּמְצָא	וירם יאשיהו לבני
Neh. 10, 34.	לְלֶחֶם הַמַּעֲרֶכֶת	ומנחת התמיד ולעולת
Num. 1, 53.	לְמִשְׁכַּן הָעֵדֻת	והלוים יחנו סביב
Num. 19, 9.	לְמֵי נִדָּה	ואסף איש טהור
Num. 20, 24.	לְמֵי מְרִיבָה	יאסף אהרן אל עמיו
1 S. 24, 6.	לִמְשִׁיחַ ה׳	ויאמר לאנשיו חלילה
2 Reg. 19, 25.	לְמִימֵי קֶדֶם	הלא שמעת למרחוק׃ דמל׳
Micha 1, 14.	לְמַלְכֵי יִשְׂרָאֵל	לכן תתני שלוחים על
Dan. 5, 2.	לְמָאנֵי דַּהֲבָא	בלשאצר אמר בטעם
Gen. 2, 7.	לְנֶפֶשׁ חַיָּה	וייצר ה׳ אלהים את
Prov. 21, 30.	לְנֶגֶד ה׳	אין חכמה ואין תבונה
Gen. 41, 12.	לְשַׂר הַטַּבָּחִים	ושם אתנו נער עברי
Deut. 28, 9.	לְעַם קָדוֹשׁ	יקימך ה׳ לו לעם קדוש
Ps. 136, 5.	לְעֹשֵׂה הַשָּׁמַיִם	בתבונה כי לעולם חסדו
Lev. 4, 20.	לְפַר הַחַטָּאת	ועשה לפר כאשר עשה
Num. 11, 10.	לְפֶתַח אָהֳלוֹ	וישמע משה את העם
2 Reg. 23, 35.	לְפַרְעֹה נְכֹה	והכסף והזהב נתן ה׳
Ps. 71, 3.	לְצוּר מָעוֹן	היה לי לצור מעון׃ תנינ׳
Ex. 15, 26.	לְקוֹל ה׳ אֱלֹהֶיךָ	ויאמר אם שמוע
Lev. 22, 27.	לְקָרְבַּן אִשֶּׁה	שור או כשב או עז
Num. 17, 18.	לְרֹאשׁ בֵּית	ואת שם אהרן תכתב
Ps. 136, 6.	לְרֹקַע הָאָרֶץ	על המים כי לעולם
Cant. 1, 3.	לְרֵיחַ שְׁמָנֶיךָ	טובים שמן תורק שמך

1) Zusatz von derselben Hand.

1 Chr. 7, 11.	לְרָאשֵׁי הָאָבוֹת	כל אלה בני ידיעאל
2 Chr. 18, 21.	לְרוּחַ שֶׁקֶר	ויאמר אצא והייתי לרוח· דר"ה
Ex. 38, 26.	לְשֵׁשׁ מֵאוֹת	בקע לגלגלת מחצית
Joel 4, 19.	לִשְׁמָמָה תִהְיֶה	מצרים לשממה תהיה
Micha 1, 12.	לְשַׁעַר יְרוּשָׁלָיִם	כי חלה לטוב יושבת
2 Chr. 15, 10.	לִשְׁנַת חֲמֵשׁ	ויקבצו ירושלם בחדש· דר"ה
Jer. 49, 2.	לְתֵל שְׁמָמָה	לכן הנה ימים באים
Num 34, 14.	לְהִשְׁעַת הַמַּטּוֹת	ויצו משה את בני ישראל

·

21.

א"ב מן חד וחד קמץ ולי' וכינכנהון

Ein alphabetisches Verzeichniss von Wörtern, die nur ein Mal mit Kamez (sonst mit dem entsprechenden kurzen Vocal) vorkommen.

Gen. 11, 11.	אַרְפַּכְשָׁד	ויחי שם אחרי
Num. 12, 6.	אֶתְוַדָּע	ויאמר שמעו נא דברי
1 Reg. 11, 13.	אֶקְרָע	רק את כל הממלכה
1 Reg. 18, 12.	אֵדָע	והיה אני אלך מאתך
Jer. 20, 8.	אֶזְעָק	כי מדי אדבר אזעק
Jes. 33, 10.	אֵרוֹמָם	עתה אקום יאמר ה'
Jes. 47, 3.	אֶקָּח	תגל ערותך גם תראה
Zach. 7, 13.	אֶשְׁמָע	ויהי כאשר קרא ולא שמעו
Ps. 40, 11.	אָמָרְתִּי	צדקתך לא כסיתי
Koh. 3, 20.	אָיִן	כי מקרה בני האדם
Esra 1, 9.	אָלֶף	ואלה מספרם אגרטלי
Ex. 12, 22.	בַּסָּף	ולקחתם אגדת· תנינ' רפס'
Ex. 28, 42.	בָד	ועשה להם מכנסי בד
Deut. 3, 29.	בַּגָּיְא	ונשב בגיא מול
2 S. 1, 1.	בְּצִקְלָג	ויהי אחרי מות שאול
Jer. 6, 5.	בַּלָּיְלָה	קימו ונעלה בלילה
Jer. 22, 14.	בָּאָרֶז	האמר אבנה לי בית
1 Chr. 16, 22.	בִּמְשִׁיחָי	אל תגעו במשיחי· דר"ה

Thr. 3, 13.	הביא	בְּכִלְיוֹתָי[1]
1 Reg. 9, 17.	ויבן שלמה את גזר · רמל'	גָּזֶר
Thr. 3, 35.	להטות משפט גבר	גָּבֶר
Ruth 4, 4.	ואני אמרתי אגלה	גָּאָל
1 Chr. 11, 32.	חורי מנחלי געש אביאל	גָּעַשׁ
2 Chr. 17, 4.	כי לאלהי אביו דרש · ר"ה	דָּרָשׁ
Gen. 4, 26.	ולשת גם היא ילד בן	הוּחָל
Gen. 49, 26.	ברכת אביך גברו	הוֹרָי
Ex. 16, 13.	ויהי בערב ותעל השלו	הַשָּׂלָו
Num. 9, 2.	ויעשו בני ישראל את הפסח	הַפָּסַח
2 S. 14, 7.	והנה קמה כל המשפחה	הָרָג[2]
Num. 31, 32.	ויהי המלקוח	הַבָּז[1]
Cant. 2, 4.	הביאני אל בית היין	הַיָּיִן
2 Chr. 5, 11.	ויהי בצאת הכהנים· רד"ה	הִתְקַדָּשׁוּ
Gen. 41, 5.	ויחלם שנית והנה שבע	וַיִּישָׁן
Deut. 32, 15.	וישמן ישרון ויבעט	וַיִּבְעָט
Jer. 2, 19.	תיסרך רעתך ומשבותיך	יָסֵר
Jer. 8, 6.	הקשבתי ואשמע לוא כן	וְאֶשְׁמָע
Jer. 20, 7.	פתיתני ה' ואפת	וָאֶפָּת
Ez. 47, 9.	והיה כל נפש חיה אשר	יְחָי
Jes. 6, 6.	אלי אחד מן השרפים	וַיָּעָף
Hos. 12, 5.	וישר אל מלאך ויכל	וַיֻּכָל
Mal. 3, 16.	אז נדברו יראי ה'	וַיִּשְׁמָע
1 Reg. 4, 16.	בענא בן חושי באשר	חוּשָׁי
Jer. 22, 14.	האמר אבנה לי בית	חַלּוֹנָי
Thr. 3, 39.	מה יתאונן אדם חי	חָי
Thr. 3, 53.	צמתו בבור חיי	חַיָּי
1 Chr. 2, 39.	ועזריה הוליד את חלץ· קדמ' רפס'	חָלֶץ
Gen. 25, 23.	ויאמר ה' לה שני גיים	יְאֻמָּץ
Gen. 41, 50.	וליוסף ילד שני בנים	יֻלַּד
Gen. 49, 27.	בנימין זאב יטרף	יִטְרָף
Ex. 21, 31.	או בן יגח או בת יגח	יִגָּח
Ex. 22, 26.	כי הוא כסותה לבדה	יִשְׁכָּב
Ex. 30, 32.	על בשר אדם לא ייסך	יִיסָךְ
Lev. 16, 4.	כתנת בד קדש ילבש	יִלְבָּשׁ

1) Zusatz von anderer Hand.
2) Zusatz von derselben Hand.

יִשְׁחָט	איש איש מבית ישראל · תני׳ דפס׳	Lev. 17, 3.
יִרְחָץ	ואם לא יכבס ובשרו	Lev. 17, 16.
יִפְרָע	והכהן הגדול מאחיו	Lev. 21, 10.
יִקְרָבוּ	ושמרו משמרתך ומשמר׳	Num. 18, 3.
יִבְחָר	שלש פעמים בשנה	Deut. 16, 16.
יָלָד	קרא דגר ולא ילד	Jer. 17, 11.
יִדְאָג	והיה כעץ שתול על	Jer. 17, 8.
יְזְעָק	לבי למואב יזעק	Jes. 15, 5.
יֶחְדָּל	ובדברי איתך אפתח	Ez. 3, 27.
יִשְׂמָח	בא העת הגיע היום	Ez. 7, 12.
יִתְאַבָּל	המלך יתאבל ונשיא	Ez. 7, 27.
יֵהָת	כאשר יהגה האריה	Jes. 31, 4.
יִרְבָּץ	כי עיר בצורה בדד נוה	Jes. 27, 10.
יָדָע	וישפך עליו חמה אפו	Jes. 42, 25.
יָקַח	כי כה אמר ה׳ גם	Jes. 49, 25.
יִירָשׁ	כי ימין ושמאול תפרצי	Jes. 54, 3.
יִצְלָח	כל כלי יוצר עליך לא	Jes. 54, 17.
יוּכָל	והרשעים כים נגרש	Jes. 57, 20.
יִשְׁאָל	עמי בעצו ישאל	Hos. 4, 12.
יִשְׁאָג	ואתה תנבא אליהם	Jer. 25, 30.
יִתְקַלָּס	והוא במלכים יתקלס	Hab. 1, 10.
יִצְמָח	ואמרת אליו לאמר	Zach. 6, 12.
יִתְקָע	וה׳ עליהם יראה	Zach. 9, 14.
יִגְאָל	ליני הלילה והיה בבקר	Ruth 3, 13.
יִכְשָׁר	בבקר זרע את זרעך	Koh. 11, 6.
יִדְעָךְ	כמה נר רשעים ידעך	Job 21, 17.
יִבְרָח	ואמרה האיש כמוני	Neh. 6, 11.
כָף	ויוצא את בן המלך · רמל׳	2 Reg. 11, 12.
כַּפָּיִם	נשא לבבנו אל כפים	Thr. 3, 41.
כְּנָעַן	לאמר לך אתן ארץ · דד״ה	1 Chr. 16, 18.
לְפָנָי	ואמרתם גם הנה	Gen, 32, 20.
לְצָרָי	אם שנותי ברק חרבי	Deut. 32, 41.
לַגָּל	כי שמת מעיר לגל	Jes. 25, 2.
לְמָרְדֳּכָי	ויגידו למרדכי את	Est. 4, 12.
מִסְפָּר	ויאמר יעקב אל שמעון	Gen. 34, 30.
מִטָּל	וליוסף אמר מברכת	Deut. 33, 13.
מְרֹדָךְ	הגידו בגוים והשמיעו	Jer. 50, 2.
מָשָׁל	וכעמדו תשבר מלכותו	Dan. 11, 4.
מָרָד	וגם במלך נבוכדנאצר	2 Chr. 36, 13.
נִשְׁאָר	ויאמר לא ירד בני	Geu. 42, 38.
נֶאֱסָף	ויצו אותם ויאמר	Gen. 49, 29.
נִגְרָע	אתם לכו קחו לכם	Ex. 5, 11.
נִזְרָע	וכי תאמרו מה נאכל	Lev. 25, 20.
נָפָל	בין רגליה כרע נפל	Jud. 5, 27.
נִלְקָח	והצפה כי יראה את החרב	Ez. 33, 6.
נֻטָּשׁ	כי ארמון נטש המון	Jes. 32, 14.
נִפְתָּח	ביום ההוא יהיה מקור	Zach. 13, 1.
נִחַמְתָּנִי	ותאמר אמצא חן בעיניך	Ruth 2, 13.
נַחֲלָה	חבלים נפלו לי בנעימים	Ps. 16, 6.
נָתָן	ויאמר ערם יצתי	Job 1, 21.
נִשְׁכָּח	כי אין זכרון לחכם עם	Koh. 2, 16.
שָׂרָי	ויקח אברם ונחור להם	Gen. 11, 29.
שָׂמְתָּ	אנתה מלכא שמת טעם	Dan. 3, 10.
עָזָב	ואותי יום יום ידרשון	Jes. 58, 2.
עָלַי	וגם מה אתם לי · צד · קדמ׳ דפס׳	
עָשָׂר	לארבעה ועשרים	1 Chr. 25, 31.
פָּרֶץ	ואלה תולדות פרץ	Ruth 4, 18.
צָמַח	ואם בעיניו עמד הנתק	Lev. 13, 37.
קָט	ולא בדרכיהן הלכת	Ez. 16, 47.
קָן	כי בטרם ידע הנער	Jes. 7, 16.
רָכָשׁ	וינהג את כל מקנהו	Gen. 31, 18.
רַגָּז	ובגוים ההם לא תרגיע	Deut. 28, 65.
שָׁכָב	ויאמר עלי לשמואל	1 S. 3, 9.
שָׁגָג[1]	והביא איל תמים	Lev. 5, 18.
שָׁפָט	ותשבתו הרמתה	1 S. 7, 17.
שָׁאָג	אריה שאג מי לא יירא	Am. 3, 8.
שֻׁדָּד	אהלי שדד וכל מיתרי	Jer. 10, 20.
שָׁלָח	חזון עובדיה כה אמר	Ob. 1, 1.
שִׁנָּי[1]	ויגרס בחצץ שני הכפישני באפר	Thr. 3, 16.
שָׁבָתָה	למלאות דבר ה׳ בפי ירמיהו	2 Chr. 36, 21.
תִּזָּכָר	כל פטר רחם לי וכל מקנה	Ex. 34, 19.
תִּגָּע	ושלשים יום ושלשת	Lev. 12, 4.
תִּקְרָב	ערות אחי אביך	Lev. 18, 14.
תִּשְׁלָחוּ	שלח לך אנשים ויתרו	Num. 13, 2.

1) Zusatz von derselben Hand.

תִּנְחָל	ויאמר ה׳ אל אהרן	Num. 18, 20.
תִּרְבָּק	את ה׳ אלהיך תירא	Deut. 10, 20.
תִּשְׁכָּב[1]	ולרש אין כל כי אם	2 S. 12, 3.
תִּשְׁתָּע	אל תירא כי עמך אני	Jes. 41, 10.
תִּצְמָח	הנני עשה חדשה	Jes. 43, 19.
תֵּדָע	ואנכי ה׳ אלהיך מארץ	Hos. 13, 4.
תֶּחֱנָף	ועתה נאספו עליך גוים	Micha 4, 11.
תִּשְׂבָּע	אתה תאכל ולא תשבע	Micha 6, 14.
תִּפְרָח	כי תאנה לא תפרח ואין	Hab. 3, 17.
תִּצְלָח	ושניהם המלכים לבבם	Dan. 11, 27.
תִּשְׁמָע	והתנם ביד צריהם	Neh. 9, 27.
תָּמְנוּ	חסדי ה׳ כי לא תמנו	Thr. 3, 22.

22.

וחלופם

שטה מן נ׳ מלין מן חד וחד פתח ולי׳ וסימניהון

Eine Reihenfolge von 50 Wörtern, die, umgekehrt vom Vorigen, nur ein Mal mit Pathach vorkommen.

יִצְחַק	ותאמר שרה צחק	Gen. 21, 6.
אֲדֹנַי	ויאמר הנה נא אדני	Gen. 19, 2.
חָנַן	וישא את עיניו וירא את	Gen. 33, 5.
וְתִמְנַע	היתה פילגש לאליפז	Gen. 36, 12.
כְּאֶזְרַח	וכי יגור אתך גר ועשה	Ex. 12, 48.
בְּעַב	ויאמר ה׳ אל משה הנה	Ex. 19, 9.
עָשַׁן	והר סיני עשן כלו	Ex. 19, 18.
חַכְמַת	וכל אשה חכמת לב	Ex. 35, 25.
תּוֹשַׁב	וכל זר לא יאכל קדש	Lev. 22, 10.
שׁוֹפַר	והעברת שופר תרועה	Lev. 25, 9.
הַצַּר	וכי תבאו מלחמה	Num. 10, 9.
וּמִגֹּרַל	והיו לאחד מבני שבטי	Num. 36, 3.
נֵכַר	ויאמר ה׳ אל משה הנך	Deut. 31, 16.
בְּגוֹרַל	נחלתם כאשר צוה ה׳	Jos. 14, 2.
בַּאֲנָשִׁים	ודוד בן איש אפרתי	1 S. 17, 12.
שָׂכַל	ויצאו שרי פלשתים	1 S. 18, 30.
מְשַׁל	כאשר יאמר משל	1 S. 24, 14.
נִבְהַל	ותבא האשה אל שאול	1 S. 28, 21.
שַׁן	וילך דוד ויקח את · דשמו׳	2 S. 21, 12.
מְשָׁרַת	ותבא בת שבע אל המלך	1 Reg. 1, 15.
וּבְיִשְׁרַה	ויאמר שלמה אתה	1 Reg. 3, 6.
מֻצַּק	ושתי כתרות עשה	1 Reg. 7, 16.
חַל-	ויען המלך ויאמר אל איש	1 Reg. 13, 6.
אֲרָרַט	שאו נס בארץ תקעו	Jer. 51, 27.
פָּרַשׁ	משפעת סוסיו יכסך	Ez. 26, 10.
אֲהֵל	ואת שם קדשי אודיע	Ez. 39, 7.
כְּאַרְפַּד	הלא ככרכמיש כלנו	Jes. 10, 9.
יָבֵשׁ · נִגַּף	ערות על יאור · ב׳ בפס׳	Jes. 19, 7.
יִמְבְּצַר · מִשְׂגַּב	תמותיך השח · ב׳ בפס׳	Jes. 25, 12.
יְהָמַם · גִּלְגַּל	להם יודק כי לא · ב׳ בפס׳	Jes. 28, 28.
וּבָרַד	ברדת היער ובשפלה	Jes. 32, 19.
הַחֵל-	וגלת החל הזה	Ob. 1, 20.
חַם	לבי בקרבי בהגיגי	Ps. 39, 4.
חָלַל	כי עני ואביון אנכי	Ps. 109, 22.
מַן	ישב עולם לפני אלהים	Ps. 61, 8.
חָכַם	בני אם חכם לבך ישמח	Prov. 23, 15.
וְדַל	חכם בעיניו איש עשיר	Prov. 28, 11.
עוֹלַל	לוא אליכם כל עברי	Thr. 1, 12.
בִּיתַן	ובמלואת הימים האלה	Est. 1, 5.
וְדַר	חור כרפס ותכלת	Est. 1, 6.
נַס	נא את עבדיך ימים	Dan. 1, 12.
בְּנַס	כל קבל דנה מלכא	Dan. 2, 12.
וְרַעֲנַן	אנה נבוכדנצר שלה	Dan. 4, 1.
נֶעֱזַב	ואריבה את הסגנים	Neh. 13, 11.
תֵּעָזַב	טרף נפשו באפו הלמענך	Job 18, 4.
לְבַעֵר	והגרלות הפלנו על	Neh. 10, 35.
אַרְנַן	ובן חנניה פלטיה וישע׳	1 Chr. 3, 21.

1) Zusatz von derselben Hand.

23.

א״ב מן חד וחד חד פתח וחד קמץ דלית ולי׳ וסימניהון

Ein unvollständig alphabetisches Verzeichniss von Wörtern, die nur ein Mal mit **Pathach** und ein Mal mit **Kamez** vorkommen.

אַט	ויהי כשמע אחאב	1 Reg. 21, 27.
אָט	באשרו אחזה רגלי	Job 23, 11.
בִּמְעַט	ומן התחברות אליו	Dan. 11, 23.
בִּמְעָט	ויאמר יהונתן אל הנער	1 S. 14, 6.
גְּאַל	ויאמר הגאל לא אוכל	Ruth 4, 6.
גְּאָל	ואני אמרתי אגלה	Ruth 4, 4.
גַּב	ואלה מדות המזבח	Ez. 43, 13.
גָּב	ותבני לך גב	Ez. 16, 24.
גְּבַל	זקני גבל וחכמיה	Ez. 27, 9.
גְּבָל	ועמון ועמלק	Ps. 83, 8.
הַנְחַת	עושו ובאו כל הגוים	Joel 4, 11.
הָנְחַת	וכדי רם לבבה	Dan. 5, 20.
הוּרַם	ועם שר הצבא הגדול	Dan. 8, 11.
הוּרָם	וקדשת את חזה	Ex. 29, 27.
הֲיִצְלַח	וימרד בו לשלח	Ez. 17, 15.
הֲיִצְלָח	הנה לאש נתן לאכלה	Ez. 15, 4.
וְכַעַס	גם כל ימיו בחשך	Koh. 5, 16.
וְכָעָס	רשע יראה וכעס	Ps. 112, 10.
וְהֵיכַל	מיום אחד לחדש	Esra 3, 6.
וְהֵיכָל	האמר לכורש רעי	Jes. 44, 28.
וְהִכַּנִי	הצילני נא מיד אחי	Gen. 32, 12.
וְהִכָּנִי	אם יוכל להלחם אתי	1 S. 17, 9.
וּלְאַחַד	וארעה את צאן ההר׳	Zach. 11, 7.
וּלְאֶחָד	גם אם ישכבו שנים	Koh. 4. 11.
וְלִיקַר	בה זמנא מנדעי יתוב עלי	Dan. 4, 33.
וְלִיקָר	ענה מלכא ואמר הלא	Dan. 4, 27.
וְהָמַם	לחם יודק כי לא לנצח	Jes. 28, 28.
וְהָמָם	ונתנם ה׳ אלהיך לפניך	Deut. 7, 23.
וְהַחַמַּנִים	וינתצו לפניו את מזבחות	2 Chr. 34, 4.
וְהַחַמָּנִים	ולא ישעה אל המזבחות	Jes. 17, 8.
חִדֶּקֶל	ושם הנהר השלישי	Gen. 2, 14.
חִדָּקֶל	וביום עשרים וארבעה	Dan. 10, 4.
טַח	לא ידעו ולא יבינו כי	Jes. 44, 18.
וְטָח	ולקחו אבנים אחרות	Lev. 14, 42.
יִשַּׁק	אתה תהיה על ביתי	Gen. 41, 40.
יִשָּׁק	שפתים ישק משיב	Prov. 24, 26.
יְרִיבַי	לדוד ריבה ה׳ את יריבי	Ps. 35, 1.
יְרִיבָי	הקשיבה ה׳ אלי	Jer. 18, 19.
יְבֻלַּע	ועתה שלחו מהרה	2 S. 17, 16.
יְבֻלָּע	היספר לו כי אדבר	Job 37, 20.
יְרֻחַם	אשור לא יושיענו על	Hos. 14, 4.
יְרֻחָם	מכסה פשעיו לא יצליח	Prov. 28, 13.
יֵחַם	פן ירדף גאל הדם	Deut. 19, 6.
יֵחָם	גם אם ישכבו שנים	Koh. 4, 11.
יַהֵל	לא תשב לנצח ולא	Jes. 13, 20.
יָהֵל	אם אראה אור כי	Job 31, 26.
כּוֹכַב	ונשאתם את סכות	Am. 5, 26.
כּוֹכָב	אראנו ולא עתה	Num. 24, 17.
כַּלּוּ	והנגשים אצים	Ex. 5, 13.
כָּלּוּ	תפלות דוד בן ישי	Ps. 72, 20.
כַּאֲרָזִים	כנחלים נטיו כגנה	Num. 24, 6.
כָּאֲרָזִים	שוקיו עמודי שש	Cant. 5, 15.
לַמְצַד	ומן הגדי נבדלו אל דויד	1 Chr. 12, 8.
לַמְצָד	ויצאו מן בני בנימן	1 Chr. 12, 17.
לַעַיִן	והנשיא אשר בתוכם	Ez. 12, 12.
לָעָיִן	וירד הגבל משפם	Num. 34, 11.
לַיְשָׁה	צהלי קולך בת גלים	Jes. 10, 30.
לָיְשָׁה	וילכו חמשת האנשים	Jud. 18, 7.
מִפְנֶה	ונינוה כברכת מים	Nah. 2, 9.
מָפְנֶה	והנה ששה אנשים	Ez. 9, 2.
מַטַּע	לשום לאבלי ציון לתת	Jes. 61, 3.
מַטָּע	והקמתי להם מטע	Ez. 34, 29.
וּמֵישַׁע	מלך מואב היה נקד	2 Reg. 3, 4.
מֵישָׁע	ובני כלב אחי ירחמאל	1 Chr. 2, 42.
נְתַן	וישבת את הסוסים	2 Reg. 23, 11.
נְתָן	וידע אונן כי לא לו	Gen. 38, 9.
נָחַר	מפוח מאשתם עפרת	Jer. 6, 29.
נָחָר	הנה לאש נתן לאכלה	Ez. 15, 4.

נַחַל	אלה אשר נחל משה	Jos. 13, 32.
נָחָל	ואמרת לבני עמון	Ez. 25, 3.
נָעַמְתָּ	צר לי עליך אחי יהונתן	2 S. 1, 26.
נָעָמְתָּ	ממי נעמת רדה והשכבה	Ez. 32, 19.
נִסְכַּלְתָּ	כי ה׳ עיניו משטטות	2 Chr. 16, 9.
נִסְכָּלְתָּ	ויאמר שמואל אל שאול	1 S. 13, 13.
סָמַר	מפחדך בשרי	Ps. 119, 120.
סָמָר	שאו נס בארץ	Jer. 51, 27.
סִלְקַת	משתכל הוית בקרניא	Dan. 7, 8.
סִלְקָת	ועל קרניא עשר	Dan. 7, 20.
סִסְמָי	ואלעשה הליד את ססמי	1 Chr. 2, 40.
וְסִסְמַי	ב׳ בפסוק׳ קדמ׳ קמ׳ ותני׳ פתח	1 Chr. 2, 40.
קְרָאַנִי	פחד קראני ורעדה	Job 4, 14.
קְרָאָנִי	שמעו איים אלי והקשיבו	Jes. 49, 1.
רַד	הם עם יבוס והיום רד	Jud. 19, 11
רָד	סבבני בכחש אפרים	Hos. 12, 1.
רְבַית	אנתה הוא מלכא די רבית	Dan. 4, 19.
רְבָת	ורבותך רבת· ב׳ בפסוק׳	Dan. 4, 19.
שְׁנוֹתַי	מה אדבר ואמר לי	Jes. 38, 15.
שְׁנוֹתָי	אני אמרתי בדמי ימי	Jes. 38, 10.
תֵּשַׁם	ואמרת אל עם הארץ	Ez. 12, 19.
תֵּשָׁם	למה נמות לעיניך גם	Gen. 47, 19.
תִקְצַר	האנכי לאדם שיחי	Job 21, 4.
תִּקְצָר	היד ה׳ תקצר עתה	Num. 11, 23.
תֶּחֱרַב	מדוע נבאת בשם ה׳	Jer. 26, 9.
תֶּחֱרָב	לילה ויומם לא תכבה	Jes. 34, 10.

24.

א״ב מן כ׳ ב׳ פתח דלוג וסימניהון

Ein unvollständig alphabetisches Verzeichniss von Wörtern, die nur zwei Mal mit Pathach vorkommen.

אָשַׁם	הוא אשם אשם· הניג׳	Lev. 5, 19.
אָשַׁם	והתודו את חטאתם	Num. 5, 7.
אֲדֹנַיִךְ	כה אמר אדניך ה׳	Jes. 51, 22.
אֲדֹנַיִךְ	ויתאו המלך יפיך	Ps. 45, 12.
בְּעַם	אודך בקהל רב	Ps. 35, 18.
בְּעַם	ויאמר לא תעבר	Num. 20, 20.
בַּאֲרָצוֹת	ובעת קץ יתנגח עמו	Dan. 11, 40.
בַּאֲרָצוֹת	וישלח ידו בארצות	Dan. 11, 42.
בִּמְצִלְתַּיִם	אסף הראש ומשנהו	1 Chr. 16, 5.
בִּמְצִלְתַּיִם	ויסדו הבנים את היכל	Esra 3, 10.
בֹּרַחַת	ויאמר הגר שפחת	Gen. 16, 8.
בֹּרַחַת	מקול פרש ורמה קשת	Jer. 4, 29.
גַּד	ויקראו בית ישראל	Ex. 16, 31.
גַּד	והמן כזרע גד	Num. 11, 7.
גּוֹרַל	ויעל גורל מטה בני	Jos. 18, 11.
גּוֹרַל	כי לא ינוח שבט הרשע	Ps. 125, 3.
הָשַׁע	השמן לב העם הזה	Jes. 6, 10.
הָשַׁע	ממני ואבליגה	Ps. 39, 14.
וַיִּשְׁחֲטוּ	ויקרא משה משכו	Ex. 12, 21.
וְשַׁחֲטוּ	הפסח והתקדשו	2 Chr. 35, 6.
וַיִּתְחַזַּק	ויקם יהורם על ממלכ׳	2 Chr. 21, 4.
וַיִּתְחַזַּק	ויבן את כל החומה	2 Chr. 32, 5.
וַיַּט	את לבב כל איש יהודה	2 S. 19, 15.
וַיַּט	כי עבדים אנחנו· דעזרא	Esra 9, 9.
חַכְמוֹת	שרותיה תעננה	Jud. 5, 29.
חַכְמוֹת	נשים בנתה ביתה	Prov. 14, 1.
לַעֵינַיִם	ויאמר ה׳ אל שמואל	1 S. 16, 7.
לַעֵינַיִם	ומתוק האור וטוב לעינים	Koh. 11, 7.
וּמֵרַע	על כן על בחוריו	Jes. 9, 16.
מֵרַע	מקשיב על שפת און	Prov. 17, 4.
מִדְבָּרָה	ויהי להם הגבול לפאת	Jos. 18, 12.
מִדְבָּרָה	ויאמר ה׳ אליו לך שוב	1 Reg. 19, 15.
מַצְּבַת	ויתצו את מצבת הבעל	2 Reg. 10, 27.
מַצְּבַת	ויעשה הרע בעיני ה׳	2 Reg 3, 2.
נִכְבַּד	וישב דוד לברך	2 S. 6, 20.
נִכְבַּד	ויאמר המלך אל אבשלום	2 S. 13, 25.
נוֹשַׁע	אשריך ישראל מי כמוך	Deut 33, 29.
נוֹשַׁע	ישראל נושע בה׳ תשועת	Jes. 45, 17.
תִּשְׁבַּת	אז תרצה הארץ את	Lev. 26, 34.
תִּשְׁבַּת	ואשלחה עליהם מלאכים	Neh. 6, 3.

תַּט		אל תסתר פניך ממני	Ps. 27, 9.
תַּט		אל תט לבי לדבר רע	Ps. 141, 4.

ולבר ממסורתא

שָׂכַר		על דבר אשר לא קדמו	Deut. 23, 5.
שָׂכָר		וארני השמיע את מחנה	2 Reg. 7, 6.

25.

וחלופם

חד מן י״ו ווגין מן ב׳ ב׳ קמצא וסי׳

16 Wörterpaare, (d. h. 16 nur zwei Mal vorkommende Wörter), die, umgekehrt vom Vorigen, ausnahmsweise Kamez haben.

תעליא	בֶּחֳרָבוֹת	כשעלים בחרבות	Ez. 13, 4.
צחי	ב׳ קמצ׳	ולא צמאו בחרבות	Jes. 48, 21.
ולקת	קָח	ויאמר הכהן חרב	1 S. 21, 10.
מיא	ב׳ קמצ׳	ויקח מזרע הארץ	Ez. 17, 5.
נחליא	מָיִם	כי ה׳ אלהיך מביאך	Deut. 8, 7.
יבשין	ב׳ קמצ׳	גם בהמות שדה	Joel 1, 20.
יהושע	וַיִּשְׁתָּחוּ	ויאמר לא כי אני שר	Jos. 5, 14.
מצלי	ב׳ קמצ׳	והיה לאדם לבער	Jes. 44, 15.
שמשא	עָמָד	וידם השמש וירח	Jos. 10, 13.
יתיב	ב׳ קמצ׳	אשרי האיש אשר	Ps. 1, 1.
ורנו	אָחֵל	היום הזה אחל תת	Deut. 2, 25.
יהושע	ב׳ קמצ׳	ויאמר ה׳ אל יהושע	Jos. 3, 7.
מסי	טָרָף	לכו ונשובה אל ה׳	Hos. 6, 1.
פומיהון	ב׳ קמצ׳	ותבא אליו היונה	Gen 8, 11.
ארני	יִשְׁמָע	השמן לב העם הזה	Jes. 6, 10.
ממללין	ב׳ קמצ׳	ובדברי אותך אפתח	Ez. 3, 27.
מבכיה	צָעֲקוּ	הן אראלם צעקו	Jes. 33, 7.
רשמעין	ב׳ קמצ׳	צעקו וה׳ שמע	Ps. 34, 18.
שאלת	לָקַחַת	ויאמר הקשית לשאול	2 Reg. 2, 10.
דינא	ב׳ קמצ׳	מעצר וממשפט	Jes. 53, 8.
ליעקב	לָקָח	ויאמר הכי קרא שמו	Gen. 27, 36.
דינא	ב׳ קמצ׳	מעני השיב ידו	Ez. 18, 17.
מתקלא	תִּקָּח	ולקחת חמשת חמשת	Num. 3, 47.
אפיק	ב׳ קמצ׳	ומהם עוד תקח	Ez. 5, 4.
שליטא	עֲדָת	ומתכנשין אחשדרפני׳	Dan. 3, 27.
דמלכא	ב׳ קמצ׳	עוד מלתא בפם	Dan. 4, 28.
למפלא	עָל	ישובו לא על	Hos. 7, 16.
גברא	ב׳ קמצ׳	ואלה דברי דוד	2 S. 23, 1.
בחקלא	תִזָּרַע	ובשנה השביעת	Lev. 25, 4.
דכרמא	ב׳ קמצ׳	לא תזרע כרמך כלאים	Deut. 22, 9.
גבר	שָׁפָךְ	ואל פתח אהל מועד	Lev. 17, 4.
וכאי	ב׳ קמצ׳	וגם דם הנקי אשר	2 Reg. 24, 4.

26.

א״ב מן חד וחד לא׳ בריש תיבות׳ ולית מלעיל דלוג וסים׳

Ein unvollständig alphabetisches Verzeichniss von ein Mal vorkommenden Wörtern, die mit Lamed anfangen, das einen (eigentlichen oder natürlichen) Vocal hat. (S. folgenden Artikel.)

לָאֲנָשִׁים	הנה נא לי שתי בנות	Gen. 19, 8.
לָאֱלֹהִים	זבח לאלהים יחרם	Ex. 22, 19.
לָאֲלָפִים	נצר חסד לאלפי׳. דכי תשא	Ex. 34, 7.
לָאֱמֹרִי	וירא בלק בן צפור	Num. 22, 2.
לַבָּתִּים	ונקרבתם בבקר לשבטיכם	Jos. 7, 14.
לַבְּרִית	הבט לברית כי מלאו	Ps. 74, 20.
לַבָּמוֹת	ויעמד לו כהנים לבמות	2 Chr. 11, 15.
לַנֵּר	הערכים לנר שלחן	Jos. 65, 11.
לַדָּם	ולא תחניפו את הארץ	Num. 35, 33.
לָדוֹר	לילה ויומם לא תכבה	Jes. 34, 10.
לַדּוֹר	זרע יעבדנו יספר	Ps. 22, 31.
לַהוֹן	נבהל להון איש רע עין	Prov. 28, 22.
לַחַיִּים	והיה הנשאר בציון	Jes. 4, 3.
לַחֵרֶם	ואחלל שרי קדש ואתנה	Jes. 43, 28.
לָטֹהַר	ויראו את אלהי ישראל	Ex. 24, 10.

לָטֹרַח	חדשיכם ומועדיכם	Jes. 1, 14.
לַטּוֹבָה	ואגיד להם את יד אלהי	Neh. 2, 18.
לַטּוֹבִים	הטיבה ה׳ לטובים	Ps. 125, 4.
לַיּוֹשֵׁב	ולרוח משפט ליושב	Jes. 28, 6.
לָמֵת	בנים אתם לה׳ אלהיכם	Deut. 14, 1.
לַמֵּאָה	ולקחנו עשרה אנשים	Jud. 20, 10.
לַמָּס	מרעהו הסר	Job 6, 14.
לָנֶגַע	כי יפלא ממך דבר	Deut. 17, 8.
לַנֶּפֶשׁ	צוף דבש אמרי נעם	Prov. 16, 24.
לַשֵּׂעָר	וראהו הכהן והנה פשה	Lev. 13, 36.
לָעוֹף	וכל דם לא תאכלו	Lev. 7, 26.
לַעֲגָלִים	ויעש ירבעם חג בחדש	1 Reg. 12, 32.
לָעוֹלֶה	ואל הכתף מחוצה	Ez. 40, 40.
לַפֶּתַח	הלוא אם תיטיב	Gen. 4, 7.
לַפָּנִים	כמים הפנים לפנים	Prov. 27, 19.
לָרֹעַ	והנה שבע פרות אחרות	Gen. 41, 19.
לָרְבָבָה	ולקחנו עשרה אנשים	Jud. 20, 10.
לָרָעָה	לב חרש מחשבות און	Prov. 6, 18.
לָרֹאשׁ	ויעמד לראש רחבעם	2 Chr. 11, 22.
לַשַּׁעַר	ויאמר להם כה אמר ה׳	Ex. 32, 27.
לָשׁוּר	ויהי בבואם בשוב דוד	1 S. 18, 6.
לַשָּׁלָל	ויאמרו דם זה החרב	2 Reg. 3, 23.
לַתּוֹרָה	וישוע ובני ושרביה	Neb. 8, 7.

———

27.

וחלופם

א״ב מן חד וחד מלרע לא׳ בריש תיב׳ וסימ׳

Ein alphabetisches Verzeichniss von ein Mal vorkommenden Wörtern, die mit Lamed anfangen, das, umgekehrt vom Vorigen, ein Schwa (oder dessen stellvertretenden, schwachen Vocal) hat.

לְאֵפוֹד	ויעש אתו גדעון לאפוד	Jud. 8, 27.
לְאִיִּים	וישב פניו לאיים · כת׳	Dan. 11, 18.
לִבְקָרִים	ותפקדנו לבקרים	Job 7, 18.
לִבְהֵמָה	נותן לבהמה לחמה	Ps. 147, 9.
לְגֵר	וכי תשיג יד גר ותושב	Lev. 25, 47.
לִגְבָרִים	ויספרו הלוים מבן · דד״ה	1 Chr. 23, 3.
לְדִין	כי יפלא ממך דבר	Deut. 17, 8.
לְהַחוֹכָה	והתודה השנית ההולכ׳	Neh. 12, 38.
לְהָעָם	וידברו אליו לאמר · ד״ה	2 Chr. 10, 7.
לְהַגְּדוּד	ויבדילם אמציהו	2 Chr. 25, 10.
לְהַמִּזְבֵּחַ	ויאמר חזקיהו להעלות	2 Chr. 29, 27.
לְוִיֵּנוּ	ובכל זאת אנחנו כרתים	Neh. 10, 1.
לְזָר	גרי ביתי ואמהתי	Job 19, 15.
לְחָגָּא	והיתה אדמת יהודה	Jes. 19, 17.
לְטַמֵּא	והבדלתם בין הבהמה	Lev. 20, 25.
לִיסּוֹד	בחדש השלשי החלו	2 Chr. 31, 7.
לִכְרוּב	ועשוי כרובים ותמרים	Ez. 41, 18.
לְלַיְלָה	יום ליום יביע אמר	Ps. 19, 3.
לְמַחֲנֶה	כי לעת יום ביום	1 Chr. 12, 22.
לִמְסִלָּה	ויאמרו הנה חג ה׳ בשלו	Jud. 21, 19.
לְמָאוֹר	ואת הבשם ואת השמן	Ex. 35, 28.
לְמָרוֹם	לשום שפלים למרום	Job 5, 11.
לְנַעַר	לתת לפתאים ערמה	Prov. 1, 4.
לְשֹׂבַע	צדיק אכל לשבע נפשו	Prov. 13, 25.
לְעֵינָיִם	ויאמר אל נא תעזב	Num. 10, 31.
לְעַד	לכן חכו לי נאם ה׳	Zeph. 3, 8.
לְעֹלוֹת	ומנת המלך מן רכושו	2 Chr. 31, 3.
לְפַר	ועשה לפר כאשר · תני׳ דפ׳	Lev. 4, 20.
לְפָרֹכֶת	מחוץ לפרכת העדת	Lev. 24, 3.
לְצַדִּיק	תן לחכם ויחכם עוד	Prov. 9, 9.
לְקָבְצִי	לכן חכו לי נאם ה׳	Zeph. 3, 8.
לְרַד	כה אמר ה׳ למשיחו	Jes. 45, 1.
לְשִׁמְמָה	ונתתי את הר שעיר	Ez. 35, 7.
לְתִתֵּן	ודביר בתוך הבית	1 Reg. 6, 19.
לְתֶבֶן	יחשב לתבן ברזל	Job 41, 19.

———

28.

א״ב מן כ׳ כ׳ מלעיל לא׳ בריש תיב׳ דלוג וסי׳

Ein unvollständig alphabetisches Verzeichniss von zwei Mal vorkommenden Wörtern, die mit Lamed anfangen, das einen (eigentlichen oder natürlichen) Vocal hat.

לָאֶחָד	ויהי ביום הששי	Ex. 16, 22.
לָאֶחָד	כמספר אשר תעשו	Num. 15, 12.
לָאַחֲרֹנָה	כל הפקדים למחנה דן	Num. 2, 31.
לָאַחֲרֹנָה	אין זכרון לראשנים	Koh. 1, 11.
לָאֶלֶף	ולקחנו עשרה אנשים	Jud. 20, 10.
לָאֶלֶף	הקטן יהיה לאלף	Jes. 60, 22.
לָאַט	והמלך לאט את פניו	2 S. 19, 5.
לָאַט	המעט ממך תנחומות	Joh 15, 11.
לָאִיִּים	אחריב הרים וגבעות	Jes. 42, 15.
לָאִיִּים	כעל גמולות כעל ישלם	Jes. 59, 18.
לַבַּדִּים	לעמת המסגרת היו	Ex. 37, 14.
לַבַּדִּים	ויצק ארבע טבעות	Ex. 38, 5.
לַבֵּן	התשיעי לחדש התשיעי	1 Chr. 27, 12.
לַבֵּן	למנצח על מות לבן	Ps. 9, 1.
לַבְּהֵמָה	מצמיח חציר לבהמה	Ps. 104, 14.
לַבְּהֵמָה	ואעבר אל שער העין	Neh. 2, 14.
לַגֶּפֶן	אסרי לגפן עירה	Gen. 49, 11.
לַגֶּפֶן	ויאמרו העצים לגפן	Jud. 9, 12.
לַגּוֹי	יספת לגוי ה׳ יספת	Jes. 26, 15.
לַגּוֹי	ב׳ בפסוק	Jes. 26, 15.
לַזָּבַח	ויאמר שלום	1 S. 16, 5.
לַזָּבַח	ויין לנסך רביעית ההין	Num. 15, 5.
לַטּוֹב	זה הדבר אשר צוה	Num. 36, 6.
לַטּוֹב	הכל כאשר לכל מקרה	Koh. 9, 2.
לַמִּנְחָה	זאת התורה לעלה	Lev. 7, 37.
לַמִּנְחָה	ויאמר ארנן אל דויד· דד״ה	1 Chr. 21, 23.
לַנָּשִׁים	המה גלו ערותה	Ez. 23, 10.
לַנָּשִׁים	אל תתן לנשים חילך	Prov. 31, 3.
לַעֲדָרִים	עזבות ערי ערער	Jes. 17, 2.
לַעֲדָרִים	ידע תדע פני צאנך	Prov. 27, 23.
לַקֵּץ	כי עוד חזון למועד	Hab. 2, 3.
לַקֵּץ	ואתה לך לקץ	Dan. 12, 13.
לָרוּם	ובלכת הכרוב׳ ילכו האופנים	Ez. 10, 16.
לָרוּם	שמים לרום וארץ לעמק	Prov. 25, 3.
לַשֵּׁדִים	יזבחו לשדים לא	Deut. 32, 17.
לַשֵּׁדִים	ויזבחו את בניהם	Ps. 106, 37.

29.

וחלופם

א״ב מן תרין תרין מלרע לא׳ דלוג וסימניהון

Ein unvollständig alphabetisches Verzeichniss von zwei Mal vorkommenden Wörtern, die mit Lamed anfangen, das ein Schwa (oder dessen stellvertretenden, schwachen Vocal) hat.

לְאַט	ויצו המלך את יואב	2 S. 16, 5.
לְאַט	ויאמר ה׳ יען כי מאס	Jes. 8, 6.
לְדָבָר	אל תט לבי לדבר רע	Ps. 141, 4.
לְדָבָר	בז לדבר יחבל לו	Prov. 13, 13.
לִדְבִר	ומחשבון עד רמת	Jos. 13, 26.
לִדְבִר	ויבן את עשרים אמה	1 Reg. 6, 16.
לְזֹאת	ויאמר האדם זאת	Gen. 2, 23.
לְזֹאת	אף לזאת יחרד לבי	Job 37, 1.
לְחֹשֶׁךְ	הוי האמרים לרע טוב	Jes. 5, 20.
לְחֹשֶׁךְ	השמש יהפך לחשך	Joel 3, 4.
לְמִלְחָמָה	ויאמר אם לשלום יצאו	1 Reg. 20, 18.
לְמִלְחָמָה	הנביאים אשר היו לפני	Jer. 28, 8.
לְמִשְׁנֶה	ויאמר אליו אל תירא	1 S. 23, 17.
לְמִשְׁנֶה	וה׳ שב את שבית איוב	Job 42, 10.
לְנָבִיא	וידע כל ישראל מדן ועד	1 S. 3, 20.
לְנָבִיא	ואת יהוא בן נמשי	1 Reg. 19, 16.
לְעָשִׁיר	לעשיר היה צאן ובקר	2 S. 12, 2.
לְעָשִׁיר	עשק דל להרבות לו	Prov. 22, 16.
לְקַשׁ	והיה בית יעקב אש	Ob. 1, 18.
לְקַשׁ	לא יבריחנו בן קשת	Job 41, 20.

לְרִיק	ואני אמרתי לריק יגעתי	Jes. 49, 4.
לְרִיק	הקשיח בניה ללא לה	Job 39, 16.
לְרִיב	כי יום נקם לה׳	Jes. 34, 8.
לְרִיב	הן לריב ומצה תצומו	Jes. 58, 4.
לְשֶׁבֶת	ותקח שרי אשת אברם	Gen. 16, 3.
לְשֶׁבֶת	ואשר הנהלים	Num. 21, 16.

30.

א״ב מן חד וחד מן תרתין תיבות׳ לא נסבין וי״ו בריש תיבות׳ ומטעין בהון וסימניהון

Ein alphabetisches Verzeichniss von Wörterpaaren, deren einem Worte das vorgesetzte Waw, welches man erwarten sollte, fehlt, und die so nur ein Mal vorkommen.

אַרְבָּעִים שָׁנָה	בן שלשים שנה דוד	2 S. 5, 4.
בַּגִּלְעָד בַּבָּשָׁן	וישבו בגלעד בבשן· דר״ה	1 Chr. 5, 16.
גַּם בָּרוּךְ	ויחרד יצחק חרדה	Gen. 27, 33.
דֹּרְכֵי קֶשֶׁת	ויהיו בני אולם אנשים	1 Chr. 8, 40.
הַפְּגָרִים וְהַדֶּשֶׁן	וכל העמק הפגרים	Jer. 31, 40.
יַחַת וִינָא	ובני שמעי יחת וינא	1 Chr. 23, 10.
חֶסֶד לְאַבְרָהָם	תתן אמת ליעקב	Micha 7, 20.
נְשֵׁיכֶם טַפְּכֶם	ומקניכם ישבו· דיהוש׳	Jos. 1, 14.
שֶׁמֶשׁ יָרֵחַ	עמד זבלה	Hab. 3, 11.
כְּבוֹד ה׳	אז יבקע כשחר אורך	Jes. 58, 8.
לִקְדוֹשׁ ה׳	אם תשיב משבת רגלך	Jes. 58, 13.
מְעִיל צְדָקָה	שוש אשיש בה׳	Jes. 61, 10.
לְכָה נֵלֵכָה	ויאמר שאול לנערו	1 S. 9, 10.
מֶלֶךְ שָׂרִים	גם כי יתנו בגוים	Hos. 8, 10.
עַד פִּרְחָהּ	וזה מעשה המנרה	Num. 8, 4.
עֶשְׂרִים לֶחֶם	ואיש בא מבעל שלשה	2 Reg. 4, 42.
עַל אֲמִתֶּךָ·	לא לנו ה׳ לא לנו	Ps. 115, 1.
פָּשַׁט גְּדוּד	כרפאי לישראל ונגלה	Hos. 7, 1.
צֹאן מַרְעִיתִי	ואתן צאני צאן	Ez. 34, 31.

קַח כִּכָּרָיִם	ויאמר נעמן הואל קח	2 Reg. 5, 23.
קַרְנַיִם מִיָּדוֹ	ונגה כאור תהיה	Hab. 3, 4.
רַב לְהוֹשִׁיעַ	מי זה בא מאדום	Jes. 63, 1.
רַב וְחֶסֶד	וימאנו לשמע ולא זכרו	Neh. 9, 17.
שִׁרְצוּ בָאָרֶץ	ואתם פרו ורבו שרצו	Gen. 9, 7.
תֹּף וְחָלִיל	והיה כנור ונבל	Jes. 5, 12.

31.

והלופם

א״ב מן חד וחד מן תרתין תיבות׳ נסבין וי״ו בריש תיבו׳ וכל קרי׳ לא נסבין וי״ו ולי׳ (דסמי׳) וסימניהון

Ein alphabetisches Verzeichniss von Wörterpaaren, bei denen ein Wort, umgekehrt vom Vorigen, ein vorgesetztes Waw hat, das sonst in dieser Verbindung fehlt.

וְאֶרֶךְ אַפַּיִם	איש חמה יגרה מדון	Prov. 15, 18.
וּבְרִית שָׁלוֹם	כי אני ה׳ אהב משפט	Jes. 61, 8.
וְגִבּוֹר חַיִל	ויען אחד מהנערים	1 S. 16, 18.
וְדָבָר טוֹב	דאגה בלב איש ישחנה	Prov. 12, 25.
וְהַר סִינַי	עשן כלו מפני	Ex. 19, 18.
וְזֹאת הַתּוֹרָה	אשר שם משה	Deut. 4, 44.
וְחֵיל פַּרְעֹה	יצא ממצרים	Jer. 37, 5.
וְטוֹבַת מַרְאֶה	ויהי אמן את הדסה	Est. 2, 7.
וִירֵא אֱלֹהִים	איש היה בארץ עוץ	Job 1, 1.
וְכָל אֵלֶּה	ובזה אלה להפר ברית	Ez. 17, 18.
וְלִפְנֵי ה׳	תפלה לעני כי יעטף	Ps. 102, 1.
וּמֶלֶךְ עוֹלָם	וה׳ אלהים אמת הוא	Jer. 10, 10.
וְנֵר אֱלֹהִים	טרם יכבה ושמואל שכב	1 S. 3, 3.
וְשַׂר צָבָא	ואחרי אחיתפל יהוידע	1 Chr. 27, 34.
וְעֵץ חַיִּים	תוחלת ממשכה מחלה	Prov. 13, 12.
וּפַר חַטָּאת	תעשה ליום על הכפרים	Ex. 29, 36.
וּצְבָא הַשָּׁמַיִם	אתה הוא ה׳ לבדך	Neh. 9, 6.
וּקְטֹרֶת סַמִּים	ומקטירים לה׳ עולות	2 Chr. 13, 11.

וְרֶכֶב בַּרְזֶל	ויאמרו בני יוסף	Jos. 17, 16.
וְשֶׁמֶן זַיִת	וקדה חמש מאות	Ex. 30, 24.
וּתְשׁוּעַת צַדִּיקִים	מה׳ מעוזם בעת	Ps. 37, 39.

32.

א״ב מן חד וחד בטעמ׳ לעיל ולית וסימני׳

Ein alphabetisches Verzeichniss von **ein** Mal vorkommenden Wörtern, die den Wortton penult. haben.

אָנוּסָה	ויסר את אופן מרכב׳	Ex. 14, 25.
אָחוּדָה	ויאמר להם שמשון	Jud. 14, 12.
אֵלֵכָה	אני אמרתי בדמי ימי	Jes. 38, 10.
אֲשַׁלֵּמָה	ואני בקול תודה אזבחה	Jona 2, 10.
אָגוּרָה	באהלך עולמים	Ps. 61, 5.
אָעוּפָה	ואמר מי יתן לי אבר	Ps. 55, 7.
בֵּרוֹתָה	חמת ברותה סברים	Ez. 47, 16.
בֹּעֵרָה	כלם מנאפים כמו תנור	Hos. 7, 4.
גִּתָּיְמָה	ויברחו הבארתים	2 S. 4, 3.
גַּתָּה	ויקם שמעי ויחבש	1 Reg. 2, 40.
דֹּתָיְנָה	ויאמר האיש נסעו	Gen. 37, 17.
הַבֹּרָה	ויקחהו וישלכו אתו	Gen. 37, 24.
וְנִשְׁקָפָה	ומבמות הגיא אשר	Num. 21, 20.
וְזָעָקָה	ותקח תמר אפר על	2 S. 13, 19.
זְבֻלָה	שמש ירח עמד זבלה	Hab. 3, 11.
חֹרֵבָה	ומשה היה רעה את	Ex. 3, 1.
וְטָהֵרָה	ואם לא תמצא ידה	Lev. 12, 8.
יְרָשָׁה	ולנפתלי אמר נפתלי	Deut. 33, 23.
כֶּבֵדָה	ויבאו מנגד לגבעה	Jud. 20, 34.
לְחֵכָה	ותפל אש ה׳ ותאכל	1 Reg. 18, 38.
מִיָּנוֹחָה	וירד מינוחה עטרות	Jos. 16, 7.
נִשְׁחָתָה	וירא אלהים את הארץ	Gen. 6, 12.
נָעֵמָה	וירא מנחה כי טוב	Gen. 49, 15.
נֶעֱצָרָה	וישב אהרן אל משה	Num. 17, 15.
נֶעְדָּרָה	דרשו מעל ספר ה׳	Jes. 34, 16.
נִכְרָתָה	ופשעים נשמדו יחדו	Ps. 37, 38.
נֶהֱרָסָה	והנה עלה כלו קמשונים	Prov. 24, 31.
סְפָרָה	ויהי מושבם ממשא	Gen. 10, 30.
עֲזָבָה	ואת תזנותיה ממצרים	Ez. 23, 8.
פְּשֹׁטָה	חרדו שאננות רגזה	Jes. 32, 11.
פּוֹרָתָא	ואת ארליא ואת ארידתא	Est. 9, 8.
פַּרְמַשְׁתָּא	ואת אריסי ואת ארידי	Est. 9, 9.
צָעִירָה	ויעבר יורם צעירה	2 Reg. 8, 21.
צִיּוֹנָה	שאו נס ציונה העיזו	Jer. 4, 6.
צָלֵחָה	צדיק אתה ה׳ כי אריב	Jer. 12, 1.
צְפָתָה	ויצא אסא לפניו׳ ד״ה	2 Chr. 14, 9.
קָרֵבָה	לא שמעה בקול לא	Zeph. 3, 2.
רַעֲנָנָה	בלא יומו תמלא	Job 15, 32.
שָׁבָתָה	למלאות דבר ה׳ בפי	2 Chr. 36, 21.
תָּבוֹאתָה	וממגד ארץ ומלאה	Deut. 33, 16.

33.

א״ב מן חד וחד ו׳ בסוף תיבות׳ ולי׳ וסימ׳

Ein alphabetisches Verzeichniss von **ein** Mal vorkommenden Wörtern, die auf den Vocal Cholam (mit וֹ oder הֹ) ausgehen.

אִשׁוֹ	ויכו איש אישו וינסו	1 Reg. 20, 20.
אָלֹה	וכחש ורצח וגנב ונאף	Hos. 4, 2.
בְּשַׂלְמָתוֹ	השב תשיב לו את העבוט	Deut. 24, 13.
בָּנֹה	בניתי בית זבל לך	1 Reg. 8, 13.
בְּחִירוֹ	ויאמר להשמידם	Ps. 106, 23.
גֵּרוֹ	ואצוה את שפטיכם	Deut. 1, 16.
גְּדוּלָתוֹ	בהראתו את עשר	Est. 1, 4.
דּוֹרוֹ	מעצר וממשפט לקח	Jes. 53, 8.
הִכְעִיסוֹ	אך לא שב ה׳ מחרון אפו	2 Reg. 23, 26,
הֹרוֹ	פשע וכחש בה׳	Jes. 59, 13.
וְחִצְנוֹ	שלא מלא כפו קוצר וחצנו	Ps. 129, 7.
זְמָמוֹ	אל תתן ה׳ מאויי	Ps. 140, 9.
זְנָבוֹ	יחפץ זנבו כמו ארז	Job 40, 17.
חִנּוֹ	ויהי ה׳ את יוסף	Gen. 39, 21.

טַרְפּוֹ	כאשר יהגה האריה	Jes. 31, 4.
יָרֹה	לא תגע בו יד	Ex. 19, 13.
יִקְרְאוֹ	בימיו תושע יהודה	Jer. 23, 6.
יִרְדְּפוֹ	ונח ישראל טוב אויב	Hos. 8, 3.
כְּרָתוֹ	כי חקות העמים הבל	Jer. 10, 3.
לֵחֹה	ומשה בן מאה ועשרים	Deut. 34, 7.
לֵרֹא	ויאסף שאול לרא	1 S. 18, 29.
לִידִידוֹ	שוא לכם משכימי	Ps. 127, 2.
מֵתוֹ	ויקם אברהם מעל	Gen. 23, 3.
מָחֹה	ויאמר ה׳ אל משה	Ex. 17, 15.
מִקְדְּשׁוֹ	מכל מתנתיכם תרימו	Num. 18, 29.
נִפְלוֹ	ואעמד עליו ואמתתהו	2 S. 1, 10.
נַחְרוֹ	התרעישנו כארבה	Job 39, 20.
שִׂבְרוֹ	אשרי שאל יעקב	Ps. 146, 5.
עַרְשׂוֹ	כי רק עוג מלך הבשן	Deut. 3, 11.
פָּרָתוֹ	שורו עבר ולא יגעל	Job 21, 10.
צִדְקוֹ	ה׳ חפץ למען צדקו	Jes. 42, 21.
קַוֹּה	קויתי ה׳ ויט אלי	Ps. 40, 2.
קַרְחוֹ	משליך קרחו כפתים	Ps. 147, 17.
קָרָתוֹ	לפני· ב׳ בפסוקא	Ps. 147, 17.
רִירוֹ	וישנו את טעמו	1 S. 21, 14.
רִישׁוֹ	ישתה וישכח רישו	Prov. 31, 7.
שִׁיתוֹ	והיה אור ישראל לאש	Jes. 10, 17.
תִּתְּנוֹ	כן תעשה לשרך	Ex. 22, 29.
תָּקְפּוֹ	וכל מעשה תקפו	Est. 10, 2.

34.

א״ב מן חד וחד ם׳ בסוף תיבות׳ ולי׳ וסימניהון

Ein alphabetisches Verzeichniss von ein Mal vorkommenden Wörtern, die mit Mem fin. schliessen.

אֶרְאֶלָּם	הן אראלם צעקו חצה	Jes. 33, 7.
בּוֹדָאם	ואשלחה אליו לאמר	Neh. 6, 8.
גִּבּוֹרָם	וירץ דוד ויעמד אל הפלשת׳	1 S. 17, 51.
דָּכְיָם	נשאו נהרות ה׳ נשאו	Ps. 93, 3.
הַחִלָּם	ויאמר ה׳ הן עם אחד	Gen. 11, 6.
וְהָמָם	ונתנם ה׳ אלהיך לפניך	Deut. 7, 23.
וְרִמָתָם	ותעגבה על פלגשיהם	Ez. 23, 20.
חֶלְקָם	פני ה׳ חלקם לא יוסיף	Thr. 4, 16.
טַלָּם	כי זרע השלום הגפן	Zach. 8, 12.
יִרְאָתָם	ויאמר ה׳ יען כי נגש	Jes. 29, 13.
כּוֹסָם	ימטר על רשעים	Ps. 11, 6.
לְאֻמֹּתָם	אלא הם בני ישמעאל	Gen. 25, 16.
מַתָּנָם	וזה לך תרומת מתנם	Num. 18, 1.
נְטַעְתָּם	גם שרשו ילכו גם	Jer. 12, 2.
שְׂפָתָם	הבה נרדה ונבלה שם	Gen. 11, 7.
עָשָׂם	ואגיד לך באו בטרם	Jes. 48, 5.
פָּדָם	לא זכרו את ידו יום	Ps. 78, 42.
צֵאתָם	ויצאו שרי פלשתים	1 S. 18, 30.
קָחָם	ואנכי תרגלתי לאפרים	Hos. 11, 3.
רֵישָׁם	הון עשיר קרית עזו	Prov. 10, 15.
שָׁתָם	והכשבים הפריד יעקב	Gen. 30, 40.
תִּתָּם	ולא שמע אמציהו	2 Chr. 25, 20.

35.

א״ב מן חד וחד א׳ בריש תיבו׳ ולי׳ וסימנהון

Ein (in Bezug auf den zweiten Buchstaben des Wortes) alphabetisches Verzeichniss von nur ein Mal vorkommenden Wörtern, die mit Alef anfangen.

אָאֹר	ואברכה מברכיך	Gen. 12, 3.
אֲבִינֵר	ושם אשת שאול	1 S. 14, 50.
אָגוּרָה	באהלך עולמים	Ps. 61, 5.
אֲדַד	ויברח אדד הוא ואנשים	1 Reg. 11, 17.
אֲהוֹדֶנּוּ	ה׳ עזי ומגני בו בטח	Ps. 28, 7.
אֱוִלִי	ויאמר ה׳ אלי עוד קח	Zach. 11, 15.
אַזְנוֹת	ושב הגבול ימה	Jos. 19, 34.
אַחֲלֵי	ותאמר אל גברתה אחלי	2 Reg. 5, 3.
אֵטוּן	מרבדים רבדתי ערשי	Prov. 7, 16.
אַיֶּכָּה	ויקרא ה׳ אלהים אל האד׳	Gen. 3, 9.

אָכְלָה	ותקם חנה אחרי	1 S. 1, 9.
אַלְמָן	כי לא אלמן ישראל	Jer. 51, 5.
אֵמֻן	ויאמר אסתירה פני	Deut. 32, 20.
אָנִיסָה	ויסר את אופן	Ex. 14, 25.
אַסְפֶּה	עלימו רעות	Deut. 32, 23.
אָעוּפָה	ואמר מי יתן לי אבר	Ps. 55, 7.
אַפִּרְיוֹן	עשה לו המלך	Cant. 3, 9.
אַפְאֵיהֶם	אשביתה מאנוש	Deut. 32, 26.
אָצִים	והנגשים אצים לאמר	Ex. 5, 13.
אָקוּט	ארבעים שנה אקוט	Ps. 95, 10.
אַרְצָא	ויקשר עליו עבדו	1 Reg. 16, 9.
אִשַּׁת	ויבוא אליה כבוא אל	Ez. 23, 44.
אֶתְנָה	והשמתי גפנה ותאנה׳	Hos. 2, 14.

36.

א״ב מן חד וחד כא׳ ולי׳ וסי׳

Ein (in Bezug auf den zweiten Buchstaben des Wortes) alphabetisches Verzeichniss von **ein Mal** vorkommenden Wörtern, die mit Beth anfangen.

בְּאָשְׁרִי	ותאמר לאה	Gen. 30, 13.
בְּבָבַת	כי כה אמר ה׳ צבאות אחר	Zach. 2, 12.
בְּגֵרִית	וילכו וישבו בגרות כמוהם	Jer. 41, 17.
בִּדְמוּתוֹ	ויחי אדם שלשים	Gen. 5, 3.
בְּהַשָּׁמַיִם	ה׳ בהשמים חסדך	Ps. 36, 6.
בֹּעֵרָה	כלם מנאפים כמו תנור	Hos. 7, 4.
בַּזּוֹנוּ	וכל הבהמה ושלל הערים	Deut. 3, 7.
בַּחַלָּמִישׁ	שלח ידו הבך	Job 28, 9.
בַּטּוֹבָה	וזה ימות בנפש מרה	Job 21, 25.
בִּירִיעֹת	וסרח העדף	Ex. 26, 12.
בִּכְלוֹת	ונהמת באחריתך	Prov. 5, 11.
בְּלַהֲטֵיהֶם	ויקרא גם פרעה לחכמים	Ex. 7, 11.
בְּמֹהַר	ויאמר שאול כה תאמרו	1 S. 18, 25.
בְּנֶגַע	השמר בנגע הצרעת	Deut. 24, 8.
בְּסִירוֹת	נשבע אדני ה׳ בקדשו	Amos 4, 2.

בְּעֵדֶר	וישבו בה יהודה וכל עריו	Jer. 31, 24.
בַּפַּס	הוא היה עם דויד · דד״ה	1 Chr. 11, 13.
בַּצָּרָתָה	שיר המעלות אל ה׳	Ps. 120, 1.
בַּקְרָב	כי יעצתי האסף יאסף	2 S. 17, 11.
בְּרֵעַ	אל תאמינו ברע	Micha 7, 5.
בְּשָׁמְעַ	ויאמר משה בתת ה׳	Ex. 16, 8.
בִּשְׁמוֹר	ויהי בשמור יואב	2 S. 11, 16.
בְּתַבְנִיתָם	וראה ועשה	Ex. 25, 40.
בִּתְיָה	ואשתו היהדיה	1 Chr. 4, 18.

37.

א״ב מן חד וחד משמש א״ב ב״ג

Ein alphabetisches Verzeichniss von **ein Mal** vorkommenden Wörtern, von denen je eins mit zwei im Alphabet aufeinander folgenden Buchstaben anfängt.

אֲבִינֵר	ושם אשת שאול	1 S. 14, 50.
בְּגֵרוּת	וילכו וישבו בגרות	Jer. 41, 17.
גַּדֵּל	כל ימי נדר נזרו	Num. 6, 5.
דַּהֲרוֹת	אז הלכו עקבי סוס	Jud. 5, 22.
הוֹמָה	וישמע אדניהו וכל הקר׳	1 Reg. 1, 41.
וְזִהֲמַתּוּ	חיתו לחם	Job 33, 20.
זָחַלְתִּי	ויען אליהוא בן	Job 32, 6.
חֲטֻבוֹת	מרבדים רבדתי	Prov. 7, 16.
טִירַת	אם חומה היא	Cant. 8, 9.
יִכְרוּ	עליו חברים	Job 40, 30.
כָּלוֹא	כי כאשר שתיתם על	Ob. 1, 16.
לַמָּס	מרעהו חסד	Job 6, 14.
מְנַע	בני אל תלך בדרך	Prov. 1, 15.
נִסָּתֵר	והמצפה אשר אמר	Gen. 31, 49.
סֵעֲפִים	שנאתי ותורתך	Ps. 119, 113.
עַפְרוֹת	עד לא עשה ארץ וחוצות	Prov. 8, 26.
פְּצָלוֹת	ויקח לו יעקב מקל	Gen. 30, 37.
צָקוּן	ה׳ בצר פקדוך	Jes. 26, 16.
קִרְאֶן	ויאמר אל בנתיו ואיו	Ex. 2, 20.

רְשַׁם	כל קבל דנא מלכא דריוש	Dan. 6, 10.
שַׁתִּי	ואני קרבת אלהים לי טוב	Ps. 73, 28.
תִּתְּנוֹ	כן תעשה לשרך	Ex. 22, 29.

38.

א״ב מן חד וחד משמש א״ת ב״ש וסימניהון

Ein alphabetisches Verzeichniss von **ein Mal** vorkommenden Wörtern, deren erster und letzter Buchstabe nach Ordnung der Buchstabenversetzung א״ת ב״ש sich zu einander verhalten.

אֹרְחַת	וישבו לאכל לחם	Gen. 37, 25.
אֶתְכְּרִיַּת	רוחי אנה דניאל	Dan. 7, 15.
בִּיבֹשׁ	קצירה תשברנה	Jes. 27, 11.
בַּשָּׁלִשׁ	מי מדד בשעלו מים	Jes. 40, 12.
גּוֹר	הן גור יגור אפס מאותי	Jes. 54, 15.
גִּר	לכן בזאת יכפר עון	Jes. 27, 9.
גְּעַר	חית קנה עדת אבירים	Ps. 68, 31.
דּוּמֶּשֶׂק	וילך המלך אחז	2 Reg. 16, 10.
דּוֹפֵק	אני ישנה ולבי ער	Cant. 5, 2.
דָּלִק	חזה הוית עד די כרסון	Dan. 7, 9.
הָפֵץ	עברות אפך וראה	Job 40, 11.
הַמֵּץ	יגורו בך נדחי	Jes. 16, 4.
וַיִּיף	בגדלו בארך דליותיו	Ez. 31, 7.
וַיִּרֶף	ממנו אז אמרה	Ex. 4, 26.
וָזָע	ויצא המן ביום ההוא	Est. 5, 9.
זָרֻעַ	אור זרע לצדיק	Ps. 97, 11.
חָנֵס	כי היו בצען שריו	Jes. 30, 4.
חַרְחַס	וילך חלקיהו · דכלכ׳	2 Reg. 22, 14.
טָחוֹן	ואת חטאתכם אשר	Deut. 9, 21.
טוֹחֵן	ויאחזוהו פלשתים	Jud. 16, 21.
יְרֻחַם פת׳	אשר לא יושיענו	Hos. 14, 4.
כַּכֹּל	רמו מעט ואיננו	Job 24, 24.
כְּלֵיל	השיר יהיה לכם	Jes. 30, 29.

39.

א״ב מן חד וחד ראש פס׳ וא׳ ולי׳ וסימ׳

Ein alphabetisches Verzeichniss von **ein Mal** vorkommenden Wörtern, die am Anfang des Verses stehen und mit Waw anfangen.

וָאֵרֶא	ואין איש	Jes. 41, 28.
וּבְחֹרֵב	הקצפתם את ה׳	Deut. 9, 8.
וְגָר	זאב עם כבש	Jes. 11, 6.
וְדֵי	חלב עזים ללחמך	Prov. 27, 27.
וַהֲלוֹא	עמך שם צדוק	2 S. 15, 35.
וְזָרְחָה	לכם יראי שמי	Mal. 3, 20.
וְחִכִּיתִי	לה׳ המסתיר פניו	Jes. 8, 17.
וְטִמֵּאתֶם	את צפוי פסילי כספך	Jes. 30, 22.
וִירִיחוֹ	סגרת ומסגרת	Jos. 6, 1.
וּכְחַכֵּי	איש גדודים חבר	Hos. 6, 9.
וּלְלֵוִי	אמר תמיך ואוריך	Deut. 33, 8.
וּמְנָת	המלך מן רכושו	2 Chr. 31, 3.
וְנָחָה	עליו רוח ה׳ רוח	Jes. 11, 2.
וְסֻכָּה	תהיה לצל יומם	Jes. 4, 6.
וְעַמֵּךְ	כלם צדיקים	Jes. 60, 21.
וּפָרָה	ודב תרעינה	Jes. 11, 7.
וְצֹאנִי	מרמס רגליכם	Ez. 34, 19.
וְקָרְבָּנוֹ	קערת כסף · דנחשון	Num. 7, 13.
וּרְחֹבוֹת	העיר ימלאו ילדים	Zach. 8, 5.
וּשְׁאַבְתֶּם	מים בששון	Jes. 12, 3.
וּתְבוּאָתָהּ	מרבה למלכים	Neh. 9, 37.

40.

א״ב מן תרין תרין אתין דלוג וכל חד לי׳ כות׳ וסימניה׳

Ein unvollständig alphabetisches Verzeichniss von **ein Mal** vorkommenden Wörtern, die nur aus zwei Buchstaben bestehen.

אָט קמ׳	באשרו אחזה רגלי	Job 23, 11.
בָּל קמ׳	אדין מלכא כדי	Dan. 6, 15.

גָּב קמ׳	ותבני לך גב	Ez. 16, 24.
דָּשׁ	וישב ארנן וירא את	1 Chr. 21, 20.
הָהּ	בן אדם הנבא ואמרת	Ez. 30, 2.
זָג	מכל אשר יעשה	Num. 6, 4.
זָע	ויצא המן ביום ההוא	Est. 5, 9.
חָח	ויבאו האנשים על	Ex. 35, 22.
טָל קמ׳	אני ישנה ולבי ער	Cant. 5, 2.
טַח	לא ידעו ולא יבינו	Jes. 44, 18.
יַךְ	לכו ונשובה אל ה׳	Hos. 6, 1.
כָּף קמ׳	ויוצא את בן המלך· דמלכי׳	2 Reg. 11, 12.
לָן	ותעבר המנחה על פניו	Gen. 32, 22.
מָךְ	ואם מך היא מערכך	Lev. 27, 8.
נַס פת׳	נא את עבדיך	Dan. 1, 12.
שָׂךְ	לכן הנני שך את דרכך	Hos. 2, 8.
סָג	כלו סג יחדו נאלחו	Ps. 53, 4.
פַּס	בה שעתא נפקו· כת׳	Dan. 5, 5.
צָב	ויביאו את קרבנם	Num. 7, 3.
צַק	ויאמר יקחו קמח	2 Reg. 4, 41.
צָץ	הנה היום הנה באה	Ez. 7, 10.
קָט	ולא בדרכיהן הלכת	Ez. 16, 47.
קָץ	כי בטרם ידע הנער	Jes. 7, 16.
רָר	וזאת תהיה טמאתו	Lev. 15, 3.
רָד	סבבני בכחש אפרים	Hos. 12, 1.
שָׁר	שגיון לדוד אשר שר	Ps. 7, 1.
תָּו	ויאמר ה׳ אלו עבר בתוך	Ez. 9, 4.

41.

א״ב מן ב״ב מן ג״ג אתין וסימניהון

Ein alphabetisches Verzeichniss von zwei Mal vorkommenden Wörtern, die je aus 3 Buchstaben bestehen.

אֶדֶר	ואתמול עמי לאויב	Micha 2, 8.
אֶדֶר	ויאמר ה׳ אלי השליכהו	Zach. 11, 13.
בְּבַת	ולא אחר הנער	Gen. 34, 19.
בְּבַת	היה ה׳ כאויב	Thr. 2, 5.
גֵּוָה	ואם לא תשמעוה	Jer. 13, 17.
גֵּוָה	כי השפילו ותאמר	Job 22, 29.
דָּמִי	ועתה אל יפל דמי	1 S. 26, 20.
דָּמִי	ארץ אל תכסי דמי	Job 16, 18.
הָשַׁב	והוא עם בזוז ושסוי	Jes. 42, 22.
הָשַׁב	אל תערה במקום	Ez. 21, 35.
וּבַר	נקי כפים ובר לבב	Ps. 24, 4.
וּבַר	ותאמר זך לקחי	Job 11, 4.
זְקַן	ויאמר אברהם אל עבדו	Gen. 24, 2.
זְקַן	כשמן הטוב על הראש	Ps. 133, 2.
חֶרֶשׁ	וישלח יהושע בן נון	Jos. 2, 1.
חֶרֶשׁ מלעיל	ובקבקר חרש וגלל	1 Chr. 9, 15.
טָרָף	ותבא אליו היונה	Gen. 8, 11.
טָרָף	לכו ונשובה אל ה׳	Hos. 6, 1.
יִשַּׁק	אתה תהיה על ביתי	Gen. 41, 40.
יִשָּׁק	שפתים ישק משיב	Prov. 24, 26.
כְּהַר	כי כהר פרצים יקום ה׳	Jes. 28, 21.
כְּהַר	שיר המעלות הבטחים	Ps. 125, 1.
לְקַשׁ	והיה בית יעקב אש	Ob. 1, 18.
לְקַשׁ	לא יבריחנו בן קשת	Job 41, 20.
מְהַר	וישמע עלי את קול	1 S. 4, 14.
מְהַר	צעה להפתח ולא	Jes. 51, 14.
נְקַם	והבאתי עליכם חרב	Lev. 26, 25.
נְקַם	ויקרא שמשון אל ה׳	Jud. 16, 28.
סִלָּא	ויקמו עבדיו ויקשרו	2 Reg 12, 21.
סִלָּה	כל אבירי אדני	Thr. 1, 15.
עֱנוּ	עלי באר ענו לה	Num. 21, 17.
עֱנוּ	לה׳ בתודה זמרו	Ps. 147, 7.
פִּתַּח	כי יתרו פתח ויענני	Job 30, 11.
פִּתַּח	נשכימה לכרמים	Cant. 7, 13.
צְלֵם	אנתה מלכא חזה הוית	Dan. 2, 31.
צְלֵם	נבוכדנצר מלכא עבד	Dan. 3, 1.
קַיֵּם	לקים את ימי הפרים	Est. 9, 31.
קַיֵּם	ומאמר אסתר קים	Est. 9, 32.
רָאָם	ויאמר יעקב כאשר	Gen. 32, 3.
רָאָם	ויהי כאשר ראם צדקיהו	Jer. 39, 4.
שָׁתָה	וכעת מותה ותדברנה	1 S. 4, 20.
שָׁתָה	גם צפור מצאה בית	Ps. 84, 4.

תְּחִי	ויחגרו שקים במתניהם	1 Reg. 20, 32.
תְּחִי	נפשי ותהללך	Ps. 119, 175.

42.

א״ב מן חד וחד מפיק ה׳ בסוף תיבות׳ ולי׳ וסימ׳

Ein alphabetisches Verzeichniss von ein Mal vorkommenden Wörtern, die auf ein hörbares (mit Mappik versehenes) He ausgehen.

אִוָּהּ	כי בחר ה׳ בציון	Ps. 132, 13.
בִּזָּהּ	לכן כה אמר ארני ה׳	Ez. 29, 19.
גִּשְׁמַהּ	חזה הוית בארין מן קל	Dan. 7, 11.
דּוֹדָהּ	מי זאת עלה מן המדבר	Cant. 8, 5.
הִשָּׁהּ	כי השה אלוה חכמה	Job 39, 17.
וַתֵּלַהּ	ולחם אין בכל הארץ	Gen. 47, 13.
וְהוֹדַעְתָּהּ	ואתה בן אדם התשפט	Ez. 22, 2.
וְגֻלָּהּ	ויאמר אלי מה אתה	Zach. 4, 2.
וְהִשְׁקָהּ	את המים והיתה	Num. 5, 27.
זְכוּרָהּ	ונתנה ה׳ אלהיך בידך	Deut. 20, 13.
חִכָּהּ	כי נפת תטפנה שפתי	Prov. 5, 3.
טִבְחָהּ	טבחה טבחה מסכה	Prov. 9, 2.
יַמָּהּ	לכן כה אמר ה׳ הנני	Jer. 51, 36.
כְּבִכּוּרָהּ	והיתה ציצת נבל צבי	Jes. 28, 4.
לְחֶנְנָהּ	אתה תקום תרחם ציון	Ps. 102, 14.
מִדָּהּ	ארכה מארץ מדה	Job 11, 9.
מִכְרָהּ	אשת חיל מי ימצא	Prov. 31, 10.
נִצָּהּ	ובגפן שלשה שריגים	Gen. 40, 10.
שִׂימָהּ	ועתה כתבו לכם את	Deut. 31, 19.
עֵצָהּ	כי תצור אל עיר ימים	Deut. 20, 19.
פִּנָּהּ	עבר בשוק אצל פנה	Prov. 7, 8.
צֵידָהּ	ברך אברך אביוניה	Ps. 132, 15.
קִנָּהּ	כצפור נודדת מן קנה	Prov. 27, 8.
רָאָהּ	אז ראה ויספרה	Job 28, 27.
שִׁבְיָהּ	והסירה את שמלת	Deut. 21, 13.
שִׁבְתָּהּ	ותאמר אלקטה נא	Ruth 2, 7.
תִּלָּהּ	כה אמר ה׳ הנני שב	Jer. 30, 18.

43.

והלוף

י״ח לא מפקין ה״א בסוף תיבו׳ וסי׳

18 ein Mal vorkommende Wörter, die ausnahmsweise, umgekehrt vom Vorigen, auf ein unhörbares (ruhendes, mit Raphe versehenes) He ausgehen.

וַתַּחְמְרָה	ולא יכלה עוד הצפינו	Ex. 2, 3.
הִוָּסְדָה	הנני ממטיר כעת מחר	Ex. 9, 18.
עֲוֹנָה	כי דבר ה׳ בזה	Num. 15, 31.
עִתָּה	ומשם עבר קדמה	Jos. 19, 13.
חֶלְבָּה	אשר לא הוריש את	Jud. 1, 31.
צִדָּה	ואני שלשת החצים	1 S. 20, 20.
בְּבֹאָה	ואת קומי לכי לביתך	1 Reg. 14, 12.
וְרַחְמָה	אשר לא מותתני מרחם	Jer. 20, 17.
בָה	לכן דבר אותם ואמרת	Ez. 14, 4.
כְּאִמָּה	הנה כל המשל עליך	Ez. 16, 44.
חֶלְאָתָה	לכן כה אמר אדני ה׳ · רסיר	Ez. 24, 6.
כֻּלָּא	לכן כה אמר אדני ה׳ אם לא	Ez. 36, 5.
הֲמוֹנָה	וגם שם עיר המונה	Ez. 39, 16.
לְמִינָה	והיה יעמדו עליו דוגים	Ez. 47, 10.
אַנְחָתָה	חזות קשה הגד לי	Jes. 21, 2.
מוּסָדָה	והיה כל מעבר מטה	Jes. 30, 32.
הָרֹאשָׁה	מי אתה הר הגדול	Zach. 4, 7.
מִשִּׁכְמָה	כתפי משכמה תפול	Job 31, 22.

וחד לבד במסורתא

ואזרעי מִקָּנָה תשבר · רפי בכל הספרים Job 31, 22.

״נ״ד שלא כנה כי אם איהן שאין הה׳ כן היסוד כמו עֲוֹנָה שהיא כמו עון וכן השארי אבל מִקָּנָה ה׳ כן היסוד שיצטרך ליכר מִקָּנָה שאין ליכר קן · ואע״פ שהוא מונה חֶלְבָּה עִתָּה שהם ערים וה׳ שבהם יסוד זהו מפני שהם מפיק ה׳ במקום אחר ואחי לאיהלפי אבל מִקָּנָה אינו מפיק ה׳ בשום מקום · כך פי׳ אבא מרי״[1]

1) Dieser Zusatz ist in denselben Schriftzügen, wie das Manuscript gehalten; es ist also zweifelhaft, ob der Abschreiber es so vorgefunden oder ob er's selbst hinzugefügt hat. —

44.

י״א זוגין מן חד וחד חד מפיק ה׳ וחד לא מפיק ה׳ וכל חד לי׳ וסימניהן

11 zwei Mal vorkommende Wörter, die auf ein He ausgehen, das immer ein Mal hörbar ist (Mappik) und ein Mal ruhet (Raphe)

אשת חיל מי ימצא	מִכְרָהּ	Prov. 31, 10.
ויאמר יעקב מכרה	מִכְרָה	Gen. 25, 31.
וראה הכהן והנה מראה	וּשְׂעָרָהּ	Lev. 13, 20.
ואם בהרת לבנה הוא	וּשְׂעָרָה	Lev. 13, 4.
ובכל בהמה לא תתן	לְרִבְעָהּ	Lev. 18, 23.
ואשה אשר תקרב אל	לְרִבְעָה	Lev. 20, 16.
אמרתי אך תיראי אותי	מְעוֹנָהּ	Zeph. 3, 7.
אלהי קדם ומתחת	מְעֹנָה	Deut. 33, 27.
ובגפן שלשה שריגם	נִצָּהּ	Gen. 40, 10.
כי לפני קציר כתם	נִצָּה	Jes. 18, 5.
והיה סחרה ואתננה	וְאֶתְנַנָּהּ	Jes. 23, 18.
והיה מקץ שבעים שנה	לְאֶתְנַנָּה	Jes. 23, 17.
הנני אליך נאם ה׳ צבאות	רִכְבָּהּ	Nah. 2, 14.
דדן רכלתך בבגדי	לְרִכְבָּה	Ez. 27, 20.
הנה ה׳ יורשנה והכה	חֵילָהּ	Zach. 9, 4.
שיתו לבכם לחילה	לְחֵילָה	Ps. 48, 14.
והיתה ציצת נבל	כְּבִכּוּרָהּ	Jes. 28, 4.
כענבים במדבר מצאתי	כְּבִכּוּרָה	Hos. 9, 10.
כי נפת תטפנה שפתי	חִכָּהּ	Prov. 5, 3.
ואליהו חכה את איוב	חִכָּה	Job 32, 4.
לא ידע אנוש ערכה	עֶרְכָּהּ	Job 28, 13.
אם תוכל השיבני	עֶרְכָה	Job 33, 5.

וחד לבד מסורתא

טבחה מסכה יינה	טִבְחָהּ	Prov. 9, 2.
נחשבנו כצאן טבחה	טִבְחָה	Ps. 44, 23.

45.

כ״ב זוגין מן חד וחד נסב׳ ו׳ בריש תיב׳ ו׳ בסוף תיבו׳ חד מלרע וחד מלעיל ולית וסימניהון

22 zwei Mal vorkommende Wörter, die anfangen und schliessen mit einem Waw, das am Anfang je ein Mal Schwa (oder dessen stellvertretenden Vocal) und ein Mal einen (eigentlichen oder natürlichen) Vocal hat (d. h. ein Mal Waw copulat. und ein Mal Waw conversivum ist.)

Gen. 41, 35.	ויקבצו את כל אכל	וְיִצְבְּרוּ
Ex. 8, 10.	אתם חמרם המרם	וַיִּצְבְּרוּ
Ex. 28, 28.	את החשן· קדמ׳	וְיִרְכְּסוּ
Ex. 39, 21.	את החשן· הנינ׳	וַיִּרְכְּסוּ
Lev. 22, 2.	דבר אל אהרן	וְיִנָּזְרוּ
Hos. 9, 10.	כענבים במדבר	וַיִּנָּזְרוּ
Num. 13, 2.	שלה לך אנשים ויתרו	וְיָתֻרוּ
Num. 13, 21.	ויעלו ויתרו את	וַיָּתֻרוּ
1 S. 30, 22.	ויען כל איש רע ובליעל	וְיִנְהֲגוּ
1 S. 30, 2.	וישבו את הנשים	וַיִּנְהֲגוּ
1 Reg. 18, 34.	ויאמר מלאו ארבעה	וְיִצְקוּ
2 Reg. 4, 40.	לאנשים לאכול ויהי	וַיִּצְקוּ
1 Reg. 21, 10.	והושיבו שנים אנשים	וִיעִדֻהוּ
1 Reg. 21, 13.	ויבאו שני האנשים	וַיְעִדֻהוּ
Ps. 45, 12.	המלך יפיך	וְיִתְאָו
1 Chr. 11, 17.	דויד ויאמר׳ ד״ה	וַיִּתְאָו
Job 26, 11.	עמודי שמים ירופפו	וְיִתְמְהוּ
Gen. 43, 33.	וישבו לפניו הבכור	וַיִּתְמְהוּ
Job 12, 15.	הן יעצר במים	וְיַהַפְכוּ
1 S. 25, 12.	נערי דוד לדרכם	וַיַּהַפְכוּ
Ez. 37, 9.	ויאמר אלי הנבא	וְיִחְיוּ
Ez. 37, 10.	והנבאתי כאשר צוני	וַיִּחְיוּ
Ps. 129, 5.	יבשו ויסגו אחור	וְיִסֹּגוּ
Ps. 78, 57.	ויסגו ויבגדו כאבותם	וַיִּסֹּגוּ
Hab. 1, 15.	כלה בחכה העלה	וְיַאַסְפֵהוּ
1 S. 14, 52.	ותהי המלחמה חזקה	וַיַּאַסְפֵהוּ
Jes. 45, 8.	הרעיפו שמים	וְיִפְרוּ
Gen. 47, 27.	וישב ישראל בארץ	וַיִּפְרוּ

וְיִנָּתְנוּ	ויבא אל המלך· רד״ה	2 Chr. 18, 14.
וַיִּנָּתְנוּ	ויעזרו עליהם	1 Chr. 5, 20.
וְיִרְעֲשׁוּ	ראיתי את ארני ה׳ נצב	Am. 9, 1.
וַיִּרְעֲשׁוּ	והיה הנס מקול הפחד	Jes. 24, 18.
וְיַשְׁמִיעוּ	ואם עמדו בסודי	Jer. 23, 22.
וַיַּשְׁמִיעוּ	ומעשיה ושמעיה	Neh. 12, 42.
וְיִשְׁכְּנוּ	צדיקים יירשו ארץ	Ps. 37, 29.
וַיִּשְׁכְּנוּ	מחוילה עד שור	Gen. 25, 18.
וְיִבָשׁוּ	הן יעצר במים ויבשו	Job 12, 15.
וַיִּבָשׁוּ	אף בל נטעו אף בל	Jes. 40, 24.
וְיָצִיצוּ	יהי פסת בר בארץ	Ps. 72, 16.
וַיָּצִיצוּ	בפרח רשעים כמו	Ps. 92, 8.
וְיֵצְאוּ	ויאמר ה׳ אלי אם	Jer. 15, 1.
וַיֵּצְאוּ	ואת המור ואת שכם	Gen. 34, 26.
וְיַצְלִיחוּ	שמנו עשתו גם	Jer. 5, 28.
וַיַּצְלִיחוּ	ויאמר ליהודה נבנה	2 Chr. 14, 6.

ולבר ממסורתא

וְיִשְׂבָּעוּ	יאכלו ענוים וישבעו	Ps. 22, 27.
וַיִּשְׂבָּעוּ	כמרעיתם וישבעו שבעו	Hos. 13, 6.

46.

י״א זוגין מן חד וחד חד מלרע וחד מלעיל ו׳ בריש תיב׳ ול׳ וסימניהון

11 zwei Mal vorkommende Wörter, die mit Waw anfangen, das je ein Mal Schwa (oder dessen stellvertretenden Vocal) und ein Mal einen (eigentlichen) Vocal hat.

וְיֹדַע	וידבר אל קרח	Num. 16, 5.
וַיֹּדַע	ויקח את זקני העיר	Jud. 8, 16.
וּמֻת	כהר אשר אתה	Deut. 32, 50.
וָמֻת	ותאמר לו אשתו	Job 2, 9.
וְיֶחְכַּם	תן לחכם ויחכם	Prov. 9, 9.
וַיֶּחְכַּם	מכל האדם מאיתן	1 Reg. 5, 11.
וְיַעֲנֵם	ישמע אל ויענם	Ps. 55, 20.
וַיַּעֲנֵם	המלך קשה · רד״ה	2 Chr. 10, 13.
וְיוֹרֵם	ויצו מלך אשור· דמלכי׳	2 Reg. 17, 27.
וַיֹּרֵם	אלהים חץ פתאם	Ps. 64, 8.
וְיוֹשִׁיעֻם	ותתנם ביד צריהם	Neh. 9, 27.
וַיּוֹשִׁיעֻם	ויקם ה׳ שפטים	Jud. 2, 16.
וְיִתְמַרְמַר	מלך הנגב ויצא	Dan. 11, 11.
וַיִּתְמַרְמַר	וראיתיו מגיע אצל	Dan. 8, 7.
וְיִנָּפֵשׁ	ששת ימים תעשה	Ex. 23, 12.
וַיִּנָּפֵשׁ	ויבא המלך וכל העם	2 S. 16, 14.
וִיהַלְלוּהָ	תנו לה מפרי ידיה	Prov. 31, 31.
וַיְהַלְלוּהָ	אחת היא יונתי תמתי	Cant. 6, 9.
וְנִפְתְּחָה	לאמר מתי יעבר החדש	Am. 8, 5.
וַנִּפְתְּחָה	ויהי כי באנו אל	Gen. 43, 21.
וְיַשֵּׂג	ירדף אויב נפשי	Ps. 7, 6.
וַיַּשֵּׂג	לבן את יעקב	Gen. 31, 25.
וִיוּכַל	וישמע שפטיה בן מתן	Jer. 38, 1.
וַיֻּכָל	וישר אל מלאך ויכל	Hos. 12, 5.
וְיַצִּלֵנִי	והנה כאשר גדלה נפשך	1 S. 26, 24.
וַיַּצִּלֵנִי	ושם האחד אליעזר	Ex. 18, 4.
וּמָשׁ	ועמדו רגליו ביום	Zach. 14, 4.
וָמַשׁ	ובני ארם עוץ· דבראשי׳	Gen. 10, 23.
וְהֶגֶה	שמעו שמוע ברגז	Job 37, 2.
וָהֶגֶה	ויפרש אותה לפני	Ez. 2, 10.
וּבֹקֶר	וראיתם את כבוד ה׳	Ex. 16, 7.
וָבֹקֶר	ערב ובקר וצהרים	Ps. 55, 18.

ולבר ממסורתא

וְיִשְׂבָּע	חציו שרף במו אש	Jes. 44, 16.
וַיִּשְׂבַּע	ויזקן יהוידע· רד״ה	2 Chr. 24, 15.

47.

כ׳ זוגין מן חד וחד חד מלר׳ וחד מלעיל וא׳ בריש תיב׳ ולי׳ וסי׳

20 zwei Mal vorkommende Wörter, die mit וא׳ anfangen und immer das Waw je ein Mal ein Schwa (oder dessen stellvertretenden schwachen Vocal) und ein Mal einen (eigentlichen) Vocal hat.

וַאֲבָרְכֵהוּ	הביטו אל אברהם	Jes. 51, 2.
וָאֲבָרְכֵהוּ	ויחרד יצחק חרדה	Gen. 27, 33.
וְאַרְבֶּה	ואתנה בריתי ביני ובינך	Gen. 17, 2.
וָאַרְבֶּ׳	ואקח את אביכם· כן כתי׳	Jos. 24, 3.
וְאֶקְחָה	פת לחם וסעדו לבכם	Gen. 18, 5.
וָאֶקְחָה	ויאמר ה׳ אלי השליכהו	Zach. 11, 13.
וְאֶשְׁתַּחֲוֶה	ועתה שא נא חטאתי	1 S. 15, 25.
וָאֶשְׁתַּחֲוֶה	ואקד ואשתחוה לה׳	Gen. 24, 48.
וְאֹכַל	פתי לבדי ולא אכל	Job 31, 17.
וָאֹכַל	ויחרד יצחק חרדה	Gen. 27, 33.
וְאֹכְלָה	ויאמר הגשה לי	Gen. 27, 25.
וָאֹכְלָה	ויאמר אלי בן אדם בטנך	Ez. 3, 3.
וַאֲכַלֵּם פת׳	ועתה הניחה לי ויחר	Ex. 32, 10.
וָאֲכַלֵּם	ואמחצם ולא יקומון	2 S. 22, 39.
וְאֵדָעֲךָ	ועתה אם נא מצאתי	Ex. 33, 13.
וָאֵדָעֲךָ	ויאמר ה׳ אל משה גם	Ex. 33. 17.
וְאָח	בכל עת אהב הרע	Prov. 17, 17.
וָאָח	יש אחד ואין שני	Koh. 4, 8.
וְאַט	בחבלי אדם אמשכם	Hos. 11, 4.
וָאַט	את נטשת אתי נאם ה׳	Jer. 15, 6.
וְאֶכְתֹּב	על הלחת את הדברים	Deut. 10, 2.
וָאֶכְתֹּב	בספר ואחתם ואעד	Jer. 32, 10.
וְאֹכְלֵם	אפגשם כדב שכול	Hos. 13, 8.
וָאֹכְלֵם	נמצאו דבריך ואכלם	Jer. 15, 16.
וְאַכֶּה	ויוחנן בן קרח אמר אל	Jer. 40, 15.
וָאַכֶּה	ואריב עמם ואקללם	Neh. 13, 25.
וְאֶקְרַע	אפגשם כדב שכול	Hos. 13, 8.
וָאֶקְרַע	את הממלכה מבית דוד	1 Reg. 14, 8.
וַאֲקַוֶּה פת׳	אודך לעולם כי עשית	Ps. 52, 11.
וָאֲקַוֶּה	חרפה שברה לבי	Ps. 69, 21.
וְאָסִיר	כי אמר בכח ידי עשיתי	Jes. 10, 13.
וָאָסִיר	ותגבהינה ותעשינה	Ez. 16, 50.
וְאֵצְאָה	עתה חכמה ומדע תן לי	2 Chr. 1, 10.
וָאֵצְאָה	בשער הגיא לילה	Neh. 2, 13.
וְאֵשְׁבָה	ויאמר דוד אל אכיש	1 S. 27, 5.
וָאֵשְׁבָה	וכשמעי את הדבר הזה	Esra 9, 3.
וְאֶשְׁאָלֵם	וארא ואין איש ומאלה	Jes. 41, 28.
וָאֶשְׁאָלֵם	ויבא חנני אחד מאחי	Neh. 1, 2.
וְאֶשְׁתּוֹמֵם	ואביט ואין עזר ואשתומם	Jes. 63, 5.
וָאֶשְׁתּוֹמֵם	ואני דניאל נהייתי	Dan. 8, 27.

ולבד ממסורתא

וְאֶשְׁמְעָה	ויאמר אלהם משה	Num. 9, 8.
וָאֶשְׁמְעָה	אחד קדוש מדבר	Dan. 8, 13.

48.

י״ח זוגין מן חד וחד חד מלרע וחד מלעיל ל׳ בריש תיבות׳ וכל חד לי׳ וסימ׳

18 zwei Mal vorkommende Wörter, die mit Lamed anfangen, das ein Mal Schwa (oder dessen stellvertretenden Vocal) und ein Mal einen (eigentlichen) Vocal hat.

לְמַיִם	ויכו מהם אנשי העי	Jos. 7, 5.
לָמַיִם	ויאמר אלהים יהי רקיע	Gen. 1, 6.
לְמַבּוּל	וזכרתי את בריתי אשר	Gen. 9, 15.
לַמַּבּוּל	ה׳ למבול ישב וישב	Ps. 29, 10.
לְמָסָךְ	פרש ענן למסך	Ps. 105, 39.
לַמָּסָךְ	ועשית למסך חמשה	Ex. 26, 37.
לְנֶגַע	אדם כי יהיה בעור	Lev. 13, 2.
לַנֶּגַע	כי יפלא ממך דבר	Deut. 17, 8.
לִצְמִתֻת	והארץ לא תמכר לצמתת	Lev. 25, 23.
לַצְּמִיתֻת	ואם לא יגאל עד מלאת	Lev. 25, 30.

לְנָכְרִי	לא תאכלו כל נבלה	Deut. 14, 21.
לַנָּכְרִי	תשיך ולאחיך לא תשיך	Deut. 23, 21.
לְמִשְׁפָּחוֹת	ואעמיד מתחתיות למקום	Neh. 4, 7.
לַמִּשְׁפָּחוֹת	ונקרבתם בבקר לשבטיכם	Jos. 7, 14.
לְמְחוֹת	ולא דבר ה׳ למחות	2 Reg. 14, 27.
לַמְחוֹת	אל תתן לנשים חילך	Prov. 31, 3.
לְמָחֳרַת	ויזבחו לה׳ זבחים	1 Chr. 29, 21.
לַמָּחֳרָת	וימן האלהים תולעת	Jona 4, 7.
לְבָאִים	נפשי בתוך לבאים	Ps. 57, 5.
לַבָּאִים.	למאחרים על היין	Prov. 23, 30.
לְזָר	גרי ביתי ואמהתי	Job 19, 15.
לַזָּר	בני אם ערבת לרעך	Prov. 6, 1.
לְחֵין	וישם פי כחרב חדה	Jes. 49, 2.
לַחֵין	דרך קשתו ויציבני	Thr. 3, 12.
לְכֶלֶב	כי מי אשר יבחר · כת׳	Koh. 9, 4.
לַכֶּלֶב	ואנשי קדש תהיון לי	Ex. 22, 29.
לְנֹטְרִים	כרמי שלי לפני	Cant. 8, 12.
לַנֹּטְרִים	כרם היה לשלמה	Cant. 8, 11.
לִנְבִאִים	ואקים מבניכם לנבאים	Am. 2, 11.
לַנְּבִאִים	נשבר לבי בקרבי	Jer. 23, 9.
לְיַבָּשָׁה	הפך ים ליבשה	Ps. 66, 6.
לַיַּבָּשָׁה	ויקרא אלהים ליבשה	Gen. 1, 10.
לְפֵאָה	ותתן להם ממלכות	Neh. 9, 22.
לַפֵּאָה	ועשית את חצר המשכן	Ex. 27, 9.
לְתוֹרָה	ולתעודה אם לא	Jes. 8, 20.
לַתּוֹרָה	וישוע ובני ושרביה	Neh. 8, 7.

49.

י״א זוגין מן חד וחד חד מלרע וחד מלעי׳ ב׳ בריש תיב׳ וכל חד לית וסימ׳

11 zwei Mal vorkommende Wörter, die mit Beth anfangen, das ein Mal Schwa (oder dessen stellvertretenden, schwachen Vocal) und ein Mal einen (eigentlichen) Vocal hat.

בִּשְׂאֵת	והובא את בדיו בטבעת	Ex. 27, 7.
בַּשְּׂאֵת	וראה הכהן והנה	Lev. 13, 10.
בְּנֶגַע	השמר בנגע הצרעת	Deut. 24, 8.
בַּנֶּגַע	וראה הכהן את הנגע	Lev. 13, 3.
בְּתַנּוּר	בשברי לכם מטה לחם	Lev. 26, 26.
בַּתַּנּוּר	וכל מנחה אשר תאפה	Lev. 7, 9.
בְּחֶרֶט	ויאמר ה׳ אלי קח לך	Jes. 8, 1.
בַּחֶרֶט	ויקח מידם ויצר	Ex. 32, 4.
בְּמַמְלָכָה	וסכסכתי מצרים במצרים	Jes. 19, 2.
בַּמַּמְלָכָה	הנה עיני אדני ה׳	Amos 9, 8.
בִּסְבָךְ	יודע כמביא למעלה	Ps. 74, 5.
בַּסְּבַךְ	וישא אברהם את עיניו	Gen. 22, 13.
בְּדִמְעוֹת	האכלתם לחם דמעה	Ps. 80, 6.
בַּדְּמָעוֹת	כלו בדמעות עיני	Thr. 2, 11.
בְּסִירוֹת	נשבע ארני ה׳ בקדשו	Am. 4, 2.
בַּסִּירוֹת	ויבשלו הפסח באש	2 Chr. 35, 13.
בִּמְצוּלָה	המה ראו מעשי ה׳	Ps. 107, 24.
בַּמְּצֻלָה	ראיתי הלילה והנה איש	Zach. 1, 8.
בְּחַיִּין	ושאר חיותא העדיו	Dan. 7, 12.
בַּחַיִּין	ומשך אבירים בכחו	Job 24, 22.
בִּמְדִינוֹת	ושאר היהודים אשר	Est. 9, 16.
בַּמְּדִינוֹת	איכה ישבה בדד	Thr. 1, 1.

ולכד ממסורתא

בִּשְׁתִי	או בשתי או בערב	Lev. 13, 48.
בַּשְּׁתִי	אשריך ארץ	Koh. 10, 17.

50.

י״א זוגין מן חד וחד חד מלרע וחד מלעיל ות׳ בריש תיבה וכל חד לי׳ וסימ׳

11 zwei Mal vorkommende Wörter, die mit ות׳ anfangen und das Waw ein Mal Schwa (oder dessen stellvertretenden, schwachen Vocal) und ein Mal einen (eigentlichen) Vocal hat.

וְתִרֶץ	והארץ תעזב מהם	Lev. 26, 43.
וַתִּרֶץ	אם ראית גנב	Ps. 50, 18.

וּתְלַבֵּב	וישכב אמנון ויתחל	2 S. 13, 6.
וַתְּלַבֵּב	ותלך תמר בית אמנון	2 S. 13, 8.
וְתֻפָר	עצו עצה ותפר	Jes. 8, 10.
וַתֻּפַר	ביום ההוא וידעו כן	Zach. 11, 11.
וְתַשְׁמִידֵם	תרדף באף	Thr. 3, 66.
וַתַּשְׁמִידֵם	מתים בל יחיו רפאים	Jes. 26, 14.
וְתָמֹת	מדוע באתי ואין איש	Jes. 50, 2.
וַתָּמֹת	ויקמו עלי בעלי הגבעה	Jud. 20, 5.
וּתְלַהֵט	אש לפניו תלך	Ps. 97, 3.
וַתְּלַהֵט	כי אש קדחה באפי	Deut. 32, 22.
וּתְחוֹלֵל	אף כי תאמר לא	Job 35, 14.
וַתְּחוֹלֵל	בטרם הרים ילדו	Ps. 90, 2.
וְתִיטַב	לה׳ משור פר מקרן	Ps. 69, 32.
וַתִּיטַב	הנערה בעיניו	Est. 2, 9.
וְתִתְעַטֵּף	אזכרה אלהים ואהמיה	Ps. 77, 4.
וַתִּתְעַטֵּף	עלי רוחי בתוכי	Ps. 143, 4.
וְתֹאכְלֵם	תשיתמו כתנור אש	Ps. 21, 10.
וַתֹּאכְלֵם	עוד זה מדבר · קדמ׳ רמ׳	Job 1, 16.
וּתְכוֹנֵן	יגמר נא רע רשעים	Ps. 7, 10.
וַתְּכוֹנֵן	לך את עמך ישראל · רשמ׳	2 S. 7, 24.

רוּחָה	ויהיו הרמנים תשעים	Jer. 52, 23.
רַעֲנָנָה	הנך יפה דודי	Cant. 1, 16.
רַעֲנָנָה	בלא יומו תמלא	Job 15, 32.
גְּלִילֵי	ידיו גלילי זהב	Cant. 5, 14.
גְּלִילֵי	חור כרפס ותכלת	Est. 1, 6.
אַלְלַי	אם רשעתי אללי לי	Job 10, 15.
אַלְלַי	לי כי הייתי כאספי	Micha 7, 1.
הַצְלִיחָה	אנא ה׳ הושיעה נא	Ps. 118, 25.
וְהַצְלִיחָה	אנא ה׳ תהי נא אזנך	Neh. 1, 11.
כָּרָה	בור כרה ויחפרהו	Ps. 7, 16.
כָּרָה	ויקברהו בקברתיו אשר	2 Chr. 16, 14.
דַּלֹּתִי	שמר פתאים ה׳	Ps. 116, 6.
דַלּוֹתִי	הקשיבה אל רנתי	Ps. 142, 7.
וְגֹאֲלִי	יהיו לרצון אמרי פי	Ps. 19, 15.
גֹּאֲלִי	ואני ידעתי גאלי חי	Job 19, 25.

ולבר ממסורתא

שָׁמוּר	יש רעה חולה	Koh. 5, 12.
שָׁמוּר	וירם הטבח את השוק והעליה	1 S. 9, 24.
זַמֹּתִי[1]	בחנת לבי פקדת לילה	Ps. 17, 3.
זַמֹּתִי	על זאת תאבל הארץ	Jer. 4, 28.
שַׁתָּ	עונתנו לנגדך עלמנו	Ps. 90, 8.
שַׁתָּה	המשילהו במעשי ידיך	Ps. 8, 7.
שָׂכַר	על דבר אשר לא קדמו	Deut. 23, 5.
שָׂכַר	ואדני השמיע את מחנה	2 Reg. 7, 6.

51.

י״ב זוגין חד מלרע וחד מלעיל וסימניהו׳

12 zwei Mal vorkommende Wörter, die ein Mal den Wortton ultima und ein Mal peunltima haben.

אִמָּלְטָה	הנה נא העיר הזאת קרבה	Gen. 19, 20.
אִמָּלְטָה	ויאמר שלחני נא כי	1 S. 20, 29.
וְנִקָּתָה	ואם לא נטמאה האשה	Num. 5, 28.
וְנִקָּתָה	ואנו ואבלו פתחיה	Jes. 3, 26.
נִכַּר	ויגד לשאול כי בא דוד	1 S. 23, 7.
נִכַּר	אשר לא נשא פני שרים	Job 34, 19.
דַּלּוּ	כסוס עגור כן אצפצף	Jes. 38, 14.
דַּלּוּ	פרץ נחל מעם גר	Job 28, 4.
רוּחָא	באדין דקו כחדא	Dan. 2, 35.

52.

כ׳ זוגין מן חד וחד חד ס׳ וחד ש׳ וכל חד ל׳ וסימנ׳

20 Wörter, die zwei Mal vorkommen und zwar das eine Mal mit ס׳ (oder שׂ) und das andere Mal mit שׁ (d. h. ein Mal mit Sz-Laut und ein Mal mit Sch-Laut.)

מִסְתּוֹלֵל	עודך מסתולל בעמי	Ex. 9, 17.
מִשְׁתּוֹלֵל	ותהי האמת נעדרת	Jes. 59, 15.

1) Die drei folgenden sind späterer Zusatz unter dem Text.

גֵּרֶשׂ	ואם תקריב מנחת בכורים	Lev. 2, 14.
גֶּרֶשׁ	וממגד תבואת שמש	Deut. 33, 14.
וַנָּסָב	ונפן ונסע המדברה	Deut. 2, 1.
וַנָּשָׁב	ויהי כאשר שמעו אויבינו	Neh. 4, 9.
שִׂיאֹן	מערער אשר על שפת	Deut. 4, 48.
וְשִׁיאֹן	וחפרים ושיאן	Jos. 19, 19.
וַיָּסֹכּוּ	כי הכרובים פרשים	1 Reg. 8, 7.
וַיָּשֹׁכּוּ	ויזכר אלהים את נח	Gen. 8, 1.
יוּסַר	ואת כל חלבה יסיר	Lev. 4, 35.
יוּשַׁר	ביום ההוא יושר השיר	Jes. 26, 1.
סָחִישׁ	וזה לך האות· דמלכי׳	2 Reg. 19, 29.
שָׁחִיס	וזה לך האות· דישע׳	Jes. 37, 30.
עֵשֶׂק	ויריבו רעי גרר	Gen. 26, 20.
עֵשֶׁק	ובני עשק אחיו	1 Chr. 8, 39.
הַסִּירִים	כי כקול הסירים	Koh. 7, 6.
הַשִּׁירִים	שיר השירים אשר	Cant. 1, 1.
בַּסִּירִים	לכן הנני שך את דרכך	Hos. 2, 8.
בַּשִּׁרִים	מערה בגד ביום קרה	Prov. 25, 20.
בּוֹסִים	והיו כגברים בוסים	Zach. 10, 5.
בּוֹשִׁים	שמה נסיכי צפון	Ez. 32, 30.
בְּשׂוּם	התדע בשום אלוה	Job 37, 15.
בְּשֻׁם	והתנבי חגי נביאה	Esra 5, 1.
הִשְׂבִּיעַנִי	במרורים הרוני לענה	Thr. 3, 15.
הִשְׁבִּיעַנִי	אבי השביעני לאמר	Gen. 50, 5.
תִּסּוֹבֵב	עד מתי תתחמקין	Jer. 31, 22.
תְּשׁוֹבֵב	אלהים זנחתנו פרצתנו	Ps. 60, 3.
וּלְשָׂבֵי	שבקו לעבידת בית אלהא	Esra 6, 7.
וּלְשָׁבֵי	ובא לציון גואל ולשבי	Jes. 59, 20.
וְיָסִירוּ	רגע ימתו וחצות	Job 34, 20.
וְיָשִׁירוּ	בדרכי ה׳ כי גדול כבוד ה׳	Ps. 138, 5.
יָסֹר	וכנניהו שר הלוים	1 Chr. 15, 22.
יָשֹׁר	על אנשים ויאמר	Job 33, 27.
לָרֹס	ומנחה תעשה עליו	Ez. 46, 14.
לָרֹאשׁ	ויעמד לראש רחבעם	2 Chr. 11, 22.
שַׂכִּין	ושמת שכין בלעך	Prov. 23, 2.
שַׁכִּן	ואלהא די שכן שמה	Esra 6, 12.
סְחִי	ומאוס תשימנו	Thr. 3, 45.
שְׁחִי	ושמתיה ביד מוגיך	Jes. 51, 23.

53.

ט׳ זוגין מן חד וחד חד י׳ וחד ן׳ בסוף תיבו׳ ולי׳ וסי׳

9 Wörter, welche zwei Mal vorkommen und zwar ein Mal mit 'י und ein Mal mit 'ן am Ende.

בְּשִׁבְתִּי	כי נדר נדר עבדך	2 S. 15, 8.
בְּשִׁבְתּוֹ	נודע בשערים	Prov. 31, 23.
דּוֹרִי	נסע ונגלה מני כאהל	Jes. 38, 12.
דּוֹרוֹ	מעצר וממשפט	Jes. 53, 8.
בִּרְצוֹתִי	ועוד ברצותי בבית אלהי	1 Chr. 29, 3.
בִּרְצֹתוֹ	כי אמר לא יסכן גבר	Job 34, 9.
גְּדֻלָּתִי	הרב גדלתי ותסב	Ps. 71, 21.
גְּדוּלָּתוֹ	בהראתו את עשר	Est. 1, 4.
כְּבֵדִי	כלו בדמעות	Thr. 2, 11.
כְּבֵדוֹ	עד יפלח חץ כבדו	Prov. 7, 23.
כְּעֶרְכִּי	ואתה אנוש כערכי	Ps. 55, 14.
כְּעֶרְכּוֹ	והכסף והזהב נתן	2 Reg. 23, 35.
וְהַטִּי	שמעי בת וראי	Ps. 45, 11.
וְהַטּוּ	ועתה הסירו את	Jos. 24, 23.
וּמַכְאוֹבִי	כי אני לצלע נכון	Ps. 38, 18.
וּמַכְאֹבוֹ	כל תפלה כל תחנה· ד״ה	2 Chr. 6, 29.
וּבְבֵיתִי	ישא ביום ההוא לאמר	Jes. 3, 7.
וּבְבֵיתוֹ	ויכל שלמה את בית ה׳· דד״ה	2 Chr. 7, 11.

54.

ח׳ זוגין חד לשון זכר וחד לש׳ נקבה ךְ׳ בסוף תיבות׳ ולי׳ וסי׳

8 Wörter, die 2 Mal vorkommen und zwar ein Mal mit ךָ und ein Mal ךְ am Ende,* d. h. ein Mal mit suffix. 2 p. s. m. und ein Mal mit suffix. 2 p. s. f.

יֵינֶךָ	לך אכל בשמחה לחמך	Koh. 9, 7.
יֵינֵךְ	ויאמר אליה עלי עד מתי	1 Sam. 1, 14.
חֲלָלֶיךָ	כי אתה אשר הכית רדפו	Ps. 69, 27.
חֲלָלַיִךְ	תשאות מלאה עיר הומיה	Jes. 22, 2.

תְּפֶּיךָ	בערן גן אלהים היית	Ez. 28, 13.
תֻּפַּיִךְ	עוד אבנך ונבנת	Jer. 31, 4.
שִׁרֶיךָ	הסר מעלי המון שריך	Am. 5, 23.
שָׁרָיִךְ	והשבתי המון שיריך	Ez. 26, 13.
וְהַאֲבַדְתִּיךָ	לכן הנני נטיתי את ידי	Ez. 25, 7.
וְהַאֲבַדְתִּיךְ	הוי ישבי חבל הים	Zeph. 2, 5.
וְהַאֲכַלְתִּיךָ	אז תתענג על ה׳	Jes. 58, 14.
הֶאֱכַלְתִּיךְ	ולחמי אשר נתתי לך	Ez. 16, 19.
בִכְנָפֶיךָ	ולקחת משם מעט במספר	Ez. 5, 3.
בִּכְנָפַיִךְ	נמצאו דם נפשות	Jer. 2, 34.
שְׁמָנֶיךָ	לריח שמניך טובים	Cant. 1, 3.
שְׁמָנַיִךְ	מה יפו דדיך אחתי	Cant. 4, 10.

55.

כ״א וגין מן חד וחד חד מלא פום וחד קמין פום וסי׳

21 Wörter, welche 2 Mal vorkommen, ein Mal mit Cholam und ein Mal mit Schurek.

הֶאָמֹר	תאמר אלהים אני	Ez. 28, 9.
הֶאָמוּר	בית יעקב הקצר	Micha 2, 7.
חֹרִי	למטה שמעון שפט	Num. 13, 5.
חוּרִי	אלה בני אביהיל	1 Chr. 5, 14.
טוֹבָם	כחדק ישר ממסוכה	Micha 7, 4.
טוּבָם	הן לא בידם טובם	Job 21, 16.
יָשֹׁר	על אנשים ויאמר	Job 33, 27.
יָשׁוּר	כי נמצאו בעמי	Jer. 5, 26.
וְכָרוֹת	ומצאת את לבבו נאמן	Neh. 9, 8.
וְכָרוּת	ומעוך וכתות	Lev. 22, 24.
לְמוֹאֵל	אל למלכים	Prov. 31, 4.
לְמוּאֵל	דברי למואל מלך	Prov. 31, 1.
מַלְאֲכוֹת	הכל בכתב מיד ה׳	1 Chr. 28, 19.
בְּמַלְאֲכוּת	ויאמר חגי מלאך ה׳	Hag. 1, 13.
וּמָשׁוֹחַ	האמר אבנה לי	Jer. 22, 14.
וּמָשׁוּחַ	ואנכי היום רך	2 S. 3, 39.
נָצוֹר	עלה מפיץ על פניך	Nah. 2, 2.
נָצוּר	אם חומה היא	Cant. 8, 9.
שָׂכֹר	ויבא יעקב מן השדה	Gen. 30, 16.
שָׂכוּר	למען שכור היא	Neh. 6, 13.
חֲלִיצוֹתָם	ותצלח עליו רוח ה׳	Jud. 14, 19.
עֲלִיצֻתָם	נקבת במטיו	Hab. 3, 14.
פָּרֹס	הלוא פרס לרעב	Jes. 58, 7.
פָּרֻשׂ	יום חשך ואפלה יום	Joel 2, 2.
צָרוֹף	נחר מפח מאשתם	Jer. 6, 29.
צָרוּף	אמרות ה׳ אמרות טהרות	Ps. 12, 7.
מְצֹאת	ויסף עוד אחימעץ	2 S. 18, 22.
מוּצֵאת	הוא מוצאת והיא	Gen. 38, 25.
מוֹתָהּ	ולמיכל בת שאול	2 S. 6, 23.
מוּתָהּ	וכעת מותה ותדברנה	1 S. 4, 20.
מָצוֹק	ויתקבצו אליו כל איש	1 S. 22, 2.
מָצוּק	השן האחד מצוק	1 S. 14, 5.
מָעוֹךְ	ויקם דוד ויעבר היא	1 S. 27, 2.
וּמָעוּךְ	וכתות ונתוק	Lev. 22, 24.
מְכֹרֹתַיִךְ	ואמרת כה אמר אדני ה׳	Ez. 16, 3.
מְכֻרוֹתַיִךְ	השב אל תערה	Ez. 21, 35.
קָבוֹר	לא תלין נבלתו	Deut. 21, 23.
קָבוּר	ויהי אחרי קברו אתו	1 Reg. 13, 31.
צָרוֹר	את המדינים	Num. 25, 17.
צָרוּר	עון אפרים	Hos. 13, 12.
תָנֹד	אל תבוא בית מרזח	Jer. 16, 5.
תָנוּד	אם תשוב ישראל נאם	Jer. 4, 1.

56.

א״ב מן ג׳ ג׳ בחד לישן ולי׳ דכוו׳ (משמ״ש אנ״ך [1]) וסימניהון

Ein alphabetisches Verzeichniss von je drei Wörtern aus einem Stamme, (?) von denen jedes nur ein Mal vorkommt (und zwar so, dass das erste im Pent., das zweite in den Proph. und das dritte in den Hagiogr. sich findet.)

אַשּׁוּרִם	ויקשן ילד את שבא	Gen. 25, 3.
אָשׁוּר	ואהי להם כמו שחל	Hos. 13, 7.

1) Das Eingeschlossene ist von anderer Hand.

אַשֻּׁרֵנוּ	עתה סבבוני	Ps. 17, 11.
בְּבָרֲכוֹ	וירא עשו כי	Gen. 28, 6.
בָּרוֹךְ	ולא אביתי לשמע	Jos. 24, 10.
בָּרִךְ לי׳ והס׳	ארין לדניאל בחזוא	Dan. 2, 19.
גְוִיָּתֵנוּ	ותתם השנה ההיא	Gen. 47, 18.
גְוִיֹּתֵיהֶנָה	ופניהם וכנפיהם	Ez. 1, 11.
גְוִיֹּתֵינוּ	ותבואתה מרבה	Neh. 9, 37.
דָּלָה	ותאמרן איש מצרי	Ex. 2, 19.
דַּלּוּ	כסוס עגור כן אצפצף	Jes. 38, 14.
דַּלְיוּ	שוקים מפסח	Prov. 26, 7.
הָבָה	ויאמר יעקב אל לבן	Gen. 29, 21.
הֵבוּ	סר סבאם	Hos. 4, 18.
הָבוּ	הכי אמרתי הבו לי	Job 6, 22.
וָשׁוּבוּ	ויאמר להם כה אמר ה׳	Ex. 32, 27.
וָשָׁבוּ	ואזרעם בעמים	Zach. 10, 9.
וָשׁוּב	אל תאמר לרעיך לך	Prov. 3, 28.
זֵרוּעַ	וכי יפל מנבלתם על	Lev. 11, 37.
זֵרוּעֶיהָ	כי כארץ תוציא צמחה	Jes. 61, 11.
זָרֻעַ	אור זרע לצדיק	Ps. 97, 11.
חִנּוֹ	ויהי ה׳ את יוסף	Gen. 39, 21.
חֲנִינָה	והטלתי אתכם מעל	Jer. 16, 13.
חָנְנֵנִי	ה׳ ראה עניי משנאי	Ps. 9, 14.
טָחוֹן	ואת חטאתכם אשר	Deut. 9, 21.
טוֹחֵן	ויאחזוהו פלשתים	Jud. 16, 21.
טְחוֹן	בחורים טחון נשאו	Thr. 5, 13.
יוּסַר	ואת כל חלבה יסיר	Lev. 4, 35.
יוּשַׁר	ביום ההוא יושר השיר	Jes. 26, 1.
יָשֹׁר	על אנשים ויאמר חטאתי	Job 33, 27.
כְּבֵדִים	וידי משה כבדים	Ex. 17, 12.
כָּבֵדָה	ויבאו מנגב לגבעה	Jud. 20, 34.
כְּבֵדוֹ	עד יפלח חץ כבדו	Prov. 7, 23.
לָלִין	ויאמר בת מי את	Gen. 24, 23.
לָלַת	וכלתו אשת פינחס	1 S. 4, 19.
לְלַיְלָה	יום ליום יביע אמר	Ps. 19, 3.
מִכְרָה	ויאמר יעקב	Gen. 25, 31.
מְכֻרוֹתַיִךְ	השב אל תערה	Ez. 21, 35.
מִכְרָהּ	אשת חיל מי ימצא	Prov. 31, 10.
נְבֻכִים	ואמר פרעה לבני ישראל	Ex. 14, 3.
נָבֹכוּ	מה נאנחה בהמה נבכו	Joel 1, 18.
נָבוֹכָה	הרצים יצאו דחופים	Est. 3, 15.
שָׂכֹר	ויבא יעקב מן השדה	Gen. 30, 16.
שְׂכִרֶיהָ	גם שכריה בקרבה	Jer. 46, 21.
שָׂכוּר	למען שכור הוא	Neh. 6, 13.
עֲשֹׂהוּ	כי כבד ממך הדבר	Ex. 18, 18.
עֹשָׂהּ	כה אמר ה׳	Jer. 33, 2.
עֻשֵּׂיתִי	לא נכחד עצמי ממך	Ps. 139, 15.
פְּנִיאֵל	ויקרא יעקב שם	Gen. 32, 31.
פָּנִינוּ	כלנו כצאן תעינו	Jes. 53, 6.
פָּנֵימוֹ	כי צדיק ה׳ צדקות	Ps. 11, 7.
צִדָּה	ואני שלשת החצים	1 S. 20, 20.
צֵידָהּ	ברך אברך אביוניה	Ps. 132, 15.
צָדוּנִי	כצפור איבי חנם	Thr. 3, 52.
קְרִיאֵי	אלה קריאי העדה	Num. 1, 16.
קְרֻאִים	ואת אבשלום הלכו	2 S. 15, 11.
קְרֻאֶיהָ	ולא ידע כי רפאים שם	Prov. 9, 18.
רֹבֶה	ויהי אלהים את הנער	Gen. 21, 20.
רַבֵּה	ומי יתן את העם הזה	Jud. 9, 29.
רַבִּי	אדין מלכא לדניאל רבי	Dan. 2, 48.
שֻׁלְּחוּ	הבקר אור והאנשים	Gen. 44, 3.
שִׁלַּחְתִּיהָ	כה אמר ה׳ איה ספר	Jes. 50, 1.
שֻׁלַּחְתִּי	ויאמר אלי דניאל איש	Dan. 10, 11.
תִּתְרָאוּ	וירא יעקב כי יש שבר	Gen. 42, 1.
תִּרְאִי לית חסר	אז תראי ונהרת	Jes. 60, 5.
תִּרְאֵה לי׳	ויראו לפניך מראינו	Dan. 1, 13.

57.

א״ב מן ג׳ ג׳ וכל חד וחד לי׳ דכו׳ חד באורי׳ חד בנביאי׳ חד בכתובים וסימ׳

Ein alphabetisches Verzeichniss von je 3 ein Mal vorkommenden Wörtern, von denen das erste im Pent., das zweite in den Proph. und das dritte in den Hagiogr. sich findet.

אָחֹן	ויאמר אני אעביר	Ex. 33, 19.
אֶחֱרוּ	בעד החלון נשקפה	Jud. 5, 28.

אַעֲנֶה	אף אני חלקי	Job 32, 17.
בְּהָם	ובארבע עשרה	Gen. 14, 5.
בְּחֹם	כי כה אמר ה׳ אלי	Jes. 18, 4.
בְּהַשָּׁמַיִם	ה׳ בהשמים חסדך	Ps. 36, 6.
גֶּרֶשׂ	ואם תקריב מנחת בכורים	Lev. 2, 14.
גִּדְעֹם	ויפנו וינסו המדברה	Jud. 20, 45.
גֵּאָה	יראת ה׳ שנאת רע	Prov. 8, 13.
דָּכוּ	שטו העם ולקטו	Num. 11, 8.
דָּעֲכוּ	המוציא רכב וסוס	Jes. 43, 17.
דֹּעֲכוּ	סבוני כדבורים	Ps. 118, 12.
הֲבַת	ויפל אברהם על פניו	Gen. 17, 17.
הֲבֵן	יקיר לי אפרים	Jer. 31, 20.
הֲיָם	אני אם תנין כי	Job 7, 12.
וַאֲבָרְכֵם	ויאמר יוסף אל אביו	Gen. 48, 9.
וָאֹהַב	אהבתי אתכם אמר ה׳	Mal. 1, 2.
וָאֹהֲבֵם	שמרה נפשי עדתיך	Ps. 119, 167.
וְזֹעֲמָה	וישא משלו ויאמר	Num. 23, 7.
זְרֹעָם	ה׳ חננו לך קוינו	Jes. 33, 2.
זָחַלְתִּי	ויען אליהוא בן ברכאל	Job 32, 6.
חִבַּר	ויחבר את חמש היריעת	Ex. 36, 10.
חָכְמָה	וגם חמת תגבל בה	Zach. 9, 2.
חַבָּרִים	יכרו עליו חברים	Job 40, 30.
טֻבְּעוּ	מרכבת פרעה וחילו	Ex. 15, 4.
טוֹבָם	כחדק ישר ממסוכה	Micha 7, 4.
טוּבָם	הן לא בידם טובם	Job 21, 16.
יְצֻוֶּה	ובבא משה לפני	Ex. 34, 34.
יַרְאֶה	והשמיע ה׳ את הוד קלו	Jes. 30, 30.
יְעַנֶּה	שדי לא מצאנהו שגיא	Job 37, 23.
כַּלּוֹת	ויהי ביום כלת משה	Num. 7, 1.
כְּלוֹתָם	הנני שקד עליהם לרעה	Jer. 44, 27.
כְּלֹתוֹ	ותכן כל מלאכת שלמה	2 Chr. 8, 16.
לְמִשְׁמָרֶת	כאשר צוה ה׳ אל משה	Ex. 16, 34.
לָעוֹלֶה	ואל הכתף מחוצה	Ez. 40, 40.
לָלָכֶת	כל הנחלים הלכים אל	Koh. 1, 7.
מִקְדָּשַׁי	אך אל הפרכת לא יבא	Lev. 21, 23.
מָתְקִי	ותאמר להם התאנה	Jud. 9, 11.
מָתְקוּ	לו רגבי נחל ואחריו	Job 21, 33.
נִצָּה	ובגפן שלשה שריגים	Gen. 40, 10.
נִצָּה	כי לפני קציר כתם פרח	Jes. 18, 5.
נָרוּצָה	משכני אחריך נרוצה	Cant. 1, 4.
שִׂמְחַתְכֶם	וביום שמחתכם	Num. 10, 10.
שׂוּם	ועתה שימו נא לבבכם	Hag. 2, 15.
שְׂמָחוֹת	הודיעני ארח חיים	Ps. 16, 11.
עוֹבָל	ואת עובל· דבראשי׳	Gen. 10, 28.
עֻפְּלָה	הנה עפלה לא ישרה	Hab. 2, 4.
עֻנֵּיתִי	טוב לי כי עניתי	Ps. 119, 71.
פְּקֻד	אלה פקודי המשכן	Ex. 38, 21.
פֻּקַּדְתִּי	אני אמרתי בדמי ימי	Jes. 38, 10.
פְּתִחוֹת	חלקו מחמאת פיו	Ps. 55, 22.
צָמַח	ואם בעיניו עמד	Lev. 13, 37.
צָקוּן	ה׳ בצר פקדוך	Jes. 26, 16.
צִמְּתַתְנִי	קנאתי כי שכחו	Ps. 119, 139.
קִרְאֶן	ויאמר אל בנותיו	Ex. 2, 20.
קָלָם	ולקה מהם קללה	Jer. 29, 22.
קְנֹה	חכמה מה טוב מחרוץ	Prov. 16, 16.
רֹאִי	ותקרא שם ה׳· קדמ׳ דספ׳	Gen. 16, 13.
רֹמֵה	מקול פרש ורמה קשת	Jer. 4, 29.
רֹמּוּ	מעט ואיננו והמכו ככל	Job 24, 24.
שִׁתִי מלר׳	ויאמר ה׳ אל משה	Ex. 10, 1.
שְׁבִית	ביום עמדך מנגד	Ob. 1, 11.
שְׁבִיָה	רצית ה׳ ארצך	Ps. 85, 2.
תֵּעָנֶה	כי כל הנפש אשר לא	Lev. 23, 29.
תָּרוֹם	ידך על צריך וכל	Micha 5, 8.
תְאֻנֶּה	לא תאנה אליך רעה	Ps. 91, 10.

58.

א״ב מן ב׳ ב׳ ותרויהון בחד פסו׳ דלו׳ וסי׳

Ein unvollständig alphabetisches Verzeichniss von Wörtern, die nur zwei Mal und zwar in demselben Verse vorkommen.

אֳרָחוֹת ב׳	בימי שמגר בן ענת	Jud. 5, 6.
אָרוּם ב׳	הרפו ודעו כי אנכי	Ps. 46, 11.

Esra 1, 9.	אֲגַרְטְלֵי ב׳	ואלה מספרם
Esra 8, 17.	אִדּוֹ ב׳	ואוצאה אתם על
Cant. 5, 3.	אֵיכָכָה ב׳	מלע׳ · פשטתי את כתנתי
Gen. 14, 10.	בֶּאֱרֹת ב׳	ועמק השדים
Ex. 30, 12.	בִּפְקֹד ב׳	כי תשא את ראש
Lev. 13, 47.	בְּבֶגֶד ב׳	והבגד כי יהיה בו
Ps. 150, 5.	בְּצִלְצְלֵי ב׳	הללוהו בצלצלי שמע
Ez. 21, 19.	בָּרֵא ב׳	ואתה בן אדם שים לך
Jes. 15, 1.	בְּלֵיל ב׳	משא מואב כי בליל
1 Reg. 6, 7.	בְּהִבָּנֹתוֹ ב׳	והבית בהבנתו אבן
Esra 8, 17.	בְּכָסִפְיָא ב׳	ואוצאה אותם על אדו
1 Reg. 6, 34.	גְּלִילִים ב׳	ושתי דלתות עצי
1 Reg. 11, 20.	גְּנֻבַת ב׳	ותלד לו אחות תחפניס
Jes. 47, 2.	גַּלִּי ב׳	קחי רחים וטחני
1 Chr. 2, 46.	גָּזֵז ב׳	ועיפה פילגש כלב
Cant. 4, 10.	דֹּדַיִךְ ב׳	מה יפו דדיך
Gen. 25, 30.	הָאָדֹם ב׳	ויאמר עשו אל יעקב
Lev. 27, 23.	הָעֶרְכְּךָ ב׳	והשב לו הכהן את
Deut. 10, 7.	הַגֻּדְגֹּדָה ב׳	משם נסעו הגדגדה
2 S. 23, 25.	הַחֲרֹדִי ב׳	שמה החרדי אליקא
Jer. 12, 9.	הַעַיִט ב׳	צבוע נחלתי לי
Jer. 13, 19.	הָגְלָת ב׳	ערי הנגב סגרו ואין
Ruth 1, 13.	הֲלָהֵן ב׳	תשברנה עד אשר
Ps. 75, 2.	הוֹדִינוּ ב׳	לך אלהים
Gen. 31, 33.	וּבְאֹהֶל ב׳	ויבא לבן באהל יעקב
Gen. 47, 17.	וּבְמִקְנֵה ב׳	ויביאו את מקניהם
Ex. 9, 31.	וְהַפִּשְׁתָּה ב׳	והשערה נכתה
Ex. 17, 11.	וְגָבַר ב׳	והיה כאשר ירים
Ex. 21, 6.	וְהִגִּישׁוֹ ב׳	אדוניו אל האלהים
Ex. 26, 13.	וְהָאַמָּה ב׳	מזה והאמה
1 S. 1, 8.	וְלָמֶה ב׳	ויאמר לה אלקנה
1 S. 13, 18.	וְהָרֹאשׁ ב׳	אחד יפנה דרך
2 S. 11, 7.	וְלִשְׁלֹים ב׳	ויבא אוריה אליו
2 S. 21, 20.	וְאֶצְבְּעֹת ב׳	ותהי עוד מלחמה
2 Reg. 7, 8.	וַיִּטְמְנוּ ב׳	ויבאו המצורעים
Jer. 19, 1.	וּמִזִּקְנֵי ב׳	הלך וקנית בקבוק
Jer. 32, 33.	וְלַמֵּד ב׳	ויפנו אלי ערף ולא פנים
Ez. 23, 4.	וּשְׁמוֹתָן ב׳	אהלה הגדולה ואהליבה

Ez. 34, 5.	וַתְּפוּצֶינָה ב׳	מבלי רעה ותהיינה
Ez. 39, 9.	וּבִעֲרוּ ב׳	ויצאו ישבי ערי
Ez. 48, 22.	וּמֵאֲחֻזַּת ב׳	הלוים ומאחזת העיר
Hos. 12, 14.	וּבְנָבִיא ב׳	העלה ה׳ את ישראל
Ob. 1, 20.	וְגָלֻת ב׳	החל הזה לבני ישראל
Dan. 11, 5.	וְיֶחֱזַק ב׳	מלך הנגב ומן שריו
Dan. 11, 38.	וְלֶאֱלוֹהַּ ב׳	מעזים על כנו יכבד
Prov. 26, 10.	וְשֹׂכֵר ב׳	רב מחולל כל
Koh. 3, 19.	וּמִקְרֶה ב׳	כי מקרה בני האדם
Koh. 6, 4.	וּבַחֹשֶׁךְ ב׳	כי בהבל בא
Neh. 8, 16.	וּבִרְחוֹב ב׳	ויצאו העם ויביאו
Neh. 13, 15.	וּמְבִיאִים ב׳	בימים ההמה ראיתי
2 Chr. 15, 3.	וּלְלֹא ב׳	וימים רבים לישראל
2 Chr. 17, 9.	וַיְלַמְּדוּ ב׳	ביהודה ועמהם
2 Chr. 29, 31.	וְתוֹדוֹת ב׳	ויען יחזקיהו ויאמר
Ps. 47, 7.	זַמֵּרוּ ב׳	זמרו אלהים זמרו
1 Chr. 4, 20.	זוֹחֵת ב׳	ובני שימון אמנון
Gen. 8, 13.	חָרְבוּ ב׳	ויהי באחת ושש מאות
Ez. 16, 6.	חֲיִי ב׳	ואעבר עליך ואראך
Job 19, 21.	חָנֻּנִי ב׳	חנני אתם רעי
Ex. 21, 30.	יוּשַׁת ב׳	אם כפר יושת עליו
Ex. 21, 31.	יִגָּח ב׳ קמ׳	או בן יגח או בת יגח
Lev. 6, 20.	יִזֶּה ב׳	כל אשר יגע בבשרה
Num. 24, 18.	יְרֵשָׁה ב׳	והיה אדום ירשה
Jud. 5, 13.	יְרַד ב׳	אז ירד שריד
Jes. 15, 8.	יִלְלָתָהּ ב׳	כי הקיפה הזעקה
Jes. 44, 13.	יְתָאֲרֵהוּ ב׳	חרש עצים נטה קו
Ps. 68, 13.	יִדֹּדוּן ב׳	מלאכי צבאות ידדון
Ps. 94, 23.	יַצְמִיתֵם ב׳	וישב עליהם את אונם
Ex. 21, 25.	כְּוִיָּה ב׳	תחת כויה
Ez. 14, 10.	כַּעֲוֹן ב׳	ונשאו עונם כעון
Ps. 122, 5.	כִּסְאוֹת ב׳	כי שמה ישבו כסאות
Ps. 123, 2.	כְּעֵינֵי ב׳	הנה כעיני עבדים
Jud. 5, 23.	לְעֶזְרַת ב׳	אורו מרוז אמר
Jer. 12, 16.	לְהִשָּׁבֵעַ ב׳	והיה אם למד ילמדו
Ez. 13, 20.	לְפֹרְחוֹת ב׳	הנני אל כסתותיכנה
Jes. 26, 15.	לַגּוֹי ב׳	יספת לגוי ה׳ יספת
Hab. 3, 13.	לְיֵשַׁע ב׳	יצאת לישע עמך

לָבֵשׁ ב׳	ה׳ מלך גאות לבש	Ps. 93, 1.
לַפַּרְבָּר ב׳	למערב ארבעה	1 Chr. 26, 18.
לְאִיתִיאֵל ב׳	דברי אגור בן יקה	Prov. 30, 1.
לַמְּלָכִים ב׳	אל למלכים למואל	Prov. 31, 4.
לִבַּבְתִּנִי ב׳	אחתי כלה	Cant. 4, 9.
מִנֵּי ב׳	סורו מני דרך הטו	Jes. 30, 11.
מְמִתִים ב׳	ידך ה׳	Ps. 17, 14.
מִדּוֹד ב׳	מה דודך מדוד	Cant. 5, 9.
מֵיטִיבֵי ב׳	שלשה המה	Prov. 30, 29.
נַחֲמוּ ב׳	נחמו עמי	Jes. 40, 1.
נָעוּל ב׳	גן נעול אחתי	Cant. 4, 12.
סוּרָה ב׳	לדע׳ ותצא יעל לקראת	Jud. 4, 18.
עָרוּ ב׳	זכר ה׳ לבני אדום	Ps. 137, 7.
פֹּרָת ב׳	בן פרת יוסף	Gen. 49, 22.
צִיצִת ב׳	דבר אל בני ישראל	Num. 15, 38.
צְבָעִים ב׳	הלא ימצאו יחלקו	Jud. 5, 30.
קִרְבֶּנָה ב׳	ותבאנה אל קרבנה	Gen. 41, 21.
קִצֵּנוּ ב׳	צדו צעדינו מלכת	Thr. 4, 18.
רָזִי ב׳	מכנף הארץ זמרת	Jes. 24, 16.
רַבָּתִי ב׳	איכה ישבה בדד	Thr. 1, 1.
שַׁקַּמְתִּי ב׳	חדלו פרזון בישראל	Jud. 5, 7.
שִׁמֻּרִים ב׳	ליל שמורים הוא	Ex. 12, 42.
שֶׁאֱרָה ב׳	ובתו שארה ויבן	1 Chr. 7, 24.
תְּקוֹנֵנָּה ב׳	קינה היא וקוננוה	Ez. 32, 16.
תִּדְלָחֵם ב׳	והאבדתי את כל בהמתה	Ez. 32, 13.
תִּיכֻּל ב׳	ואנה שמעת עליך • כן כת׳	Dan. 5, 16.

59.

א״ב מן ב׳ ב׳ ותרויהון תרין לישנין וסימ׳

Ein alphabetisches Verzeichniss von Wörtern, die zwei Mal vorkommen in gleicher Form aber in verschiedener Bedeutung.

אוֹדֶה	ואני שלשה החצים	1 S. 20, 20.
אוֹרֶה	אתכם ביד אל	Job 27, 11.
אֹרֹת	ויצא אחד אל השדה	2 Reg. 4, 39.
אוֹרֹת	יחיו מתיך נבלתי	Jes. 26, 19.
אָגוּר	לולי כעס אויב	Deut. 32, 27.
אָגוּר	דברי אגור בן יקה	Prov. 30, 1.
אָמִיר	ונשאר בו עללות	Jes. 17, 6.
אָמִיר	כרבם כן חטאו לי	Hos. 4, 7.
אֶפְרָת	ואני בבאי מפדן	Gen. 48, 7.
אֶפְרָת	ותמת עזובה ויקח	1 Chr. 2, 19.
בָּאוּרִים	וישאל שאול בה׳	1 S. 28, 6.
בָּאֻרִים	על כן באורים כבדו ה׳	Jes. 24, 15.
בָּאֵלִם	מי כמכה באלם ה׳	Ex. 15, 11.
בָּאֵלִים	הנחמים באלים	Jes. 57, 5.
בְּבִגְדוֹ	ותתפשהו בבגדו	Gen. 39, 12.
בְּבִגְדוֹ	אם רעה בעיני אדניה	Ex. 21, 8.
בְּעֵרֶב	או בשתי או בערב	Lev. 13, 48.
בְּעֶרֶב	בנשף בערב יום באישון	Prov. 7, 9.
בּוּל	ובשנה האחת עשרה	1 Reg. 6, 38.
בּוּל	כי בול הרים ישאו לו	Job 40, 20.
בְּמַקְהֵלֹת	ויסעו מחרדה	Num. 33, 25.
בְּמַקְהֵלוֹת	ברכו אלהים	Ps. 68, 27.
בַּמַּסָּה	לא תנסו את ה׳ אלהיכם	Deut. 6, 16.
בַּמַּשָּׂא	וכנניהו שר הלוים	1 Chr. 15, 22.
בִּרְאוֹת	בעת ההיא בראות דויד	1 Chr. 21, 28.
בִּרְאֹת	ויהי לדרש אלהים בימי	2 Chr. 26, 5.
בְּשָׂרִים	חיי בשרים לב מרפא	Prov. 14, 30.
בְּשָׂרִים	לא נאוה לכסיל תענוג	Prov. 19, 10.
בְּרִיאָה	ואם בריאה יברא ה׳	Num. 16, 30.
בְּרִאָה	על כן יזבח לחרמו	Hab. 1, 16.
גָּמוּל	ושעשע יונק על חר	Jes. 11, 8.
גָּמוּל	ועל קריתים ועל בית	Jer. 48, 23.
דֹּבְרֹת	כן בנות צלפחד	Num. 27, 7.
דֹּבְרוֹת	עבדי ירדו מן הלבנון	1 Reg. 5, 23.
דּוֹדַי	ועל מחלקת החדש	1 Chr. 27, 4.
דּוֹדַי	נשכימה לכרמים	Cant. 7, 13.
הָאָבְנָיִם	ויאמר בילדכן את	Ex. 1, 16.
הָאָבְנָיִם	וארד בית היוצר והנהו	Jer. 18, 3.
הַקֹּרֹת	ויבאו אל יעקב	Gen. 42, 29.
הַקֹּרוֹת	ויחף את הבית • דד״ה	2 Chr. 3, 7.

2 S. 19, 6.	הֹבַשְׁתָּ	ויבא יואב אל המלך
Ps. 74, 15.	הוֹבַשְׁתָּ	אתה בקעת מעין ונחל
Lev. 10, 10.	הַחֹל	ולהבדיל בין הקדש
Prov. 27, 3.	הַחוֹל	כבד אבן ונטל החול
Num. 26, 15.	הַצְּפוֹנִי	בני גד למשפחתם לצפון
Joel 2, 20.	הַצְּפוֹנִי	ואת הצפוני ארחיק
Jes. 27, 1.	הַתַּנִּין	היום ההוא יפקד ה׳
Neh. 2, 13.	הַתַּנִּין	ואצאה בשער הגיא
Gen. 2, 6.	וְאֵד	יעלה מן הארץ
Job 18, 12.	וְאֵיד	יהי רעב אנו
1 Chr. 12, 3.	וּבְרָכָה	הראש אחיעזר ויואש
Prov. 11, 26.	וּבְרָכָה	מנע בר יקבהו לאם
Jos. 15, 43.	וְיִפְתָּח	ואשנה ונציב
Jud. 11, 1.	וְיִפְתָּח	הגלעדי היה גבור חיל
Gen. 1, 28.	וּרְדוּ	ויברך אתם אלהים ויאמר
Am. 6, 2.	וּרְדוּ	עברו כלנה וראו
Gen. 46, 21.	וָרֹאשׁ	ובני בנימן בלע ובכר
Thr. 3, 19.	וָרֹאשׁ	זכר עניי ומרודי
Ex. 28, 20.	וְשֹׁהַם	והטור הרביעי תרשיש ושה׳ קדמ׳
1 Chr. 24, 27.	וְשֹׁהַם	בני מררי ליעזיהו בני ושה׳ דר״ה
Gen. 24, 19.	וַתְּכַל	להשקתו ותאמר
2 S. 13, 39.	וַתְּכַל	דוד המלך לצאת
Gen. 22, 17.	וְכַחוֹל	כי ברך אברכך והרבה
Job 29, 18.	וְכַחוֹל	ואמר עם קני אגוע
Ez. 29, 18.	וְשָׂכָר	בן אדם נבוכדראצר
1 Chr. 26, 4.	וְשָׂכָר	ולעבד אדם בנים שמעיה
Jud. 5, 17.	וְדָן	גלעד בעבר הירדן
Ez. 27, 19.	וְדָן	ויון מאוזל
1 Chr. 5, 26.	וְהָרָא	ויער אלהי ישראל
Ps. 7, 15.	וְהָרָה	הנה יחבל און
Ez. 2, 10.	וָהִי	ויפרש אותה לפני
Ez. 23, 43.	וָהִיא	ואמר לבלה נאפים
Jos. 17, 14.	וְחֶבֶל	וידברו בני יוסף את יהושע
Micha 2, 10.	וְחֶבֶל	קומו ולכו כי לא זאת
Prov. 8, 26.	וְחוּצוֹת	עד לא עשה ארץ וחוצות
1 Reg. 20, 34.	וְחֻצוֹת	ויאמר אליו הערים

Jos. 18, 2.	חָלְקוּ	ויותרו בבני ישראל
Ps. 55, 22.	חָלְקוּ	מחמאת פיו
Jos. 19, 25.	וַחֲלִי	ויהי גבולם חלקת
Prov. 25, 12.	וַחֲלִי	נזם זהב וחלי כתם
Jos. 15, 24.	וָטֶלֶם	זיף וטלם ובעלות
Esra 10, 24.	וָטֶלֶם	ומן המשררים אלישיב
Gen. 29, 10.	וַיָּגֶל	ויהי כאשר ראה יעקב
Ps. 16, 9.	וַיָּגֶל	לכן שמח לבי ויגל כבודי
Num. 11, 31.	וַיָּגָז	ורוח נסע מאת ה׳
Job 1, 20.	וַיָּגָז	ויקם איוב ויקרע
Jos. 6, 20.	וַיָּרַע	העם ויתקעו בשופרות
1 Reg. 16, 25.	וַיָּרַע	ויעשה עמרי הרע
Gen. 37, 25.	וּצְרִי	וישבו לאכל לחם
1 Chr. 25, 3.	וּצְרִי	לידותון בני ידותון
Ex. 23, 22.	וְצַרְתִּי	כי אם שמע תשמע
Jes. 29, 3.	וְצַרְתִּי	וחניתי כדור עליך
Jes. 1, 2.	וְרוֹמַמְתִּי	שמעו שמים והאזיני ארץ
1 Chr. 25, 4.	וְרֹמַמְתִּי	להימן בני הימן בקיהו
Gen. 24, 2.	זְקַן	ויאמר אברהם אל
Ps. 133, 2.	זְקַן	כשמן הטוב על הראש
Jes. 1, 6.	זֹרוּ	מכף רגל ועד ראש
Ps. 58, 4.	זֹרוּ	רשעים מרחם
Hos. 4, 15.	זֹנֶה	אם זנה אתה ישראל
Ps. 73, 27.	זוֹנֶה	כי הנה רחקיך יאבדו
Jos. 2, 1.	חֶרֶשׁ כלע׳	וישלח יהושע בן נון
1 Chr. 9, 15.	חֶרֶשׁ	ובקבקר חרש וגלל
Num. 32, 27.	חֲלֹץ	ועבדיך יעברו כל חלוץ
Deut. 25, 10.	חֲלוּץ	ונקרא שמו בישראל
Deut. 29, 21.	חִלָּה	ואמר הדור האחרון
2 Chr. 33, 12.	חִלָּה	וכהצר לו חלה את פני
Jud. 14, 18.	חֲרַשְׁתֶּם	ויאמרו לו אנשי העיר
Hos. 10, 13.	חֲרַשְׁתֶּם	רשע עולתה קצרתם
Gen. 8, 11.	טָרָף	ותבא אליו היונה
Hos. 6, 1.	טָרָף	לכו ונשובה אל ה׳
Jud. 15, 15.	טְרִיָּה	וימצא לחי חמור
Jes. 1, 6.	טְרִיָּה	מכף רגל ועד ראש
Gen. 41, 40.	יִשַּׁק	אתה תהיה על ביתי
Prov. 24, 26.	יִשָּׁק	שפתים ישק משיב

יִשָּׁךְ	לא תשיך לאחיך	Deut. 23, 20.
יַשָּׁךְ	אחריתו כנחש ישך	Prov. 23, 32.
יִשְׁעוּ	הכבד העבדה על	Ex. 5, 9.
יִשְׁעוּ	ואין מושיע · דשמואל	2 S. 22, 42.
יוֹרִשֶׁנָּה	ועבדי כלב	Num. 14, 24.
יוֹרִישֶׁנָּה	הנה אדני יורישנה	Zach. 9, 4.
כְּתָם	כי לפני קצר כתם	Jes. 18, 5.
כְּתֹם	וירעם כתם לבבו	Ps. 78, 72.
כָּאֲרִי	שויתי עד בקר	Jes. 38, 13.
כָּאֲרִי	כי סבבוני כלבים	Ps. 22, 17.
לְאַט	ויצו המלך את יואב	2 S. 18, 5.
לְאַט	יען כי מאס	Jes. 8, 6.
לְמוֹד	והיה אם למוד ילמדו	Jer. 12, 16.
לָמֹד	ואמר אנה אתה הלך	Zach. 2, 6.
לְעַנֹּת	כל נדר וכל שבועת	Num. 30, 14.
לְעַנּוֹת	שיר מזמור לבני קרח	Ps. 88, 1.
לִדְבִר	ומחשבון עד רמת	Jos. 13, 26.
לִדְבִיר	ויבן את עשרים אמה	1 Reg. 6, 16.
לְתַנּוֹת	מימים ימימה תלכנה	Jud. 11, 40.
לְתַנּוֹת	ואת עשו שנאתי	Mal. 1, 3.
כַּאֲשֶׁר מָשַׁחְתָּ אֶת־אֲבִיהֶם	ומשחת אתם כאשר	Ex. 40, 15.
מָשְׁחָתָם	ומיד בן נכר לא	Lev. 22, 25.
מוּל	אלה הדברים · דמש׳ תור׳	Deut. 1, 1.
מֹל	בעת ההיא אמר ה׳ אלי	Jos. 5, 2.
מָנָה	מי מנה עפר יעקב	Num. 23, 10.
מָנָה	ולחנה יתן מנה אחת	1 S. 1, 5.
מִנִּית	ויכם מערוער ועד בואך	Jud. 11, 33.
מִנִּית	יהודה וארץ ישראל	Ez. 27, 17.
מְחַלְּלִים	ויעלו כל העם אחריו	1 Reg. 1, 40.
מְחַלְּלִים	ואתם מחללים אתו	Mal. 1, 12.
מָרָתָה	ויבאו מרתה ולא	Ex. 15, 23.
מָרָתָה	כשמרי שדי היו עליה	Jer. 4, 17.
מְגוּרֵי	וישב יעקב בארץ	Gen. 37, 1.
מְגוּרֵי	זעק והילל בן אדם	Ez. 21, 12.
מָעוֹג	ותאמר חי ה׳ אלהיך	1 Reg. 17, 12.
מָעוֹג	בחנפי לעגי מעוג	Ps. 35, 16.
מַעֲדַנֹּת	ויאמר שמואל הגישו	1 S. 15, 32.
מַעֲדַנּוֹת	התקשר מעדנות כימה	Job 38, 31.

נְבָלֶיךָ	הסר מעלי המון שריך	Am. 5, 23.
נְבָלֶיךָ	הורד שאול גאונך	Jes. 14, 11.
נִסִּי	ויבן משה מזבח ויקרא	Ex. 17, 15.
נִסִּי	כה אמר אדני ה׳	Jes. 49, 22.
נֵצַח	וגם נצח ישר׳ לא ישקר	1 S. 15, 29.
נֵצַח	תבוא עד דור אבותיו	Ps. 49, 20.
נַעֲנֶה	נגש והוא נענה	Jes. 53, 7.
נַעֲנֶה	כי איש מבית ישראל	Ez. 14, 7.
נַעֲנֵיתִי	לכן דבר אותם ואמרת	Ez. 14, 4.
נַעֲנֵיתִי	עד מאד ה׳	Ps. 119, 107.
סָמָר	שאו נס בארץ תקעו	Jer. 51, 27.
סָמַר	מפחדך בשרי	Ps. 119, 120.
סִלָּא	ויקמו עבדיו ויקשרו	2 Reg. 12, 21.
סִלָּה	כל אבירי אדני בקרבי	Thr. 1, 15.
שִׂטְנָה	ויחפרו באר אחרת	Gen. 26, 21.
שִׂטְנָה	ובמלכות אחשורוש	Esra 4, 6.
עָל	ואלה דברי דוד האחרנים	2 S. 23, 1.
עָל	ישובו לא על היו	Hos. 7, 16.
עַנּוֹת	ויאמר אין קול ענות	Ex. 32, 18.
עַנּוֹת	הכזה יהיה צום	Jes. 58, 5.
עָצְבִּי	ואגיד לך מאז בטרם	Jes. 48, 5.
עָצְבִּי	ויקרא יעבץ לאלהי	1 Chr. 4, 10.
פִּתַּח	כי יתרו פתח ויענני	Job 30, 11.
פְּתָחֵ	נשכימה לכרמים	Cant. 7, 13.
פּוֹרֵשׂ	גבר מחליק על רעהו	Prov. 29, 5.
פֹּרֵשׂ	דבק לשון יונק אל	Thr. 4, 4.
צְרֻרֹת	וישא העם את בצקו	Ex. 12, 34.
צְרֻרוֹת	ויבא דוד אל ביתו	2 S. 20, 3.
קֵרְבוּ	כי קרבו כתנור לבם	Hos. 7, 6.
קֵרְבוּ	ואתם הרי ישראל ענפכם	Ez. 36, 8.
רֹדֶה	כי הוא רדה בכל עבר	1 Reg. 5, 4.
רֹדֶה	מכה עמים בעברה	Jes. 14, 6.
רֹעָה מלר׳	עודנו מדבר עמם ורחל	Gen. 29, 9.
רֹעָה	שן רועה ורגל מועדת	Prov. 25, 19.
שִׁירוֹ	וידבר שלשת אלפים	1 Reg. 5, 12.
שִׁירֹה	יומם יצוה ה׳ חסדו	Ps. 42, 9.
שִׁבְרוֹ	ואת גביעי גביע הכסף	Gen. 44, 2.
שִׁבְרוֹ	ויהי כשמע גדעון	Jud. 7, 15.

שׁוֹנִים	ירא את ה׳ בני ומלך	Prov. 24, 21.
שׁוֹנִים	והשקות בכלי זהב	Est. 1, 7.
שִׁפְרָה	ויאמר מלך מצרים	Ex. 1, 15.
שִׁפְרָה	ברוחו שמים שפרה	Job 26, 13.
תֻּכּוּ	אף חבב עמים	Deut. 33, 3.
תֻכּוּ	על מה תכו עוד תוסיפו	Jes. 1, 5.
תַחֲרֹשׁ	לא תחרש בשור ובחמר	Deut. 22, 10.
תַּחֲרֹשׁ	אל תחרש על רעך רעה	Prov. 3, 29.

60.

א״ב מן ב׳ ב׳ חד בתלים וחד בקרי׳ וסימניהון

Ein alphabetisches Verzeichniss von Wörtern, die zwei Mal vorkommen und zwar immer ein Mal in den Pss. und ein Mal in der übrigen Heil. Schrift.

אַרְאֶנּוּ	זבח תודה יכבדנני	Ps. 50, 23.
אַרְאֶנּוּ	כימי צאתך מארץ	Micha 7, 15.
אֲדֹנַיִךְ	ויתאו המלך יפיך	Ps. 45, 12.
אֲדֹנַיִךְ	כה אמר אדניך ה׳	Jes. 51, 22.
בִּינָה מלע׳	אמרי האזינה ה׳	Ps. 5, 2.
בִּינָה	ואם בינה שמעה זאת	Job 34, 16.
בּוֹנֵה קמ׳	בונה ירושלם ה׳	Ps. 147, 2.
בֹּנֵי	ויפסלו בני שלמה	1 Reg. 5, 32.
בְּחַסְדְּךָ	ואני בחסדך בטחתי	Ps. 13, 6.
בְחַסְדְּךָ	נחית בחסדך עם זו	Ex. 15, 13.
בָּטֻחַ	משמועה רעה לא	Ps. 112, 7.
בָּטוּחַ	יצר סמוך תצר שלום	Jes. 26, 3.
גֵּז	ירד כמטר על גז	Ps. 72, 6.
גֵּז	ראשית דגנך תירשך	Deut. 18, 4.
דָּמָה	אדם להבל דמה	Ps. 144, 4.
דָּמָה	ארזים לא עממהו	Ez. 31, 8.
הַבְלֵי	שנאתי השמרים הבלי	Ps. 31, 7.
הַבְלֵי	משמרים הבלי שוא	Jona 2, 9.
וְיֵרְדְּ	מיעקב והאביד	Ps. 72, 8.
וְיֵרְדְּ	מים עד ים	Num. 24, 19.
זְקַן	כשמן הטוב על הראש	Ps. 133, 2.
זְקַן	ויאמר אברהם אל	Gen. 24, 2.
זֹרוּ	רשעים מרחם	Ps. 58, 4.
זֹרוּ	מכף רגל ועד ראש	Jes. 1, 6.
חַרְצֻבּוֹת	כי אין חרצבות למותם	Ps. 73, 4.
חַרְצֻבּוֹת	הלוא זה צום אבחרהו	Jes. 58, 6.
חֹנֶה	מלאך ה׳ סביב	Ps. 34, 8.
חֹנֶה	ויבא יתרו חתן	Ex. 18, 5.
טָבְעוּ	גוים בשחת עשו	Ps. 9, 16.
טָבְעוּ	בארץ שעריה	Thr. 2, 9.
יָאֵר	אלהים יחננו ויברכנו	Ps. 67, 2.
יָאֵר	ה׳ פניו אליך	Num. 6, 25.
יְהוֹשִׁיעַ	שמר פתאים ה׳	Ps. 116, 6.
יְהוֹשִׁיעַ	וידעו כל הקהל הזה	1 S. 17, 47.
כְּהַר	שיר המעלות הבטחים	Ps. 125, 1.
כְהַר	כי כהר פרצים יקום	Jes. 28, 21.
כִלְבָבֶךָ	יתן לך כלבבך	Ps. 20, 5.
כִּלְבָבֶךָ	ויאמר לו נשא כליו	1 S. 14, 7.
כְּטַל	חרמון שירד על	Ps. 133, 3.
כְּטַל	והיה שארית יעקב	Micha 5, 6.
לְעַנּוֹת	שיר מזמור לבני קרח	Ps. 88, 1.
לְעַנֹּת	כל נדר וכל שבעת	Num. 30, 14.
לַבְּהֵמָה	מצמיח חציר לבהמה	Ps. 104, 14.
לַבְּהֵמָה	ואעבר אל שער העין	Neh. 2, 14.
מְאַחֲרֵי	שוא לכם משכימי	Ps. 127, 2.
מְאַחֲרֵי	הוי משכימי בבקר	Jes. 5, 11.
מֵחִים	עלות מחים אעלה	Ps. 66, 15.
מֵחִים	ורעו כבשים כדברם	Jes. 5, 17.
נֵצַח קמ׳	תבוא עד דור אבותיו	Ps. 49, 20.
נֵצַח	וגם נצח ישראל	1 S. 15, 29.
נָחִיתָ	כצאן עמך ביד	Ps. 77, 21.
נָחִיתָ	בחסדך עם זו גאלת	Ex. 15, 13.
סַפְּרוּ	סבו ציון והקיפוה	Ps. 48, 13.
סִפְרוּ	ויאמר דויד אל יואב · דר״ה	1 Chr. 21, 2.
עֱנוּ	לה׳ בתודה זמרו	Ps. 147, 7.
עֱנוּ	אז ישיר ישראל	Num. 21, 17.
פָּרִיץ	לפעלות אדם בדבר	Ps. 17, 4.
פָּרִיץ	והוליד בן פריץ	Ez. 18, 10.

צְוָחָה	אלופינו מסבלים	Ps. 144, 14.
צְוָחָה	על היין בחוצות	Jes. 24, 11.
קָרְאֵנוּ	ה׳ הושיעה המלך	Ps. 20, 10.
קָרְאֵנוּ	כי מי גוי גדול	Deut. 4, 7.
רְאֵמִים	וירקידם כמו עגל	Ps. 29, 6.
רְאֵמִים	וירדו ראמים עמם	Jes. 34, 7.
שֶׁכָּכָה	אשרי העם שככה	Ps. 144, 15.
שֶׁכָּכָה	מה דודך מדוד	Cant. 5, 9.
תְּחִי	נפשי ותהללך	Ps. 119, 175.
תְּחִי	ויחגרו שקים במתניהם	1 Reg. 20, 32.

61.

א״ב כ׳ ב׳ ותרויהון בספר׳ וא׳ בריש יבימניהון

Ein alphabetisches Verzeichniss von Wörtern, die zwei Mal und zwar nur in demselben Buche (der Heil. Schrift) vorkommen und mit vorgesetztem Waw anfangen.

וְאֶשָּׂא	כי לא אויב יחרפני	Ps. 55, 13.
וְאֶשָּׂא	כפי אל מצותיך	Ps. 119, 48.
וּבְמוֹשַׁב	אשרי האיש אשר	Ps. 1, 1.
וּבְמוֹשַׁב	וירוממוהו בקהל עם	Ps. 107, 32.
וְגֹבַהּ	וגביהן וגבה להם	Ez. 1, 18.
וְגֹבַהּ	וארבעה שלחנות לעולה	Ez. 40, 42.
וְדָאַג	המה באו בארץ צוף	1 S. 9, 5.
וְדָאַג	בלכתך היום מעמדי	1 S. 10, 2.
וְהַדָּגָה	אשר ביאר תמות	Ex. 7, 18.
וְהַדָּגָה	אשר ביאר מתה	Ex. 7, 21.
וְהַדָּת	הרצים יצאו דחופים	Est. 3, 15.
וְהַדָּת	הרצים רכבי הרכש	Est. 8, 14.
וְזִיזָא	בן שפעי בן אלון	1 Chr. 4, 37.
וְזִיזָה	ויהי יחת הראש	1 Chr. 23, 11.
וְחֶלְמָא	באדין עללין חרטמיא	Dan. 4, 4.
וְחֶלְמָא	ועד אחרין על קדמי	Dan. 4, 5.
וְטֹהֲרֵי	וגם שם עיר המונה	Ez. 39, 16.
וְטִהֲרוּ	שבעת ימים יכפרו	Ez. 43, 26.
וְיֹשְׁבִים	ומלך ישראל ויהושפט	2 Chr. 18, 9.
וְיֹשְׁבִים	כה אמר סנחריב · בד״ה	2 Chr. 32, 10.
וּכְגַנָּה	כי תהיו כאלה נבלת עלה	Jes. 1, 30.
וּכְגַנָּה	כי כארץ תוציא צמחה	Jes. 61, 11.
וּלְרִבְקָה	אח ושמו לבן	Gen. 24, 29.
וּלְרִבְקָה	ותהיין מרת רוח	Gen. 26, 35.
וּמַקְטִרִים	לה׳ עלות בבקר בבקר	2 Chr. 13, 11.
וּמַקְטִרִים	בני עתה אל תשלו	2 Chr. 29, 11.
וְנֶסֶךְ	ועשרן סלת בלול	Ex. 29, 40.
וְנֶסֶךְ	לא תעלו עליו קטרת	Ex. 30, 9.
וְסוֹר	חטאנו ועוינו והרשענו	Dan. 9, 5.
וְסוֹר	וכל ישראל עברו את תורתך	Dan. 9, 11.
וְעֵשָׂו	ויהי כאשר כלה	Gen. 27, 30.
וְעֵשָׂו	וישלח יצחק את יעקב	Gen. 28, 5.
וּפָחַד	ביום ההוא יהי׳ מצרים	Jes. 19, 16.
וּפָחַד	אז תראי ונהרת	Jes. 60, 5.
וְצִיבָא	ואלף איש עמו מבנימן	2 S. 19, 18.
וְצִיבָא	ויאמר לו המלך למה	2 S. 19, 30.
וְקָצִיר	עד כל ימי הארץ	Gen. 8, 22.
וְקָצִיר	כי זה שנתים הרעב	Gen. 45, 6.
וְרִנְּנוּ	ובאו ורננו במרום	Jer. 31, 12.
וְרִנְּנוּ	על בבל שמים וארץ	Jer. 51, 48.
וְשֹׁמְרוֹן	כחצי חטאתיך	Ez. 16, 51.
וְשֹׁמְרוֹן	ואחותיך סדום ובנותיה	Ez. 16, 55.
וּתְהִלָּתִי	אני היא שמי וכבודי	Jes. 42, 8.
וּתְהִלָּתִי	למען שמי אאריך אפי	Jes. 48, 9.

62.

א״ב מן כ׳ ב׳ ובא׳ יסימניהון

Ein alphabetisches Verzeichniss von Wörtern, die nur zwei Mal vorkommen und mit וב׳ anfangen.

וּבְאַף	ונלחמתי אני אתכם	Jer. 21, 5.
וּבְאַף	מקול אויב מפני	Ps. 55, 4.

Prov. 14, 28.	וּבְאֶפֶס	ברב עם הדרת מלך
Dan. 8, 25.	וּבְאֶפֶס	ועל שכלו והצליח
Jos. 22, 19.	וּבַי״י	ואך אם טמאה ארץ
Ps. 26, 1.	וּבַי״י	לדוד שפטני ה׳
Gen. 31, 33.	וּבְאֹהֶל	ויבא לבן באהל יעקב
Gen. 31, 33.	וּבְאֹהֶל	ובאהל · ב׳ בפסוקא
Gen. 14, 5.	וּבְאַרְבַּע	עשרה שנה בא כדר לעמר
2 Reg. 18, 13.	וּבְאַרְבַּע	עשרה שנה למלך חזקיהו
1 S. 14, 47.	וּבֶאֱדוֹם	ושאול לכד המלוכה
Jer. 40, 11.	וּבֶאֱדוֹם	וגם כל היהודים אשר
Jer. 17, 27.	וּבָא	ואם לא תשמעו אלי
Est. 5, 14.	וּבֹא	ותאמר לו זרש אשתו
Ez. 33, 33.	וּבְבֹאָהּ	הנה באה וידעו כי
Est. 9, 25.	וּבְבֹאָהּ	לפני המלך אמר עם
Jes. 9, 8.	וּבְגֹדֶל	וידעו העם כלו אפרים
Ez. 31, 18.	וּבְגֹדֶל	אל מי דמית ככה
Deut. 1, 32.	וּבַדָּבָר	הזה אינכם מאמינם
Deut. 32, 47.	וּבַדָּבָר	כי לא דבר רק הוא מכם
Est. 2, 12.	וּבְהַגִּיעַ	תר נערה ונערה
Est. 2, 15.	וּבְהַגִּיעַ	תר אסתר בת אביחיל
Deut. 8, 7.	וּבָהָר	כי ה׳ אלהיך מביאך
Jos. 15, 48.	וּבָהָר	שמיר ויתיר ושוכה
Est. 2, 8.	וּבְהִקָּבֵץ	ויהי בהשמע דבר
Est. 2, 19.	וּבְהִקָּבֵץ	בתולות שנית
2 S. 15, 30.	וּבוֹכֶה	ודוד עלה במעלה הזיתים
Jer. 41, 6.	וּבֹכֶה	ויצא ישמעאל בן נתניה
Deut. 9, 29.	וּבִזְרֹעֲךָ	והם עמך ונחלתך
Jer. 32, 17.	וּבִזְרֹעֲךָ	אהה אדני ה׳ הנה אתה
2 S. 12, 3.	וּבְחֵיקוֹ	ולרש אין כל כי אם
Jes. 40, 11.	וּבְחֵיקוֹ	כרעה עדרו ירעה
Jer. 9, 6.	וּבְחַנְתִּים	לכן כה אמר ה׳ צבאות הנני
Zach. 13, 9.	וּבְחַנְתִּים	והבאתי את השלישית
Jes. 40, 30.	וּבַחוּרִים	ויעפו נערים ויגעו
Jer. 31, 13.	וּבַחֻרִים	אז תשמח בתולה
Koh. 6, 4.	וּבַחֹשֶׁךְ	כי בהבל בא
Koh. 6, 4.	וּבַחֹשֶׁךְ	ילך · ב׳ בפסוקא
Dan. 4, 12.	וּבְטַל	ברם עקר שרשוהי
Dan. 4, 19.	וּבְטַל	ודי חזה מלכא עיר

Deut. 9, 5.	וּבְיֹשֶׁר	לא בצדקתך ובישר
1 Reg. 9, 4.	וּבְיֹשֶׁר	ואתה אם תלך לפני· דמלכ׳
Koh. 8, 10.	וּבְכֵן	ראיתי רשעים קברים
Est. 4, 16.	וּבְכֵן	לך כנוס את כל היהודים
1 S. 30, 22.	וּבְלִיַּעַל	ויען כל איש רע ובליעל
2 S. 23, 6.	וּבְלִיַּעַל	כקוץ מנד כלהם
Deut. 6, 7.	וּבְלֶכְתְּךָ	ושננתם לבניך
Deut. 11, 19.	וּבְלֶכְתְּךָ	ולמדתם אתם את
1 Reg. 9, 19.	וּבַלְּבָנוֹן	ואת כל ערי המסכנות
2 Chr. 8, 6.	וּבַלְּבָנוֹן	ואת בעלת ואת כל ערי
Num. 9, 17.	וּבִמְקוֹם	ולפי העלות הענן
Prov. 25, 6.	וּבִמְקוֹם	אל תתהדר לפני מלך
Ex. 14, 31.	וּבְמֹשֶׁה	וירא ישראל את היד
Num. 21, 5.	וּבְמֹשֶׁה	וידבר העם באלהים
Ps. 1, 1.	וּבְמוֹשַׁב	אשרי האיש אשר
Ps. 107, 32.	וּבְמוֹשַׁב	וירוממוהו בקהל עם
Dan. 6, 29.	וּבְמַלְכוּת	ודניאל דנה הצלח
Esra 4, 6.	וּבְמַלְכוּת	אחשורוש בתחלת
Lev. 12, 6.	וּבִמְלֹאת	ימי טהרה לבן או
Est. 1, 5.	וּבִמְלוֹאת	הימים האלה
Gen. 47, 17.	וּבְמִקְנֵה	ויביאו את מקניהם
Gen. 47, 17.	וּבְמִקְנֵה	אל יוסף · ב׳ בפסוק
Ex. 25, 34.	וּבַמְּנֹרָה	ארבעה גביעים
Ex. 37, 20.	וּבַמְּנֹרָה	וחברו · דמשכנ׳ תנינ׳
Ex. 15, 20.	וּבִמְחֹלֹת	ותקח מרים הנביאה
Jud. 11, 34.	וּבִמְחֹלוֹת	ויבא יפתח המצפה
Deut. 26, 8.	וּבְמֹרָא	ויוצאנו ה׳ ממצרים
Jer. 32, 21.	וּבְמוֹרָא	ותצא את עמך
Ex. 33, 16.	וּבַמֶּה	יודע אפוא כי מצאתי
1 S. 29, 4.	וּבַמֶּה	ויקצפו עליו שרי
Jes. 43, 2.	וּבַנְּהָרוֹת	כי תעבר במים
Ps. 89, 26.	וּבַנְּהָרוֹת	ושמתי בים ידו
Hos. 12, 14.	וּבְנָבִיא	העלה ה׳ את ישראל
Hos. 12, 14.	וּבְנָבִיא	ממצרים · ב׳ בפסוק׳
Jer. 23, 13.	וּבִנְבִיאֵי	שמרון ראיתי תפלה
Jer. 23, 14.	וּבִנְבִאֵי	ירושלם ראיתי שערורה
Esra 10, 30.	וּבִנּוּי	ומבני פחת מואב
Esra 10, 38.	וּבִנּוּי	ובני ובנוי שמעי

וּבְשְׂאֵת	ובלכת הכרובים ילכו	Ez. 10, 16.
וּבִשְׂאֵת	מתנתיכם בהעביר	Ez. 20, 31.
וּבַעֲבוּר	ויאמר משה אל העם	Ex. 20, 17.
וּבַעֲבוּר	לכן שעפי ישיבוני	Job 20, 2.
וּבָעֲרָבָה	ואל המלכים אשר מצפון	Jos. 11, 2.
וּבָעֲרָבָה	בהר ובשפלה ובערבה	Jos. 12, 8.
וּבְעָלוֹת	זיף וטלם ובעלות	Jos. 15, 24.
וּבְעָלוֹת	בענא בן חושי באשר	1 Reg. 4, 16.
וּבְעַמֶּךָ	ושרץ היאר צפרדעים	Ex. 7, 28.
וּבְעַמֶּךָ	כי בפעם הזאת אני שלח	Ex. 9, 14.
וּבַפְּלִשְׁתִּים	ושאול לכד המלוכה	1 S. 14, 47.
וּבַפְּלִשְׁתִּים	ויצא וילחם בפלשתים	2 Chr. 26, 6.
וּבְצֵאתוֹ	והיה על אהרן לשרת	Ex. 28, 35.
וּבְצֵאתוֹ	והקיפו הלוים את המלך	2 Chr. 23, 7.
וּבְקֹלוֹ	אחרי ה׳ אלהיכם הלכו	Deut. 13, 5.
וּבְקוֹלוֹ	ויאמרו העם אל יהושע	Jos. 24, 24.
וּבְקוּמָהּ	ותשקין את אביהן יין	Gen. 19, 33.
וּבְקֻמָהּ .	ותשקין גם בלילה	Gen. 19, 35.
וּבְקוּמֶךָ	ושננתם לבניך ודברת בם	Deut. 6, 7.
וּבְקוּמֶךָ	ולמדתם אתם את	Deut. 11, 19.
וּבְרָכָה	הראש אחיעזר ויואש	1 Chr. 12, 3.
וּבְרָכָה	מנע בר יקבהו לאם	Prov. 11, 26.
וּבָרְכוּ	ויאמר דוד אל הגבענים	2 S. 21, 3.
וּבָרְכוּ	שאו ידכם קדש	Ps. 134, 2.
וּבְרֹאשׁ	ושבו דמיהם בראש	1 Reg. 2, 33.
וּבְרֹאשׁ	המכונה חצי האמה	1 Reg. 7, 35.
וּבְרָאשֵׁי	וביום שמחתכם ובמועדיכם	Num. 10, 10.
וּבְרָאשֵׁי	חדשיכם תקריבו	Num. 28, 11.
וּבַר	נקי כפים ובר לבב	Ps. 24, 4.
וּבַר	ותאמר זך לקחי	Job 11, 4.
וּבִרְכַּיִם	חזקו ידים רפות	Jes. 35, 3.
וּבִרְכַּיִם	כושל יקימון מליך	Job 4, 4.
וּבִרְחוֹב	{ויצאו העם ויביאו ויעשו	Neh. 8, 16.
וּבִרְחוֹב	{להם סכות · ב׳ בפסוקא	Neh. 8, 16.
וּבִרְחֹבוֹתֶיהָ	בחוצתיו חגרו שק	Jes. 15, 3.
וּבִרְחֹבֹתֶיהָ	על כל גגות מואב	Jer. 48, 38.
וּבְרָקִים	ויהי ביום השלישי	Ex. 19, 16.
וּבְרָקִים	וישלח חציו ויפיצם	Ps. 18, 15.
וּבְרִיתִי	לכן כה אמר אדני ה׳ חי	Ez. 17, 19.
וּבְרִיתִי	לעולם אשמור לו חסדי	Ps. 89, 29.
וּבְרַחֲמִים	ברגע קטן עזבתיך	Jes. 54, 7.
וּבְרַחֲמִים	וארשתיך לי לעולם	Hos. 2, 21.
וּבְשָׁכְבְּךָ	ושננתם לבניך	Deut. 6, 7.
וּבְשָׁכְבְּךָ	ולמדתם אתם את בניכם	Deut. 11, 19.
וּבְשִׁמְךָ	ויקרא אסא אל ה׳ אלהיו	2 Chr. 14, 10.
וּבְשִׁמְךָ	ולא נסוג ממך תחיינו	Ps. 80, 19.
וּבִשְׁעָרֶיךָ	וכתבתם על מזוזת	Deut. 6, 8.
וּבִשְׁעָרֶיךָ	וחברו · וכתבתם	Deut. 11, 20.
וּבְשִׁרִים	למה נחבאת לברח	Gen. 31, 27.
וּבְשִׁירִים	ודויד וכל ישראל	1 Chr. 13, 8.
וּבְשַׁעַלְבִים	ויואל האמרי לשבת	Jud. 1, 35.
וּבְשַׁעַלְבִים	בן דקר במקץ ובשעלבים	1 Reg. 4, 9.
וּבְתֻפִּים	ודוד וכל בית ישראל	2 S. 6, 5.
וּבְתֻפִּים	וחברו · ודויד וכל ישראל	1 Chr. 13, 8.

דר״ה

– — — –

63.

א״ב מן ב׳ ב׳ והא׳ דלוג וסי׳

Ein alphabetisches Verzeichniss von Wörtern, die nur zwei Mal vorkommen und mit וְהָ anfangen.

וְהָאֶבֶן	הזאת אשר שמתי	Gen. 28, 22.
וְהָאֶבֶן	וירא והנה באר בשדה	Gen. 29, 2.
וְהֵאָחֲזוּ	ואתנו תשבו והארץ	Gen. 34, 10.
וְהֵאָחֲזוּ	ואך אם טמאה ארץ	Jos. 22, 19.
וְהָאַמָּה	{מזה והאמה מזה	Ex. 26, 13.
וְהָאַמָּה	{בעדף · ב׳ בפסוק׳	Ex. 26, 13.
וְהָאָבוֹת	הבנים מלקטים עצים	Jer. 7, 18.
וְהָאָבוֹת	ונפצתים איש אל אחיו	Jer. 13, 14.
וְהַבָּאִים	זכר ונקבה מכל בשר	Gen. 7, 16.
וְהַבָּאִים	והיהודים והסגנים	Neh. 5, 17.
וְהַבּוֹר	ויקחהו וישלכו אתו	Gen. 37, 24.
וְהַבּוֹר	אשר השליך שם ישמעאל	Jer. 41, 9.

וְהִבִּיטוּ	והיה כצאת משה	Ex. 33, 8.
וְהִבִּיטוּ	והשפכתי על בית דויד	Zach. 12, 10.
וְהַבֶּגֶד	כי יהיה בו נגע צרעת	Lev. 13, 47.
וְהַבֶּגֶד	או השתי או הערב	Lev. 13, 58.
וַהֲבִיאֹתִיו	ועבדי כלב עקב היתה	Num. 14, 24.
וַהֲבִיאוֹתִיו	והנה לא עלתה כי אמרה	1 S. 1, 22.
וַהֲבִיאוֹתִיךָ	ועלית על עמי ישראל	Ez. 38, 16.
וַהֲבֵאוֹתִךָ	ושבבתיך וששאתיך	Ez. 39, 2.
וְהִגִּישׁוֹ	אדניו אל האלהים	Ex. 21, 6.
וְהִגִּישׁוֹ	אל הדלת· ב׳ בפסוק׳	Ex. 21, 6.
וְהַגָּדוֹל	על הרע כפים להיטיב	Micha 7, 3.
וְהַגָּדוֹל	אלה מבני גד ראשי	1 Chr. 12, 14.
וְהַגִּלְגָּל	והלך מדי שנה בשנה	1 S. 7, 16.
וְהַגִּלְגָּל	ואל תדרשו ביתאל	Am. 5, 5.
וְהַדָּגָה	אשר ביאר תמות	Ex. 7, 18.
וְהַדָּגָה	אשר ביאר מתה	Ex. 7, 21.
וְהַדָּת	הרצים רכבי הרכש	Est. 3, 15.
וְהַדָּת	הרצים יצאו דחופים	Est. 8, 14.
וְהַהֵיכָל	ומדד ארך הבנין	Ez. 41, 15.
וְהַהֵיכָל	שערי הנהרות נפתחו	Nah. 2, 7.
וְהוּרַד	המשכן ונסעו בני	Num. 10, 17.
וְהוּרַד	ועבר בים צרה	Zach. 10, 11.
וְהוֹשִׁיעַ	כעת מחר אשלח	1 S. 9, 16.
וְהוֹשִׁיעַ	ה׳ את אהלי יהודה	Zach. 12, 7.
וְהוֹשִׁיעָה	וישלחו אנשי גבעון	Jos. 10, 6.
וְהוֹשִׁיעָה	פנה אלי וחנני	Ps. 86, 16.
וְהוֹשִׁיעָם	וכי הקים ה׳ להם שפטים	Jud. 2, 18.
וְהוֹשִׁיעָם	ה׳ אלהיהם ביום ההוא	Zach. 9, 16.
וְהוֹסַפְתִּי מלר׳	על ימיך חמש עשרה	2 Reg. 20, 6.
וְהוֹסַפְתִּי	ואני תמיד איחל	Ps. 71, 14.
וְהוֹסַפְתִּי מלע׳	דברתי אני עם לבי	Koh. 1, 16.
וְהוֹסַפְתִּי	וגדלתי והוספתי	Koh. 2, 9.
וְהֶחֱזִיקָה	כי ינצו אנשים יחדו	Deut. 25, 11.
וְהֶחֱזִיקָה	בו ונשקה לו	Prov. 7, 13.
וְהֵטַבְנוּ	ויאמר משה לחבב	Num. 10, 29.
וְהֵטַבְנוּ	והיה כי תלך עמנו	Num. 10, 32.
וְהֵיכָל	האמר לכורש רעי	Jes. 44, 28.
וְהֵיכַל	מיום אחד לחדש השביעי	Esra 3, 6.

וְהִכַּנִי	הצילני נא מיד אחי	Gen. 32, 12.
וְהִכָּנִי	אם יוכל להלחם אתי	1 S. 17, 9.
וְהַךְ	ויאמר ה׳ אל משה	Ex. 8, 12.
וְהַךְ	ואתה בן אדם הנבא	Ez. 21, 14.
וְהַלְּבֹנָה	ואמרה ויטהרו הלשכות	Neh. 13, 9.
וְהַלְּבוֹנָה	ומהם ממנים על הכלים	1 Chr. 9, 29.
וְהֵמַתָּה	את העם הזה	Num. 14, 15.
וְהֵמַתָּה	עתה לך והכיתה את	1 S. 15, 3.
וְהַמֹּאָבִים	רפאים יחשבו אף הם	Deut. 2, 11.
וְהַמּוֹאָבִים	כאשר עשו לי בני עשו	Deut. 2, 29.
וְהַמִּזְבֵּחַ	נקרע וישפך הדשן	1 Reg. 13, 5.
וְהַמִּזְבֵּחַ	וימד את החצר ארך	Ez. 40, 47.
וְהַמִּגְדָּל	פלל בן אוזי מנגד	Neh. 3, 25.
וְהַמִּגְדָּל	והנתינים היו ישבים	Neh. 3, 26.
וְהַמֹּרִגִּים	ויאמר ארונה אל דוד	2 S. 24, 22.
וְהַמּוֹרִגִּים	ויאמר ארנן אל דויד	1 Chr. 21, 23.
וְהַנְּשִׂאִם	הביאו את אבני השהם	Ex. 35, 27.
וְהַנְּשִׂיאִים	וישב פינחס בן אלעזר	Jos. 22, 32.
וְהִנְּכֶם	ה׳ אלהיכם הרבה אתכם	Deut. 1, 10.
וְהִנְּכֶם	ואתם הרעתם לעשות	Jer. 16, 12.
וְהִשִּׁיאוּ	אותם עון אשמה	Lev. 22, 16.
וְהִשִּׂיאוּ	ואם אל עיר יאסף	2 S. 17, 13.
וְהַעַל כלע׳	ויאמר ה׳· הצפרדעים	Ex. 8, 1.
וְהַעַל	קח את אהרן ואת אלעזר	Num. 20, 25.
וְהָעֲרָבָה	והירדן וגבל מכנרת	Deut. 3, 17.
וְהָעֲרָבָה	עד ים כנרות	Jos. 12, 3.
וְהַפִּשְׁתָּה	(והשערה נכתה כי	Ex. 9, 31.
וְהַפִּשְׁתָּה	(והשערה · ב׳ בפסו׳	Ex. 9, 31.
וְהִפְלָה	ה׳ בין מקנה ישראל	Ex. 9, 4.
וְהִפְלָא	ה׳ את מכתך ואת	Deut. 28, 59.
וְהַצֵּל	ומאז באתי אל פרעה	Ex. 5, 24.
וְהַצֵּל	וישאל דוד בה׳ לאמר	1 S. 30, 8.
וְהַצָּעִיר	וישבו לפניו הבכר	Gen. 43, 33.
וְהַצָּעִיר	הקטן יהיה לאלף	Jes. 60, 22.
וְהַקֹּל	נשמע בית פרעה	Gen. 45, 16.
וְהַקּוֹל	ואין העם מכירים קול	Esra 3, 13.
וְהַקָּרוֹב	הרחוק בדבר ימות	Ez. 6, 12.
וְהַקָּרֹב	אליו כרשנא שתר	Est. 1, 14.

Ez. 13, 9.	וְהַקֹּסְמִים	והיתה ידי אל הנביאים
Zach. 10, 2.	וְהַקּוֹסְמִים	כי התרפים דברו און
Gen. 20, 11.	וַהֲרָגוּנִי	ויאמר אברהם כי אמרתי
1 Reg. 12, 27.	וַהֲרָגֻנִי	אם יעלה העם הזה
Ez. 21, 15.	וְהַרְבֵּה	למען למוג לב
Ps. 130, 7.	וְהַרְבֵּה	יחל ישראל אל ה׳
Ps. 78, 38.	וְהִרְבָּה	והוא רחום יכפר עון
Job 9, 17.	וְהִרְבָּה	אשר בשערה ישופני
1 Chr. 5, 26.	וְהָרָא	ויער אלהי ישראל
Ps. 7, 15.	וְהָרָה	הנה יחבל און
1 S. 13, 18.	וְהָרֹאשׁ	אחד יפנה דרך
1 S. 13, 18.	וְהָרֹאשׁ	בית חרון· ב׳ בפסוק
Ex. 26, 35.	וְהַשֻּׁלְחָן	ושמת את השלחן
Num. 3, 31.	וְהַשֻּׁלְחָן	ומשמרתם הארן
2 S. 15, 2.	וְהִשְׁכִּים	אבשלום ועמד
Job 1, 5.	וְהִשְׁכִּים	ויהי כי הקיפו ימי
2 S. 2, 24.	וְהַשֶּׁמֶשׁ	וירדפו יואב ואבישי
2 Reg. 3, 22.	וְהַשֶּׁמֶשׁ	וישכימו בבקר והשמש
1 Reg. 18, 45.	וְהַשָּׁמַיִם	ויהי עד כה ועד כה
Zach. 8, 12.	וְהַשָּׁמַיִם	כי זרע השלום הגפן
Zach. 8, 19.	וְהַשָּׁלוֹם	כה אמר ה׳ צבאות
Mal. 2, 5.	וְהַשָּׁלוֹם	בריתי היתה אתו
Lev. 16, 21.	וְהִתְוַדָּה	וסמך אהרן את שתי
Lev. 5, 5.	וְהִתְוַדָּה	והיה כי יאשם לאחת
Lev. 26, 40.	וְהִתְוַדּוּ	את עונם ואת עון
Num. 5, 7.	וְהִתְוַדּוּ	את חטאתם
Lev. 25, 46.	וְהִתְנַחַלְתֶּם	אתם לבניכם
Num. 33, 54.	וְהִתְנַחַלְתֶּם	את הארץ בגורל
Ex. 24, 12.	וְהַתּוֹרָה	ויאמר ה׳ אל משה עלה
2 Reg. 17, 37.	וְהַתּוֹרָה	ואת החקים ואת המשפטים
Joel 1, 12.	וְהַתְּאֵנָה	הגפן הובישה
Hag. 2, 19.	וְהַתְּאֵנָה	העוד הזרע במגורה

64.

א״ב מן ב׳ ב׳ הא׳ וכלהון פתחין וסימניהון

Ein alphabetisches Verzeichniss von Wörtern, die **zwei Mal** vorkommen und mit einem He anfangen, das Pathach (od. Chataf-Pathach) hat.

Gen. 4, 23.	הַאֲזֵנָּה	ויאמר למך לנשיו
Jes. 32, 9.	הַאֲזֵנָּה	נשים שאננות
Num. 17, 28.	הַאִם	כל הקרב הקרב אל
Job 6, 13.	הַאִם	אין עזרתי בי
Jud. 20, 23.	הַאוֹסִף	ויעלו בני ישראל ויבכו
Jud. 20, 28.	הַאֹסִף	ופינחס בן אלעזר בן
Jer. 5, 22.	הַאוֹתִי	לא תיראו נאם ה׳
Jer. 7, 19.	הַאֹתִי	הם מכעסים
Micha 6, 10.	הַאִשׁ	עוד האש בית רשע
Neh. 6, 11.	הַאִישׁ	ואמרה האיש כמוני
Gen. 2, 12.	הַבְּדֹלַח	וזהב הארץ ההוא טוב
Num. 11, 7.	הַבְּדֹלַח	והמן כזרע גד
Jona 2, 9.	הַבְלֵי	משמרים הבלי שוא
Ps. 31, 7.	הַבְלֵי	שנאתי השמרים הבלי
Jes. 37, 26.	הֲבֵאתִיהָ	הלא שמעת למרחוק
2 Reg. 19, 25.	הֲבֵאתִיהָ	וחברו הלוא שמעת
2 S. 7, 18.	הֲבִיאֹתַנִי	ויבא המלך דוד
1 Chr. 17, 16.	הֲבִיאֹתַנִי	וחברו· ויבא המלך· ד״ה
Job 38, 16.	הֲבָאתָ	עד נבכי ים
Job 38, 22.	הֲבָאתָ	אל אצרות שלג
Jos. 2, 6.	הַגָּגָה	והיא העלתם הגגה
1 S. 9, 26.	הַגָּג	וישכמו ויהי כעלות
Jer. 40, 7.	הָגְלוּ	וישמעו כל שרי
1 Chr. 9, 1.	הָגְלוּ	וכל ישראל התיחשו
1 S. 23, 1.	הַגְּרָנוֹת	ויגדו לדוד לאמר
Joel 2, 24.	הַגְּרָנוֹת	ומלאו הגרנות בר
Gen. 41, 7.	הַדַּקּוֹת	ותבלענה השבלים
Gen. 41, 24.	הַדַּקֹּת	וחברו· ותבלען
Num. 35, 22.	הֲדָפוֹ	ואם בפתע בלא איבה
Jer. 46, 15.	הֲדָפוֹ	מדוע נסחף אביריך

הֲדַם	ויאמר חלילה לי ה׳	2 S. 23, 17.
הֲדַם	ויאמר חלילה	1 Chr. 11, 19.
הֲדָבָר	בכל אשר התהלכתי	2 S. 7, 7.
הֲדָבָר	וחברו · בכל אשר	1 Chr. 17, 6.
הַדְּבָקִים	ואיש משך בקשת	1 Reg. 22, 34.
הַדְּבָקִים	וחברו · ואיש משך	2 Chr. 18, 33.
הַהֵיטֵב	ויאמר ה׳ ההיטב חרה	Jona 4, 4.
הַהֵיטֵב	ויאמר אלהים אל יונה	Jona 4, 9.
הוֹבַשְׁתָּ	ויבא יואב אל המלך	2 S. 19, 6.
הוֹבַשְׁתָּ	אתה בקעת מעין	Ps. 74, 15.
הַזְּמוֹרָה	ויאמר אלי הראית בן	Ez. 8, 17.
הַזְּמוֹרָה	בן אדם מה יהיה עץ	Ez. 15, 2.
הַחֶדֶר	ויאמר אמנון אל תמר	2 S. 13, 10.
הַחֶדֶר	מן החדר תבא סופה	Job 37, 9.
הַחִלּוֹתָ	אדני ה׳ אתה החלות	Deut. 3, 24.
הַחִלּוֹתָ	ויאמרו לו חכמיו וזרש	Est. 6, 13.
הַחֲרִימָם	כי מאת ה׳ היתה לחזק	Jos. 11, 20.
הַחֲרִימָם	ויחמל שאול והעם על	1 S. 15, 9.
הַטּוֹחַ	ואם ישוב הנגע ופרח	Lev. 14, 43.
הַטֹּחַ	ואם בא יבא הכהן	Lev. 14, 48.
הַטֻּמְאָה	והיה ביום ההוא · אכרית	Zach. 13, 2.
הַטֻּמְאָה	ויבאו הכהנים לפנימה	2 Chr. 29, 16.
הַיָּרֵא	את דבר ה׳ מעבדי	Ex. 9, 20.
הַיָּרֵא	ויספו השטרים לדבר	Deut. 20, 8.
הֲיַד	ויאמר ה׳ אל משה היד	Num. 11, 23.
הֲיַד	ויאמר המלך היד יואב	2 S. 14, 19.
הַיָּלוּד	ותאמר האשה אשר	1 Reg. 3, 26.
הַיָּלוּד	ויען המלך ויאמר תנו לה	1 Reg. 3, 27.
הֲיֻקַּח	מגבור מלקוח	Jes. 49, 24.
הֲיֻקַּח	ממנו עץ לעשות	Ez. 15, 3.
הַיְסֻפַּר	בקבר חסדך	Ps. 88, 12.
הַיְסֻפַּר	לו כי אדבר	Job 37, 20.
הֲכַף	ויאמר שרי סכות	Jud. 8, 6.
הֲכַף	ויבא אל אנשי סכות	Jud. 8, 15.
הִכּוֹן	לכן כה אעשה לך ישראל	Am. 4, 12.
הִכֹּן	והכן לך אתה וכל	Ez. 38, 7.
הַלָּזֶה	ותאמר אל העבד מי	Gen. 24, 65.
הַלָּזֶה	ויאמרו איש אל אחיו	Gen. 37, 19.
הַמִּשְׁנֶה	וכסף משנה קחו בידכם	Gen. 43, 12.
הַמּוּשָׁב	ואם אין לאיש גאל	Num. 5, 8.
הַמַּיְמָה	לך אל פרעה בבקר	Ex. 7, 15.
הַמָּיְמָה	ויאמר ה׳ אל משה השכם	Ex. 8, 16.
הַמִּשְׁפְּתָיִם	יששכר חמר גרם	Gen. 49, 14.
הַמִּשְׁפְּתַיִם	למה ישבת בין המשפתים	Jud. 5, 16.
הַמַּסְוֶה	ובבא משה לפני ה׳ לדבר	Ex. 34, 34.
הַמַּסְוֶה	וראו בני ישראל את	Ex. 34, 35.
הַמִּזְבֵּחַ	ואת המזבח הנחשת	2 Reg. 16, 14.
הַמִּזְבֵּחַ	ויאמר מה הציון הלז	2 Reg. 23, 17.
הַמֶּלֶךְ	כי כה אמר ה׳ אל שלם	Jer. 22, 11.
הַמֹּלֵךְ	ויהי בימי אחשורוש	Est. 1, 1.
הַמַּעֲלָה	ותקטן זאת בעיניך	1 Chr. 17, 17.
הַמַּעֲלָה	כי באחד לחדש הראשון	Esra 7, 9.
הַמָּעוֹז	ובנית מזבח לה׳ אלהיך	Jud. 6, 26.
הַמָּעוֹז	וזרעים ממנו יעמדו	Dan. 11, 31.
הַמִּשְׂרָה	כי ילד ילד לנו	Jes. 9, 5.
הַמִּשְׂרָה	לםרבה המשרה · כן כת׳	Jes. 9, 6.
הַמְּמוֹתְתִים	ותקח יהושבע בת המלך· דמל׳	2 Reg. 11, 2.
הַמּוּמָתִים	וחברו · ותקח יהושבעת· ר״ה	2 Chr. 22, 11.
הַמֹּרִיָּה	ויאמר קח נא את בנך	Gen. 22, 2.
הַמּוֹרִיָּה	ויחל שלמה לבנות את	2 Chr. 3, 1.
הַנִּרְאֶה	וירא ה׳ אל אברם ויאמר	Gen. 12, 7.
הַנִּרְאֶה	ויאמר אלהים אל יעקב	Gen. 35, 1.
הַנֶּגְבָּה	ויסע אברם הלוך	Gen. 12, 9.
הַנֶּגְבָּה	ויעל אברם ממצרים	Gen. 13, 1.
הַנִּמְצָאֹת	וכמו השחר	Gen. 19, 15.
הַנִּמְצָאוֹת	ואיש ישראל שבו	Jud. 20, 48.
הֲנִשְׁמַע	כי שאל נא לימים ראשנים	Deut. 4, 32.
הֲנִשְׁמַע	ולכם הנשמע לעשת	Neh. 13, 27.
הֲנִסָּה	או הנסה אלהים לבוא	Deut. 4, 34.
הֲנִסָּה	דבר אליך תלאה	Job 4, 2.
הַנִּרְאָה	ויתאנף ה׳ בשלמה	1 Reg. 11, 9.
הַנִּרְאָה	בשנת שלוש למלכות	Dan. 8, 1.
הֲנָקֵל	ויהי הנקל לכתו	1 Reg. 16, 31.
הֲנָקֵל	ויאמר אלי הראית בן	Ez. 8, 17.

הַנֶּחֱרִים	הן יבשו ויכלמו כל	Jes. 41, 11.
הַנֶּחֱרִים	אך בה׳ לי אמר צדקות	Jes. 45, 24.
הֲשַׂמְתָּ	ויאמר ה׳ אל השטן	Job 1, 8.
הֲשַׂמְתָּ	וחברו · ויאמר ה׳	Job 2, 3.
הַסֹּבְבִים	מצאוני השמרים	Cant. 3, 3.
הַסֹּבְבִים	וחברו · מצאני השמרים	Cant. 5, 7.
הַעֵינֵי	אף לא אל ארץ זבת	Num. 16, 14.
הַעֵינֵי	בשר לך אם	Job 10, 4.
הַעֵת	ויאמר אליו לא לבי	2 Reg. 5, 26.
הַעֵת	לכם אתם לשבת	Hag. 1, 4.
הַעַל מלר׳	ויאמר אליהם רבשקה · דמל׳	2 Reg. 18, 27.
הַעַל	וישמע סנבלט החרני	Neh. 2, 19.
הַפְקֵד	ואתה הפקד את הלוים	Num. 1, 50.
הַפְקֵד	עליו רשע ושטן	Ps. 109, 6.
הַפְלֵא	לכן הנני יוסף להפליא	Jes. 29, 14.
הַפְלֵה	חסדיך מושיע חוסים	Ps. 17, 7.
הַפְּרָזִי	כל אלה ערים בצרת	Deut. 3, 5.
הַפְּרָזִי	ועכברי הזהב מספר	1 S. 6, 18.
הַצְּפִירָה	באה הצפירה	Ez. 7, 7.
הַצְּפִרָה	הנה היום הנה	Ez. 7, 10.
הַצְּפוֹנִי	בני גד למשפחתם	Num. 26, 15.
הַצְּפוֹנִי	ואת הצפוני ארחיק	Joel 2, 20.
הַצָּפוֹנָה	ויבא אתי אל פתח שער	Ez. 8, 14.
הַצָּפוֹנָה	ואל הכתף מחוצה	Ez. 40, 40.
הַצֹּבְאֹת	ויעש את הכיור נחשת	Ex. 38, 8.
הַצֹּבְאוֹת	ועלי זקן מאד ושמע	1 S. 2, 22.
הַקְּרוֹבָה	ולאחתו הבתולה	Lev. 21, 3.
הַקְּרֹבָה	והיה העיר הקרבה אל	Deut. 21, 3.
הַקָּשֶׁה	ושפטו את העם בכל עת	Ex. 18, 26.
הַקָּשֶׁה	כי אנכי ידעתי את מריך	Deut. 31, 27.
הַקְּרֵבִים	והלשכה אשר פניה	Ez. 40, 46.
הַקְּרֵבִים	קדש מן הארץ הוא	Ez. 45, 4.
הַרְאֹתְךָ	ואולם בעבור זאת	Ex. 9, 16.
הַרְאוֹתְכָה	וידבר אלי האיש בן אדם	Ez. 40, 4.
הֲרוֹאֶה	ויאמר המלך אל צדוק	2 S. 15, 27.
הֲרֹאֶה	ויאמר אלי בן אדם הראה	Ez. 8, 6.
הַרְבּוּ	עלי מאד מהר ומתן	Gen. 34, 12.
הַרְבּוּ	באו בית אל ופשעו	Am. 4, 4.
הֲרוּגֶיהָ	כי הנה ה׳ יצא ממקומו	Jes. 26, 21.
הֲרֻגֶיהָ	כי רבים חללים הפילה	Prov. 7, 26.
הַשְּׁחֻטָה	את הצפר החיה יקח	Lev. 14, 6.
הַשְּׁחוּטָה	ולקח את עץ הארז	Lev. 14, 51.
הַשְּׁמֵנָה	ומה הארץ השמנה	Num. 13, 20.
הַשְּׁמֵנָה	את האבדת אבקש	Ez. 34, 16.
הַשְּׁנַיִם	טובים השנים מן האחד	Koh. 4, 9.
הַשְּׁנַיִם	ואם יתקפו האחד	Koh. 4, 12.
הַשְּׁלוֹשִׁים	ואלה מספר הגברים	1 Chr. 11, 11.
הַשָּׁלִישִׁים	ורוח לבשה את עמשי	1 Chr. 12, 18.
הַתְּקוֹעִים	ועל ידם החזיקו התקועים	Neb. 3, 5.
הַתְּקֹעִים	אחריו החזיקו התקעים	Neh. 3, 27.
הַתְּקֹעִית	ותאמר האשה התקעית	2 S. 14, 4.
הַתְּקוֹעִית	וחברו · ותאמר האשה	2 S. 14, 9.
הַתַּנִּין	ביום ההוא יפקד ה׳	Jes. 27, 1.
הַתַּנִּין	ואצאה בשער הגיא	Neh. 2, 13.

65.

א״ב מן חד וחד חד ה׳ בריש תיבה וכל חד לי׳ פת׳ וסימניהון

Ein alphabetisches Verzeichniss von Wörtern, die nur ein Mal vorkommen und mit He anfangen, das Pathach (od. Chataf-Pathach) hat.

הַאֱמֶת	שלחו מכם אחד	Gen. 42, 16.
הַאֱלֹהִים	ויהי כקרא מלך ישראל	2 Reg. 5, 7.
הַאֱלֹהֵי	מקרב אני נאם ה׳	Jer. 23, 23.
הַאֵל	יעות משפט	Job 8, 3.
הֲבַת	ויפל אברהם על פניו	Gen. 17, 17.
הַבְרָכָה	ויאמר עשו אל אביו	Gen. 27, 38.
הֲבֵן	יקיר לי אפרים	Jer. 31, 20.
הֲבָנִים	לבני עמון כה אמר ה׳	Jer. 49, 1.
הֲבִנְהָרִים	חרה ה׳ אם בנהרים	Hab. 3, 8.
הֲגוֹי	ואבימלך לא קרב	Gen. 20, 4.
הֲגָנֹב	רצח ונאף	Jer. 7, 9.

הֲדַרְכֵי	ואמרתם לא יתכן	Ez. 18, 25.
הַדְּרָכַי	ויאמרו בית ישראל לא	Ez. 18, 29.
הַהֵימִיר	גוי אלהים והמה לא	Jer. 2, 11.
הַהֵרִימוּ	ואשקולה להם את הכסף	Esra 8, 25.
הַיַּת	על הרע כפים להיטיב	Micha 7, 3.
הַזְכִּיר	ואבשלם לקח ויצב לו	2 S. 18, 18.
הַחִיִּיתֶם	ויאמר אליהם משה	Num. 31, 15.
הַחֲיִתֶם	ויאמר אחי בני אמי	Jud. 8, 19.
הֲטוֹבָה	ומה הארץ אשר הוא	Num. 13, 19.
הֲטוֹבִים	עברו כלנה וראו	Am. 6, 2.
הֲיָם	אני אם תנין כי	Job 7, 12.
הֲכֹל[1]	היום יחרש החרש לזרע	Jes. 28, 24.
הֲכֶלֶב	ויאמר הפלשתי אל דוד	1 S. 17, 43.
הֲלָנֶצַח	ויקרא אבנר אל יואב	2 S. 2, 26.
הֲלָזֶה	הכזה יהיה צום	Jes. 58, 5.
הֲלַמֵּתִים	תעשה פלא	Ps. 88, 11.
הֲמֵת	וירא דוד כי עבדיו	2 S. 12, 19.
הֲמִדְבָּר	הדור אתם ראו דבר ה׳	Jer. 2, 31.
הֲמַשְׁחִית	ואפלה על פני ואזעק	Ez. 9, 8.
הֲמֶלֶךְ	עתה למה תריעי רע	Micha 4, 9.
הֲנִמְצָא	ויאמר פרעה אל עבדיו	Gen. 41, 38.
הַסְכֵּת	וידבר משה והכהנים	Deut. 27, 9.
הַעֶבֶד	ישראל אם יליד בית הוא	Jer. 2, 14.
הַעֶצֶב	נבזה נפוץ האיש	Jer. 22, 28.
הֲפָנָיו	תשאון אם לאל	Job 13, 8.
הֲצֹאן	ובקר ישחט להם	Num. 11, 22.
הֲצוֹם[2]	צמתוני אני	Zach. 7, 5.
הֲקֵץ	לדברי רוח	Job 16, 3.
הֲרֹאשׁ	ויחר לאבנר מאד	2 S. 3, 8.
הֲרִאישׁוֹן	אדם תולד ולפני	Job 15, 7.
הֲשֹׁמֵר	ויאמר ה׳ אל קין	Gen. 4, 9.
הֲשֹׁמְרִים	למען נסות בם את ישראל	Jud. 2, 22.
הֲתִמְלֹךְ	כי אתה מתחרה בארז	Jer. 22, 15.
הֲתָרִים	לעב קולך ושפעת	Job 38, 34.
הַתְשַׁלַּח	ברקים וילכו	Job 38, 35.

1) Zusatz von derselben Hand
2) Zusatz von anderer Hand.

66.

א״ב מן ב׳ ב׳ יו״ד בריש תיבו׳ וסמניהון

Ein alphabetisches Verzeichniss von zwei Mal vorkommenden Wörtern, die mit Jod anfangen.

יָאֵר	ה׳ פניו אליך	Num. 6, 25.
יָאֵר	אלהים יחננו ויברכנו	Ps 67, 2.
יֹאבַד	והיהביוםההואנאםה׳יאבד	Jer. 4, 9.
יֹאבַד	יום אולד בו	Job 3, 3.
יַאַסְרֻנִי	ויאמר אליה שמשון	Jud. 16, 7.
יַאַסְרוּנִי	ויאמר אליה אם אסור	Jud. 16, 11.
יָבֵשׁ	והנה שתולה התצלח	Ez. 17, 10.
יָבוֹשׁ	הוי רעי האליל	Zach. 11, 17.
יְבֻלַּע	ועתה שלחו מהרה	2 S. 17, 16.
יְבֻלָּע	היספר לו כי אדבר	Job 37, 20.
יְגוּדֶנּוּ	גד גדוד יגודנו	Gen. 49, 19.
יְגוּדֶנּוּ	שמעתי ותרגז בטני	Hab. 3, 16.
יְדַעוּן	ויענך וירעבך ויאכלך	Deut. 8, 3.
יָדְעוּן	המאכלך מן במדבר	Deut. 8, 16.
יְדִידֹת	למנצח על ששנים לבני	Ps. 45, 1.
יְדִידוֹת	מה ידידות משכנותיך	Ps. 84, 2.
יָהִיר	ואף כי היין בוגד	Hab. 2, 5.
יָהִיר	זד יהיר לץ שמו	Prov. 21, 24.
יוֹרִשֶׁנָּה	ועבדי כלב עקב היתה	Num. 14, 24.
יוֹרִשֶׁנָּה	הנה אדני יורשנה	Zach. 9, 4.
יוּצַק	והכהן הגדול מאחיו	Lev. 21, 10.
יוּצַק	אשר קמטו ולא עת	Job 22, 16.
יָזִד	וכי יזד איש על רעהו	Ex. 21, 14.
יָזִיד	אך הנביא אשר יזיד	Deut. 18, 20.
יִזֶּה	כל אשר יגע בבשרה	Lev. 6, 20.
יִזֶּה	יטמא[1]. ב׳ בפסוק	Lev. 6, 20.
יַזֶּה	ולקח מדם הפר	Lev. 16, 14.
יַזֶּה	כן יזה גוים רבים	Jes. 52, 15.
יֵחַם[2]	פן ירדף גאל הדם	Deut. 19, 6.
יָחָם	גם אם ישכבו שנים	Koh. 4, 11.
יָחְנְךָ	וישא עיניו וירא	Gen. 43, 29.
יָחְנְךָ	כי עם בציון ישב	Jes. 30, 19.

1) Zur Seite verbessert: עליה
2) Zusatz von anderer Hand.

יְחִי	ראובן ואל ימת	Deut. 33, 6.
יְחִי	יאכלו ענוים וישבעו	Ps. 22, 27.
יְטַמְּאוּ	מזכר עד נקבה תשלחו	Num. 5, 3.
יְטַמְּאוּ	ויאמר אלי בן אדם את	Ez. 43, 7.
יִטַּמְּאוּ	למען לא יתעו עוד	Ez. 14, 11.
יִטַּמְּאוּ	ולא יטמאו עוד בגלוליהם	Ez. 37, 23.
יְיַשֵּׁר	בכל דרכיך דעהו	Prov. 3, 6.
יְיַשֶּׁר	אולת שמחה לחסר לב	Prov. 15, 21.
יַכְרֵת	ה׳ לאיש אשר יעשנה	Mal. 2, 12.
יַכְרֵת	ה׳ כל שפתי חלקות	Ps. 12, 4.
יְלַמְּדוּ	למען אשר לא ילמדו	Deut. 20, 18.
יְלַמְּדוּ	ולא ילמדו עוד איש את	Jer. 31, 34.
יָמוּשׁ	לא ימוש ספר התורה	Jos. 1, 8.
יָמוּשׁ	כי ההרים ימושו והגבעות	Jes. 54, 10.
יִמַּד	אשר לא יספר צבא	Jer. 33, 22.
יִמַּד	והיה מספר בני ישראל	Hos. 2, 1.
יַנְחֵנִי	וישא משלו ויאמר מן	Num. 23, 7.
יַנְחֵנִי	נפשי ישובב ינחני	Ps. 23, 3.
יַנְחֶנּוּ	ה׳ בדד ינחנו	Deut. 32, 12.
יַנְחֶנּוּ	מתן אדם ירחיב לו	Prov. 18, 16.
יָסִירוּ	מצדיקי רשע עקב	Jes. 5, 23.
יָסִירוּ	ונתתי קנאתי בך	Ez. 23, 25.
יֵעָנֶה	הרב דברים לא יענה	Job 11, 2.
יֵעָנֶה	אטם אזנו מזעקת דל	Prov. 21, 13.
יַעֲרֹף	כמטר לקחי תזל כטל	Deut. 32, 2.
יַעֲרֹף	חלק לבם עתה יאשמו	Hos. 10, 2.
יַפְלִא	איש כי יפלא נדר	Lev. 27, 2.
יַפְלִא	איש או אשה כי יפלא	Num. 6, 2.
יָפוּ	מה יפו דדיך אחתי	Cant. 4, 10.
יָפוּ	מה יפו פעמיך בנעלים	Cant. 7, 2.
יָפְיָהּ	אל תחמד יפיה בלבבך	Prov. 6, 25.
יָפְיָהּ	להביא את ושתי	Est. 1, 11.
יֻצַּע	הורד שאול גאונך	Jes. 14, 11.
יֻצַּע	ובכל מדינה ומדינה	Est. 4, 3.
יַצְמִיתֵם	⎰וישב עליהם את אונם	Ps. 94, 23.
יַצְמִיתֵם	⎱וברעתם · ב׳ בפסוק׳	Ps. 84, 23.
יִקָּרְאוּ	ומולדתך אשר הולדת	Gen. 48, 6.
יִקָּרְאוּ	ומשה איש האלהים	1 Chr. 23, 14.
יָקוּם	הרנינו גוים עמו	Deut. 32, 43.
יָקָם	וידם השמש וירח עמד	Jos. 10, 13.
יַקְנִאֻהוּ	בזרים בתועבת	Deut. 32, 16.
יַקְנִיאוּהוּ	ויכעיסוהו בבמותם	Ps. 78, 58.
יִרֶב	ויברך אותם אלהים	Gen. 1, 22.
וְרֹב	ובניו ורב המשא עליו	2 Chr. 24, 26.
יְרֵשָׁה	⎰והיה אדום	Num. 24, 18
יְרֵשָׁה	⎱וירשה · ב׳ בפסוק׳	Num. 24, 18.
יְרוּשָׁא	בן עשרים וחמש שנה	2 Reg. 15, 33.
יְרוּשָׁה	וחברו· דד״ה	2 Chr. 27, 1.
יְרַד	⎰אז ירד שריד לאדירים	Jud. 5, 13.
יְרַד	⎱עם · ב׳ בפסוקא	Jud. 5, 13.
יַשִּׁיךְ	לא תשיך לאחיך	Deut. 23, 20.
יַשִּׁךְ	אחריתו כנחש ישך	Prov. 23, 32.
יְשֵׁנָה	ותקם בתוך הלילה ותקח	1 Reg. 3. 20.
יְשֵׁנָה	אני ישנה ולבי ער	Cant. 5, 2.
יְשׁוּעָתָה	ואני בקול תודה אזבחה	Jona 2, 10.
יְשׁוּעָתָה	רבים אמרים לנפשי	Ps. 3, 3.
יִשְׁלָיוּ	אהלים לשדדים ובטחות	Job 12, 6.
יִשְׁלָיוּ	שאלו שלום ירושלם	Ps. 122, 7.
יְתָאֳרֵהוּ	חרש עצים נטה קו	Jes. 44, 13.
יְתָאֳרֵהוּ	בשרד · ב׳ בפסוק	Jes. 44, 13.
יִתְיַצֵּב	לא אכזר כי יעורנו	Job 41, 2.
יִתְיַצֵּב	חזית איש מהיר	Prov. 22, 29.

67.

א״ב מן חד וחד י׳ בריש תיבו׳ וכל חד ל׳ וסימ׳

Ein alphabetisches Verzeichniss von ein Mal vorkommenden Wörtern, die mit Jod anfangen.

יֵאָכְלוּן	לא יהיה לכהנים	Deut. 18, 1.
יֵאָסֵפוּן[1]	תזרח השמש יאספון	Ps. 104, 22.
יְאֻנֶּה	לא יאנה לצדיק כל און	Prov. 12, 21.
יַבִּיעוּן	הנה יביעון בפיהם	Ps. 59, 8.
יְבֹאוּנִי	רחמיך ואחיה	Ps. 119, 77.

1) Zusatz derselben Hand.

יַגִּיד	גם במדעך מלך	Koh. 10, 20.
יְגִילוּן	בשמך יגילון כל היום	Ps. 89, 17.
יִדְרֹשׁוּן	ואותי יום יום	Jes 58, 2.
יַדְבֵּר	עמים תחתינו	Ps. 47, 4.
יְהוּדָה	ומתניה בן מיכא	Neh. 11, 17.
יוּרַם	כאשר יורם משור	Lev. 4, 10.
יִזַּל	מים מדליו	Num. 24, 7.
יַחְסְרוּן	אולי יחסרון חמשים	Gen. 18, 28.
יֶחְפָּצוּן	ואותי יום יום ידרשון	Jes. 58, 2.
יָחֹס	על דל ואביון	Ps. 72, 13.
יֵיטֵב	וגם באו עבדי המל׳ · דמלכ׳	1 Reg. 1, 47.
יֵיטִיב	רעה עקרה לא תלד	Job 24, 21.
יֵיטַב	ומה די עליך ועל אחיך	Esra 7, 18.
יְיַחֵל	והיה שארית יעקב	Micha 5, 6.
יְכַנֵּס	בנה ירושלם ה׳	Ps. 147, 2.
יִלָּוֶה	עתה הפעם ילוה	Gen. 29, 34.
יָמֵר	ולא ימכרו ממנו ולא ימר	Ez. 48, 14.
יְנוּבוּן	עוד ינובון בשיבה	Ps. 92, 15.
יְשַׂבֵּרוּן	כלם אליך ישברון	Ps. 104, 27.
יִשְׂבְּעוּן	תתן להם ילקטון	Ps. 104, 28.
יְעַנֶּה	שדי לא מצאנהו	Job 37, 23.
יִפְרֶה	ויצא חטר מגזע	Jes. 11, 1.
יְצַו	ה׳ אתך את הברכה	Deut. 28, 8.
יְקִימְךָ	ה׳ לו לעם קדוש	Deut. 28, 9.
יִקְצֹרוּן	עיניך בשדה אשר	Ruth 2, 9.
יִרְבְּיֻן	ובקרך וצאנך ירבין	Deut. 8, 13.
יַרְדְּ	מי העיר ממזרח	Jes. 41, 2.
יִרְעוּן	והיה חבל לשארית	Zeph. 2, 7.
יִרְוְיֻן	מדשן ביתך	Ps. 36, 9.
יִרְבּוּן	אספרם מחול	Ps. 139, 18.
יִשְׁכְּבֻן	ועלי זקן מאד ושמע	1 S. 2, 22.
יַשְׁכֵּן	ירדף אויב נפשי	Ps. 7, 6.
יִשָּׁקֵנִי	מנשיקות פיהו	Cant. 1, 2.
יִתֹּם	ועל הנחל יעלה על	Ez. 47, 12.
יַתֵּר	ויאל אלוה וידכאני	Job 6, 9.

68.

א״ב מן ב׳ ב׳ וי׳ בריש׳ תיב׳ וסימ׳

Ein alphabetisches Verzeichniss von zwei Mal vorkommenden Wörtern, die mit ׳וי anfangen.

וַיֵּאָסֵף	משה אל המחנה	Num. 11, 30.
וַיֵּאָסֵף	כל איש ישר׳ אל העיר	Jud. 20, 11.
וַיָּאֶר	ויבא בין מחנה מצרים	Ex. 14, 20.
וַיָּאֶר	אל ה׳ ויאר לנו	Ps. 118, 27.
וַיָּבִיאוּ רג׳	ויבא יוסף הביתה	Gen. 43, 26.
וַיָּבִיאוּ	לנו כיד אלהינו	Esra 8, 18.
וַיַּגַּע	על פי ויאמר הנה	Jes. 6, 7.
וַיַּגַּע	וישלח ה׳ את ידו	Jer. 1, 9.
וַיִּדֹּם	ויאמר משה אל אהרן	Lev. 10, 3.
וַיִּדֹּם	השמש וירח עמד	Jos. 10, 13.
וַיָּהָם	ויהי באשמרת הבקר	Ex. 14, 24.
וַיָּהָם	ה׳ את סיסרא ואת כל	Jud. 4, 15.
וַיֵּהָפֵךְ	ויגד למלך מצרים כי	Ex. 14, 5.
וַיֵּהָפֵךְ	והמה מרו ועצבו	Jes. 63, 10.
וַיּשִׁיבוּם	כאשר בא יעקב מצרים	1 S. 12, 8.
וַיּוֹשִׁיבֻם	ויבא דוד אל מאתים	1 S. 30, 21.
וַיַּז	ממנו על המזבח	Lev. 8, 11.
וַיַּז	ויקח משה משמן	Lev. 8, 30.
וַיָּחָם	ויעל וישכב על הילד	2 Reg. 4, 34.
וַיָּחָם	והיה לאדם לבער	Jes. 44, 15.
וַיֵּט	את לבב כל איש יהודה	2 S. 19, 15.
וַיֵּט	כי עבדים אנחנו	Esra 9, 9.
וַיָּטֶל	שאול את החנית ויאמר	1 S. 18, 11.
וַיָּטֶל	שאול את החנית עליו	1 S. 20, 33.
וַיַּכְּרֵת	ויבא יהושע בעת	Jos. 11, 21.
וַיַּכְרֵת	ה׳ מישראל ראש וזנב	Jes. 9, 13.
וַיַּכְנַע	אלהים ביום ההוא את	Jud. 4, 23.
וַיַּכְנַע	בעמל לבם	Ps. 107, 12.
וַיֵּלְכוּ [1]	ויאמר לא תכה	2 Reg. 6, 22.
וַיֵּלְכוּ	ויצו מלך אשור	2 Reg. 17, 27.
וַיִּמְצָאָהּ	מלאך ה׳ על עין	Gen. 16, 7.
וַיִּמְצָאָהּ	ויקח דויד את עטרת	1 Chr. 20, 2.

1) Zusatz.

וַיִּנָּחֵם	ויבאה יצחק האהלה	Gen. 24, 67.
וַיִּנָּחֵם	ויזכר להם בריתו	Ps. 106, 45.
וַיִּשְׂנָאֶהָ	ואמר אבי הנער אל	Deut. 22, 16.
וַיִּשְׂנָאֶהָ	אמנון שנאה גדולה	2 S. 13, 15.
וַיַּעֲשֶׂהָ	ויקרב את העלה ויעשה	Lev. 9, 16.
וַיַּעֲשֶׂהָ	ויבא הלך לאיש העשיר	2 S. 12, 4.
וַיֵּעָלוּ	מעל משכן קרח	Num. 16, 27.
וַיֵּעָלוּ	וחיל פרעה יצא ממצרים	Jer. 37, 5.
וַיְפַתַּח	ויבא האיש הביתה	Gen. 24, 32.
וַיְפַתַּח	על הלחת ידתיה	1 Reg. 7, 36.
וַיַּצְלַח	וישב שלמה על כסא	1 Chr. 29, 23.
וַיַּצְלַח	והוא יחזקיהו סתם	2 Chr. 32, 30.
וְיֵקַר[1]	פדיון נפשם	Ps. 49, 9.
וְיֵיקַר	דמם בעיניו	Ps. 72, 14.
וַיִּקְבֹּר	אתו בגי בארץ מואב	Deut. 34, 6.
וַיִּקְבֹּר	אתו בקברתו · דאמון	2 Reg. 21, 26.
וַיָּרַח	ה׳ את ריח הניחח	Gen. 8, 21.
וַיָּרַח	ויגש וישק לו	Gen. 27, 27.
וַיַּשְׁכֵּן	ויגרש את האדם	Gen. 3, 24.
וַיַּשְׁכֵּן	ויגרש מפניהם גוים	Ps. 78, 55.
וַיְשַׁמַּע	שאול את העם ויפקדם	1 S. 15, 4.
וַיְשַׁמַּע	שאול את כל העם למלחמה	1 S. 23, 8.
וַיִּתְחַזַּק	ויקם יהורם על ממלכת	2 Chr. 21, 4.
וַיִּתְחַזַּק	ויבן את כל החומה	2 Chr. 32, 5.

69.

א״ב מן ב׳ ב׳ מ׳ בריש תיב׳ וסימניהון

Ein alphabetisches Verzeichniss von zwei Mal vorkommenden Wörtern, die mit Mem anfangen.

מְאַחֲרֵי	הוי משכימי בבקר	Jes. 5, 11.
מְאַחֲרֵי	שוא לכם משכימי קום	Ps. 127, 2.
מִבְחוֹר	והכיתם כל עיר מבצר	2 Reg. 3, 19.
מִבְחוֹר	ביר מלאכיך חרפת · דמלכי׳	2 Reg. 19, 23.
מַגָּל	כרתו זורע מבבל	Jer. 50, 16.
מַגָּל	שלחו מגל כי בשל	Joel 4, 13.
מִדּוֹ	ולבש הכהן מדו בד	Lev. 6, 3.
מַדּוֹ	הם עם האבן הגדולה	2 S. 20, 8.
מִהַר	וישמע עלי את קול	1 S. 4, 14.
מִהַר	צעה להפתח	Jes. 51, 14.
מוֹל	אלה הדברים אשר	Deut. 1, 1.
מֹל	בעת ההיא אמר ה׳ אל	Jos. 5, 2.
מַזְרִיעַ	ויאמר אלהים הדשא	Gen. 1, 11.
מַזְרִיעַ	ותוצא הארץ דשא	Gen. 1, 12.
מֵחִים	ורעו כבשים כדברם	Jes. 5, 17.
מֵחִים	עלות מחים אעלה	Ps. 66, 15.
מִטּוֹת	השכבים על מטות	Amos 6, 4.
מִטּוֹת	חור כרפס ותכלת	Est. 1, 6.
מֵיטִיבֵי	שלשה המה מיטיבי	Prov. 30, 29.
מֵטִבֵי	וארבעה · ב׳ בפסוק	Prov. 30, 29.
מִכַּהֵן	נדמו עמי מבלי הדעת	Hos. 4, 6.
מִכַּהֵן	כי עזבו הלוים את	2 Chr. 11, 14.
מַלְבּוּשׁ	והיה ביום זבח ה׳	Zeph. 1, 8.
מַלְבּוּשׁ	אם יצבר כעפר כסף	Job 27, 16.
מִמַּסְגֵּר	לפקח עינים עורות	Jes. 42, 7.
מִמַּסְגֵּר	הוציאה ממסגר נפשי	Ps. 142, 8.
מִנִּית	ויכם מערוער ועד	Jud. 11, 33.
מִנִּית	יהודה וארץ ישראל	Ez. 27, 17.
מַסָּע	והבית בהבנתו	1 Reg. 6, 7.
מַסָּע	משיגהו חרב בלי תקום	Job 41, 18.
מַעֲנֵה קמ׳	ובשו החזים וחפרו	Micha 3, 7.
מַעֲנֵה	לאדם מערכי לב	Prov. 16, 1.
מֵפִיץ	עלה מפיץ על פניך	Nah. 2, 2.
מֵפִיץ	וחרב וחץ שנון	Prov. 25, 18.
מְצִית	התעוררי התעוררי קומי	Jes. 51, 17.
וּמָצִית	ושתית אותה ומצית	Ez. 23, 34.
מִקָּצֶה	טרם ישכבו ואנשי	Gen. 19, 4.
מִקָּצֶה	רץ לקראת רץ ירוץ	Jer. 51, 31.
מֵרֵאשִׁתוֹ	וי״י ברך את אחרית איוב	Job 42, 12.
מֵרֵאשִׁיתוֹ	טוב אחרית דבר	Koh. 7, 8.
מָשְׁחָתָם	ומשחת אתם כאשר	Ex. 40, 15.
מָשְׁחָתָם	ומיד בן נכר לא תקריבו	Lev. 22, 25.

1) Zusatz.

מַשְׁכִּימֵי	הוי משכימי בבקר	Jes. 5, 11.
מַשְׁכִּימֵי	שוא לכם משכימי קום	Ps. 127, 2.
מָשְׁחָת	וארור נכל ויש בעדרו	Mal. 1, 14.
מָשְׁחָת	מעין נרפש ומקור	Prov. 25, 26.
מִתַּת	לאחד מהם מבשר	Deut. 28, 55.
מִתֵּת	שמר רגליך כאשר · בן כה׳	Koh. 4, 17.

—

70.

א״ב מן תרין תרין בחד לישן כתיב׳ וסימניהון

Ein alphabetisches Verzeichniss von zwei Mal vorkommenden Wörtern in derselben Bedeutung.

אָן	ויאמר דוד שאול אליו	1 S. 10, 14.
אָן	עד אן תמלל אלה	Job 8, 2.
אָנָה	אנחנו עלים אחינו	Deut. 1, 28.
אָנָה מלר׳	אלך מרוחך	Ps. 139, 7.
בְּדַבֵּר	ורבקה שמעת	Gen. 27, 5.
בְּדַבֵּר	ותעלזנה כליותי	Prov. 23, 16.
בִּדְבָרִים	ואליהו חכה את איוב	Job 32, 4.
בִּדְבָרִים	לא יוסר עבד	Prov. 29, 19.
גִּדֵּל	ביום ההוא גדל ה׳ את	Jos. 4, 14.
גִּדַּל	אחר הדברים האלה	Est. 3, 1.
גְּדִלִים	תעשה לך על ארבע	Deut. 22, 12.
גְּדִלִים	שבכים מעשה שבכה	1 Reg. 7, 17.
דָּמִיתִי	הנוה והמענגה	Jer. 6, 2.
דָּמִיתִי	לקאת מדבר הייתי	Ps. 102, 7.
דִּמִּיתִי	והיה כאשר דמיתי	Num. 33, 56.
דִּמִּיתִי	נשבע ה׳ צבאות לאמר	Jes. 14, 24.
הַנִּרְאֶה	וירא ה׳ אל אברם	Gen. 12, 7.
הַנִּרְאֶה	ויאמר אלהים אל יעקב	Gen. 35, 1.
הַנִּרְאָה	ויתאנף ה׳ בשלמה	1 Reg. 11, 9.
הַנִּרְאָה	בשנת שלוש למלכות	Dan. 8, 1.
וְיוֹשֵׁב	וידעו העם כלו אפרים	Jes. 9, 8.
וְיֹשֵׁב	ישמע אל ויענם	Ps. 55, 20.
וְיֹשְׁבִים	ומלך ישר׳ ויהושפט · דר״ה	2 Chr. 18, 9.
וְיֹשְׁבִים	כה אמר סנחריב מלך · דר״ה	2 Chr. 32, 10.
זְקַן	ויאמר אברהם אל עבדו	Gen. 24, 2.
זְקַן	כשמן הטוב על הראש	Ps. 133, 2.
זְקֻנִים	וישראל אהב את יוסף	Gen. 37, 3.
זְקֻנִים	ונאמר אל אדני יש לנו	Gen. 44, 20.
חֶרֶשׁ	וישלח יהושע בן נון	Jos. 2, 1.
חֶרֶשׁ מלע׳	ובקבקר חרש וגלל	1 Chr. 9, 15.
חֲרַשְׁתֶּם	ויאמרו לו אנשי העיר	Jud. 14, 18.
חֲרַשְׁתֶּם	רשע עולתה קצרתם	Hos. 10, 13.
טָב	הוא צלמא ראשה	Dan. 2, 32.
טָב	יכען הן על מלכא טב	Esra 5, 17.
טוּבִי	ויאמר אני אעביר כל	Ex. 33, 19.
טוּבִי	ורויתי נפש הכהנים	Jer. 31, 14.
יַנְחֵנִי	וישא משלו ויאמר	Num. 23, 7.
יַנְחֵנִי	נפשי ישובב ינחני	Ps. 23, 3.
יַנְחֶנּוּ	ה׳ בדד ינחנו	Deut. 32, 12.
יַנְחֶנּוּ	מתן אדם ירחיב לו	Prov. 18, 16.
כֻּתָּנְתִּי	פשטתי את כתנתי	Cant. 5, 3.
כֻּתָּנְתִּי	ברב כח יתחפש לבושי	Job 30, 18.
כֻּתָּנְתּוֹ	ויהי כאשר בא יוסף	Gen. 37, 23.
כֻּתָּנְתּוֹ	ויהי דוד בא עד הראש	2 S. 15, 32.
לְמַרְאֵה	והריחו ביראת ה׳	Jes. 11, 3.
לְמַרְאֵה קמ׳	ותעגב עליהם למראה	Ez. 23, 16.
לְמַרְאֶה	ויצמח ה׳ אלהים מן	Gen. 2, 9.
לְמַרְאֶה פת׳	ויבאו אל גלילות הירדן	Jos. 22, 10.
לְרַגְלִי	כי מעט אשר היה לך	Gen. 30, 30.
לְרַגְלִי	נר לרגלי דברך	Ps. 119, 105.
לְרַגְלֶךָ	אף חבב עמים	Deut. 33, 3.
לְרַגְלֶיךָ	לדוד מזמור נאם ה׳	Ps. 110, 1.
מִהַר	וישמע עלי את קול	1 S. 4, 14.
מִהַר	צעה להפתח	Jes. 51, 14.
מַהֲרָה	ומלאך בא אל שאול	1 S. 23, 27.
מַהֲרָה	ויקרא מלך ישר׳ · דמלכי׳	1 Reg. 22, 9.
נָפוּץ	ויאמרו הבה נבנה לנו	Gen. 11, 4.
נָפוּץ	העצב נבזה נפוץ	Jer. 22, 28.
נְפֹצִים	ויאמר ראיתי את כל	1 Reg. 22, 17.
נְפוֹצִים	וחברו · דר״ה	2 Chr. 18, 16.

סַפֵּר	ואולם בעבור זאת	Ex. 9, 16.
סַפֵּר	הזכירני נשפטה יחד	Jes. 43, 26.
סִפְרוּ	סבו ציון והקיפוה	Ps. 48, 13.
סִפְרוּ	ויאמר דויד אל יואב · דד"ה	1 Chr. 21, 2.
עֱנוּ	אז ישיר ישראל	Num. 21, 17.
עֱנוּ	ליי בתודה זמרו	Ps. 147, 7.
עֲנִיתָנִי	הושיעני מפי אריה	Ps. 22, 22.
עֲנִיתָנִי	אודך כי עניתני	Ps. 118, 21.
פִּתַּח	כי יתרו פתח ויענני	Job 30, 11.
פִּתַּח	נשכימה לכרמים	Cant. 7, 13.
פִּתַּחְתָּ	הפכת מספדי למחול	Ps. 30, 12.
פִּתַּחְתָּ	אנה ה' כי אני עבדך	Ps. 116, 16.
צָעֲקוּ	הן אראלם צעקו חצה	Jes. 33, 7.
צָעֲקוּ קמ'	צעקו וי"י שמע	Ps. 34, 18.
צֹעֲקִים	ויאמר מה עשית קול	Gen. 4, 10.
צֹעֲקִים	ואת מתכנת הלבנים	Ex. 5, 8.
קֵרְבוּ	ואתם הרי ישר' ענפכם	Ez. 36, 8.
קֵרְבוּ	כי קרבו כתנור לבם	Hos. 7, 6.
קִרְבַת	ואותי יום יום ידרשון	Jes. 58, 2.
קִרְבַת	ואני קרבת אלהים לי טוב	Ps. 73, 28.
רֹעַי	ויאמר אברם אל לוט	Gen. 13, 8.
רֹעַי	חי אני נאם אדני ה'	Ez. 34, 8.
רֹעָה מלר'	עודנו מדבר עמם	Gen. 29, 9.
רֹעָה	שן רעה ורגל מועדת	Prov. 25, 19.
שַׁלְּחֻנִי	ויאכלו וישתו הוא	Gen. 24, 54.
שַׁלְּחוּנִי	ויאמר אליהם אל תאחרו	Gen. 24, 56.
שִׁלּוּחִים	פרעה מלך מצרים עלה	1 Reg. 9, 16.
שִׁלֻּחִים	לכן תתני שלוחים	Micha 1, 14.
שָׁמוּר	וירם הטבח את השוק	1 S. 9, 24.
שָׁמוּר	יש רעה חולה ראיתי	Koh. 5, 12.
שִׁמֻּרִים	ליל שמרים הוא	Ex. 12, 42.
שִׁמֻּרִים	לי"י · ב' בפסוקא	Ex. 12, 42.
תַמָּתִי	אני ישנה ולבי ער	Cant. 5, 2.
תַמָּתִי	אחת היא יונתי תמתי	Cant. 6, 9.
תֻמָּתִי	חלילה לי אם אצדיק	Job 27, 5.
תֻמָּתִי	ישקלני במאזני צדק	Job 31, 6.

71.

א"ב מן חד וחד ו' בריש תיב' וקמ' ולית וסימניהון

Ein alphabetisches Verzeichniss von ein Mal vorkommenden Wörtern, die mit Waw, das Kamez hat, anfangen.

וָאַךְ	כי עתה שלחתי את	Ex. 9, 15.
וָבָךְ	ויבא העם אל משה	Num. 21, 7.
וָבֶטֶן	ויהי גבולם חלקת	Jos. 19, 25.
וָבַעַר	ויחי עוד לנצח לא ירא' (?)	Ps. 49, 11.
וָבָאוּ	ובכן ראיתי רשעים	Koh. 8, 10.
וָגֶפֶן	אל תיראו בהמות שדי	Joel 2, 22.
וָדֶרֶךְ	והיה שם מסלול · קד' דפ'	Jes. 35, 8.
וָדָל	והשארתי בקרבך עם	Zeph. 3, 12.
וָדָךְ	לשפט יתום ודך כל	Ps. 10, 18.
וָדִין	ויאמר המלך לחכמים	Est. 1, 13.
וָהֵם	ויחר למשה מאד (?)	Num. 16, 16.
וָהֶגֶה	ויפרש אותה לפני	Ez. 2, 10.
וָוִים	ואת האלף ושבע	Ex. 38, 28.
וָזֶרַע	ולבלתי בנות בתים	Jer. 35, 9.
וָזָר	הפכפך דרך איש וזר	Prov. 21, 8.
וָחֹם	עד כל ימי הארץ זרע	Gen. 8, 22.
וָחוּצָה	ומגרשי הערים אשר	Num. 35, 4.
וָחָי	והיה כל נפש חיה אשר	Ez. 47, 9.
וָחוּר	ומרדכי יצא מלפני	Est. 8, 15.
וָטָף	וישמעו כל שרי החילים	Jer. 40. 7.
וָיֵשׁ	וילך משם וימצא את	2 Reg. 10, 15.
וָכֹה	ויפן כה וכה וירא כי	Ex. 2, 12.
וָלָד	ותהי שרי עקרה	Gen. 11, 30.
וָלֶחֶם	ולאביו שלח כזאת	Gen. 45, 23.
וָלָנוּ	ויאמר להם זרבבל וישוע	Esra 4, 3.
וָמִי	ויושב את משה ואת	Ex. 10, 8.
וָמָר	תיסרך רעתך ומשובותיך	Jer. 2, 19.
וָנֶבֶל	והיה כנור ונבל תף וחליל	Jes. 5, 12.
וָנֶפֶג	ובני יצהר קרח	Ex. 6, 21.
וָסוּף	והאזניחו נהרות	Jes. 19, 6.
וָעֵז	כל חלב שור וכשב ועז	Lev. 7, 23.
וָעוֹף	עד מתי תאבל הארץ	Jer. 12, 4.

וָעֶד	יען אשר עשו נבלה	Jer. 29, 23.
וָעֵין	ועמך לרב עשי מלאכה	1 Chr. 22, 15.
וָעֶרֶב	וייראו ישבי קצות	Ps. 65, 9.
וָפֶרֶץ	ובני יהודה ער ואונן	Gen. 46, 12.
וָצֵאָה	ומי יתן את העם הזה	Jud. 9, 29.
וָקַיִן	ואני הנני ישב במצפה	Jer. 40, 10.
וָקָמוּ	כה אמר ה׳ גאל ישראל	Jes. 49, 7.
וָקָם	כי שבע יפול צדיק	Prov. 24, 16.
וָקוֹל	יעמד ולא אכיר מראהו	Job 4, 16.
וָרֹאשׁ	ובני בנימן בלע	Gen. 46, 21.
וָרָחַם	מאל אביך ויעזרך	Gen. 49, 25.
וָרֵעַ	הרחקת ממני אהב	Ps. 88, 19.
וָרֵק	גם חצני נערתי	Neh. 5, 13.
וָשׁוּבוּ	ויאמר להם כה אמר ה׳	Ex. 32, 27.
וָשֵׁם	ונתתי להם בביתי	Jes. 56, 5.
וָשֶׁקֶר	לו איש הלך רוח	Micha 2, 11.
וָשָׁבוּ	ואזרעם בעמים	Zach. 10, 9.
וָשׁוּב	אל תאמר לרעיך	Prov. 3, 28.
וָשֵׁשׁ	חור כרפס ותכלת	Est. 1, 6.
וָתוֹךְ	אלה פיהו מלא ומרמות	Ps. 10, 7.

72.

א״ב מן ב׳ ב׳ מותאמים וכל חד יתיר לי׳ דסבי׳ דלוג וסי׳

Ein unvollständig alphabetisches Verzeichniss von Wörtern, die zwei Mal hintereinander stehen und in dieser Verbindung nur ein Mal vorkommen.

אַבְשָׁלוֹם אַבְשָׁ׳	והמלך לאט את	2 S. 19, 5.
אֱכוֹל א׳	ויאמר אלי בן אדם	Ez. 3, 1.
אַרְבָּעָה א׳	פנים לאחד וארבע	Ez. 10, 21.
אַחֶיךָ א׳	בן אדם אחיך אחיך	Ez. 11, 15.
אוֹי א׳	ויהי אחרי כל רעתך	Ez. 16, 23.
אַמָּה א׳	ואלה מדות המזבח	Ez. 43, 13.
אֶבֶן אֶבֶן	לכן כה אמר אדני ה׳	Jes. 28, 16.
אֲרִיאֵל א׳	הוי אריאל אריאל	Jes. 29, 1.
אֵלִי א׳	למה עזבתני רחוק	Ps. 22, 2.
אָשִׁיב א׳	אמר ה׳ מבשן	Ps. 68, 23.
אֵל אֶל	יסגירני אל אל עויל	Job 16, 11.
אָבַדְתִּי א׳	לך כנוס את כל היהודים	Est. 4, 16.
בֶּאֱרֹת ב׳	ועמק השדים	Gen. 14, 10.
בַּדֶּרֶךְ ב׳	אעברה בארצך · דאל׳ הד׳	Deut. 2, 27.
בֹּארוֹת ב׳	כי שתים רעות עשה	Jer. 2, 13.
בַּרְזֶל ב׳	הירע ברזל ברזל מצפון	Jer. 15, 12.
בְּכִנּוֹר ב׳	זמרו לה׳ בכנור	Ps. 98, 5.
בָּעֶרֶב ב׳	ומקטרים לה׳ עלות	2 Chr. 13, 11.
גְּבֹהָה ג׳	אל תרבו תדברו	1 S. 2, 3.
גֵּבִים ג׳	ויאמר כה אמר ה׳ עשה	2 Reg. 3, 16.
גָּדוֹל ג׳	ויהי נשר אחד גדול	Ez. 17, 7.
דֶּרֶךְ ד׳	וכפתחי הלשכות	Ez. 42, 12.
הָאָדֹם ה׳	ויאמר עשו אל יעקב	Gen. 25, 30.
הַקָּרֵב ה׳	כל הקרב הקרב אל	Num. 17, 28.
הַנַּעַר ה׳	וילך הנער הנער הנביא	2 Reg. 9, 4.
הָרֹעִים ה׳	לכן כה אמר ה׳ אלהי	Jer. 23, 2.
הֵידָד ה׳	ונאספה שמחה וגיל	Jer. 48, 33.
הֲתִשְׁפֹּט ה׳	ואתה בן אדם	Ez. 22, 2.
הַלּוֹט ה׳	ובלע בהר הזה	Jes. 25, 7.
הִתְעוֹרְרִי ה׳	קומי ירושלם	Jes. 51, 17.
הֵם הֵם	בחלקי נחל חלקך	Jes. 57, 6.
הִנֵּנִי ה׳	נדרשתי ללוא שאלו	Jes. 65, 1.
הֲמוֹנִים ה׳	בעמק החרוץ	Joel 4, 14.
הוֹ הוֹ	בכל רחבות מספד	Am. 5, 16.
הוֹי הוֹי	ונסו מארץ צפון	Zach. 2, 10.
הַב הַב	לעלוקה שתי בנות	Prov. 30, 15.
וַעֲשָׂהאֵל ו׳	ויהיו שם שלשה	2 S. 2, 18.
וָדֶרֶךְ ו׳	והיה שם מסלול	Jes. 35, 8.
וָעִיר ו׳	והימים האלה	Est. 9, 28.
זַמְּרוּ זַמֵּרוּ	זמרו לאלהים זמרו	Ps. 47, 7.
חֳמָרִם ח׳	ויצברו אתם	Ex. 8, 10.
חֲמֵשֶׁת ח׳	ולקחת חמשת	Num. 3, 47.
חָלִילָה ח׳	ויען יואב ויאמר	2 S. 20, 20.
חֲמִשִּׁים ח׳	הלא הגד לאדני	1 Reg. 18, 13.
חָלַמְתִּי ח׳	שמעתי את אשר	Jer. 23, 25.

חַי חַי	היא יודך כמני היום	Jes. 38, 19.
חֵן חֵן ·	כי אתה הר הגדול	Zach. 4, 7.
חֲמֵשׁ ח׳	ואלה מדותיה · תני׳ רפס׳	Ez. 48, 16.
חָכַמְתָּ ח׳	אם חכמת חכמת לך	Prov. 9, 12.
חָנֻּנִי ח׳	אתם רעי כי יד אלוה	Job 19, 21.
יַעֲקֹב י׳	ויאמר אלהים לישראל	Gen. 46, 2.
יִדְרֹךְ יִדְרֹךְ	אל ידרך ידרך הדרך	Jer. 51, 3.
יָהּ יָהּ	אמרתי לא אראה יה יה	Jes. 38, 11.
יֵבֹשׁוּ י׳	גם כל קויך לא יבשו	Ps. 25, 3.
יִדֹּדוּן י׳	מלכי צבאות	Ps. 68, 13.
יַצְמִיתֵם י׳	וישב עליהם את	Ps. 94, 23.
יְבָרֵךְ י׳	ה׳ זכרנו יברך יברך	Ps. 115, 12.
לָהֶם ל׳	ויהי לו שלשים בנים	Jud. 10, 4.
לַחֶרֶב ל׳	והיה כי יאמרו אליך	Jer. 15, 2.
לָרָעָב ל׳	ב׳ בפסוק׳	Jer. 15, 2.
לִנְתָחֶיהָ ל׳	אוי עיר הדמים	Ez. 24, 6.
לְמַעֲנִי ל׳	אעשה כי איך יחל	Jes. 48, 11.
לָבֵשׁ ל׳	ה׳ מלך גאות לבש	Ps. 93, 1.
לְאִיתִיאֵל ל׳	דברי אגור בן יקה	Prov. 30, 1.
לַזָּהָב ל׳	ולכסף לכסף ולכל	1 Chr. 29, 5.
לָעֹלוֹת ל׳	ומנת המלך מן רכושו	2 Chr. 31, 3.
מֹשֶׁה מ׳	וירא ה׳ כי סר לראות	Ex. 3, 4.
מַטֶּה מ׳	דבר אל בני ישראל וקח	Num. 17, 17.
מַעְלָה מָ׳	הגר אשר בקרבך	Deut. 28, 43.
מַטָּה מָ׳	ב׳ בפסוקא	Deut. 28, 43.
מָעַל מַ׳	הלוא עכן בן זרח	Jos. 22, 20.
מִזְבֵּחַ מ׳	ויקרא על המזבח	1 Reg. 13, 2.
מֵעַי מ׳	אוחילה קירות לבי	Jer. 4, 19.
מוּסָד מוּסָּד	הנני יסד בציון	Jes. 28, 16.
מַלְכָּא מ׳	ענו ואמרין לנבכדנצר	Dan. 3, 9.
מְנֵא מ׳	ודנה כתבא די רשים	Dan. 5, 25.
מְדִינָה מ׳	ויקראו ספרי · תנינ׳	Est. 8, 9.
נֹחַ נֹחַ	אלה תולדת נח נח	Gen. 6, 9.
נָפְלָה נ׳	והנה זה בא רכב	Jes. 21, 9.
נַחֲמוּ נ׳	עמי יאמר אלהיכם	Jes. 40, 1.
נַחֲלָה נ׳	ונתן ארצם · קר׳ רס׳	Ps. 135, 12.
סוֹבֵב סֹבֵב	הולך אל דרום	Koh. 1, 6.
עֵדֶר ע׳	ויתן ביד עבדיו	Gen. 32, 17.
עֲשָׂרָה ע׳	כפות זהב שתים	Num. 7, 86.
עִיר ע׳	תהיינה הערים האלה	Jos. 21, 40.
עִבְרוּ ע׳	בשערים פנו דרך	Jes. 62, 10.
עַמִּי ע׳	וזרעתיה לי בארץ	Hos. 2, 25.
עֲלֵיכֶם ע׳	יסף ה׳ עליכם	Ps. 115, 14.
עָרוּ ע׳	זכר ה׳ לבני אדום	Ps. 137, 7.
עַל עַל	כל קבל דנה דניאל	Dan. 2, 24.
עֵינִי ע׳	על אלה אני בוכיה	Thr. 1, 16.
עֲרֵמוֹת ע׳	ובני ישראל ויהודה	2 Chr. 31, 6.
פֶּרֶץ פָּ׳	ואלה תולדות פרץ	Ruth 4, 18.
פִּינְחָס פ׳	אלעזר הוליד · דד״ה	1 Chr. 5, 30.
צֶדֶק צ׳	תרדף למען תחיה	Deut. 16, 20.
צֵא צ׳	וכה אמר שמעי בקללו	2 S. 16, 7.
רֹאשִׁי ר׳	ויאמר אל אביו	2 Reg. 4, 19.
רַע רַע	יאמר הקונה ואזל	Prov. 20, 14.
שָׁם שָׁם	ויצעק אל ה׳ ויורהו	Ex. 15, 25.
שָׁנָה ש׳	עשר תעשר	Deut. 14, 22.
שְׁמוּאֵל ש׳	ויבא ה׳ ויתיצב	1 S. 3, 10.
שִׁמְעוּ ש׳	ותקרא אשה חכמה	2 S. 20, 16.
שׁוּבוּ ש׳	אמר אליהם חי אני	Ez. 33, 11.
שֻׁעָלִים ש׳	אחזו לנו שעלים	Cant. 2, 15.
שַׁבַּת שַׁבָּת	ומן בני הקהתי	1 Chr. 9, 32.
תֶּרַח ת׳	ואלה תולדת תרח	Gen. 11, 27.

73.

א״ב מן חד וחד משמש אה׳ או׳ וכל חד לי׳ דלוג וסימ׳

Ein unvollständig alphabetisches Verzeichniss von ein Mal vorkommenden Wörtern, die aus zwei durch Cholam und Kamez gebildeten Silben bestehen.

אָרוֹר	אורו מרוז אמר מלאך	Jud. 5, 23.
אָלֹה	וכחש ורצח וגנב	Hos. 4, 2.
בָּרוֹךְ	ולא אביתי לשמע לבלעם	Jos. 24, 10.
בָּנֹה	בניתי בית זבל· דמלכי׳	1 Reg. 8, 13.

גָּנֹב	ואם גנב יגנב מעמו	Ex. 22, 11.
דָּחֹה	דחיתני לנפל	Ps. 118, 13.
הָפוֹךְ	רשעים ואינם	Prov. 12, 7.
וְכָתוֹב	שדות בכסף יקנו	Jer. 32, 44.
זָנֹה	ויאמר ה׳ אל הושע	Hos. 1, 2.
חָרֹק	בחנפי לעגי מעוג	Ps. 35, 16.
טָעֹם	ויאמר שאול אל יונתן	1 S. 14, 43.
יָמֹת	יחי ראובן ואל ימת	Deut. 33, 6.
יָקוֹשׁ	צפה אפרים עם אלהי	Hos. 9, 8.
יָחֹס	על דל ואביון	Ps. 72, 13.
יָרֹה[1]	לא תגע בו יד	Ex. 19, 13.
יָשֹׁר	על אנשים ויאמר	Job 33, 27.
כָּסוֹם	וראשם לא יגלחו	Ez. 44, 20.
כָּרֹת	דברו דברים אלות שוא	Hos. 10, 4.
לָבוֹשׁ	זרעתם הרבה והבא	Hag. 1, 6.
מָהֹר	וכי יפתה איש בתולה	Ex. 22, 15.
נָאוֹר	אתה אדיר מהררי	Ps. 76, 5.
עָנוֹשׁ	וכי ינצו אנשים	Ex. 21, 22.
עָשׁוֹק	כה אמר ה׳ עשו משפט	Jer. 22, 3.
עָרֹךְ	השלחן צפה הצפית	Jes. 21, 5.
עָטֹה	הנה ה׳ מטלטלך	Jes. 22, 17.
פָּנֹה	אל הרבה והנה למעט	Hag. 1, 9.
פָּגוֹשׁ	דב שכול באיש	Prov. 17, 12.
צָעֹק[2]	אם ענה תענה	Ex. 22, 22.
צָרוֹר	את המדינים	Num. 25, 17.
צָפֹה	ערוך השלחן צפה	Jes. 21, 5.
צָנוֹף	יצנפך צנפה	Jes. 22, 18.
קָבוֹר	לא תלין נבלתו על העץ	Deut. 21, 23.
רָטֹב	היא לפני שמש	Job 8, 16.
שָׁאֹג[1]	ואתה תנבא אליהם	Jer. 25, 30.
שָׁקוֹל	לו שקול ישקל כעשי	Job 6, 2.
תָּמֹךְ	אשרי במעגלותיך	Ps. 17, 5.

1) Zusatz derselben Hand.
2) Zusatz von anderer Hand.

74.

א״ב מן חד וחד ת׳ בריש תיבות׳ וכל חד לי׳ וסימ׳

Ein alphabetisches Verzeichniss von ein Mal vorkommenden Wörtern, die mit Taw anfangen.

תָּאֳרוֹ	ויאמר לה מה תארו	1 S. 28, 14.
תָּבֵא	בני אם יפתוך חטאים	Prov. 1, 10.
תַּגְדֵּל	ואל תרא ביום אחיך	Ob. 1, 12.
תַּדִּיחֶנּוּ	הטתו ברב לקחה	Prov. 7, 21.
תַּהֲרוּ	חשש תלדו קש	Jes. 33, 11.
תּוּרָד קמ׳	אך אל שאול תורד	Jes. 14, 15.
תִּזְבָּחֻהוּ	וכי תזבחו זבח שלמים	Lev. 19, 5.
תַּרְדֵּמָה	ויפל ה׳ אלהי׳ תרדמה	Gen. 2, 21.
תְּחָגֻּהוּ קמ׳	והיה היום הזה לכם	Ex. 12, 14..
תִּטֶּה	אם תטה אשרי מני	Job 31, 7.
תְּיַגַּע	וישבו אל יהושע ויאמרו	Jos. 7, 3.
תְּכַלֶּנָּה	צהר תעשה לתבה	Gen. 6, 16.
תַּלְאֻבוֹת	אני ידעתיך במדבר	Hos. 13, 5.
תִּמְלָאֵמוֹ	אמר אויב ארדף	Ex. 15, 9.
תְּנַתֵּחַ	ואת האיל תנתח לנתחיו	Ex. 20, 17.
תְּסַמֵּר	ורוח על פני יחלף	Job 4, 15.
תַּעֲנֶינָּה	חכמות שרותיה	Jud. 5, 29.
תָּפְתֶּה	כי ערוך מאתמול תפתה	Jes. 30, 33.
תְּצַוֻּם	ויאמר אלהם שימו	Deut. 32, 46.
תִקֹּם	לא תקם ולא תטר	Lev. 19, 18.
תִּרְהוּ	אל תפחדו ואל תרהו	Jes. 44, 8.
תֵּרָאֶה קמ׳	ויראו לפניך מראינו	Dan. 1, 13.
תַּשְׁמֵט	את הנכרי תגש	Deut. 15, 3.
תִּתְרָאוּ	וירא יעקב כי יש שבר	Gen. 42, 1.

75.

א״ב מן חד וחד כתבין ן׳ בסוף תיבות׳ וכל חד לי׳ וסימ׳

Ein alphabetisches Verzeichniss von ein Mal vorkommenden Wörtern, die mit Nun fin. schliessen.

אַחֲרִיתָן	יגישו ויגידו לנו את	Jes. 41, 22.
אֲחֵרִין	תטחן לאחר אשתי	Job 31, 10.
בַּחַיִּין	ומשך אבירים בכחו	Job 24, 22.
בְּחַיִּין	ושאר חיותא העדיו	Dan. 7, 12.
גְּבוּלָן	ותשבנה הערים אשר	1 S. 7, 14.
דָּאְנִין	ואנת עזרא כחכמת	Esra 7, 25.
הָרָצִין	ותשמע עתליה׳ דמלכ׳	2 Reg. 11, 13.
הָאִיִּן	עתה יחרדו׳ קדמ׳ דפס׳	Ez. 26, 18.
הַיָּמִין	ואתה לך לקץ ותנוח	Dan. 12, 13.
וְיִרָאוּן	וכל ישראל ישמעו׳ כ״כ	Deut. 13, 12.
וַיַּחֲנוּן	וילך במדבר ויסב	Jud. 11, 18.
וְכִמְהָן	ויעבר המלך הגלגלה	2 S. 19, 41.
זַן	מזוינו מלאים מפיקים	Ps. 144, 13.
חִטִּין	ואתה קח לך חטין	Ez. 4, 9.
טְחוֹן	בחורים טחון נשאו	Thr. 5, 13.
יַחְסְרוּן	אולי יחסרון המשים	Gen. 18, 28.
יְזִידוּן	וכל העם ישמעו ויראו	Deut. 17, 13.
יִמָּלְאוּן	והשקיתי ארץ צפתך	Ez. 32, 6.
יְדַעְתִּין	עתה נבראו ולא מאז	Jes. 48, 7.
יובלון	מעבר לנהרי כוש	Zeph. 3, 10.
יִרְעֲפוּן	עטרה שנת טובתך	Ps. 65, 12.
יֵאָסֵפוּן	תזרח השמש	Ps. 104, 22.
יִרְבּוּן	אספרם מחול	Ps. 139, 18.
כְּאָרְכָּן	ודרך לפניהם כמראה	Ez. 42, 11.
לִבָּן	וכל הנשים אשר נשא	Ex. 35, 26.
לִבְבֵיהֶן	והצב גלתה העלתה	Nah. 2, 8.
מִשְׁפָּטָן	ויקרב משה את משפטן	Num. 27, 5.
מְגִדּוֹן	ביום ההוא יגדל המספד	Zach. 12, 11.
מְלָכִין	אל תתן לנשים חילך	Prov. 31, 3.
נוּן	בנו יהושע בנו׳ דד״ה	1 Chr. 7, 27.
סִגְנִין	אדין מלכא לדניאל רבי	Dan. 2, 48.
עִיִּין	לכן בגללכם ציון שדה	Micha 3, 12.
עִזִּין	והקריבו לחנכת בית אלהא	Esra 6, 17.
פִּרְיָן	בנו בתים ושבו ונטעו	Jer. 29, 5.
צִדֹנִין	יען אשר עזבוני׳ דמלכ׳	1 Reg. 11, 33.
קִבְּצָן	דרשו מעל ספר ה׳ וקראו	Jes. 34, 16.
רָחְבָּן	ודרך לפניהם כמראה	Ez. 42, 11.
ראשָׁן	ישבו לארץ ידמו׳ הנ׳ דפס׳	Thr. 2, 10.
שׁוֹמֵמִין	דרכי ציון אבלות	Thr. 1, 4.
תְּדַבְּרוּן	ויצו גם את השני	Gen. 32, 20.
תְעַנּוּן	כל אלמנה ויתום	Ex. 22, 21.
תִּהְיוּן	ואנשי קדש	Ex. 22, 30.
תִּירָשׁוּן	בכל הדרך אשר צוה	Deut. 5, 30.
תִּרְבּוּן	ושמעת ישראל ושמרת	Deut. 6, 3.
תֵלְכוּן	לא תלכון אחרי אלהים	Deut. 6, 14.
תִּלָּחֲמוּן	כה אמר ה׳ לא תעלו׳ דמל׳	1 Reg. 12, 24.
תַּחְתֵּיהֶן	הלוך ואמרת אל חנניה	Jer. 28, 13.
תְּבַקֵּשׁוּן[1]	ויאמר אלהם אלישע לא זה	2 Reg. 6, 19.

76.

א״ב מן חד וחד עַל דלוג ילי׳ דכמ׳ וסימ׳

Ein unvollständig alphabetisches Verzeichniss von Wörtern, die mit vorhergehendem עַל nur ein Mal vorkommen (sonst mit אֶל).

על אַבְרָם	ויהי השמש לבוא	Gen. 15, 12.
על אַבְרָהָם	כי ידעתיו למען	Gen. 18, 19.
על אַחַד	ויאמר קח נא את בנך	Gen. 22, 2.
על אָחִינוּ	ויאמרו איש אל אחיו	Gen. 42, 21.
על אֶלְעָזָר	ואת שעיר החטאת	Lev. 10, 16.
על אֲבִימֶלֶךְ	לבוא חמס שבעים בני	Jud. 9, 24.
על אֲדֹנֵיכֶם	לא טוב הדבר הזה	1 S. 26, 16.
על אֲדֹנִיָּהוּ	ותבא בת שבע	1 Reg. 2, 19.
על אֲדֹנָי	ויהי בבקר ויצא ויעמד	2 Reg. 10, 9.
על אֱלִישָׁע	ויראהו בני הנביאים	2 Reg. 2, 15.

---

1) Zusatz von derselben Hand.

על אֲדָמָה	לכן כה אמר ה׳ אשתך	Am. 7, 17.
על אֱלוֹהַּ	מצפון זהב יאתה	Job 37, 22.
על אֲחֵיהֶם	מחזיקים על אחיהם	Neh. 10, 30.
על אַחֵינוּ	ויאמר דויד לכל קהל׳ ד״ה	1 Chr. 13, 2.
על בֵּיתִי	אתה תהי׳ על ביתי	Gen. 41, 40.
על בְּנָהּ	ותאמר האשה אשר	1 Reg. 3, 26.
על בֵּיתָהּ	ויהי הוא מספר למלך	2 Reg. 8, 5.
על בַּת	ספקו עליך כפים	Thr. 2, 15.
על גַּי	והראש אחד יפנה דרך	1 S. 13, 18.
על דְּבָרַי	שמעי הארץ הנה אנכי	Jer. 6, 19.
על דָּבָר	משכיל על דבר	Prov. 16, 20.
על הַמִּדְבָּר	ואת החרי בהררם שעיר	Gen. 14, 6.
על הָאִשָּׁה	ויבא אלהים אל אבימלך	Gen. 20, 3.
על הַנַּעַר	ויאמר אלהים אל אברהם	Gen. 21, 12.
על הַקֹּדֶשׁ	וכפר על הקדש מטמאת	Lev. 16, 16.
על הָאֹהֶל	ולקח אזוב וטבל במים	Num. 19, 18.
על הָעֵדָה	יפקד ה׳ אלהי הרוחת	Num. 27, 16.
על הַמַּעְבָּרוֹת	והאנשים רדפו אחריהם	Jos. 2, 7.
על הַגִּזָּה	הנה אנכי מציג את	Jud. 6, 37.
על הַגְּבוּל	וכל מואב שמעו	2 Reg. 3, 21.
על הַמֶּרְכָּבָה	וילך משם וימצא את	2 Reg. 10, 15.
על הָאִישׁ	והנביא והכהן והעם	Jer. 23, 34.
על הָעֲרָבָה	ויאמר אלי המים האלה	Ez. 47, 8.
על הָרִים	תהום כלבוש כסיתו	Ps. 104, 6.
על הֵיכַל	לקצת ירחין תרי עשר	Dan. 4, 26.
על הֶחָרֶב	וירא נשא כליו׳ דד״ה	1 Chr. 10, 5.
על הַגְּדוּד	והמה עזרו עם דויד	1 Chr. 12, 21.
על זָקֵן	קצפתי על עמי חללתי	Jes. 47, 6.
על חִזְקִיָּה	וישלח חזקיה מלך יהודה	2 Reg. 18, 14.
על טַבָּת	ויתקעו שלש מאות	Jud. 7, 22.
על טַבּוּר	לשלל שלל ולבז בז	Ez. 38, 12.
על טוּב	ואפרים עגלה מלמדה	Hos. 10, 11.
על יִצְחָק	ויקח אברהם את עצי	Gen. 22, 6.
על יָבִין	ותלך יד בני ישראל הלוך	Jud. 4, 24.
על יִפְתָּח	ותהי על יפתח	Jud. 11, 29.
על יוֹם	שאל את נעריך ויגידו	1 S. 25, 8.
על יַבָּשָׁה	כי אצק מים על צמא	Jes. 44, 3.
על יַעֲקֹב	וריב לה׳ עם יהודה	Hos. 12, 3.

על יוֹנָה	ויאמרו איש אל רעהו	Jona 1, 7.
על יוֹמוֹ	נשמו אחרנים	Job 18, 20.
על יְמֵי	ימים על ימי מלך תוסיף	Ps. 61, 7.
על יוֹאָב	ודבר המלך חזק על׳ ד״ה	1 Chr. 21, 4.
על יָרָבְעָם	ושאר דברי שלמה׳ ד״ה	2 Chr. 9, 29.
על יְהוֹרָם	ויער ה׳ על יהורם	2 Chr. 21, 16.
על כַּשְׂדִּים	חרב על כשדים נאם ה׳	Jer. 50, 35.
על לֵאָה	וישא יעקב עיניו וירא	Gen. 33, 1.
על לִשְׁכַּת	וירד בית המלך על לשכת	Jer. 36, 12.
על מַצַּב	ובין המעברות אשר	1 S. 14, 4.
על מִצְוַת	ולבית הרכבים אמר	Jer. 35, 18.
על מְבוֹאֹת	ואמרת לצור הישבתי	Ez. 27, 3.
על מוֹאָב	על כן על מואב איליל	Jer. 48, 31.
על מַחֲנֵה	ושלום בן קורא בן אביסף	1 Chr. 9, 19.
על נָשָׁיו	וילך עשו אל ישמעאל	Gen. 28, 9.
על נֶגֶב	ויאמר אכיש אל פשטתם	1 S. 27, 10.
על נָבָל	אל נא ישים אדני את לבו	1 S. 25, 25.
על נִינְוֵה	ואני לא אחוס על נינוה	Jona 4, 11.
על שְׂרֵי	ויקצף פרעה על שני	Gen. 40, 2.
על עַבְדְּכֶם	ואקחה פת לחם וסעדו	Gen. 18, 5.
על עֲבָדָיו	פרעה קצף על עבדיו	Gen. 41, 10.
על עֵבֶר	ועשית את נרתיה שבעה	Ex. 25, 37.
על עֵצִים	והוציא את כל הפר	Lev. 4, 12.
על עָרֵיהֶם	על כן הכם אריה מיער	Jer. 5, 6.
על עֲבָדֶיךָ	שובה ה׳ עד מתי	Ps. 90, 13.
על עַבְדִּי	ויאמר ה׳ אל השטן׳ קד׳ דס׳	Job 1, 8.
על פַּח	התפל צפור על פח	Am. 3, 5.
על צִידֹן	זבולן לחוף ימים ישכן	Gen. 49, 13.
על צֹאן	והכשבים הפריד יעקב	Gen. 30, 40.
על צַדִּיק	תאלמנה שפתי שקר	Ps. 31, 19.
על קְבֻרָתָהּ	ויצב יעקב מצבה	Gen. 35, 20.
על קֶבֶר	ויצא את האשרה מבית	2 Reg. 23, 6.
על רָמֹת	ויקבץ מלך ישראל׳ דמל׳	1 Reg. 22, 6.
על רוּחֲכֶם	והעלה על רוחכם.	Ez. 20, 32.
על רְחַבְעָם	ויקבצו עליו אנשים	2 Chr. 13, 7.
על שָׁפָן	ויאמר חלקיהו הכהן	2 Reg. 22, 8.

Jer. 29, 32.	על שְׁמַעְיָה	לכן כה אמר ה׳ הנני פקד
Jes. 10, 25.	על תַּבְלִיתָם	כי עוד מעט מזער

—

77.

יחלוף

א״ב מן חד וחד אֶל דלוג וסימנ׳

Ein unvollständig alphabetisches Verzeichniss von Wörtern, die, umgekehrt vom Vorigen, mit vorhergehendem אֶל nur ein Mal vorkommen (sonst mit עַל).

Gen. 24, 10.	אל אֲרַם	ויקח העבד עשרה
2 S. 6, 6.	אל אֲרוֹן	ויבאו עד גרן נכון · דשמיא׳
1 Reg. 7, 34.	אל אַרְבַּע	וארבע כתפות אל
Jer. 49, 20.	אל אֱדוֹם	לכן שמעו עצת ה׳ אשר יעץ
Jer. 50, 37.	אל אוֹצְרֹתֶיהָ	חרב אל סוסיו ואל רכבו
Gen. 27, 20.	אל בְּנוֹ	ויאמר יצחק אל בנו
Gen. 37, 35.	אל בְּנִי	ויקמו כל בניו וכל בנתיו
Ex. 2, 20.	אל בְּנֹתָיו	ויאמר אל בנתיו ואיו
Num. 4, 12.	אל בֶּגֶד	ולקחו את כל כלי השרת
Jer. 47, 3.	אל בָּנִים	מקול שעטת פרסות
Jer. 51, 3.	אל בַּחוּרֶיהָ	אל ידרך ידרך הדרך · כוכתי׳
2 S. 18, 24.	אל גַּג	ודוד יושב בין שני השערים
Jer. 50, 36.	אל גִּבּוֹרֶיהָ	חרב אל הבדים ונאלו
Ex. 9, 21.	אל דְּבַר	ואשר לא שם לבו אל דבר
Gen. 27, 9.	אל הַצֹּאן	לך נא אל הצאן
Ex. 9, 20.	אל הַבָּתִּים	הירא את דבר ה׳
Ex 21, 6.	אל הַמְּזוּזָה	והגישו אדניו אל האלהים
Ex. 36, 2.	אל הַמְּלָאכָה	ויקרא משה אל בצלאל
Ex. 40, 21.	אל הַמִּשְׁכָּן	ויבא את הארן אל
Lev. 8, 8.	אל הַחֹשֶׁן	וישם עליו את החשן
Deut. 21, 2.	אל הֶעָרִים	ויצאו זקניך ושפטיך
Deut. 20, 2.	אל הַמִּלְחָמָה	והיה כקרבכם אל המלחמה
Jud. 9, 15.	אל הָעֵצִים	ויאמר האטד אל העצים
1 S. 6, 15.	אל הָאֶבֶן	והלוים הורידו את ארון
1 S. 14, 34.	אל הַדָּם	ויאמר שאול פצו בעם

2 S. 21, 10.	אל הַצּוּר	ותקח רצפה בת איה
1 Reg. 13, 29.	אל הַחֲמוֹר	וישא הנביא את נבלת
2 Reg. 4, 18.	אל הַקֹּצְרִים	ויגדל הילד ויהי היום
2 Reg. 4, 39.	אל הַשָּׂדֶה	ויצא אחד אל השדה
1 Reg. 13, 20.	אל הַשֻּׁלְחָן	ויהי הם ישבים אל
Jer. 27, 19.	אל הָעַמֻּדִים	כי כה אמר ה׳ צבאות
Jer. 33, 4.	אל הַסֹּלְלוֹת	כי כה אמר ה׳ אלהי ישראל
Jer. 50, 36.	אל הַבַּדִּים	חרב אל הבדים ונאלו
Jud. 8, 18.	אל זֶבַח	ויאמר אל זבח ואל צלמנע
1 S. 21, 14.	אל זְקָנוֹ	וישנו את טעמו
Ex. 28, 30.	אל חֹשֶׁן	ונתת אל חשן המשפט
Jer. 51, 12.	אל חוֹמֹת	בבל שאו נס החזקו
Jer. 31, 12.	אל טוּב	ובאו ורננו במרום ציון
2 S. 14, 30.	אל יָדִי	ויאמר אל עבדיו ראו
Ez. 21, 12.	אל יָרֵךְ	זעק והילל בן אדם
Jona 1, 5.	אל יַרְכְּתֵי	וייראו המלחים ויזעקו
Esra 3, 7.	אל יָם	ויתנו כסף לחצבים · ה״ד
Jud. 14, 9.	אל כַּפָּיו	וירדהו אל כפיו וילך
Jer. 29, 16.	אל כִּסֵּא	כי כה אמר ה׳ אל המלך
Ez. 12, 12.	אל כָּתֵף	והנשיא אשר בתוכם
1 Reg. 8, 47.	אל לִבָּם	והשיבו אל לבם · במלכי׳
Gen. 42, 17.	אל מִשְׁמָר	ויאסף אתם אל משמר
Jud. 7, 25.	אל מִדְיָן	וילכדו שני שרי מדין
1 S. 20, 25.	אל מוֹשָׁב	וישב המלך על מושבו
Jer. 13, 11.	אל מָתְנֵי	כי כאשר ידבק האזור
Jer. 50, 38.	אל מֵימֶיהָ	חרב אל מימיה ויבשו
Jud. 21, 23.	אל נַחֲלָתָם	ויעשו כן בני בנימן
1 Reg. 19, 3.	אל נַפְשׁוֹ	וירא ויקם וילך אל נפשו
2 Reg. 7, 7.	אל נַפְשָׁם	ויקומו וינוסו בנשף
Jer. 50, 19.	אל נָוֵהוּ	ושבבתי את ישראל אל
Jer. 50, 37.	אל סוּסָיו	חרב אל סוסיו ואל רכבו
2 S. 6, 3.	אל עֲגָלָה	וירכבו את ארון · דשמיא׳
Jud. 7, 6.	אל פִּיהֶם	ויהי מספר המלקקים
Job 2, 5.	אל פָּנֶיךָ	אולם שלח נא ידך · תנ׳ דס׳
Gen. 31, 4.	אל צֹאנוֹ	וישלח יעקב ויקרא
Ex. 25, 24.	אל קְצוֹת	ונתתה את שתי עבתת
Num. 30, 2.	אל רָאשֵׁי	וידבר משה אל ראשי
Jer. 49, 2.	אל רַבַּת	לכן הנה ימים באים

אל שָׁמַיִם	כי אשא אל שמים ידי	Deut. 32, 40.
אל תּוֹרַת	ושאר העם הכהנים	Neh. 10, 29.

78.

א״ב קרי׳ עַל ולי׳ בקרי׳ חד מנהון אֶל דלוג וסי׳

Ein unvollständig alphabetisches Verzeichniss von Wörtern, die nur mit vorhergehendem עַל und niemals mit אֶל vorkommen.

על אֵלֶּה · על אַרְבָּעָה · על בָּנַיִךְ · על גַּל · על דִּגְלוֹ · על דָּבָר · על הַסֵּפֶר · על זאת · על חכיתַיִךְ · על טַבּוּר · על יָדַיִךְ · על יָדַיִם? · על יָדוֹ · על יָדָם · על יָדֶךָ · על יָדֶיהָ · על כִּסְאִי · על כִּסְאוֹ · על כֵּן · על לוּחַ · על לֵב · על מַיִם · על נַחַל · על סַל · על עַמּוּד · על פְּרִי · על פָּנֶיךָ · על פְּנֵיהֶם · על צִבְאֹתָם · על קִיר · על רב · על רִיב · על רַחֲמִים · על שְׁכוֹת · על שְׁכוֹ · על שְׁנַיִם · על שְׁתֵּי · על תהו·

79.

סימן כל קרי׳ אֶת ולית וְאֶת והיא משמש (א״ב)

Ein alphabetisches Verzeichniss von Wörtern, die nur mit אֶת und niemals mit vorhergehendem וְאֶת verbunden werden.

את אַבְרָהָם · את אִיּוֹב · את אֵילוֹת · את אֱלֹהִים · את בֵּיתְךָ · את בְּנֵיכֶם · את גגו · את גְּבוּל · את גִּבְעוֹן · את דברי · את דָּנִיֵּאל · את הָאֱלֹהִים · את הַשָּׁמַיִם · את הֶחָצֵר · את הַמָּן · את הָרָקִיעַ · את הַשֵּׁבֶט · את הַשֶּׁמֶשׁ · את הַשּׁוֹר · את הַשִּׂירָה · את הַנַּעַר · את הַבְּרָכָה · את הַבְּכֹרָה · את וָהֵב · את זֶה · את זֶרַע · את חָצֵר · את הַסּוּךְ · את חָכְמָתִי · את חָכְמַת · את טַבְּעֹתָיו · את ידי · את יְדֵיכֶם · את כִּסְאִי · את כִּסֵּא · את לְבָבוֹ · את מַעֲשֵׂה · את מָרְדֳּכַי · את נַחֲלַת · את קְדוֹם · את עֹשֶׁר · את פְּנֵי · את פָּנַי · את פָּנָיו · את פָּנֶיךָ · את פְּנֵיכֶם · את פְּנֵיהֶם · את פָּנֶיהָ · את פניך · את צִיּוֹן · את קוֹלְךָ · את רוּחִי · את שִׁכְבְךָ · את תּוֹרַת · את תְּהוֹם · כל אלין לית חד מנהון וְאֶת·

80.

א״ב כתבין י׳ במצ׳ תיבות׳ וקר׳ ו׳ דלוג וסימנהון

Ein unvollständig alphabetisches Verzeichniss von Wörtern, die in der Mitte des Worts ein Jod haben, das aber wie Waw gelesen wird.

אֲרַיְנָה	ויבא גד אל דוד ביום· ד׳שמ׳	2 S. 24, 18.
אֶזְכִּיר	מעללי יה כי אזכרה	Ps. 77, 12.
בְּרַתִּיקוֹת	ויצף שלמה את הבית	1 Reg. 6, 21.
בַּחִינָיו	הן ארץ כשדים זה	Jes. 23, 13.
בַּגּוֹיִם	למה יאמרו הגוים	Ps. 79, 10.
בַּכִּיס	אל תרא יין כי יתאדם	Prov. 23, 31.
גּיים	ויאמר ה׳ לה שני גיים	Gen. 25, 23.
גְּדִיֹתָיו	אלה הם אשר עברו את	1 Chr. 12, 15.
הַחֲרִיפִי	אלעזי וירימות	1 Chr. 12, 5.
הַמְּעִינִים	ויבאו אלה הכתובים	1 Chr. 4, 41.
וַיִּישָׂם	לפניו לאכל ויאמר לא	Gen. 24, 33.
וַיִּלִּינוּ	העם על משה במדבר (?)	Ex. 16, 2.
וַיִּירֶשׁ	וישלח משה לרגל את	Num. 21, 32.
וְיָנִים	ובית תפוח	Jos. 15, 53.
וַיָּנִיסוּ	ויעמדו איש תחתיו	Jud. 7, 21.
וְרֵעִיתָי	ותאמר אל אביה יעשה	Jud. 11, 37.
וַיִּיחֶל	שבעת ימים למועד אשר שמואל	1 S. 13, 8.
וַיִּיחֶר	וילך עמשא להזעיק	2 S. 20, 5.
וְשִׁיָא	ספר וצדוק· ד׳שמואל	2 S. 20, 25.
וּבִשְׂגִיב	בימיו בנה חיאל בית	1 Reg. 16, 34.
וּלְשִׂימוֹ	בגוי חנף אשלחנו	Jes. 10, 6.
וּנְצִירֵי	ויאמר נקל מהיותך לי	Jes. 49, 6.

ופניאל	ויפדיה ופניאל בני · ד"ה	1 Chr. 8, 25.
וצפינך	מכתים ידך ה'	Ps. 17, 14.
וצירם	כצאן לשאול שתו	Ps. 49, 15.
וגיש	לבש בשרי רמה	Job 7, 5.
והיתי	לו שקול ישקל כעשי	Job 6, 2.
וריב	והוכח במכאוב על	Job 33, 19.
ונהירא	היא גלא עמיקתא	Dan. 2, 22.
וסיפניא	אנתה מלכא שמת טעם	Dan. 3, 10.
ותשיח	זכר תזכיר ותשיח	Thr. 3, 20.
זבידה	בן עשרים וחמש שנה	2 Reg. 23, 36.
חישה	אלהים אל תרחק ממני	Ps. 71, 12.
ישיב	כי נדר נדר עבדך	2 S. 15, 8.
ינין	יהי שמו לעולם	Ps. 72, 17.
יצפינו	יגורו יצפינו המה	Ps. 56, 7.
ירימו	משל בגבורתו עולם	Ps. 66, 7.
ימיטו	עליהם גחלים באש	Ps. 140, 11.
יקצירו	בשדה בלילו יקצירו	Job 24, 6.
כמיש	כי יען בטחך במעשיך	Jer. 48, 7.
לעדיא	זכריה לגנתון משלם	Neh. 12, 16.
לעזיר	ויאמר העם לא תצא	2 S. 18, 3.
מדין	ותהי עוד מלחמה בגת	2 S. 21, 20.
מגדיל	ישועות מלכו · דשמו'	2 S. 22, 51.
מיצקת	ותלך מאתו ותסגר הדלת	2 Reg. 4, 5.
מיסדות	וראיתי לבית גבה סביב	Ez. 41, 8.
מידעת	זמרו ה' כי גאות עשה	Jes. 12, 5.
מידע	ולנעמי מידע לאישה	Ruth 2, 1.
נפיסים	בני אסנה בני מעונים · קד' דספ'	Esra 2, 50.
סיא	וימצא מלך אשור בהושע	2 Reg. 17, 4.
עינתם	באותי ואסרם ואספו	Hos. 10, 10.
עליה	ומת הדד ויהיו אלופי · דד"ה	1 Chr. 1, 51.
פטירים	ואלה המשררים ראשי	1 Chr. 9, 33.
ציף	בן ציף בן אלקנה	1 Chr. 6, 20.
קריאי	אלה קריאי העדה נשיאי	Num. 1, 16.
ראית	רבות ולא תשמר	Jes. 42, 20.
ראית	ברבות הטובה רבו	Koh. 5, 10.
שיחה	תשמע זעקה מבתיהם	Jer. 18, 22.
שביתכם	ונמצאתי לכם נאם ה'	Jer. 29, 14.
שובבים	צאן אבדות היו עמי	Jer. 50, 6.
שיט	כי אמרתם כרתנו ברית	Jes. 28, 15.
שעריריה	בבית ישראל ראיתי	Hos. 6, 10.
שילל	על זאת אספדה ואילילה	Micha 1, 8.
שדין	גורו לכם מפני חרב	Job 19, 29.
שביתך	נביאיך חזו לך שוא	Thr. 2, 14.
תחיל	ונתתי אש במצרים	Ez. 30, 16.
תרים	כי תפארת עזמו אתה	Ps. 89, 18.
תמיש	משיב רעה תחת טובה	Prov. 17, 13.
תמריק	חברות פצע תמריק	Prov. 20, 30.

ולבד ממסיתא

ועתידתיהם	כי אמר בכח ידי עשיתי	Jes. 10, 13.

81.

וחליפ

א"ב כת' ו' במצע' תיבות' וקרין י' דליג יבימ'

Ein unvollständig alphabetisches Verzeichniss von Wörtern, die, umgekehrt vom Vorigen, in der Mitte des Worts ein Waw haben, das wie Jod gelesen wird.

אסורי	ויקח אדני יוסף אתו	Gen. 39, 20.
אבוגיל	ותמהר אביגיל ותקח	1 S. 25, 18.
אנועך	תמול בואך והיום	2 S. 15, 20.
אולי	ויגל את יהויכין · דמלכ'	2 Reg. 24, 15.
ארוצם	הנה כאריה יעלה מגאון · תני'	Jer. 50, 44.
אושר	אני לפניך אלך והדורים	Jes. 45, 2.
בעוני	אולי יראה ה' בעיני	2 S. 16, 12.
בור	כהקיר בור מימיה	Jer. 6, 7.
בהלוכתם	יזכר אדיריו יכשלו	Nah. 2, 6.
ברזות	ובני בריעה חבר ומלכיאל	1 Chr. 7, 31.
גול	יגיל אבי צדיק	Prov. 23, 24.
דהוא	אדין רחום בעל טעם	Esra 4, 9.
הוצא	כל החיה אשר אתך	Gen. 8, 17.
החרסות	ויצאת אל גיא בן הנם	Jer. 19, 2.

הַיֹּרֵד [1)	ומי ישמע לכם	1 S. 30, 24.
הָעֲשׂוּיִם	ויצו המלך	2 Reg. 23, 4.
הַכְעִסֵנִי	ולא שמעתם אלי נאם	Jer. 25, 7.
הַמֵּבִיא	ומתחתה לשכות האלה	Ez. 42, 9.
הַלֻּחוֹת	כי מעלה הלֻחות בבכי· רירמי׳	Jer. 48, 5.
הַבָּצִיר	הילל ברוש כי נפל ארז	Zach. 11, 2.
הַמְּבוּנִים	ויאמר ללוים המבינים	2 Chr. 35, 3.
הַיְשַׁר	ה׳ נחני בצדקתך	Ps. 5, 9.
הֲתָעוּף	עיניך בו ואינני	Prov. 23, 5.
הַנְּתִינִים	ואיצאה איתם על אדו	Esra 8, 17.
הַחָפְשִׁית	ויהי עוזיהו המלך · דד״ה	2 Chr. 26, 21.
וַיַּלִּינוּ	והאנשים אשר שלח	Num. 14, 36.
וְשַׁחֲצוּמָה	ופגע הגבול בתבור	Jos. 19, 22.
וֶאֱלִיל	ויאמר ה׳ אלי שקר	Jer. 14, 14.
וְתַרְמוּת	הנבאים · ב׳ בפסוק׳	Jer. 14, 14.
וְסוּס	גם חסידה בשמים	Jer. 8, 7.
וְאַתִּיקֶיהָא	ומדד ארך הבנין אל פני	Ez. 41, 15.
וּצְנִיף	והיית עטרת תפארת	Jes. 62, 3.
וְתִילוֹן	ובני שימון אמנון	1 Chr. 4, 20.
וְיוּאֵל	הראש אחיעזר ויואש	1 Chr. 12, 3.
וְהָכִינוּ	לבית אבתיכם	2 Chr. 35, 4.
חֵיקְךָ	למה תשיב ידך וימינך	Ps. 74, 11.
יָצוּעַ	ויבן על קיר הבית	1 Reg. 6, 5.
יַעֲבִיר	ולא ימכרו ממנו	Ez. 48, 14.
יְנִיעוּן	המה יניעון לאכל	Ps. 59, 16.
יְכַסֵּימוֹ	ראש מסבי עמל שפתימו	Ps. 140, 10.
יַכְשִׁילוּ	כי לא ישנו אם לא ירעו	Prov. 4, 16.
יָעוּר	ותהי עוד מלחמה · דד״ה	1 Chr. 20, 5.
יְחִיאֵל	ומן בני הימן יחיאל ושמעי	2 Chr. 29, 14.
לָרוּב	והיה כי יבאו אבותם	Jud. 21, 22.
לָשִׁיר	ויהי בבואם בשוב דוד	1 S. 18, 6.
לָיִשׁ	וישלח איש בשת ויקחה	2 S. 3, 15.
לְדַיָּגִים	הנני שלח לדוגים	Jer. 16, 16.
לְסוּג	בן אדם היו לי בית ישראל	Ez. 22, 18.
לִמְשִׁיסָּה	מי נתן למשוסה יעקב	Jes. 42, 24.
לְמַעֲנוֹתָם	על גבי חרשו חרשים	Ps. 129, 3.
לְמַלּוּכִי	יונתן לשבניה · דעזרא	Neh. 12, 14.
מְנָוֹית	ויברח דוד מנוית	1 S. 20, 1.
מוֹפָעַת	ומשפט בא אל ארץ	Jer. 48, 21.
נְטוּוֹת	ויאמר ה׳ יען כי גבהו	Jes. 3, 16.
נִוב	בורא ניב שפתים	Jes. 57, 19.
נֵיבָי	חריף ענתות	Neh. 10, 20.
נְפִישְׁסִים	בני בסי בני מעונים· תני׳ דם׳	Neh. 7, 52.
שֵׁם	והנה קמה כל המשפחה	2 S. 14, 7.
עֲשׂוּוֹת	ותמהר אביגיל ותקח	1 S. 25, 18.
עֵיפַי	ויבאו אל גדליה המצפתה	Jer. 40, 8.
עֲיָרִים	משא בהמות נגב	Jes. 30, 6.
עֲנִוֵּי	שמעו זאת השאפים	Am. 8, 4.
עֲתִידִים	פתשגן הכתב · תני׳ דם׳	Est. 8, 13.
עֶפְרַיִן	וירדף אביה אחרי	2 Chr. 13, 19.
צְלִיל	ויבא גדעון והנה איש	Jud. 7, 13.
צְעִירֵיהֶם	ואדיריהם שלחו צעיריהם	Jer. 14, 3.
צְעִירֶיהָ	נשברה מואב השמיעו	Jer. 48, 4.
צְפִיעֵי	ויאמר אלי ראה נתתי	Ez. 4, 15.
קְרִיאֵי	ובני אליאב נמואל	Num. 26, 9.
שִׁישַׁק	ויהי בשנה החמישית	1 Reg. 14, 25.
שֵׁרוּתִךָ	אמר ה׳ אם לא שריתך	Jer. 15, 11.
שְׁרוּקֹת	לשום ארצם לשמה	Jer. 18, 16.
שַׁפְרִירוֹ	ואמרת אליהם כה אמר	Jer. 43, 10.
שְׁבוּתָם	והיה חבל לשארית בית	Zeph. 2, 7.
שְׁבוּת	רצית ה׳ ארצך שבת	Ps. 85, 2.
שָׁלִשִׁים	הלא כתבתי לך שלשום	Prov. 22, 20.
שָׁמִיר	בני עזיאל מיכה	1 Chr. 24, 24.
תְנִיאוּן	ולמה תניאון את לב	Num. 32. 7.
תָּרוּב	אל תריב עם אדם חנם	Prov. 3, 30.
תֻּשִׁיָּה	תשאני אל רוח תרכיבני	Job 30, 22.

[1) Zusatz.

82.

אותיות גדולות שבתורה משמשות א״ב וסימ׳

Ein alphabetisches Verzeichniss der Buchstaben, welche im Pentat. grösser als die übrigen geschrieben werden müssen, mit Angabe der bezüglichen Wörter.

אַשְׁרֶיךָ	ישראל מי כמוך	Deut. 33, 29.
בְּרֵאשִׁית	ברא	Gen. 1, 1.
וְהִתְגַּלָּה	ואת הנתק לא יגלה	Lev. 13, 33.
אֶחָד	שמע ישראל ה׳	Deut. 6, 4.
הֲלַיְ״י	הגמלו זאת	Deut. 32, 6.
גָּחוֹן	כל הולך על	Lev. 11, 42.
הַכְזוֹנָה	ויאמרו	Gen. 34, 31.
חַכְלִילִי	עינים מיין	Gen. 49, 12.
טוֹב	ותהר האשה ותלד	Ex. 2, 2.
יִגְדַּל	ועתה יגדל נא	Num. 14, 17.
וְהִתְמַכַּרְתֶּם	והשיבך ה׳ מצרים	Deut. 28, 68.
וַנַּךְ (וַיַּךְ?)	ויתנהו ה׳ אלהינו לפנינו	Deut. 2, 33.
וַיַּשְׁלִכֵם	ויתשם ה׳ מעל אדמתם	Deut. 29, 27.
מַה	טבו אהליך יעקב	Num. 24, 5.
שִׁלֵּשִׁים	וירא יוסף לאפרים	Gen. 50, 23.
נֹצֵר	חסד לאלפים	Ex. 34, 7.
מִשְׁפָּטָן	ויקרב משה את	Num. 27, 5.
וַיַּהַס	כלב את העם	Num. 13, 30.
שְׁמַע	ישראל ה׳	Deut. 6, 4.
וּפְתַלְתֹּל	שחת לו לא בניו	Deut. 32, 5.
וּבְהַעֲטִיף	הצאן לא ישים	Gen. 30, 42.
צֵא	וירדו כל עבדיך	Ex. 11, 8.
צִיץ	ועשית ציץ זהב	Ex. 28, 36.
קַן	כי יקרא קן צפור	Deut. 22, 6.
אַחֵר	כי לא תשתחוה לאל	Ex. 34, 14.
עֶרֶשׂ	כי רק עוג מלך	Deut. 3, 11.
תָּמִים	תהי׳ עם ה׳	Deut. 18, 13.

83.

אותיות גדולות שבקרי׳ משמשות א״ב וסימ׳

Ein alphabetisches Verzeichniss der Buchstaben, welche in der heil. Schrift grösser als die übrigen geschrieben werden müssen, mit Angabe der bezüglichen Wörter.

אָדָם	שת אנוש	1 Chr. 1, 1.
בְּרֵאשִׁית	ברא אלהים	Gen. 1, 1.
וְהִתְגַּלָּה	ואת הנתק לא יגלה	Lev. 13, 33.
אֶחָד	שמע ישראל ה׳	Deut. 6, 4.
הֲלַיְ״י	הגמלו זאת	Deut. 32, 6.
גָּחוֹן	כל הולך על גחון	Lev. 11, 42.
זִכְרוּ	תורת משה	Mal. 3, 22.
חוּר	כרפס ותכלת	Est. 1, 6.
שִׁבְטוֹ	יסר מעלי שבטו	Job 9, 34.
יִגְדַּל	ועתה יגדל נא	Num. 14, 17.
וְכַנָּה	אשר נטעה ימינך	Ps. 80, 16.
וַיַּשְׁלִכֵם	ויתשם ה׳ מעל	Deut. 29, 27.
מִשְׁלֵי	שלמה בן דוד · רי׳ ספר׳	Prov. 1, 1.
אַלְפִּים	נהר די נור נגד ונפק	Dan. 7, 10.
וְכַנָּה	אשר נטעה ימינך	Ps. 80, 16.
לִינִי [1]	הלילה	Ruth 3, 13.
מִשְׁפָּטָן	ויקרב משה	Num. 27, 5.
סוֹף	דבר הכל נשמע	Koh. 12, 13.
שְׁמַע	ישראל ה׳	Deut. 6, 4.
בִּשְׁפַרְפָּרָא	באדין מלכא בשפרפרא	Dan. 6, 20.
צֹפָו	עורים כלם לא ידעו	Jes. 56, 10.
קֵן	גם צפור מצאה בית	Ps. 84, 4.
אַחֵר	כי לא תשתחוה לאל	Ex. 34, 14.
שִׁיר	השירים אשר לשלמה	Cant. 1, 1.
וַתִּכְתֹּב	אסתר המלכה · ת״ו קדמ׳	Est. 9, 20.

1) Zusatz mit der Bemerkung וי״ם

84.

אותיות קטנות שבקרי׳ משמשוה א״ב

Ein alphabetisches Verzeichniss der Buchstaben, welche in der Heil. Schrift kleiner als die übrigen geschrieben werden müssen, mit Angabe der bezüglichen Wörter.

וַיִּקְרָא	אל משה	Lev. 1, 1.
הַב	לעלוקה שתי בנות · קר׳ רפ׳	Prov. 30, 15.
וְגוּשׁ	לבש בשרי רמה	Job 7, 5.
אָדָם	עשק בדם נפש	Prov. 28, 17.
בְּהִבָּרְאָם	אלה תולדות השמים	Gen. 2, 4.
שָׁלוֹם	לכן אמר הנני	Num. 25, 12.
וְנַפְשׁוֹ[1]	לא חיה · ו״ו בה״א	Ps. 22, 30.
וַיְזָתָא	ואת ארידי ואת · לי׳ והס׳	Est. 9, 9.
חַף	זך אני בלי פשע	Job 33, 9.
טָבְעוּ	בארץ שעריה	Thr. 2, 9.
תֶּשִׁי	צור ילדך תשי	Deut. 32, 18.
וְלִבְכֹּתָהּ	ותמת שרה בקרית	Gen. 23, 2.
לוֹא	עליכם כל עברי דרך	Thr. 1, 12.
מַמְרִים	הייתם עם ה׳ מיום דעתי · ו״ס הנינ׳	Deut. 9, 24.
וְטִהַרְתִּים[2]	מכל נכר	Neh. 13, 30.
יִצְפְּנֵנִי	כי יצפנני · נ״ן הנ׳ (נ״ב)	Ps. 27, 5.
בְּסֻכֹּה	ביום רעה · הוי׳ בספ׳	Ps. 27, 5.
לְעַוֵּת	אדם בריבו	Thr. 3, 36.
בִּשְׁפַרְפָּרָא	באדין מלכא · פ״ה קר׳ (נ״ב)	Dan. 6, 20.
וְצִוְחַת	אבלה יהודה ושעריה	Jer. 14, 2.
פָּרֶץ	יפרצני פרץ על פני פרץ	Job 16, 14.
וְחֵץ[1]	חניתו כמנור ארגים · קר׳ דס׳ · ועץ קרי	1 S. 17, 7.
קַצְתִּי	ותאמר רבקה אל יצחק	Gen. 27, 46.
פַּרְמַשְׁתָּא	ואת אריסי	Est. 9, 9.
פַּרְשַׁנְדָּתָא	ואת דלפון	Est. 9, 7.

1) Zusatz von anderer Hand mit der Bemerkung ר״ם
2) Zusatz von derselben Hand.

85.

מ״ה מן חד יחד וְאֶל ולי׳ דסמי׳ וסי׳

45 Wörter, die nur ein Mal mit vorhergehendem וְאֶל vorkommen.

ואל קַיִן	ואל מנחתו לא שעה	Gen. 4, 5.
ואל אַמָּה	צהר תעשה לתבה	Gen. 6, 16.
ואל הַבָּקָר	רץ אברהם ויקח בן בקר	Gen. 18, 7.
ואל אֶחָיו	ויספר אל אביו	Gen. 37, 10.
ואל יַעֲקֹב	וארא אל אברהם	Ex. 6, 3.
ואל פַּרְעֹה	וידבר ה׳ אל משה · דויצום	Ex. 6, 13.
ואל שְׁתֵּי[1]	ולקחתם אגדת אזוב	Ex. 12, 22.
ואל מֹשֶׁה	אמר עלה אל ה׳	Ex. 24, 1.
ואל הַזְּקֵנִים	אמר שבו לנו בזה	Ex. 24, 14.
ואל הָאָרֹן	ונתת את הכפרת	Ex. 25, 21.
ואל אֵשֶׁת	עמיתך לא תתן	Lev. 18, 20.
ואל הַלְוִיִּם	תדבר ואמרת אליהם	Num. 18, 26.
ואל עֲדַת[1]	ויבאו אל	Num. 31, 12.
ואל רִשְׁעוֹ	זכר לעבדיך	Deut. 9, 27.
ואל חַטָּאתוֹ	ב׳ בפסוק	Deut. 9, 27.
ואל נַעֲרוֹ	ויאמר דוד שאול אליו	1 S. 10, 14.
ואל אֲבִישַׁי	ויען דוד ויאמר אל	1 S. 26, 6.
ואל אַבְנֵר	ויקרא דוד אל העם	1 S. 26, 14.
ואל נֶגֶב	ויאמר אכיש אל · בתר׳ רפ׳	1 S. 27, 10.
ואל צִקְלַג	ויהי בבא דוד ואנשיו	1 S. 30, 1.
ואל נְבִיאֵי	ויאמר (אלישע) אל מלך	2 Reg. 3, 13.
ואל הַשָּׁמַיִם	ראיתי את הארץ והנה	Jer. 4, 23.
ואל נְבוּכַדְרֶאצַּר	הנני שלח ולקחתי	Jer. 25, 9.
ואל צִדְקִיָּה	מלך יהודה דברתי	Jer. 27, 12.
ואל שְׁמַעְיָהוּ	הנחלמי תאמר לאמר	Jer. 29, 24.
ואל צִדְקִיָּהוּ[1]	כה אמר · דאחאב בן קוליה	Jer. 29, 21.
ואל יְהוּדָה	ואלה הדברים אשר	Jer. 30, 4.
ואל הֶחָרֶב	כי כה · דעל בתי העיר הזאת	Jer. 33, 4.
ואל יִרְמְיָהוּ	היה דבר ה׳ בהיותו עצור	Jer. 39, 15.
ואל אַרְצוֹ	לכן כה · דהנני פקד אל מלך	Jer. 50, 18.
ואל אֲנָשִׁים[1]	וקול המון שלו בה	Ez. 23, 42.
ואל הַשֻּׁלְחָנוֹת	והשפתים טפח אחד	Ez. 40, 43.

1) Zusatz von derselben Hand.

Ez. 43, 20.	ואל הַנְּבוּל	ולקחת מדמו ונתתה
Jes. 19, 3.	ואל הָאִטִּים[1]	
	ואל הָאֹבוֹת	ונבקה רוח מצרים · ב׳ בי
Joel 4, 3.	ואל עַמִּי	ידו גורל ויתנו הילד
Jes. 51, 2.	ואל שָׂרָה	הביטו אל אברהם
Jes. 55, 7.	ואל אֱלֹהֵינוּ[1]	ויעזב רשע דרכו
Hos. 4, 8.	ואל עֲוֹנָם	חטאת עמי יאכלו
Ps. 30, 9.	ואל ה׳	אליך ה׳ אקרא ואל ה׳
Ps. 50, 4.	ואל הָאָרֶץ	יקרא אל השמים
Job 5, 8.	ואל אֱלֹהִים	אולם אני אדרש אל אל
Koh. 1, 5.	ואל מְקוֹמוֹ	וזרח השמש ובא
Neh. 2, 14.	ואל בְּרֵכַת[1]	ואעבר אל שער
Ez. 11, 21.	ואל לֵב	שקוציהם · דיחזקאל

86.

ט׳ זוגין חד וְאֶל וחד וְעַל ולי׳ דכות׳ וסימנ׳

9 Wörter, die nur ein Mal mit vorhergehendem וְאֶל und ein Mal mit vorhergehendem וְעַל vorkommen.

Lev. 10, 12.	ואל אִיתָמָר	וידבר משה אל אהרן
Lev. 10, 16.	ועל אִיתָמָר	ואת שעיר החטאת
Lev. 12, 4.	ואל הַמִּקְדָּשׁ	ושלשים יום ושלשת
2 Chr. 29, 21.	ועל הַמִּקְדָּשׁ	ויביאו פרים שבעה
Num. 4, 19.	ואל מַשָּׂאוֹ	וזאת עשו להם וחיו
Num. 4, 49.	ועל מַשָּׂאוֹ	על פי ה׳ פקד אותם
2 Reg. 8, 3.	ואל שָׂדָהּ	ויהי מקצה שבע שנים
2 Reg. 8, 5.	ועל שָׂדָהּ	ויהי היא מספר למלך
Jer. 26, 15.	ואל יֹשְׁבֶיהָ	אך ידע תדעו כי אם
Jer. 25, 9.	ועל יֹשְׁבֶיהָ	הנני שלח ולקחתי את
Ruth 1, 15.	ואל אֱלֹהֶיהָ	ותאמר הנה שבה יבמתך
Jer. 46, 25.	ועל אֱלֹהֶיהָ	אמר ה׳ צבאות אלהי ישראל
Ez. 22, 9.	ואל הֶהָרִים	אנשי רכיל היו בך
Chagg. 1, 11.	ועל הֶהָרִים	ואקרא חרב על הארץ

ואל עַמִּים	כה אמר אדני ה׳ הנה	Jes. 49, 22.
ועל עַמִּים	ונשפטתי אתו בדבר	Ez. 38, 22.
ואל אָדָם	אל נא אשא פני איש	Job 32, 22.
ועל אָדָם	והוא ישקט ומי ירשע	Job 34, 29.

87.

ל״ב זוגין מן ב׳ ב׳ עַל וסי׳

32 Wörter, die nur zwei Mal mit vorhergehendem עַל vorkommen.

על אַחַת	וכפר עליו הכהן לפני	Lev. 5, 26.
על אַחַת	או מצא אבדה וכחש	Lev. 5, 22.
על אִשָּׁה	לא יהיה כלי גבר על	Deut. 22, 5.
על אִשָּׁה	אם נפתה לבי על אשה	Job 31, 9.
על אָבֵל	ולא יפרסו להם על אבל	Jer. 16, 7.
על אָבִיו	ויאמר דויד אעשה חסד · ד״ה (?)	1 Chr. 19, 2.
על אֱלֹהִים	מגני על אלהים מושיע	Ps. 7, 11.
על אֱלֹהִים	ישעי וכבודי	Ps. 62, 8.
על אַבְשָׁלוֹם	וידע יואב בן צרויה	2 S. 14, 1.
על אַבְשָׁלוֹם	ויגד ליואב הנה המלך	2 S. 19, 2.
על אַרְבַּעַת	וידו אדם מתחת כנפיהם	Ez. 1, 8.
על אַרְבַּעַת	רבעיהן	Ez. 1, 17.
על אַרְצִי	ועלית על עמי ישראל	Ez. 38, 16.
על אַרְצִי	כי גוי עלה על ארצי	Joel 1, 6.
על בֶּן	והקריב על בן הבקר	Num. 15, 9.
על בֶּן	תהי ידך על איש ימינך	Ps. 80, 18.
על גּוֹי	רגע אדבר על גוי	Jer. 18, 7.
על גּוֹי	והבדו · ורגע אדבר	Jer. 18, 9.
על גְּבוּלָם	יהתחלקו אתה לשבעה	Jos. 18, 5.
על גְּבוּלָם	שמעתי חרפת מואב	Zeph. 2, 8.
על דְּבָרִי	ואת כל אלה ידי עשתה	Jes. 66, 2.
על דְּבָרִי	ויאמר ה׳ אלי היטבת	Jer. 1, 12.
על הַמִּטָּה	ויגד ליעקב ויאמר הנה	Gen. 48, 2.
על הַמִּטָּה	והמלך שב מגנת הביתן	Est. 7, 8.
על הָאָבְנָיִם	ויאמר בילדכן את	Ex. 1, 16.
על הָאָבְנָיִם	וארד בית היוצר	Jer. 18, 3.

1) Zusatz.

Num. 11, 9.	עַל הַמַּחֲנֶה	וברדת הטל על
Num. 11, 31.	עַל הַמַּחֲנֶה	ורוח נסע מאת ה'
Lev. 15, 6.	עַל הַכְּלִי	והישב על הכלי
Lev. 15, 23.	עַל הַכְּלִי	ואם על המשכב הוא
Deut. 22, 6.	עַל הַבָּנִים	כי יקרא קן צפור
Jer. 16, 3.	עַל הַבָּנִים	כי כה אמר ה' על הבנים
Zeph. 1, 8.	עַל הַשָּׂרִים	והיה ביום זבח ה'
Est. 5, 11.	עַל הַשָּׂרִים	ויספר להם המן את
Jer. 21, 9.	עַל הַכַּשְׂדִּים	הישב בעיר הזאת · ר"פ קדמ' דס'
Jer. 37, 14.	עַל הַכַּשְׂדִּים	ויאמר ירמיהו שקר
2 Chr. 20, 1.	עַל יְהוֹשָׁפָט	ויהי אחרי כן באו בני
2 Chr. 20, 37.	עַל יְהוֹשָׁפָט	ויתנבא אליעזר בן דודוהו
Lev. 23, 20.	עַל לֶחֶם	והניף הכהן אתם
1 Chr. 9, 32.	עַל לֶחֶם	ומן בני הקהתי
Est. 4, 5.	עַל מָרְדֳּכָי	ותקרא אסתר להתך
Est. 5, 9.	עַל מָרְדֳּכָי	ויצא המן ביום ההוא
Ex. 18, 23.	עַל מְקֹמוֹ	אם את הדבר הזה תעשה
Ps. 37, 10.	עַל מְקוֹמוֹ	ועוד מעט ואין רשע
Dan. 4, 25.	עַל נְבוּכַדְנֶצַּר	כלא מטא על
Dan. 4, 30.	עַל נְבוּכַדְנֶצַּר	בה שעתא מלתא ספת
2 S. 6, 10.	עַל עִיר	ולא אבה דוד להסיר דשמו'
Am. 4, 7.	עַל עִיר	וגם אנכי מנעתי מכם
1 Reg. 15, 20.	עַל עָרֵי	וישמע בן הדד · דמלכים
Jer. 4, 16.	עַל עָרֵי	הזכירו לגוים הנה
1 S. 22, 9.	עַל עַבְדֵי	ויען דאג האדמי
1 Chr. 18, 7.	עַל עַבְדֵי	ויקח דויד את שלטי · ד"ה
1 S. 20, 8.	עַל עַבְדֶּךָ	ועשית חסד על עבדך
Ps. 31, 17.	עַל עַבְדֶּךָ	האירה פניך על עבדך
Jes. 23, 8.	עַל צֹר	מי יעץ זאת על צר
Ez. 27, 2.	עַל צֹר	ואתה בן אדם שא על צר
2 Reg. 19, 22.	עַל קְדוֹשׁ	את מי חרפת · דמלכי'
Jes. 31, 1.	עַל קְדוֹשׁ	הוי הירדים מצרים לעזרה
Job 22, 26.	עַל שַׁדַּי	כי אז על שדי תתענג
Job 27, 10.	עַל שַׁדַּי	אם על שדי יתענג
2 Chr. 23, 19.	עַל שַׁעֲרֵי	ויעמד השוערים על שערי
Prov. 14, 19.	עַל שַׁעֲרֵי	שחו רעים לפני טובים
2 Chr. 26, 9.	עַל שַׁעַר	ויבן עזיהו מגדלים · קד' דפ'
Cant. 7, 5.	עַל שַׁעַר	צוארך כמגדל השן

88.

כ' זוגין תרין אֶל ותרין עַל וסי'

10 Wörter (20 Paare), die zwei Mal mit vorhergehendem אֶל und zwei Mal mit vorhergehendem עַל vorkommen.

Num. 12, 8.	אֶל פֶּה	פה אל פה אדבר בו
Esra 9, 11.	אֶל פֶּה	אשר צוית ביד עבדיך
Micha 7, 16.	עַל פֶּה	יראו גוים ויבשו מכל
Job 21, 5.	עַל פֶּה	פנו אלי והשמו ושימו
Jes. 49, 22.	אֶל גּוֹיִם	כה אמר אדני ה' הנה אשא
Ez. 2, 2.	אֶל גּוֹיִם	ויאמר אלי בן אדם
Jes. 14, 12.	עַל גּוֹיִם	איך נפלת משמים הילל
Ps. 47, 9.	עַל גּוֹיִם	מלך אלהים על גוים
Gen. 15, 15.	אֶל אֲבֹתֶיךָ	ואתה תבוא אל אבתיך
2 Chr. 34, 28.	אֶל אֲבֹתֶיךָ	הנני אספך אל אבתיך · ד"ה
Deut. 30, 9.	עַל אֲבֹתֶיךָ	והותירך ה' אלהיך בכל
2 Reg. 22, 20.	עַל אֲבֹתֶיךָ	לכן הנני אספך על אבתיך · דמלכ'
Gen. 24, 29.	אֶל הָעָיִן	ולרבקה אח ושמו לבן
Gen. 24, 42.	אֶל הָעָיִן	ואבא היום אל העין
Gen. 16, 7.	עַל הָעַיִן	וימצאה מלאך ה'
Gen. 24, 30.	עַל הָעָיִן	ויהי כראת את הנזם
Gen. 34, 4.	אֶל חֲמוֹר	ויאמר שכם אל חמור
Gen. 34, 24.	אֶל חֲמוֹר	וישמעו אל חמור ואל
Ex. 22, 8.	עַל חֲמוֹר	על כל דבר פשע
Zach. 9, 9.	עַל חֲמוֹר	גילי מאד בת ציון
Ex. 4, 18.	אֶל יֶתֶר	וילך משה וישב אל יתר
Jer. 29, 1.	אֶל יֶתֶר	ואלה דברי הספר אשר
Ps. 31, 24.	עַל יֶתֶר	אהבו את ה' כל חסידיו
Ps. 11, 2.	עַל יֶתֶר	כי הנה הרשעים ידרכון

אֶל לְבָבֶךָ	וידעת היום והשבת	Deut. 4, 39.
אֶל לְבָבֶךָ	והיה כי יבאו עליך	Deut. 30, 1.
עַל לְבָבֶךָ	והיו הדברים האלה	Deut. 6, 6.
עַל לְבָבֶךָ	והיה ביום ההיא יעלו	Ez. 38, 10.
אֶל אֲמִתֶּךָ	כי לא שאול תודך	Jes. 38, 18.
אֶל אֲמִתֶּךָ	חי חי היא יודך	Jes. 38, 19.
עַל אֲמִתֶּךָ	לא לנו ה׳ לא לנו	Ps. 115, 1.
וְעַל אֲמִתֶּךָ	אשתחוה אל היכל	Ps. 138, 2.
אֶל נְבוּכַדְנֶאצַּר	ביד אלעשה בן	Jer. 29, 3.
אֶל נְבוּכַדְרֶאצַּר	וירדפו חיל כשדים· קר׳ דס׳	Jer. 39, 5.
עַל נְבוּכַדְנֶצַּר	כלא מטא על	Dan. 4, 25.
עַל נְבוּכַדְנֶצַּר	בה שעתא מלתא ספת	Dan. 4, 30.
אֶל הַלְּשָׁכוֹת	והיה הכהן בן אהרן	Neh. 10, 39.
אֶל הַלְּשָׁכוֹת	כי אל הלשכות	Neh. 10, 40.
עַל הַלְּשָׁכוֹת	כי באמונה המה	1 Chr. 9, 26.
עַל הַלְּשָׁכוֹת	כי מעמדם ליד בני	1 Chr. 23, 28.

89.

ו׳ זוגין מן ג׳ ג׳ חד אֶל וחד עַל וחד וְעַל וכל חד לי׳ וסי׳

6 Wörter (oder Gruppen), die nur **ein Mal** mit אֶל, **ein Mal** mit עַל und **ein Mal** mit וְעַל vorkommen.

אֶל הַמַּשְׁקוֹף	ולקחתם אגדת אזוב	Ex. 12, 22.
עַל הַמַּשְׁקוֹף	ועבר ה׳ לנגף את מצרים	Ex. 12, 23.
וְעַל הַמַּשְׁקוֹף	ולקחו מן הדם ונתנו	Ex. 12, 7.
אֶל הַמִּשְׁפָּט	כי יהיה ריב בין אנשים	Deut. 25, 1.
עַל הַמִּשְׁפָּט	ולרוח משפט ליושב	Jes. 28, 6.
וְעַל הַמִּשְׁפָּט	על פי התורה אשר	Deut. 17, 11.
אֶל בִּנְיָמִן	וינחמו בני ישראל	Jud. 21, 6.
עַל בִּנְיָמִן	ושני אנשים שרי גדודים	2 S. 4, 2.
וְעַל בִּנְיָמִן	וימלכהו אל הגלעד	2 S. 2, 9.
אֶל יְהוֹיָקִים	לכן כה אמר ה׳ אל יהויקים	
עַל יְהוֹיָקִים	לכן כה אמר ה׳· דלא יהיה לו	Jer. 36, 30.
וְעַל יְהוֹיָקִים	מלך יהודה תאמר	Jer. 36, 29.
אֶל הַגּוֹי	למה תמותו אתה ועמך	Jer. 27, 13.
עַל הַגּוֹי	והיה הגוי והממלכה	Jer. 27, 8.
וְעַל הַגּוֹי	והיה כמלאות שבעים	Jer. 25, 12.
אֶל יְחִזְקִיָּהוּ	וישמע ה׳ אל יחזקיהו	2 Chr. 30, 20.
עַל יְחִזְקִיָּהוּ	אחר זה שלח סנחריב	2 Chr. 32, 9.
וְעַל יְחִזְקִיָּהוּ	ועוד דברו עבדיו	2 Chr. 32, 16.

90.

י״ח זוגין חד ריש פסוק וחד סוף פסוק וסימניהון

18 Wörter, die nur **ein Mal** am Anfang und **ein Mal** am Schlusse des Verses vorkommen.

לְרִבְקָה	אח ושמו לבן	Gen. 24, 29.
וּלְרִבְקָה	ותהיין מרת רוח	Gen. 26, 35.
וַיִּסָּעוּ	ויהי חתת אלהים	Gen. 35, 5.
וַיִּסָּעוּ	אלה מסעי בני ישראל	Num. 10, 28.
וְקִדַּשְׁתּוֹ	כי את לחם אלהיך	Lev. 21, 8.
וְקִדַּשְׁתּוֹ	ויאמר משה אל ה׳	Ex. 19, 23.
יְכַהֵן	כי יקנה נפש	Lev. 22, 11.
וְכֹהֵן	ויחמס כגן שכו	Thr. 2, 6.
וּשְׂנֵאָהּ	האיש האחרון	Deut. 24, 3.
וּשְׂנֵאָהּ	כי יקח איש אשה	Deut. 22, 13.
וַיִּשְׂנָאֶהָ	אמנון שנאה גדולה	2 S. 13, 15.
וַיִּשְׂנָאֶהָ	ואמר אבי הנער אל	Deut. 22, 16.
וּמְקַלֵּל	אביו ואמו	Ex. 21, 17.
וּמְקַלֵּל	ובא המלך דוד	2 S. 16, 5.
וְדָהָר	שמיר ויתיר ושוכה	Jos. 15, 48.
וָהָר	כי ה׳ אלהיך מביאך	Deut. 8, 7.
וַתִּזְנֶה	עליו פילגשו ותלך מאתו	Jud. 19, 2.
וַתִּזְנֶה	ואתם קרבו הנה בני ענגה	Jes. 57, 3.
הָשֵׁב	אל תערה במקום	Ez. 21, 30.
הָשֵׁב	והוא עם בזוז ושסוי	Jes. 42, 22.
אַיָּם	אפוא חכמיך ויגידו	Jes. 19, 12.
אַיָּם	מנזריך כארבה	Nah. 3, 17.

וְתָבֹאנָה	לך שתי אלה רגע	Jes. 47, 9.
וְתָבוֹאנָה	כה אמר ה׳ צבאות התבוננו	Jer. 9, 16.
נִדְמָה	שמרון מלכה	Hos. 10, 7.
וְנִדְמֶה	לכי הדמיוני ותשוו	Jes. 46, 5.
וַתַּשְׁלִיכֵנִי	מצולה בלבב ימים	Jona 2, 4.
וַתַּשְׁלִיכֵנִי	מפני זעמך וקצפך	Ps. 102, 11.
סִלָּה	כל אבירי אדני בקרבי	Thr. 1, 15.
סִלָּא	ויקמו עבדיו ויקשרו	2 Reg. 12, 21.
סָמַר	מפחדך בשרי	Ps. 119, 120.
סָמָר	שאו נס בארץ תקעו	Jer. 51, 27.
וְיוֹכַח	לגבר עם אלוה	Job 16, 21.
וְיוֹכַח	ויצא דויד לפניהם · ד״ה	1 Chr. 12, 17.
וּמַקְטִרִים	לה׳ עלות בבקר בבקר	2 Chr. 13, 11.
וּמַקְטִרִים	בני עתה אל תשלו	2 Chr. 29, 11.

ולבד ממסורהא

יַקְנִאֻהוּ	בזרים בתועבת	Deut. 32, 16.
יַקְנִיאוּהוּ	ויכעיסוהו בבמותם	Ps. 78, 58.
בְּמַקְהֵלוֹת[1]	ברכו אלהים	Ps. 68, 27.
בְּמַקְהֵלֹת	ויסעו מחרדה	Num. 33, 25.
בְּהִשָּׁפְטוֹ	יצא רשע	Ps. 109, 7.
בְּהִשָּׁפְטוֹ	ה׳ לא יעזבנו	Ps. 37, 33.
יְהַלְלוּהוּ	שמים וארץ	Ps. 69, 35.
יְהַלְלוּהוּ	וירוממוהו בקהל עם	Ps. 107, 32.

91.

ס״ב מלין דכתבן מוקדם מאוחר וסימן

62 Wörter, in denen 2 auf einander folgende Buchstaben versetzt sind.

הָוֹלֵךְ	ושבעה הכהנים נשאים · תני׳ דפס׳	Jos. 6, 13.
גֹּלָון	ומעבר לירדן יריחו	Jos. 20, 8.
גֹּלָון	ולבני גרשון ממשפחת	Jos. 21, 27.
וְהִימִשֵׁנִי	ויאמר שמשון אל הנער	Jud. 16, 26.
וַתָּרֹאנָה	ויונתן לא שמע בהשביע	1 S. 14, 27.
בְּנָוית	ודוד ברח וימלט	1 S. 19, 18.
בְּנָוית	וילך גם הוא הרמתה	1 S. 19, 22.
נָוית	וילך שם אל ניות ברמה	1 S. 19, 23.
בְּנָוית	ויהי עליו · ב׳ בפסוק׳	1 S. 19, 23.
וְהַגִּרְזִי	ויעל דוד ואנשיו ויפשטו	1 S. 27, 8.
מְבוֹאֶךָ	ידעת את אבנר בן נר	2 S. 3, 25.
וְהִיצִּתוּהָ	ויאמר אל עבדיו ראו חלקת	2 S. 14, 30.
בְּעַבְרוֹה	ראו אנכי מתמהמה	2 S. 15, 28.
נָפֹצוֹה	ותהי שם המלחמה נפצות	2 S. 18, 8.
וַיִּקָּלֲהוּ	ויעבר בכל שבטי ישראל	2 S. 20, 14.
הָאֲוַרְנָה	וישלח ידו המלאך ירושלם · רשם׳	2 S. 24, 16.
הָאֹהֶל	ואת הסירות ואת היעים	1 Reg. 7, 45.
הַמְּמוֹתְתִים	ותקח יהושבע בת המלך · דמל׳	2 Reg. 11, 2.
יָמִית	ואת בני המכים · דמל׳	2 Reg. 14, 6.
וּגְורֹנֵךְ	מנעי רגלך מיחף	Jer. 2, 25.
בִּמְרֻצוֹתָם	הקשבתי ואשמע לוא כן	Jer. 8, 6.
שָׁוחֵט	חץ שוחט לשונם	Jer. 9, 7.
שׁוֹמֵעַ	ולא שמעו ולא הטו את אזנם	Jer. 17, 23.
הַיּוֹדֵעַ	יען אשר עשו נבלה	Jer. 29, 23.
בְּתֹהֹרָתְךָ	ויבאו וירשו אתה	Jer. 32, 23.
הִתְעֵתִים	כי התעתם בנפשותיכם	Jer. 42, 20.
אָשְׁויֹתֶיהָ	הריעו עליה סביב	Jer. 50, 15.
תְכַשְׁלִי	לכן אדם לא תאכלי עוד	Ez. 36, 14.
הַיְאתוֹן	ועל פני השער היאתון	Ez. 40, 15.
אֲמוֹת	מדד רוח הקדים בקנה	Ez. 42, 16.
וְהָהַאֲרָאֵיל	והאראל ארבע אמות	Ez. 43, 15.
וְהַאֲרָאֵיל	שתים עשרה ארך	Ez. 43, 16.
וְאָכוֹל	וזה לך האות אכול השנה · ריש׳	Jes. 37, 30.
נָטוּי	ואני כמעט נטוי רגלי	Ps. 73, 2.
פְּלָאִיָה	דעת ממני נשגבה	Ps. 139, 6.
וּגְדֻלָּותְךָ	ועזוז נוראותיך יאמרו	Ps. 145, 6.
כְּשָׁאוֹה	בבא כשאוה פחדכם	Prov. 1, 27.
הֹלֵוךְ	את חכמים וחכם · כתיב	Prov. 13, 20.

1) Die 3 folgenden sind Zusatz einer andern Hand.

יוקית	שמר מצוה שמר נפשו	Prov. 19, 16.
ועיף	התעוף עיניך בו ואיננו · כת'	Prov. 23, 5.
תרצנה	תנה בני לבך לי ועיניך	Prov. 23, 26.
הילכות	צופיה הילכות ביתה	Prov. 31, 27.
ובתובנתו	בכחו רגע הים ובתובנתו	Job 26, 12.
יבחר	כי מי אשר יבחר אל כל	Koh. 9, 4.
ובמילואת	הימים האלה עשה	Est. 1, 5.
מומכן	ויאמר מומכן לפני	Est. 1, 16.
ידרון	עפיה שפיר ואנבה שגיא	Dan. 4, 9.
והמינכא	קרא מלכא בחיל להעלא	Dan. 5, 7.
תיכל	ואנה שמעת עליך די	Dan. 5, 16.
תוכל	פשרין למפשר · ב' בפס'	Dan. 5, 16.
והמינכא	ואנה שמעיה עליך	Dan. 5, 16.
והמינכא	בארין אמר בלשאצר	Dan. 5, 29.
שמלי	בני חגב בני שמלי · קר' דכפ'	Esra 2, 46.
ומבלהים	ויהי עם הארץ מרפים	Esra 4, 4.
ואיצאה	אותם על אדו הראש	Esra 8, 17.
בצחהיים	ואעמיד מתחתיות למקום	Neh. 4, 7.
למלוכי	יונתן לשבניה יוסף	Neh. 12, 14.
עיות	ומית הושם וימלך · ד"ה	1 Chr. 1, 46.
הודיוהו	ובני אליועיני הודייהו	1 Chr. 3, 24.
שטרי	ועל הבקר הרעים בשרון	1 Chr. 27, 29.
ושמרימות	ועמהם הלוים שמעיהו	2 Chr. 17, 8.
לזועה	ויהי קצף ה' על יהודה דד"ה · וכל ירמי' רבות ·	2 Chr. 29, 8.

אתכה	ותראני האתון ותט	Num. 22, 33.
עמכה	ותאמר בי אדני חי נפשך	1 S. 1, 26.
בכה	כי בכה ארוץ גדוד · דשמואל	2 S. 22, 30.
ימצאכה	חי ה' אלהיך אם יש גוי	1 Reg. 18, 10.
יעצרכה	ויהי בשביעת ויאמר	1 Reg. 18, 44.
הנכה	ויען השליש אשר למלך	2 Reg. 7, 2.
יענוכה	ודברת אליהם את כל הדברים	Jer. 7, 27.
בשמכה	כה אמר ה' צבאות · דיען אשר	Jer. 29, 25,
הראותכה	וידבר אלי האיש בן אדם	Ez. 40, 4.
לחלכה	ישב במארב חצרים	Ps. 10, 8.
חלכה	ראתה כי אתה עמל	Ps. 10, 14.
כפכה	אחור וקדם צרתני	Ps. 139, 5.
בכה	כי אליך ה' אדני עיני	Ps. 141, 8.
יברכוכה	יודוך ה' כל מעשיך	Ps. 145, 10.
תנצרכה	מזמה תשמר עליך	Prov. 2, 11.
כחכה	התרפית ביום צרה	Prov. 24, 10.

יחד לבר ממסורתא

ואברככה	לפני ה' לפני מותי	Gen. 27, 7.

92.

כ' מלין כתבין **וודיה** בסוף תיבות' וסי'

20 Wörter, die auf כָ (2 Pers. s. m.) mit ruhendem ה endigen (sonst heisst ךָ).

ובכה	ובעמך ובכל עבדיך	Ex. 7, 29.
ידכה	והיה לאות על ידכה	Ex. 13, 16.
כמכה	מי כמכה באלים ה' מי	Ex. 15, 11.
כמכה	נאדר בקדש · ב' בפסו'	Ex. 15, 11.

93.

ה' ווגין מן ג' ג' דכתבין מלה חדא וקרי' מלה אחרי וסימ'

5 Wörter, die 3 Mal gleich geschrieben aber jedes Mal anders gelesen werden.

שות	שת כת'	ויהי מבחר עמקיך	Jes. 22, 7.
שתה	שת כת'	שתה עונתנו לנגדך	Ps. 90, 8.
שיה	שת כת'	נבוכדנצר מלכא עבד	Dan. 3, 1.
בו	בה כת'	והיה אם שמע תשמעון	Jer. 17, 24.
בא	בה כת'	לכן דבר אותם ואמרת	Ez. 14, 3.
בם	בה כת'	והיה כל מעבר מטה	Jes. 30, 32.

אֱלוֹהַּ	אלה	כת׳ יזבחו לשדים לא אלה	Deut. 32, 17.
אֱלֹהֵי	אלה	כת׳ והעוים עשו נבחן	2 Reg. 17, 31.
אֵל	אלה	כת׳ יאמר לה אלה מאניא	Esra 5, 15.
אֵמוּן	אמן	כת׳ ויאמר אסתירה פני	Deut. 32, 20.
אָמֹון	אמן	כת׳ ויאמר מלך ישראל· רמל׳	1 Reg. 22, 26.
אֹמֵן	אמן	כת׳ ויהי אמן את הדסה	Est. 2, 7.
אִישׁ	אשר	כת׳ והוא הכה את איש· דשמ׳ תני׳ רפס׳	2 S. 23, 21.
וָאֵשֵׁב	ואשר	כת׳ ואבוא אל הגולה · קד׳ רפס׳	Ez. 3, 15.
אֲשׁוּר	אשר	כת׳ באירה בנו אשר הגלה· ד״ה	1 Chr. 5, 6.

94.

ו׳ זוגין מן ב׳ ב׳ חד כת׳ ה׳ בסוף תיבות׳ וחד כת׳ י׳ וסי׳

6 Wörter, die 2 Mal und zwar ein Mal mit He und ein Mal mit Jod am Ende (und mit vorhergehendem Zere) vorkommen.

רֹאֵה	קמ׳	ויכשילהו עלימו לשונם	Ps. 64, 9.
רָאֵי		והקרב אליו כרשנא	Est. 1, 14.
וְרֹמֵה	קמ׳	מקול פרש	Jer. 4, 29.
רוֹמֵי		בני אפרים נושקי רומי	Ps. 78, 9.
מֻכֵּה	קמ׳	אכן חלינו הוא נשא	Jes. 53, 4.
מַכֵּי		לכן תן את בניהם	Jer. 18, 21.
מַדְוֵה		והשיב בך את כל	Deut. 28, 60.
מַדְוֵי		והסיר ה׳ ממך כל חלי	Deut. 7, 15.
בּוֹזֵה	קמ׳	שמר מצוה שמר נפשו	Prov. 19, 16.
בּוֹזֵי		בן יכבד אב ועבד אדניו	Mal. 1, 6.
וּשְׂדֵה		מגרש עריהם	Lev. 25, 34.
וּשְׂדֵי		הרי בגלבע אל טל	2 S. 1, 21.

וסימן בלשון תרגום:

רחוי יומי לקי ומדוי ומתבוי בחקלא

95.

י״ב זוגין מן ב׳ ב׳ חד כתי׳ א׳ בסוף תיבות׳ וחד כתי׳ ה׳ וסי׳

12 Wörter, die 2 Mal und zwar ein Mal mit Alef und ein Mal mit He am Ende vorkommen.

הֱוֵא	כי לשלג יאמר	Job 37, 6.
הֱוֵה	יעבדוך עמים וישתחו	Gen. 27, 29.
רְפָא	ויצעק משה אל ה׳	Num. 12, 13.
רְפָה	הרעשתה ארץ פצמתה	Ps. 60, 4.
בְּמַשָּׂא	וכנניהו שר הלוים· הנ׳ רפס׳	1 Chr. 15, 22.
בַּמַּסָּה	לא תנסו את ה׳ אלהיכם	Deut. 6, 16.
וְהִפְלָא	ה׳ את מכתך	Deut. 28, 59.
וְהִפְלָה	ה׳ בין מקנה ישראל	Ex. 9, 4.
פֹּא	יאמר עד פה תבוא	Job 38, 11.
פֹּה	ויקמו האנשים וילכו	Jos. 18, 8.
יְרוּשָׁא	בן עשרים וחמש· רמל׳	2 Reg. 15, 33.
יְרוּשָׁה	והברו דד״ה	2 Chr. 27, 1.
וְשִׁנָּא	את בגדי· דמלכי׳	2 Reg. 25, 29.
וְשִׁנָּה	את בגדי כלאו· דירמי׳	Jer. 52, 33.
סִלָּא	ויקמו עבדיו ויקשרו	2 Reg. 12, 21.
סִלָּה	כל אבירי אדני בקרבי	Thr. 1, 15.
נְשָׂא	קומה ה׳ אל נשא ידך	Ps. 10, 12.
נְסָה	רבים אמרים מי יראנו	Ps. 4, 7.
וַיָּעַר	ויער אלהי ישראל את רוח	1 Chr. 5, 26.
וְהָרָה	הנה יחבל און והרה עמל	Ps. 7, 15.
הַכֶּסֶא	צרור הכסף לקח בידו	Prov. 7, 20.
בַּכֶּסֶה	תקעו בחדש שופר	Ps. 81, 4.
וְזִיזָא	בן שפעי בן אלון	1 Chr. 4, 37.
וְזִיזָה	ויהי יחת הראש	1 Chr. 23, 11.

והד לבר ממסורתא

הַפְלֵא	לכן הנני יוסף	Jes. 29, 14.
הַפְלֵה	חסדיך מושיע חוסים	Ps. 17, 7.

96.

י' נקדות נקד עזרא בתורה וד' בנביאים וא' בכתובי' וסי'

Verzeichniss von 10 Stellen im Pentateuch, vier in den Propheten, einer in den Hagiogr., in denen Esra eine Anzahl von Buchstaben durch Punkte ausgezeichnet hat.

Gen. 16, 5.	וּבֵינֶיךָ	ותאמר שרי אל אברם חמסי
Gen. 19, 33.	וּבְקוּמָהּ	ותשקין את אביהן · קדמ'
Gen. 18, 9.	אֵלָיו	ויאמרו אליו איה שרה
Gen. 33, 4.	וַיִּשָּׁקֵהוּ	וירץ עשו לקראתו
Gen. 37, 12.	אֶת	וילכו אחיו לרעות את
Num. 3, 39.	וְאַהֲרֹן	כל פקודי הלוים אשר
Num. 9, 10.	רְחֹקָה	איש איש כי יהיה טמא
Num. 21, 30.	אֲשֶׁר	ונירם אבד חשבון
Num. 29, 15.	וְעִשָּׂרוֹן	עשרון לכבש · קדמא דחג
Deut. 29, 28.	לָנוּ וּלְבָנֵינוּ עַד	הנסתרות לה' אלהינו
2 S. 19, 20.	יָצָא	ויאמר אל המלך אל יחשב
Ez. 41, 20.	הַהֵיכָל	מהארץ עד מעל הפתח
Ez. 46, 22.	מְהֻקְצָעוֹת	בארבעת מקצעות החצר
Jes. 44, 9.	הֵמָּה	יצרי פסל כלם תהו
Ps. 27, 13.	לוּלֵא	האמנתי לראות בטוב ה' איתה מלה נקדה מלעיל ומלרע בר מן הוי"ו (אינה נקדה מלרע ועב"ל הב"י בעצמה)

97.

י' מלין דקרין ולא כתבן וסי'

10 Wörter, die gelesen werden, obgleich sie der Schrift nach nicht vorhanden sind.

Jud. 20, 13.	בְּנֵי	ועתה תנו את האנשים · תני' דפס'
2 S. 8, 3.	פְּרָת	ויך דוד את הדדעזר · דשמ'
2 S. 16, 23.	אִישׁ	ועצת אחיתפל אשר יעץ
2 S. 18, 20.	כֵן	ויאמר לו יואב לא איש
2 Reg. 19, 37.	בָּנָיו	ויהי הוא משתחוה · דמל'
Jer. 31, 38.	בָּאִים	הנה ימים נאם ה' ונבנתה
Jer. 50, 29.	לָהּ	השמיעו אל בבל רבים · קדמ' דפס'
Jes. 37, 32.	צְבָאוֹת	כי מירושלם תצא שארית · דיש'
Ruth 3, 5.	אֵלַי	ותאמר אליה כל אשר תאמרי
Ruth 3, 17.	אֵלַי	ותאמר שש השערים

98.

והלוף

ח' מלין דכתבן ולא קרין וסימניהון

8 Wörter, die, umgekehrt vom Vorigen, der Schrift nach vorhanden sind, aber dennoch nicht gelesen werden.

2 S. 13, 33.	אִם אֵינֶנּוּ	ועתה אל ישם אדני המלך
2 S. 15, 21.	אִם בִּמְקוֹם	ויען אתי את המלך
2 Reg. 5, 18.	נָא דיכלה	לדבר הזה יסלח ה' · תנ' דפ'
Jer. 38, 16.	אֶת אֲשֶׁר	וישבע המלך צדקיהו · קדמ' דפ'
Jer. 39, 12.	אִם כַּאֲשֶׁר	קחנו ועיניך שים עליו
Jer. 51, 3.	יִדְרֹךְ	אל ידרך ידרך הדרך
Ez. 48, 16.	חֲמֵשׁ	חמש דנגב ואלה מדותיה פאה
Ruth 3, 12.	אִם גֹּאֵל	ועתה כי אמנם כי אם

99.

ט"ו דכתבן תיב' חדא וקרין תרין מלין וסי'

15 Wörter, die der Schrift nach ein Wort bilden, aber gelesen werden, als wären sie 2 Wörter.

Gen. 30, 11.	בָּגָד	ותאמר לאה
Ex. 4, 2.	מַזֶּה	ויאמר אליו ה' מזה בידך
Deut. 33, 2.	אֵשְׁדָּת	ויאמר ה' מסיני בא
Jer. 6, 29.	מֵאֵשְׁתַּם	נחר מפח מאשתם עפרת

וְהִנֵּה	וארד בית היוצר	Jer. 18, 3.
מָהֵם	ויאמר אלי בן אדם הראה אתה	Ez. 8, 6.
מַלְּכֶם	הדכאו עמי ופני עניים	Jes. 3, 15.
חֵלְכָּאִים	ודכה ישח ונפל בעצומיו	Ps. 10, 10.
יַשִּׁימָוֶת	עלימו ירדו שאול חיים	Ps. 55, 16.
לִגְאֵיוֹנִים	רבת שבעה לה נפשנו	Ps. 123, 4.
מִנְהַסְעָרָה	ויען ה׳ את איוב	Job 38, 1.
מִנְסְעָרָה	והבריו׳ ויען ה׳	Job 40, 6.
הֲמְפְרוּצִים	ואצאה בשער הגיא לילה	Neh. 2, 13.
בְּנִימִן	עותי בן עמיהוד בן עמרי	1 Chr. 9, 4.
לְבִנְיָמִינִי	התשיעי לחדש התשיעי	1 Chr. 27, 12.

100.

ומליק

ח׳ כתבין תרין מלין וקרין מל׳ חדא וסי׳

8 Wörter, die, umgekehrt vom Vorigen, der Schrift nach in 2 Wörter getrennt sind, aber wie ein Wort gelesen werden.

כִּי טוֹב	ויהי כי טוב לבם ויאמרו	Jud, 16, 25.
מִבֶּן יָמִין	ויהי איש מבן ימין ושמו	1 S. 9, 1.
מִן הַמְּעָרָה	ויקם דוד אחרי כן	1 S. 24, 9.
אֲבִי עַד	כי ילד ילד לנו	Jes. 9, 5.
מִי אִתִּי	כה אמר ה׳ גאלך ויצרך	Jes. 44, 24.
מִן בַּת	ויצא מן בת ציון כל	Thr. 1, 6.
כִּי עֵנִים	גם תנין חלצו שד	Thr. 4, 3.
בְּחַר בָּתֵּיהֶם	ובערי מנשה ואפרים׳ דד״ה	2 Chr. 34, 6.

101.

ג׳ מלין תיבות׳ קמייתא נסבא מן תנינא וסי׳

3 Wörterpaare, deren erstes Wort schliesst mit dem Buchstaben, der der Anfangsbuchstabe des zweiten Wortes sein soll.

הָיִיתָה מוֹצִיא	גם אתמול גם שלשום׳ דשמ׳	2 S. 5, 2.
וּמִתַּחְתָּה לְשָׁכוֹת	האלה ׳ דיחזק׳	Ez. 42, 9.
יִדַּעְתָּה שַׁחַר	המימיך צוית בקר	Job 38, 12.

102.

ומליק

ב׳ מלין תנינא נסבא מן קמייה׳ וסי׳

2 Wörterpaare, bei denen, umgekehrt vom Vorigen, das zweite Wort mit dem Buchstaben anfängt, der der Endbuchstabe des ersten Worts sein soll.

שָׁם הַפְּלִשְׁתִּים	וילך דוד ויקח את עצמות׳ דשמ׳	2 S. 21, 12.
וְשׁוּרַיָּ אַשְׁכְלִילוּ	ידיע להוא למלכא	Esra 4, 12.

103.

מ״ח מלין כתבין א׳ במצעא תיבות׳ ולא קרין וסי׳

48 Wörter, in denen (ausnahmsweise) ein ruhendes (nicht hörbares) Alef sich befindet.

תאספון	לא תאספון לתת תבן לעם	Ex. 5, 7.
וְהָאסַפְסֻף	אשר בקרבו	Num. 11, 4.
וַיָּאצֶל	וירד ה׳ בענן וידבר אליו	Num. 11, 25.
מַשָּׁאת	כי תשה ברעך	Deut. 24, 10.
מְראון	מלך שמרון מראון אחד	Jos. 12, 20.
בְּלָאט	ותקח יעל אשת חבר	Jud. 4, 21.
בָּארוּמָה	וישב אבימלך בארומה	Jud. 9, 41.
חטאים	ויגידו לשאול לאמר	1 S. 14, 33.
וַיֹּאסֶף	שאול לרא מפני דוד	1 S. 18, 29.
חֵלָאמָה	ויגד לדוד ויאסף׳ דשמוא׳	2 S. 10, 17.
הַמְּלָאכִים	ויהי לתשובת השנה׳ דשמו׳	2 S. 11, 1.
וַיֹּראוּ הַמּוֹראים	אל עבדיך׳ ב׳ בספ׳	2 S. 11, 24.
מִבּאֹר	ויתאוה דוד ויאמר	2 S. 23, 15.
מִבּאֹר	ויבקעו שלשת הגברים	2 S. 23, 16.
הַבּאֹר	ובניהו בן יהוידע בן איש חי	2 S. 23, 20.
וַאְעַנֶּה	את זרע דוד ׳ דמלכי׳	1 Reg. 11, 39.
רִפֵּאתִי	ויצא אל מוצא המים	2 Reg. 2, 21.
בְּראדַךְ	בעת ההיא שלח׳ דמלכי׳	2 Reg. 20, 12.
בֹּארוֹת בֹּארֹת	כי שתים רעות׳ ב׳ בספ׳	Jer. 2, 13.
שֹׁאסַיִךְ	לכן כל אכליך יאכלו	Jer. 30, 16.

Jer. 51, 9.	רִפָּאנוּ	את בבל ולא נרפתה
Ez. 9, 8.	וְנֵאשֲׁאַר	ויהי כהכותם
Ez. 16, 57.	הַשָּׁאטוֹת	בטרם תגלה רעתך
Ez. 25, 6.	שְׁאָטְךָ	כי כה אמר אדני ה׳ יען מחאך
Ez. 28, 24.	הַשָּׁאטִים	ולא יהיה עוד לבית ישר׳ כלן
Ez. 39, 2.	וְשִׁשֵּׁאתִיךָ	ושבבתיך וששאתיך
Ez. 43, 27.	וְרָצאתִי	ויכלו את הימים והיה
Ez. 47, 8.	וְנִרְפְּאִי	ויאמר אלי המים האלה
Jes. 10, 13.	כַּאבִּיר	כי אמר בכח ידי עשיתי
Jes. 10, 33.	פֻּארָה	מסעף פארה במערצה
Jes. 30, 5.	הֹבְאִישׁ	כל הבאיש על עם לא
Jes. 41, 25.	וַיַּאת	העירותי מצפון
Hos. 4, 6.	וְאֶמְאָסְאךָ	נדמו עמי מבלי הדעת
Hos. 10, 14.	וְקָאם	ושאון בעמיך
Hos. 10, 14.	אַרְבֵאל	וכל מבצריך יושד. ב׳ בפס׳
Joel 2, 6.	פָּארוּר	מפניו יחילו עמים
Zach. 11, 5.	וַאעְשִׁר	אשר קניהן יהרגן
Ps. 89, 11.	דִכָּאתָ	אתה דכאת כחלל רהב
Ps. 99, 6.	קֹרְאִים	משה ואהרן בכהניו
Job 19, 2.	וּתְדַכְּאוּנַנִי	עד אנה תוגיון נפשי
Job 31, 7.	מְאוּם	אם תטה אשרי מני
Dan. 1, 4.	מְאוּם	ילדים אשר אין בהם
Neh. 5, 11.	נאשים	השיבו נא להם כהיום
Neh. 6, 8.	בּוֹדָאם	ואשלחה אליו לאמר
Neh. 12, 38.	לְמוֹאל	והתודה השנית ההולכת
Neh. 13, 16.	דָּאג	והצרים ישבו בה

ולבר ממבירתא

Ps. 119, 101.	כָּלִאתִי	מכל ארח רע כלאתי

104.

(בכאן הם ג׳ עמודים רקים ובעמוד חדש מתחיל)

והלוף

י״ב מלין דכתבין א׳ בסוף תיבות׳ ולא קרין יסי׳

12 Wörter, in denen (ausnahmsweise) ein ruhendes Alef am Ende sich befindet.

Num. 13, 9.	רָפוּא	למטה בנימין פלטי
Jos. 10, 24.	הֶהָלְכוּא	ויהי כהוציאם את המלכים
1 S. 17, 17.	הַקָּלִיא	ויאמר ישי לדוד בני קח
Ez. 1, 14.	רָצוֹא	והחיות רצוא ושוב
Ez. 41, 15.	וְאַתִּיקֶיהָא	ומדד ארך הבנין
Jes. 28, 12.	אָבוּא	אשר אמר אליהם זאת
Joel 4, 18.	נָקִיא	מצרים לשממה תהיה
Jona 1, 14.	נָקִיא	ויקראו אל ה׳ ויאמרו
Dan. 2, 39.	אֲרַעא	ובתרך תקום מלכו אחרי
Dan. 3, 29.	נְגוּא	ומני שים טעם די כל
Esra 3, 7.	יָפוֹא	ויתנו כסף לחצבים
Esra 6, 15.	שֵׁיצִיא	ביתה דנה עד יום תלתא

105.

לו ט״ו דכתבין לא יקרין לו וסימניהון

Verzeichniss von 15 Stellen, in denen das Wort לו wie לא (Verneinung) geschrieben ist, aber doch wie לו (d. h. ל׳ mit suffix 3 pers. s. m.) gelesen d. h. interpretirt wird.

Ex. 21, 8.	יְעָדָהּ	אם רעה בעיני אדניה
Lev. 11, 21.	כְּרָעַיִם	אך את זה תאכלו מכל
Lev. 25, 30.	חוֹמָה	ואם לא יגאל עד מלאת
1 S. 2, 3.	נִתְכְּנוּ	אל תרבו תדברו גבהה
2 S. 16, 18.	אֶהְיֶה	ויאמר חושי אל אבשלם
Jes. 9, 2.	הִגְדַּלְתָּ	הרבית הגוי לא הגדלת
Jes. 63, 9.	צָר	בכל צרתם לא צר
Ps. 100, 3.	אֲנַחְנוּ	דעו כי ה׳ הוא אלהים
Ps. 139, 16.	אֶחָד	גלמי ראו עיניך

Job 13, 15.	אֲיַחֵל	הן יקטלני לא איהל
Job 41, 4.	אַחֲרִישׁ	לא אחריש בדיו
Prov. 26, 2.	תָבֹא	כצפור לנור כדרור לעוף
Prov. 19, 7.	הֵמָּה	כל אחי רש שנאהו
Esra 4, 2.	אֲנַחְנוּ	ויגשו אל זרבבל

ותרין פלוגתא עליהון

Jes. 49, 5.	יֵאָסֵף	ועתה אמר ה׳ יצרי מבטן
1 Chr. 11, 20.	שֵׁם	ואבשי אחי יאב· דד״ה

—

106.

ותרין הלוף כתב׳ לו וקרין לא וסי׳

2 Mal kommt, umgekehrt vom Vorigen, לו vor, das aber interpretirt wird, als stünde לא (mit Alef.)

1 S. 2, 16.	וְאָמַר	ויאמר אליו האיש קטר
1 S. 20, 2.	הִנֵּה	ויאמר לו חלילה לא תמות

107.

ד׳ מלין כתיב ב׳ בריש תיבות׳ ולא קרי׳ וסי׳

4 Wörter fangen mit einem Beth an, das aber nicht gelesen wird.

2 S. 10, 9.	בְּיִשְׂרָאֵל	וירא יואב כי היתה אליו פני· קדמ׳ דפ׳ דמל׳
2 Reg. 22, 5.	בְּבֵית	ויתנה על יד
Jer. 52, 11.	בְּבֵית	ואת עיני צדקיהו עוד· בת׳ דירמי׳
Prov. 28, 8.	וּבְתַרְבִּית	מרבה הונו בנשך

———

108.

וחד הלוף לא כתי׳ ב׳ וקרי׳

Ein Wort kommt vor, dem, umgekehrt vom Vorigen, ein Beth am Anfang fehlt, das aber gelesen wird.

2 S. 21, 9.	תְּחִלַּת	ויתנם ביד הגבענים

———

109.

ג׳ מלין חסר ה׳ במצע תיבות׳ וקרין וסימניהון

3 Wörter werden in der Mitte mit einem He gelesen, obgleich es in der Schrift fehlt.

וַיֶּאֱהָבֵי	ויהי ככלתו לדבר אל שאול	1 S. 18, 1.
לְ_גִּיד	וישב יהורם המלך· דמלכ׳	2 Reg. 9, 15.
וְ_כַּרְמֶל	עד יערה עלינו רוח ממרום	Jes. 32, 15.

———

110.

ותרין הלוף כתיב ה׳ במצע תיבות׳ ולא קרין

2 Wörter haben, umgekehrt vom Vorigen, in der Mitte ein He, das aber nicht gelesen wird.

בַּהַשָּׂדֶה	ויקם המלך לילה	2 Reg. 7, 12.
בְּהֵחָפְזָם	וילכו אחריהם עד הירדן	2 Reg. 7, 15.

111.

כ״ט מלין חסר ה׳ בסוף תיבות׳ וקרין וסי׳

Verzeichniss von 29 Wörtern, denen ein He am Ende fehlt, das gelesen, d. h. betrachtet wird, als stünde es.

וָאַרְבֶּ	ואקח את אביכם את	Jos. 24, 3.
הַגָּגָ	וישכמו בבקר ויהי כעלות	1 S. 9, 26.
וְאַתְּ	הגדת היום את אשר	1 S. 24, 18.
וְהֵמָּ	ויתנם ביד הגבענים	2 S. 21, 9.
יְהִי	כאשר היה ה׳ עם אדני	1 Reg. 1, 37.
וְהָיְתָ	נבלת איזבל כדמן על פני	2 Reg. 9, 37.
יִרְאֶ	והיה כעץ שתול על מים	Jer. 17, 8.
תַּעַשׂ	ויאמר גדליהו בן אחיקם	Jer. 40, 16.
וַתַּעְגַּבְ	עליהם למראה עיניה	Ez. 23, 16.
עַתָּ	ואמר לבלה נאפים	Ez. 23, 43.
חֲמִשָּׁ	ומן המדה הזאת תמוד	Ez. 45, 3.
וְנֵרְאֶ	הגידו האתיות לאחור	Jes. 41, 23.

הֵן	אנכי בראתי חרש	Jes. 54, 16.
וְאֶכָּבְדָ	עלו ההר והבאתם עץ	Hag. 1, 8.
לָכֵן	שבנה בנתי לכן למה	Ruth 1, 12.
וְאֵדְעָ	ואני אמרתי אגלה	Ruth 4, 4.
וְאַתָּ	ונפשי נבהלה מאד	Ps. 6, 4.
וְעַתָּ	פתוחיה יחד בכשיל	Ps. 74, 6.
שַׁתָּ	עונתינו לנגדך	Ps. 90, 8.
וְאַרְבָּעָ	שלשה המה נפלאו ממני	Prov. 30, 18.
נָטְעָ	זממה שדה ותקחהו	Prov. 31, 16.
בַּלַּיְלָ	טעמה כי טוב סחרה	Prov. 31, 18.
אַתָּ	הלא את שכת בעדו	Job 1, 10.
וַיִּרְאֶ	ויחי איוב אחרי זאת	Job 42, 16.
בַּלַּיְלָ	קומי רני בליל לראש	Thr. 2, 19.
הַבִּיטָ	זכר ה' מה היה לנו	Thr. 5, 1.
וְנָשׁוּבָ	השיבנו ה' אליך	Thr. 5, 20.
אַתָּ	כי גם פעמים רבות	Koh. 7, 22.
אַתָּ	את הוא ה' לבדך · תנ' דפ'	Neh. 9, 6.

112.

וחליה

כ' מלין כתב' ה' בסוף תיבות' ולא קרין וסי'

Verzeichniss von 20 Wörtern, die, umgekehrt vom Vorigen, ein He am Ende haben, das aber nicht gelesen wird.

וָאֶרְאֶה	בשלל אדרת שנער	Jos. 7, 21.
וָאָבִיאָה	אתכם אל ארץ האמרי	Jos. 24, 8.
הָאֲרִיה	ובניהו בן יהוידע · דשמו'	2 S. 23, 20.
וְקָוֶה	ויעש את הים מוצק · דמלכ'	I Reg. 7, 23.
וַתֵּרֶאה	ואמר אחרי עשתה	Jer. 3, 7.
בָּאה	אמללה ילדת השבעה	Jer. 15, 9.
הָרַעה	ועשה הרעה בעיני לבלתי שמע	Jer. 18, 10.
הַזֹּאתה	ונתתי את הבית הזה	Jer. 26, 6.
קָוֶה	ויצא עוד קוה המדה	Jer. 31, 39.
וּבָאה	והכה את ארץ מצרים	Jer. 43, 11.
נִמְצָאה	ואם לוא השחק היה לך	Jer. 48, 27.
רָעה	שנאי טוב ואהבי רעה	Micha 3, 2.
וְקָוֶה	לכן כה אמר ה' שבתי	Zach. 1, 16.
יַעֲשֶׂה	ותאמר נעמי לשתי כלתיה	Ruth 1, 8.
הֶרֶבה	כבסני מעוני ומחטאתי	Ps. 51, 4.
אֹהֲבַיה	אני אהביה אהב ומשחרי	Prov. 8, 17.
וְרֵעַה	רעך ורעה אביך אל תעזב	Prov. 27, 10.
פְּקַחה	הטה אלהי אזנך ושמע · דדניאל	Dan. 9, 18.
אֲרִיה	דב ארב הוא לי	Thr. 3, 10.
אֵלֶּה	ואמר לה אלה מאניא	Esra 5, 15.

ולבד ממסורת'

צֵידָה	ועתה שא נא כליך · פלוגת' דר' נחמן	Gen. 27, 3.

113.

י"ד מלין כתיב ה' בסוף תיבות' וקרין ו' וסימנ'

14 Wörter haben He am Ende, das aber wie Waw gelesen und betrachtet wird.

קָרְחָה	לא יקרחה קרחה	Lev. 21, 5.
שָׁפְכָה	ועינינו ויאמרו ידינו לא	Deut. 21, 7.
נִשְׁבְּרָה	יהושפט עשר אניות	1 Reg. 22, 49.
עָלָה	בעת ההיא עלה עבדי נבכדנאצר	2 Reg. 24, 10.
נִצְּתָה	עליו ישאגו כפירים	Jer. 2, 15.
נוֹשָׁבָה	כי כה אמר ה' על בית מלך	Jer. 22, 6.
הָיָה	צאן אבדות היה עמי	Jer. 50, 6.
יזנה	ואמר לבלה נאופים	Ez. 23, 43.
שְׁמָמָה	וידעת כי אני ה' שמעתי	Ez. 35, 12.
יִהְיֶה	ועשיתי אתם לגוי אחד	Ez. 37, 22.
שֻׁפְּכָה	ואני כמעט נטוי רגלי	Ps. 73, 2.
חֳמַרְמְרָה	פני חמרמרה מני בכי	Job 16, 16.
עוֹדֵינָה	תכלינה עינינו	Thr. 4, 17.
שָׁלָה	ומני שים טעם די כל עם	Dan. 3, 29.

הַשָּׁלִשִׁי	ואבישי אחי יואב · דשמו׳	2 S. 23, 18.
וּמְטֵי	וקרבתי אליכם למשפט	Mal. 3, 5.
וּבְמַרְאֵי	שמח בחור בילדותך	Koh. 11, 9.

114.

ה׳ מלין בחד לישן דכתבי׳ ה׳ בסוף תיבות׳ וקרי׳ ו׳ וסי׳

5 Wörter derselben Form haben He am Ende, das wie Waw gelesen und betrachtet wird.

וְהָיָה	ונסב לכם הגבול מנגב	Num. 34, 4.
וְהָיָה	ועבר עצמונה ויצא נחל	Jos. 15, 4.
וְהָיָה	ויהי להם הגבול לפאת	Jos. 18, 12.
וְהָיָה	ותאר הגבול ונסב	Jos. 18, 14.
וְהָיָה	ועבר הגבול אל כתף בית חגלה	Jos. 18, 19.

115.

וחלוף

ה׳ כתבי׳ ו׳ בסוף תיבות׳ וקרין ה׳ וסימ׳

8 Wörter haben, umgekehrt vom Vorigen, Waw am Ende, das wie He gelesen und betrachtet wird.

לַהֲשִׁיבוֹ	ויקם אישה וילך אחריה	Jud. 19, 3.
נַפְשׁוֹ	פרה למד מדבר	Jer. 2, 24.
וְאַיֵּו	נביאיכם אשר נבאו לכם	Jer. 37, 19.
וְהָיוּ	ועל הנחל יעלה על שפתו	Ez. 47, 12.
נְפַקוּ	בה שעתא נפקו אצבען	Dan. 5, 5.
וּנְפַלוּ	ועל קרניא עשר	Dan. 7, 20.
אֶתְעֲקַרוּ	מסתכל הוית בקרניא	Dan. 7, 8.
וְיִתְגָּרוּ	ובנו יתגרו ואספו המון	Dan. 11, 10.

116.

ו׳ מלין כתבי׳ י׳ בסוף תיבות׳ וקרין ה׳ וסי׳

6 Wörter haben Jod am Ende, das aber wie He gelesen oder betrachtet wird.

הָעַמֹּנִי	וכפר העמוני והעפני	Jos. 18, 24.
כִּי	ויאמר המלך מה לי ולכם	2 S. 16, 10.
שִׁמְעִי	ויחרף את ישראל ויכהו	2 S. 21, 21.

117.

י״ב מלין חסר ו׳ בריש תיבות׳ וקרי׳ וסי׳

12 Wörter werden gelesen, als hätten sie Waw (cupulat. am Anfang, obgleich es in der Schrift fehlt.

בָּנַיִךְ	ותבא ותגד לאיש האלהים	2 Reg. 4, 7.
תַּחַת	הנעצוץ· תנ׳ דפ׳	Jes. 55, 13.
דוֹר	כי לא לעולם חסן	Prov. 27, 24.
יוֹלֵד	גיל יגיל אבי צדיק	Prov. 23, 24.
עַד	ויצא השטן מאת פני ה׳	Job 2, 7.
דִּי	חזית פרזלא מערב	Dan. 2, 43.
לֹא	בלע ה׳ לא חמל	Thr. 2, 2.
לֹא	על צוארנו נרדפנו	Thr. 5, 5.
אֵין	יתומים היינו אין אב	Thr. 5, 3.
זְקֵנִים	פני ה׳ חלקם לא יוסיף	Thr. 4, 16.
אֵינָם	אבותנו חטאו	Thr. 5, 7.
אֲנַחְנוּ	עונתיהם סבלנו	Thr. 5, 7.

118.

וחלוף

י״א כתב׳ ו׳ בריש תיבות׳ ולא קרין וסי׳

11 Wörter haben, umgekehrt vom Vorigen, ein Waw am Anfang, das aber nicht gelesen wird.

וכי	ויאמר המלך מה לי ולכם	2 S. 16, 10.
וּמַסְגְּרֹתֶיהָ	ויפתח על הלחת ידתיה	1 Reg. 7, 36.
וְרָאֲתָה	ועתליה אם אחזיהו· המלכ׳	2 Reg. 11, 1.
ואֶת	ויקצץ המלך אחז· תלת׳ דפ׳	2 Reg. 16, 17.
וְתִקְעוּ	הגידו ביהוד׳ ובירושלם	Jer. 4, 5.
ויוֹרֶה	ולוא אמרו בלבבם נירא	Jer. 5, 24.

Jer. 8, 1.	ויוציאו	בעת ההיא נאם ה
Thr. 4, 12.	וכל	לא האמינו מלכי ארץ
Dan. 9, 5.	והרשענו	חטאנו ועוינו
Neh. 9, 17.	וחסד	וימאנו לשמע ולא זכרו
Prov. 23, 24.	וישמח	גול יגול אבי צדיק

119.

י"ח מלין הכר' ו' בסוף תיבות' וקרי' וסי'

18 Wörter werden am Ende mit einem Waw (suffix.) gelesen, wenngleich es in der Schrift fehlt.

Gen. 27, 29.	וישתחו	יעבדוך עמים · קדמ' דפ'
Gen. 43, 28.	וישתחו	ויאמרו שלום לעבדך
Jud. 21, 20.	ויצו	את בני בנימן לאמר
1 S. 7, 9.	ויעלה	ויקח שמואל טלה חלב
1 S. 12, 10.	ויאמר	ויזעקו אל ה' ויאמר חטאנו
1 S. 13, 19.	אמר	וחרש לא ימצא בכל
1 Reg. 9, 9.	וישתחו	ואמרו על אשר עזבו · דמלכ'
1 Reg. 12, 7.	וידבר	אליו לאמר אם היום · דמל'
2 Reg. 20, 18.	יקח	ומבניך אשר יצאו · דמל'
2 Reg. 22, 5.	ויתנה	על יד עשי המלאכה
Jer. 48, 7.	יחד	כי יען בטחך במעשיך
Ez. 7, 21.	וחללוה	ונתתיו ביד הזרים לבז
Jes. 37, 30.	ואכלוה (?)	וזה לך האות · דישעי'
Dan. 5, 21.	שוי	ומן בני אנשא טריד
Esra 3, 3.	ויעל	ויכינו המזבח על מכונתיו
Neh. 3, 30.	אחרי	החזיק חנניה בן שלמיה
Neh. 8, 31.	אחרי	החזיק מלכיה בן הצרפי
Est. 9, 27.	וקבל	קימו וקבל היהודים

120.

והלוף

י"א מלין כתב' ו' בסוף תיבו' ולא קרי' וסי'

11 Wörter haben, umgekehrt vom Vorigen, ein Waw am Ende, das aber nicht gelesen wird.

Jos. 6, 7.	ויאמרו	אל העם עברו וסבו את
Jos. 9, 7.	ויאמרו	איש ישראל אל החוי
1 S. 15, 16.	ויאמרו	הרף ואגידה לך · תנ' דפ'
2 S. 23, 34.	רגליו	משוה רגליו כאילות · דשמ'
1 Reg. 12, 3.	ויבאו	וישלחו ויקראו לו · דמלכ'
1 Reg. 12, 21.	ויבאו	רחבעם ירושלם ויקהל · דמלכ'
2 Reg. 9, 33.	שמטוהו	ויאמר שמטוהו וישמטוה
2 Reg. 14, 13.	ויבאו	ואת אמציהו מלך יהוד' · דמלכ'
2 Reg. 16, 15.	ויצוהו	המלך אחז את אוריה
Ez. 46, 9.	יצאו	ובבוא עם הארץ לפני ה'
Neh. 3. 15.	ויעמידו	ואת שער העין החזיק שלון

121.

ד' מלין דכתב' ח' במצע' תיבות' וקרין ה' וסי'

4 Wörter, die Cheth in der Mitte des Worts haben, das aber wie He gelesen wird.

2 S. 13, 37.	עמיחור	ואבשלום ברח וילך אל תלמי
Prov. 20, 21.	מבחלת	נחלה מבהלת בראשונה
Dan. 9, 24.	ולחתם	שבעים שבעים נחתך על
Cant. 1, 17.	רחיטנו	קרות בתינו ארזים רהיטנו

— –

122.

ד' מלין כתבן ר' וקרין ד' וסי'

4 Wörter haben Resch, das aber wie Daleth gelesen wird.

2 S. 13, 37.	עמיהור	ואבשלום ברח וילך אל תלמי
2 Reg. 16, 6.	וארמים	בעת ההיא השיב רצין
Jer. 31, 40.	השרמות	וכל העמק הפגרים והדשן
Prov. 19, 19.	גרל	חמה נשא ענש

123.

ותרין חלוף דכתב׳ ד׳ וקרין ר׳ וסי׳

2 Wörter haben, umgekehrt vom Vorigen, Daleth, das wie Resch gelesen wird.

Jer. 2, 20.	אֶעֱבור	כי מעולם שברתי עלך
Esra 8, 14.	וְזַבור	ומבני בגוי עותי וזבור

–

124.

ב׳ מלין כתב׳ י׳ בריש תיבו׳ ולא קרי׳ וסי׳

2 Wörter haben Jod am Anfang, das nicht gelesen wird.

Jer. 50, 8.	יצֵאו	נדו מתוך בבל
Ez. 47, 10.	יעָמְדו	והיה יעמדו עליו דוגים

–

125.

ותרין חלוף חסר י׳ בריש תיבות׳ וקרין וסי׳

2 Wörter werden, umgekehrt vom Vorigen, mit Jod am Anfang gelesen, obgleich es in der Schrift fehlt.

1 S. 20, 2.	עֲשֶׂה	ויאמר לו הלילה לא תמות
Jes. 28, 15.	עֲבֹר	כי אמרתם כרתנו ברית את

126.

י״ב מלין חסר י׳ בסוף תיבות׳ וקרי׳ וסי׳

12 Wörter werden am Ende mit Jod gelesen, obgleich es in der Schrift fehlt.

Jud. 1, 27.	יְשֵׁב	ולא הוריש מנשה׳ דשפט׳ קדמ׳ רפ׳
1 Reg. 8, 48.	בָּנִית	ושבו אליך בכל לבבם ׳ דמל׳
1 Reg. 20, 41.	מֵעֲלֵ	וימהר ויסר את האפר
2 Reg. 12, 12.	יָדֵ	ונתנו את הכסף המתכן
2 Reg. 17, 31.	אֱלֹהֵ	והעוים עשו נבחן ואת
Jer. 7, 22.	הוציא	כי לא דברתי את אבותיכם
Ez. 16, 59.	וְעָשִׂיתְ	כי כה אמר אדני ה׳ ועשית
Job 7, 1.	עֲלֵ	הלא צבא לאנוש
Job 15, 22.	וְצָפוּ	לא יאמין שוב מני חשך
Ps. 140, 13.	יָדַעְתְּ	כי יעשה ה׳ דין עני
Job 42, 2.	יָדַעְתָּ	כי כל תוכל
Neh. 12, 46.	רָאשֵׁ	כי בימי דויד ואסף

–

127.

והלוף

מ״ג מלין כתבן י׳ בסוף תיבות׳ ולא קרין וסי׳

43 Wörter haben, umgekehrt vom Vorigen, ein Jod am Ende, das nicht gelesen wird.

Jud. 17, 2.	וְאַתְּי	ויאמר לאמו אלף ומאה
1 S. 25, 34.	וַתָּבֹאתִי	ואולם חי ה׳ אלהי ישראל
2 S. 33, 27.	נֹשֵׂאי	צלק העמוני נחרי׳ דשמ׳
1 Reg. 14, 2.	אַתְּי	ויאמר ירבעם לאשתו
2 Reg. 4, 2.	לָכִי	ויאמר אליה אלישע
2 Reg. 4, 3.	שְׁכֵנָיִכִי	ויאמר לכי שאלי
2 Reg. 4, 7.	נִשְׁיֵכִי	ותבא ותגד לאיש
2 Reg. 4, 7.	בָּנַיִכִי	האלהים׳ ב׳ בפס׳
2 Reg. 4, 16.	אַתְּי	ויאמר למועד הזה כעת
2 Reg. 4, 23.	אַתְּי	ויאמר מדוע את
2 Reg. 4, 23.	הֹלֶכֶתִי	אליו היום׳ ב׳ בפסוק׳
2 Reg. 8, 1.	אַתְּי	ואלישע דבר אל האשה
2 Reg. 23, 10.	בְּנֵי	וטמא את התפה אשר בני
Jer. 2, 33.	לִמַּדְתְּי	מה תיטבי דרכך לבקש
Jer. 3, 4.	קָרָאתִי	הלוא מעתה קראתי לי
Jer. 4, 19.	שָׁמַעַתְּי	מעי מעי אוחולה
Jer. 4, 30.	וְאַתְּי	שדוד מה תעשי
Jer. 10, 17.	יוֹשֶׁבֶתִי	אספי מארץ כנעתך
Jer. 22, 23.	יוֹשַׁבְתְּי	בלבנון
Jer. 22, 23.	מְקֻנַּנְתְּי	בארזים מה נחנת׳ ב׳ בפסו׳
Jer. 31, 21.	הָלָכְתְּי[1]	הציבי לך צינים
Jer. 46, 11.	הִרְבֵּיתִי	עלי גלעד וקחי צרי
Jer. 51, 12.	שֹׁכַנְתְּי	על מים רבים רבת אוצרת

1) Zusatz von derselben Hand.

שֵׁשִׁי	ותעדי זהב וכסף ומלבושך	Ez. 16, 13.
אָכָלְתִּי	ששי ומשי· ב׳ בפסו׳	Ez. 16, 13.
נָתַתִּי	ותקחי את בגדי רקמתך	Ez. 16, 18.
זָכַרְתִּי	ואת כל תועבתיך ותזנותיך	Ez. 16, 22.
עֲשׂוֹתִי	בבנותיך גבך בראש	Ez. 16, 31.
הָיִיתִי	כל דרך· ב׳ בפסו׳	Ez. 16, 31.
זָכַרְתִּי	יען אשר לא זכרתי	Ez. 16, 43.
עָשִׂיתִי	את ימי נעוריך	Ez. 16, 43.
עָשִׂיתִי	ולא בדרכיהן הלכת	Ez. 16, 47.
עָשִׂיתִי	ושמרון כחצי חטאתיך	Ez. 16, 51.
הַיֹּשֶׁבֶתִי	ואתה בן אדם שא על צר	Ez. 27, 3.
אָתִּי	כה אמר ה׳ אלהים יען אמרים	Ez. 36, 13.
בַּלִי	הכה אפרים שרשם	Hos. 9, 16.
וְיָרַדְתִּי	ורחצת וסכת ושמת	Ruth 3, 3.
וְשָׁכָבְתִּי	ויהי בשכבו וידעת את	Ruth 3, 4.
קָנִיתִי	ויאמר בעז ביום קנותך	Ruth 4, 5.
מֹצְאִי	כי מצאי מצאי חיים	Prov. 8, 35.
שֹׂנֵאִי	נגיד חסר תבונות	Prov. 28, 16.
לְכִי	התאנה חנטה פגיה· קדמ׳ דפ׳	Cant. 2, 13.
יוֹשַׁבְתִּי	שישי ושמחי בת אדום	Thr. 4, 21.

ולבד מכיסודהא

עָשִׂיתָ	ויאמר המלך אל יואב הנה נא	2 S. 14, 21.

128.

נ״ו מלין הכר י׳ במצע׳ תיבות׳ וקרין וכל חד לי׳ דכו׳ הכר וסימניהון .

56 Wörter werden mit Jod (grösstentheils als Z. d. Plur.) in der Mitte gelesen, das aber in der Schrift fehlt; in dieser def. Form kommen sie nur ein Mal vor.

צַוָּארָו	וירץ עשו לקראתו	Gen. 33, 4.
וְעַמֻּדָו	וכן לפאת צפון בארך	Ex. 27, 11.
הַשְּׂלָו	ויקם העם כל היום ההוא	Num. 11, 32.
עָנָו	והאיש משה ענו מאד	Num. 12, 3.
בֵּינָו	וכל העם המלחמה אשר	Jos. 8, 11.
תֹּצְאֹתָו	וירד ימה אל גבול היפלטי	Jos. 16, 3.
מְרִיבָו	ה׳ יחתו מריבו	1 S. 2, 9.
עָלָו	בשמים· ב׳ בפסו׳	1 S. 2, 9.
לְמִשְׁפְּחֹתָו	ויקרב את שבט בנימן	1 S. 10, 21.
וַיְתָו	וישנו את טעמו בעיניהם	1 S. 21, 13.
וַאֲנָשָׁו	וילך דוד ואנשו קעילה	1 S. 23, 5.
בִּבְגָדָו	ויחזק דוד בבגדו ויקרעם	2 S. 1, 11.
שִׂמְלֹתָו	ויקם דוד מהארץ	2 S. 12, 20.
רַחֲמָו	ויאמר דוד אל גד· רישמו׳	2 S. 24, 14.
מְשָׁרְתָו	ומאכל שלחנו· דמלכי׳	1 Reg. 10, 5.
בִּרְכָּו	ויעלה אחאב לאכל	1 Reg. 18, 42.
כַּפָּו	ויעל וישכב על הילד· תנ׳ דפס׳	2 Reg. 4, 34.
בְּסוּסָו	ויבא נעמן בסוסו	2 Reg. 5, 9.
מִזְבְּחֹתָו	ויבאו כל עם הארץ בית הבעל· דמ׳	2 Reg. 11, 18.
אַלְמְנֹתָו	עצמו לי אלמנותו	Jer. 15, 8.
יָמָו	קרא דגר ולא ילד	Jer. 17, 11.
מִבְרָחָו	ואת כל מברחו בכל אגפיו	Ez. 17, 21.
פֹּארֹתָו	על כן גבהא קומתו	Ez. 31, 5.
וְחַלֹּנָו	ואילמו	Ez. 40, 22.
וְתִמֹּרָו	כמדת השער· ב׳ בפסו׳	Ez. 40, 22.
עֹלֹתָו	ומעלות שבעה עלותו	Ez. 40, 26.
בִּצֹּאתָו	וגבאיו ולא ירפאו	Ez. 47, 11.
מֹשְׁלָו	ועתה מה לי פה נאם ה׳	Jes. 52, 5.
צֹפָו	עורים כלם לא ידעו	Jes. 56, 10.
שְׁעָרָו	ביום עמדך מנגד	Ob. 1, 11.
פְּרָזָו	נקבת במטיו ראש	Hab. 3, 14.
דֹּרְשָׁו	זה דור דרשו	Ps. 24, 6.
חִצָּו	ימאסו כמו מים	Ps. 58, 8.
שְׂלָו	שאל ויבא שלו	Ps. 105, 40.
חֲסָדָו	ויזכר להם בריתו	Ps. 106, 45.
דְּבָרָו	מגיד דברו ליעקב	Ps. 147, 19.
צְבָאָו	הללוהו כל מלאכיו	Ps. 148, 2.
בְּרַגְלָו	קרץ בעינו מלל	Prov. 6, 13.
אֹרְחֹתָו	פן תאלף ארחתו	Prov. 22, 25.
בִּשְׂפָתָו	ינכר שונא ובקרבו ישית	Prov. 26, 24.

Prov. 30, 10.	אֲדֹנָו	אל תלשן עבד אל אדנו
Job 14, 5.	חֻקָו	אם חרוצים ימיו
Job 15, 15.	בִּקְדֹשָׁו	הן בקדשו לא יאמין
Job 20, 11.	עֲלוּמָו	עצמותיו מלאו עלומו
Job 24, 1.	וְיֹדְעָו	מדוע משדי לא נצפנו
Job 26, 14.	גְּבוּרֹתָו	הן אלה קצות דרכו
Job 31, 20.	חֲלָצָו	אם לא ברכוני חלצו
Job 37, 12.	בְּתַחְבּוּלֹתָו	והוא מסבות מתהפך
Job 38, 41.	יְלָדָו	מי יכין לערב צידו
Job 39, 26.	כְּנָפָו	המבינתך יאבר נץ
Job 39, 30.	וְאֶפְרֹחָו	יעלעו דם
Job 40, 17	פַּחֲדָו	יחפץ זנבו כמו ארז
Esra 4, 7.	כְּנָוָתָו	ובימי ארתחששתא · כת'
Cant. 2, 11.	הַסְּתָו	כי הנה הסתו עבר
Thr. 3, 39.	חֲטָאָו	מה יתאונן אדם חי
Ruth 3, 14.	מַרְגְּלֹתָו	ותשכב עד הבקר

129.

והלוף

ו' כתב' י' במצע' תיבות' ולא קרי' וסי'

6 Wörter haben, umgekehrt vom Vorigen, ein Jod (plur.) in der Mitte, das aber nicht gelesen (sondern das Wort wie sing. betrachtet) wird.

1 Reg. 16, 26.	וּבְחַטָּאתָיו	דעמרי · וילך בכל דרך ירבעם
Ps. 105, 18.	רַגְלָיו	ענו בכבל רגליו ברזל
Ps. 105, 28.	דְּבָרָיו	שלח חשך ויחשך
Prov. 16, 27.	שְׂפָתָיו	איש בליעל כרה רעה
Koh. 4, 8.	עֵינָיו	יש אחד ואין שני
Dan. 9, 12.	דְּבָרָיו	ויקם את דבריו · דדניאל

130.

דבריך דכתבן דברך י"ג וסי'

13 Mal wird das Wort דְּבָרֶיךָ (pl.) def. Jod (wie sing.) geschrieben.

Gen. 30, 34.	ויאמר לבן הן
Gen. 47, 30.	ושכבתי עם אבותי
Num. 14, 20.	ויאמר ה' סלחתי
Ps. 119, 9.	במה יזכה נער
Ps. 119, 16.	בחקתיך אשתעשע לא
Ps. 119, 17.	גמל על עבדך אחיה
Ps. 119, 28.	דלפה נפשי מתוגה
Ps. 119, 25.	דבקה לעפר נפשי
Ps. 119, 42.	ואענה חרפי דבר
Ps. 119, 65.	טוב עשית עם עבדך
Ps. 119, 101.	מכל ארח רע
Ps. 119, 105.	נר לרגלי
Ps. 119, 107.	נעניתי עד

131.

וחלוף,

ה' כתבן דבריך וקרין דברך וסי'

8 Mal wird, umgekehrt vom Vorigen, דְּבָרֶךָ (sing.) plene Jod (wie pl.) geschrieben.

Jud. 13, 17.	ויאמר מנוח אל מלאך ה' מי שמך
1 Reg. 8, 26.	ועתה אלהי ישראל יאמן נא · דמלכי'
1 Reg. 18, 36.	ויהי בעלות המנחה ויגש אליהו
1 Reg. 22, 13.	והמלאך אשר הלך לקרא · דמלכי'
Jer. 15, 16.	נמצאו דבריך ואוכלם ויהי דבריך · תני'
Ps. 119, 147.	קדמתי בנשף ואשועה לדבריך
Ps. 119, 161.	שרים רדפוני חנם ומדבריך
Esra 10, 12.	ויענו כל הקהל ויאמרו

132.

ג' מלין דאית בהון יו"ד יתיר בין תי"ו למ"ם ולא קרי' וסימ'

3 Wörter haben zwischen dem Mem fin. (pl. m.) und einem vorhergehenden Taw ein Jod, das aber nicht gelesen wird.

2 S. 21, 9.	ויתנם ביד הגבענים	שִׁבְעָתָים
Jer. 42, 20.	כי התעתים בנפשותיכם	הִתְעֵתָים
2 Chr. 34, 5.	ועצמות כהנים שרף על · דד"ה	מִזְבְּחוֹתָים

133.

ד' כתבין ויאמר וקרין ואמר וסי'

4 Mal kommt ויאמר vor, das aber וָאֹמַר gelesen wird.

2 S. 1, 8.	ויאמר לי מי אתה · תני' דספ'	וַיֹּאמֶר
Zach. 4, 2.	ויאמר אלי מה אתה ראה · תנ' דפ'	וַיֹּאמֶר
Neh. 5, 9.	לא טוב הדבר אשר אתם	וַיֹּאמַר
Neh. 7, 3.	להם לא יפתחו שערי	וַיֹּאמַר

134.

כ"ב מלין כתיבין י' בריש תיבות' וקרין ו' וסי'

22 Wörter haben ein Jod am Anfang, das aber wie Waw gelesen wird.

יָבֹאוּ	כי הם ומקניהם יעלו	Jud. 6, 5.
יְחַנַּנִי	ויאמר בעוד הילד חי	2 S. 12, 22.
יְאָבָדוּ	הנני נתן אל העם הזה מכשלים	Jer. 6, 21.
יְשִׁית	תנו לה' אלהיכם כבוד	Jer. 13, 16.
יְסוּרַי	מקוה ישראל ה'	Jer. 17, 13.
יְחָיָה	הישב בעיר הזאת	Jer. 21, 9.
יְחָיָה	כה אמר ה' הישב · חברו	Jer. 38, 2.
יְשְׁבִי	רדי מכבוד ישבי בצמא	Jer. 48, 18.
יְלָבְשׁוּ	בבאם הכהנים ולא יצאו	Ez. 42, 14.
יְהָיָה	וחמשה ועשרים אלף	Ez. 45, 5.
יִפְצְחוּ	רנו שמים וגילי ארץ	Jes. 49, 13.
יְכָשְׁלוּ	פרש מעלה ולהב חרב	Nah. 3, 3.
יְקִפָּאוֹן	פלוג' דר' נחמן · והי' ביום ההוא	Zach. 14, 6.
יְאֻשַּׁר	ה' ישמרהו ויחיהו	Ps. 41, 3.
יָבָא	צדיק הראשון בריבו	Prov. 18, 17.
יְשָׁאַל	מחרף עצל לא יחרש	Prov. 20, 4.
יַחֲדָל	הלא מעט ימי יחדל	Job 10, 20.
יְשִׁית	ממני · ב' בפסו'	Job 10, 20.
יָרָם	ונשא ההמון ירם לבבו	Dan. 11, 12.
יְרָמוֹת	ומבני בני משלם מלוך	Esra 10, 29.
יְצֹחַר	יבני חלאה צרת יצחר	1 Chr. 4, 7.
יְחֻבָּה	ובני שמר אחי	1 Chr. 7, 34.

135.

וחלוף

י' כתבן ו' בריש תיבות' וקרין י' וסי'

10 Wörter haben, umgekehrt vom Vorigen, ein Waw am Anfang, das wie Jod gelesen wird.

וְשְׁפְטֻהוּ	ועל ריב המה יעמדו	Ez. 44, 24.
וַעֲשׂוּ	את הכבש ואת המנחה	Ez. 46, 15.
וְשָׁאַג	שאגה לו כלביא	Jer. 5, 29.
וְדָכֶה	ישח ונפל בעצומיו	Ps. 10, 10.
וְצָפַן	לישרים תושיה	Prov. 2, 7.
וֶחְכָּם	הלוך את חכמים	Prov. 13, 20.
וְשָׁדֵּם	תמת ישרים תנחם	Prov. 11, 3.
וְקַר	חושך אמריו יודע דעת	Prov. 17, 26.
וָעִיף	התעיף עיניך בו ואיננו	Prov. 23, 5.
וְרֶב	ובניו ורב המשא עליו	2 Chr. 24, 27.

136.

מ"ז מלין כתבן ו' בסוף תיבות' וקרי' י' וסי'

Verzeichniss von 47 Wörtern, die Waw am Ende haben, das aber wie Jod gelesen wird.

מִצְוֹתָו	ועשה חסד · דמ"ת	Deut. 5, 10.
אָזְנוֹ	ויאמר המלך לרצים	1 S. 22, 17.
כָלִבּוֹ	והם האיש נבל	1 S. 25, 3.
שְׂנֻאוֹ	ויאמר דוד ביום ההוא	2 S. 5, 8.
בְּעֵינָו	מדוע בזית את דבר ה'	2 S. 12, 9.
בְנַפְשׁוֹ	או עשיתי בנפשו שקר	2 S. 18, 13.
וְיִשְׁבּוֹ	בנב אשר בילידי · דשמו'	2 S. 21, 16.
דַּרְכּוֹ	האל מעוזי חיל · דשמו'	2 S. 22, 33.
הָעֶצְנוֹ	אלה שמות הגברים · דשמ'	2 S. 23, 8.
חֶצְרוֹ	הכרמלי פערי הארבי · דשמ'	2 S. 23, 35.
רַגְלָו	אתה ידעת את דוד	1 Reg. 5, 17.
וְקָדְשָׁו	ויבא את קדשי אביו	1 Reg. 15, 15.
נְבִיאָו	ויעד ה' בישראל וביהודה	2 Reg. 17, 13.
תִּקְרְאוּ	ואנכי אמרתי איך אשיתך	Jer. 3, 19.
תָשׁוּבוּ	בבנים · ב' בפסוק'	Jer. 3, 19.
אֲכָלַנוּ	המכנו נבוכדראצר	Jer. 51, 34.
הֲמָמַנוּ	מלך בבל	Jer. 51, 34.
הִצִּיגָנוּ	כלי ריק	Jer. 51, 34.
בְּלָעָנוּ	כתנין מלא כרשו מעדני	Jer. 51, 34.
הֱדִיחָנוּ	ה' בפסוק'	Jer. 51, 34.
וִידוּ	אדם מתחת כנפיהם	Ez. 1, 8.
חִתִּיתוּ	כי נתתי את חתיתו בארץ	Ez. 32, 32.
עֲשׂוּ	הביאו עצה עשו פלילה	Jes. 16, 3.

Jes. 46, 11.	עֲצָתוֹ	קרא ממזרח עיט
Jes. 47, 13.	הֹבְרֵו	נלאית ברב עצתיך
Jes. 52, 2.	הִתְפַּתְּחִו	התנערי מעפר קומי
Jes. 60, 21.	מַטָּעַו	ועמך כלם צדיקים
Hos. 8, 12.	רֻבֵּו	אכתוב לו רבו תורתי
Ps. 11, 1.	נֻדו	למנצח לדוד בה׳ חסיתי
Ps. 59, 11.	חַסְדִּו	אלהי חסדו יקדמני
Ps. 108, 7.	וַעֲנֵנו	למען יחלצון ידידיך · קדמ׳ דפ׳
Ps. 71, 20.	הִרְאִיתַנו	אשר הראיתנו צרות
Ps. 71, 20.	תְּחַיֵּנו	רבות ורעות · ב׳ כפסו׳
Ps. 102, 24.	כֹּחו	ענה בדרך כחו
Ps. 119, 79.	וְיֹדְעֵו	ישובו לי יראיך
Job 9, 30.	בְמֵו	אם התרחצתי במו שלג
Job 30, 11.	יִתְרו	כי יתרו פתח ויענני
Prov. 31, 2.	אֱו	אל למלכים למואל
Dan. 3, 19.	אֶשְׁתַּנּו	באדין נבוכדנצר התמלי חמא
Esra 7, 26.	לִשְׁרֹשׁו	וכל די לא להוא עבד
Esra 10, 37.	וְיַעֲשָׂו	מתניה מתני ויעשו
Esra 10, 43.	יַדּו	מבני נבו יעיאל
Neh. 12, 9.	וְעֻנֵי	ובקבקיה וענו אחיהם
1 Chr. 2, 55.	ישְׁבֵו	ומשפחות ספרים
1 Chr. 6, 11.	בְּנֵו	אלקנה בנו אלקנה צופי
1 Chr. 22, 7.	בְּנֹו	ויאמר דויד לשלמה בנו אני
2 Chr. 32, 21.	ומִיצִיאֵו	וישלח ה׳ מלאך ויכחד

ולבד ממסורהא

Jos. 6, 9.	תקְעֵו	והחלוץ הלך לפני הכהנים

137.

וחלוף

כ״ד מלין כתבן יו״ד בסוף תיבות׳ וקרין ו׳ וסי׳

Verzeichniss von 24 Wörtern, die, umgekehrt vom Vorigen, ein Jod am Ende haben, das wie Waw gelesen wird.

2 S. 23, 9.	דֹּדִי	ואחריו אלעזר בן דדי · דשמו׳
Jer. 2, 27.	יְלִדְתָּנִי	אמרים לעץ אבי אתה
Jer. 6, 25.	תֵּצְאִי	אל תצאו השדה
Jer. 6, 25.	תֵּלֵכִי	כי הרב · ב׳ בפסו׳
Jer. 13, 20.	שְׂאִי	עיניכם וראי הבאים
Jer. 13, 20.	וּרְאִי	מצפון · ב׳ בפסו׳
Jer. 23, 18.	דְּבָרִי	כי מי עמד בסוד ה׳ · תני׳ דפ׳
Jer. 48, 20.	הֵילִילִי	הביש מואב כי חתה
Jer. 48, 20.	וְזַעָקִי	· ב׳ בפסו׳
Jer. 50, 11.	תִשְׂמְחִי	כי תשמחי כי
Jer. 50, 11.	תַעַלְזִי	שסי נחלתי כי
Jer. 50, 11.	תָפוּשִׁי	כעגלה דשא
Jer. 50, 11.	וְתִצְהֲלִי	כאברים · ד׳ בפס׳
Jes. 25, 10.	בְּמִי	כי תנוח יד ה׳ בהר הזה
Ps. 17, 11.	סְבָבוּנִי	אשרנו עתה סבבוני
Job 6, 29.	וְשֻׁבִי	שובו נא אל תהי עולה
Job 33, 21.	וְשֻׁפִּי	יכל בשרו מראי
Job 33, 28.	נַפְשִׁי	פדה נפשי מעבר בשחת
Job 33, 28.	וְחַיָּתִי	· ב׳ בפסו׳
Esra 10, 35.	כְּלוּהִי	בניה בדיה כלוהי
Esra 10, 44.	נָשְׂאִי	כל אלה נשאי נשים
Neh. 12, 14.	לִמְלוּכִי	יונתן לשבניה
2 Chr. 9, 29.	יֶעְדִי	ושאר דברי שלמה
2 Chr. 34, 9.	וַיֵּשְׁבִי	ויבאו אל חלקיהו הכהן · ד״ה

138.

ה׳ זוגין מן ב׳ ב׳ כתבן יו״ד במצעא תיבה וקרין ו׳ וסי׳

5 Wörter, die zwei Mal vorkommen mit Jod in der Mitte, das wie Waw gelesen wird.

Jud. 16, 21.	הָאֲסִירִים	ויאחזוהו פלשתים
Jud. 16, 25.	הָאֲסִירִים	ויהי כי טוב לבם
Gen. 25, 23.	גיִים	ויאמר ה׳ לה שני
Ps. 79, 10.	בַּגּיִים	למה יאמרו הגוים
2 Reg. 24, 18.	חֲמִיטַל	בן עשרים ואחת שנה צדקיהו · רמל׳
Jer. 52, 1.	חֲמִיטַל	וחברו דירמי׳ · בן עשרים

Jer. 37, 4.	הַכְּלִיא	וירמיהו בא ויצא
Jer. 52, 31.	הַכְּלִיא	ויהי בשלשים ושבע רידמי'
Ps. 73, 10.	יָשִׁיב	לכן ישיב עמו הלם
1 Chr. 7, 1.	יָשִׁיב	ולבני יששכר תולע ופואה· ר"ה

139.

והלוף

ה' זוגין מן ב' ב' כתבן ו' במצע' תיבות' וקרין יו"ד וסי'

5 Wörter, die, umgekehrt vom Vorigen, 2 Mal mit Waw in der Mitte vorkommen, das wie Jod gelesen wird.

Ex. 16, 7.	תְּלוֹנוּ	ובקר וראיתם את
Num. 16, 11.	תַלּוֹנוּ	לכן אתה וכל עדתך
Jes. 32, 7.	עֲנָוִים	וכלי כליו רעים הוא
Ps. 9, 19.	עֲנָוִים	כי לא לנצח ישכח
Jer. 49, 36.	עוֹלָם	והביאתי אל עילם· תנ' דפ'
Esra 10, 2.	עוֹלָם	ויען שכניה בן יחיאל
1 Chr. 11, 11.	הַשָּׁלוֹשִׁים	ואלה מספר הגבורים
1 Chr. 12, 18.	הַשָּׁלוֹשִׁים	ורוח לבשה את עמשי
1 Chr. 23, 9.	שְׁלֹמוֹת	בני שמעי שלמות
1 Chr. 26, 25.	שְׁלֹמוֹת	ואחיו לאליעזר רחביהו

140.

ב' זוגין מן ג' ג' כתבן יו"ד במצע' תיבה וקרי' ו'

2 Wörter kommen 3 Mal mit Jod in der Mitte vor, das wie Waw gelesen wird.

Gen. 36, 5.	יְעִישׁ	ואהליבמה ילדה
Gen. 36, 14.	יְעִישׁ	ואלה היו בני אהליבמה
1 Chr. 7, 10.	יעיש	ובני ידיעאל בלהן
1 Chr. 14, 1.	חִירָם	וישלח חירם מלך צר
2 Chr. 4, 11.	חִירָם	ויעש חירם את הסירות· תנ' דפ'
2 Chr. 9, 10.	חִירָם	וגם עבדי חירם · כלהון בד"ה

141.

והלוף

ב' זוגין מן ג' ג' כתבן ו"ו במצע תיבה וקרין י' וסי'

2 Wörter kommen, umgekehrt vom Vorigen, mit Waw in der Mitte vor, das wie Jod gelesen wird.

Jer. 33, 26.	אָשׁוּב	גם זרע יעקוב ודוד עבדי
Jer. 49, 39.	אָשׁוּב	והיה באחרית הימים
Joel 4, 1.	אָשׁוּב	כי הנה בימים ההמה· ריואל
Ps. 54, 7.	יָשׁוּב	הרע לשררי באמתך
Prov. 12, 14.	יָשׁוּב	מפרי פי איש ישבע טוב
Job 39, 12.	יָשׁוּב	התאמין בו כי ישוב זרעך

142.

ו' כתבין שבית וקרין שְׁבוּת וסי'

6 Mal kommt das Wort שבית (mit Jod in der Mitte) vor, das wie שְׁבוּת (mit Waw in der Mitte) gelesen wird.

Jer. 49, 39.	שְׁבִית	יהיה באחרית הימים
Ez. 16, 53.	שְׁבִית	ושבתי את שבותהן את
Ez. 16, 53.	שְׁבִית	סדם ובנותיה ואת שבית
Ez. 16, 53.	וּשְׁבִית	שמרון ובנותיה· ג' בפסו'
Ez. 39, 25.	שְׁבִית	לכן כה אמר אדני ה' עתה אשיב
Job 42, 10.	שְׁבִית	וה' שב את שבית איוב

143.

יתר חלוף

כתי' שבות וקרי' שְׁבִית

1 Mal kommt, umgekehrt vom Vorigen, שבות (mit Waw in der Mitte) vor, das שְׁבִית (mit Jod in der Mitte) gelesen wird.

Ps. 85, 2.	רצית ה' ארצך

144.

ה׳ כתבן עניים וקרין עֲנָוִים וסי׳

5 Mal kommt das Wort עניים (mit Jod nach dem Nun) vor, das aber עֲנָוִים (mit Waw nach dem Nun) gelesen wird.

עֲנָיִים	כי דרש דמים אותם זכר	Ps. 9, 13.
עֲנָיִים	קומה ה׳ אל נשא ידך	Ps. 10, 12.
וְלַעֲנָיִים	אם ללצים הוא יליץ	Prov. 3, 34.
עֲנָיִים	בז לרעהו חוטא	Prov. 14, 21.
עֲנָיִים	טוב שפל רוח את עניים	Prov. 16, 19.

145.

וחלוף

ב׳ כתבן ענוים וקרין עֲנִיִּים וסי׳

2 Mal kommt, umgekehrt vom Vorigen, ענוים (mit Waw nach dem Nun) vor, das wie עֲנִיִּים (mit Jod nach dem Nun) gelesen wird.

עֲנָוִים	וכלי כליו רעים	Jes. 32, 7.
עֲנָוִים	כי לא לנצח ישכח	Ps. 9, 19.

146.

ד׳ כתבן יעואל וקרין יְעִיאֵל וסי׳

4 Mal kommt das Wort יעואל (mit Waw nach dem Ain) vor, das aber יְעִיאֵל (mit Jod nach dem Ain) gelesen wird.

יְעוּאֵל	ובגבעון ישבו אבי גבעון תנ׳ דסס׳	1 Chr. 9, 35.
וִיעוּאֵל	עזיא העשתרתי שמע	1 Chr. 11, 44.
וִיעוּאֵל	ומן בני אליצפן שמרי	2 Chr. 29, 13.
יְעוּאֵל	ויהי לעזיהו חיל עשה	2 Chr. 26, 11.

147.

ו׳ כתבן מדונים וקרי׳ מִדְיָנִים וכלהון במשלי

6 Mal kommt das Wort מדונים (mit Waw nach dem Daleth) vor, das aber מִדְיָנִים (mit Jod nach dem Daleth) gelesen wird.

וּמִדְוָנִים	אח נפשע מקרית עז	Prov. 18, 19.
מִדְוָנִים	טוב לשבת על פנת גג קדמ׳ דסס׳	Prov. 21, 9.
מִדְוָנִים	טוב שבת בארץ מדבר	Prov. 21, 19.
מִדְוָנִים	למי אוי למי אבוי	Prov. 23, 29.
מִדְוָנִים	פחם לגחלים ועצים לאש	Prov. 26, 21.
מִדְוָנִים	דלף טורד ביום סגריר	Prov. 27, 15.

148.

ג׳ כתבן ידיתון וקרין יְדוּתוּן וסי׳

3 Mal kommt das Wort ידיתון (mit Jod nach dem Daleth) vor, das aber יְדוּתוּן (mit Waw nach dem Daleth) gelesen wird.

לִידִיתוּן	למנצח׳ דעל׳ אמרתי אשמרה	Ps. 39, 1.
יְדִיתוּן	למנצח׳ דעל׳ קולי אל אלהים	Ps. 77, 1.
יְדִיתוּן	ומתניה בן מיכה׳ דעז׳	Neh. 11, 17.

149.

י״א מלין כתבן ב׳ וקרי׳ כ׳ וסי׳

11 Wörter werden mit Beth geschrieben, das aber wie Kaf gelesen wird.

בַּעֲלוֹת	ויהי בעלות הכהנים נשאי	Jos. 4, 18.
בְּשָׁמְעֲכֶם	והי׳ במשך בקרן היובל	Jos. 6, 5.
בַּעֲלוֹת	ולא אבו האנשים לשמע לו	Jud. 19, 25.
בְּשָׁמְעוֹ	ותצלח רוח אלהים על שאול	1 S. 11, 6.
בְּחֹם	ויאמרו למלאכים הבאים	1 S. 11, 9.
בְּשָׁמְעֲךָ	ויהי בשמעך את קול הצעד׳	2 S. 5, 23.

2 Reg. 3, 24.	וַיַּבּוּ	ויבאו אלמחנה ישראל· תני׳ דפס׳
Job 21, 13.	יְבַלּוּ	בטוב ימיהם· קרמ׳ דס׳
Est. 3, 4.	כְּאָמְרָם	ויהי באמרם אליו יום
Esra 8, 14.	וְזַבּוּד	ומבני בגוי עותי
Neh. 3, 20.	זַבַּי	אחריו החרה החזיק

150.

והלוף

נ׳ כתבן כ׳ וקרין ב׳ וסי׳

3 Wörter werden, umgekehrt vom Vorigen, mit Kaf geschrieben, das wie Beth gelesen wird.

2 S. 12, 31.	בַּמַּלְכֵּן	ואת העם אשר בה הוציא רשמו׳
Prov. 21, 29.	יָכִין	העז איש רשע בפניו
2 Chr. 33, 16.	וַיָּכֶן	את מזבח ה׳· דמנשה ד״ה

151.

ב׳ כתבן ה׳ במצע היב׳ יקרין כ׳ וסי׳

2 Wörter haben He in der Mitte, das wie Kaf gelesen wird (suffix. כֶם f. הֶם).

Jer. 21, 12.	מַעַלְלֵיהֶם	בית דוד כה אמר ה׳ דינו
Jer. 49, 30.	עֲלֵיהֶם	נסו נדו מאד העמיקו· תנ׳ דפכ׳

152.

ד׳ מלין כתבן ל׳ יתר׳ יכי׳

4 Wörter haben ein überflüssiges Lamed, das nicht gelesen wird.

2 S. 16, 2.	וְלַהַלֶּחֶם	ויאמר המלך אל ציבא
Dan. 4, 4.	עָלְלִין	באדין עללין הרטומיא
Dan. 5, 8.	עָלְלִין	אדין עללין כל חכימי מלכא
Dan. 5, 10.	עַלַּלַת	מלכתא לקבל מלי מלכא

153.

וחלוף

חד קרי׳ ל׳ ולא כתי׳ וסי׳

1 Wort wird, umgekehrt vom Vorigen, mit Lamed gelesen, das in der Schrift fehlt.

2 S. 23, 20.	חַי	ובניהו בן יהוידע בן איש חי רב פעלים מקבצאל· רשמו׳

154.

ו׳ מלין דכתב׳ ב׳ וקרין מ׳ וסי׳

6 Wörter haben Beth, das aber wie Mem gelesen wird.

Jos. 3, 16.	בָּאָדָם	ויעמדו המים הירדים
Jos. 24, 15.	בְּעֵבֶר	ואם רע בעיניכם לעבד
2 Reg. 5, 12.	אֲבָנָה	הלא טוב אבנה ופרפר
2 Reg. 12, 10.	בְּיָמִין	ויקח יהוידע הכהן ארון
2 Reg. 23, 33.	בְּמֶלֶךְ	ויאסרהו פרעה נכה· תר׳דמ׳
Dan. 11, 18.	וְיָשֵׁב	אה פניו לאיים ולכד רבים

155.

וחלוף

חד כתב׳ מ׳ וקרי׳ ב׳ וסי׳

1 Wort hat, umgekehrt vom Vorigen, ein Mem, das wie Beth gelesen wird.

Jos. 22, 7.	מֵעֵבֶר	ולחצי שבט המנשה· דיהושע

156.

ה׳ מלין כתבן מ׳ בסוף היבות׳ ולא קרי׳ וסי׳

5 Wörter haben ein Mem (fin.) am Ende, das aber nicht gelesen wird.

2 S. 22, 15.	וַיָּהֹמם	וישלח חצים ויפיצם· דשמ׳
2 S. 23, 13.	שְׁלֹשָׁם	וירדו שלשם מהשלשים

שְׁנֵים	ויעזבו את כל מצות ה׳· דמלכ׳	2 Reg. 17, 16.
נָכְרִיָּם	לקח בגדו כי ערב זר· קדמ׳ דמ׳	Prov. 20, 16.
אַלְפִים	נהר דינור נגד ונפק	Dan. 7, 10.

157.

וחלוף

ה׳ לא כתבן מ׳ כסוף תיבות׳ וקרי׳ וסי׳

5 Wörter haben, umgekehrt vom Vorigen, das Mem (fin.) am Ende nicht, das aber dennoch gelesen wird.

עָבְרָנו	ויהי כשמע כל מלכי האמרי	Jos. 5, 1.
הַחֵצִי	ויקרא יהונתן אחרי הנער	1 S. 20, 38.
אֱלֹהֶיךָ	וגם באו עבדי המלך	1 Reg. 1, 47.
שָׁנָה	בן שלשים ושתים· דיהורם בן יהושפט תני׳ דפ׳· דמל׳	2 Reg. 8, 17.
כָּה	והיה כל מעבר מטה מוסדה	Jes. 30, 32.

158.

ו׳ מלין חסר נ׳ וקרי׳ וסי׳

6 Wörter werden mit einem Nun gelesen, obgleich es in der Schrift fehlt.

בְּצַעֲנִים	וחבר הקני נפרד מקין	Jud. 4, 11.
לָו	ויאמרו לו הגבענים· קדמ׳ דפ׳	2 S. 21, 4.
אֲנוּ	אם טוב ואם רע בקול ה׳	Jer. 42, 6.
מִפְּנִיים	יקרה היא מפניים	Prov. 3, 15.
וְיִסְתָּר	ערום רעה ויסתר · קדמ׳ דמ׳	Prov. 22, 3.
אַלְפִים	נהר דינור נגד נפג	Dan. 7, 10.

159.

וחלוף

ז׳ כתבן נ׳ ולא קרי׳ וסי׳

7 Wörter haben, umgekehrt vom Vorigen, ein Nun, das aber nicht gelesen wird.

מִן הַמְּעָרָה	ויקם דוד אחרי כן ויצא	1 S. 24, 9.
יֻתַּן	לנו שבעה אנשים	2 S. 21, 6.
תֵּתֵן	כי כה אמר אדני אלהי ישראל כד הקמה	1 Reg. 17, 14.
וּפְנֵי	לב נבון יבקש דעת	Prov. 15, 14.
תַּנִּין	גם תנין חלצו שד	Thr. 4, 3.
בַּן	ויקח לו רחבעם אשה· ד״ה	2 Chr. 11, 18.
מִן בַּת	ויצא מן בת ציון	Thr. 1, 6.

ואית דאמרי׳ עָבְרָם הד מנהון· כתי׳

עָבְרָנו	ויהי כשמע כל מלכי	Jos. 5, 1.

160.

ד׳ מלין דאית בהון אית תלויה וסי׳

4 Wörter haben einen schwebenden Buchstaben.

מְנַשֶּׁה	ויקימו להם בני דן את הפסל	Jud. 18, 30.
מִיָּעַר	יכרסמנה חזיר מיער	Ps. 80, 14.
רְשָׁעִים	לאחז בכנפות ארץ	Job 38, 13.
מֵרְשָׁעִים	וימנע מרשעים אורם	Job 38, 15.

161.

ב׳ קופין דביקין ולא ידנין וסי׳

In 2 Wörtern kommt ein Kuf vor, dessen senkrechter Strich mit dem obern Querstrich verbunden ist.

בְּקָמֵיהֶם	וירא משה את העם	Ex. 32, 25.
הַפְּקֻדִים	ויקריבו נשיאי ישראל	Num. 7, 2.

162.

י״א מלין לא כתבן ת׳ וקרין וסי׳

In 11 Wörtern wird ein Taw gelesen, obgleich es nicht (oder ein anderer Buchstabe dafür) steht.

וַיִּקְרָא	וינחם דוד את בת שבע	2 S. 12, 24.
הַכְּרִי	ויואב אל כל הצבא ישראל	2 S. 20, 23.
אֶחָד	אלה שמות הגברים· דשמ׳	2 S. 23, 8.
עֲשָׂרָה	והגלה את כל ירושלם	2 Reg. 24, 14.
אַמִּיה	שמנה עשרה אמיה· תני׳ דפ׳ רמל׳	2 Reg. 25, 17.
תְּהִלָּה	איך לא עזבה עיר תהלה	Jer. 49, 25.
קוֹמָה	והעמודים שמנה עשרה אמה· דירמי׳	Jer. 52, 21.
אַחַד	המתקדשים והמטהרים	Jes. 66, 17.
בְּאַחַד	לבבתני אחתי כלה· קדמ׳ דפ׳	Cant. 4, 9.
יֵרָחֵק	עד אשר לא ירחק חבל	Koh. 12, 6.
בַּן	ויקח לו רחבעם אשה· ד״ה	2 Chr. 11, 18.

163.

והליף

ז׳ כתבן ת׳ ולא קרין וסי׳

In 7 Wörtern steht, umgekehrt vom Vorigen, ein Taw, das aber nicht (oder als ein anderer Buchstabe) gelesen wird.

בְּאַחַת	ובאנו אליו באחת המקומת	2 S. 17, 12.
אֶחָת	והוא הלך במדבר דרך יום	1 Reg. 19, 4.
הַמְּמוֹתְתִים	ותקח יהושבע בת המלך רמל׳	2 Reg. 11, 2.
בַּשָּׁנָת	ויהי בשנה ההיא בראשית· תני׳ דפס׳	Jer. 28, 1.
בַּשָּׁנָת	הדבר אשר היה אל ירמיהו קדמ׳ דפס׳	Jer. 32, 1.
אַרְבַּעַת	ואתה בן אדם כה אמר אדני	Ez. 7, 2.
הִתְפַּלָּשְׁתִּי	בגת אל תגידו	Micha 1, 10.

164.

ז׳ פסיקים דאית בהון ט״ו מלין· ז׳ מלין מכא וז׳ מלין מכא ומלה מצע׳ כתיב׳ וסי׳

7 Verse von je 15 Wörtern, deren mittelstes (also 7 vor und 7 nach demselben) zur Klasse des Keri und Chetib (d. h. das anders gelesen wird, als es geschrieben ist) gehört.

אָמָן	כה׳	וחרש לא ימצא בכל הארץ	1 S. 13, 19.
הַיֹּרֵד	כת׳	ומי ישמע לכם לדבר הזה	1 S. 30, 24.
לְכָל	כת׳	וטהרתים מכל עונם	Jer. 33, 8.
יִהְיֶה	כת׳	וחמשה ועשרים אלף	Ez. 45, 5.
וּצְפִינְךָ	כת׳	ממתים ידך ה׳	Ps. 17, 14.
וַיִּרְא	כת׳	ויחי איוב אחרי זאת	Job 42, 16.
הַכִּיר	כת׳	ועשה למבצרי מעזים	Dan. 11, 39.

165.

י״ג מלין חסר ה׳ בריש תיבות׳ וקרין וסי׳

13 Wörter werden mit He am Anfang gelesen, obgleich dasselbe in der Schrift fehlt.

שָׁלָל	ויעט העם אל שלל· כן כת׳	1 S. 14, 32.
גִּבֹּרִים	ואחריו אלעזר בן דדי· דשמ׳	2 S. 23, 9.
אֶחָד	ולשלמה שנים עשר נצבים	1 Reg. 4, 8.
שְׂבָכָה	וכתרות על שני העמודים	1 Reg. 7, 20.
מֶלֶךְ	ויקח אסא את כל הכסף· דמלכי׳	1 Reg. 15, 18.
מֶלֶךְ	ויקח את שרי המאיות· תנ׳ דפ׳	2 Reg. 11, 12.
מֶלֶךְ	ויקשר עליו פקח בן רמליהו· דמל׳	2 Reg. 15, 25.
אָרֶץ	לקול תתו המון מים· קדמ׳ דס׳	Jer. 10, 13.
עָם	כה אמר ה׳ אלי הלך ועמדת	Jer. 17, 19.
דָּבָר	ויבא ויעש ה׳ כאשר דבר	Jer. 40, 3.
מְלָכִים	וידבר אתו טבות· דירמי׳	Jer. 52, 32.
רָשָׁע	הנפש החטאה היא תמות	Ez. 18, 20.
עַמִּים	צדיק הוא ה׳ כי פיהו	Thr. 1, 18.

166.

יהלוף

ז׳ כתבן ה׳ בריש תיבות׳ ולא קרין וסי׳

7 Wörter haben, umgekehrt vom Vorigen, ein He am Anfang, das aber nicht gelesen wird.

1 S. 26, 22.	הַחֲנִית	ויען דוד ויאמר הנה
1 Reg. 21, 8.	הַסְּפָרִים	ותכתב ספרים בשם אהאב׳ תנ׳ דפ׳
2 Reg. 7, 13.	הֶהָמוֹן	ויען אחד מעבדיו׳ קדמ׳ דפ׳
2 Reg. 14, 7.	הַמֶּלַח	היא הכה את אדים בני׳ דמלכ׳
Jer. 38, 11.	הַסְּחָבוֹת	ויקח עבד מלך את האנשיב
Jes. 29, 11.	הַסֵּפֶר	ותהי לכם חזית הכל׳ תנ׳דפ׳
Koh. 10, 20.	הַכְּנָפַיִם	גם במדעך מלך אל תקלל

167.

ג׳ כתבן על וקרין אל וסי׳

3 Mal kommt das Wort על (mit ע) vor, das aber wie אל (mit א׳) gelesen wird.

1 S. 20, 24.	עֶל	ויסתר דוד בשדה יהי
Jes. 65, 7.	עֶל	עונתיכם ועונת אבותיכם׳ בה׳ דפס׳
Ez. 9, 5.	עַל	ולאלה אמר באזני׳ קדמ׳ דפס׳ כתרא אַל

168.

י״ח מלין תקן עזרא וסי׳

18 Wörter (oder Sätze) hat Esra umgeformt.

Gen. 18, 22.	וְאַבְרָהָם עוֹדֶנּוּ עֹמֵד לִפְנֵי ה׳ ׳ הי׳ צ״ל וה׳ עודנו עמד לפני אברהם שהרי כתיב וירא ה׳ אל אברם (מוגה בכ״י אחד "אליו ה׳„) ותבע מן השכינה שיתעכב לו עד שיגמל הסד למלאכים ומפני זה כנה הכתוב׳
Num. 11, 15.	וְאַל אֶרְאֶה בְּרָעָתִי ׳ ברעתך הצ״ל אלא שכנה הכתיב׳
Num. 12, 12.	אֲשֶׁר בְּצֵאתוֹ מֵרֶחֶם אִמּוֹ ׳ אמנו הצ״ל׳
Num. 12, 12.	וַיֵּאָכֵל חֲצִי בְשָׂרוֹ ׳ בשרנו הצ״ל שהרי אחיו (בשר?) של אחיו כבשרו שנאמ׳ כי אחינו בשרנו הוא׳
1 S. 3, 13.	כִּי מְקַלְלִים לוֹ (מוגה "לָהֶם„) בָּנָיו ׳ לי הצ״ל וכן היא אומר למה תבעטו בזבחי׳
2 S. 16, 12.	אוּלַי יִרְאֶה ה׳ בְּעֵינִי ׳ בעיני הצ״ל אלא שכנה׳
1 Reg. 12, 16.	לְאֹהָלֶיךָ יִשְׂרָאֵל עַתָּה רְאֵה בֵיתְךָ דָּוִד וַיֵּלֶךְ יִשְׂרָאֵל לְאֹהָלָיו דירחבעם ׳ דמלכים
2 Chr. 10, 16.	יתברו דד״ה ׳ לאלהיו הי׳ צ״ל׳
Jer. 2, 11.	וְעַמִּי הֵמִיר כְּבוֹדוֹ בְּלוֹא יוֹעִיל ׳ כבודי הצ״ל׳
Ez. 8, 17.	וְהִנָּם שֹׁלְחִים אֶת הַזְּמוֹרָה אֶל אַפָּם ׳ אפי הצ״ל אלא שכנה׳
Hos. 4, 7.	כְּבוֹדָם בְּקָלוֹן אָמִיר ׳ כבודי הצ״ל אלא שכנה׳
Hab. 1, 11.	הֲלוֹא אַתָּה מִקֶּדֶם ה׳ אֱלֹהַי קְדֹשִׁי לֹא נָמוּת׳ לא תמות הצ״ל אלא שכנה׳
Zach. 2, 12.	כִּי הַנֹּגֵעַ בָּכֶם נֹגֵעַ בְּבָבַת עֵינוֹ ׳ עיני הצ״ל אלא שכנה׳
Mal. 1, 13.	וַאֲמַרְתֶּם הִנֵּה מַתְּלָאָה וְהִפַּחְתֶּם אוֹתוֹ ׳ אתי הצ״ל אלא שכנה׳
Ps. 106, 20.	וַיָּמִירוּ אֶת כְּבוֹדָם בְּתַבְנִית שׁוֹר ׳ כבודי הצ״ל אלא שכנה׳
Job 7, 20.	לָמָה שַׂמְתַּנִי לְמִפְגָּע לָךְ וָאֶהְיֶה עָלַי לְמַשָּׂא׳ עליך הצ״ל אלא שכנה׳
Job 32, 3.	וַיַּרְשִׁיעוּ אֶת אִיּוֹב ׳ את הדין הצ״ל אלא שכנה׳
Thr. 3, 19.	וְתָשִׁיחַ עָלַי נַפְשִׁי ׳ עליך הצ״ל אלא שכנה׳

Deut. 25, 3.	יכנו ולא יסיף	אַרְבָּעִים
Ps. 95, 10.	שנה אקוט בדור	אַרְבָּעִים
Jud. 5, 19.	מלכים נלחמו	בָּאוּ
Hos. 9, 7.	ימי הפקדה	בָּאוּ
Jer. 51, 10.	ה׳ את צדקתינו	הוֹצִיא
Jes. 43, 8.	עם עור ועינים יש	הוֹצִיא
Ps. 4, 8.	שמחה בלבי מעת דגנם	נָתַתָּה
Ps. 60, 6.	ליראיך נס להתנוסס	נָתַתָּה
Ps. 21, 5.	שאל ממך נתתה לו	חַיִּים
Job 10, 12.	וחסד עשית עמדי	חַיִּים
Ps. 104, 19.	ירח למועדים	עָשָׂה
Thr. 2, 17.	ה׳ אשר זמם	עָשָׂה
Ps. 74, 8.	בלבם נינם יחד	אָמְרוּ
Ps. 83, 5.	לכו ונכחידם מגוי	אָמְרוּ
Ps. 79, 2.	את נבלת עבדיך	נָתְנוּ
Ps. 119, 110.	רשעים פח לי	נָתְנוּ
Ruth 1, 17.	תמותי אמות	בַּאֲשֶׁר
Koh. 8, 4.	דבר מלך שלטון	בַּאֲשֶׁר
Jud. 5, 14.	אפרים שרשם	מִנִּי
Esra 7, 13.	שים טעם די כל מתנדב	מִנִּי

169.

ד׳ בלישנא דכתבי׳ ישגלנה וקרי׳ ישכבנה וסי׳

4 Wörter vom Stamme שגל die gelesen werden, als wären sie vom Stamme שכב

Deut. 28, 30.	יִשְׁגָּלֶנָּה	אשה תארש ואיש אחר
Jer. 3, 2.	שֻׁגַּלְתְּ	שאי עיניך על שפים וראי
Jes. 13, 16.	תִּשָּׁגַלְנָה	ועלליהם ירטשו לעיניהם
Zach. 14, 2.	תִּשָּׁגַלְנָה	ואספתי את כל הגוים אל

170.

חד כתי׳ ובעפלים וקרי׳ ובטחורים וסי׳

Deut. 28, 27. יככה ה׳ בשחין מצרים · ומן ותכבד יד ה׳ (1 S. 5, 6.) עד ולמה תכבדו את לבבכם (1 S. 6, 6.) דכו׳ עפלים כתי׳ טחורים קרי

Ein Mal wird וּבָעֳפָלִים gelesen, als stände וּבַטְּחֹרִים; diese Verwechslung im Lesen findet ferner bei diesem Worte statt, an der Stelle von 1 S. 5, 6. bis 1 S. 6, 6.

171.

י״ד זוגין מן ב׳ ב׳ ראש פסיק לא נסיב ו׳ וכל קרי׳ נסבי׳ ו׳ וסי׳

14 Wörter kommen 2 Mal am Anfang des Verses ohne Waw (praefix.) vor, sonst aber immer mit Waw.

Gen. 13, 12.	אַבְרָם	ישב בארץ כנען
1 Chr. 1, 27.	אַבְרָם	היא אברהם · דד״ה
Gen. 42, 30.	דִּבֶּר	האיש אדני הארץ
Jer. 42, 19.	דִּבֶּר	ה׳ עליכם שארית יהודה
Num. 2, 7.	מַטֵּה	זבולן ונשיא לבני
Ps. 110, 2.	מַטֵּה	עזך ישלח ה׳ מציון
Num. 29, 24.	מִנְחָתָם	ונסכיהם · דביום הרביעי
Num. 29, 37.	מִנְחָתָם	ונסכיהם · דביום השמיני

172.

וחלוף

י״ד זוגין מן ב׳ ב׳ ראש פסו׳ נסבי׳ ו׳ בריש תיבות׳ וכל קרי׳ לא נסבי׳ ו׳ וסי׳

14 Wörter kommen, umgekehrt vom Vorigen, 2 Mal am Anfang des Verses mit Waw (praefix.) vor, sonst aber immer ohne Waw.

Gen. 6, 19.	החי מכל בשר	וּמִכָּל
1 Chr. 28, 5.	בני כי רבים · ד״ה	וּמִכָּל
Gen. 9, 5.	את דמכם לנפשתיכם	וְאַךְ
Jos. 22, 19.	אם טמאה	וְאַךְ
Ex. 1, 12.	יענו אתו כן ירבה	וְכַאֲשֶׁר
Ez. 37, 18.	יאמרו אליך בני עמך	וְכַאֲשֶׁר
Ex. 10, 2.	תספר באזני בנך	וּלְמַעַן
Deut. 11, 9.	תאריכו ימים על האדמה	וּלְמַעַן

וּבְאַרְבַּע	עשרה שנה בא כדרלעמר	Gen. 14, 5.
וּבְאַרְבַּע	עשרה שנה למלך חזקיהו דמל׳	2 Reg. 18, 13.
וְכֹה	תעשה להם לטהרם	Num. 8, 7.
וְכֹה	אמר שמעי בקללו	2 S. 16, 7.
וְתַחַת	כי אהב את אבתיך	Deut. 4, 37.
וְתַחַת	הרקיע כנפיהם ישרות	Ez. 1, 23.
וְהַיּוֹם	ההוא לאדני ה׳ צבאות	Jer. 46, 10.
וְהַיּוֹם	הזה תאמרנה שרות	Est. 1, 18.
וְאַרְבַּע	כתפות אל ארבע פנות	1 Reg. 7, 34.
וְאַרְבַּע	חיון רברבן סלקן	Dan. 7, 3.
וְטוֹב	משניהם את אשר עדן	Koh. 4, 3.
וְטוֹב	לא יהי׳ לרשע ולא יאריך	Koh. 8, 13.
וְהֵן	חלמא ופשרה תהחון	Dan. 2, 6.
וְהֵן	לא ידיע להוא לך מלכא	Dan. 3, 18.
וַאֲנָה	לא בחכמה די איתי בי	Dan. 2, 30.
וַאֲנָה	שמעית עליך די תיכל	Dan. 5, 16.
וּכְעַן	העלו קדמי	Dan. 5, 15.
וּכְעַן	הן על מלכא טב	Esra 5, 17.
וְאַנְתְּה	כרה בלשאצר	Dan. 5, 22.
וְאַנְתְּ	עזרא כחכמת אלהך	Esra 7, 25.

173.

י״ב זוגין מן ג׳ ג׳ ראש פסוק נסב׳ ו׳ בריש תיבה וכל קריא לא נסבין ו׳ וסי׳

12 Wörter, die 3 Mal am Anfang des Verses mit Waw (praefix.) vorkommen, sonst aber immer ohne Waw.

וּבָרוּךְ	אל עליון אשר מגן	Gen. 14, 20.
וּבָרוּךְ	טעמך וברוכה את	1 S. 25, 33.
וּבָרוּךְ	שם כבודו לעולם וימלא	Ps. 72, 19.
וַעֲשֵׂה	לי מטעמים	Gen. 27, 4.
וַעֲשֵׂה	כרוב אחד מקצה מזה	Ex. 25, 19.
וַעֲשֵׂה	להם מכנסי בד	Ex. 28, 42.
וְעֵינֵי	לאה רכות	Gen. 29, 17.
וְעֵינֵי	ישראל כבדו מזקן	Gen. 48, 10.
וְעֵינֵי	רשעים תכלינה	Job 11, 20.
וְיוֹסֵף	הורד מצרימה	Gen. 39, 1.
וְיוֹסֵף	הוא השליט על	Gen. 42, 6.
וְיוֹסֵף	בן שלשים שנה	Gen. 41, 46.
וְשֵׁשׁ	שנים תזרע את ארצך	Ex. 23, 10.
וְשֵׁשׁ	מאות איש חגורים	Jud. 18, 16.
וְשֵׁשׁ	מעלות לכסא׳ ד״ה	2 Chr. 9, 18.
וּרְאֵה	ועשה בתבניתם	Ex. 25, 40.
וּרְאֵה	בנים לבניך שלום	Ps. 128, 5.
וּרְאֵה	אם דרך עצב בי	Ps. 139, 24.
וְלָמָה	ה׳ מביא אתנו	Num. 14, 3.
וְלָמָה	הבאתם את קהל ה׳	Num. 20, 4.
וְלָמָּה	העליתנו ממצרים	Num. 20, 5.
וְהַנָּבִיא	ההוא או חלם	Deut. 13, 6.
וְהַנָּבִיא	והכהן והעם אשר יאמר	Jer. 23, 34.
וְהַנָּבִיא	כי יפתה ודבר דבר	Ez. 14, 9.
וְאֵיךְ	תשיב את פני פחת אחד·רמלכ׳	2 Reg. 18, 24.
וְאֵיךְ	וחברו · דישעי׳	Jes. 36, 9.
וְאֵיךְ	תנחמוני הבל ותשובתיכם	Job 21, 34.
וְאַיֵּה	אלהיך אשר עשית לך	Jer. 2, 28.
וְאַיֵּו	נביאיכם אשר נבאו · כן כת׳	Jer. 37, 19.
וְאַיֵּה	אפו תקותי ותקותי	Job 17, 15.
וְדִבְרֵי	שנאה סבבוני	Ps. 109, 3.
וְדִבְרֵי	דויד המלך· דר״ה	1 Chr. 29, 29.
וְדִבְרֵי	רחבעם הראשנים	2 Chr. 12, 15.
וְרַבִּים	מישני אדמה עפר	Dan. 12, 2.
וְרַבִּים	מהכהנים והלוים.	Esra 3, 12.
וְרַבִּים	מביאים מנחה לה׳	2 Chr. 32, 23.

— —

174.

וחלוף?

ט״ו מלין ראש פסוק משמשין ה׳ וכל קרי׳ נסבין ו׳ וסי׳

15 Wörter, die, umgekehrt vom Vorigen, am Anfang des Verses mit He (d. h. ohne Waw praefix) anfangen, sonst aber immer mit Waw vorher.

הָאֲנָשִׁים	האלה שלמים הם	Gen. 34, 21.
הַמַּלְאָךְ	הגואל אתי מכל רע	Gen. 48, 16.
הַכֹּהֵן	המחטא אתה יאכלנה	Lev. 6, 19.

הִקְרִב	את קרבני קערת כסף אחת· דנתנאל	Num. 7, 19.
הַנֹּגֵעַ	בכת לכל נפש	Num. 19, 11.
הָאָרֶץ	אשר הכה ה׳ לפני בני ישר׳	Num. 32, 4.
הָאִישׁ	הרך בך והענג מאד	Deut. 28, 54.
הַנַּעַר	בא ידיד קם	1 S. 20, 41.
הֵשִׁיב	עליך ה׳ את כל דמי בית שאול	2 S. 16, 8.
הַבַּיִת	הזה אשר אתה בנה	1 Reg. 6, 12.
הַמֶּלֶךְ	יתאבל ונשיא ילבש שממה	Ez. 7, 27.
הַנֶּפֶשׁ	החטאת היא תמות	Ez. 18, 20.
הֵסִיר	ה׳ משפטיך פנה איבך	Zeph. 3, 15.
הָיָה	אדני כאויב	Thr. 2, 5.
הֵבִיא	בכליתי בני	Thr. 3, 13.

נָשְׂאוּ	נהרות ה׳ נשאו נהרות	Ps. 93, 3.
גְּבוּל	שמת בל יעבורון	Ps. 104, 9.
מַלְאָךְ	רשע יפל ברע	Prov. 13, 17.
אֲנָה	נבוכדנצר שלה הוית בביתי	Dan. 4, 1.
שַׁבְתִּי	וראה תחת השמש	Koh. 9, 11.
יוֹאָב	בן צרויה החל למנות	1 Chr. 27, 24.

ולבד כמיניהא

יָאִיר	בן מנשה לקח את כל חבל ארגב	Deut. 3, 14.
דָּנִיֵּאל[1]	גנתון	Neh. 10, 7.

175.

כ״ב (ראש?) פסו׳ מן חד וחד (לא) נסבין ו׳ וסי׳

22 Wörter, die nur ein Mal am Anfang des Verses ohne Waw (praefix.) vorkommen.

עָשׂוּ	מלחמה את ברע	Gen. 14, 2.
פִּינְחָס	בן אלעזר בן אהרן הכהן	Num. 25, 11.
יְהוֹשֻׁעַ	בן נון העמד לפניך	Deut. 1, 38.
טַפְּכֶם	נשיכם וגרך אשר	Deut. 29, 10.
אֲנַחְנוּ	פשטנו נגב הכרתי	1 S. 30, 14.
שָׁאוּל	ויהונתן הנאהבים	2 S. 1, 23.
בְּגִבְעוֹן	נראה ה׳ אל שלמה· דמ׳	1 Reg. 3, 5.
בְּנֵיהֶם	אשר נתרו אחריהם· דמל׳	1 Reg. 9, 21.
שִׁבְתְּךָ	בתוך מרמה במרמה	Jer. 9, 6.
שָׁבוּ	על עונת אבותם	Jer. 11, 10.
פְּאַת	ימה חמש מאות	Ez. 48, 34.
שְׁאָר	ישוב שאר יעקב	Jes. 10, 21.
יֶתֶר	הגזם אכל הארבה	Joel 1, 4.
שִׁלַּחְתִּי	בכם דבר בדרך מצרים	Am. 4, 10.
אֲמַרְתֶּם	שוא עבד אלהים	Mal. 3, 14.
צִוָּה	אלהיך עזך עוזה אלהים	Ps. 68, 29.

176.

ו׳ מלין חסר ה׳ במצע תיבות׳ ולי׳ דכו׳ וסי׳

6 Wörter, die ein Mal ohne He mitten im Worte (sonst aber immer mit He) vorkommen.

לַעֲבִיר	ועברה העברה לעביר	2 S. 19, 19.
לְשֹׁבֵד	ידו נטה על הים	Jes. 24, 11.
לַסְתִּר	הוי המעמיקים מה׳	Jes. 29, 15.
וְלַשְׁבִּית	שמעו זאת השאפים אביון	Am. 8, 4.
לְעִי	ושמתי (את) שמרון לעי	Micha 1, 6.
לַשְׁמִעַ	בקול תודה ולספר	Ps. 26, 7.

177.

ב׳ כתבין וּפִשְׁרֵא וקרין וּפִשְׁרֵהּ וסי׳

2 Mal steht וּפִשְׁרֵא (mit Alef am Ende), das wie וּפִשְׁרֵהּ (mit He suffix. 3 per. s. m.) gelesen wird.

וּפִשְׁרֵא	והן חלמא ופשרא תהחון· קדמ׳ דפ׳	Dan. 2, 6.
וּפִשְׁרֵא	ארין דניאל די שמה בלטשאצר· קדמ׳ דפ׳	Dan. 4, 16.

1) Zusatz von anderer Hand.

178.

ג׳ נו״נין כתבין זעירין וסימניהון

In 3 Wörtern steht ein Nun fin., das kleiner ist, als die übrigen Buchstaben im Worte.

Jer. 39, 13.	וּנְבוּשַׁזְבָּן	וישלח נבוזראדן
Jes. 44, 14.	אֹרֶן	לכרת לו ארזים ויקח תרזה ואלון
Prov. 16, 28.	וְנִרְגָּן	איש תהפכות ישלח מדון

179.

ט׳ פסוקים אית בהון כהדין סימן] הפוכה וסימניהון

Bei 9 Versen ist ein Zeichen wie ein umgekehrtes Nun angebracht.

Num. 10, 34.	ועגן ה׳ עליהם יומם
Num. 10, 35.	ויהי בנסע הארן
Num. 10, 36.	ובנחה יאמר
Num. 11, 1.	ויהי העם כמתאננים
Ps. 107, 23.	יורדי הים באניות
Ps. 107, 24.	המה ראו מעשי ה׳
Ps. 107, 25.	ויאמר ויעמד רוח סערה
Ps. 107, 26.	יעלו שמים ירדו תהומות
Ps. 107, 27.	יחגו וינועו כשכור
Ps. 107, 28.	ויצעקו אל ה׳ בצר · רבתרי׳
Ps. 107, 40.	שפך בוז על נדיבים
Ps. 107, 41.	וישגב אביון מעוני

180.

י״ג מלין כתבין ה׳ בסוף תיבות׳ וכל דכו׳ כתי׳ א׳ וכי׳

13 Wörter haben ein He am Ende, die sonst immer mit Alef schliessen.

Ex. 3, 18.	נִקְרָה	ואמרתם אליו ה׳ אלהי העבריים
Deut. 3, 11.	הָלֹה	כי רק עוג מלך הבשן
1 Reg. 10, 19.	לַכִּסֵּה	שש מעלות
1 Reg. 10, 19.	לַכִּסֵּה	וראש עגול
2 Reg. 7, 12.	לְהֵחָבֵה	ויקם המלך
Jer. 2, 24.	פֶּרֶה	למד מדבר
Jer. 49, 10.	וְנֶחְבָּה	כי אני חשפתי
Jer. 52, 33.	וְשִׁנָּה	את בגדי
Ez. 14, 4.	בָה	לכן דבר אותם ואמרת
Ps. 81, 4.	בַּכֶּסֶה	תקעו בחדש
Job 26, 9.	כִסֵּה	מאחז פני
Dan. 2, 11.	מַלְכָּה	ומלתא די מלכה · קדמ׳ דפ׳
Dan. 10, 14.	יִקְרָה	ובאתי להבינך את אשר

ולבד ממסורתא

Num. 23, 3.	יִקְּרֵה	ויאמר בלעם לבלק
Dan. 2, 5.	מִלְּתָה	ענה מלכא
1 Chr. 4, 17.	עֶזְרָה	ובן · ד״ה
Dan. 2, 44.	וּמַלְכִיתָה	וביומיהון די מלכיא אנון
Dan. 5, 5.	שַׁעֲתָא	בה שעתא נפקו
Jer. 3, 22.	אֶרְפָּה	שובו בנים
Jer. 8, 15.	מַרְפֵּה	קוה לשלום · ד״פ
Ez. 4, 7.	הַשְׁוּפָה	ואל מצור ירושלם
Esra 4, 16.	אֲנַחְנָה	מהודעין
Esra 4, 16.	וְשׁוּרַיָּה	אנחנה למלכא
Esra 4, 16.	דְּנָה	די הן קריתא } ג׳ בפסוקא

181.

ב׳ מלין הסרים ד׳ במצע׳ תיבות׳ וקרי׳ וסי׳

2 Wörter werden mit Daleth in der Mitte gelesen, das in der Schrift fehlt.

1 Reg. 9, 18.	תַמֹר	ואת בעלת ואת תמר דמלכי׳
Dan. 2, 9.	הֵן מִנְּתִּן	די הן חלמא לא תהודעונני

182.

קל וחומר ה׳ בתורה וסימנ׳

Der Schluss vom Leichtern auf das Schwerere und umgekehrt (קל וחומר) kommt im Pentateuch 5 Mal vor.

Gen. 4, 23.	כי שבעתים יקם קין · ק״ו ולמך שבעים ושבעה
Gen. 44, 8.	הן כסף אשר מצאנו בפי אמתחתינו השיבנו · ק״ו ואיך נגנב
Ex. 6, 12.	הן בני ישראל לא שמעו אלי · ק״ו ואיך ישמעני פרעה
Num. 12, 14.	ואביה ירק ירק בפניה הלא תכלם · ק״ו אני יצדתיה לבית אביה
Deut. 31, 27.	הן בעודני חי עמכם היום ממרים היתם · ק״ו ואף כי אחרי מותי

183.

קל וחומר ה׳ בנביאים ובכתובי׳ וסי׳

Der Schluss vom Leichtern auf das Schwerere kommt in den Büchern der Propheten und Hagiogr. 5 Mal vor.

1 S. 23, 3.	הנה אנחנו פה ביהודה יראים · ק״ו ואף כי נלך קעלה אל מערכות פלשתים
Jer. 12, 5.	כי את רגלים רצתה וילאוך · ק״ו ואיך תתחרה את הסוסים
Jer. 12, 5.	ובארץ שלום אתה בוטח · ק״ו ואיך תעשה בגאון הירדן · ב׳ בפס׳
Prov. 11, 31.	הן צדיק בארץ ישלם · ק״ו אף כי רשע וחוטא
Est. 9, 12.	בשושן הבירה הרגו היהודים ואבד חמש מאות איש · ק״ו בשאר מדינות המלך מה עשו

—

184.

י״ב מלין כתבין תרין וי״ן כפול וסימניהון

12 Wörter haben ein doppeltes Waw (2 Waw hintereinander in der Mitte).

Ex. 37, 8.	קְצוֹוֹתָו	כרוב אחד מקצה · דמ׳הני׳
Ex. 39, 4.	קְצוֹוֹתָו	כתפת עשו לו · דמש׳תני׳
1 S. 25, 18.	עשוות	ותמהר אביגיל ותקח
2 Reg. 7, 9.	עוון	ויאמרו איש אל רעהו
2 Reg. 23, 4.	העשוים	ויצו המלך את חלקיהו
Jer. 25, 27.	וקוו	ואמרת אליהם כה אמר ה׳
Jes. 3, 16.	נטוות	ויאמר ה׳ יען כי גבהו
Ps. 51, 7.	בעוון	הן בעוון חוללתי
Prov. 5, 22.	עוונתיו	ילכדנו את הרשע · לי׳ יהס׳
Est. 4, 8.	ולצוות	ואת פתשגן כתב הדת
Neh. 9, 14.	ומצוות	ואת שבת קדשך הודעת
1 Chr. 21, 8.	עוון	ויאמר דויד אל האלהים · דד״ה

185.

ט׳ זוגין מן ב׳ ב׳ תרין מלין וסימנ׳

9 Wörterpaare (deren 2tes Wort der Name Gottes ist) kommen in dieser Verbindung 2 Mal vor.

Deut. 15, 18.	ובֵרַכְךָ ה׳	לא יקשה בעינך
Deut. 30, 16.	וּבֵרַכְךָ ה׳	אשר אנכי מצוך היום
Deut. 20, 13.	וּנְתָנָהּ ה׳	אלהיך בידך והכית
Jos. 8, 7.	וּנְתָנָהּ ה׳	ואתם תקומו מהאורב
Deut. 28, 1.	וּנְתָנְךָ ה׳	והיה אם שמוע תשמע
Deut. 28, 13.	וּנְתָנְךָ ה׳	לראש ולא לזנב
Deut. 31, 4.	וְעָשָׂה ה׳	להם כאשר עשה לסיחון
Jes. 25, 6.	וְעָשָׂה ה׳	צבאות לכל העמים בהר
1 S. 28, 19.	וְיִתֵּן ה׳	גם את ישראל עמך
1 Reg. 22, 6.	וְיִתֵּן אֲדֹנָי	ויקבץ מלך ישראל · דמלכי׳
Jer. 17, 5.	וּמִן ה׳	כה אמר ה׳ ארור הגבר
1 Chr. 13, 2.	וּמִן ה׳	ויאמר דויד לכל קהל
Ez. 34, 24.	וַאֲנִי ה׳	אהיה להם לאלהים
Joel 2, 27.	וַאֲנִי ה׳	וידעתם כי בקרב ישראל
Jes. 11, 2.	וְיִרְאַת ה׳	ונחה עליו רוח ה׳
Prov. 1, 29.	וְיִרְאַת ה׳	תחת כי שנאו דעת
Micha 3, 11.	וְעַל ה׳	ראשיה בשחד ישפטו
Prov. 19, 3.	וְעַל ה׳	אולת אדם תסלף דרכו

— —

186.

י״א זוגין מן חד וחד חד לא נסיב ו׳ וחד נסיב ו׳ וסי׳

11 Wörterpaare (deren 2tes Wort der Name Gottes ist) kommen in dieser Verbindung 2 Mal vor, doch so, dass ein Mal das erste Wort ohne Waw und ein Mal mit Waw anfängt.

יֵשׁ ה׳	וייקץ יעקב משנתו	Gen. 28, 17.
וְיֵשׁ ה׳	ויאמר אליו גדעון	Jud. 6, 13.
שְׁמִי ה׳	לכן הנני מודיעם	Jer. 16, 21.
וּשְׁמִי ה׳	וארא אל אברהם	Ex. 6, 3.
עֲנַן ה׳	כי ענן ה׳ על המשכן	Ex. 40, 38.
וַעֲנַן ה׳	עליהם יומם בנסעם	Num. 10, 34.
הֱפִיצְךָ ה׳	ושב ה׳ אלהיך את שבותך	Deut. 30, 3.
וֶהֱפִיצְךָ ה׳	בכל העמים מקצה הארץ	Deut. 28, 64.
לֹא ה׳	אם כמות כל האדם	Num. 16, 29.
וְלֹא ה׳	לולי כעס אויב אגור	Deut. 32, 27.
הֵקִים ה׳	וכי הקים ה׳ להם שפטים	Jud. 2, 18.
וְהֵקִים ה׳	לו מלך על ישראל	1 Reg. 14, 14.
בָּרָא ה׳	עד מתי תתחמקין	Jer. 31, 22.
וּבָרָא ה׳	על כל מכון הר ציון	Jes. 4, 5.
מָלַךְ ה׳	וחפרה הלבנה ובושה	Jes. 24, 23.
וּמָלַךְ ה׳	ושמתי את הצלעה לשארית	Micha 4, 7.
זְרוֹעַ ה׳	עורי עורי לבשי עז	Jes. 51, 9.
וּזְרוֹעַ ה׳	מי האמין לשמעתנו	Jes. 53, 1.
נוֹדַע ה׳	משפט עשה	Ps. 9, 17.
וְנוֹדַע ה׳	למצרים וידעו מצרים	Jes. 19, 21.
הוֹשִׁיעַ ה׳	עתה ידעתי כי הושיע ה׳	Ps. 20, 7.
וְהוֹשִׁיעַ ה׳	את אהלי יהודה	Zach. 12, 7.

187.

מ׳ מלין דנסבין ו׳ בריש תיבות׳ ואינן סמיכין לי״י וכל חד לית דסמיך וסימניהון

40 Wörter, die mit Waw (praefix.) anfangen, kommen ein Mal in Verbindung mit dem darauf folgenden Namen Gottes (ה׳) vor.

וְעָבַר ה׳	לנגף את מצרים	Ex. 12, 23.
וְדִבֶּר ה׳	אל משה פנים אל פנים	Ex. 33, 11.
וְאַף ה׳	הבשר עודנו בין שניהם	Num. 11, 33.
וְלָמָה ה׳	מביא אתנו אל הארץ	Num. 14, 3.
וּבִשְׁלֹחַ ה׳	אתכם מקדש ברנע	Deut. 9, 23.
וַיִּתְעַבֵּר ה׳	כי למענכם ולא	Deut. 3, 26.
וְהֵפִיץ ה׳	אתכם בעמים	Deut. 4, 27.
וְהֵסִיר ה׳	ממך כל חלי	Deut. 7, 15.
וְהוֹרִישׁ ה׳	את כל הגוים האלה	Deut. 11, 23.
וְשָׁב ה׳	אלהיך את שבותך ורחמך	Deut. 30, 3.
וּפְנֵי ה׳	ואמר עתה ירדו פלשתים	1 S. 13, 12.
וּבִקֵּשׁ ה׳	ויכרת יהונתן עם בית דוד	1 S. 20, 16.
וְיוֹסֵף ה׳	ויאמר יואב אל המלך · רישמ׳	2 S. 24, 3.
וְהִכָּה ה׳	את ישראל כאשר ינוד	1 Reg. 14, 15.
וְהִרְאַנִי ה׳	ויאמר אליו אלישע לך אמר לו	2 Reg. 8, 10.
וְתוֹרַת ה׳	איכה תאמרו חכמים	Jer. 8, 8.
וּמַשָּׂא ה׳	לא תזכרו עוד	Jer. 23, 36.
וְשָׁלַח ה׳	אליכם את כל עבדיו הנביאים	Jer. 25, 4.
וְיִנָּחֵם ה׳	ועתה היטיבו דרכיכם	Jer. 26, 13.
וְאֵין ה׳	ויאמר אלי עון בית ישראל	Ez. 9, 9.
וְעֹזְבֵי ה׳	ושבר פשעים וחטאים	Jes. 1, 28.
וּתְהִלֹּת ה׳	שפעת גמלים תכסך	Jes. 60, 6.
וּמָה ה׳	הגיד לך אדם מה טוב	Micha 6, 8.
וְנֹקֵם ה׳	אל קנוא ונקם ה׳ · קדמ׳ דפ׳	Nah. 1, 2.
וְנִחַם ה׳	עוד קרא לאמור	Zach. 1, 17.
וְהַר ה׳	כה אמר ה׳ שבתי אל ציון	Zach. 8, 3.
וְיָצָא ה׳	ונלחם בגוים ההם	Zach. 14, 3.
וּבָא ה׳	ונסתם גיא הרי כי יגיע	Zach. 14, 5.
וְאֶל אדני(?)	אליך ה׳ אקרא	Ps. 30, 9.
וְדֹרְשֵׁי ה׳	כפירים רשו ורעבו	Ps. 34, 11.
וְאֹיְבֵי ה׳	כי רשעים יאבדו	Ps. 37, 20.
וּלְךָ ה׳	חסד כי אתה תשלם	Ps. 62, 13.
וְלִפְנֵי ה׳	תפלה לעני כי יעטף	Ps. 102, 1.
וְחֶסֶד ה׳	מעולם ועד עולם	Ps. 103, 17.
וֶאֱמֶת ה׳	כי גבר עלינו חסדו	Ps 117, 2.
וּבְיִרְאַת ה׳	בחסד ואמת יכפר עון	Prov. 16, 6.
וַעֲצַת ה׳	רבות מחשבות בלב איש	Prov. 19, 21.
וּמְבַקְשֵׁי ה׳	אנשי רע לא יבינו משפט	Prov. 28, 5.

וְהֵיכַל ה׳	מיום אחד לחדש השביעי	Esra 3, 6.
וּמִשְׁכַּן ה׳	אשר עשה משה במדבר	1 Chr. 21, 29.

188.

אלין זוגין מן חד וחד כן ב׳ מלין לא נסבין ה׳ ולית זוגא וסימניהון

Verzeichniss von Wörterpaaren, die nur **ein Mal** so vorkommen, dass das zweite Wort ohne He (des Artikels) anfängt (sonst hat in dieser Verbindung das zweite Wort immer ein He).

מַלְאַךְ אֱלֹהִים	וישמע אלהים את קול הנער	Gen. 21, 17.
וְהָאֶבֶן גְּדֹלָה	וירא והנה באר בשדה	Gen. 29, 2.
חִתַּת אֱלֹהִים	ויסעו ויהי חתת אלהים	Gen. 35, 5.
לֶחֶם פָּנִים	ונתת על השלחן לחם	Ex. 25, 30.
מַעֲשֵׂה אֱלֹהִים	והלחת מעשה אלהים	Ex. 32, 16.
בִּגְדֵי שְׂרָד	ומן התכלת והארגמן	Ex. 39, 1.
נְחַשׁ נְחֹשֶׁת	ויעש משה	Num. 21, 9.
מִזְרְחָה שָׁמֶשׁ	אז יבדיל משה	Deut. 4, 41.
מִזְרַח שָׁמֶשׁ	ויירשו את ארצו · דמ״ה	Deut. 4, 47.
תּוֹרַת אֱלֹהִים	ויכתב יהושע את	Jos. 24, 26.
כְּמַלְאַךְ אֱלֹהִים	ויען אכיש ויאמר אל דוד	1 S. 29, 9.
אֵי־זֶה דֶרֶךְ	כה אמר ה׳ עמדו על דרכים	Jer. 6, 16.
כְּלִמַּת גּוֹיִם	לכן הנבא על אדמת ישראל	Ez. 36, 6.
שֶׁם עִיר	וגם שם עיר המונה וטהרו הארץ	Ez. 39, 16.
אֵי־זֶה בַיִת	כה אמר ה׳ השמים כסאי	Jes. 66, 1.
הַר אֱלֹהִים	הר בשן הר גבנונים	Ps. 68, 16.
יֹשֵׁב כְּרוּבִים	ה׳ מלך ירגזו עמים	Ps. 99, 1.
הַיָּם גָּדוֹל	זה הים גדול ורחב ידים	Ps. 104, 25.
פְּנֵי אֲדָמָה	תשלח רוחך יבראון	Ps. 104, 30.
מִכָּל אֱלֹהִים	כי אני ידעתי כי גדול ה׳	Ps. 135, 5.
בְּעֵינֵי אֱלֹהִים	ומצא חן ושכל טוב	Prov. 3, 4.
בְּנֵי אֱלֹהִים	ברן יחד כוכבי בקר	Job 38, 7.
חַג מַצּוֹת	ויעשו חג מצות · דעזר׳	Esra 6, 22.
מִזְבַּח נְחֹשֶׁת	ויעש מזבח נחשת · דד״ה	2 Chr. 4, 1.

189.

והלוף

ז׳ דנסבין ה׳ מן ב׳ מלין ולית זוגא וסי׳

7 Wörterpaare, die, umgekehrt vom Vorigen, nur **ein Mal** so vorkommen, dass das zweite Wort mit He (des Artikels) anfängt, (sonst hat's in dieser Verbindung niemals ein He am Anfang).

וַיִּשְׁמַע הָאֱלֹהִים בקול מנוח		Jud. 13, 9.
בְּגַן הָאֱלֹהִים	יפה עשיתיו ברב דליותיו	Ez. 31, 9.
הַגּוֹיִם הָרַבִּים	בשובבי אותם מן העמים	Ez. 39, 27.
נְאוֹת הַמִּדְבָּר	גם בהמות שדה תערוג	Joel 1, 20.
פֹּעֲלֵי הָאָוֶן	והמטים עקלקלותם	Ps. 125, 5.
וְעִם הָאֱלֹהִים	ויקברהו בעיר דויד · ד״ה	2 Chr. 24, 16.
אָמַר הָאֱלֹהִים	ורוח אלהים לבשה את זכריה	2 Chr. 24, 20.

190.

ו׳ מלין כל חד וחד לי׳ דמות׳ בלש׳ אל וסימ׳

6 Wörter vom Stamme אֵל (Gott) kommen (in der gegebenen Form) nur **ein Mal** vor.

לָאֱלֹהִים	זבח לאלהים יחרם	Ex. 22, 19.
הַאֱלֹהִים	ויהי כקרא מלך ישראל את	2 Reg. 5, 7.
הַאֱלֹהֵי	מקרב אני נאם ה׳	Jer. 23, 23.
בָאֱלֹהִים	אין כמוך באלהים ה׳	Ps. 86, 8.
הַאֵל	יעות משפט	Job 8, 3.
וּמֵאֱלֹהִים	היתה תבוסת אחזיהו	2 Chr. 22, 7.

191.

י״ח מלין כתבי׳ ש׳ וקרין ס׳ וסי׳

18 Wörter kommen **ein Mal** mit Szin (שׂ) vor, das wie Samech (ס) gelesen wird (deren Stamm Samech hat).

וְשַׂכֹּתִי	והי׳ בעבר כבדי	Ex. 33, 22.
בַּשְּׂמִיכָה	ותצא יעל לקראת	Jud. 4, 18.

וַיִּשָּׂתְרוּ	ויהי אחרי הסבו	1 S. 5, 9.
שְׂחִיף	הספים והחלונים האטומות	Ez. 41, 16.
וְשִׂפַּח	ה׳ קדקד בנות ציון	Jes. 3, 17.
מְשׂוּכָּתוֹ	ועתה אודיעה נא אתכם	Jes. 5, 5.
שָׂךְ	לכן הנני שך את דרכך	Hos. 2, 8.
הֵשִׂירוּ	הם המליכו ולא ממני	Hos. 8, 4.
בְּשׂוּרִי	כי אם יגדלו את בניהם	Hos. 9, 12.
כָּעַשׂ	כי לאויל יהרג כעש	Job 5, 2.
כַּעְשִׂי	לו שקול ישקל כעשי	Job 6, 2.
תְּשֹׂכְכֵנִי	עור ובשר הלבישני	Job 10, 11.
כַּעַשְׂךָ	תחדש עדיך נגדי	Job 10, 17.
מִכַּעַשׂ	ותכה מכעש עיני	Job 17, 7.
בְשֻׂכּוֹת	התמלא בשכות עורו	Job 40, 31.
שֻׂכּוֹ	ויחמס כגן שכו	Thr. 2, 6.
שָׂתָם	גם כי אזעק ואשוע	Thr. 3, 8.
וּכְמַשְׂמְרוֹת	דברי חכמים כדרבנות	Koh. 12, 11.

192.

ג׳ מלין מן י״א אתין וסימניהון

3 Wörter haben je 11 Buchstaben.

וּכְתוֹעֲבוֹתֵיהֶן	ולא בדרכיהן הלכת וכתועבותיהן עשית	Ez. 16, 47.
וְכַעֲלִילוֹתֵיכֶם	וידעתם כי אני ה׳ בעשותי	Ez. 20, 44.
וְהָאֲחַשְׁדַּרְפְּנִים	וכל שרי המדינות	Est. 9, 3.

193.

ג׳ מלין אנדרוגינוס וסי׳

3 Wörter sind androgyne (d. h. sie haben Zeichen des männlichen und weiblichen Geschlechts) von denen eins im Pentateuch, eins in den Propheten und eins in den Hagiographen vorkommt.

וַיֵּחַמְנָה	בבואן לשתות	Gen. 30, 38.
וַיִּשַּׁרְנָה	הפרות בדרך על דרך בית	1 S. 6, 12.
יַעֲמֹדְנָה	והנשברת ותעמדנה ארבע תחתיה ומשמשין אנ״ך	Dan. 8, 22.

194.

ה׳ פסוקים באורי׳ שאין להם הכרע וכו׳

5 Verse befinden sich im Pentateuch, in denen ein Wort sich befindet, bei dem nicht zu entscheiden ist, zu welchem Satztheil es gehört.

הלוא אם תיטיב שאת · או שאת ואם לא תיטיב	Gen. 4, 7.
וברצנם עקרו שור ארור · או ארור אפם כי עז	Gen. 49, 6.
וצא הלחם בעמלק מחר · או מחר אנכי נצב	Ex. 17, 9.
ובמנרה ארבעה גבעים משקדים · או משקדים כפתריה ופרחיה	Ex. 25, 34. und 37, 20.
הנך שכב עם אבתיך וקם · או וקם העם הזה וזנה	Deut. 31, 16.

195.

כ״ב מלין דכל חד וחד לי׳ דכו׳ מה׳ בריש תיבות׳ וכל שאר קריא מִן וכו׳

22 Wörter, die mit Mem (praef.) und He, sowie auch 2 Wörter, die mit Waw, Mem und He (ומה) anfangen und so nur ein Mal vorkommen, indem sie sonst getrennt, d. h. mit מִן oder וּמִן stehen.

מֵהָעוֹף	למינהו ומן הבהמה	Gen. 6, 20.
מֵהָהָר	וישבו שני האנשים וירדו	Jos. 2, 23.
מֵהַשִּׁטִּים	וישכם יהושע בבקר	Jos. 3, 1.
מֵהַסֶּלַע	וגבול האמרי ממעלה	Jud. 1, 36.
מֵהַמַּעֲרָכָה	וירץ איש בנימן מהמערכה	1 S. 4, 12.
מֵהָאֲנָשִׁים	ויען כל איש רע ובליעל	1 S. 30, 22.
מֵהַמֶּלֶךְ	וידעו כל העם וכל ישראל	2 S. 3, 37.
מֵהָרֹאשׁ	ודוד עבר מעט מהראש	2 S. 16, 1.
מֵהַבְּאֵר	ויהי אחרי לכתם ויעלו	2 S. 17, 21.
מֵהַשְּׁלֹשִׁים	וירדו שלשים מהשלשים דשמו׳	2 S. 23, 13.
מֵהַקַּרְקַע	ואולם הכסא אשר ישפט	1 Reg. 7, 7.

מֵהַנַּחַל	והיה מהנחל תשתה	1 Reg. 17, 4.
מֵהַבְּהֵמָה	ויאמר אחאב אל עבדיהו	1 Reg. 18, 5.
מֵהַתֹּפֶת	ויבא ירמיהו	Jer. 19, 14.
מֵהָאֵשׁ	ונתתי את פני בהם	Ez. 15, 7.
מֵהַחוּץ	ועשויה אליהן אל דלתות	Ez. 41, 25.
מֵהַקֹּדֶשׁ	בבאם הכהנים ולא יצאו	Ez. 42, 14.
מֵהַגַּנּוֹת	כי יבשו מאילים אשר חמדתם	Jes. 1, 29.
מֵהַיָּם	ונשתו מים מהים	Jes. 19, 5.
מֵהָעוֹלָם	ברוך ה' אלהי ישראל · דעל באיל הערג	Ps. 41, 14.
מֵהַלְּבָנוֹן	ושלח לי עצי ארזים	2 Chr. 2, 7.
מֵהַשָּׁמַיִם	ובכלות שלמה להתפלל	2 Chr. 7, 1.

יתרין ומה' וסי'

וּמֵהַגֵּר	כי איש איש מבית ישראל	Ez. 14, 7.
וּמֵהַלְוִיִּם	ועל הסבלים ומנצחים	2 Chr. 34, 13.

ולבד ממסירתא

מֵהָאוֹרֵב	ואתם תקמו מהאורב	Jos. 8, 7.
מֵהָעֵדֶר	ויאמר דוד אל שאול	1 S. 17, 34.
מֵהַנְּבִאִים	וימהר ויסר את האפר	1 Reg. 20, 41.
מֵהַנָּזִיד	ויצקו לאנשים לאכול	2 Reg. 4, 40
מֵהַקָּדִים	ומתחתה לשכות האלה	Ez. 42, 9.
מֵהֶחָצֵר	המבוא · ב' בפסוקא	Ez. 42, 9.
מֵהַגְּבָעוֹת	והי' ביום ההוא נאם ה'	Zeph. 1, 10.
מֵהָאֱלֹהִים	כי חללים רבים נפלו · דד"ה	1 Chr. 5, 22.

196.

ותלוף

י"ו מן חד וחד מִן ול' דסמיך וסימ'

16 Wörter haben, umgekehrt vom Vorigen, nur ein Mal מִן vorher (sonst sind sie mit Mem praefix. verbunden).

מִן הַבֹּקֶר	ויהי ממחרת וישב משה	Ex. 18, 13.
מִן בֹּקֶר	וירא חתן משה את כל	Ex. 18, 14.
מִן הַנְּעָרִים	ותקרא אל אישה ותאמר	2 Reg. 4, 22.
מִן הַמֵּאוֹת	ויעש הרע · דפקח · דמל'	2 Reg. 15, 28.
מִן לָכִישׁ	וישלח מלך אשור · דמלכ'	2 Reg. 18, 17.
מִן אֶרֶץ	ופליטי חרב ישבון	Jer. 44, 28.
מִן שְׁאוֹל	ה' העלית מן שאול נפשי	Ps. 30, 3.
מִן גַּעֲרָתְךָ	ינוסון	Ps. 104, 7.
מִן קוֹל	רעמך · ב' בפסוקא	Ps. 104, 7.
מִן לְבָנוֹן	מעין גנים באר מים חיים	Cant. 4, 15.
מִן יַד	משיזב ומצל ועבד אתין	Dan. 6, 28.
מִן חֹדֶשׁ	ויולד מן חדש אשתו	1 Chr. 8, 9.
מִן אַחֲרֵי	ועתה כה תאמר לעבדי לדויד	1 Chr. 17, 7.
מִן בְּנוֹת	בן אשה מן בנות דן	2 Chr. 2, 13.
מִן בְּנֵיהֶם	אשר נותרו אחריהם · ד"ה	2 Chr. 8, 8.
מִן גִּבְעָה	שלוש שנים מלך בירושלם	2 Chr. 13, 2.

197.

ו' זוגין מן ב' ב' חד מ' וחד מִן וסי'

6 Wörter kommen 2 Mal so vor, dass sie das eine Mal mit Mem praefix. und das andere Mal mit vorhergehendem מִן verbunden sind.

וּמֵאָז	באתי אל פרעה לדבר	Ex. 5, 23.
וּמִן אָז	הדלנו לקטר למלכה	Jer. 44, 18.
וּמֵאֹיְבַי	מהלל אקרא ה' · דשמו'	2 S. 22, 4.
וּמִן אֹיְבַי	וחבדי · דתהלים	Ps. 18, 4.
וּמִקָּמַי	ומוציאי מאיבי · דשמו'	2 S. 22, 49.
וּמִן קָמַי	מפלטי מאיבי · דתהלים	Ps. 18, 49.
מִקַּבְצְאֵל	ובניהו בן יהוידע · דשמ'	2 S. 23, 20.
מִן קַבְצְאֵל	בניה בן יהוידע · דד"ה	1 Chr. 11, 22.
מִדִּמְעָה	כה אמר ה' מנעי קולך	Jer. 31, 16.
מִן דִּמְעָה	כי חלצת נפשי ממות	Ps. 116, 8.
מִמּוֹצָא	כי לא ממוצא וממערב	Ps. 75, 7.
מִן מֹצָא	ותדע ותשכל מן מצא דבר	Dan. 9, 25.
מִקַּדְמַת	וכנמא פתגמא התיבונא	Esra 5, 11.
מִן קַדְמַת	ודניאל כדי ידע די רשים	Dan. 6, 11.

198.

י"ז מלין דמפקי׳ **א׳** יכל חד לי׳ מפיק וסי׳

17 Wörter kommen ein Mal mit hörbarem Alef vor, was bei denselben sonst nicht stattfindet.

Ex. 6, 24.	וַאֲבִיאָסָף	ובני קרח אסיר ואלקנה
Lev. 23, 17.	תָּבִיאִי · דגש	ממושבתיכם תביאו לחם
Num. 32, 24.	לְצֹנַאֲכֶם	בנו לכם ערים לטפכם
1 Reg. 11, 17.	אֲדַד	ויברח אדד היא ואנשים
Jer. 25, 3.	אַשְׁכֵּים	מן שלש עשרה שנה ליאשיהו
Jer. 32, 21.	וּבְאֶזְרוֹעַ	ותצא את עמך את ישראל
Jer. 38, 12.	בְלוֹאֵי	ויאמר עבד מלך הכושי
Am. 4. 10.	בְּאוּשׁ	שלחתי בכם דבר
Hag. 1, 13.	בְּמַלְאֲכוּת	ויאמר חגי מלאך ה׳
Ps. 93, 5.	נַאֲוָה	עדותיך נאמנו מאד
Job 31, 22.	וְאֶזְרֹעִי	כתפי משכמה תפול
Cant. 8, 10.	כְּמוֹצְאֵת	אני חומה ושדי כמגדלות
Dan. 11, 12.	רִבֹּאוֹת	ונשא ההמון ירם לבבו
Neh. 12, 44.	כַנָּאוֹת	ויפקדו ביום ההוא אנשים
1 Chr. 2, 13.	וְאִישַׁי	הוליד את בכרו
1 Chr. 28, 19.	מַלְאֲכוֹת	הכל בכתב מיד ה׳
2 Chr. 17, 11.	הָעַרְבִיאִים	וגם פלשתים מביאים

ילבד מכסורתא

Job 33, 21.	רְאוּ	יכל בשרו מראי

199.

ותלוף

י"ו מלין לא מפקין **א׳** וכל חד לי׳ וסי׳

16 Wörter kommen, umgekehrt vom Vorigen, ein Mal mit nicht hörbarem (oder ohne) Alef vor, was bei denselben sonst nicht der Fall ist.

1 S. 1, 17.	שֵׁלָתֵךְ	ויען עלי ויאמר לכי לשלום
1 S. 14, 33.	חֹטִים	ויגידו לשאול לאמר הנה
2 S. 22, 40.	וַתַּזְרֵנִי	ותזרני חיל למלחמה · דשמו׳
2 Reg. 2, 22.	וַיֵּרָפוּ	המים עד היום הזה
2 Reg. 16, 7.	פִּלְסֶר	וישלח אחז מלאכים · דמל׳
2 Reg. 19, 25.	לַהְשׁוֹת	הלא שמעת למרחוק · דמל׳
Ez. 28, 16.	מָלוּ	ברב רכלתך מלו תוכך חמס
Ez. 39, 26.	וְנָשׂוּ	את כלמתם ואת כל מעלם
Ps. 99, 6.	קֹרִים	משה ואהרן בכהניו
Ps. 139, 20.	נָשֻׂא	אשר ימרוך למזמה
Job 41, 17.	מִשֵּׂתוֹ	יגורו אלים משברים
Koh. 4, 14.	הָסוּרִים	כי מבית הסורים יצא למלך
Est. 5, 12.	קָרוּא	ויאמר המן אף לא הביאה
Neh. 3, 13.	הָשְׁפֹת	את שער הגיא החזיק חנון
1 Chr. 12, 38.	שֵׁרִית	כל אלה אנשי המלחמה

200.

ד׳ וינן מן ב׳ ב׳ קדמא מפיק **א׳** ותני׳ לא מפיק **א׳** וסי׳

4 Wörter kommen 2 Mal vor und zwar so, dass sie zum ersten Mal mit hörbarem und das zweite Mal mit nicht hörbarem (oder ohne) Alef stehen.

Gen. 42, 38.	וּקְרָאָהוּ	ויאמר לא ירד בני עמכם
Gen. 44, 29.	וְקָרָהוּ	ולקחתם גם את זה
Jos. 21, 30.	מִשְׁאָל	וממטה אשר · דיהושע
1 Chr. 6, 59.	מָשָׁל	וממטה אשר · דד"ה
2 S. 23, 37.	הַבְּאֵרֹתִי	צלק העמוני · דשמו׳
1 Chr. 11, 39.	הַבֵּרֹתִי	וחברו · דד"ה
Jer. 6, 14.	וַיְרַפְּאוּ	את שבר עמי · קדמ׳ דמ׳
Jer. 8, 11.	וַיְרַפּוּ	את שבר בת עמי · תנ׳ דמ׳

201.

וחלוף

ד׳ זוגין מן ב׳ ב׳ קדמא לא מפיק א׳ ותני׳ מפיק א׳ וסי׳

4 Wörter kommen 2 Mal vor, die, umgekehrt vom Vorigen, zum ersten Mal mit einem nicht hörbaren (oder ohne) Alef und das zweite Mal mit einem hörbaren Alef stehen.

תוֹמִם	וימלאו ימיה ללדת	Gen. 25, 24.
תְאוֹמִים	ויהי בעת לדתה	Gen. 38, 27.
וּפֻוָּה	ובני יששכר תולע · דבראש׳	Gen. 46, 13.
ופּוּאָה	ולבני יששכר · דד״ה	1 Chr. 7, 1.
וַתַּזְרֵנִי	חיל למלחמה · דשמו׳	2 S. 22, 40.
וַתְּאַזְּרֵנִי	חיל למלחמה · דתלי׳	Ps. 18, 40.
לַהְשׁוֹת	הלא שמעת למרחוק · דמל׳	2 Reg. 19, 25.
לְהַשְׁאוֹת	ותבוא · דישע׳	Jes. 37, 26.

202.

ד׳ זוגין משנין בירמי׳ וסי׳

4 Wörter, die in den ähnlichen Stellen Jer. 6, 13—15 und Jer. 8, 10—12 je ein Mal vorkommen, sind in der Form verschieden.

קדמא	וּמִנָּבִיא	Jer. 6, 13.
תני׳	מִנָּבִיא	Jer. 8, 10.
קדמא	וַיְרַפְּאוּ	Jer. 6, 14.
תני׳	וַיְרַפּוּ	Jer. 8, 11.
קדמא	הַכְלִים	Jer. 6, 15.
תני׳	וְהִכָּלֵם	Jer. 8, 12.
קדמא	פְּקַדְתִּים	Jer. 6, 15.
תני׳	פְּקֻדָּתָם	Jer. 8, 12.

203.

ג׳ זוגין קדמא ז׳ תני׳ ש׳ וסי׳

3 Wörter kommen in 2 ähnlichen Satzverbindungen vor, das erste Mal mit Sajin und das andere Mal mit Schin.

לוּז	ויקרא את שם המקום	Gen. 28, 19.
לַיִשׁ	ויקראו שם העיר דן	Jud. 18, 29.
זָכוֹר	את יום השבת · דאל׳ שמות	Ex. 20, 8.
שָׁמוֹר	את יום השבת · דמ״ת	Deut. 5, 12.
תִזְבַּח	לא תזבח על חמץ · דמש׳	Ex. 23, 18.
תִשְׁחַט	לא תשחט על חמץ · דכי תשא	Ex. 34, 25.

204.

וחלוף

ג׳ זוגין קדמא ש׳ ותני׳ ז׳ וסי׳

3 Wörter kommen in 2 ähnlichen Satzverbindungen vor, die aber, umgekehrt vom Vorigen, das erste Mal Schin und das zweite Mal Sajin haben.

שָׁלַח	ובשנה השביעית שלח · דמלכי׳	2 Reg. 11, 4.
הִתְחַזֵּק	ובשנה השביעית · דד״ה	2 Chr. 23, 1.
שְׁכַחְתָּנִי	אומרה לאל סלעי · לי׳ מל׳	Ps. 42, 10.
זְנַחְתָּנִי	כי אתה אלהי מעוזי · לי׳ מל׳	Ps. 43, 2.
אֶשְׁמֹרָה	עזו אליך אשמרה	Ps. 59, 10.
אֲזַמֵּרָה	עזי אליך אזמרה	Ps. 59, 18.

205.

י״ב מלין בחד לישן קרין ה׳ וסי׳

12 Wörter von einem Stamme mit He (d. h. sonst kommt diese Form mit Chet vor.)

יִרְהֲבוּ	ונגש העם איש באיש	Jes. 3, 5.
רַהַב	ומצרים הבל וריק	Jes. 30, 7.
רַהַב	עורי עורי לבשי עז	Jes. 51, 9.
רְהָבִים	אשרי הגבר אשר שם ה׳	Ps. 40, 5.
רַהַב	אזכיר רהב ובבל לידעי	Ps. 87, 4.
רָהַב	אתה דכאת כחלל רהב	Ps. 89, 11.
וְרָהְבָּם	ימי שנותינו בהם	Ps. 90, 10.
תַּרְהִבֵנִי	ביום קראתי ותענני · לי׳ וחם׳	Ps. 138, 3.
וּרְהַב	עשה זאת איפוא	Prov. 6, 3.

רָהַב	אלוה לא ישיב אפו	Job 9, 13.
רָהַב	בכחו רגע הים	Job 26, 12.
הִרְהִיבֻנִי	הסבי עיניך מנגדי	Cant. 6, 5.

206.

ה׳ מלין בחד לישן כתבין ן׳ בסוף תיבות׳ וסי׳

5 Wörter eines Stammes kommen (ausnahmsweise) mit Nun fin. vor; in den Hagiogr. kommen sie immer so (mit Nun fin.) vor, ausser 3 Mal, wo sie mit Mem fin. gelesen werden.

לְתַנִּין	כי ידבר אלכם פרעה	Ex. 7, 9.
לְתַנִּין	ויבא משה ואהרן · דבתר׳	Ex. 7, 10.
כַּתַּנִּין	אכלנו הממנו נבוכדראצר	Jer. 51, 34.
הַתַּנִּין	ביום ההוא יפקד ה׳	Jes. 27, 1.
תַּנִּין	עורי עורי לבשי עז זרוע · לי׳	Jes. 51, 9.

וכל כתובים דכו׳ במ״ג וסי׳

תַּנִּים	כי דכיתנו במקום תנים	Ps. 44, 20.
לְתַנִּים	אח הייתי לתנים ורע לבנות	Job 30, 29.
תַּנִּין	גם תנין חלצו שד · תנים קרי	Thr. 4, 3.

207.

ד׳ זוגין מן ב׳ כענין חד פתח וחד מלאפום וסי׳

4 Wörter, die je in einem Abschnitte 2 Mal vorkommen und zwar ein Mal mit Pathach und ein Mal mit Cholam.

גְּוִיַּת	ויקומו כל איש חיל וילכו	1 S. 31, 12.
גְּוִיֹּת	כל הלילה · ב׳ בפסו׳ · שמו׳	1 S. 31, 12.
יְשׁוּעַת	מי יתן מציון ישועת ישראל	Ps. 14, 6.
יְשֻׁעוֹת	וחברו · מי יתן מציון ישעות	Ps. 53, 7.
כַּעֲרוּגַת	לחיו כערוגת הבשם	Cant. 5, 13.
לַעֲרֻגוֹת	דודי ירד לערגות	Cant. 6, 3.
גּוּפַת	ויקומו כל איש חיל	1 Chr. 10, 12.
גּוּפֹת	וישאו את גופת · ב׳ בפ׳ ד״ה	1 Chr. 10, 12.

208.

ו׳ מלין בחירק בסוף תיבות׳ וכל חד לי׳ וסימ׳

6 Wörter, die ein langes Chirek (mit Jod) am Ende haben und so nur ein Mal vorkommen.

שׁוֹלְמִי	אם גמלתי שולמי רע · לי׳ ומלא	Ps. 7, 5.
צוֹרְרִי	ואחלצה צוררי · ב׳ בפ׳	Ps. 7, 5.
לְשַׁדִּי	כי יומם ולילה תכבד עלי	Ps. 32, 4.
כְּעֶרְכִּי	ואתה אנוש כערכי	Ps. 55, 14.
וּמְיֻדָּעִי	אלופי · ב׳ בפסוק׳	Ps. 55, 14.
צָרִי	אפו טרף וישטמני	Job 16, 9.

209.

וחלוף

ח׳ מלין יחידאין פשטי׳ וכל דכו׳ בחירק וסי׳

8 Wörter haben, umgekehrt vom Vorigen, ein Pathach (mit Jod) am Ende und kommen so nur ein Mal vor.

צִבְאֹתַי	ולא ישמע אליכם פרעה	Ex. 7, 4.
מִקְדָּשַׁי	אך אל הפרכת לא יבוא	Lev. 21, 23.
נְשִׂיאַי	לארץ יהיה לו לאחזה בישראל	Ez. 45, 8.
זְרֹעַי	קרוב צדקי יצא ישעי · קדמ׳ דפסוק׳	Jes. 51, 5.
חַטֹּאותָי	ראה עניי ועמלי	Ps. 25, 18.
וְאַשְׁמוֹתַי	אלהים אתה ידעת לאולתי	Ps. 69, 6.
שַׁאֲגֹתָי	כי לפני לחמי אנחתי תבא	Job 3, 24.
אַנְחֹתַי	תבא כל רעתם לפניך	Thr. 1, 22.

210.

י׳ מלין פשטן צבתר וסי׳

10 Wörter kommen mit kurzem Pathach (d. i. Segol) am Ende nur ein Mal vor, sonst haben sie Kamez oder Zere.

בַּמַּחֲזֶה	אחר הדברים האלה	Gen. 15, 1.
הַזּוֹנֶה	וזכרו פליטיכם אותי	Ez. 6, 9.

יוֹנֶה	ואיש לא יונה חבלתו	Ez. 18, 7.
לָעוֹלֶה	ואל הכתף מחוצה	Ez. 40, 40.
הַמָּנֶה	והשקל עשרים גרה	Ez. 45, 12.
מִקְשֶׁה	והי׳ תחת בשם מק יהיה	Jes. 3, 24.
יִרְפֶּה	לכן כאכל קש לשון אש	Jes. 5, 24.
הַחוֹלֶה	ואמרתם הנה מתלאה	Mal. 1, 13.
דָוֶה	על זה היה דוה לבנו	Thr. 5, 16.
ומוֹצֶא	מוצא אני מר ממות את האשה	Koh. 7, 26.

וכל קרי׳ דכו׳ קמצין

211.

ל״א מלין קרין ה׳ וכל דכו׳ כהבין ח׳ וכל חד לי׳ וסי׳

31 Wörter kommen nur ein Mal mit He vor, sonst haben sie (in dieser oder ähnlicher Form) Cheth.

צֹהַר	תעשה לתבה	Gen. 6, 16.
בְּהָם	ובארבע עשרה שנה	Gen. 14, 5.
הֲיִי	ויברכו את רבקה	Gen. 24, 60.
הִצּוּ	ובני אליאב נמואל	Num. 26, 9.
בְּהַצֹּתָם	ודתן ואבירם · ב׳ בפס׳	Num. 26, 9.
וַיִּנָּהוּ	ויהי מיום שבת הארון	1 S. 7, 2.
הוֹמָה	וישמע אדניהו וכל הקרואים	1 Reg. 1, 41.
לְהָבַר	בעת ההיא יאמר לעם הזה	Jer. 4, 11.
הָבֵרוּ	החצים מלאו השלטים	Jer. 51, 11.
נֹהַ	החמס קם למטה רשע	Ez. 7, 11.
הֹמוֹת	ופלטו פליטיהם והיו אל	Ez. 7, 16.
שָׂמָהוּ	וצבי עדיו לגאון שמהו	Ez. 7, 20.
הֹצֶן	ובאו עליך הצן רכב וגלגל	Ez. 23, 24.
הֶלְאָת	תאנים הלאת ולא תצא	Ez. 24, 12.
יַהֵל פת׳	לא תשב לנצח ולא תשכון	Jes. 13, 20.
הַמֵּץ	יגורו בך נדחי מואב הוי	Jes. 16, 4.
וּמְהִר	והוכן בהסד כסא	Jes. 16, 5.
הַהֶרֶס	ביום ההוא יהיו חמש	Jes. 19, 18.
הֹבְרֵו׳	נלאית ברב עצתיך	Jes. 47, 13.
הִבָּרוּ	סורו סורו צאו משם	Jes. 52, 11.
וְהִלְלוּ	כי מאספיו יאכלהו	Jes. 62, 9.
הֲמָסִים	כקדח אש המסים	Jes. 64, 1.
וְהִלַּלְתֶּם	ואכלתם אכול ושבוע	Joel 2, 26.
הַהַרְמוֹנָה	ופרצים תצאנה אשה נגדה	Am. 4, 3.
הִלֵּל	כי הלל רשע על תאות נפשו	Ps. 10, 3.
כְּהַצּוֹתוֹ	אה ארם נהרים	Ps. 60, 2.
יִנַּה	גם אור רשעים ידעך	Job 18, 5.
יָהֵל קמ׳	אם אראה אור כי יהל	Job 31, 26.
הָפֵץ	עברות אפך וראה כל	Job 40, 11.
תָּהֶל	עטישתיו תהל אור	Job 41, 9.
אַהֲוָא	ונבעה מן הר אהוא	Esra 8, 31.

212.

וחלוף

כ״ב קרין ח׳ וכל דכו׳ כתי׳ ה׳ וכל הד לית וסי׳

22 Wörter kommen, umgekehrt vom Vorigen, nur ein Mal mit Cheth vor, sonst immer mit He.

וַיֶּחֱמוּ	הצאן אל המקלות	Gen. 30, 38.
חִנּוֹ	ויהי ה׳ את יוסף ויט אליו	Gen. 39, 21.
וַתְּחִי	וידברו אליו את כל דברי	Gen. 45, 27.
חָיוּ	ויהושע בן נון וכלב	Num. 14, 38.
חֲיוֹתָם	ויהי כאשר תמו כל הגוי	Jos. 5, 8.
לָחֶם	יבחר אלהים חדשים	Jud. 5, 8.
חִיּוּ	וישב בנימן בעת ההיא	Jud. 21, 14.
תֹּחוּ	ויהי איש אחד מן הרמתים	1 S. 1, 1.
וְחִכִּינוּ	ויאמרו איש אל רעהו	2 Reg. 7, 9.
לִחְיוֹת	ואתה בן אדם אמר אל. בת׳ דם׳	Ez. 33, 12.
הַמְּחֻלָּל	וקדשתי את שמי הגדול	Ez. 36, 23.
וְיִחְיוּ	ויאמר אלי הנבא אל הרוח	Ez. 37, 9.
וַיִּחְיוּ	והנבאתי כאשר צוני	Ez. 37, 10.
וְחִכֵּיתִי	לה׳ המסתיר פניו מבית	Jes. 8. 17.
לְחֹם	ורעתם הרבה והבא מעט	Hag. 1, 6.
בָּחֲלָה	ואכחד את שלשת הרעים	Zach. 11, 8.
הָאַחֲוָה	ואנדע את מקלי השני	Zach. 11, 14.

וְיַחְרְגוּ	בני נכר יבלו · דתלים	Ps. 18, 46.
יְחוֹלֵל	קול ה׳ יחולל אילות	Ps. 29, 9.
וְחִין	לא אחריש בדיו ודבר	Job 41, 4.
חַסִּיר	תקל הקלתא במאוניא	Dan. 5, 27.
אֵחוּד	ואלה בני אחוד אלה הם	1 Chr. 8, 6.
חָמַק	פתחתי אני לדודי	Cant. 5, 6.
הָמֵק	וזאת תהיה המגפה	Zach. 14, 12.
יַחְדּוֹ	אלה בני אביחיל בן חורי	1 Chr. 5, 14.
יֶהְדָּי	ובני יהדי רגם ויותם	1 Chr. 2, 47.

213.

ט״ו זוגין מן ב׳ חד קרי ח׳ וחד קרי ה׳ ול׳ דכו׳ וסי׳

15 Wörter, die nur 2 Mal in dieser Form vorkommen und zwar ein Mal mit Cheth und ein Mal mit He.

חָרוּת	והלחת מעשה אלהים	Ex. 32, 16.
הָרוֹת	כה אמר ה׳ על שלשה · דעמון	Am. 1, 13.
נְחֵה	ועתה לך נחה את העם	Ex. 32, 34.
נְהֵה	בן אדם נהה על המון מצרים	Ez. 32, 18.
חָח	ויבאו האנשים על הנשים	Ex. 35, 22.
הָהּ	בן אדם הנבא ואמרת כה	Ez. 30, 2.
חָרֻם	כי כל איש אשר בו מום	Lev. 21, 18.
הָרֻם	וקוץ הוליד את ענוב	1 Chr. 4, 8.
חֹרָי	ובשו עבדי פשתים	Jes. 19, 9.
הֹרַי	ברכת אביך גברו על ברכת	Gen. 49, 26.
אֲחִיחֻד	ונעמן ואחיה וגרא הוא	1 Chr. 8, 7.
אֲחִיהוּד	ולמטה בני אשר נשיא	Num. 34, 27.
חַמּוֹתִי	חציו שרף במו אש	Jes. 44, 16.
וְהַמֹּתִי	את אימתי אשלח לפניך	Ex. 23, 27.
בְּחֹצֶן	כה אמר אדני ה׳ הנה אשא	Jes. 49, 22.
הֹצֶן	ובאו עליך הצן רכב וגלגל	Ez. 23, 24.
וְנָחָה	עליו רוח ה׳ רוח חכמה	Jes. 11, 2.
וְנָהָה	ביום ההוא ישא עליכם משל	Micha 2, 4.
יַחֲלֹמוּן	והיה אחרי כן אשפוך את	Joel 3, 1.
יַהֲלֹמוּן	ועת פיתוחיה יחד · כן כת׳	Ps. 74, 6.
לְחֵלֶם	והעטרת תהיה לחלם	Zach. 6, 14.
הֵלֶם	ובן הלם אחיו צופח	1 Chr. 7, 35.
מְחֹלָל	והוא מחולל מפשענו	Jes. 53, 5.
מְהוֹלָל	לשחוק אמרתי מהולל	Koh. 2, 2.
פִּרְחָח	על ימין פרחח יקומו	Job 30, 12.
פִּרְחָהּ .	וזה מעשה המנרה	Num. 8, 4.

214.

כ״ז מלין דכל חד לי׳ כתי׳ י׳ במצע תיבות׳ וכל דכות׳ כתב ו׳ וסי׳

27 Wörter, die nur ein Mal mit Jod in der Mitte vorkommen; sonst haben sie statt dessen Waw.

לָלִין	ויאמר בת מי את	Gen. 24, 23.
פְּנִיאֵל	ויקרא יעקב שם המקום	Gen. 32, 31.
יַפִּיל	ואם שן עבדו או שן	Ex. 21, 27.
יָקִימוּ	ובנסע המשכן יורידו אתו	Num. 1, 51.
וַיַּלִּינוּ	והאנשים אשר שלח משה	Num. 14, 36.
לַשְּׂנִיאָה	כי תהיין לאיש שתי נשים	Deut. 21, 15.
וַתִּיקַד	כי אש קדחה באפי	Deut. 32, 22.
עֲתִדֹת	לי נקם ושלם לעת תמוט	Deut. 32, 35.
לַעֲבִיר	ועברה העברה לעביר	2 S. 19, 19.
וְסוּס	גם חסידה בשמים	Jer. 8, 7.
וְיָנִיד	לשום ארצם לשמה	Jer. 18, 16.
לַחֲלִק	ויצא ירמיהו מירושלם	Jer. 37, 12.
יַעֲבִיר	ולא ימכרו ממנו ולא ימר	Ez. 48, 14.
גִּלִּית	ואחר הדלת והמזוזה	Jes. 57, 8.
שְׁבוֹתָם	והיה חבל לשארית	Zeph. 2, 7.
מַגְדִּל	ישועות מלכו · דתלים	Ps. 18, 51.
לַשְׁמִעַ	בקול תודה ולספר	Ps. 26, 7.
יָמִיטוּ	מקול אויב מפני עקת	Ps. 55, 4.
פְתִיחוֹת	חלקו מחמאות פיו	Ps. 55, 22.
שִׁיחָה	רשת הכינו לפעמי	Ps. 57, 7.
שְׁבוּת	רצית ה׳ ארצך שבת	Ps. 85, 2.
יְקִימוּן	כושל יקימון מליך	Job 4, 4.
וֶאֱלִיעֵינַי	וצלתי ואליאל	1 Chr. 8, 20.
מְשִׁלֵּמִית	ועדיה בן ירחם בן פשחור	1 Chr. 9, 12.
יְדִיתוּן	ועבד אדם ואחיהם	1 Chr. 16, 38.

וירדף אביה אחרי ירבעם	עֶפְרַ֫ןִ	2 Chr. 13, 19.
ויבשלו הפסח באש	וַיָּרִיצוּ	2 Chr. 35, 13.

215.

כ״ט מלין קרי׳ ב׳ ולית זוגא וכימ׳

29 Wörter kommen mit Beth (praefix.) nur ein Mal vor; (sonst haben sie Kaf).

זה ספר תולדת אדם	בִּדְמוּת [1]	Gen. 5, 1.
ואמרתם גם הנה	בַּמִּנְחָה	Gen. 32, 21.
ויפן כה וכה	בַּחוֹל	Ex. 2, 12.
ויאמר ה׳ אל משה נטה	בָּאַרְבֶּה	Ex. 10, 12.
ויאמר משה בתת ה׳	בִּשְׁמֹעַ	Ex. 16, 8.
והיה בעבר כבדי	בַּעֲבֹר	Ex. 33, 22.
ושם חברון לפנים קרית	בָּעֲנָקִים	Jos. 14, 15.
וישרנה הפרות בדרך	בִּמְסִלָּה	1 S. 6, 12.
ויתנם ביד הגבענים	בָּרִאשֹׁנִים	2 S. 21, 9.
ויעלו כל העם אחריו	בַּחֲלִלִים	1 Reg. 1, 40.
ויהי בעלות המנחה	וּבִדְבָרְךָ	1 Reg. 18, 36.
ויגד להם מיכיהו	בִּקְרֹא	Jer. 36, 13.
מחטא תקריב	בְּכַלּוֹתְךָ	Ez. 43, 23.
ועתה דבר ה׳ לאמר	בְּשָׁלֹשׁ	Jes. 16, 14.
אשקיטה ואביטה תני׳ רפ׳	בְּחֹם	Jes. 18, 4.
והיו כגברים בוסים בטיט	בְּטִיט	Zach. 10, 5.
כי רגע באפו חיים	בִּרְצוֹנוֹ	Ps. 30, 6.
תלמיה רוה נחת גדודיה	בִּרְבִיבִים	Ps. 65, 11.
גער חית קנה עדת	בְּעֶגְלֵי	Ps. 68, 31.
ישרים תרום קרת	בְּבִרְכַּת	Prov. 11, 11.
נודע בשערים בעלה	בְּשִׁבְתּוֹ	Prov. 31, 23.
הן פראים במדבר יצאו	בְּפָעֳלָם	Job 24, 5.
בשרי ועורי שבר	בִּלָּה	Thr. 3, 4.
ועד בכנחה קמתי מתעניתי	וּבְמִנְחַת	Esra 9, 5.
יתעד בהם להשיבם	וּבְמִשְׁפָּטֶיךָ	Neh. 9, 29.
ויעמד כמשפט דויד אביו	בְּמַחְלְקוֹתָם	2 Chr. 8, 14.
ועל ידו עדן ומנימן	בְּמַחְלְקוֹת	2 Chr. 31, 15
ואת התיחש הכהנים	בְּמִשְׁמְרוֹתֵיהֶם	2 Chr. 31, 17.
את הכסף המובא בית ה׳	וּבְהוֹצִיאָם	2 Chr. 34, 14.

1) Zusatz von anderer Hand.

216.

ג׳ מלין ורים כתב׳ י׳ במצע תיבות׳ לפני הדגש וסי׳

3 Wörter haben ausnahmsweise ein langes Chirek (mit darauffolgendem Jod) mit Dagesch forte im folgenden Buchstaben.

Jes. 42, 24.	מי נתן למשיסה יעקב	לִמְשׁוֹסָה
Ps. 45, 10.	בנות מלכים ביקרותיך	בִּיקְּרוֹתֶיךָ
Prov. 30, 17.	עין תלעג לאב ותבז	לִיקֲּהַת

217.

ה׳ מלין עטור ספרים וסי׳

5 Wörter gehören zu Jttur soferim (s. Anmerkg.)

Gen. 18, 5.	ואקחה פת לחם	אַחַר
Gen. 24, 55.	ויאמר אחיה ואמה	אַחַר
Num. 31, 2.	נקם נקמת בני ישראל	אַחַר
Ps. 36, 7.	צדקתך כהררי אל	מִשְׁפָּטֶיךָ
Ps. 68, 26.	קדמו שרים אחר נגנים	אַחַר

218.

ד׳ זוגין כן ב׳ ב׳ חד **עַד** וחד **עַל** וסי׳

4 Wörter kommen ein Mal mit vorhergehendem עַד und ein Mal mit vorhergehendem עַל vor.

Gen. 49, 26.	ברכת אביך גברו	עַד תַּאֲוַת
Ps. 10, 3.	כי הלל רשע על תאות	עַל תַּאֲוַת
Num. 21, 30.	ונירם אבד חשבון	עַד מֵידְבָא
Jos. 13, 16.	ויהי להם הגבול מערוער	עַל מֵידְבָא
1 Reg. 2, 28.	והשמעה באה עד יואב	עַד יוֹאָב
1 Chr. 21, 4.	ודבר המלך חזק · דד״ה	עַל יוֹאָב
Ez. 41, 20.	מהארץ עד מעל לפתח	עַד מֵעַל
Ez. 41, 17.	הפתח ועד הבית	עַל מֵעַל

ולבד ממסורתא

Gen. 49, 13.	זבלן לחוף ימים ישכן	עַל צִידֹן
Jos. 19, 28.	ועברון ורחב וחמון ·	עַד צִידוֹן

219.

י׳ ווגין מן ד׳ חנינא משניא בענינא וסימנ׳

10 Wörtergruppen, oder Wörter kommen in einem (oder ähnlichem) Abschnitte 4 Mal vor, so jedoch, dass sie das 2te Mal etwas verschieden sind von den 3 andern.

בְּחֹזֶק יָד	ויאמר משה אל העם	Ex. 13, 3.
בְּיָד חֲזָקָה	והיה לך לאות על ידך	Ex. 13, 9.
בְּחֹזֶק יָד	והיה כי ישאלך בנך	Ex. 13, 14.
בְּחֹזֶק יָד	והיה לאות על ידכה	Ex. 13, 16.
בַּמַּחְבֶּרֶת	ועשית ללאת תכלת	Ex. 26, 4.
בַּחֹבָרֶת	ועשית המשים ללאת	Ex. 26, 10.
בַּמַּחְבֶּרֶת	ויעש ללאת תכלת	Ex. 36, 11.
בַּמַּחְבָּרֶת	ויעש ללאת המשים	Ex. 36, 17.
עַל חַטֹּאתֵיכֶם	ואם עד אלה לא השמעו	Lev. 26, 18.
כְּחַטֹּאתֵיכֶם	ואם תלכו עמי קרי	Lev. 26, 21.
עַל חַטֹּאתֵיכֶם	והלכתי אף אני עמכם	Lev. 26, 24.
עַל חַטֹּאתֵיכֶם	והלכתי עמכם בהמת	Lev. 26, 28.
הַיֹּבְלִים	ושבעה כהנים ישאו	Jos. 6, 4.
יֹבְלִים	ויקרא יהושע בן נון אל	Jos. 6, 6.
הַיֹּבְלִים	ויהי כאמר יהושע אל	Jos. 6, 8.
הַיֹּבְלִים	ושבעה הכהנים נשאים	Jos. 6, 13.
וַיִּלָּכֵד	וישכם יהושע בבקר	Jos. 7, 16.
וַיִּלְכֹּד	ויקרב את משפחת	Jos. 7, 17.
וַיִּלָּכֵד	יהודה (הוגה זבדי) · ב׳ בפסוק׳	Jos. 7, 17.
וַיִּלָּכֵד	ויקרב את ביתו לגברים	Jos. 7, 18.
עִם בְּנֵי בִנְיָמִן	ויקמו ויעלו בית אל	Jud. 20, 18.
עִם בִּנְיָמִן	ויצא איש ישראל למלחמה	Jud. 20, 20.
עִם בְּנֵי בִנְיָמִן	ויעלו בני ישראל ויבכו לפני	Jud. 20, 23.
עִם בְּנֵי בִנְיָמִן	ופינחס בן אלעזר בן אהרן	Jud. 20, 28.
נַעֲרֵי	ויאמרו נערי המלך משרתיו	Est. 2, 2.
עַבְדֵי	ויאמרו עבדי המלך אשר	Est. 3, 3.
נַעֲרֵי	ויאמר המלך מה נעשה	Est. 6, 3.
נַעֲרֵי	ויאמרו נערי המלך אליו	Est. 6, 5.
וּנְבוּכַדְנֶצַּר מַלְכָּא	ונבוכדנצר מלכא שלח	Dan. 3, 2.
נְבוּכַדְנֶצַּר	באדין מתכנשין · תנ׳ דפ׳	Dan. 3, 3.
נְבוּכַדְנֶצַּר מַלְכָּא	בעדנא די תשמעון	Dan. 3, 5.
נְבוּכַדְנֶצַּר מַלְכָּא	כל קבל דנא בה זמנא	Dan. 3, 7.
פְּסַנְתְּרִין	בעדנא די תשמעון	Dan. 3, 5.
פְּסַנְטֵרִין	כל קבל דנא בה זמנא	Dan. 3, 7.
פְּסַנְתֵּרִין	אנתה מלכא שמת טעם	Dan. 3, 10.
פְּסַנְתֵּרִין	כען הן איתיכון עתידין	Dan. 3, 15.
וּכְנָוָתְהוֹן	בה זמנא אתא עליהון	Esra 5, 3.
וּכְנָוָתֵהּ	פרשגן אגרתא די שלח	Esra 5, 6.
וּכְנָוָתְהוֹן	כען תתני פחת עבר נהרה	Esra 6, 6.
וּכְנָוָתְהוֹן	אדין תתני פחת עבר נהרה	Esra 6, 13.

220.

ד׳ ווגין מן ד׳ בתרא משניא בענינא וסימניהון

4 Wörter, oder Wörterpaare, kommen in einem (oder ähnlichem) Abschnitte 4 Mal vor, so jedoch, dass sie das 4te Mal etwas abweichen von den andern.

כַּקָּנֶה	שלשה גבעים	Ex. 25, 33.
בַּקָּנֶה	משקדים · ב׳ בפ׳ · דמ׳ קדמ׳	Ex. 25, 33.
כַּקָּנֶה	שלשה גבעים	Ex. 37, 19.
בְּקָנֶה	מלר׳ · ב׳ בפסו׳ · דמש׳ תנינ׳	Ex. 37, 19.
מִכַּף	וידבר דוד לה׳ את דברי	2 S. 22, 1.
וּמִכַּף	השירה · ב׳ בפסוק׳ · דשמ׳	2 S. 22, 1.
מִכַּף	למנצח לעבד ה׳	Ps. 18, 1.
וּמִיַּד	לדוד · תנ׳ דפס׳ · דתהלים	Ps. 18, 1.
מִבַּלְעֲדֵי	כי מי אל	2 S. 22, 32.
מִבַּלְעֲדֵי	ה׳ · ב׳ בפסוקא · דשמו׳	2 S. 22, 32.
מִבַּלְעֲדֵי	כי מי אלוה מבלעדי ה׳	Ps. 18, 32.
זוּלָתִי	ומי צור · ב׳ בפסוק׳ · דתהלי׳	Ps. 18, 32.
מְרִיב בָּעַל	ובן יהונתן מריב בעל	1 Chr. 8, 34.
וּמְרִיב בַּעַל	הוליד · ב׳ בפסוק׳ · קד׳ דס׳	1 Chr. 8, 34.
מְרִיב בָּעַל	ובן יהונתן מריב בעל	1 Chr. 9, 40.
וּמְרִי בַעַל	ר״פ הוליד את · ב׳ בפס׳ · תנ׳ דספ׳	1 Chr. 9, 40.

221.

ו׳ וונין מתחלפין חד כמאריך וחד בדרגא וסימניהון

6 Wörterpaare oder auch Gruppen kommen ein Mal mit dem Accent Maarich (Mercha) und ein Mal mit Darga vor.

Jes. 39, 8.	כִּי יִהְיֶה	ויאמר כי יהיה שלום · דיש׳
Gen. 18, 18.	הָיוֹ יִהְיֶה	ואברהם היו יהיה
Ex. 23, 26.	לֹא תִהְיֶה	משכלה ועקרה
Lev. 7, 33.	לוֹ תִהְיֶה	שוק הימין למנה
Lev. 11, 12.	אֲשֶׁר אֵין לוֹ	כל אשר אין לו סנפיר
Deut. 14, 10.	וְכֹל אֲשֶׁר אֵין לוֹ	סנפיר · רמשנ׳ תור׳
2 S. 17, 17.	לֹא יוּכְלוּ	ויהונתן ואחימעץ עמדים
2 Chr. 30, 3.	לֹא יָכְלוּ	כי לא יכלו לעשתו · דר״ה
2 S. 24, 17.	נָא יָדְךָ	ויאמר דוד אל ה׳ · דשמוא׳
Koh. 9, 10.	תִּמְצָא יָדְךָ	כל אשר תמצא ידך
1 Reg. 22, 34.	הֲפֹךְ יָדְיךָ	ואיש משך בקשת · דמל׳
2 Chr. 18, 33.	הֲפֹךְ יָדְיךָ	והכרו · דר״ה

222.

ה׳ וונין מן ב׳ ב׳ מתחלפין בטעמא בענין וסימ׳

5 Wörtergruppen kommen 2 Mal in einem Abschnitte vor, die aber von einander verschieden sind in Hinsicht auf den Accent.

Ex. 14, 21.	וַיֵּט מֹשֶׁה אֶת יָדוֹ עַל הים וילך
Ex. 14, 27.	וַיֵּט מֹשֶׁה אֶת יָדוֹ עַל הים וישב
Ex. 26, 2. 8.	אֹרֶךְ הַיְרִיעָה הָאַחַת · דמ׳ קדמ׳
Ex. 36, 9. 15.	אֹרֶךְ הַיְרִיעָה הָאַחַת · דמ׳ תני׳
Lev. 13, 21. 26.	וְאִם יִרְאֶנָּה הַכֹּהֵן
Lev. 13, 53.	וְאִם יִרְאֶה הַכֹּהֵן והנה לא פשה
Num. 16, 17.	וּקְחוּ אִישׁ מַחְתָּתוֹ וּנְתַתֶּם
Num. 16, 18.	וַיִּקְחוּ אִישׁ מַחְתָּתוֹ וַיִּתְּנוּ
Jos. 8, 18.	וַיֹּאמֶר ה׳ אֶל יְהוֹשֻׁעַ נטה בכידון
Jos. 11, 6.	וַיֹּאמֶר ה׳ אֶל יְהוֹשֻׁעַ אל תירא מפניהם

וסימן כלשון ארמי · אהרן במחתיתא · כהנא בנגעא · תלתין בירעתא · משה בידא · רברבני בהוטרא ·

223.

ג׳ זוגין מן ב׳ ב׳ קדמא וקף קמץ תני׳ זקף פתח וסי׳

3 Wörter kommen 2 Mal mit dem Accent Sakef vor, doch so, dass die Tonsilbe zum ersten Mal Kamez und zum zweiten Mal Pathach hat.

Gen. 41, 5.	וַיִּישָׁן	ויחלם שנית
1 Reg. 19, 5.	וַיִּישַׁן	וישכב ויישן תחת רתם
Lev. 18, 14.	תִקְרָב	ערות אחי אביך
Lev. 18, 19.	תִקְרַב	ואל אשה בנדת טמאתה
Num. 18, 20.	תִנְחָל	ויאמר ה׳ אל אהרן
Deut. 19, 14.	תִנְחַל	לא תסיג גבול רעך

224.

והלוף

חד זוג קדמ׳ פתח תני׳ קמין וסי׳

Ein Wort kommt 2 Mal mit Sakef vor, doch so, dass, umgekehrt vom Vorigen, die Tonsilbe das erste Mal Pathach und das zweite Mal Kamez hat.

1 Reg. 11, 37.	אֶקַּח	ואתך אקח ומלכת
Jes. 47, 3.	אֶקָּח	תגל ערותך גם תראה

225.

ח׳ פסוקים מן ב׳ זוגין קדמא מלרע תני׳ מלעיל וסי׳

8 Verse, in welchen ein Wort 2 Mal vorkommt, doch so, dass es das erste Mal den Accent ult. und das zweite Mal penult. hat.

2 S. 16, 1.	ודוד עבר מעט מהראש וּמֵאָה · וּמֵאָה
1 Reg. 8, 32.	ואתה תשמע השמים לָתֵת · לָתֵת · דמלכי׳
Jer. 3, 3.	וימנעו רבבים ומלקוש לא הָיָה · הָיָה
Jer. 27, 7.	וְעָבְדוּ אתו כל הגוים · וְעָבְדוּ
Jes. 60, 17.	תחת הנחשת אָבִיא · אָבִיא
Ps. 76, 8.	אַתָּה נורא אַתָּה ומי יעמד לפניך
Ps. 139, 7.	אָנָה אלך מרוחך וְאָנָה מפניך אברח
Esra 1, 10.	כְּפוֹרֵי זהב שלשים כְּפוֹרֵי כסף משנים

226.

וחלוף

ב׳ פסוקים בתורה מן ב׳ זוגין קדמא מלע׳ תני׳ מלרע וסימ׳

2 Verse im Pentat., in welchen ein Wort 2 Mal vorkommt, doch so, dass, umgekehrt vom Vorigen, das erste den Accent penult. und das zweite ult. hat.

Ex. 35, 24.	כל מרים תְּרוּמַת כסף תְּרוּמַת ה׳
Deut. 4, 25.	כי תוליד בנים · וַעֲשִׂיתֶם פסל · וַעֲשִׂיתֶם הרע

227.

ר״א זוגין מן תרין בענין קדמא רביע תני׳ זקף וסי׳

11 Wörter oder Wörtergruppen kommen je 2 Mal in einem oder einem ähnlichen Abschnitte vor, die das erste Mal den Accent Rebia und das zweite Mal Sakef haben.

Gen. 2, 11.	הוּא הַסֹּבֵב	שם האחד פישון
Gen. 2, 13.	הוּא הַסּוֹבֵב	ושם הנהר השני גיחון
Lev. 8, 15.	וַיִּשְׁחָט	ויקח משה את הדם
Lev. 8, 23.	וַיִּשְׁחָט	ויקח משה מדמו
Num. 14, 6.	וִיהוֹשֻׁעַ בִּן נוּן	וכלב בן יפנה מן התרים
Num. 14, 38.	וִיהוֹשֻׁעַ בִּן נוּן	וכלב בן יפנה היו מן
Num. 17, 14.	וַיִּהְיוּ	המתים במגפה · דקרח
Num. 25, 9.	וַיִּהְיוּ	המתים במגפה · דבלק
Num. 22, 18.	וַיַּעַן בִּלְעָם	ויאמר אל עבדי בלק · קדמ׳
Num. 23, 26.	וַיַּעַן בִּלְעָם	ויאמר אל בלק הלא דברתי
Deut. 11, 17.	וַאֲבַדְתֶּם מְהֵרָה	מעל הארץ · דמ״ת
Jos. 23, 16.	וַאֲבַדְתֶּם מְהֵרָה	מעל הארץ · דיהוש׳
1 Reg. 12, 23.	אֱמֹר	אל רחבעם בן שלמה
2 Chr. 11, 3.	אֱמֹר	והברו · דד״ה
2 Reg. 20, 9.	וַיֹּאמֶר יְשַׁעְיָהוּ	זה לך האות · דמלכ׳
Jes. 38, 21.	וַיֹּאמֶר יְשַׁעְיָהוּ	ישאו דבלת תאנים · דישעי׳
Ez. 2, 2.	וַתָּבֹא בִי רוּחַ	כאשר דבר אלי ותעמדני
Ez. 3, 24.	וַתָּבֹא בִי רוּחַ	ותעמדני על רגלי
Ez. 2, 3.	וַיֹּאמֶר אֵלַי	בן אדם שולח אני אותך
Ez. 3, 1.	וַיֹּאמֶר אֵלַי	בן אדם את אשר · תמצא
Hag. 2, 2.	אֱמָר נָא	אל זרבבל בן שלתיאל פחת
Hag. 2, 21.	אֱמֹר	אל זרבבל פחת יהודה לאמר

228.

ר״א זוגין מן ב׳ בענינא חד זקף לרומא וחד נחית להתומא וסימ׳

11 Wörter oder Wörterpaare kommen 2 Mal in einem oder einem ähnlichen Abschnitte vor, das eine Mal mit einem hochtrennenden Accent (Sakef oder Rebia etc.) und das andere Mal mit einem verbindenden (Tebir, Mercha oder Mahpach etc.)

Ex. 6, 12.	וַיְדַבֵּר מֹשֶׁה	לפני ה׳ לאמר הן בני
Ex. 6, 9.	וַיְדַבֵּר מֹשֶׁה	כן אל בני ישראל ולא שמעו
Lev. 23, 12.	וַעֲשִׂיתֶם	ביום הניפכם את העמר
Lev. 23, 19.	וַעֲשִׂיתֶם	שעיר עזים אחד
Lev. 26, 40.	וְאַף	אשר הלכו עמי בקרי
Lev. 26, 39.	וְאַף	בעונת אבתם אתם ימקו
Jos. 1, 1.	וַיְהִי אַחֲרֵי מוֹת מֹשֶׁה	
Jud. 1, 1.	וַיְהִי אַחֲרֵי מוֹת יְהוֹשֻׁעַ	
1 S. 2, 26.	וְהַנַּעַר שְׁמוּאֵל	הלך וגדל וטוב
1 S. 3, 1.	וְהַנַּעַר שְׁמוּאֵל	משרת את ה׳
1 Chr. 13, 10.	וַיַּכֵּהוּ	על אשר שלח ידו · דד״ה
2 S. 6, 7.	וַיַּכֵּהוּ	שם האלהים על השל
2 S. 8, 3.	וַיַּךְ דָּוִד	את הדדעזר בן רחב · דשמ׳
1 Chr. 18, 3.	וַיַּךְ דָּוִיד	את הדדעזר · דד״ה
2 Reg. 21, 8.	לְכָל הַתּוֹרָה	ולא אסיף להניד · דמל׳
2 Chr. 33, 8.	לְכָל הַתּוֹרָה	ולא אוסיף להסיר · דד״ה
Ez. 4, 11.	וּמַיִם	במשורה תשתה ששית
Ez. 4, 16.	וּמַיִם	במשורה ובשממון ישתו
Hab. 1, 7.	מִמֶּנּוּ	אים ונורא הוא
Zach. 10, 4.	מִמֶּנּוּ	פנה ממנו יתד · בתר׳ דפס׳
Esra 2, 1.	אֲשֶׁר הֶגְלָה	ואלה בני המדינה · קדמ׳
Neh. 7, 6.	אֲשֶׁר הֶגְלָה	והברו אלה בני · תנ׳ דספר׳

וסימן בלשון ארמי · שמואל עבד אוריתא דוד מנהון במיא קטלין לרגזא משה ממלל בגלותא

229.

וחלוף

ג׳ זונין חד תביר והד קאים בענינא וסי׳

3 Wörter oder Wörtergruppen kommen 2 Mal in einem Abschnitte vor, die, umgekehrt vom Vorigen, das erste Mal Tebir und das zweite Mal Sakef haben.

וַיְסַפֵּר שַׂר הַמַּשְׁקִים את חלמו	Gen. 40, 9.
וַיְדַבֵּר שַׂר הַמַּשְׁקִים את פרעה	Gen. 41, 9.
אֵלֶּה הֵם משפחת הלוי לבית אבתם	Num. 3, 20.
אֵלֶּה הֵם משפחה הגרשני	Num. 3, 21.
וַיַּכּוּ את ששי ואה אחימן ואת תלמי	Jud. 1, 10.
וַיַּכּוּ את הכנעני יושב צפת	Jud. 1, 17.

230.

י״א פסוקים אית בכל חד והד ב׳ זונין קדמאה את תנינ׳ ואת וסימניהון

11 Verse, in denen ein Wort mit vorhergehendem את zwei Mal vorkommt, doch so, dass es zuerst mit את und dann mit ואת verbunden ist

את המאור הגדול	Gen. 1, 16.
את יתרת המשכן	Ex. 35, 18.
אך פרה תפדה את בכור האדם ואת	Num. 18, 15.
את שלש הערים	Num. 35, 14.
את ממלכת סיחן מלך האמרי	Num. 32, 33.
ואתנפל לפני ה׳ כראש׳ את ארבעים היום	Deut. 9, 25.
ותנו את החצי לאחה	1 Reg. 3, 25.
את ידי אנשי המלחמה	Jer. 38, 4.
את מקום כסאי ואת מקום כפות רגלי	Ez. 43, 7.
את אלילי כספו	Jes. 2, 20.
את מי יורה דעה	Jes. 28, 9.

231.

ותרין חלוף

קדמא ואת תני׳ את וסי׳

2 Verse, in denen, umgekehrt vom Vorigen, zuerst das Wort mit vorhergehendem ואת und dann mit את vorkommt.

ואת הבניה את הבמה · וגם את המזבח אשר בביתאל	2 Reg. 23, 15.
ואת נזז את גזז · ועיפה פלגש כלב	1 Chr. 2, 46.

232.

ב׳ זונין מן ג׳ תליתאה הסר אֶת וסימניהון

2 drei Mal vorkommende Wörtergruppen, in denen ein Wort 2 Mal mit vorhergehendem את und das dritte Mal ohne את vorkommt.

אֶת הָרַע	ויעשו בני ישראל דויעבדו · קדמ׳	Jud. 2, 11.
אֶת הָרַע	ויעשו בני ישראל דוישכחו · תנ׳	Jud. 3, 7.
הָרַע	ויעשו בני ישראל דויתנם · תלית׳	Jud. 6, 1.
אֶת נַפְשְׁךָ	ואתה כי הזהרת רשע · קדמ׳	Ez. 3, 19.
אֶת נַפְשְׁךָ	ואתה כי הזהרתו צדיק · תנ׳	Ez. 3, 21.
נַפְשְׁךָ	ואתה כי הזהרת רשע מדרכו	Ez. 33, 9.

233.

והד חלוף

תרין קדמא הסר את וסימניהון

Eine Wörtergruppe, in der, umgekehrt vom Vorigen, zwei Mal ein Wort ohne את und das dritte Mal mit vorhergehendem את vorkommt.

בְּגָדָיו	ויהי כשמע אחאב את	1 Reg. 21, 27.
בְּגָדָיו	ויהי כקרא מלך ישראל	2 Reg. 5, 7.
אֶת בְּגָדָיו	ויהי כשמע אלישע איש	2 Reg. 5, 8.

234.

ר׳ זוגין מן ב׳ ב׳ בסיפרא קדמא נסיב אות וחסר מלה ותנ׳ חסר אות ונסיב מלה וסי׳

4 Wörtergruppen, die 2 Mal in einem Buche der heiligen Schrift vorkommen, doch so, das die erste einen Buchstaben mehr und ein Wort (oder Wörtergruppe) weniger als die zweite und die zweite einen Buchstaben weniger und ein Wort (oder Wörtergruppe) mehr als die erste hat.

Deut. 6, 13.	אֶת ה׳ אֱלֹהֶיךָ תִּירָא וְאֹתוֹ תַעֲבֹד
Deut. 10, 20.	אֶת ה׳ אֱלֹהֶיךָ תִּירָא אֹתוֹ תַעֲבֹד וכו
Deut. 17, 6.	עַל פִּי שְׁנַיִם עֵדִים אוֹ שְׁלֹשָׁה
Deut. 19, 15.	עַל פִּי שְׁנֵי עֵדִים אוֹ עַל פִּי שְׁלֹשָׁה
Ez. 9, 8.	ויהי כהכותם ונאשאר אני · וָאֶפְּלָה עַל פָּנַי וָאֶזְעַק וָאֹמַר
Ez. 11, 13.	ויהי כהנבאי ופלטיהו בן בניה · וָאֶפֹּל עַל פָּנַי וָאֶזְעַק קוֹל גָּדוֹל וָאֹמַר
Jes. 28, 12.	אשר אמר עליהם זאת המנוחה · וְלֹא אָבוּא שְׁמוֹעַ · סוף פסו׳
Jes. 30, 9.	כי עם מרי הוא בנים כחשים · לֹא אָבוּ שְׁמוֹעַ תּוֹרַת ה׳

ולבד ממסורתא דא מצאנו

Deut. 12, 16.	רַק הַדָּם לֹא תֹאכֵלוּ
Deut. 15, 23.	רַק אֶת דָּמוֹ לֹא תֹאכֵל
1 S. 28, 3.	הַיִּדְּעֹנִים מֵהָאָרֶץ · ושמואל מת
1 S. 28, 9.	הַיִּדְּעֹנִי מִן הָאָרֶץ · ותאמר האשה
Jer. 6, 14.	וַיְרַפְּאוּ אֶת שֶׁבֶר עַמִּי · קדמ׳ דס׳
Jer. 8, 11.	וַיְרַפּוּ אֶת שֶׁבֶר בַּת עַמִּי · תנ׳ דס׳

235.

והד הלוף

קדמא נסיב מלה וחסר אות תני׳ נסיב אות וחסר מלה

Eine Wörtergruppe, die zwei Mal in einem Buche der heil. Schrift vorkommt, doch so, dass, umgekehrt vom Vorigen, die erste ein Wort mehr und einen Buchstaben weniger und die zweite einen Buchstaben mehr und ein Wort weniger als die andere hat.

Deut. 7, 6.	בְּךָ בָּחַר ה׳ אֱלֹהֶיךָ · כי עם קדוש אתה
Deut. 14, 2.	וּבְךָ בָּחַר ה׳ · כי עם קדוש אתה

ולבד ממסורתא

Ex. 13, 9.	וְהָיָה לְךָ לְאוֹת עַל יָדְךָ · דקדש
Ex. 13, 16.	וְהָיָה לְאוֹת עַל יָדְכָה · דוהיה
Ez. 34, 7.	לָכֵן רֹעִים שִׁמְעוּ אֶת דְּבַר ה׳
Ez. 34, 9.	לָכֵן הָרֹעִים שִׁמְעוּ דְּבַר ה׳

236.

ו׳ זוגין מן ב׳ ב׳ חד לישן יחיד וחד לישן רבים וכל חד לי׳ וסי׳

6 je 2 Mal vorkommende Wörter von einem Stamme, die je ein Mal mit Singular- und ein Mal mit Plural-Endung stehen.

Num. 5, 16.	והקריב אתה הכהן	וְהֶעֱמִדָהּ
Ez. 24, 11.	על גחליה רקה	וְהַעֲמִידֶהָ
Jer. 9, 11.	מי האיש החכם	וְיַגִּדָהּ
Jes. 44, 7.	ומי כמוני יקרא	וְיַגִּידֶהָ
Jes. 24, 20.	נוע תנוע ארץ כשכור	פִּשְׁעָהּ
Thr. 1, 5.	היו צריה לראש	פְּשָׁעֶיהָ
Jes. 30, 14.	כשבר נבל יוצרים	וּשְׁבָרָהּ
Ps. 60, 4.	הרעשתה ארץ פצמתה	שְׁבָרֶיהָ
Hos. 2, 8.	לכן הנני שך את דרכך	גְּדֵרָהּ
Ps. 80, 13.	למה פרצת גדריה וארוה	גְדֵרֶיהָ
Zach. 3, 9.	כי הנה האבן אשר נתתי	פִּתֻּחָהּ
Ps. 74, 6.	ועת פתוחיה יחד בכשיל	פִּתּוּחֶיהָ

237.

ו׳ זוגין מן תרין בענינא קדמא ו׳ תני׳ י׳ וסי׳

6 je 2 Mal in einem Abschnitte vorkommende Wörtergruppen, in welchen ein Wort das erste Mal mit Waw und das zweite Mal mit Jod gelesen wird.

Gen. 4, 18.	ויולד לחנוך את עירד	מְחוּיָאֵל
Gen. 4, 18.	ועירד ילד · ב׳ בפסוק	וּמְחִיָּיאֵל
Num. 3, 9.	נְתוּנִם נְתוּנִם ונתתה את הלוים	
Num. 8, 16.	נְתֻנִים נְתֻנִים כי נתנים נתנים · דבהעלתך	

Num. 5, 15.	קִנְאֹת הוּא	והביא האיש את אשתו
Num. 5, 18.	קִנְאֹת הוּא	והעמיד הכהן את האשה
Deut. 31, 7.	כִּי אַתָּה תָּבוֹא	ויקרא משה ליהושע
Deut. 31, 23.	כִּי אַתָּה תָּבִיא	ויצו את יהושע
Jos. 2, 14.	אִם לֹא תַגִּידוּ	ויאמרו לה האנשים
Jos. 2, 20.	וְאִם תַּגִּידִי	את דברנו זה

238.

ג׳ זוגין מתחלפין מן ב׳ בחד ענינא קדמא הָיוּ תני׳ הָיָה וסי׳

3 Wörtergruppen, die je 2 Mal in einem Abschnitte vorkommen, doch so, dass sie das erste Mal הָיוּ und das zweite Mal הָיָה haben.

Gen. 41, 48.	הָיוּ	ויקבץ את כל אכל
Gen. 41, 53.	הָיָה	ותכלינה שבע שני
Koh. 2, 7.	שֶׁהָיוּ	קניתי עבדים ושפחות
Koh. 2, 9.	שֶׁהָיָה	וגדלתי והוספתי מכל
1 Chr. 23, 22.	הָיוּ	וימת אלעזר ולא היו לו
1 Chr. 24, 28.	הָיָה	למחלי אלעזר · הרוי׳ דד״ה ואפ״ם הָיוּ הָיָה דבר ה׳

239.

ג׳ זוגין מן ג׳ ג׳ בענינ׳ קדמא לא נסיב ו׳ ותני׳ ותלית׳ נסיב ו׳ וסי׳

3 Wörterpaare, welche je 3 Mal in einem Abschnitte vorkommen, das erste Mal ohne Waw und das zweite und dritte Mal mit Waw (praefix.)

Lev. 25, 25.	כִּי יָמוּךְ	אחיך ומכר מאחזתו
Lev. 25, 35.	וְכִי יָמוּךְ	אחיך ומטה ידו
Lev. 25, 39.	וְכִי יָמוּךְ	אחיך עמך ונמכר לך
Jud. 18, 11.	שֵׁשׁ מֵאוֹת	ויסעו משם ממשפחת הדני
Jud. 18, 16.	וְשֵׁשׁ מֵאוֹת	איש חגורים
Jud. 18, 17.	וְשֵׁשׁ מֵאוֹת	ויעלו חמשת האנשים
Ez. 38, 6.	עַמִּים רַבִּים	גמר וכל אגפיה
Ez. 38, 9.	וְעַמִּים רַבִּים	ועלית כשואה תבוא
Ez. 38, 15.	וְעַמִּים רַבִּים	ובאת ממקומך מירכתי

240.

וחלוף

ד׳ זוגין מן ג׳ ג׳ בעני׳ קדמא נסיב ו׳ ותני׳ ותלית׳ לא נסיב ו׳ וסי׳

4 Wörterpaare, welche je 3 Mal in einem Abschnitte vorkommen und, umgekehrt vom Vorigen, das erste Mal mit Waw und das zweite und dritte Mal ohne Waw (praefix.) stehen.

1 Reg. 7, 18.	וּשְׁנֵי טוּרִים	ויעש את העמודים
1 Reg. 7, 24.	שְׁנֵי טוּרִים	ופקעים מתחת לשפתו
1 Reg. 7, 42.	שְׁנֵי טוּרִים	ואת הרמנים ארבע מאות
Jer. 5, 9.	וְאִם בְּגוֹי	העל אלה · דע׳ על בשרותיה
Jer. 5, 29.	אִם בְּגוֹי	העל אלה · דעל׳ שמה ושערורה
Jer. 9, 8.	אִם בְּגוֹי	העל אלה · דע׳ על ההרים אשא
Job 1, 1.	וִירֵא אֱלֹהִים	איש היה בארץ עוץ
Job 1, 8.	יְרֵא אֱלֹהִים	השמת לבך על עבדי
Job 2, 3.	יְרֵא אֱלֹהִים	והבר׳ השמת לבך אל עבדי
Job 38, 3.	וְאֶשְׁאָלְךָ	והודיעני · אזר נא כגבר
Job 40, 7.	אֶשְׁאָלְךָ	והודיעני · והברו אזר נא
Job 42, 4.	אֶשְׁאָלְךָ	והודיעני · שמע נא ואנכי

241.

ו׳ זוגין מן ג׳ ג׳ בעני׳ קדמ׳ ותנ׳ נסיב ו׳ ותלית׳ לא נסיב ו׳ וסי׳

6 Wörterpaare, welche je 3 Mal in einem Abschnitte vorkommen und zwar das erste und zweite Mal mit Waw, das dritte Mal aber ohne Waw (praefix.)

2 Reg. 7, 1.	וְסָאתַיִם שְׂעֹרִים	ויאמר אלישע
2 Reg. 7, 16.	וְסָאתַיִם שְׂעֹרִים	ויצא העם ויבזו
2 Reg. 7, 18.	סָאתַיִם שְׂעֹרִים	ויהי כדבר איש האלהים

Jer. 23, 19.	וְסַעַר מִתְחוֹלֵל	הנה סערת ה׳
Jer. 25, 32.	וְסַעַר גָּדוֹל	הנה רעה יצאת
Jer. 30, 23.	סַעַר מִתְגּוֹרֵר	הנה סערת ה׳
Jer. 30, 10.	וְאַתָּה אַל תִּירָא	עבדי יעקב · קדמ׳ דס׳
Jer. 46, 27.	וְאַתָּה אַל תִּירָא	עבדי יעקב · תנ׳ דס׳
Jer. 46, 28.	אַתָּה אַל תִּירָא	עבדי יעקב · תלית׳ דס׳
Ez. 40, 29.	וְתָאָו וְאֵלָו	ואלמו כמדות
Ez. 40, 33.	וְתָאָו וְאֵלָו	וחבדו דבחרה
Ez. 40, 36.	תָּאָו אֵלָו	ואלמו והלונות לו
Jes. 35, 10.	וְשִׂמְחַת עוֹלָם	ופדויי ה׳ ישבון
Jes. 51, 11.	וְשִׂמְחַת עוֹלָם	והברו ופדויי ה׳ ישובון
Jes. 61, 7.	שִׂמְחַת עוֹלָם	תחת בשתכם משנה
Ps. 80, 4.	וְהָאֵר פָּנֶיךָ	אלהים השיבנו
Ps. 80, 8.	וְהָאֵר פָּנֶיךָ	אלהים צבאות השיבנו
Ps. 80, 20.	הָאֵר פָּנֶיךָ	ה׳ אלהים צבאות השיבנו

242.

ג׳ זונין כפולין ופסק ביניהון באתנחת׳ וסימנ׳

3 Wörter, die 2 Mal hintereinander vorkommen, zwischen welchen ein Psik steht und von denen das zweite ein Athnach hat.

Gen. 22, 11.	אַבְרָהָם׀ אַבְרָהָם ויקרא אליו מלאך
Gen. 46, 2.	יַעֲקֹב׀ יַעֲקֹב ויאמר אלהים לישראל
1 S. 3, 10.	שְׁמוּאֵל׀ שְׁמוּאֵל ויבא ה׳ ויתיצב

243.

ה׳ זונין מן ב׳ ב׳ לכל חד סמיך אִישׁ וסי׳

5 Wörter, die zwei Mal mit darauffolgendem אִישׁ vorkommen.

Ex. 2, 1.	וַיֵּלֶךְ אִישׁ	מבית לוי ויקח
Ruth 1, 1.	וַיֵּלֶךְ אִישׁ	ויהי בימי שפט
Ex. 34, 3.	וְגַם אִישׁ	ואיש לא יעלה
Jer. 26, 20.	וְגַם אִישׁ	היה מתנבא בשם ה׳
Jos. 9, 6.	וְאֶל אִישׁ	וילכו אל יהושע
Jer. 36, 31.	וְאֶל אִישׁ	ופקדתי עליו ועל זרעו
2 S. 18, 26.	הִנֵּה אִישׁ	וירא הצפה איש אחר
Zach. 6, 12.	הִנֵּה אִישׁ	ואמרת אליו לאמר
Hos. 11, 9.	וְלֹא אִישׁ	לא אעשה חרון אפי
Ps. 22, 7.	וְלֹא אִישׁ	ואנכי תולעת

244.

י״ד זונין מן ב׳ בענין קדמא נסיב ל׳ ותנ׳ לא נסיב ל׳ וסימ׳

14 Wörterpaare kommen 2 Mal in einem Abschnitt vor, das erste Mal mit und das zweite Mal ohne Lamed (praefix.)

Gen. 17, 4.	לְאַב הֲמוֹן	אני הנה בריתי אתך
Gen. 17, 5.	אַב הֲמוֹן	ולא יקרא עוד את שמך
Ex. 27, 3.	לְכָל כֵּלָיו	ועשית סירתיו לדשנו
Ex. 38, 3.	כָּל כֵּלָיו	ויעש את כל כלי המזבח
Num. 16, 24.	לְמִשְׁכַּן קֹרַח	דבר אל העדה לאמר
Num. 16, 27.	מִשְׁכַּן קֹרַח	ויעלו מעל משכן קרח
Num. 22, 4.	מֶלֶךְ לְמוֹאָב	ויאמר מואב אל זקני
Num. 22, 10.	מֶלֶךְ מוֹאָב	ויאמר בלעם אל האלהים
Deut. 22, 19.	יוּכַל לְשַׁלְּחָהּ	וענשו אתו מאה כסף
Deut. 22, 29.	יוּכַל שַׁלְּחָהּ	ונתן האיש השכב עמה
Jos. 15, 7.	לְמַעֲלֵה אֲדֻמִּים	ועלה הגבול דבירה
Jos. 18, 17.	מַעֲלֵה אֲדֻמִּים	ותאר מצפון ויצא
2 S. 18, 28.	לְאַפָּיו אָרְצָה	ויקרא אחימעץ ויאמר
2 S. 24, 20.	אַפָּיו אָרְצָה	וישקף ארונה וירא
Prov. 10, 17.	אֹרַח לְחַיִּים	שומר מוסר
Prov. 15, 24.	אֹרַח חַיִּים	למעלה למשכיל
Prov. 20, 16.	לְקַח בִּגְדוֹ	כי ערב זר · קדמ׳ דס׳
Prov. 27, 13.	קַח בִּגְדוֹ	כי ערב זר · תני׳ דס׳
Prov. 21, 9.	טוֹב לָשֶׁבֶת	על פנת גג · קדמ׳ דס׳
Prov. 25, 24.	טוֹב שֶׁבֶת	על פנת גג · תנ׳ דס׳
Cant. 2, 6.	תַּחַת לְרֹאשִׁי	שמאלו תחת · קד׳ דס׳
Cant. 8, 3.	תַּחַת רֹאשִׁי	שמאלו תחת · תנ׳ דס׳
Dan. 5, 2.	לְמָאנֵי דַּהֲבָא	בלשאצר אמר בטעם
Dan. 5, 3.	מָאנֵי דַהֲבָא	באדין היתיו

Esra 2, 63.	לְאוּרִים וּלְתֻמִּים	ויאמר התרשתא· קד׳
Neh. 7, 65.	לְאוּרִים וְתֻמִּים	והכרו תנ׳ דס׳
2 Chr. 18, 21.	לְרוּחַ שֶׁקֶר	ויאמר אצא והייתי
2 Chr. 18, 22.	רוּחַ שֶׁקֶר	ועתההנההנתן· תרוי׳דד״ה

ולבד ממסורתא[1]

Jes. 8, 1.	לְמַהֵר שָׁלָל	חש בז
Jes. 8, 4.	מַהֵר שָׁלָל	חש

245.

והלוף

ו׳ זוגין בחד ענין קדמ׳ לא נסיב ל׳ ותני׳ נסיב ל׳ וסי׳

6 Wörter kommen 2 Mal in einem Abschnitte vor und zwar, umgekehrt vom Vorigen, das erste Mal ohne und das zweite Mal mit Lamed.

Jud. 1, 36.	מִמַּעֲלֵה	וגבול האמרי ממעלה
Jud. 8, 13.	מִלְמַעֲלֵה	וישב גדעון בן יואש
Jud. 21, 11.	מִשְׁכַּב	וזה הדבר אשר תעשו
Jud. 21, 12.	לְמִשְׁכַּב	וימצאו מיושבי יביש
1 Reg. 17, 10.	קְחִי	ויקם וילך צרפתה
1 Reg. 17, 11.	לְקְחִי	וילך לקחת ויקרא אליה
Micha 1, 9.	שַׁעַר	כי אנושה מכותיה
Micha 1, 12.	לְשַׁעַר	כי חלה לטוב יושבת
Ps. 135, 12.	נַחֲלָה	ונתן ארצם· קדמ׳ דס׳
Ps. 136, 21.	לְנַחֲלָה	ונתן ארצם· תנ׳ דס׳
Dan. 12, 11.	יָמִים	ומעת הוסר התמיד
Dan. 12, 12.	לְיָמִים	אשרי המחכה ויגיע

246.

י״ט זוגין בחד ענינ׳ קדמ׳ נסיב ו׳ ותני׳ לא נסיב ו׳ וסי׳

19 Wörter oder Wörterpaare kommen 2 Mal in einem Abschnitte vor, das erste Mal mit und das zweite Mal ohne Waw (praefix.)

Gen. 41, 6.	וּשְׁדוּפֹת	והנה שבע שבלים דקות
Gen. 41, 23.	שְׁדֻפוֹת	והנה שבע שבלים צנמות
Gen. 42, 13.	וְהָאֶחָד	ויאמרו שנים עשר עבדיך
Gen. 42, 32.	הָאֶחָד	שנים עשר אנחנו
Ex. 7, 4.	וְלֹא יִשְׁמַע	אלכם פרעה ונתתי
Ex. 11, 9.	לֹא יִשְׁמַע	ויאמר ה׳ אל משה
Ex. 28, 7.	וְחֻבָּר	שתי כתפת חברת· קדמ׳
Ex. 39, 4.	חֻבָּר	כתפת עשו לו חברת· תנ׳
Ex. 28, 20.	וְשֹׁהַם	והטור הרביעי· קדמ׳
Ex. 39, 13.	שֹׁהַם	והטור הרביעי· תנ׳
Ex. 31, 3.	וּבִתְבוּנָה	ואמלא אתו רוח· קדמ׳
Ex. 35, 31.	בִּתְבוּנָה	וימלא אתו רוח· תנ׳
Lev. 6, 10.	וְכָאָשָׁם	לא תאפה חמץ חלקם
Lev. 7, 7.	כָּאָשָׁם	כחטאת כאשם תורה
Num. 3, 2.	וְאֵלֶּה	שמות בני אהרן הבכר נדב
Num. 3, 3.	אֵלֶּה	שמות בני אהרן הכהנים
Num. 8, 25.	וְלֹא יַעֲבֹד	ומבן חמשים שנה ישוב
Num. 8, 26.	לֹא יַעֲבֹד	ושרת את אחיו באהל מועד
Num. 18, 23.	וּבְתוֹךְ	ועבד הלוי הוא את עבדה
Num. 18, 24.	בְּתוֹךְ	כי את מעשר בני ישראל
Num. 20, 17.	וְלֹא נִשְׁתֶּה	נעברה נא בארצך לא
Num. 21, 22.	לֹא נִשְׁתֶּה	אעברה בארצך לא נטה
Num. 22, 4.	וּבָלָק	ויאמר מואב אל זקני
Num. 22, 10.	בָּלָק	ויאמר בלעם אל האלהים
Num. 26, 31.	וְשֶׁבַע	אלהמשפחתמנשה· דפינחם
Num. 26, 51.	שֶׁבַע	אלה פקודי בני ישראל
Num. 31, 36.	וְשִׁבְעַת	ותהי המחצה חלק היצאים
Num. 31, 43.	שִׁבְעַת	ותהי מחצת העדה מן
Deut. 2, 34.	וְהַנָּשִׁים	ונלכדאתכלעריובעתההוא
Deut. 3, 6.	הַנָּשִׁים	ונחרם אותם כאשר עשינו
Deut. 6, 13.	וְאֹתוֹ	את ה׳ אלהיך תירא· קדמ׳
Deut. 10, 20.	אֹתוֹ	את ה׳ אלהיך· תנ׳
Deut. 15, 12.	וַעֲבָדְךָ	כי ימכר לך אחיך העברי
Deut. 15, 18.	עֲבָדְךָ	לא יקשה בעינך
Jer. 2, 26.	וְכֹהֲנֵיהֶם	כבשת גנב כי ימצא
Jer. 32, 32.	כֹּהֲנֵיהֶם	על כל רעת בני ישראל
Jer. 6, 13.	וּמִנָּבִיא	כי מקטנם ועד גדולם· קד׳
Jer. 8, 10.	מִנָּבִיא	לכן אתן את נשיהם

---

[1] Zusatz von anderer Hand.

הוכה	אפרים שרשם יבש	Ps. 102, 5.
והכה	אם במחתרת ימצא	Ex. 22, 1.
חורב	ויתנצלו בני ישראל	Ex. 33, 6.
ובחרב	הקצפתם את ה׳	Deut. 9, 8.
ידוע	הדעו כי לא יוסיף ה׳	Jos. 23, 13.
וידע	כי אם בזאת יתהלל	Jer. 9, 23.
נאוד	ויאמר אליה השקיני	Jud. 4, 19.
ונאד	ויקח ישי חמור	1 S. 16, 20.
מוריד	ה׳ ממית ומחיה	1 S. 2, 6.
ומוריד	האל הנתן נקמות לי· דשמ׳	2 S. 22, 48.
גילה	והגלה את כל ירושלם	2 Reg. 24, 14.
וגלה	כי קשרתם כלכם עלי	1 S. 22, 8.
חובר	אשר לא ישמע לקול	Ps. 58, 6.
וחבר	חבר ושאל אוב וידעני	Deut. 18, 11.
אוניות	וישלח לו חורם· דד״ה	2 Chr. 8, 18.
ואניות	כי לי איים יקוו	Jes. 60, 9.
לזבוח	ואחריהם מכל שבטי ישראל	2 Chr. 11, 16.
ולזבח	ועלה האיש ההוא	1 S. 1, 3.
מצורע	וישכב עוזיהו· ד״ה	2 Chr. 26, 23.
ומצרע	יחלו על ראש יואב	2 S. 3, 29.
זובח	שוחט השור מכה	Jes. 66, 3.
וזבח	וארור נוכל ויש בעדרו	Mal. 1, 14.
שבועת	אני פי מלך שמר	Koh. 8, 2.
ושבעת	ואיש את רעת רעהו	Zach. 8, 17.
פתאום	וירם אלהים חץ פתאום	Ps. 64, 8.
ופתאם	הנני שלח מלאכי	Mal. 3, 1.
אומרה	לאל סלעי	Ps. 42, 10.
ואמרה	ויאמר יוסף אל אחיו	Gen. 16, 31.
אותתם	שאגו צורריך בקרב	Ps. 74, 4.
ואתתם	הלא שאלתם עוברי	Job 21, 29.
שואג	קשר נביאיה בתוכה	Ez. 22, 25.
ושואג	פצו עלי פיהם אריה	Ps. 22, 21.
אצבעותי	לדוד ברוך ה׳ צורי	Ps. 144, 1.
ואצבעתי	קמתי אני לפתח	Cant. 5, 5.
נוצר	תורה בן מבין	Prov. 28, 7.
ונצר	כי תאמר הן לא ידענו	Prov. 24, 12.
קדמונים	כה אמר אדני ה׳ האתה הוא	Ez. 38, 17.
וקדמנים	על יומו נשמו אחרנים	Job 18, 20.

247.

וחלוף

ח׳ זוגין בענ׳ קדמא לא נסיב ו׳ ותנינ׳ נסיב ו׳ וסי׳

8 Wörter kommen 2 Mal in einem Abschnitte vor, die, umgekehrt vom Vorigen, das erste Mal ohne und das zweite Mal mit Waw stehen.

אמרפל	ויהי בימי אמרפל	Gen. 14, 1.
ואמרפל	את כדרלעמר	Gen. 14, 9.
שמן	למאר בשמים · קדמ׳	Ex. 25, 6.
ושמן	למאור ובשמים · תנ׳	Ex. 35, 8.
כל	מפרסת פרסה· דתו׳ כהני׳	Lev. 11, 3.
וכל	בהמה מפרסת פרסה · דמ״ה	Deut. 14, 6.
חסר	מי פתי יסר הנה· קדמ׳ דס׳	Prov. 9, 4.
וחסר	מי פתי יסר הנה· תנ׳ דס׳	Prov. 9, 16.
יואב	בני פחת מואב · קד׳ דס׳	Esra 2, 6.
ויואב	בני פחת מואב · תנ׳ דס׳	Neh. 7, 11.
אמר	ואלה העלים מתל מלח	Esra 2, 59.
ואמר	והברי· ואלה העולים	Neh. 7, 61.
ששים	כל הקהל כאחד· קדמ׳ דס׳	Esra 2, 64.
וששים	כל הקהל כאחד· תנ׳ דס׳	Neh. 7, 66.
עשר	ויאמר אלהים לשלמה יען· דד״ה	2 Chr. 1, 11.
ועשר	החכמה והמדע נתון לך· דד״ה	2 Chr. 1, 12.

248.

כ״ח זוגין חד לא נסיב ו׳ בריש ומלא במצע׳ וחד נסיב ו׳ בריש וחסר במצע׳ ולי׳ זוגא וסי׳

28 Wörter kommen 2 Mal vor und zwar ein Mal ohne Waw am Anfang und mit Waw in der Mitte und ein Mal mit Waw am Anfange und ohne Waw in der Mitte.

למושל	ותצא אש ממטה	Ez. 19, 14.
ולמשל	ביום ובלילה ולהבדיל	Gen. 1, 18.
לאום	ברב עם הדרת מלך	Prov. 14, 28.
ולאם	ויאמר ה׳ לה שני גוים	Gen. 25, 23.

חור כרפס ותכלת	אָחוּז	Est. 1, 6.
ויכתבם שמעיה בן נתנאל	וְאָחֻז	1 Chr. 24, 6.
ויאמר לי המלך מדוע פניך	חוֹלֶה	Neh. 2, 2.
וכי תגישון עור לזבח אין	וְחֹלֶה	Mal. 1, 8.
ובאו בו צים כתים ונכאה	קֹדֶשׁ	Dan. 11, 30.
ואשמעה אחד קדוש מדבר	וְקֹדֶשׁ	Dan. 8. 13.

249.

והלוף

ב׳ זוגין קדי׳ י׳ קדמ׳ דלא נסיב ו׳ חס׳ י׳ במצע׳ ודנסיב ו׳ בריש׳ מלא י׳ במצע׳ וסי׳

2 Wörter, die in der Mitte ein Jod haben, kommen 2 **Mal** vor und zwar so, dass, umgekehrt vom Vorigen, wenn sie kein Waw am Anfang haben, auch das Jod in der Mitte fehlt und wenn sie ein Waw am Anfang haben, auch das Jod in der Mitte steht.

ויען שאול ויאמר	הַצְּעִרָה	1 S. 9, 21.
גם היא ילדה בן	וְהַצְּעִירָה	Gen. 19, 38.
ימאסו כמו מים יתהלכו	חִצָּו	Ps. 58, 8.
אל מוציאו ממצרים	וְחִצָּיו	Num. 24, 8.

250.

ד׳ זוגין מן ב׳ ב׳ בענ׳ קדמ׳ נסיב **לא** ותנ׳ לא נסיב **לא** וסי׳

4 Wörter kommen 2 **Mal** in **einem** oder ähnlichem Abschnitte vor, das erste Mal **mit** vorbergehendem לא und das zweite Mal **ohne** לא

שמעני השדה נתתי	לֹא אֲדֹנִי	Gen. 23, 11.
שמעני ארץ ארבע מאת	אֲדֹנִי	Gen. 23, 15.
ואם בהרת לבנה הוא	לֹא הָפַךְ	Lev. 13, 4.
וראה הכהן והנה מראה	הָפַךְ לָבָן	Lev. 13, 20.
וכל כלי משקה · דמלכ׳	לֹא נֶחְשָׁב	1 Reg. 10, 21.
וכל כלי משקה · דד״ה	נֶחְשָׁב	2 Chr. 9, 20.
יען המנכם מן הגוים	לֹא עֲשִׂיתֶם	Ez. 5, 7.
וידעתם כי אני ה׳ אשר בחקי	עֲשִׂיתֶם	Ez. 11, 12.

251.

ה׳ זוגין מן ב׳ ב׳ מנהון לא נסבין ו׳ וב׳ נסב׳ ו׳ ולי׳ דסמי׳ וסי׳

5 Wörterpaare kommen 2 **Mal** vor so, dass immer 1 **Mal beiden** Wörtern das Waw copulat. fehlt und 1 **Mal beide** das Waw haben.

Ex. 1, 3.	ובנימן · דשמות	יִשָּׂשכָר זְבוּלֻן
Gen. 35, 23.	בני לאה בכור יעקב	יִשָּׂשכָר וּזְבוּלֻן
Lev. 11, 19.	· דשמיני	הַחֲסִידָה הָאֲנָפָה
Deut. 14, 18.	· דמש׳ תור׳	וְהַחֲסִידָה וְהָאֲנָפָה
Jos. 19, 7.	ועתר ועשן	עַיִן רִמּוֹן
Jos. 15, 32.	ולבאות ושלחים	וְעַיִן וְרִמּוֹן
Esra 7, 17.	כל קבל דנא	דִּכְרִין אִמְּרִין
Esra 6, 9.	ומה חשחן ובני	וְדִכְרִין וְאִמְּרִין
2 Chr. 1, 11.	ויאמר אלהים לשלמה · ד״ה	עֹשֶׁר נְכָסִים
2 Chr. 1. 12.	החכמה והמדע · ד״ה	וְעֹשֶׁר וּנְכָסִים

252.

י״ו זוגין מן ב׳ כלין לא נסבין ו׳ ולית דכמ׳ וסי׳

16 Wörterpaare, deren beide Wörter kein Waw copulat. haben und so nur **ein Mal** vorkommen.

Gen. 9, 10.	ואת כל נפש החיה	בָּעוֹף בַּבְּהֵמָה
Gen. 10, 1.	ואלה תולדת בני נח	שֵׁם חָם
Ex. 1, 3.	ובנימן · דאלה שמות	יִשָּׂשכָר זְבוּלֻן
Jos. 14, 12.	ועתה תנה לי את ההר	גְּדֹלוֹת בְּצֻרוֹת
Jos. 19, 7.	ועתר ועשן	עַיִן רִמּוֹן
Jos. 21. 40,	תהיינה הערים האלה	עִיר עִיר
Ez. 36, 3.	לכן הנבא ואמרת כה אמר	יַעַן בְּיַעַן
Jes. 21, 5.	ערך השלחן צפה הצפית	אָכוֹל שָׁתֹה
Jes. 27. 4.	חמה אין לי	שָׁמִיר שַׁיִת
Jes. 66, 21.	וגם מהם אקח	לַכֹּהֲנִים לַלְוִיִּם
Hos. 8, 10.	גם כי יתנו בגוים	מֶלֶךְ שָׂרִים
Micha 6, 4.	כי העלתיך מארץ מצרים	מֹשֶׁה אַהֲרֹן
Hab. 3, 10.	עמד זבלה	שֶׁמֶשׁ יָרֵחַ
Neh. 9, 6.	אתה הוא ה׳ לבדך	הַשָּׁמַיִם שְׁמֵי

נְשֵׁיהֶם בְּנֵיהֶם	ושאר העם הכהנים	Neh. 10, 29.
עֹשֶׁר נְכָסִים	ויאמר אלהים לשלמה · ד״ה	2 Chr. 1, 11.

253.

וחלוף

ע״ד כלין יחיד׳ מן ב׳ מלין נסבין ו׳ ולית וגנא וסימ׳

74 Wörterpaare, deren beide Wörter, umgekehrt vom Vorigen, ein Waw praefix. haben und so nur ein Mal vorkommen.

וְדָגָן וְתִירֹשׁ	ויען יצחק ויאמר	Gen. 27, 37.
וְהַצֹּאן וְהַבָּקָר	ויאמר אליו אדני	Gen. 33, 13.
וְשִׁמְעוֹן וְלֵוִי	בני לאה בכור יעקב	Gen. 35, 23.
וְיִשָּׂשכָר וּזְבוּלֻן	תרי׳ בפסיקא	Gen. 35, 23.
וְחֶצְרוֹן וְכַרְמִי	ובני ראובן חנוך	Gen. 46, 9.
וּבָעֵצִים וּבָאֲבָנִים	ויאמר ה׳ אל משה	Ex. 7, 19.
וַאֲנִי וְעַמִּי	וישלח פרעה ויקרא	Ex. 9, 27.
וְאַהֲרֹן וְחוּר	וידי משה כבדים	Ex. 17, 12.
וְשֹׁהַם וְיָשְׁפֵה	והטור הרביעי · דמ׳ קדמ׳	Ex. 28, 20.
וְעֹלָה וּמִנְחָה	לא תעלו עליו קטרת	Ex. 30, 9.
וָאֶלֶף וּשְׁבַע	וכסף פקודי העדה	Ex. 38, 25.
וְהָעֹלָה וְהַשְּׁלָמִים	וישא אהרן את ידו	Lev. 9, 22.
וְשׁוֹר וָשֶׂה	שרוע וקלוט	Lev. 22, 23.
וְעַבְדְּךָ וַאֲמָתְךָ	אשר יהיו לך	Lev. 25, 44.
וְהַשִּׁבְעִים וְהַמָּאתָיִם	ואת פדויי השלשה	Num. 3, 46.
וְהָעֲמָלֵקִי וְהַכְּנַעֲנִי	יושב בעמק	Num. 14, 25.
וְאַתָּה וְאַהֲרֹן	וקחו איש מחתתו	Num. 16, 17.
וְחֶשְׁבּוֹן וְאֶלְעָלֵה[1]	עטרות ודיבן	Num. 32, 3.
וְהַיַּרְדֵּן וּגְבֻל	והערבה והירדן וגבל	Deut. 3, 17.
וְהָאֹתֹת וְהַמֹּפְתִים	המסת הגדלת · קד׳ דכ׳	Deut. 7, 19.
וּבְאֹתוֹת וּבְמֹפְתִים	ויוציאנו ה׳ ממצרי׳	Deut. 26, 8.
וְיוֹסֵף וּבִנְיָמִן	אלה יעמדו לברך	Deut. 27, 12.
וְעַשְׁתָּרוֹת וְאֶדְרֶעִי	וחצי הגלעד	Jos. 13, 31.
וְעַיִן וְרִמּוֹן	ולבאות ושלחים	Jos. 15, 32.
וּבְנֹתֶיהָ וַחֲצֵרֶיהָ	עקרון ובנתיה	Jos. 15, 45.
וְגָד וּרְאוּבֵן	כי אין חלק ללוים	Jos. 18, 7.
וּמִדְיָן וַעֲמָלֵק	וכל בני קדם	Jud. 7, 12.
וְזֶבַח וְצַלְמֻנָּע	בקרקר ומחניהם	Jud. 8, 10.
וּפֶסֶל וּמַסֵּכָה	ויענו חמשת האנשים	Jud. 18, 14.
וְיִשְׂרָאֵל וִיהוּדָה	ויאמר אוריה אל דוד	2 S. 11, 11.
וּלְדָוִד וּלְזַרְעוֹ	ושבו דמיהם בראש׳	1 Reg. 2, 33.
וְאַרְבָּעִים וְאַחַת	שנה ר״פ דאבא במלכ׳	1 Reg. 15, 10.
וּשְׁלֹשִׁים וּשְׁנַיִם	ובן הדד מלך ארם	1 Reg. 20, 1.
וְדַע וּרְאֵה	ויגש הנביא אל מלך · דמ׳	1 Reg. 20, 22.
וְהַכֹּהֲנִים וְהַנְּבִיאִים	ויעל המלך בית · דמל׳	2 Reg. 23, 2.
וְחֶרֶב וְרָעָב	כחשו בה׳ ויאמרו לוא	Jer. 5, 12.
וְזֶבַח וּמִנְחָה	ובאו מערי יהודה	Jer. 17, 26.
וּבְאַף וּבְחֵמָה	ונלחמתי אני אתכם	Jer. 21, 5.
וַעֲבָדֶיךָ וְעַמְּךָ	ואמרת שמע דבר ה׳	Jer. 22, 2.
וְהַשְׁכֵּם וְשָׁלֹחַ	לשמע על דברי עבדי	Jer. 26, 5.
וְשָׂדוֹת וּכְרָמִים	עוד יקנו בתים	Jer. 32, 15.
וְכֶרֶם וְשָׂדֶה	ולבלתי בנות בתים	Jer. 35, 9.
וּנְבֵלָה וּטְרֵפָה	ואמר אהה אדני ה׳	Ez. 4, 14.
וְטַף וְנָשִׁים	זקן בחור ובתולה	Ez. 9, 6.
וּבְרֶכֶב וּבְפָרָשִׁים	הנני מביא אל צור	Ez. 26, 7.
וּבְרִיחַ וּדְלָתַיִם	ואמרת אעלה על ארץ	Ez. 38, 11.
וְהַמִּנְחָה וְהַחַטָּאת	ויאמר אלי לשכות	Ez. 42, 13.
וְאַלְמָנָה וּגְרוּשָׁה	לא יקחו להם לנשים	Ez. 44, 22.
וּמִשְׁפָּט וּצְדָקָה	רב לכם נשיאי ישראל	Ez. 45, 9.
וְאַלְמָנָה וְיָתוֹם	וגר ועני אל תעשקו	Zach. 7, 10.
וְחֶסֶד וֶאֱמֶת	הלוא יתעו חרשי רע	Prov. 14, 22.
וּבָנָיו וּבְנֹתָיו	ויהי היום ובניו	Job 1, 13.
וְאֶשְׁאָלְךָ וְהוֹדִיעֵנִי	אזר נא כגבר · קדמ׳ דכ׳	Job 38, 3.
וְהוֹד וְהָדָר	עדה נא גאון וגבה	Job 40, 10.
וְהַמֶּלֶךְ וְהָמָן	הרצים יצאו דחופים	Est. 3, 15.
וְלַהֲרֹג וּלְאַבֵּד	אשר נתן המלך	Est. 8, 11.
וְעִיר וָעִיר	והימים האלה נזכרים	Est. 9, 28.
וְעֵת וּמִשְׁפָּט	שומר מצוה לא ידע	Koh. 8, 5.
וְאַרְבָּעִים וּשְׁלֹשָׁה	בני קרית ערים · קדמ׳ דכ׳	Esra 2, 25.
וּבָנָיו וְאֶחָיו	ויביאו לנו כיד אלהינו	Esra 8, 18.

1) Zusatz von anderer Hand.

וּמַנְעֻלָיו וּבְרִיחָיו	ואת שער הישנה	Neh. 3, 6.
וְאַחַי וּנְעָרַי	ואין אני · קדמ׳ דב׳	Neh. 4, 17.
וּשְׂדֹתֵינוּ וּכְרָמֵינוּ	ועתה כבשר אחינו	Neh. 5, 5.
וְשִׁבְעִים וּשְׁנָיִם	בני פרעש · תנ׳ דב׳	Neh. 7, 8.
וְעֶשְׂרִים וּשְׁנָיִם	אנשי מכמס · תנ׳ דב׳	Neh. 7, 31.
וְעֶשְׂרִים וְאֶחָד	בני לד חדיד · תנ׳ דב׳	Neh. 7, 37.
וְאַרְבָּעִים וּשְׁנָיִם	בני דליה · תנ׳ דס׳	Neh. 7, 62.
וְלִשְׁמוֹר וְלַעֲשׂוֹת	מחזיקים על אחיהם	Neh. 10, 30.
וּשְׁלֹשִׁים וְשָׁלֹשׁ	ששה נולד לו בחברון	1 Chr. 3, 4.
וְהֵם וּבְנֵיהֶם	על השערים לבית ה׳	1 Chr. 9, 23.
וּבָקָר וְצֹאן	וגם הקרובים אליהם עד	1 Chr. 12, 40.
וְעֹשֶׁר וּנְכָסִים	החכמה והמדע נתון	2 Chr. 1, 12.
וְשִׁשִּׁים וָשֵׁשׁ	ויהי משקל הזהב · דה״ה	2 Chr. 9, 13.
וּבָנֵינוּ וּבְנוֹתֵינוּ	והנה נפלו אבותינו בחרב	2 Chr. 29, 9.

254.

ל״ו יחיד׳ וַאֲשֶׁר ולי׳ דכמי׳ יבי׳

36 Wörter, die nur 1 Mal mit vorhergehendem וַאֲשֶׁר vorkommen.

וַאֲשֶׁר אִתּוֹ	וימח את כל היקום	Gen. 7, 23.
נִשְׁבַּע	ה׳ אלהי השמים	Gen. 24, 7.
תֹּאמְרוּ	ויאמר שכם אל אביה	Gen. 34, 11.
הוּא	אין שר בית הסהר	Gen. 39, 23.
יִתֵּן	איש אשר ירקח כמהו	Ex. 30, 33.
תֵּצֵא	זאת תורת הזב	Lev. 15, 32.
יְמַלֵּא	וכפר הכהן אשר ימשח	Lev. 16, 32.
יִגְאַל	מן הלוים ויצא ממכר	Lev. 25, 33.
חָטָאנוּ	ויאמר אהרן אל משה	Num. 12, 11.
יְדַבֵּר	אך הנביא אשר יזיד	Deut. 18, 20.
עֲשִׂיתֶם	כי שמענו את אשר	Jos. 2, 10.
יָדְעוּ	ויעבד ישראל את ה׳ · דיהוש׳	Jos. 21, 31.
הֶעֱלָה	ויאמר שמואל אל העם	1 S. 12, 6.
צִוְּךָ	ויאמר דוד לאחימלך	1 S. 21, 3.
בְּעֵבֶר	ויראו אנשי ישראל · תנ׳ דס׳	1 S. 31, 7.
הָלַךְ	ויקרע את הממלכה	1 Reg. 14, 8.
מָלָךְ	ויתר דברי ירבעם · קדמ׳ דס	1 Reg. 14, 19.
וַאֲשֶׁר הֵשִׁיב	ויתר דברי ירבעם · תנ׳ דס׳	2 Reg. 14, 28.
שָׁלַחְתִּי	ויעד ה׳ בישראל וביהוד׳	2 Reg. 17, 13.
הָיוּ	בה׳ אלהי ישראל בטח	2 Reg. 18, 5.
הָלְכוּ	ושטחום לשמש ולירח	Jer. 8, 2.
יֵצְאוּ	כה אמר ה׳ אלי הלוך	Jer. 17, 19.
הֵבִיא	כי אם חי ה׳ אשר העלה	Jer. 23, 8.
דִּבַּרְתָּ	הנה הסללות באו העיר	Jer. 32, 24.
בְּבָבֶל	וגם כל היהודים	Jer. 40, 11.
חֲטָאתֶם	מפני אשר קטרתם	Jer. 44, 23.
עָשׂוּ	ולא ישעה אל המזבחות	Jes. 17, 8.
תָּבֹאנָה	ומי כמוני יקרא	Jes. 44, 7.
אֵין	הוי כל צמא לכו למים	Jes. 55, 1.
יַקְרִיבוּ	ויען חגי ויאמר	Hag. 2, 14.
יָגֹרְתִּי	כי פחד פחדתי ויאתיני	Job 3, 25.
שָׁכַב	דבר בליעל יצוק בו	Ps. 41, 9.
נִתַּן	יביאו לבוש מלכות	Est. 6, 8.
הָיָה	נעשה ליום אחד שור	Neh. 5, 18.
נָתְנוּ	שארית העם זהב	Neh. 7, 72.
הַמֶּלֶךְ	וילך חלקיהו ואשר המלך אל חלדה הנביאה · דה״ה	2 Chr. 32, 22.

255.

י״ג יחיד׳ וּבְכָל ולי׳ דכמי׳ יבי׳

13 Wörter, die nur ein Mal mit vorhergehendem וּבְכָל vorkommen.

וּבְכָל הָאָרֶץ	ויאמר אלהי׳ נעשה	Gen. 1, 25.
הַשֶּׁרֶץ	ויגוע כל בשר הרמש	Gen. 7, 21.
אֱלֹהֵי	ועברתי בארץ מצרים	Ex. 12, 12.
הַגּוֹיִם	ויאמר הנה אנכי כרת	Ex. 34, 10.
הָעַמִּים	כי ה׳ אלהינו היא המעלה	Jos. 24, 17.
הַמַּחֲנֶה	ויתקעו שלש מאות	Jud. 7, 22.
הֶעָרִים	בשבת ישר׳ בחשבון	Jud. 11, 26.
הָעָם	ויהי חרדה במחנה	1 S. 11, 15.
גְּבוּלָיִךְ	חילך ואוצרותיך לבז אתן	Jer. 15, 13.
מָקוֹם	כי ממזרח שמש	Mal. 1, 11.

וּבְכָל יוֹם	ויום מרדכי מתהלך	Est. 2, 11.
זאת	אנחנו כרתים אמנה	Neh. 10, 1.
זֶה	לא הייתי בירושלם	Neh. 13, 6.

256.

ט׳ יחיד׳ וּמַה פת׳ ולי׳ דסמי׳ יסי׳

9 Wörter, die nur ein Mal mit vorhergehendem וּמַה (Mem mit Pathach) vorkommen; ein Mal kommt ein Wort mit וּמֶה vorher vor.

וּמַה זֹּאת	וירדו שלשת אלפים	Jud. 15, 11.
לְּךָ	המה עם בית מיכה	Jud. 18, 3.
לִּי	ויאמר את אלהי	Jud. 18, 24.
זֶּה	אשר עשיתי · ב׳ בפסו׳	Jud. 18, 24.
יֶּשׁ	כי לא היה כל בית אבי	2 S. 19, 29.
בֶּצַע	אמרתם שוא עבד אלהים	Mal. 3, 14.
יִּתְרוֹן	וגם זה רעה חולה	Koh. 5, 15.
יֵּעָשֶׂה	ובכל יום ויום מרדכי	Est. 2, 11.
שְּׁאֵלָתֵךְ	ויאמר המלך לאסתר המלכה בתר׳ דכ׳	Est. 9, 12.
וחד וּמֶה קול · פת׳ קמץ · ויאמר שמואל ומה קול הצאן		1 S. 15, 14.

257.

ד׳ יחיד׳ מֶלֶךְ סמי׳ למלה ולי׳ וג׳ יסי׳

4 Wörter kommen ein Mal mit vorhergehendem מֶלֶךְ vor.

וּמֶלֶךְ אֶחָד	ועשיתי אתם לגוי	Ez. 37, 22.
מֶלֶךְ בִּירוּשָׁלָםִ	דברי קהלת	Koh. 1, 1.
וּמֶלֶךְ לְיִשְׂרָאֵל	וכנמא פתגמא	Esra 5, 11.
מֶלֶךְ בִּיהוּדָה	וגם נביאים העמדת	Neh. 6, 7.

258.

ג׳ יחיד׳ דסמי׳ לה׳ וכל חד וחד לי׳ דסמי׳ וסימ׳

3 Wörter kommen 1 Mal mit darauffolgendem לַה׳ vor, sonst folgt darauf אֶל ה׳

קַוֵּה לַה׳	אל תאמר אשלמה רע	Prov. 20, 22.
וָאֶתְפַּלְלָה לַה׳ אלהי ואתודה		Dan. 9, 4.
וַיִּצְעֲקוּ לַה׳	ויפנו יהודה והנה להם המלחמה	2 Chr. 13, 14.

וכל קרי׳ אן דאית קַוֵּה אֶל ה׳ · וָאֶתְפַּלֵּל אֶל ה׳ · וַיִּצְעֲקוּ אֶל ה׳

259.

מ׳ יחיד׳ דמשמ׳ מ׳ מן תרי׳ מלין ולי׳ וג׳ יסי׳

9 Wörterpaare, die nur ein Mal mit Mem praefix. des ersten Wortes vorkommen.

מֵהַר סִינַי	ויהי ברדת משה	Ex. 34, 29.
מֵאֹהֶל מוֹעֵד	ויקרא אל משה	Lev. 1, 1.
מֵעוֹר בְּשָׂרוֹ	וראה הכהן את הנגע	Lev. 13, 3.
מִשְּׁנַת הַיֹּבֵל	אם משנת היבל יקדיש	Lev. 27, 17.
מִמִּדְבַּר סִינָי	ויסעו בני ישראל למסעיהם	Num. 10, 12.
מֵעַרְבֹת מוֹאָב	ויעל משה מערבות	Deut. 34, 1.
מֵחֲצַר הַמַּטָּרָה	וישלחו ויקחו את ירמיהו	Jer. 39, 14.
מִשְׁתֵּים עֶשְׂרֵה	ואני לא אחוס על נינוה	Jona 4, 11.
מִשְּׁנַת עֶשְׂרִים	גם מיום אשר צוה אותי	Neh. 5, 14.

260.

ז׳ יחיד׳ וְאֵלֶּה ולי׳ דסמי׳ יסי׳

7 Wörter kommen nur ein Mal mit vorhergehendem וְאֵלֶּה vor.

וְאֵלֶּה הַבְּגָדִים	אשר יעשו חשן	Ex. 28, 4.
פְקוּדֵי	הלוי למשפחתם לגרשון	Num. 26, 57.
הַגּוֹיִם	אשר הניח ה׳ לנסות	Jud. 3, 1.

וְאֵלֶּה הַדְּבָרִים	אשר דבר ה׳ אל ישראל	Jer. 30, 4.
מִשְׁפְּחוֹת	בני מררי מחלי ומשי	1 Chr. 6, 4.
הָעֹמְדִים	ובניהם מבני הקהתי	1 Chr. 6, 18.
שָׂרֵי	הנציבים אשר למלך שלמה ד״ה	2 Chr. 8, 10.

261.

י״א יחיד׳ אַתָּה ולי׳ דכמי׳ וסי׳

11 Wörter kommen nur 1 Mal mit vorhergehendem אַתָּה vor.

אַתָּה זֶה	ויאמר אתה זה בני	Gen. 27, 24.
תִּהְיֶה	על ביתי ועל פיך	Gen. 41, 40.
תְדַבֵּר	את כל אשר אצוך	Ex. 7, 2.
הָאִישׁ	ויאמר נתן אל דוד	2 S. 12, 7.
דַבֵּר	ויבא חושי אל אבשלום	2 S. 17, 6.
קַח	ויאמר דוד אל אבישי	2 S. 20, 6.
אָמַרְתָּ	ויאמר נתן אדני המלך	1 Reg. 1, 24.
תִּשְׁמַע	השמים מכון שבתך · דנכרי	1 Reg. 8, 43.
אַל	תירא עבדי יעקב · בתר׳	Jer. 46 28.
בֶן	אדם הגד את בית ישראל	Ez. 43, 10.
מוֹשֵׁל	בגאות הים	Ps. 89, 10.

262.

וחלוף

י״א יחיד׳ וְאַתָּה ולי׳ דכמי׳ וסי׳

11 Wörter, die, umgekehrt vom Vorigen, nur 1 Mal mit vorhergehendem וְאַתָּה vorkommen.

וְאַתָּה וְאַהֲרֹן	וקחו איש מחתתו	Num. 16. 17.
שָׁמַעְתָּ	עם גדול ורם בני ענקים	Deut. 9, 2.
עֹשֶׂה	ואנכי לא חטאתי לך	Jud. 11, 27.
עֲשִׂיתָה	ויאמר שאול אל הקיני	1 S. 15, 6
שָׁלוֹם	ואמרתם כה לחי	1 S. 25, 6.
אֲדֹנִי	המלך עיני כל ישראל	1 Reg. 1, 20.
תִּשָּׂא	עבדי ירדו מן הלבנון	1 Reg. 5, 28.
וְאַתָּה תַּעֲשֶׂה	ימה · ב׳ בפסוק׳	1 Reg. 5, 23.
נַפְשְׁךָ	ואתה כי הזהרת · בתר׳ דס׳	Ez. 33, 9.
נוֹתֵן	עיני כל אליך ישברו	Ps. 145, 15.
לֵךְ	לקץ ותנוח ותעמד	Dan. 12, 13.

263.

ח׳ יחידי׳ אַרְצָה ולית דכמי׳ וסי׳

8 Wörter kommen nur 1 Mal mit vorhergehendem אַרְצָה vor.

אַרְצָה הַנֶּגֶב	ויסע משם אברהם	Gen. 20, 1.
שֵׂעִיר	וישלח יעקב מלאכים	Gen. 32. 4.
גֹּשֶׁן	ואת יהודה שלח לפניו	Gen. 46, 28.
מִצְרָיִם	ויקח משה את אשתו	Ex. 4, 20.
לְשַׁמָּה	כי עלה עליה גוי מצפון	Jer. 50, 3.
מִמְּלֹאָהּ	ואמרת אל עם הארץ	Ez. 12, 19.
זְבֻלוּן	וכי לא מועף לאשר	Jes. 8, 23.
וְאַרְצָה נַפְתָּלִי	מוצק לה · ב׳ בפס׳	Jes. 8, 23.

264.

י״א יחידי׳ וְהוּא ולי׳ דכמי׳ וסימ׳

11 Wörter kommen nur 1 Mal mit vorhergehendem וְהוּא vor.

וְהוּא לְבַדּוֹ	ויאמר לא ירד בני	Gen. 42, 38.
יִתֵּן	כאשר שמנה לחמו	Gen. 49, 20.
צִוָּה	ויאמר שלחני נא	1 S. 20, 29.
שָׂם	ויאמר המלך היד יואב	2 S. 14, 19.
הוֹלֵךְ	ודוד עלה במעלה הזיתים	2 S. 15, 30.
הָלַךְ	במדבר דרך יום	1 Reg. 19. 4.
עֹלֶה	ויעל משם בית אל	2 Reg. 2. 23.
בָא	ויעמד אל אדניו	2 Reg. 5. 25.
אָמַר	ואלישע ישב בביתו	2 Reg. 6, 32.
יִבְנֶה	את היכל ה׳	Zach. 6, 13.
יַעֲשֶׂה	גול על ה׳ דרכך	Ps. 37, 5.

265.

ר״ז יחיד׳ עַד ולית דסמי׳ וסימ׳

17 Wörter kommen nur 1 Mal mit vorhergehendem עַד vor.

עַד שׁוּבְךָ	בזעת אפך תאכל לחם	Gen. 3, 19.
הָאֱלֹהִים	על כל דבר פשע על שור	Ex. 22, 8.
אֵלֶּה	ואם עד אלה לא תשמעו	Lev. 26, 18.
אַתָּה	עתה לך והכיתה את עמלק	1 S. 15, 3.
דָּוִד	הנער בא ודוד קם	1 S. 20, 41.
תּוֹךְ	והנה באו עד תוך הבית	2 S. 4, 6.
שְׂפָתוֹ	ויעש את הים מוצק · דמ׳	1 Reg. 7, 23.
לִבֵּךְ	דרכך ומעלליך עשו אלה	Jer. 4, 18.
יְהוּדָה	כי אנושה מכותיה	Micha 1, 9.
בָּבֶל	חולי וגחי. בת ציון	Micha 4, 10.
מֶה	בני איש עד מה כבודי	Ps. 4, 3.
קַרְנוֹת	אל ה׳ ויאר לנו	Ps. 118, 27.
שַׁדַּי	אם תשוב עד שדי תבנה	Job 22, 23.
פֹּה	ואמר עד פה תבוא	Job 38, 11.
דִּבְרַת	בגזרת עירין פתגמא ומאמר	Dan. 4, 14.
כֵּן	והסגנים לא ידעו אנה	Neh. 2, 16.
לְמְאֹד	ויקברהו בקברתיו · דד״ה	2 Chr. 16, 14.

266.

ח׳ יחידין כל חד לית זוגה וסימ׳

8 Wörter (aus dem Stamme גֵּוָה), die in angegebener Form nur 1 Mal vorkommen.

לְגוֹיֵהֶם	אלה בני שם	Gen. 10, 31.
הֲגוֹי	ואבימלך לא קרב אליה	Gen. 20, 4.
וְהַגּוֹי	אשר יביא את צוארו	Jer. 27, 11.
גֵּוִי	נתתי למכים	Jes. 50, 6.
כְּגוֹי	ואותי יום יום ידרשון	Jes. 58, 2.
וְהַגּוֹיִם	כי הגוי והממלכה	Jes. 60, 12.
גּוֹי	לכן חי אני נאם ה׳ צבאות · דצפני׳	Zeph. 2, 9.
וְגוֹיִם	ובאו עמים רבים וגיים · דזכרי׳	Zach. 8, 22.

267.

ו׳ מלין מן ג׳ אתין מורדפין וסי׳ בבבל

6 Wörter, in denen ein Buchstabe 3 Mal hintereinander wie in dem Worte בְּבָבֶל, vorkommt.

בְּבָבַת	כי כה אמר ה׳ צבאות	Zach. 2, 12.
חָנְנֵנִי	ה׳ ראה עניי משנאי	Ps. 9, 14.
וּמִמַּמְלָכָה	ויתהלכו מגוי אל גוי · דתה׳	Ps. 105, 13.
מִמַּמְלָכָה	והברו · דד״ה	1 Chr. 16, 20.
כְּכֹכְבֵי	ובניהם הרבית ככבבי	Neh. 9, 23.
הֲמָמָם	וכתתו גוי בגוי ועיר בעיר	2 Chr. 15, 6.

268.

ג׳ פסוקים מתחלפין בתבת׳ וסי׳

3 Verse, in denen dieselbe Redensart unter von einander abweichender Form vorkommt.

כי את כל הארץ · וּלְזַרְעֲךָ עַד עוֹלָם	Gen. 13, 15.
והיו בך לאות · וּבְזַרְעֲךָ עַד עוֹלָם	Deut. 28, 46.
וצרעת נעמן · וּבְזַרְעֲךָ לְעוֹלָם	2 Reg. 5, 27.

269.

שטה מן כ״ג כל חד וחד לי׳ דכו׳ וכל מלה אחרי מן לישנא דכות׳ וסימנ׳

Verzeichniss von 23 Wörtern, die in der angegebenen Form oder Bedeutung nur ein Mal vorkommen, mit einer kleinen Veränderung (etwa durch praefixum) oder in anderer Bedeutung aber immer diese Form haben.

אָמְנָם	ויאמר ה׳ אל אברהם · וכל הַאֻמְנָם דכות׳	Gen. 18, 13.
דַּבְּרוֹ	ויראו אחיו כי אתו · וכל בְּדַבְּרוֹ דכות׳	Gen. 37, 4.
עֲשׂיָה	ושמרתם את השבת · וכל מַעֲשֶׂיהָ דכות׳	Ex. 31, 14.

Num. 9, 7.	הַקְרִיב	ויאמרו האנשים ההמה · וכל לְהַקְרִיב דכית׳
Jos. 15, 59.	עֲנִית	ומערת ובית ענית · וכל לישן ענית דכות׳
Jos. 17, 5.	חַבְלֵי	ויפלו חבלי מנשה · וכל בְּחַבְלֵי דכות׳
2 S. 17, 20.	מִיכַל	עברו מיכל המים · וכל שים אתתא דכו׳
2 Reg. 6, 14.	וְחַיִל כָּבֵד	וישלח שמה סוסים · וכל וּבְחַיִל כָּבֵד דכית׳
2 Reg. 24, 7.	הֹסִיף	ולא הסיף עוד מלך מצרים · וכל לְהֹסִיף דכית׳
Jes. 6, 6.	רִצְפָּה	דגש׳ · ויעף אלי אחד · וכל שים אתתא דכו׳
Hos. 12, 4.	שָׂרָה	בבטן עקב את אחיו · וכל שום אתתא דכית׳
Micha 7, 19.	במצולת	ישוב ירחמנו יכבוש · וכל מְצוּלוֹת דכות׳
Ps. 9, 13.	זָכָר	כי דרש דמים אותם · וכל לשון זכר דכו׳ קמיץ
Ps. 10, 3.	הִלֵּל	כי הלל רשע על תאות · וכל שום אנש דכותיה
Ps. 10, 15.	וָרָע	שבר זרוע רשע · וכל שום וָרָע דכית׳
Ps. 32, 6.	מְצֹא	על זאת יתפלל כל חסיד · וכל מִמְצָא דכית׳
Ps. 68, 29.	עֻזָּה	צוה אלהיך עזך עוזה · וכל שום אנש דכית׳
Prov. 8, 30.	אָמוֹן	ואהיה אצלו אמון · וכל שום אנש דכית׳
Job 18, 5.	יִגַּהּ	גם אור רשעים ידעך · וכל נֹגַהּ דכית׳
Dan. 11, 20.	במלקחה	ועמד על · כנו מעביר · וכל ובמלקחה דכות׳
2 Chr. 8, 8.	לְמַס	מן בניהם אשר נותרו · ד״ה · וכל למס עבד דכית׳
2 Chr. 32, 10.	בְּמָצוֹר	כה אמר סנחריב · ד״ה · וכל במצור ובמצוק דכית׳
2 Chr. 36, 20.	וַיֶּגֶל	השארית מן החרב · וכל וַיֶּגֶל את דכות׳

270.

שטה מן י״ו מלין דכל חד וחד לי׳ דכות׳ וכל חד וחד כל ספרא דכות׳ וסימנ׳

Verzeichniss von 16 Wörtern, die in der ganzen heiligen Schrift, mit Ausnahme eines Buches, nur ein Mal vorkommen, in dem ausgenommenen Buche aber immer so vorkommen.

Gen. 32, 26.	נִתְקַע	וירא כי לא יכל לו · וכל יחזקאל דכית׳
Lev. 13, 51.	לִמְלָאכָה	וראה את הנגע · וכל יחזקאל דכית׳
Num. 31, 18.	בַּנָּשִׁים	וכל הטף בנשים · וכל שיר השירים דכית׳
Deut. 6, 17.	וְעֵדֹתָיו	שמור תשמרון את · וכל תהלות דכית׳
1 S. 1, 9.	מְזוּזַת	ותקם חנה אחרי אכלה · וכל יחזקאל דכות׳
1 S. 17, 18.	וְאֵת עֲשֶׂרֶת	חריצי החלב · וכל אבתי דכית׳
1 Reg. 20, 27.	הָתְפָּקְדוּ	ובני ישראל התפקדו · וכל ירמיה דכות׳
Ez. 37, 24.	וְרוֹעֶה	ועבדי דוד מלך עליהם · וכל משלי דכית׳
Jes. 4, 2.	לִצְבִי	ביום ההוא יהיה צמח · וכל שיר השירים דכו׳
Ps. 49, 15.	וְצִירָם	כצאן לשאול שתו · וכל תריסר דכית׳
Ps. 145, 21.	תְּהִלַּת	ה׳ ידבר פי · וכל ירמי׳ דכית׳
Job 10, 17.	וְצָבָא	תחדש עדיך נגדי · וכל דניאל דכו׳
Prov. 23, 13.	לֹא יָמוּת	אל תמנע מנער מוסר · וכל יחזקאל דכו׳

Thr. 5, 21.	הֲשִׁיבֵנוּ	ה׳ אליך ונשובה · וכל תהלות דכות׳
1 Chr. 13, 10.	לִפְנֵי אֱלֹהִים	ויחר אף ה׳ בעזא · ר״ה · וכל תהלות דכותי׳
2 Chr. 33, 11.	וַיַּאַסְרֻהוּ	ויבא ה׳ עליהם את שרי · ר״ה וכל שפטים דכותי׳

271.

שטה מן כ״א מלין דכל חד וחד לית בספרא כותי׳ וכל קרי׳ דכותיה במ״א וסימניהון

Verzeichniss von 21 Wörtern, die in einem Buche der heiligen Schrift nur ein Mal so vorkommen, während sie in den übrigen Büchern immer so vorkommen, mit Ausnahme einer Stelle.

Gen. 10, 1.	וַיִּוָּלְדוּ	ואלה תולדת בני נח שם ·
Deut. 21, 15.		וכל קרי׳ דכיתי׳ במ״א · כי תהיין לאיש (וְיָלְדוּ)
Deut. 8, 14.	וְרָם	לבבך ושכחת את ה׳ · וכל
Jes. 2, 12.		קרי׳ דכיה׳ במ״א מלע׳ · על כל גאה ורם (וָרָם)
Deut. 13, 7.	בַּסֵּתֶר	כי יסיתך אחיך בן אמך ·
[1] 2 S. 12, 12.		וכל קרי׳ דכות׳ במ״א · כי אתה עשית בַסָּתֶר
Jos. 14, 4.	וּמִגְרְשֵׁיהֶם	כי היו בני יוסף שני מטות · וכל קרי׳ דכו׳ במ״א
Num. 35, 7.		וּמִגְרְשֵׁיהֶן · כל הערים אשר
2 S. 1, 21.	מָשִׁיחַ	הרי בגלבע אל טל ואל מטר
Thr. 4, 20.		וכל קרי׳ דכות׳ במ״א · רוח אפינו מְשִׁיחַ ה׳
2 S. 2, 22.	אָחִיךָ	ויסף עוד אבנר לאמר אל עשהאל
Gen. 20, 16.		וכל קרי׳ דכות׳ במ״א · לְאָחִיךְ ולשרה אמר הנה
1 Reg. 22, 27.	וּמַיִם	ואמרת כה אמר המלך · דמלכי׳
Ez. 4, 17.		וכל קרי׳ דכו׳ במ״א · למען יחסרו להם וָמַיִם

[1] Zusatz von anderer Hand.

Jer. 9, 9.	מִקְנֶה	על ההרים אשא בכי · וכל
Gen. 23, 18.		קרי׳ דכות׳ במ״א · לאברהם לְמִקְנָה
Jer. 18, 8.	עַל הָרָעָה	ושב הגוי ההוא מרעתו · וכל
		קרי׳ דכו׳ במ״א · אֶל הָרָעָה
2 S. 24, 16.		וישלח ידו המלאך דשמ׳
Jer. 34, 14.	חָפְשִׁי	מקץ שבע שנים תשלחו · וכל
Jes. 58, 6.		קרי׳ דכו׳ במ״א חָפְשִׁים · הלוא זה צום
Jer. 39, 11.	וַיְצַו	נבוכדראצר מלך בבל
2 Reg. 16, 15.		וכל קרי׳ דכו׳ במ״א · וַיְצַוֵּהוּ המלך אחז
Ez. 6, 13.	מִזְבְּחוֹתֵיהֶם	וידעתם כי אני ה׳ בהיות ·
Jer. 17, 1.		וכל קרי׳ דכו׳ במ״א · חטאת יהודה (מִזְבְּחוֹתֵיכֶם)
Zach. 3, 10.	תִּקְרְאוּ	ביום ההוא נאם ה׳ צבאות ·
Jer. 3, 19.		וכל קרי׳ דכו׳ במ״א · ואנכי אמרתי איך אשיתך (תִּקְרְאוּ)
Mal. 3, 22.	זִכְרוּ	תורת משה עבדי
Job 18, 17.		וכל קרי׳ דכו׳ במ״א · זִכְרוֹ אבד מני ארץ
Ps. 23, 5.	תַּעֲרֹךְ	לפני שלחן נגד · וכל קרי׳ דכו׳
Joel 1, 20.		במ״א · גם בהמות שדה תַּעֲרוֹג
Ps. 72, 20.	יִשָׁי	כלו תפלות דוד בן ישי · וכל
Jes. 18, 7.		קרי׳ דכו׳ במ״א · בעת ההיא יובל שַׁי
Ps. 107, 30.	וַיִּשְׂמְחוּ	כי ישתקו וינחם · וכל קרי׳
Job 21, 12.		דכו׳ במ״א · ישאו בתף וכנור (וְיִשְׂמְחוּ)
Ps. 119, 167.	שָׁמְרָה	נפשי עדתיך · וכל קרי׳ דכו׳
1 Chr. 29, 18.		במ״א שָׁמְרָה · ה׳ אלהי אברהם
Koh. 1, 11.	זִכְרוֹן	אין זכרון לראשנים · וכל
Lev. 23, 24.		קרי׳ דכו׳ במ״א · דבר אל בני ישראל בחדש (זִכְרוֹן)
Koh. 2, 21.	בְּחָכְמָה	כי יש אדם שעמלו · וכל

1 Chr. 28, 21. קרי' דכו' במ"א · והנה מחלקת הכהנים · ד"ה (בַּחָכְמָה)

Koh. 7, 26. וְחוֹטֵא ומוצא אני מר ממות · וכל

Jes. 65, 20. קרי' דכו' במ"א · לא יהיה משם עוד עול (וְהַחוֹטֶא)

272.

שטה תילופי כל ספר' הדא מלה וכל קרי' חלוף לה וסימנ'

Verzeichniss von Wörtern, die in einem Buche der heiligen Schrift immer so vorkommen, in den übrigen Büchern aber in anderer Form.

Gen. 12, 7. הַנִּרְאֶה וירא ה' אל אברם · וכל קרי' הַנִּרְאָה

Gen. 38, 1. חִירָה ויהי בעת ההיא וירד יהודה · וכל קרי' חִירָם

Ex. 8, 5. וַאֲשַׁלְּחָה את העם ויזבחו לה' · וכל קרי' וָאֲשַׁלְּחָה

Ex. 25, 20. פֹּרְשֵׂי כְנָפַיִם והיו הכרובים · וכל קרי' פֹּרְשִׂים כְּנָפַיִם

Ex. 26, 16. וְאַמָּה וַחֲצִי הָאַמָּה ארך הקרש · וכל קרי' אַמָּה וַחֲצִי הָאַמָּה

Lev. 13, 20. מַרְאֶהָ וראה הכהן והנה · וכל קרי' מַרְאֵה

Num. 15, 14. וכי יגור אִתְּכֶם גר · וכל קרי' אִתְּךָ

Num. 33, 42. בְּפוּנֹן ויסעו מצלמנה · וכל קרי פִּנֹן

Deut. 2, 1. וַנֵּפֶן וַנִּסַּע · מ"ת · וכל קרי' וַיִּפֶן וַיִּסַּע

Deut. 4, 11. וַתִּקְרְבוּן וַתַּעַמְדוּן תחת ההר · וכל קרי' וַתִּקְרְבוּ וַתַּעַמְדוּ

Deut. 4, 45. אֵלֶּה הָעֵדֹת והחקים · וכל קרי' אלה הָעֵדוֹת

Jos. 10, 23. מִן הַמְּעָרָה ויעשו כן ויוציאו · וכל קרי' מֵהַמְּעָרָה

Jud. 13, 5. יָחֵל קמ' והוא יחל להושיע · וכל קרי' יַחֵל פת'

1 S. 12, 8. וַיֹּשִׁיבוּם כאשר בא יעקב מצרים · וכל קרי' וַיּוֹשִׁיבֵם

1 S. 21, 2. נֹבֶה ויבא דוד נבה אל אחימלך · וכל קרי' נבח

2 S. 12, 3. כִּבְשָׂה ולרש אין כל · וכל קרי' כִּשְׂבָּה

2 S. 15, 19. אִתַּי דגש ויאמר המלך אל אתי · וכל קרי' איתי · רפי

2 S. 21, 12. בֵּית שַׁן וילך דוד ויקח את עצמות · וכל קרי' בֵּית שְׁאָן

1 Reg. 3, 2. נִבְנָה רק העם מזבחים בבמות · וכל קרי' נִבְנֶה

2 Reg. 3, 19. מִבְחוֹר והכיתם כל עיר · וכל קרי' מִבְחַר

Jer. 7, 31. עַל לִבִּי ובנו במות התפת · וכל קרי' אֶל לִבִּי

Jer. 26, 23. אוּרִיָּהוּ ויוציאו את אוריהו ממצ' · וכל קרי' אוּרִיָּה

Jer. 36, 22. הָאָח והמלך יושב בית החרף · וכל קרי' הָאָח

Jer. 46, 4. הַסִּרְיֹנֹת אסרו הסוסים ועלו · וכל קרי' הַשִּׁרְיוֹנוֹת

Ez. 1, 1. נְהַר כְּבָר ויהי בשלשים שנה · וכל קרי' נהר פְּרָת

Ez. 1, 2. יוֹיָכִין בחמשה לחדש היא השנה · וכל קרי' יְהוֹיָכִין

Ez. 45, 23. לְהַל מלרע ואת עמי יורו · וכל קרי' לַהַל מלעיל

Ez. לַנָּשִׂיא מלע' · וכל קרי' לְנָשִׂיא מלר'

Jes. 8, 17. וְקִוֵּיתִי וחכתי לה' המסתיר · וכל קרי' קִוִּיתִי

Jes. 49, 4. כִּלֵּיתִי ואני אמרתי לריק יגעתי · וכל קרי' כִּלִּיתִי

תריסר יְחִזְקִיָּה וכל קרי' יְחִזְקִיָּהוּ

Hos. 1, 6. רֻחָמָה ותהר עוד ותלד בת · וכל קרי' רַחֲמָה

Ps. 18, 50. תהלות ולשמך אֲזַמֵּרָה · וכל קרי' אֲזַמֵּר

Ps. 72, 19. אָמֵן וְאָמֵן וברוך שם כבודו · וכל קרי׳ אָמֵן אָמֵן

Ps. 115, 10. בֵּית אַהֲרֹן בטחו בה׳ · וכל קרי׳ בְּנֵי אַהֲרֹן

Prov. 1, 1. מִשְׁלֵי שְׁלֹמֹה בֶן דָּוִד · וכל קרי׳ דִּבְרֵי שְׁלֹמֹה

Prov. 9, 9. לְחָכָם תן לחכם ויחכם עוד · וכל קרי׳ לֶחָכָם

Job 15, 9. וְלֹא נֵדָע מה ידעה ולא נדע · וכל קרי׳ לֹא נֵדַע

Job 39, 10. רֵים התקשר רים בתלם · וכל קרי׳ רְאֵם

Koh. 5, 12. חוֹלָה יש רעה חולה · וכל קרי׳ הוֹלֵה

Koh. 9, 11. יִקְרֶה שבתי וראה תחת השמש · וכל קרי׳ יִקְרָא

Dan. 3, 27. עֲדָת קמין ודית נור לא · וכל קרי׳ פתח עֲדַת ה׳

Dan. 3, 5. קָל קמץ (?) מתכנשין אחשדרפניא · וכל קרי׳ קַל פתח

Dan. 7, 7. לַהּ פת׳ באתר דנה הזה הוית · וכל קרי׳ קמין

Dan. 7, 13. כְּבַר פתח הזה הוית בחזוי ליליא · וכל קרי׳ קמין

Dan. 11, 42. בַּאֲרָצוֹת פת׳ וישלח ידו בארצות · וכל קרי׳ קמין

רות תִּדְבָּקִין וכל קרי׳ תִּדְבָּקוּן

שיר השירים הַרְאִינִי הַשְׁמִיעִנִי · וכל קרי׳ הַרְאִנִי הַשְׁמִיעִנִי

Thr. 1, 1. קינות רַבָּתִי בַגּוֹיִם · איכה ישבה · וכל קרי׳ רַבַּת

אסתר וְעֶשְׂרִים וּמֵאָה · וכל קרי׳ מֵאָה וְעֶשְׂרִים

אסתר לְחֹדֶשׁ מלרע · וכל קרי׳ לַחֹדֶשׁ מלעיל

עזרא יֵשׁוּעַ יוֹצָדָק יוֹיָרִיב יוֹיָקִים יוֹיָדָע · וכל קרי׳ יְהוֹשֻׁעַ יְהוֹצָדָק יְהוֹיָרִיב יְהוֹיָקִים יְהוֹיָדָע

273.

שטה מן מ׳ מלין דכל חד וחד לי׳ דסמי׳ וכל קרי׳ חלוף וכ״מ׳

Verzeichniss von 40 Wörtergruppen, die nur ein Mal in dieser Wortfolge vorkommen, sonst aber immer in einer andern Wortfolge.

Ex. 16, 23. שַׁבָּתוֹן שַׁבַּת ויאמר אלהם הוא אשר · וכל קרי׳ שַׁבַּת שַׁבָּתוֹן

Ex. 29, 18. אִשֶּׁה לַה׳ הוא והקטרת את כל האיל ס״פ · וכל קרי׳ אִשֶּׁה הוא לַה׳

Ex. 36, 17. לֻלָאֹת הַמִּשִּׁים ויעש ללאת המשים · וכל קרי׳ הֲמִשִּׁים לֻלָאֹת

Lev. 12, 8. אֶחָד לְעֹלָה וְאֶחָד לְחַטָּאת ואם לא תמצא · וכל קרי׳ אֶחָד לְחַטָּאת וְאֶחָד לְעֹלָה

Lev. 16, 4. וְרָחַץ בַּמַּיִם אֶת בְּשָׂרוֹ כתנת בד קדש · וכל קרי׳ וְרָחַץ בְּשָׂרוֹ בַּמַּיִם

Lev. 19, 3. אִמּוֹ וְאָבִיו איש אמו ואביו · וכל קרי׳ אָבִיו וְאִמּוֹ

Lev. 20, 25. בַּבְּהֵמָה וּבָעוֹף והבדלתם בין הבהמה · וכל קרי׳ בָּעוֹף וּבַבְּהֵמָה

Lev. 21, 2. לְאִמּוֹ וּלְאָבִיו כי אם לשארו · וכל קרי׳ לְאָבִיו וּלְאִמּוֹ

Lev. 23, 21. חֻקַּת עוֹלָם בְּכָל מוֹשְׁבֹתֵיכֶם וקראתם בעצם · וכל קרי׳ לְדֹרֹתֵיכֶם בְּכֹל מוֹשְׁבֹתֵיכֶם

Num. 31, 22. אַךְ אֶת הַזָּהָב וְאֶת הַכָּסֶף · וכל קרי׳ אֶת הַכֶּסֶף וְאֶת הַזָּהָב

Deut. 6, 18. הַיָּשָׁר וְהַטּוֹב ועשית · וכל קרי׳ הַטּוֹב וְהַיָּשָׁר

Deut. 16, 18. מִשְׁפַּט צֶדֶק שפטים ושטרים · וכל קרי׳ צֶדֶק וּמִשְׁפָּט

Jos. 18, 1. וְהָאָרֶץ נִכְבְּשָׁה ויקהלו כל עדת בני ישראל · וכל קרי׳ וְנִכְבְּשָׁה הָאָרֶץ

Jos. 24, 14. בְּתָמִים וּבֶאֱמֶת ועתה יראו את ה׳ · וכל קרי׳ בֶּאֱמֶת וּבְתָמִים

Jud. 6, 4. יֶשֶׂה וָשׁוֹר ויחנו עליהם וישחיתו · וכל קרי׳ וְשׁוֹר וָשֶׂה

1 S. 23, 23. וּרְאוּ וּדְעוּ מכל המחבאים · וכל קרי׳ וּדְעוּ וּרְאוּ

2 S. 14, 15. הַמֶּלֶךְ אֲדֹנִי ועתה אשר באתי לדבר · וכל קרי׳ אֲדֹנִי הַמֶּלֶךְ

2 S. 18, 9. בֵּין הַשָּׁמַיִם וּבֵין הָאָרֶץ ויקרא אבשלים · וכל קרי׳ בֵּין הָאָרֶץ וּבֵין הַשָּׁמָיִם

2 S. 24, 18. הָקֵם לַה׳ מִזְבֵּחַ ויבא גד אל דוד · דשמ׳ · וכל קרי׳ הָקֵם מִזְבֵּחַ לַה׳

2 S. 24, 24. שְׁקָלִים חֲמִשִּׁים ויאמר המלך אל ארונה דשמ׳ · וכל קרי׳ חֲמִשִּׁים שְׁקָלִים

1 Reg. 1, 21. וּבְנִי שְׁלֹמֹה והיה כשכב אדני · וכל קרי׳ שְׁלֹמֹה בְנִי

2 Reg. 19, 2. אֶל יְשַׁעְיָהוּ הַנָּבִיא בֶּן אָמוֹץ וישלח את אליקים אשר על הבית · דמל׳ · וכל קרי׳ אֶל יְשַׁעְיָהוּ בֶּן אָמוֹץ הַנָּבִיא

Jer. 21, 5. בְּיָד נְטוּיָה וּבִזְרוֹעַ חֲזָקָה ונלחמתי אני · וכל קרי׳ בְּיָד חֲזָקָה וּבִזְרוֹעַ נְטוּיָה

Jer. 44, 6. לְחָרְבָּה לִשְׁמָמָה ותתך חמתי ואפי · וכל קרי׳ לְשַׁמָּה וּלְחָרְבָּה

Ez. 36, 11. וְרָבוּ וּפָרוּ והרביתי עליכם אדם · וכל קרי׳ פָּרוּ וְרָבוּ

Hos. 2, 2. בְּנֵי יְהוּדָה וּבְנֵי יִשְׂרָאֵל ונקבצו בני יהודה · וכל קרי׳ בְּנֵי יִשְׂרָאֵל וּבְנֵי יְהוּדָה

Hos. 13, 15. קָדִים רוּחַ כי הוא בין אחים · וכל קרי׳ רוּחַ קָדִים

Zach. 2, 6. כַּמָּה רָחְבָּהּ וְכַמָּה אָרְכָּהּ ויאמר אנה אתה וכל קרי׳ כַּמָּה אָרְכָּהּ וְכַמָּה רָחְבָּהּ

Ps. 89, 51. רַבִּים עַמִּים זכר ה׳ חרפת עבדיך · וכל קרי׳ עַמִּים רַבִּים

Prov. 27, 14. בַּבֹּקֶר הַשְׁכֵּים מברך רעהו בקול גדול · וכל קרי׳ הַשְׁכֵּם בַּבֹּקֶר

Job 16, 11. אֵל אֶל יסגירני אל אל עויל · וכל קרי׳ אֶל אֵל

Job 20, 17. דְּבַשׁ וְחֶמְאָה אל ירא בפלגות · וכל קרי׳ חֶמְאָה וּדְבַשׁ

Job 29, 2. כְּיַרְחֵי קֶדֶם מי יתנני כירחי קדם · וכל קרי׳ כִּימֵי קֶדֶם

Ruth. 4, 9. לְכִלְיוֹן וּמַחְלוֹן ויאמר בעז לזקנים · וכל קרי׳ מַחְלוֹן וְכִלְיוֹן

Dan. 1, 5. שָׁנִים שָׁלוֹשׁ וימן להם המלך · וכל קרי׳ שָׁלוֹשׁ שָׁנִים

Dan. 11, 38. בְּזָהָב וּבְכֶסֶף ולאלה מעזים · וכל קרי׳ בְּכֶסֶף וּבְזָהָב

1 Chr. 22, 15. אֶבֶן וָעֵץ ועמך לרב עשי מלאכה · וכל קרי׳ עֵץ וָאֶבֶן

1 Chr. 23, 30. לְהֹדוֹת וּלְהַלֵּל ולעמד בבקר בבקר · וכל קרי׳ לְהַלֵּל וּלְהֹדוֹת

1 Chr. 28, 10. רְאֵה עַתָּה כי ה׳ בחר בך ד״ה · וכל קרי׳ עַתָּה רְאֵה

2 Chr. 6, 13. וְאַמּוֹת שָׁלוֹשׁ כי עשה שלמה כיור ד״ה · וכל קרי׳ שָׁלֹשׁ אַמּוֹת

274. כ׳ פסוקים דמשתבשין בהין י״ד מנהון מיהדין וסימן אלין דנסבין ו״ו ואלין דלא נסבין ו״ו

Verzeichniss von 20 Versen, in deren Wortfolge (der Völkernamen Palästina's) leicht Fehler einschleichen; 14 von ihnen haben je eine eigene Reihenfolge, (die 6 andern kommen je 3 in einer angegebenen Reihenfolge vor); zugleich wird angegeben, welche mit und welche ohne Waw copulat. stehen.

Ex. 3, 8. וארד להצילו ⎱ הכנעני והחתי והאמרי והפרזי והחוי והיבוסי · כתמפ״ום · סימן ה׳
Ex. 3, 17. ואמר אעלה אתכם ⎰ בקדמא ובתריהון ו״ו

Ex. 13, 5. והיה כי יביאך ה׳ אל ארץ · הכנעני והחתי והאמרי והחוי והיבוסי · כתמ״ום · סימן
Esra 7, 7. ויעלו מבני ישראל ומן הכהנים והלוים והמשררים והשערים והנתינים·

Ex. 23, 23. כי ילך מלאכי · האמרי והחתי והפרזי והכנעני החוי והיבוסי · מתפכ״ום · סימן
Jer. 1, 10. ראה הפקדתיך היום הזה לנתוש ולנתוץ ולהאביד ולהרוס לבנות ולנטוע
Ez. 44, 25. ואל מת אדם לאב ולאם ולבן ולבת לאח ולאחות·

Ex. 23, 28. ושלחתי את הצרעה · את החוי את הכנעני ואת החתי · וכ״ת · סימן
Gen. 13, 10. וישא לוט את עיניו וירא · את כל ככר הירדן את סדם ואת עמרה·
Gen. 14, 16. וישב את כל הרכוש · וגם את לוט את הנשים ואת העם·
Lev. 16, 24. ורחץ את בשרו במים · את בגדיו את עלתו ואת עלת·
Num. 20, 8. קח את המטה · והקהל את העדה את העדה ואת בעירם·
Deut. 31, 28. הקהילו אלי את כל זקני שבטיכם · את הדברים האלה את השמים ואת הארץ·
Jud. 3, 7. ויעשו בני ישראל את הרע בעיני ה׳ · את ה׳ אלהיהם את הבעלים ואת האשרות·

Ex. 33, 2. ושלחתי לפניך מלאך · הכנעני האמרי והחתי והפרזי החוי והיבוסי · כמתפ״ום · סימן
Ex. 39, 40. את קלעי החצר את עמדיה ואת אדניה ואת המסך את מיתריו ואת כל כליו·
Deut. 27, 13. ואלה יעמדו על הקללה ראובן גד ואשר זבולן דן ונפתלי·

Ex. 34, 11. שמר לך את אשר · האמרי והכנעני והחתי והפרזי והחוי והיבוסי · מכתפ״ום · סימן ה׳ בקדמא ובתריהון ו״ו·

Num. 13, 29. עמלק יושב בארץ הנגב והחתי והיבוסי והאמרי יושב בהר והכנעני · תס״כך · סימן כולהון ו״ו·

Dent. 7, 1. ונשל גוים רבים · החתי והגרגשי והאמרי והכנעני והפרזי והחוי והיבוסי · תגמכפ״ום · סימן ה׳ בקדמא ובתריהון ו״ו·

Dent. 20, 17. כי החרם תחרימם החתי והאמרי הכנעני והפרזי החוי והיבוסי · תמכפ״ום · סימן
Ex. 10, 9. ויאמר משה בנערינו ובזקנינו בבנינו ובבנותינו בצאננו ובבקרנו·
Ex. 39, 39. את מזבח הנחשת את ואת את ואת את הכיר ואת כנו·
Hos. 2, 7. כי זנתה אמם · לחמי ומימי צמרי ופשתי שמני ושקויי

Jos. 3, 10. ויאמר יהושע בזאת תדעון · את הכנעני ואת החתי ואת החוי ואת הפרזי ואת הגרגשי והאמרי והיבוסי · כתיפג״מס · סימן
Gen. 33, 2. וישם את השפחות ואת ילדיהן ואת לאה ואת רחל ואת יוסף · י״ה פסוקין דמין ראית בהון את ואת ואת ואת·

Jos. 9, 1. ויהי כשמע כל המלכים · החתי והאמרי הכנעני הפרזי החוי והיבוסי · תמכפ״ום · סימן
Num. 31, 22. אך את הזהב ואת הכסף את הנחשת את הברזל את הבדיל ואת העפרת·

Jos. 11, 3. הכנעני ממזרח ומים והאמרי והחתי והפרזי והיבוסי בהר והחוי · כמתפ״סו · סימן ה׳ בקדמא ובתריהון ו״ו·

Jos. 12, 8. בהר ובשפלה ובערבה · החתי האמרי והכנעני הפרזי החוי והיבוסי · תמכפו״ם · סימן
1 Chr. 2, 2. דן יוסף ובנימן נפתלי גד ואשר · דד״ה·

Jos. 24, 11. ותעברו את הירדן · האמרי והפרזי והכנעני והחתי והגרגשי החוי והיבוסי · מפכתג״וס · סימן
Jer. 31, 28. והיה כאשר שקדתי לנתוש ולנתוץ ולהרס ולהאביד ולהרע לבנות ולנטוע·
Hos. 4, 2. אלה וכחש ורצח וגנב ונאף פרצו ודמים·

Jud. 3, 5. ובני ישראל ישבו · הכנעני החתי והאמרי והפרזי והחוי והיבוסי · כתמפ״ום · סימן

Lev. 7, 37. ואת התורה לעולה למנחה ולחטאת ולאשם ולמלואים ולזבח·

Neh. 9, 32. ועתה אלהינו האל הגדול הגבור · למלכינו לשרינו ולכהנינו ולנביאינו ולאבתינו ולכל עמך·

1 Chr. 28, 1. ויקהל דויד את כל שרי ישראל שרי ושרי ושרי ושרי ושרי·

1 Reg. 9, 20. כל העם הנותר · דמלכי׳ · האמורי החתי הפריזי החוי והיבוסי · מתפ״ום · סימן

Ex. 9, 3. הנה יד ה׳ הויה במקנך · בסוסים בחמרים בגמלים בבקר ובצאן·

Num. 31, 30. וממחצית בני ישראל תקח אחד אחז מן החמשים מן האדם מן הבקר מן החמרים ומן הצאן·

Deut. 3, 25. אעברה נא ואראה את הארץ הטובה · הירדן ההר הטוב הזה והלבנון·

Deut. 10, 17. כי ה׳ אלהיכם הוא אלהי האלהים וארני האדנים האל הגדול הגבור והנורא·

Esra 9, 1. וככלות אלה נגשו אלי השרים · לכנעני החתי הפריזי היבוסי העמני המאבי המצרי והאמרי· כהפסעא״צם · סימן

Ez. 24, 10. הרבה העצים הדלק האש התם הבשר והרקח

Neh. 10, 29. ושאר העם הכהנים הלוים השוערים המשררים הנתינים וכל

Neh. 9, 8. ומצאת את לבבו · הכנעני החתי האמרי והפרזי והיבוסי והגרגשי · כהכמ״סג · סימן

Ex. 29, 5. ולקחת את הבגדים והלבשת את אהרן את הכתנת ואת מעיל האפוד ואת האפוד ואת החשן·

1 Chr. 8, 33. ונר הוליד את קיש · את שאול · את יהונתן ואת מלכי שוע ואת אבינדב ואת אשבעל · תני׳ דס׳ ·

2 Chr. 8, 7. כל העם הנותר דד״ה · החתי והאמרי והפרזי והחוי והיבוסי · תמפ״ום · סימן

1 Chr. 29, 11. לך ה׳ הגדלה והגבורה והתפארת והנצח וההוד·

1 Chr. 9, 29. ומהם ממנים על הכלים · הכלת והיין והשמן והלבונה והבשמים

275.

ד׳ פסוקים דאית בהין ד׳ מלין מתחלפין וסי׳

4 Verse, in denen dieselben 4 Wörter (aus einer Wörtergruppe von 5 Wörtern) in Beziehung auf das Waw copulat. nach den angegebenen Zeichen abweichen.

Num. 26, 33. וצלפחד בן חפר ·

Jos. 17, 3. ולצלפחד בן חפר דיהושע· מַחְלָה וְנֹעָה חָגְלָה מִלְכָּה וְתִרְצָה · וסי׳ מוחמ״ו

Num. 27, 1. ותקרבנה בנות צלפחד· מַחְלָה נֹעָה וְחָגְלָה וּמִלְכָּה וְתִרְצָה · וסי׳ מנו״וו

Num. 36, 11. ותהיינה· מַחְלָה תִרְצָה וְחָגְלָה וּמִלְכָּה וְנֹעָה · וסי׳ מת״ווו

276.

ו׳ פסוקים דאית בהון ג׳ זוגין מתחלפין וסי׳

6 Verse, in denen eine Wörtergruppe von 3 Wörtern in angegebener Wortfolge abwechselt.

Deut. 8, 11. השמר לך פן תשכח· מִצְוֹתָיו וּמִשְׁפָּטָיו וְחֻקֹּתָיו· וסי׳ צפ״ק

Deut. 11, 1. ואהבת את ה׳ אלהיך· וְחֻקֹּתָיו וּמִשְׁפָּטָיו וּמִצְוֹתָיו· וסי׳ קפ״צ

Deut. 26, 17. את ה׳ האמרת היום · חֻקָּיו וּמִצְוֹתָיו וּמִשְׁפָּטָיו

1 Reg. 2, 3. ושמרת את משמרת ה׳ אלהיך · חֻקֹּתָיו מִצְוֹתָיו וּמִשְׁפָּטָיו· וסימנ׳ דתרויהון קצ״פ

Deut. 30, 16. אשר אנכי מצוך היום · מִצְוֹתָיו וְחֻקֹּתָיו וּמִשְׁפָּטָיו

1 Reg 8, 58. להטות לבבנו אליו· מִצְוֹתָיו וְחֻקָּיו וּמִשְׁפָּטָיו· וסי׳ דתרוי׳ צק״פ

277.

ר׳ פסוקים דקרים מִצְוֹתָיו לְחֻקָּיו וסי׳

4 Verse, in denen מִצְוֹתָיו dem חֻקָּיו (wenn auch nicht unmittelbar) vorangeht.

והיה אם שמוע תשמע לקול ה׳ אלהיך — Ex. 15, 26.
ושמעת בקול ה׳ אלהיך ועשית את מצותו — Deut. 27, 10.
להטות לבבנו אליו — 1 Reg. 8, 58.
ויעמד המלך על עמדו · דד״ה — 2 Chr. 34, 31.

278.

ח׳ פסוקים דקרים מִשְׁפָּטַי לְחֻקֹּתַי וסי׳

8 Verse, in denen מִשְׁפָּטַי dem חֻקֹּתַי vorangeht.

את משפטי תעשו — Lev. 18, 4.
והארץ תעזב מהם — Lev. 26, 43.
ותמר את משפטי · ב׳ בפ׳ — Ez. 5, 6.
מעני השיב ידו — Ez. 18, 17.
יען במשפטי מאסו — Ez. 20, 16.
יען משפטי לא עשו והקתי מאסו — Ez. 20, 24.
ועבדי דוד מלך עליהם — Ez. 37, 24.

279.

ו׳ פסוקים דקדים חֻקֹּתַי לְמִצְוֹתַי וסי׳

6 Verse, in denen חֻקֹּתַי dem מִצְוֹתַי vorangeht.

אם בחקתי תלכו — Lev. 26, 3.
ואם בחקתי תמאסו — Lev. 26, 15.
הבית הזה אשר אתה בנה — 1 Reg. 6, 11.
והיה אם תשמע · דירבעם — 1 Reg. 11, 38.
אם חקתי יחללו — Ps. 89, 31.
ואם תשובון אתם · דד״ה — 2 Chr. 7, 19.

280.

ד׳ פסוקים דקדי׳ הַלְוִיִּם לַכֹּהֲנִים וסי׳

4 Verse, in denen הַלְוִיִּם dem כֹּהֲנִים vorangeht.

גם בריתי תפר — Jer. 33, 21.
וגם בירושלם העמיד יהושפט — 2 Chr. 19, 8.
ויעמדו הלוים בכלי שיר דויד — 2 Chr. 29, 26.
ויעשו בני ישראל הנמצאים · תרוי׳ דיחזקיהו · דד״ה — 2 Chr. 30, 21.

281.

ד׳ פסוקים מטעין בהון וסי׳

4 Verse, in denen man in Beziehung auf Wörter, Wortfolge und Waw copulat. irren könnte und richtige Angabe.

אלה הָעֵדֹת וְהַחֻקִּים וְהַמִּשְׁפָּטִים — Deut. 4, 45.
תני׳ דואתה פה · הַמִּצְוָה וְהַחֻקִּים וְהַמִּשְׁפָּטִים — Deut. 5, 28.
תליתא דוזאת · הַמִּצְוָה הַחֻקִּים וְהַמִּשְׁפָּטִים — Deut. 6, 1.
רביעא׳ דכי ישאלך · הָעֵדֹת וְהַחֻקִּים וְהַמִּשְׁפָּטִים — Deut. 6, 20.

282.

ג׳ פסוקים דקדי׳ הַכֹּהֲנִים לִבְנֵי אַהֲרֹן וכי׳

3 Verse, in denen ausnahmsweise הַכֹּהֲנִים dem בְּנֵי אַהֲרֹן vorhergeht; ein Mal geht הַכֹּהֵן dem בֶּן אַהֲרֹן voran.

ויאמר ה׳ אל משה אמר אל הכהנים — Lev. 21, 1.
ואחר הכינו להם ולכהנים · ב׳ בו וחד — 2 Chr. 35, 14.
והיה הכהן בן אהרן עם הלוים בעשר הלוים — Neh. 10, 39.

283.

בָּנָיו דקדים לְנָשָׁיו ב׳ בלישנ׳ וסי׳

2 Mal geht in ähnlicher Form בָּנָיו dem נָשָׁיו ausnahmsweise voran.

Gen. 31, 17. ויקם יעקב וישא את בניו
2 Chr. 21, 17. ויעלו ביהודה ויבקעוה

284.

שֶׁמֶן דקדים לְיַיִן ב׳ בליש׳ וסי׳

2 Mal geht in ähnlicher Form שֶׁמֶן dem Wort יַיִן voran; sonst geht immer יַיִן voran.

2 Chr. 2, 14. ועתה החטים והשערים וְהַשֶּׁמֶן וְהַיַּיִן
2 Chr. 11, 11. ויתן בהם נגידים ואצרות מאכל וְשֶׁמֶן וָיָיִן · וכל קרין קדים יַיִן לְשֶׁמֶן

285.

אבנים דקדים לעצים ד׳ בלישן וסי׳

4 Mal geht אבן dem עץ in verschiedener Form voran.

Lev. 14, 45. ונתץ את הבית את אבניו ואת עציו
Ez. 26, 12. ואבניך ועציך ועפרך בתוך מים ישימו
1 Chr. 22, 15. ועמך לרב עשי מלאכה
2 Chr. 2, 13. בן אשה מן בנות דן · דד״ה וחד לבר מסיפרתא
Jer. 3, 9. ותנאף את האבן ואת העץ

286.

ג׳ פסוקים מתחלפין ומטעין בהון וסי׳

3 Verse, in denen dieselben 3 Wörter vorkommen, die aber, in Beziehung auf das Waw copulat. zu Jrrthum Veranlassung geben, und die richtige Angabe derselben.

Gen. 7, 13. בעצם היום הזה בא נח וְשֵׁם וְחָם וָיֶפֶת וסי׳ · וו״ו
Gen. 9, 18. ויהיו בני נח היצאים מן התבה שֵׁם וְחָם וָיֶפֶת וסי׳ · שו״ו
Gen. 10, 1. ואלה תולדת בני נח שֵׁם חָם וָיֶפֶת וסי׳. שח״ו

287.

ה׳ פסוקים מתחלפין בקהלת וסי׳

5 Verse im Buche Koheleth, in denen ähnliche Phrasen vorkommen und deren Verschiedenheit.

Koh. 1, 17. ואדעה לבי · שֶׁגַּם זֶה הוא רַעְיוֹן רוּחַ
Koh. 2, 17. ושנאתי את החיים · כִּי הַכֹּל הֶבֶל וּרְעוּת רוּחַ
Koh. 2, 21. כי יש אדם · גַּם זֶה הֶבֶל וְרָעָה רַבָּה
Koh. 2, 23. כי כל ימיו מכאבים · גַּם זֶה הֶבֶל הוּא
Koh. 4, 16. אין קץ לכל העם · כִּי גַם זֶה הֶבֶל וְרַעְיוֹן רוּחַ

288.

ה׳ פסוקין דדמין בשמהתהו׳ ומתחלפי׳ באתיהון ב׳ באורי׳ וג׳ דד״ה וסימנ׳

5 Verse, 2 im Pent. und 3 in d. B. d. Chr. in denen dieselben Namen vorkommen, die aber verschieden sind in Hinsicht des Waw copulat.

Ex. 6, 18. קדמ׳ דאורי׳ · וּבְנֵי קְהָת עַמְרָם וְיִצְהָר וְחֶבְרוֹן וְעֻזִּיאֵל וחברו
1 Chr. 6, 3. תנ׳ דד״ה · וּבְנֵי קְהָת עַמְרָם וְיִצְהָר וְחֶבְרוֹן וְעֻזִּיאֵל · וכו׳
1 Chr. 2, 43. ובני חברון קרח ותפח ורקם ושמע
Num. 3, 19. תנ׳ דאורי׳ · וּבְנֵי קְהָת לְמִשְׁפְּחֹתָם עַמְרָם וְיִצְהָר חֶבְרוֹן וְעֻזִּיאֵל
1 Chr. 5, 28. קדמא דד״ה · וּבְנֵי קְהָת עַמְרָם יִצְהָר וְחֶבְרוֹן וְעֻזִּיאֵל וכו׳

ונתתי עשב בשדך לבהמתך ואכלת ושבעת

1 Chr. 23, 12. תלית׳ ד״ה · בְּנֵי קְהָת עַמְרָם יִצְהָר
חֶבְרוֹן וְעֻזִּיאֵל ארבעה· וסי׳
Ps. 69, 33. ראו ענוים ישמחו דרשי
אלהים ויחי לבבכם

289.

סימן

Angabe der Verschiedenheit in den ähnlichen Stellen 2 Reg. 19, 4. 16. 20, 13. mit Jes. 37, 4. 17. 39, 2.

2 Reg. 19, 4. דמלכים אולי ישמע ה׳ אלהיך · אֵת כָּל
דִּבְרֵי רבשקה
2 Reg. 19, 16. הטה ה׳ אזנך ושמע · אֵת דִּבְרֵי
סנחריב
2 Reg. 20, 13. וישמע אליהם · אֶת כָּל בֵּית
נְכֹתֹה · וְאֵת כָּל כֵּלָיו· וסי׳
Ex. 30, 27. ואת השלחן וְאֶת כָּל כֵּלָיו
ואת המנרה וְאֶת כֵּלֶיהָ·
קדמ׳ דמ׳

וחליף

Jes. 37, 4. דישעי׳ אולי ישמע ה׳ אלהיך · אֵת
דִּבְרֵי רַבְשָׁקֵה
Jes. 37, 17. הטה ה׳ אזנך ושמע · אֵת כָּל
דִּבְרֵי סַנְחֵרִיב
Jes. 39, 2. וישמח עליהם חזקיהו · אֶת
בֵּית נְכֹתֹה · וְאֵת כָּל בֵּית כֵּלָיו
וסימנ׳
Ex. 31, 8. ואת השלחן וְאֶת כֵּלָיו ואת
המנרה הטהרה וְאֶת כָּל כֵּלֶיהָ·
תנ׳ דמ׳

290.

סימן

Angabe der Verschiedenheit ähnlicher Phrasen in: a, Num. 4, 6. 8. 11. 14. b, Deut. 15, 15. 16, 12. 24, 18. 24, 22. c, 1 Reg. 8, 47. 48. 2 Chr. 6, 37. 38.

Num. 4, 6. ונתנו עליו כסוי עור תחש · וְשָׂמוּ בַּדָּיו
Num. 4, 8. ופרשו עליהם בגד · וְשָׂמוּ אֶת בַּדָּיו
Num. 4, 11. ועל מזבח הזהב · וְשָׂמוּ אֶת בַּדָּיו
Num. 4, 14. ונתנו עליו את כל כליו · וְשָׂמוּ בַדָּיו
Deut. 15, 15. וזכרת דעל׳ כל הבכור · בְּאֶרֶץ מִצְרַיִם
Deut. 16, 12. וזכרת דעל׳ חג הסכת · בְּמִצְרָיִם
Deut. 24, 18. וזכרת דעל׳ כי תקצר · בְּמִצְרַיִם
Deut. 24, 22. וזכרת דעל׳ כי יהיה ריב · בְּאֶרֶץ מִצְרָיִם
1 Reg. 8, 47. וְהֵשִׁיבוּ · אֶל לִבָּם · דמלכי׳
1 Reg. 8, 48. וְשָׁבוּ · אֵלֶיךָ בְּכָל לְבָבָם · דמלכי׳
2 Chr. 6, 37. וְהֵשִׁיבוּ · אֶל לְבָבָם · דדברי הימי׳
2 Chr. 6, 38. וְשָׁבוּ · אֵלֶיךָ בְּכָל לִבָּם · דד״ה

291.

ז׳ מלין בחד ענין מתחלפי׳ וכו׳

7 Wort, welches 7 Mal in einem Abschnitte bald mit und bald ohne Beth praefix. vorkommt und nach welcher Ordnung.

Lev. 26, 21. ff. קֶרִי קֶרִי בְּקֶרִי בְּקֶרִי קֶרִי בְּקֶרִי בְּקֶרִי· וכו׳
1 Reg. 8, 64. ביום ההוא קדש המלך את תוך החצר·
דמלכים · אן דאית בפסוק את קֶרִי ואת
Num. 16, 1. בְּקֶרִי · וסימן ויקח קרח בן יצהר
בן קהת · אן דאית ק׳ קֶרִי ב׳ בְּקֶרִי
·

292.

ה׳ מלין בחד ענין דמטע׳ בהון ומתחלפ׳ וכו׳

5 ähnliche Wörtergruppen in einem Abschnitte, über deren abwechselnde Verschiedenheit man leicht irren kann und deren richtige Angabe der Reihenfolge nach.

Gen. 18, 28. ff. וַיֹּאמֶר לֹא אַשְׁחִית · וַיֹּאמֶר לֹא אֶעֱשֶׂה·
וַיֹּאמֶר לֹא אֶעֱשֶׂה · וַיֹּאמֶר לֹא אַשְׁחִית·
וַיֹּאמֶר לֹא אַשְׁחִית·

293.

סימן

Angabe der Aehnlichkeiten und Verschiedenheiten in dem Abschnitt über die verschiedenen Festopfer Num. 28. u. 29.

החדש לְחַטָּאת לַה׳ (Num. 28, 15.) וכלהון חַטָּאת · פסח ושעיר חַטָּאת אֶחָד (N. 28, 22.) · בכורים (N. 28, 30.) וכפרים שָׂעִיר וכלהון ושעיר · בכורים שְׂעִיר עִזִּים אֶחָד (N. 29, 11.) לְכַפֵּר (N. 28, 30.) · תרועה (N. 29, 5.) וכפרים (N. 29, 11.) שְׂעִיר עִזִּים אֶחָד חַטָּאת · פסח (N. 28, 22.) ובכורים (N. 28. 30.) ותרועה (N. 29, 5.) לְכַפֵּר וכלהון מִלְּבַד · פסח מִלְּבַד עֹלַת הַבֹּקֶר (N. 28, 23.) · תרועה מִלְּבַד עֹלַת הַחֹדֶשׁ (N. 29, 6.) · כפרים מִלְּבַד חַטַּאת הַכִּפֻּרִים (N. 29, 11.) וכלהון מִלְּבַד עֹלַת הַתָּמִיד · שבת (N. 28, 9.) החדש (N. 28, 11. 12.) ופסח (N. 28, 19. 20.) וְאַיִל אֶחָד · ושְׁנֵי עֶשְׂרֹנִים · וכלהון אַיִל · שְׁנֵי · החדש (N. 28, 11.) פסח (N. 28, 19.) בכורים (N. 28, 27.) פָּרִים בְּנֵי בָקָר שְׁנַיִם · תרועה (N. 29. 2.) וכפרים (N. 29, 8.) פַּר בֶּן בָּקָר אֶחָד · יום טוב הראשון של חג פָּרִים בְּנֵי בָקָר שְׁלֹשָׁה (N. 29. 13.) · ויום טוב האחרון פַּר אֶחָד (N. 29, 36.) · פסח וְשִׁבְעָה כְבָשִׂים בְּנֵי שָׁנָה (N. 28, 19.) · בכורים שִׁבְעָה כְבָשִׂים בְּנֵי (N. 28, 27.) · וכלהון כְּבָשִׂים בְּנֵי שָׁנָה שִׁבְעָה · פסח (N. 28, 19.) בכורים (N. 28. 31.) כפרים (N. 29, 8.) תְּמִימִם יִהְיוּ לָכֶם · יום טוב הראשון של חג תְּמִימִם יִהְיוּ (N. 29, 13.) · תרועה (N. 29. 2.) ויום טוב האחרון של חג (N. 29, 36.) תְּמִימִם · בכורים (N. 28. 27.) בְּנֵי שָׁנָה סוף פסוק · החדש (N. 28, 12.) ובכורים (N. 28, 28.) ויום טוב הראשון של חג (N. 29, 14.) לַפָּר הָאֶחָד · לָאַיִל הָאֶחָד · פסח לַפָּר · לָאַיִל תַּעֲשׂוּ (N. 28, 20.) · תרועה לַפָּר · לָאָיִל (N. 29, 3.) · כפרים לַפָּר · לָאַיִל הָאֶחָד (N. 29, 9.) · תרועה (N. 29, 2.) וַעֲשִׂיתֶם עֹלָה · וכלהון וְהִקְרַבְתֶּם עֹלָה · פסח אִשֶּׁה עֹלָה לַה׳ (N. 28, 19.) · בכורים (N. 28, 27.) ותרועה (N. 29, 2.) עֹלָה. לְרֵיחַ ניחח לַה׳ · כפרים עֹלָה לַה׳ רֵיחַ נִיחֹחַ (N. 29, 8.) · יום טוב הראשון של חג עֹלָה אִשֵּׁה רֵיחַ ניחח לַה׳ (N. 29, 13.) · החדש (N. 28, 13.) ותרועה (N. 29, 4.) וי״ט הראשון של חג (N. 29, 15.) וְעִשָּׂרוֹן · וכלהון עִשָּׂרוֹן · תרועה (N. 29, 4.) וְעִשָּׂרוֹן אֶחָד · וכלהון משנים פירוש וְעִשָּׂרוֹן עִשָּׂרוֹן · פסח (N. 28, 21.) עִשָּׂרוֹן עִשָּׂרוֹן תַּעֲשֶׂה · י״ט הראשון של חג (N. 29. 15.) לְאַרְבָּעָה עָשָׂר כְּבָשִׂים · וכלהון לְשִׁבְעַת הַכְּבָשִׂים · ראשון (N. 29. 16.) שני (N. 29, 19.) רביעי (N. 29, 25.) וּשְׂעִיר עִזִּים אֶחָד חַטָּאת וסי׳ אב״ד עזים · וכלהון וּשְׂעִיר חַטָּאת אֶחָד · ראשון (N. 29, 16.) רביעי (N. 29, 25.) ששי (N. 29, 31.) שביעי (N. 29, 34.) מִנְחָתָהּ · וסי׳ אדו״ן מִנְחָתָהּ · רביעי (N. 29, 24.) שביעי (N. 29, 37.) מִנְחָתָם · וסי׳ ד״ח מִנְחָתָם · שני וְנִסְכֵּיהֶם (N. 29, 18.) · ששי וּנְסָכֶיהָ (N. 29, 31.) · שביעי כְּמִשְׁפָּטָם (N. 29, 33.) · וסי׳ כו״ז מי״ם · ויש בפסיקתא כל ענינא דפינחס ר״פ וּבַיּוֹם בר מן בַּיּוֹם הַשְּׁמִינִי עֲצֶרֶת (N. 29, 35.) מפני שהיא רגל בפני עצמו ·

294.

סימן

Angabe über die ähnlichen Phrasen: a. כְּתוּבִים mit vorhergehendem הֲלֹא הֵמָּה, הִנָּם, הֲלֹא הִנָּם und הֲלֹא הֵם. b. בְּעִיר, c. דָּוִד אָבִיו, d. וַיַּעַשׂ הָרַע, מֵעַל חַטֹּאות, מִכָּל חַטֹּאות, מִן חַטֹּאת und כְּחַטֹּאות

רחבעם (1 Reg. 14, 29.) אסא (1 Reg. 15, 23.) אחזיהו (2 Reg. 1, 18.) כלהון דמלכים הֲלֹא הֵמָּה · ירבעם קד׳ (1 Reg. 14, 19.) זכריהו (2 Reg. 15, 11) שַׁלּוּם (2 Reg. 15, 15.) פקחיה (2 Reg. 15, 26.) פקח (2 Reg. 15, 31.) הִנָּם כתיבים · אמציהו דד״ה (2 Chr. 25, 26.) הֲלֹא הִנָּם · וכל ד״ה הִנָּם במ״ב הֲלֹא הֵם ושאר דברי שלמה (2 Chr. 9, 29.) ודברי רחבעם הראשנים (2 Chr. 12, 15.) — שלמה (1 Reg. 11. 43.) אסא (1 Reg. 15, 24.) יהושפט (1 Reg. 22, 51.) יותם (2 Reg. 15, 38.) בְּעִיר דָּוִד אָבִיו — עמרי (1 Reg. 16, 25.) יהורם (2 Reg. 3, 2.) יהואש (2 Reg. 13, 11.) וַיַּעַשׂ הָרַע — יהוא (2 Reg. 10, 31.) מנחם (2 Reg. 15, 18.) מֵעַל חַטֹּאות · יהואש (2 Reg. 13, 11.) ירבעם (2 Reg. 14, 24.) מִכָּל חַטֹּאות · יהואחז (2 Reg. 13, 6.) וזכריהו (2 Reg. 15, 9.) פקחיה (2 Reg. 15, 24.) מֵחַטֹּאות · פקח (2 Reg. 15, 28.) מִן חַטֹּאת ·

295.

סימן

Angabe über Verschiedenheit ähnlicher Wörter in Ez. als:

מִפְּאַת קָדִימָה · לְאַרְבַּעְתָּן und לְאַרְבַּעְתָּם u. s. w.

כל ענינא קדמא דיחזקאל לְאַרְבַּעְתָּם במ״ד לְאַרְבַּעְתָּן וסי׳ ודמות פניהם · שור · נשר ב׳ בו (Ez. 1, 10.). מראה האופנים ומעשיהם (Ez. 1, 16.) · וגביהן וגבה להם (Ez. 1, 18.) וסימן שנב״י — מִפְּאַת קָדִים ד׳ בענין וסי׳ דן (Ez. 48, 1.) · אפרים (Ez. 48, 6.) · ראובן (Ez. 48, 7.) · יהודה (Ez. 48, 8.) ושאר מִפְּאַת קָדִימָה · — קָדִמָה ג׳ הס׳ וסי׳ נפתלי (Ez. 48, 4.) מנשה (Ez. 48, 5.) זבולן (Ez. 48, 27.) וסי׳ נב״ז · — אשר (Ez. 48, 3.) אפרים (Ez. 48, 6.) וְעַד פְּאַת · — יוסף ושער (Ez. 48, 32.) · פאת ימה שַׁעֲרֵיהֶם (Ez. 48, 34.). ושאר׳ שְׁעָרִים ·

296.

סימן ח׳ פסוקים דמין כן ד׳ מלין תלית׳ משני׳ וסימניהון

8 Verse, in denen ein Wort 4 Mal vorkommt, das zum dritten Mal etwas verschieden ist von den andern dreien.

שבע פרת הטבת · שֶׁבַע שֶׁבַע וְשֶׁבַע שֶׁבַע	Gen. 41, 26.
ובמדבר אשר ראית · אֲשֶׁר אֲשֶׁר בַּאֲשֶׁר אֲשֶׁר	Deut. 1, 31.
ואת חלן ואת מגרשה ואת דביר · וְאֶת וְאֶת אֶת וְאֶת	Jos. 21, 15.
וַיַּעֲבֹר בהר אפרים וַיַּעֲבֹר בארץ שלשה וַיַּעַבְרוּ וַיַּעֲבֹר	1 S. 9, 4.
ואלה מדותיה · פְּאַת וּפְאַת מִפְּאַת וּפְאַת	Ez. 48, 16.
ותאמרו לא כי על סוס ננוס · עַל עַל וְעַל עַל	Jes. 30, 16.
הוי הירדים מצרים לעזרה · עַל עַל וְעַל עַל	Jes. 31, 1.
ואשלחה לאליעזר לאריאל · וּלְאֶלְנָתָן וּלְאֶלְנָתָן וּלְנָתָן וּלְאֶלְנָתָן	Esra 8, 16.

297.

ו׳ פסוקים אית בהון וְאַתָּה אַתָּה וסי׳

6 Verse, in denen ein Mal וְאַתָּה und dann ein Mal אַתָּה vorkommt.

ואתה את בריתי תשמר	Gen. 17, 9.
ואתה תשמע השמים · דמלכ׳	1 Reg. 8, 39.
ודברי ד״ה׳ מן השמים	2 Chr. 6, 30.
ואתה פשחור וכל ישבי ביתך	Jer. 20, 6.
ואתה בן אדם אל תירא מהם מדבריהם	Ez. 2, 6.
ואתה קח לך חטין ושעורים	Ez. 4, 9.

298.

ג׳ פסוקים דאית בהון וּבְכָל בְּכָל וסי׳

3 Verse, in denen ein Mal וּבְכָל und dann ein Mal בְּכָל vorkommt.

ותתן תזנותיה עליהם	Ez. 23, 7.
ויכרתהו זרים עריצי גוים	Ez. 31, 12.
ובכל מעשה אשר החל	2 Chr. 31, 21.

299.

וחלוף

ה׳ פסוקים וּבְכָל וּבְכָל וסימ׳

5 Verse, in denen, umgekehrt vom Vorigen, 2 Mal וּבְכָל vorkommt.

ויאמר אלהים נעשה אדם בצלמנו	Gen. 1, 26.
חילך ואוצרותיך לבז אתן לא במחיר	Jer. 15, 13.
ובאו ונחו כלם בנחלי הבתות	Jes. 7, 19.

ובכל מדינה ומדינה · בתי' Est. 8, 17.
ותתן אתת ומפתים Neh. 9, 10.

300.

ג' פסוקים וְכָל כָּל כָּל וסי'

3 Verse, in denen erst וְכָל und dann 2 Mal כָּל vorkommt.

וכל שלל הערים האלה · דיהוש' Jos. 11, 14.
והפכתי חגיכם לאבל Am. 8, 10.
ויאמר בעז לזקנים Ruth. 4, 9.

301.

ב' פסוקים וּמִכָּל וּמִכָּל וסי'

2 Verse, in denen 2 Mal וּמִכָּל vorkommt.

ויבא יהושע בעת ההיא Jos. 11, 21.
ויבאו אל חלקיהו הכהן הגדול · ד"ה 2 Chr. 34, 9.

302.

ו' פסוקים לְכָל לְכָל וסי'

6 Verse, in denen 2 Mal לְכָל (od. לְכֹל) vorkommt.

ויחלק לכל העם · דשמו' 2 S. 6, 19.
כל תפלה כל תחנה · דמל' 1 Reg. 8, 38.
סומך ה' לכל הנפלים Ps. 145, 14.
קרוב ה' לכל קוראיו Ps. 145, 18.
אין קץ לכל העם Koh. 4, 16.
ויבן ויפרץ מכל בניו 2 Chr. 11, 23.

303.

ב' פסוקים כָּל כָּל כָּל וְכָל וסי'

2 Verse, in denen zuerst 3 Mal כָּל und dann 1 Mal וְכָל vorkommt.

והגלה את כל ירושלם 2 Reg. 24, 14.
והיה כי יאמרו אליך על מה אתה נאנח Ez. 21, 7.

304.

ה' פסוקים וְכָל וְכָל וְכָל וסי'

5 Verse, in denen 3 Mal וְכָל vorkommt.

וכל הארץ בוכים קול גדול 2 S. 15, 23.
והערים יהרסו וכל חלקה טובה ישליכו איש אבנו 2 Reg. 3, 25.
ורעשו מפני דגי הים Ez. 38, 20.
וכל פסיליה יכתו Micha 1, 7.
אתה היא ה' לבדך אתה עשית Neh. 9, 6.

305.

ב' פסוקים וְכָל וְכָל וְכָל וְכָל וסי'

2 Verse, in denen 4 Mal וְכָל vorkommt.

וכל בגד וכל כלי עור וכל מעשה עזים Num. 31, 20.
וכל עבדיו עברים על ידו 2 S. 15, 18.

306.

וב' פסוקים וְכָל וְכָל וְכָל כָּל וסי'

2 Verse, in denen zuerst 3 Mal וְכָל und dann 1 Mal כָּל vorkommt.

ויעל המלך בית ה' · דמל' 2 Reg. 23, 2.
הדבר אשר היה אל ירמיהו מאת ה' Jer. 34, 1.

307.

וחד פסוק כָּל וְכָל וְכָל וְכָל וְכָל וסי'

1 Vers, in dem zuerst כָּל und dann 4 Mal וְכָל vorkommt.

והכיתם כל עיר מבצר 2 Reg. 3, 19.

308.

וחר פסוק וְכָל כָּל וְכָל וְכָל כָּל כָּל וסי'

1 Vers, in welchem zuerst וְכָל, dann כָּל, dann 2 Mal וְכָל und 2 Mal כָּל vorkommt.

Ez. 43, 11. יאם נכלמו מכל אשר עשו

309.

ה' פסוקים כָּל וְכָל כָּל וסי'

5 Verse, in denen zuerst כָּל, dann וְכָל und dann כָּל vorkommt.

Lev. 11, 42. כל הולך על גחון · דין ר"פ
Jos. 24, 31. ויעבד ישראל את ה' כל ימי · דיהושע
Jud. 2, 7. דחברו · דשפטים · ויעבדו העם את ה'
Jer. 48, 37. כי כל ראש קרחה · דירמי'
Ez. 21, 3. ואמרת ליער הנגב

310.

ה' פסוק' כל כל וְכָל וסי'

5 Verse, in denen zuerst 2 Mal כָּל und dann וְכָל vorkommt.

Gen. 2, 19. ויצר ה' אלהים מן האדמה
Ex. 13, 15. ויהי כי הקשה פרעה
Ex. 35, 22. ויבאו האנשים על הנשים
Lev. 2, 11. כל המנחה אשר תקריבו לה'
Lev. 15, 26. כל המשכב אשר תשכב עליו · ב' כתרא ר"פ

311.

ד' פסוקים כל כל וכל כל וסי'

4 Verse, in denen 2 Mal כָּל, dann וְכָל und 4tens כָּל vorkommt.

Gen. 8, 19. כל החיה כל הרמש
2 Reg. 10, 19. ועתה כל נביאי הבעל כל עבדיו
Ez. 44, 30 וראשית כל בכורי כל
Dan. 3, 7. כל קבל דנה בה זמנא

312.

ט' פסוקים כל וכל וכל וסי'

9 Verse, in denen erst כָּל und dann 2 Mal וְכָל vorkommt.

Num. 5, 2. צו את בני ישראל וישלחו מן המחנה
Num. 11, 32. ויקם העם כל היום ההוא וכל הלילה
Deut. 3, 10. כל ערי המישר וכל הגלעד וכל הבשן
1 S. 22, 2. ויתקבצו אליו כל איש מצוק
2 S. 16, 6. ויסקל באבנים את דוד
1 Reg. 15, 23. ויתר כל דברי אסא
2 Reg. 16, 15. ויצוהו המלך אחז
Jer. 30, 16. לכן כל אכליך יאכלו
Jer. 44, 15. ויענו את ירמיהו כל האנשים

313.

וחד חלוף

וכל וכל כל וסי'

1 Vers, in welchem, umgekehrt vom Vorigen, erst 2 Mal וְכָל und dann 1 Mal כָּל vorkommt.

2 Chr. 34. 29. ויעל המלך בית ה' · ד"ה

314.

י' פסוקים כל כל במצע פסוק ומלה ביניהון וסי'

10 Verse, in deren Mitte 2 Mal כָּל, zwischen welchen ein Wort steht, vorkommen.

Ex. 15, 26. ויאמר אם שמוע תשמע לקול ה' אלהיך
Jud. 20, 2. ויתיצבו פנות כל העם כל שבטי ישראל
1 Reg. 8. 37. רעב כי יהיה בארץ · דמלכ'

ויעד ה׳ בישראל — 2 Reg. 17, 13.
בהר מרום ישראל אשתלנו — Ez. 17, 23.
הנה טפחות נתתה ימי — Ps. 39, 6.
וישתחוו לו כל מלכים — Ps. 72, 11.
ראיתה כל נקמתם — Thr. 3, 60.
ולהביא את בכורי אדמתנו — Neh. 10, 36.
ועתה אל ישיא אתכם חזקיהו · דד״ה — 2 Chr. 32, 15.

315.

י׳ פסוקים רישא ומציע׳ וְכל וְכל וסי׳

10 Verse, die am Anfang und ein Mal in der Mitte וְכָל haben.

וכל שיח השדה — Gen. 2, 5.
וכל פטר חמר תפדה בשה — Ex. 13, 13.
וכל מנחה אשר תאפה בתנור — Lev. 7, 9.
וכל בגד וכל עור אשר יהיה עליו — Lev. 15, 17.
וכל אשר תשכב עליו — Lev. 15, 20.
וכל ערי המישר וכל ממלכות סיחון · דיהושע — Jos. 13, 21.
וכל כלי משקה המלך — 1 Reg. 10, 21.
והבדו · דד״ה — 2 Chr. 9, 20.
וכל העמק הפגרים והדשן — Jer. 31, 40.
וכל אשר סביבתיו עזרה — Ez. 12, 14.

316.

ג׳ פסוקים מן תמנין אתין ורישי׳ וְכל וסי׳

3 Verse von 80 Buchstaben, die mit וְכָל anfangen.

וכל שיח השדה טרם יהיה בארץ — Gen. 2, 5.
וכל בת ירשת נחלה ממטות — Num. 36, 8.
וכל שלל הערים · דיהושע — Jos. 11, 14.

317.

ב׳ פסוקים דאית בהון מִן מִן מִן מִן וסי׳

2 Verse, in denen 4 Mal מִן vorkommt.

ואם ראה הכהן והנה כהה הנגע — Lev. 13, 56.
ויכרת הענקים מן ההר מן חברון מן דבר מן ענב — Jos. 11, 21.

318.

ד׳ פסוקים מן מן ומִן וסי׳

4 Verse, in denen 2 Mal מִן und dann 1 Mal וּמִן vorkommt.

ויעש ה׳ כדבר משה — Ex. 8, 9.
אדם כי יקריב מכם קרבן — Lev. 1, 2.
ויקח משה ממחצת — Num. 31, 47.
ואחרי כן נאם ה׳ אתן את צדקיהו — Jer. 21, 7.

319.

ב׳ פסוקים דמין דאית בהון ברי׳ אַל אל אַל וסי׳

2 Verse, in denen 1 Mal zu Anfang und 2 Mal in der Mitte אַל vorkommt.

אל תנאץ למען שמך — Jer. 14, 21.
אל תבטחו בעשק ובגזל אל תהבלו — Ps. 62, 11.

320.

כ״ג פסוקים רישיהון ומציעיהון אַל אַל וסי׳

23 Verse, die 1 Mal am Anfang und 1 Mal in der Mitte אַל haben.

אַל תפנו אל האבת — Lev. 19, 31.
אַל תגידו בגת — 2 S. 1, 20.
אַל תצאי השדה — Jer. 6, 25.

אַל תיראו מפני מלך בבל	Jer. 42, 11.
אַל תירא כי עמך אני אל תשתע	Jes. 41, 10.
אַל תזכרו ראשנות וקדמניות	Jes. 43, 18.
אַל תאמינו ברע א תבטחו באלוף	Micha 7, 5.
אַל יאמרו בלבם האח נפשנו	Ps. 35, 25.
אַל תבואני רגל גאוה	Ps. 36, 12.
אַל תשליכני מלפניך	Ps. 51, 13.
אַל יבשו בי קויך	Ps. 69, 7.
אַל תשליכני לעת זקנה	Ps. 71, 9.
אַל תתן לחית נפש תורך	Ps. 74, 19.
אַל תגעו במשיחי	Ps. 105, 15.
וחברו · דה״ה	1 Chr. 16, 22.
אַל ישט אל דרכיה לבך	Prov. 7, 25.
אַל תסג גבול עולם · תנ׳ דס׳	Prov. 23, 10.
אַל תארב רשע לנוה צדיק	Prov. 24, 15.
אַל תתחר במרעים · דמשלי	Prov. 24, 19.
אַל תתהדר לפני מלך	Prov. 25, 6.
אַל למלכים למואל	Prov. 31, 4.
אַל תבהל על פיך	Koh. 5, 1.
אַל תבהל מפניו תלך	Koh. 8, 3.

321.

ג׳ פסיקים וְעַד עַד וסי׳

3 Verse, in denen zuerst 1 Mal וְעַד und dann 1 Mal עַד vorkommt.

וילך למסעיו מנגב ועד בית אל	Gen. 13, 3.
ושתי את גבלך מים סוף	Ex. 23, 31.
ויקם אלישיב הכהן הגדול	Neh. 3, 1.

322.

י״ד פסוקים וְעַד וְעַד וסי׳

14 Verse, in denen 2 Mal וְעַד vorkommt.

ולראובני ולגדי נתתי מן	Deut. 3, 16.
מהמדבר והלבנון הזה	Jos. 1, 4.
ויכם יהושע	Jos. 10, 41.
ויאמר מלך בני עמון	Jud. 11, 13.
ויירשו את כל גבול האמרי	Jud. 11, 22.
ויכם מערוער ועד בואך	Jud. 11, 33.
ויבער אש בלפידים	Jud. 15, 5.
ואת נב עיר הכהנים	1 S. 22, 19.
ויתן ה׳ דבר	2 S. 24, 15.
כי מקטנם ועד גדולם	Jer. 6, 13.
לכן אתן את נשיהם	Jer. 8, 10.
ועד זקנה אני הוא	Jes. 46, 4.
ויהי מושל בכל המלכים	2 Chr. 9, 26.
וכל אשר לא ידרש לה׳ אלהי ישראל	2 Chr. 15, 13.

323.

י״ו פסוקים עַד וְעַד וסי׳

16 Verse, in denen erst עַד und dann 1 Mal וְעַד vorkommt.

עד אנה ינאצני העם הזה	Num. 14, 11.
ישלח ה׳ בך את המארה	Deut. 28, 20.
ויהמם ה׳ לפני ישראל ויכם מכה גדולה	Jos. 10, 10.
והערבה עד ים כנרות מזרחה	Jos. 12, 3.
וירד ימה אל גבול היפלטי	Jos. 16, 3.
ויהי עד כה ועד כה והשמים	1 Reg. 18, 45.
לא ישוב חרון אף ה׳ עד עשתו	Jer. 30, 24
ואל תתנו דמי לו	Jes. 62, 7.
ונעו מים עד ים	Am. 8, 12.
כי גדל עד שמים חסדך · קדמ׳ דס׳	Ps. 57, 11.
ויקבלון מלכותא קדישי עליונין	Dan. 7, 18
אחריו החזיק בנוי בן חנדד	Neh. 3, 24.
אחריו החזיק מלכיה בן הצרפי	Neh. 3, 31.
ויאמר להם לא יפתחו שערי ירושלם	Neh. 7, 3.
ותכן כל מלאכת שלמה	2 Chr. 8, 16.
רק הכהנים היו למעט	2 Chr. 29, 34.

324.

ג׳ פסוקים דאית כהון וְעַד וְעַד וְעַד וסי׳

3 Verse, in denen 3 Mal וְעַד vorkommt.

ויחרימו את כל אשר בעיר	Jos. 6, 21.
ויתפשט יהונתן את המעיל אשר עליו	1 S. 18, 4.
ולא נעדר להם מן הקטן ועד הגדול	1 S. 30, 19.

325.

י׳ פסוקים אֵין וְאֵין במצע פסוק׳ וסי׳

10 Verse, in deren Mitte erst אֵין und dann וְאֵין vorkommt.

ויאמר אין קול ענות גבורה	Ex. 32, 18.
וידבר העם באלהים ובמשה	Num. 21, 5.
ויריחו סגרת ומסגרת	Jos. 6, 1.
על כן גדלה ה׳ אלהים	2 S. 7, 22.
ויאמרו לו הגבענים	2 S. 21, 4.
ועתה הניח ה׳ אלהי לי מסביב	1 Reg. 5, 18.
אסף אסיפם נאם ה׳	Jer. 8, 13.
וכליתי את חמתי בקיר	Ez. 13, 15.
ישא ביום ההוא לאמר	Jes. 3, 7.
ה׳ אין כמוך ואין אלהים זולתך · רד״ה	1 Chr. 17, 20.

326.

י״ו פסיקים אֵין אֵין במצע פסוק׳ וסי׳

16 Verse, in deren Mitte 2 Mal אֵין vorkommt.

ויקם פרעה לילה	Ex. 12, 30.
וכי יראה הכהן את נגע הנתק	Lev. 13, 31.
ויאמר הכהן חרב גלית	1 S. 21, 10.
הנה קול שועת בת עמי	Jer. 8, 19.
הצרי אין בגלעד	Jer. 8, 22.
לבני עמון כה אמר ה׳ הבנים	Jer. 49, 1.
ולבנון אין די בער	Jes. 40, 16.
וירא כי אין איש וישתומם	Jes. 59, 16.
וכי תגישון עור לזבח	Mal. 1, 8.
אמר נבל בלבו	Ps. 14, 1.
וחברו	Ps. 53, 2.
הכל סר יחדו נאלחו	Ps. 14, 3.
כלו סג יחדו נאלחו	Ps. 53, 4.
עיר פרוצה אין חומה	Prov. 25, 28.
עשה גדלות עד אין חקר · תני׳ דס׳	Job 9, 10.
ידעתי כי כל אשר יעשה האלהים	Koh. 3, 14.

327.

יב׳ ר״פ וסי׳

2 Verse, in denen 1 Mal am Anfang und 1 Mal in der Mitte אֵין vorkommt.

אין דן דינך למזור	Jer. 30, 13.
אין מתם בבשרי	Ps. 38, 4.

328.

י״ג פסוקים וְאֵין וְאֵין וסי׳

13 Verse, in denen 2 Mal וְאֵין vorkommt.

ראו עתה כי אני אני הוא	Deut. 32, 39.
כי קשרתם כלכם עלי	1 S. 22, 8.
ויקחו את הפר אשר נתן להם	1 Reg. 18, 26.
וגחזי עבר לפניהם	2 Reg. 4, 31.
המאס מאסת את יהודה	Jer. 14, 19.
ישגו צאני בכל ההרים	Ez. 34, 6.
ותמלא ארצו כסף וזהב	Jes. 2, 7.
ונתתי מפתח בית דוד	Jes. 22, 22.
והוא עם בזוז ושסוי	Jes. 42, 22.
וארא ואין איש ומאלה ואין יועץ	Jes. 41, 28.
ואביט ואין עזר	Jes. 63, 5.
כי תאנה לא תפרח	Hab. 3, 17.
ושבתי אני ואראה את כל העשקים	Koh. 4, 1.

329.

ותר פסוק אֵין אֵין וְאֵין וסי׳

1 Vers, in welchem 2 Mal אֵין und 1 Mal וְאֵין vorkommt.

אין קדוש כה׳ 1 S. 2, 2.

330.

יחד פסוק אֵין אֵין אֵין וסי׳

1 Vers, in welchem 3 Mal אֵין vorkommt.

מי הגיד מראש ונדעה Jes. 41, 26.

331.

וחד פסוק וְאֵין וְאֵין אֵין וסי׳

1 Vers, in welchem 2 Mal וְאֵין und 1 Mal אֵין vorkommt.

מדוע באתי ואין איש Jes. 50, 2

332.

ג׳ פסוקים וְאֵין וְאֵין וְאֵין וסי׳

3 Verse, in welchen 3 Mal וְאֵין vorkommt.

ויקח דוד את החנית 1 S. 26, 12.
ויהי כעבר הצהרים ויתנבאו 1 Reg. 18, 29.
זרעתם הרבה והבא מעט Hag. 1, 6.

333.

ו׳ פסוקים וְאֵין אֵין וסי׳

6 Verse, in welchen erst וְאֵין und dann אֵין vorkommt.

וילכו חמשת האנשים Jud. 18, 7.
ואין מציל כי רחוקה היא מצידון Jud. 18, 28.
אני ה׳ ואין עוד זולתי אין אלהים Jes. 45, 5.
הבט ימין וראה ואין לי מכיר Ps. 142, 5.
עשה גדלות ואין חקר · קדמ׳ דס׳ Job 5, 9.
ואין אני ואחי ונערי · קדמ׳ דס׳ Neh. 4, 17.

334.

ו׳ פסוקים דאית בהון בָם בָּם וסי׳

6 Verse, in welchen 2 Mal בָם vorkommt.

למען נסות בם את ישראל Jud. 2, 22.
וכלה אפי והנחתי חמתי בם והנחמתי Ez. 5, 13.
ועשיתי בם נקמות גדלות Ez. 25, 17.
בקבצי את בית ישראל מן העמים Ez. 28, 25.
ועשיתי כאפך וכקנאתך אשר עשיתה Ez. 35, 11.
מי חכם ויבן אלה Hos. 14, 10.

335.

ה׳ פסוקים דאית בהון שָׁמָּה שָׁמָּה וסי׳

5 Verse, in welchen 2 Mal שָׁמָּה vorkommt.

הנה נא העיר הזאת קרבה Gen. 19, 20.
מהר המלט שמה Gen. 19, 22.
ויהי היום ויבא שמה ויסר אל העליה 2 Reg. 4, 11.
מי זאת עלה מן המדבר Cant. 8, 5.
ועוד ראיתי תחת השמש Koh. 3, 16.

336.

ו׳ פסוקים שָׁם שָׁמָּה וסי׳

6 Verse, in welchen zuerst שָׁם und dann שָׁמָּה vorkommt.

כי אם אל המקום אשר יבחר ה׳ אלהיכם Deut. 12, 5.
והיה המקום אשר יבחר ה׳ אלהיכם בו Deut. 12, 11.
ויהי היום ויעבר אלישע אל שונם 2 Reg. 4, 8.
נעשה נא עלית קיר קטנה 2 Reg. 4, 10.
ועל הארץ אשר הם מנשאים Jer. 22, 27.
על אשר יהיה שם הרוח · הני׳ דס׳ Ez. 1, 20.

337.

יהלוף

ה׳ פסוקים שָׁמָּה שָׁם וסי׳

5 Verse, in welchen, umgekehrt vom Vorigen, zuerst שָׁמָּה und dann שָׁם vorkommt.

עלת תמיד לדרתיכם	Ex. 29, 42.
ובאת שמה וראה שם יהוא בן יהושפט	2 Reg. 9, 2.
ויצו מלך אשור	2 Reg. 17, 27.
שמה קננה קפוז ותמלט	Jes. 34, 15.
ויבאו אלה הכתובים בשמות	1 Chr. 4, 41.

338.

י׳ פסוקים רישיהון מלה הדא ותנינא שָׁמָּה וסי׳

10 Verse, in welchen das zweite Wort שָׁמָּה ist.

ונאספו שמה כל העדרים	Gen. 29, 3.
ונעדתי שמה לבני ישראל	Ex. 29, 43.
לנס שמה רוצח אשר ירצח	Deut. 4, 42.
והבדו׳ ויהושע	Jos. 20, 3.
והבאתם שמה עלתיכם	Deut. 12, 6.
ויסורו שמה ויבאו אל בית הנער הלוי	Jud. 18, 15.
וישלח שמה סוסים ורכב וחיל כבד	2 Reg. 6, 14.
ובאת שמה וראה שם יהוא בן יהושפט	2 Reg. 9, 2.
ובאו שמה והסירו את כל שקוציה	Ez. 11, 18.
כי שמה ישבו כסאות למשפט	Ps. 122, 5.

—

339.

ה׳ פסוקים הִנֵּה וְהִנֵּה וסי׳

5 Verse, in welchen zuerst הִנֵּה und dann וְהִנֵּה vorkommt.

ויאמר לבן ליעקב הנה הגל הזה	Gen. 31, 51.
ויחלם עוד חלום אחר	Gen. 37, 9.
ועתה הנה המלך אשר בחרתם	1 S. 12, 13.
ויגד לשלמה לאמר הנה אדניהו ירא את המלך שלמה	1 Reg. 1, 51.
הנה אלה מרחוק יבאו	Jes. 49, 12.

340.

ז׳ פסוקים דאית בהון וְהוּא וְהִיא וסי׳

7 Verse, in welchen 2 Mal וְהִיא vorkommt.

ויהי נער מבית לחם יהודה	Jud. 17, 7.
והנה עמך שמעי בן גרא	1 Reg. 2, 8.
וילך משם וימצא את אלישע בן שפט	1 Reg. 19, 19.
את ה׳ צבאות אתו תקדישו	Jes. 8, 13.
אכלו זרים כחו והוא לא ידע	Hos. 7, 9.
והוא יבנה את היכל ה׳	Zach. 6, 13.
ואחר בא חצרון אל בת מכיר	1 Chr. 2, 21.

———

341.

ח׳ פסוקים וְהִיא הִיא וסי׳

8 Verse, in welchen zuerst וְהִיא und dann הִיא vorkommt.

והוא יצא ועבדיו באו ויראו	Jud. 3, 24.
וישלח ויביאהו והוא אדמוני	1 S. 16, 12.
ויאמר לה מה תארו ותאמר איש זקן עלה	1 S. 28, 14.
וברזלי זקן מאד	2 S. 19, 33.
ויהי כשמע את הדבר הזה והוא שתה הוא והמלכים	1 Reg. 20, 12.
כי מישראל והוא חרש עשהו	Hos. 8, 6.
והוא במלכים יתקלס	Hab. 1, 10.
ויבקש את אחזיהו וילכדהו והוא מתחבא בשמרון	2 Chr. 22, 9.

———

342.

כ׳ פסוקים דאית בהון הוא הוא וסבי׳ הִיא הִיא וסי׳

2 Verse, in welchen 2 Mal הוא vorkommt, das im Sinne von הִיא steht.

ויגד יעקב לרחל כי אחי אביה הוא	Gen. 29, 12.
ובית אל לא תוסיף עוד להנבא כי מקדש מלך היא	Am. 7, 13.

343.

ג׳ פסוקים רישיהון וְאִם ומיסיהון אִם וסי׳

3 Verse, die am Anfang וְאִם und 1 Mal in der Mitte אִם haben.

ואם מבן ששים שנה ומעלה	Lev. 27, 7.
ואם ככה את עשה לי הרגני	Num. 11, 15.
ואם לוא השחק היה לך ישראל	Jer. 48, 27.

344.

ח׳ פסוקים וְאִם וְאִם וסי׳

8 Verse, in welchen 2 Mal וְאִם vorkommt.

ואם בחקתי תמאסו	Lev. 26, 15.
ואם לא יגאל את השדה	Lev. 27, 20.
ואם בבהמה הטמאה	Lev. 27, 27.
לבנות לנו מזבח	Jos. 22, 23.
ואם נבאים הם	Jer. 27, 18.
ואם יחבאו בראש הכרמל	Am. 9, 3.
בן יכבד אב ועבד אדניו	Mal. 1, 6.
ויצא לפני אסא ויאמר לו · דד״ה	2 Chr. 15, 2.

345.

כ׳ פסוקים רישיהון ומיסיהון אִם אִם אִם וסי׳

2 Verse, die mit אִם anfangen und noch 2 Mal אִם in der Mitte haben.

אם גנבים באו לך אם שודדי לילה	Ob. 1, 5.
אם לשבט אם לארצו	Job 37, 13.

346.

סימן כל אורית׳ וירמי׳ אית במצע׳ פסוק׳ תרין אִם אִם בנ״י אִם וְאִם וסי׳

Bemerkung: Im Pentateuch und im Buche Jer. stehen immer, wenn אִם 2 Mal in einem Verse vorkommt, beide ohne Waw copulat. mit Ausnahme von 10 Versen, in welchen das 2te אִם Waw copulat. hat. In den andern Büchern der heil. Schrift hat immer das 2te ein Waw, mit Ausnahme von 18 Versen, in welchen beide אִם ohne Waw stehen.

הלוא אם תיטיב	Gen. 4, 7.
הלא כל הארץ לפניך	Gen. 13, 9.
ועתה אם ישכם עשים	Gen. 24, 49.
עד הגל הזה	Gen. 31, 52.
ויאמר בילדכן	Ex. 1, 16.
ועתה אם תשא	Ex. 32, 2.
והשביע אתה הכהן	Num. 5, 19.
אם תשוב ואשיבך	Jer. 15, 19.
וישבע המלך צדקיהו	Jer. 38, 16.
ועתה הנה פתחתיך היום	Jer. 40, 4.

וכל קרי׳ דכו׳ אִם וְאִם במצע׳ פסו׳ בכי״ח אִם אִם וסי׳

ויאמר יואש לכל אשר עמדו עליו	Jud. 6, 31.
ויאמר להם שמשון	Jud. 15, 7.
ויען הכהן את דוד	1 S. 21, 5.
ויען אתי את המלך	2 S. 15, 21.
בן שמנים שנה	2 S. 19, 36.
ויאמר אליהו התשבי מתשבי	1 Reg. 17, 1.

ותאמר חי ה׳ אלהיך	1 Reg. 17, 12.
ונח דנאל ואיוב	Ez. 14, 20.
אמר אליהם חי אני נאם אדני ה׳	Ez. 33, 11.
לכו נא ונוכחה	Jes. 1, 18.
הלא ככרכמיש כלנו	Jes. 10, 9.
הבנהרים חרה ה׳	Hab. 3, 8.
ה׳ אלהי אם עשיתי זאת	Ps. 7, 4.
שיר המעלות לשלמה	Ps. 127, 1.
תדבק לשוני לחכי	Ps. 137, 6.
כי לא ישנו אם לא ירעו	Prov. 4, 16.
ראה ה׳ והביטה למי	Thr. 2, 20.
כי אם החרש תחרישי	Est. 4, 14.

347.

ו׳ פסוקים דאית בהון וְעַל וְעַל ומלה ביניהון וסי׳

6 Verse, in welchen וְעַל 2 Mal vorkommt, die nur durch ein Wort getrennt sind.

וכפר את מקדש הקדש	Lev. 16, 33.
ונשפטתי אתו בדבר ובדם	Ez. 38, 22.
יביא ה׳ עליך ועל עמך	Jes. 7, 17.
והוא ישקט ומי ירשע	Job 34, 29.
קימו וקבל היהודים עליהם	Est. 9, 27.
עם כל מלכותו וגבורתו	1 Chr. 29, 30.

— — —

348.

כ״א פסוקים דאית בהון עַל עַל ומלה חדא ביניהון וסי׳

21 Verse, in welchen עַל 2 Mal vorkommt, die nur durch ein Wort getrennt sind.

ויאמר אלהים ישרצו המים	Gen. 1, 20.
או מצא אבדה	Lev. 5, 22.
צו את אהרן ואת בניו לאמר	Lev. 6, 2.
ויספו בני ישראל· דעגלון מלך מואב	Jud. 3, 12.
ויאמר לכי וישלח אותה שני חדשים	Jud. 11, 38.
והמה לקחו את אשר עשה מיכה	Jud. 18, 27.
ותקם חנה אחרי אכלה	1 S. 1, 9.
ויאמר שמואל אל שאול אתי שלח ה׳ למשחך למלך	1 S. 15, 1.
לא טוב הדבר הזה אשר עשית	1 S. 26, 16.
ועתה כה תאמר לעבדי לדוד· דשמ׳	2 S. 7, 8.
והמלך הפקיד את השליש	2 Reg. 7, 17.
ויצא מנחם את הכסף	2 Reg. 15, 20.
הדבר אשר היה על ירמיהו על כל עם יהודה	Jer. 25, 1.
על כן על מואב איליל	Jer. 48, 31.
גבה לבך ביפיך	Ez. 28, 17.
על כן על בחוריו	Jes. 9, 16.
ערות על יאור	Jes. 19, 7.
ולא זעקו אלי בלבם כי יילילו	Hos. 7, 14.
ואמרתם על מה על כי ה׳	Mal. 2, 14.
לא לנו ה׳ לא לנו	Ps. 115, 1.
ויאמר המלך אחשורש לאסתר	Est. 8, 7.

349.

כ״ד פסוקים דאית בהון עַל וְעַל עַל וסי׳

24 Verse, in welchen erst עַל, dann וְעַל und dann עַל vorkommt.

ולקחו מן הדם	Ex. 12, 7.
ועבר ה׳ לנגף	Ex. 12, 23.
על פי ה׳ יסעו בני ישראל	Num. 9, 18.
על פי ה׳ יחנו	Num. 9, 23.
ויקהלו על משה ועל אהרן	Num. 16, 3.
ובני אליאב נמואל	Num. 26, 9.
לכן כה אמר ה׳ הנני פקד על שמעיה	Jer. 29, 32.
וברא ה׳ על כל מכון	Jes. 4, 5.
והיה ביום ההוא יפקד ה׳ על צבא	Jes. 24, 21.
משא בהמות נגב	Jes. 30, 6.
עונתיכם ועונת אבותיכם · חליהא׳ דפס׳ כת׳ על וקרי׳ אֶל	Jes. 65, 7.

על ראשי ההרים יזבחו	Hos. 4, 13.
השמיעו על ארמנות באשדוד	Am. 1, 3.
פשעי דמשק	Am. 1, 6.
פשעי עזה	Am. 1, 9.
פשעי צר	Am. 1, 11.
פשעי אדום	Am. 1, 13.
פשעי בני עמון	Am. 2, 1.
פשעי מואב	Am. 2, 4.
פשעי יהודה	Am. 2, 6.
פשעי ישראל	Am. 3, 9.
ואהרן ובניו מקטירים	1 Chr. 6, 34.
ויאמרו להם לא תביאו את השביה הנה	2 Chr. 28, 13.
כה אמר ה׳ הנני מביא רעה על המקום· ד״ה	2 Chr. 34, 24.

350.

י״ד פסוקים דאית בהון עַל אֶל אֶל וסי׳

14 Verse, in welchen erst עַל und dann 2 Mal אֶל vorkommt.

וירד ה׳ על הר סיני אל ראש ההר	Ex. 19, 20.
והיו הכרבים פרשי כנפים· תרומ׳	Ex. 25, 20.
וחברו· ויקהל	Ex. 37, 9.
למען אשר יביאו בני ישראל	Lev. 17, 5.
וילכו האנשים ויעברו	Jos. 18, 9.
ויהי גבול מנשה	Jos. 17, 7.
המה מיטיבים את לבם	Jud. 19, 22.
ויסער לב מלך ארם	2 Reg. 6, 11.
ולקחת מדמו ונתתה על ארבע	Ez. 43, 20.
ויביאני במבוא אשר על כתף	Ez. 46, 19.
השלח בים צירים	Jes. 18, 2.
ואמר למלך אם על המלך טוב ואם ייטב	Neh. 2, 5.
וירדו שלושה מן השלושים · דד״ה	1 Chr. 11, 15.
ויאמר דויד אעשה חסד · ד״ה	1 Chr. 19, 2.

351.

והלוף

י״ט פסוקים דאית בהון אֶל עַל עַל וסי׳

19 Verse, in welchen, umgekehrt vom Vorigen, erst אֶל und dann 2 Mal עַל vorkommt.

ויאמרו איש אל אחיו אבל	Gen. 42, 21.
נטה ידך · בארבה	Ex. 10, 12.
נטה ידך · וחשך	Ex. 10, 21.
ונתת אל חשן המשפט	Ex. 28, 30.
פסל לך שני לחת	Ex. 34, 1.
ויקח ויתן את העדת	Ex. 40, 20.
ועשו להם ציצת	Num. 15, 38.
והיה כי יביאך ה׳ אלהיך אל הארץ· דראה	Deut. 11, 29.
והוצאתם את שניהם אל שער העיר ההוא	Deut. 22, 24.
ותאמר אל אביה יעשה לי	Jud. 11, 37.
ויאמר שמואל אל שאול אתי שלח ה׳ למשחך	1 S. 15, 1.
ויאמר דוד אל מיכל לפני ה׳	2 S. 6, 21.
ותבא בת שבע אל המלך	1 Reg. 2, 19.
וישמע בן הדד אל המלך אסא	1 Reg. 15, 20.
ויבא אחאב אל ביתו סר וזעף	1 Reg. 21, 4.
ואקום ואצא אל הבקעה	Ez. 3, 23.
והנותר לנשיא מזה ומזה·	Ez. 48, 21.
לך בא אל הסכן	Jes. 22, 15.
תהי נא אזנך קשבת ועיניך פתוחות	Neh. 1, 6.

352.

ז׳ פסוקים דאית בהון עַל אֶל עַל וסי׳

7 Verse, in welchen erst עַל, dann אֶל und dann wieder עַל vorkommt.

וישכב שמשון עד חצי הלילה	Jud. 16, 3.
ויתמדד על הילד שלש פעמים	1 Reg. 17, 21.

ועברו גוים רבים על העיר Jer. 22, 8.
שלח על כל הגולה לאמר Jer. 29, 31.
על כן לבי למואב כחללים יהמה Jer. 48, 36.
לשלל שלל ולבז בז׳ ר״פ Ez. 38, 12.
ויתן שרי מלחמות · דד״ה 2 Chr. 32, 6.

353.

והלוף

ז׳ פסוקים אֶל עַל אֶל וכו׳

7 Verse, in welchen, umgekehrt vom Vorigen, erst אֶל, dann עַל und dann אֶל vorkommt.

ולא מצאה היונה מנוח Gen. 8, 9.
וירד הגבול אל קצה ההר Jos. 18, 16.
ויאמר אוריה אל דוד 2 S. 11, 11.
ויאמר האיש אל יואב ולוא אנכי 2 S. 18, 12.
פתח הצלע התיכנה 1 Reg. 6, 8.
וינסו הנותרים אפקה 1 Reg. 20, 30.
ויאמר אלי המים האלה יוצאים אל הגלילה הקדמונה Ez. 47, 8.

354.

ה׳ פסוקין דמיין אֶל אֶל אֶל עַל וכו׳

5 Verse, in welchen erst 3 Mal אֶל und dann 1 Mal עַל vorkommt.

ויבא יואב אל המלך ויגד לו ויקרא אל אבשלום 2 S. 14, 33.
ומשפט בא אל ארץ המישר Jer. 48, 21.
ויאמר אל האיש לבש הבדים Ez. 10, 2.
וארא ואקום ואמר אל החרים Neh. 4, 8.
ואמר אל החרים ואל הסגנים Neh. 4, 13.

355.

ג׳ פסוקים אֶל וְאֶל וְאֶל וְאֶל וְאֶל וכו׳

3 Verse, in welchen zuerst אֶל und dann 4 Mal וְאֶל vorkommt.

ושלחתם אל מלך אדום ואל מלך מואב Jer. 27, 3.
ואתם אל תשמעו אל נביאיכם Jer. 27, 9.
הן ישא איש בשר קדש Hag. 2, 12.

356.

י״ב פסוקים דאית בהון גַם גַם גַם וכו׳

12 Verse, in welchen 3 Mal גַם vorkommt.

ותאמר אליו גם תבן גם מספוא Gen. 24, 25.
ויצו גם את השני גם את השלישי Gen. 32, 20.
ויאמר יהודה אל ישראל אביו Gen. 43, 8.
ויאמר משה אל ה׳ בי אדני Ex. 4, 10.
גם צאנכם גם בקרכם קחו Ex. 12, 32.
ויאמרו איש ישראל אל גדעון משל בנו Jud. 8, 22.
וישאל שאול בה׳ ולא ענהו 1 S. 28, 6.
כי גם אחיך ובית אביך Jer. 12, 6.
כי גם נביא גם כהן חנפו Jer. 23, 11.
גם לא שמעת גם לא ידעת גם מאז לא פתחה אזנך Jes. 48, 8.
גם אהבתם גם שנאתם Koh. 9, 6.
גם תמול גם שלשם גם בהיות שאול. דד״ה 1 Chr. 11, 2.

357.

י״א פסוקי׳ וְגַם ותרין מלין בתרי׳ בסוף פסוק וסימניהון

11 Verse, in welchen וְגַם als drittletztes Wort steht.

וגם בעליו יומת · ואם שור נגח הוא מתמל שלשם Ex. 21, 29.
וגם שמו בכליהם · חטא ישראל Jos. 7, 11.

ונגם לא שבעת· ותזני אל בני אשור Ez. 16, 28.
ונגם אני אליך· ואמר אליה ימים רבים Hos. 3, 3.
ונגם בהמות שדי· צנה ואלפים כלם Ps. 8, 8.
ונגם ילדתי בנים· שבנה בנתי לכן Ruth 1, 12.
ונם זה הבל· כי כקול הסירים Koh. 7, 6.
ונגם נגיד ברית· וזרעית השטף Dan. 11, 22.
ונגם במכתב לאמר· ובשנת אחת· דעזר’ Esra 1, 1.
ונגם במכתב לאמר · וחבר’ דד״ה 2 Chr. 36, 22.
ונגם משרי ישראל 2 Chr. 21, 4.

ולבד ממסורתא

ונגם הגמלים השקתה · ותמהר ותורד Gen. 24, 46.
ונגם עם אנשים · והנער שמואל הלך 1 S. 2, 26.

358.

ט’ פסוקים גַם וְגַם וסי’

9 Verse, in welchen erst גַם und dann וְגַם vorkommt.

ואמרה אלי גם אתה שתה Gen. 24, 44.
ויאמר ידעתי בני ידעתי Gen. 48, 19.
והנער שמואל הלך וגדל וטוב 1 S. 2, 26.
והיתם גם אתם וגם המלך 1 S. 12, 14.
ויאמר דוד לאחימלך ואין יש פה 1 S. 21, 9.
ויאמר שאול אל דוד ברוך אתה בני דוד 1 S. 26, 25.
ויאמר המלך אל אתי הגתי למה הלך 2 S. 15, 19.
גם את שאי כלמתך Ez. 16, 52.
שבנה בנתי לכן Ruth. 1, 12.

359.

והלוף

ד’ פסוקים וְגַם גַם וסי’

4 Verse, in welchen, umgekehrt vom Vorigen, erst וְגַם und dann גַם vorkommt.

ואיש לא יעלה עמך Ex. 34, 3.
ודברת אליו לאמר כה אמר ה’ הרצחת 1 Reg. 21, 19.
ונגם את המזבח אשר בבית אל 2 Reg. 23, 15.
מבחר הצאן לקוח Ez. 24, 5.

360.

ג’ פסוקין דמין רישיהון מלה הדא ותני וְגַם וסי’

3 Verse, in welchen וְגַם das zweite Wort ist.

בושו וגם נכלמו כלם Jes. 45, 16.
נכספה וגם כלתה נפשי Ps. 84, 3.
בחורים וגם בתולות Ps. 148, 12.

361.

סימן כל קרי’ בתר אתנחת’ וְגַם בר מן כ״ד גַם וסי’

Bemerkung: Im grössern Theile der h. Schrift hat גַם, wenn's auf Athnach folgt, ein Waw copulat., mit Ausnahme von 24 Versen, in denen es alsdann kein Waw hat. Aber in den Büchern Jer., Jes., 12 kln. Proph., Koh. und Esra steht's immer, wenn's auf Athnach folgt, ohne Waw, mit Ausnahme von 16 Versen, wo es Waw hat.

ויחרד יצחק חרדה Gen. 27, 33.
וירא יוסף לאפרים Gen. 50, 23.
ויתן ה’ את חן העם בעיני Ex. 11, 3.
ואיש לא יעלה עמך Ex. 34, 3.
ויאמר בלק אל בלעם גם קב Num. 23, 25.
לא יבא ממזר Deut. 23, 3.
לא יבא עמוני ומואבי Deut. 23, 4.
ויגרש ה’ את כל העמים Jos. 24, 18.
ה’ בצאתך משעיר Jud. 5, 4.
ואיש ישראל שבו אל בני בנימן Jud. 20, 48.
והנער שמואל הלך 1 S. 2, 26.
ואם הרע תרעו גם אתם גם מלככם 1 S. 12, 25.
ויאמר שאול לעבדיו הנצבים עליו 1 S. 22, 7.
וימהר שאול ויפל מלא קומתו 1 S. 28, 20.
אפס כי נאץ נאצת 2 S. 12, 14.
אחימעץ בנפתלי גם הוא לקח את בשמת 1 Reg. 4, 15.

ויהיו הגוים האלה יראים את ה׳	2 Reg. 17, 41.
עוה עוה עוה אשימנה	Ez. 21, 27.
אוי עיר הדמים גם אני אגדיל המדורה	Ez. 24, 9.
אם ישמרו בניך בריתי	Ps. 132, 12.
ותאמר רות המואביה	Ruth. 2, 21.
ומן פלשתים מביאים	2 Chr. 17, 11.
ויקבצו יהודה לבקש מה׳	2 Chr. 20, 4.
וכל יהודה עמדים	2 Chr. 20, 13.

וכל ירמי׳ וישע׳ ות״ע וקהל׳ ועזרא דכו׳ בכו״ו וְנַם בתר אתנחתא יכי׳

ועתה אנכי נתתי	Jer. 27, 6.
על ברזל נתתי	Jer. 28, 14.
ובאת אתה וקראת במגלה	Jer. 36, 6.
ביום ההוא יגלח ה׳	Jes. 7, 20.
אַף בל נטעו	Jes. 40, 24.
ואמר אליה ימים רבים	Hos. 3, 3.
על כן תאבל הארץ	Hos. 4, 3.
הנה אנכי שם את ירושלם	Zach. 12, 2.
אכרית את שמות העצבים	Zach. 13, 2.
אם לא תשמעו ואם לא תשימו על לב	Mal. 2, 2.
אין זכרון לראשנים	Koh. 1, 11.
כל עמל האדם לפיהו	Koh. 6, 7.
כי כקול הסירים	Koh. 7, 6.
וראיתי את כל מעשה האלהים	Koh. 8, 17.
זה רע בכל אשר נעשה	Koh. 9, 3.
זכרה אלהי לטוביה ולסנבלט כמעשיו אלה	Neh. 6, 14.

362.

ג׳ פסוקים דאית בהון ה׳ לא וְלא וְלא וְלא וכו׳

3 Verse, in denen 5 Mal לֹא vorkommt, das erste Mal ohne und dann 4 Mal mit Waw copulat.

לא יום אחד תאכלון	Num. 11, 19.
לא תאבה לו ולא תשמע אליו	Deut. 13, 9.
והיה כי תרבו ופריתם בארץ	Jer. 3, 16.

363.

ג׳ פסוקים רישיהון וְלא ומצע׳ לא לא וכו׳

3 Verse, die anfangen mit וְלֹא und in der Mitte noch 2 Mal לֹא haben.

ולא תתחתן בם	Deut. 7, 3.
ולא יכלו בני ישראל לקום	Jos. 7, 12.
ולא אשמיע אליך עוד	Ez. 36, 15.

364.

ו׳ פסוקים וְלא לא וְלא וכו׳

6 Verse, in welchen erst וְלֹא, dann לֹא und dann וְלֹא vorkommt.

ולא תשאו עליו חטא	Num. 18, 32.
ולא תסורו כי אחרי התהו	1 S. 12, 21.
ולא אמרו איה ה׳ המעלה	Jer. 2, 6.
והיה כעץ שתול על מים ועל יובל	Jer. 17, 8.
ולא יהיו כאבותם	Ps. 78, 8.
ואיש שכב ולא יקום	Job 14, 12.

365.

ח׳ פסוקים דאית בהון ד׳ לא לא לא לא דמיהרין וכו׳

8 Verse, in welchen 4 Mal לֹא vorkommt.

לא תרצח · קדמ׳ דאורי׳	Ex. 20, 13.
ואיש כי ישכב את אשה	Lev. 19, 20.
לאמר לא כי ארץ מצרים נבוא	Jer. 42, 14.
ומולדותיך ביום הולדת אותך	Ez. 16, 4.
אל ההרים לא אכל · קדמ׳ דספר׳	Ez. 18, 6.
ארזים לא עממהו	Ez. 31, 8.
כי הנה אנכי מקים	Zach. 11, 16.
לא שמעה בקול לא לקחה [1]	Zeph. 3, 2.

---

[1] Die 4 letzten sind von anderer Hand. — Hier folgt im Mpt. eine leere Seite; die nächste Seite beginnt, wie folgt.

366.

וּבְנֵי פלוני ל״ו מיחדין דכל חד וחד לי׳ דסמיך וסימ׳

36 Wörter kommen ein Mal mit vorhergehendem וּבְנֵי vor.

Gen. 10, 6.	ובני חָם	כוש ומצרים· דבראשי׳
Gen. 34, 7.	ובני יַעֲקֹב	באו מן השדה
Gen. 35, 25.	ובני בִלְהָה	שפחת רחל
Gen. 35, 26.	ובני זִלְפָּה	שפחת לאה
Gen. 46, 11.	ובני לֵוִי	גרשון קהת
Gen. 46, 13.	ובני יִשָּׂשכָר	תולע ופוה
Gen. 46, 14.	ובני זְבֻלוּן	סרד ואלון
Gen. 46, 17.	ובני אָשֵׁר	ימנה וישוה
Gen. 46, 23.	ובני דָן	השים
Gen. 46, 24.	ובני נַפְתָּלִי	יחצאל וגוני
Gen. 46, 27.	ובני יוֹסֵף	אשר ילד לו
Ex. 6, 21.	ובני יִצְהָר	קרח ונפג
Ex. 6, 22.	ובני עֻזִּיאֵל	מישאל
Num. 26, 9.	ובני אֱלִיאָב	נמואל
Deut. 2, 12.	ובני עֵשָׂו	(ובשעיר ישבו ההרים)
Jud. 1, 16.	ובני קֵינִי	התן משה
1 S. 2, 12,	ובני עֵלִי	בני בליעל .
1 S. 10, 27.	ובני בְלִיַּעַל	אמרו מה ישענו זה
1 S. 14, 33.	ובני בָקָר	ויעש העם אל שלל
2 S. 17, 10.	ובני חַיִל	והוא גם בן חיל
2 Reg. 4, 38.	ובני הַנְּבִיאִים	ואלישע שב הגלגלה
2 Reg. 10, 6.	ובני הַמֶּלֶךְ	ויכתב אליהם ספר שנית
Jes. 56, 6.	ובני הַנֵּכָר	הנלוים על ה׳
Jes. 61, 5.	ובני נֵכָר	ועמדו זרים ורעו צאנכם
Joel 2, 23.	ובני צִיּוֹן	גילו ושמחו בה׳
Ps. 36, 8..	ובני אָדָם	מה יקר חסדך
Ps. 82, 7.	ובני עֶלְיוֹן	אני אמרתי אלהים אתם
Esra 10, 31.	ובני חָרִם	אליעזר ישיה· דעזר׳
Neh. 10, 40.	ובני הַלֵּוִי	כי אל הלשכות
1 Chr. 1, 32.	ובני קְטוּרָה	פילגש אברהם
1 Chr. 1, 38.	ובני שֵׂעִיר	לוטן ושובל
1 Chr. 1, 41.	ובני דִּישׁוֹן	בני ענה
1 Chr. 2, 16.	ובני צְרוּיָה	ואחיתיהם צרויה
1 Chr. 7, 20.	ובני אֶפְרַיִם	שותלח
1 Chr. 16, 42.	ובני יְדוּתוּן	ועמהם הימן· תני׳
1 Chr. 23, 10.	ובני שִׁמְעִי	יחת וזינא

367.

אלין סלין מיחדין **למ׳** בריש תיבות׳ וכל חד וחד לית וסי׳

Verzeichniss von Wörtern, die mit למ׳ anfangen und nur ein Mal vorkommen.

Ex. 8, 5.	לְמָתַי	ויאמר משה לפרעה
Num. 10, 2.	לְמִקְרָא	עשה לך שתי חצוצרות
Jud. 20, 1. (?)	לְמִדָּן	ויאמר המלך אל יואב· דשמ׳(?)
1 Reg. 7, 32.	לְמִתַּחַת	וארבעת האופנים
1 Reg. 7, 32.	לַמִּכְּנֻרוֹת	ב׳ בפסוקא
Jer. 31, 34.	לְמִקְּטַנָּם	ולא ילמדו עוד איש את רעהו
Jer. 51, 62.	לְמֵאָדָם	ואמרת ה׳ אתה דברת
Ez. 16, 4.	לְמִשְׁעִי	לא כרת שרך
Jes. 7, 25.	לְמִשְׁלַח	וכל ההרים אשר במעדר
Jes. 9, 6.	לְמַרְבֵּה	המשרה ולשלום אין קץ
Jes. 63, 8.	לְמוֹשִׁיעַ	ויאמר אך עמי המה
Ps. 18, 19.	לְמִשְׁעָן	יקדמוני ביום אידי· דתהלי׳
Ps. 136, 16.	לְמוֹלִיךְ	עמו במדבר
Ps. 139, 20.	לִמְזִמָּה	אשר ימרוך
Job 30, 9.	לְמִלָּה	ועתה נגינתם הייתי
Cant. 7, 10.	לְמֵישָׁרִים	וחכך כיין הטוב
1 Chr. 16, 42.	לְמַשְׁמִיעִים	ועמהם הימן וידותון
2 Chr. 16, 14.	לְמֹאד	ויקברהו בקברתיו· דאסא
Ps. 116, 16.	לְמוֹסֵרָי [1]	כי אני עבדך
1 Chr. 15, 13.	לְמִבָּרִאשׁוֹנָה	לא אתם
2 Chr. 30, 3.	לְמַדַּי	כי לא יכלו לעשתו

1) Die drei folgenden sind Zusatz einer andern Hand.

368.

אלין מלין מיחדי׳ ות׳ בריש תיבה וכל חד וחד ל׳ ר״פ וסי׳

Verzeichniss von Wörtern, die mit ות׳ anfangen, und nur ein Mal vorkommen, und zwar niemals am Anfang des Verses.

וְתֵרָאֶה	ויאמר אלהים יקוו המים	Gen. 1, 9.
וְתֵלֵד	ותאמר הנה אמתי בלהה	Gen. 30, 3.
וּתְכַל	ויאמר ה׳ אל משה השב	Num. 17, 25.
וְתֵצֵא	ואם אין תצא אש מאבימלך	Jud. 9. 20.
וְתִקַּח	כי שמענה נשים דבר	Jer. 9, 19.
וְתֵרֵד	ואם לא תשמעוה	Jer. 13, 17.
וְתֵלַדְנָה	קחו נשים והולידו בנים	Jer. 29, 6.
וְתִשְׁכַּב	ואתה בתוך ערלים	Ez. 32, 28.
וְתִקְרַב	האמרים ימהר יחישה	Jes. 5, 19.
וְתָבוֹאָה	מעשהו למען נראה· ב׳ בפס׳	Jes. 5, 19.
וְתִרְעַשׁ	על כן שמים ארגיז	Jes. 13, 13.
וְתַחֲלִימֵנִי	אדני עליהם יחיו	Jes. 38, 16.
וְתִפֹּל	ובא עליך רעה	Jes. 47. 11.
וְתָבֹא	לא תדעי שחרה· ב׳ בפס׳	Jes. 47, 11.
וְתָסֵר	ריבו באמכם ריבו	Hos. 2, 4.
וְתַעַל	ואת הצפוני ארחיק	Joel 2, 20.
וְתֵרֶא	איבתי ותכסה בושה	Micha 7, 10.
וְתִסֹּב	תרב גדלתי ותסב	Ps. 71, 21.
וְתֵרֵד	ה׳ הט שמיך ותרד	Ps. 144. 5.
וְתָשֵׂם	בסד רגלי	Job 13, 27.
וְתִשְׁמוֹר	ב׳ בפסוק׳· קדמ׳ דס׳	Job 13, 27.
וְתִבְחַר	כי יאלף עונך פיך ותבחר	Job 15, 5.
וְתִשָּׂא	כי אז על שדי תתענג	Job 22, 26.
וְתִשָּׁבֵר	עד אשר לא ירחק	Koh. 12, 6.
וְתַשְׁלֵךְ	וצבא הנתן על התמיד	Dan. 8, 12.
וְתִרְבֶּה	ואתה דניאל כתם הדברים	Dan. 12, 4.
וְתָנוּחַ	ואתה לך לקץ ותנוח	Dan. 12, 13.
וְתַעֲמֹד	לגרלך לקץ הימין· ב׳ בפס׳	Dan. 12, 13.
וַתִּתַּךְ	תחת אשר עזבוני ויקטירו· ד״ה	2 Chr. 34, 25.

369.

ח׳ מלין דכל חד וחד לי׳ דגו׳ דנש וסי׳

8 Wörter, deren Endsilbe נָּה ein Dagesch forte hat und die so nur 1 Mal vorkommen.

תַּחְתֶּנָּה	ויפל ה׳ אלהים תרדמה	Gen. 2, 21.
תְּכַלֶּנָּה	צהר תעשה לתבה ואל	Gen. 6, 16.
תְּבִיאֶנָּה	על מחבת בשמן תעשה	Lev. 6, 14.
תַּעֲנֶנָּה	חכמות שרותיה תעננה	Jud. 5, 29.
קָחֶנָּה	וישלחו כל השרים אל ברוך	Jer. 36, 14.
תִּשְׁכֹּנָּה	בהר מרום ישראל אשתלנו	Ez. 17, 23.
תִּרְאֶנָּה	ותרא איבתי ותכסה	Micha 7, 10.
שְׁמָעֶנָּה	הנה זאת חקרנוה כן היא	Job 5, 27.

370.

ו׳ מלין כל חד לי׳ פתח ברי׳ תיבות׳ וסי׳

6 Wörter, deren Anfangsbuchstabe ein Pathach (Segol parv.) hat und die nur ein Mal vorkommen.

תֶּלְיְךָ	ועתה שא נא כליך תליך	Gen. 27, 3.
עֶדְיְךָ	ויאמר ה׳ אל משה אמר	Ex. 33, 5.
כֶּלְיְךָ	כי תבא בכרם רעך	Deut. 23, 25.
מֶרְיְךָ	כי אנכי ידעתי	Deut. 31, 27.
שֶׁבְיְךָ	עורי עורי דבורה	Jud. 5, 12.
פֶּרְיְךָ	אפרים מה לי עוד	Hos. 14, 9.

371.

אלין מלין מן ב׳ ב׳ וכל חד וחד לית דכמ׳ וסימ׳

Verzeichniss von Wörterpaaren, deren beide Wörter ein ה׳ des Art. haben und in solcher Verbindung nur ein Mal vorkommen.

הָעֲבֹתֹת הַזָּהָב	ויתנו שתי· דמ׳ תני׳	Ex. 39, 17.
הָאֵילִם הַמְאָדָּמִים	ואת מכסה עורת	Ex. 39, 34.
הַמַּיִם הַחַיִּים	את הצפר החיה	Lev. 14, 6.

הַקְּעָרָה הָאַחַת	שלשים ומאה	Num. 7, 85.
הַמִּזְרָק הָאֶחָד	ב׳ בפסוק׳	Num. 7, 85.
הַבְּהֵמָה הַטְּמֵאָה	כל פטר רחם	Num. 18, 15.
הַדָּם הַנָּקִי	ואתה תבער הדם הנקי	Deut. 21, 9.
הָאָרֹן הַבְּרִית	ויהי בנסע העם	Jos. 3, 14.
הָאִשָּׁה הַזּוֹנָה	ולשנים האנשים המרגלים	Jos. 6, 22.
הַנְּעָרִים הַמְרַגְּלִים	ויבאו הנערים	Jos. 6, 23.
הַמַּחֲנֶה הַגִּלְגָּל	וילכו אל יהושע	Jos. 9, 6.
הַשֵּׁבֶט הַמְנַשֶּׁה	ועתה חלק את הארץ	Jos. 13, 7.
הָאָדָם הַגָּדוֹל	ושם חברון לפנים	Jos. 14, 15.
הַדְּבָרִים הַטּוֹבִים	והנה אנכי הולך היום	Jos. 23, 14.
הָאִישׁ הֶחָגוּר	ויעלו חמשת האנשים	Jud. 18, 17.
הָאִישׁ הַלֵּוִי	ויען האיש הלוי איש	Jud. 20, 4.
הָאִשָּׁה הַנִּרְצָחָה	ויאמר׳ ב׳ בפס׳	Jud. 20, 4.
הַשְּׁבוּעָה הַגְּדוֹלָה	ויאמרו בני ישראל	Jud. 21, 5.
הָאֶבֶן הָעֶזֶר	ויהי דבר שמואל	1 S. 4, 1.
הָאִישׁ הֶחָכָם	מי האיש החכם	Jer. 9, 11.
הַמַּמְלְכוֹת הָאָרֶץ	ואת כל מלכי הצפון	Jer. 25, 26.
הַסֵּפֶר הַמִּקְנָה	ואתן את	Jer. 32, 12.
הַלָּבֻשׁ הַבַּדִּים	וכבוד אלהי ישראל נעלה	Ez. 9, 3.
הָאִשָּׁה הַמְּנָאֶפֶת	תחת אישה תקח	Ez. 16, 32.
הַמַּיִם הָרַבִּים	בתתי אתך עיר נחרבת	Ez. 26, 19.
הַכֹּהֲנִים הַמְּשֻׁחִים[1]	אלה שמות בני אהרן	Num. 3, 3.
הַיָּמִים הַבָּאִים	כי אין זכרון להכם	Koh. 2, 16.
הָאִישׁ הַמִּסְכֵּן	ומצא בה איש · תנ׳ דס׳	Koh. 9, 15.
הָאִישׁ הַמִּצְרִי	והוא הכה את · ד״ה	1 Chr. 11, 23.

372.

שטה דכל חד וחד לי׳ בטעמ׳ מלע׳ והלופ׳ כל קרי׳ מלרע וסימניהון

Eine Reihe von Wörtern, die nur ein Mal mit dem Accent penult. vorkommen, während sie sonst immer den Accent auf ult. haben.

רַבָּה	ויאמר ה׳ זעקת סדם	Gen. 18, 20.
יִצְחַק	ותאמר שרה צחק עשה	Gen. 21, 6.
וְסָפַר	וכי יטהר הזב מזובו	Lev. 15, 13.
וְצִוִּיתִי	את ברכתי לכם בשנה	Lev. 25, 21.
קָצָה	וידבר העם באלהים	Num. 21, 5.
וְשָׁאַל	ולפני אלעזר הכהן יעמד	Num. 27, 21.
וְהִשְׁקִיתָ	כי הארץ אשר אתה בא	Deut. 11, 10.
לְשָׁרֶת	והאיש אשר יעשה בזדון	Deut. 17, 12.
הוֹצִיאִי	וישלח מלך יריחו אל רחב	Jos. 2, 3.
יָסַף	ולא יסף עוד מלאך ה׳	Jud. 13, 21.
רְחוֹקָה	ואין מציל כי רחוקה היא	Jud. 18, 28.
מָרָה	ותצר לדוד מאד כי אמרו	1 S. 30, 6.
מֵעִם	וישלח איש בשת ויקחה	2 S. 3, 15.
וְהֵבֵאתָ	ועבדת לו את האדמה	2 S. 9, 10.
הֻקַם	ואלה דברי דוד האחרנים	2 S. 23, 1.
מֵאֵת	ויקן את ההר שמרון	1 Reg. 16, 24.
יָצַק	ויאמר יהושפט האין	2 Reg. 3, 11.
הָרֶם	ויאמר הרם לך וישלח ידו	2 Reg. 6, 7.
הַחִיצוֹנָה	ואת מיסך השבת	2 Reg. 16, 18.
וְשָׁבַרְתִּי	בן אדם ארץ כי תחטא לי	Ez. 14, 12.
קִינָה	ותצא אש ממטה בדיה	Ez. 19, 14.
וְחָרָה	והעמידה על גחליה רקה	Ez. 24, 11.
בָנוּ	ברושים משניר בנו לך	Ez. 27, 5.
הַתַּחְתוֹנָה	וימד רחב מלפני השער	Ez. 40, 19.
הִיתָה	לארבע רוחות מדדו	Ez. 42, 20.
וְשָׁבָה	ועוד בה עשיריה	Jes. 6, 13.
רֹעָה	התרועעה הארץ	Jes. 24, 19.
צָרָה	כי קצר המצע מהשתרע	Jes. 28, 20.
וַחֲגוֹרָה	חרדו שאננות רגזה	Jes. 32, 11.
וּבוֹרֵא	יוצר אור ובורא חשך · תנ׳ דס׳	Jes. 45, 7.
מִצָּרָה	ויאמר קראתי מצרה לי	Jona 2, 3.
וְזֵרִיתִי	פרש על פניכם	Mal 2, 3.
כָּלוּ	ואיבי ה׳ כיקר כרים · תנ׳ דס׳	Ps. 37, 20.
שָׁמַע	הללוהו בצלצלי שמע	Ps. 150, 5.
יְקָרָה	היא מפנינים · כן כת׳	Prov. 3, 15.
וַתֹּאמַר	והחזיקה בו ונשקה לו	Prov. 7, 13.
קֹרֵץ	עין יתן עצבת	Prov. 10, 10.
תֵּחַת	גערה במבין מהכות	Prov. 17, 10.
אַרְבָּעָה	הם קטני ארץ והמה	Prov. 30, 24.
בָּטַח	בה לב בעלה	Prov. 31, 11.
הָבוּ	הכי אמרתי הבו לי	Job 6, 22.

1) Zusatz.

לָמָה	חטאתי מה אפעל לך	Job 7, 20.
	ותלת בטעם נסוג וסי'	
בּוֹקֵעַ	מים לפניהם	Jes. 63, 12.
כֵּן	ארחות כל בֹּצֵעַ בצע	Prov. 1, 19.
מֹנֵעַ	בר יקבהו לאום[1]	Prov. 11, 26.
וְהֹצֵאתָ	כי תשיב אל אל רוחך	Job 15, 13.
זָרָה	רוחי זרה לאשתי	Job 19, 17.
יֹאמַר	אדעה מלים יענני	Job 23, 5.
אָחַז	שמאיל בעשתו ולא אחז	Job 23, 9.
חָזוּ	מדוע משדי לא נצפנו	Job 24, 1.
בְּצֵאתִי	שער עלי קרת	Job 29, 7.
הָרֶשַׁע	ועוד ראיתי תחת השמש	Koh. 3, 16.
אֲבִי	באדין דניאל העל קדם מלכא	Dan. 5, 13.
שָׂרֵי	ואבוא אל פחוות עבר הנהר	Neh. 2, 9.
וְשַׂמְתָּ	והוצאתו מאור כשדים ושמת שמו אברהם	Neh. 9, 7.
	ולבד מנבייהא	
קוּמִי	אורי כי בא אורך	Jes. 60, 1.

[1] Diese drei sind Zusatz.

373.

וחלוף

שטה מן חד וחד מלרע וכל קרי' מלעיל וסי'

Eine Reihe von Wörtern, die, umgekehrt vom Vorigen, nur ein Mal mit dem Accent auf ult. vorkommen, während sie sonst immer den Accent penult. haben.

הָבָה	ויאמר יעקב אל לבן	Gen. 29, 21.
מֵתָה	ותרא רחל כי לא ילדה	Gen. 30, 1.
יֵרֶא	ועתה ירא פרעה	Gen. 41, 33.
וַיּוֹשֵׁב	יוסף את אביו ואת אחיו	Gen. 47, 11,
שִׁתִי	ויאמר ה' אל משה בא	Ex. 10, 1.
וְהַעֲלִיתָ	והבאת את השלחן	Ex. 40, 4.
וְהֵבִיאָה	וביום השמיני תקח לה	Lev. 15, 29.
וְאָפִיתָ	ולקחת סלת ואפית אתה	Lev. 24, 5.
וְרָאִיתָה	אתה ונאספת אל עמיך	Num. 27, 13.
לָהֶם	יבחר אלהים חדשים	Jud. 5, 8.
זָרַע	והיה אם זרע ישראל	Jud. 6, 3.
אַרְצָא	ויקשר עליו עבדו זמרי	1 Reg. 16, 9.
הִשָּׁמֵר	ואמרת אליו השמר והשקט	Jes. 7, 4.
שֹׁרֵשׁ	אף בל נטעו אף בל זרעו	Jes. 40, 24.
מֵרַחֵם	התשכח אשה עולה	Jes. 49, 15.
בּוֹקֵר	ויען עמוס ויאמר אל אמציה	Am. 7, 14.
וְחוֹמֵץ	אלהי פלטני מיד רשע מכף	Ps. 71, 4.
שָׁעַר	כי כמו שער בנפשו כן הוא	Prov. 23, 7.
נֹכָחָה	שם ישר נוכח עמו	Job 23, 7.
שָׁחַר	עורי שחר מעלי	Job 30, 30.
	ותרין פליגי' עליהון וסי'	
וְחָצִיתָ	את המלקוח בין תפשי	Num. 31, 27.
וְעָשִׂיתָ	ולקחת כסף וזהב	Zach. 6, 11.

374.

י"ח פסוקים דסלקין ונהתין בתור' פירוש שאין שם גע"א והן במאריך וסי'

18 Verse im Pentat. haben Maarich (Mercha) zwischen Asla und Sarka und nicht Gaja.

ויבא יעקב מן השדה בערב	Gen. 30, 16.
ויקרא פרעה שם יוסף	Gen. 41, 45.
ולקחת מן הדם אשר על המזבח	Ex. 29, 21.
ויצו משה ויעבירו קול במחנה	Ex. 36, 6.
ואת כל חלבה יסיר כאשר יוסר חלב הכשב	Lev. 4, 35.
והעמיד הכהן את האשה[1]	Num. 5, 18.
והשביע הכהן את האשה	Num. 5, 21.
וביום שמחתכם ובמועדיכם	Num. 10, 10.
אשר ירימו בני ישראל	Num. 18, 19.
ויאמרו אליו בני ישראל	Num. 20, 19.
ולא נתן סיחן את ישראל	Num. 21, 23.
ואם החרש יחריש לה אישה	Num. 30, 15.
והיו לאחד מבני שבטי בני ישראל	Num. 36, 3.
ובאו הר האמרי	Deut. 1, 7.

[1] Beide sind von anderer Hand.

Deut. 12, 20. כי ירחיב ה׳ אלהיך את גבלך
Deut. 19, 5. ואשר יבא את רעהו ביער
Deut. 22, 24. וסקלתם אתם באבנים ומתו
Deut. 28, 51. ואכל פרי בהמתך ופרי אדמתך

Das Folgende ist von anderer Hand und gehört nicht zum eigentlichen Werke. — Die chaldäischen Gedenkzeichen sind leicht verständlich, indem sie auf die angeführten Stellen sich beziehen.

1.

וְלָכֵן ה׳ וסי׳ עלי סליק לערבא מחכי רחמין ואלי הן

וְלָכֵן kommt 5 Mal vor.

1 S. 3, 14. וְלָכֵן נשבעתי לבית עלי
Jes. 8, 7. וְלָכֵן הנה אדני מעלה
2 Reg. 1, 4. וְלָכֵן המטה אשר עלית שם
Jes. 30, 18. וְלָכֵן יחכה ה׳ לחננכם
Jes. 30, 18. וְלָכֵן ירום לרחמכם

2.

Ez. 18, 11. אֶל הֶהָרִים אָכַל פת׳ וחד
Ez. 18, 6. אֶל הֶהָרִים לא אָכָל קמץ וסי׳
דאכל פתח פומי׳ דלא אכל קמץ פומיה

Ein Mal kommt אֶל הֶהָרִים mit folgendem אָכַל (כ׳ mit Pathach) und ein Mal mit folgendem לא אָכָל (כ׳ mit Kamez) vor, mit dem mnemonischen Zeichen: Beim Essen (אָכַל) öffnet man (פתח, Pathach) den Mund; beim Nicht-essen (לא אָכָל) ist der Mund zusammengezogen (קמץ, Kamez) d. h. geschlossen.

3.

וַיַּפֵּל ג׳ וסי׳ אדם מית במשריתא ואלה הן

וַיַּפֵּל kommt 3 Mal vor.

Gen. 2, 21. וַיַּפֵּל ה׳ אלהים תרדמה על האדם
Num. 35, 23. וַיַּפֵּל עליו וימת
Ps. 78, 28. וַיַּפֵּל בקרב מחנהו

4.

תֹּסֵף ג׳ וחסר וסי׳ חילא דמלת׳ ריחא ואלו הן

תֹּסֵף kommt 3 Mal vor und zwar def. ו׳ nach dem Cholam.

Gen. 4, 12. לא תֹסֵף תת כחה
Deut. 13, 1. את כל הדבר וגו׳ לא תֹסֵף עליו ולא תגרע
Ps. 104, 29. תֹּסֵף רוחם יגועון

5.

יְרֵאתֶם ג׳ וסי׳ חרבא דמשה אישתא

יְרֵאתֶם kommt 3 Mal vor.

Ez. 11, 8. חרב יְרֵאתֶם
Num. 12, 8. ומדוע לא יְרֵאתֶם לדבר בעבדי במשה
Deut. 5, 5. כי יְרֵאתֶם מפני האש

6.

וְיֵדַע ג׳ וסי׳ מתקלי דאלישע שלים ואלו הן

וְיֵדַע kommt 3 Mal vor.

Job 31, 6. ישקלני במאזני צדק וְיֵדַע אלוה תמתי
2 Reg. 5, 8. וְיֵדַע כי יש נביא בישראל
Job 21, 19. ישלם אליו וְיֵדַע

7.

בַּלַּיְלָה הוּא ד׳ וסי׳ שתה ודמך וקם וערק ואלו הן

בַּלַּיְלָה הִוא kommt 3 Mal so (d. h. dass das הִוא ohne Art. steht), vor

Gen. 19, 33. ותשקין את אביהן יין
Gen. 30, 16. וישכב עמה בלילה היא

ויקם בלילה הוא — Gen. 32, 22.
ודוד נס וימלט בלילה היא — 1 S. 19, 10.

8.

הֲכִי ה׳ וסי׳ פלח יעקב תלתא דאשתמרו בחילא

הֲכִי kommt 5 Mal vor

הֲכִי אחי אתה ועבדתני חנם — Gen. 29, 15.
הֲכִי קרא שמו יעקב — Gen. 27, 36.
מן השלשה הֲכִי נכבד — 2 S. 33, 19.
הֲכִי יש עוד אשר נותר לבית שאול — 2 S. 9, 1.
הֲכִי אמרתי הבו לי ומכחכם — Job 6, 22.

9.

וַיֵּצֶר ג׳ וסי׳ יעקב אשתבע לאמנין

וַיֵּצֶר kommt 3 Mal vor.

ויירא יעקב מאד וַיֵּצֶר לו — Gen. 32, 8.
וכאשר נשבע ה׳ להם וַיֵּצֶר להם מאד — Jud. 2, 15.
וַיֵּצֶר לאמנון להתחלות — 2 S. 13, 2.

10.

וְלָקַחַתְּ ד׳ וסי׳ יבריתי דייבת לבושי הדינא

וְלָקַחַתְּ kommt 4 Mal vor.

וְלָקַחַתְּ גם את דודאי בני — Gen 30, 15.
וְלָקַחַת אתנו לעבדים — Gen. 43, 18.
העת לקחת את הכסף וְלָקַחַת בגדים — 2 Reg. 5, 26.
וְלָקַחַת רצון מידכם — Mal. 2, 13.

11.

תרין כָּל יחד וְכָל וסי׳ מסבינא גרמא יעפרא

2 Mal kommt כָּל und ein Mal וְכָל vor (mit einem Accent od. Methig, was gegen die Regel ist).

כָּל אחי רש שנאהו — Prov. 19, 7.
כָּל עצמותי תאמרנה — Ps. 35, 10.
וְכָל בשליש עפר הארץ — Jes. 40, 12.

12.

בִּמְצוּלוֹת ג׳ וסי׳ נחתי להשוכא ורדופי׳

בִּמְצוּלוֹת kommt 3 Mal vor.

ירדו במצולת כמו אבן — Ex. 15, 5.
במחשכים במצלות — Ps. 88, 7.
ואת רדפיהם השלכת במצולות — Neh. 9, 11.

13.

מָיִם ב׳ זקפין קמצין וסי׳ נחלי׳ יבשין

מָיִם kommt 2 Mal mit Kamez des 'מ vor, wegen des Sakef. Ebenso immer mit Athnach und Silluk, ausser 3 Mal, wo das Mem trotzdem ein Pathach hat.

ארץ נחלי מים — Deut. 8, 7.
כי יבשו אפיקי מים · בייאל — Joel 1, 20.

וכל אתנח וס״פ דכו׳ במ״ג פתחין וסי׳ נורא דגיהנם במדברא

באנו באש ובמים — Ps. 66, 12.
ארץ לא שבעה מים — Prov. 30, 16.
ישם מדבר לאגם מים — Ps. 107, 35.

14.

מַכֶּה ה׳ בכגול וסימניהון עבראה בהוטרא לא תמחי עממין מחי

מַכֶּה kommt 5 Mal mit Segol des Kaf vor.

מַכֶּה איש עברי מאחיו — Ex. 2, 11.
הנה אנכי מַכֶּה במטה — Ex. 7, 17.
ויאמר לא תכה האשר שבית בחרבך ובקשתך אתה מַכֶּה — 2 Reg. 6, 22.
מַכֶּה עמים בעברה — Jes. 14, 6.
וידעתם כי אני ה׳ מַכֶּה — Ez. 7, 9.

15.

לָאָדָם ה׳ קמצין וסי׳ לבא דידע עקא אמר כפומא

לָאָדָם komnt 5 Mal mit Kamez des Lamed vor; im Buche Koheleth hat's immer Kamez ausser 1 Mal, wo das Lamed Schwa hat.

כמים הפנים לפנים כן לב Prov. 27, 19.
ידעתי ה׳ כי לא לאדם דרכו Jer. 10, 23.
והצרתי לאדם Zeph. 1, 17.
ויאמר לאדם הן יראת Job 28, 28.
מי שם פה לאדם. — וכל קהלת דכות׳ במ״א Ex. 4, 11.
כי לְאָדָם שטוב לפניו Koh. 2, 26.

16.

וָטוֹב ה׳ קמצין וסימנ׳ שמואל בחירא רהט ואשכח הוכמתא

וָטוב kommt 5 Mal mit Kamez des Waw vor.

והנער שמואל הלך וגדל וטוב 1 S. 2, 26.
ושמו שאול בחור וטוב 1 S. 9, 2.
ואל הבקר רץ אברהם Gen. 18, 7.
וימצאו מרעה שמן וטוב 1 Chr. 4, 40.
הוספת חכמה וטוב 1 Reg. 10, 7.

17.

יֻקַּח ג׳ וסימנם מיא דנִבְרָא פרולא

יֻקַּח kommt 3 Mal vor.

יקח נא מעט מים Gen. 18, 4.
גם שבי גבור יקח Jes. 49, 25.
ברזל מעפר יקח Job. 28, 2.

18.

בִּבְרִית ג׳ וסי׳ עבר גברא ואשתבע

בִּבְרִית kommt 3 Mal vor.

לעברך בִּבְרִית ה׳ Deut. 29, 11.
כי בִּבְרִית ה׳ הבאת את עבדך 1 S. 20, 8.
ואשבע לך ואבוא בִבְרִית אתך Ez. 16, 8.

19.

לָהֿ ג׳ רפים וסי׳ אזל נבח למיבנא ביתא דבעז

לָהֿ kommt 3 Mal mit He raphe vor (sonst hat's immer Mappik.)

ויקרא לה נבח בשמו Num. 32, 42.
לבנות לה בית בארץ שנער Zach. 5, 11.
ויאמר לה בעז Ruth. 2, 14.

20.

מֵרִים ג׳ וא׳ וּמֵרִים וסי׳ בכספא מהכים לשטיא

מֵרִים kommt 3 Mal ohne Waw copulat. und 1 Mal mit Waw vor.

כל מרים תרומת כסף Ex. 35, 24.
כבוד חכמים ינחלו Prov. 3, 35.
וקצר אפים מרים אולת Prov. 14, 29.

וא׳

כבודי וּמֵרִים ראשי Ps. 3, 4.

21.

וְחַם ג׳ פתחין וסי׳ מלכא דמיך בשמשא

וְחַם kommt 3 Mal mit Pathach (des Chet) vor.

וְחַם לאדני המלך 1 Reg. 1, 2.
גם אם ישכבו שנים וְחַם להם Koh. 4, 11.
וְחַם השמש ונמס Ex. 16, 21.

22.

נֵדֶר ה׳ בה׳ נקרות וסי׳ נדרא דארמלתא שלים עבדא ולא אתקבל

נֵדֶר kommt 5 Mal mit fünf Punkten, (d. h. mit Zere und Segol) vor.

כל נֵדֶר וכל שבועת אסר Num. 30, 14.
וְנֵדֶר אלמנה וגרושה Num. 30, 10.
ונדרו נֵדֶר לה׳ ושלמו Jes. 19, 21.
כי נֵדֶר נדר עבדך 2 S. 15, 8.
וּלְנֵדֶר לא ירצה Lev. 22, 23.

23.

קָרְבָּן ה׳ קמין וסימנ׳ אינש חד איתי בעירא מסאבא

קָרְבָּן kommt 5 Mal mit Kamez (des Beth) vor.

אדם כי יקריב מכם קרבן Lev. 1, 2.
והקריב ממנו אחד מכל קרבן Lev. 7, 14.
ואל פתח אהל מועד לא הביאו Lev. 17, 4.
ואם בהמה אשר Lev. 27, 9.
ואם כל בהמה טמאה Lev. 27, 11.

24.

שֶׁם ו׳ סגול וסימניהון אברם אברהם נשי קרתא דברי׳ מיברא

שֶׁם kommt 6 Mal mit Segol (des Schin) vor.

ותלד הגר לאברם בן Gen. 16, 15.
ויקרא אברהם את שם בנו Gen. 21, 3.
ויקן את ההר שמרון 1 Reg. 16, 24.
וגם שם עיר המונה Ez. 39, 16.
ויהי שם בנו הבכור יואל 1 S. 8, 2.
מה שמו ומה שם בנו כי תדע Prov. 30, 4.

ומצאתי כתוב של הדף האחרון כתוב למעלה על הדף וז״ל:

אין תיבה בכל התורה כלה·
שלא תהיה או שם או פועל או מלה·
ואני אקרא ולא אטה·
סימן לדבר על שפ״ם יעטה·
גדר השם תיבה נפרדת מורה על ענין
יתכן שיובן לבדו מבלי שיורה בעצמו
על הזמן המתגבל אשר היה בו אותו הענין·
גדר הפועל תיבה נפרדת מורה על ענין
יתכן שיובן לבדו ויורה בעצמו על הזמן
המוגבל אשר הי׳ בו אותו הענין·
גדר מלה תיבה נפרדת לא יתכן שיובן לבדו·

תהלה לאל עליון הגומל הכד לירואיו אשר עזרני עד כה להשלים העתקת ספר אכלה ואכלה הנמצא בכ״י פה פארים הבירה· היום יום שנכפל בו כי טוב כ״ד תמוז שנה בִּרְכַּת ה׳ היא תעשיר בבית אהובי ידיד נפשי החכם נתנאל בן הר״ר פייבלמאן ז״ל מהמבורג הנקרא

בפי כל Ph. Sander הי״ו פה פארים יע״א

הק׳ ולבן בלאא״מ מהו׳ צדוק פרענסדארף סג״ל

Inhalt

	Nr.
ו׳ כתבן ה׳ ברייש תיבות׳ ולא קרי׳	166
י״ג מלין הסר ה׳ ברייש תיבות׳ וקרי׳	165
ל״א מלין קרין ה׳ וכל דכו׳ כתבן ח׳	211
כ״ב קרין ח׳ וכל דכו׳ כתי׳ ה׳	212
ט״ו זוגין מן ב׳ חד קרי׳ ח׳ וחד קרי׳ ה׳	213
א״ב מן ב׳ ב׳ הא׳ וכלהון פתחין	64
ט״ו מלין ר״פ משמשין ה׳ וכל קרי׳ נסבין ו׳	174
תרין כתי׳ ה׳ במצע׳ תיבות׳ ולא קרין	110
ג׳ מלין הסר ה׳ במצע׳ תיבות׳ וקרין	109
ב׳ כתבן ה׳ במצע׳ תיבות׳ וקרין כ׳	151
ד׳ מלין דכתבן ח׳ במצע׳ תיבות׳ וקרין ה׳	121
ו׳ מלין הסר ה׳ במצע׳ תיבות׳ ולי׳ דכו׳	176
י״ה לא מפקין ה׳ בסוף תיבות׳	43
א״ב מן חד וחד מפיק ה׳ בסוף תיבות׳	42
י״א זוגין מן חד וחד חד מפיק ה׳ וחד לא מפיק ה׳	14
ו׳ זוגין מן ב׳ ב׳ חד כתי׳ ה׳ בסוף תיבות׳ וחד כתי׳ י׳	94
כ׳ מלין כתבין ה׳ בסוף תיבות׳ ולא קרין	112
כ״ט מלין הסר ה׳ בסוף תיבות׳ וקרין	111
י״ד מלין כתי׳ ה׳ בסוף תיבות׳ וקרין ו׳	113
ח׳ כתי׳ ו׳ בסוף תיבות׳ וקרין ה׳	115
ו׳ מלין כתבין י׳ בסוף תיבות׳ וקרין ה׳	116
ה׳ מלין בחד לישן דכתב׳ ה׳ בסוף תיבות׳ וקרין ו׳	114
י״ג מלין כתבין ה׳ בסוף תיבות׳ וכל דכוו׳ כתי׳ א׳	180
י״ב זוגין מן ב׳ ב׳ חד כתי׳ א׳ בסוף תיבות׳ וחד כתי׳ ה׳	95
א״ב מן חד וחד מן תרתין תיבות׳ דלוג קדמא לא נסיב ה׳ ותני׳ נסיב ה׳ ולי׳ דכמיך	3
אלין זוגין מן חד וחד מן ב׳ מלין לא נסבין ה׳	188
ז׳ דנסבין ה׳ מן ב׳ מלין	189
י״ב מלין בחד לישן קרין ה׳	205
ב׳ פסוקים דאית בהון הוא הוא וסביר׳ היא היא	342
ח׳ פסוקים והוא הוא	341
י״א יחידאין והוא	364
ו׳ פסוקים דאית בהון והוא והוא	340
ג׳ זוגין מתחלפין מן ב׳ בחד ענינא קדמא היו תני׳ היה	238
ה׳ פסוקים הנה והנה	339

ו.

	Nr.
א״ב מן חד וחד ו׳ ברייש תיבה וקמין	71
י״א כתי׳ ו׳ ברייש תיבות׳ ולא קרין	118
י״ב מלין חסר ו׳ ברייש תיבות׳ וקרי׳	117
מ׳ מלין דנסבין ו׳ ברייש תיבות׳ ואינון סמיכין לי״י וכו׳	187
י׳ כתבן ו׳ ברייש תיבות׳ וקרי׳ י׳	135
כ״ב מלין כתיב׳ י׳ ברייש תיבות׳ וקרין ו׳	134
ט״ו מלין ראש פסוק משמשין ה׳ וכל קרי׳ נסבין ו׳	174
כ״ב ראשי פסוקים מן חד וחד לא נסבין ו׳	175
י״א זוגין מן חד וחד חד לא נסיב ו׳ וחד נסיב ו׳	186
י״ט זוגין בחד ענינא קדמא נסיב ו׳ ותני׳ לא נסיב ו׳	246
ה׳ זוגין בענין קדמא לא נסיב ו׳ ותנינ׳ נסיב ו׳	247
ד׳ זוגין מן ג׳ ג׳ בענינא קדמ׳ נסיב ו׳ ותני׳ ותליתא׳ לא נסיב ו׳	240
ג׳ זוגין מן ג׳ ג׳ בענינא קדמא לא נסיב ו׳ ותני׳ ותליתא׳ נסיב ו׳	239
י׳ זוגין מן ג׳ ג׳ בענינא קדמא ותנינ׳ נסיב ו׳ ותליתא׳ לא נסיב ו׳	241
כ״ח זוגין חד לא נסיב ו׳ ברייש ומלא במצע׳ וחד נסיב ו׳ ברייש וחסר במצע׳	248
י״א זוגין מן חד וחד חד מלרע וחד מלעיל ו׳ ברייש תיבות׳	46
כ״ב זוגין מן חד וחד נסבין ו׳ ברייש תיבות׳ ו׳ בסוף תיבות׳ חד מלרע וחד מלעיל	45
א״ב מן חד וחד ראש פסוק וא׳ ולי׳	39
א״ב מן תרין וא׳ וחד א׳	14
א״ב ג׳ וא׳ וחד א׳	16
כ׳ זוגין מן חד וחד חד מלרע וחד מלעיל וא׳ ברייש תיבות׳	47
א״ב מן ב׳ ב׳ ותרויהון בספרא וא׳ ברייש	61
א״ב מן חד וחד חד וא׳ וחד והא׳	9
א״ב מן ב׳ ב׳ ובא׳	62
א״ב מן ב׳ ב׳ והא׳	63
א״ב מן ב׳ ב׳ ור׳ ברייש תיבות׳	68
א״ב מן חד וחד ומ׳ ברייש תיבות׳	18
מלין מיחדין ות׳ ברייש תיבות׳ וכו׳	368

י.

כ.

	Nr.
א״ב מן חד והד ו׳ בר״ת וקמץ	71
כ״א זוגין מן חד והד חד מלאפום וחד קמץ פום	55
א״ב מן חד יחד הד פתח וחד קמץ	23
ג׳ זוגין מן כ׳ ב׳ קדמא וקף קמץ ותנ׳ וקף פתח	ט׳ s.
א״ב מן חד והד מ״שמ״ש אה או	73
שטה מן ג׳ מלין מן חד והד פתח	22
א״ב מן ב׳ ב׳ פתח דליג	24
א״ב מן הד וחד ה׳ בר״ש תיבות׳ וכל הד לי׳ פתח	65
א״ב מן ב׳ ב׳ הא׳ וכלהון פתחין	64
ו׳ מלין דכל חד לי׳ פתח ברייש תיבות׳	370

	Nr.
י׳ מלין פשטן צבחר (פתח קטן)	210
ד׳ זוגין מן ב׳ בענין והד פתח וחד מלאפום	207
ו׳ מלין כחירק בס״ת וכל חד לי׳	208
ח׳ מלין יחידאין פשטין וכל דכו׳ כחירק	209
וָטוֹב ה׳ קמצין	ט׳ s.
מָיִם ב׳ וקפין קמצין	מ׳ s.
וְהֵם ג׳ פתחין	ח׳ s.
ט׳ ומַה פתח וחד ומֶה פתח קטן	מ׳ s.
גֶּדֶד ה׳ בה׳ נקדות	נ׳ s.
מִכָּה ה׳ בסגול	נ׳ s.
שֵׁם ו׳ כגול	ש׳ s.